Inhaltsverzeichnis

Einführung

Dieses Buch zur Einführung in die erziehungswissenschaftlichen Grundlagen der Heilerziehungspflege wendet sich gleichermaßen sowohl an Lehrer als auch an die Schülerinnen und Schüler. Es ist ein Handbuch für die Planung und Gestaltung des Unterrichts und gleichzeitig ein Arbeitsbuch für das eigenständige Handeln und Weiterlernen der Schüler. Die Struktur dieses Buches folgt den Inhalten der drei Disziplinen und Teilwissenschaften der *Pädagogik,* der *Psychologie* und der *Soziologie*. Zudem werden für die Heilerziehungspflege relevante Inhalte vorgestellt, in denen alle drei Arbeitsgebiete vorkommen. Die Praxis der Heilerziehungspflege wird in allen Darstellungen ins Blickfeld genommen, so dass der Leser die für sein Handlungsfeld bedeutsamen Inhalte aus den Erziehungswissenschaften erarbeiten, realisieren und reflektieren kann. Theorie und Praxis werden somit auf allen Ebenen miteinander verknüpft. *Denken – Handeln – Reflektieren:* Dieser Dreischritt wird in den einzelnen Kapiteln folgendermaßen umgesetzt:

Nach einer kurzen Einführung in das jeweilige Thema des Kapitels (mit einem Foto und handlungsleitenden Fragen hierzu) werden die *theoretischen Zusammenhänge* der Thematik erläutert. Hierbei handelt es sich um aktuelle oder wissenschaftstheoretisch anerkannte Grundlagen der Aufgaben- und Problemfelder. Im Anschluss wird eine *praktische Umsetzung* dargelegt, in der entweder die aus diesen wissenschaftlichen Begründungen (pädagogisch, psychologisch und soziologisch) entstandenen Realisationsmöglichkeiten diskutiert oder aber konkrete Ableitungen hieraus für die Heilerziehungspflege skizziert werden. Das Kapitel schließt mit *Anregungen und Materialien,* die das Thema mit Fallbeispielen, Literaturtipps, methodischen Konzepthinweisen u. Ä. weiter differenzieren. Hierdurch wird dem/der Schüler/in die Möglichkeit gegeben, sich eingehender mit der entsprechenden Thematik zu befassen.

Der „Bausteincharakter“ dieses Lehrbuches wird durch seine Gliederungssystematik ebenfalls deutlich: Alle Kapitel und Unterkapitel können miteinander verknüpft werden. Es finden Verweise zwischen den einzelnen Unterpunkten statt, so dass sowohl eine exemplarische als auch eine vernetzte Vorgehensweise bei der Bearbeitung der einzelnen Themen möglich ist. Zudem findet die Leserin Hinweise zu didaktisch-methodischen Inhalten (s. „Praxisorientierte Heilerziehungspflege. Bausteine der Didaktik und Methodik“; STAM 4866). In der Darstellung aller Themen und Kapitel finden sich viele unterschiedliche Fragestellungen, die auf die Zusammenfassung, Wiederholung, Differenzierung und Reflexion der vorgestellten Inhalte ausgerichtet sind. (U. a. zum Thema „Leitfiguren in der Heilerziehungspflege“ sind unter www.bildungsverlag 1/buchplus/index.asp in der Kategorie Sozialpädagogik zusätzliche Informationen abrufbar.)

Im Mittelpunkt dieser *Bausteine der Erziehungswissenschaften* steht die *praxisorientierte Heilerziehungspflege* in zweierlei Hinsicht: Zum einen in Form der anwendungsbezogenen Themen, Theorien und Konzeptionen, zum anderen in der Art und Weise, wie diese praxisnah bearbeitet und vertieft werden können. So wird eine Einführung in die Pädagogik, die Psychologie und Soziologie für die Heilerziehungspflege möglich, die aus der Praxis für die Praxis konzipiert und verwirklicht wurde.

1

Grundlagen der Heilerziehungspflege

- *Warum ist eine theoretische Begründung heilerziehungspflegerischen Handelns notwendig?*
- *Welche Wissenschaften können als „erziehungswissenschaftlich" bezeichnet werden?*
- *Wie können Theorie und Praxis aufeinander bezogen werden?*
- *Welche Rolle spielt hierbei die Persönlichkeitsentwicklung des Heilerziehungspflegers?*

Der Aufbau und die Gliederungslogik dieses Buches werden im Folgenden skizziert, indem die drei zentralen Begründungen und Themen zunächst erläutert werden:

- die Theorie (in und für die Heilerziehungspflege)
- die Praxis (der Heilerziehungspflege)
- die Persönlichkeitsentwicklung (der heilerziehungspflegerisch Tätigen)

1.1 Theoretische Zusammenhänge: Heilerziehungspflege und Theorie

Der Begriff der *Theorie* stammt aus dem Griechischen und bedeutet soviel wie „Anschauen" oder „Überlegen". Die theoretischen Grundgedanken der Erziehungswissenschaften versuchen für die Heilerziehungspflege eine Betrachtung aus den Blickwinkeln und Perspektiven der „Pädagogik", der „Psychologie" und der „Soziologie". Diese drei Disziplinen stellen einzelne Ideen und Untersuchungen zur Verfügung, die für die unterschiedlichen Handlungsfelder der Heilerziehungspflege relevant sein können.

Wie lassen sich diese Einzelwissenschaften näher bestimmen?

Die **Pädagogik** lässt sich als die Gesamtheit aller erzieherischen Denk- und Handlungsprozesse bezeichnen. Sie ist die *„vorab auf die Erziehungspraxis bezogene Theorie"* (Kobi, 1993, S. 92). Hierbei kann sie noch in fünf weitere Teilbereiche unterschieden werden, welche auch heilerziehungspflegerisch relevant sind (vgl.: Kobi, 1993, S. 93–95):

- die **Erziehungspraxis**, das gesamte Feld erzieherischen Tuns, alle konkreten Anstrengungen und Handlungen. Diese Praxis „*... geht jeder Reflexion und Theorie zeitgleich voran und stellt in diesem Sinne eine Voraussetzung der pädagogischen Besinnung und Forschung dar.*" (Kobi, 1993, S. 93) (vgl. hierzu auch Kapitel 1.2)
- die **Reflexion**, die Auseinandersetzung mit einzelnen Erziehungsproblemen.
- Die **Erziehungswissenschaft**, die systematische Erforschung und Darstellung der pädagogischen Phänomene im historischen und gesellschaftlichen Kontext, um hiervon handlungsleitende Ansichten und Konsequenzen abzuleiten.
- Die **Erziehungslehre**, die konkreten Darstellungen praxisrelevanter Konsequenzen.
- Die **Erziehungsgeschichte**, die *„Aufzeichnung und Interpretation des Entwicklungsganges, welchen Erziehungspraxis, Reflexion und Erziehungswissenschaft und -lehre innerhalb der Menschheitsgeschichte, sowie im Zusammenhang ... mit verschiedenen Kulturen genommen haben."* (Kobi, 1993, S. 95)

Zusammengefasst lassen sich diese Bereiche folgendermaßen schematisch darlegen:

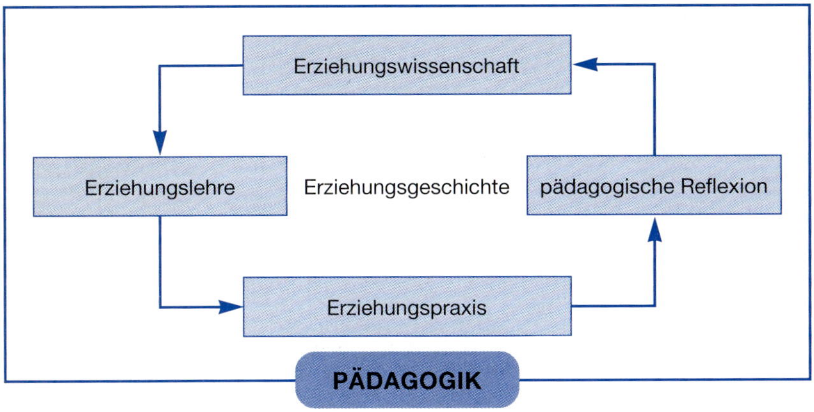

Verknüpfung von Theorie und Praxis in der Pädagogik (nach Kobi, 1993, S. 94)

Die **Psychologie** *„befasst sich als ... Wissenschaft mit den ‚höheren' geistigen und seelischen Funktionen und Prozessen, wie sie sich im Erleben und Verhalten des Individuums äußern, einschließlich ihrer körperlichen Anteile."* (Gröschke, 1999, S. 55) Hierbei werden drei Arbeitsschritte oder Dimensionen verfolgt:

- die „Bestimmung der zu untersuchenden psychischen Funktionen
- (die) Festlegung von Analyseaspekten
- (die) Suche nach Anwendungsbereichen" (Gröschke, 1999, S. 55)

Hinsichtlich ihrer konkreten Realisation beruht jede psychologische Theorie auf einem ganz bestimmten Menschenbild.

Die **Soziologie** untersucht die Wirklichkeit nach sachlichen und verstandesmäßigen Regeln. Sie fokussiert hierbei das historisch und kulturell entstandene und bedingte Zusammenleben der Menschen. Folgende Punkte sind hierbei von zentraler Bedeutung:

- die Verhältnisse zwischen einzelnen Personen im sozialen Kontext
- ihre Beziehungen zur sozialen Umwelt, die aus den einzelnen Verhältnissen und Kontexten entsteht
- die Veränderungs- und Verwandlungsprozesse hierbei (vgl.: Cloerkes, 1997, S. 2ff.)

Alle drei Grundlagenwissenschaften gehen in die Erziehungswissenschaften ein und bedingen sich gegenseitig, sowohl in ihren theoretischen Begründungen als auch in ihren praxisrelevanten Aussagen und Bestimmungen.

In diesem Lehr- und Lernwerk werden die für die Heilerziehungspflege relevanten Inhalte dieser Wissenschaften jeweils anhand ausgewählter Themen- und Tätigkeitsfelder veranschaulicht:

Aufgaben

1. *Wozu können die fünf Teilbereiche der Pädagogik in der Heilerziehungspflege dienen?*
2. *Welche psychologischen Themen sind heilerziehungspflegerisch relevant?*
3. *Welche Fragen könnte die Heilerziehungspflege an die Soziologie haben?*
4. *Formulieren Sie zu jeder der drei Aufgaben Beispiele aus der heilerziehungspflegerischen Praxis.*

1.2 Praktische Umsetzung: Heilerziehungspflege und Praxis

Der Begriff der *Praxis* umfasst *„das bewusste menschliche Handeln im zwischenmenschlichen Bezug"* (Gröschke, 1997, S. 131). Es geht in einer praxisorientierten und -orientierenden Vorgehensweise um ein sinnmotiviertes und verständigungsbezogenes Handeln. Der gemeinsam erfahrbare und auszuhandelnde Sinn, die Verständigung zwischen den Beteiligten im Prozess dieser Praxis steht in eben deren Mittelpunkt. Die heilerziehungspflegerische Praxis konstituiert sich somit im Handeln zwischen Menschen mit Behinderungen und heilerziehungspflegerisch Tätigen.
Praxis in der Heilerziehungspflege versteht sich als Praxis der alltäglichen Lebenswelt. Die Prozesse und Vorkommnisse, welche das Zusammenleben, -arbeiten und -gestalten in den heilerziehungspflegerischen Einrichtungen prägen werden problematisiert, erörtert und einer konzeptionellen Diskussion unterzogen. Dieses bedeutet, dass *„Konzepte ... als Brücken zwischen ... allgemeiner Theorie und ... konkreter Berufspraxis* (zu verstehen sind)." (Gröschke, 1997, S. 115) Hierbei sind folgende Punkte auf dem Hintergrund der Umsetzung durch die einzelnen Personen relevant (vgl.: Gröschke, 1997, S. 115–155):

- Kognitionen (also Fachwissen)
- Wertgeleitete und wertende Stellungnahmen (also Gewissen)
- Motive (also Absichten und Ziele)
- Interaktionsbeziehungen (also Handlungen zwischen mindestens zwei Personen)

Praxis stellt sich nun im doppelten Sinn dar:
Einerseits ist sie die Berufspraxis der heilerziehungspflegerisch Tätigen, andererseits aber auch die Lebenspraxis der Menschen mit Behinderungen – wobei beide Felder immer nur in Teilbereichen deckungsgleich sind: Die Lebenspraxis wird von der Berufspraxis nie vollständig erfasst und ausgefüllt. Dieses führt u.U. zu Spannungen, welche vom heilerziehungspflegerischen Profi das Erkennen und Zusammenführen folgender drei Kompetenzen verlangt:

- Kenntnisse über konzeptionelle und didaktisch-methodische Vorgehensweisen
- Kenntnisse zu individuellen Kommunikationsmöglichkeiten und -formen
- Kenntnisse zur eigenen Person (Authentizität/Echtheit)

Das in Kapitel 1.1 dargestellte Modell kann nun um folgende Aspekte erweitert werden:

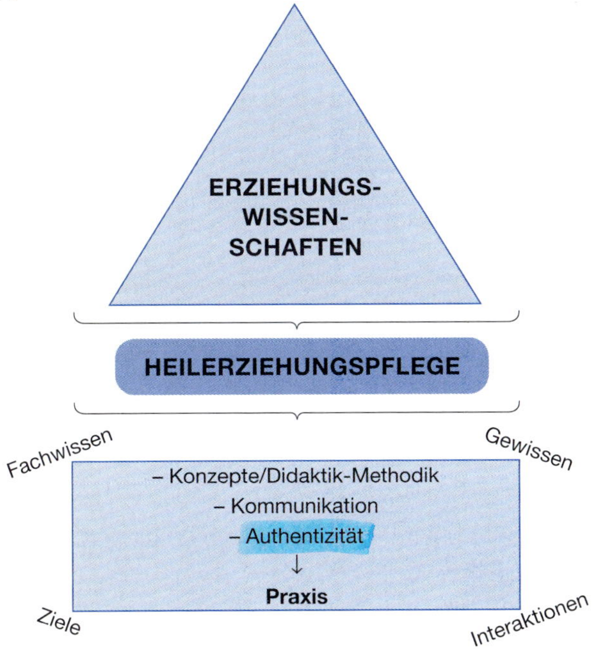

Aufgaben

1. *Welche Konzepte, Methoden oder didaktisch-methodischen Ansätze für die Heilerziehungspflege kennen Sie?*
2. *Wie haben Sie das Spannungsfeld zwischen Berufs- und Lebenspraxis erfahren?*
3. *Vergleichen Sie diese Aussagen zur heilerziehungspflegerischen Praxis mit Inhalten aus anderen Fächern Ihrer Ausbildung: An welchen Stellen lassen sich weitere Beziehungen und Verknüpfungen feststellen?*

1.3 Materialien und Anregungen: Heilerziehungspflege und Persönlichkeitsentwicklung

Wie bereits erwähnt, stellt die Entwicklung der Persönlichkeit der Heilerziehungspflegerin die dritte Säule im Erlernen und Erleben beruflicher Kompetenzen dar. Die Bausteine der Pädagogik, der Psychologie und Soziologie bieten hierzu vielfältige Ansätze, damit die schon geforderten kommunikativen und authentizitätsbezogenen Fähigkeiten und Fertigkeiten erkannt, erfahren und reflektiert werden können:

- **aus pädagogischer Sicht:** Kommunikation und Authentizität im konkreten Prozess der Erziehungspraxis
- **aus psychologischer Sicht:** Kommunikation und Authentizität auf dem Hintergrund der geistigen und seelischen Prozesse und Funktionen (wie z. B. Emotionen, Motive und Kognitionen)
- **aus soziologischer Sicht:** Kommunikation und Authentizität im historischen, kulturellen und sozialen Bezugsrahmen und Bedingungsgefüge.

Da die Entwicklung der Persönlichkeit ein höchst subjektives Geschehen ist, sollen an dieser Stelle zur weiteren Vertiefung nur einige Aufgaben und Fragen folgen (in den weiteren Kapiteln finden Sie zu allen erziehungswissenschaftlichen Themen Anregungen und Materialien zur persönlichkeitsbildenden Auseinandersetzung):

- Wie haben Sie die ersten Begegnungen in einer heilerziehungspflegerischen Einrichtung erfahren? Was hat Sie positiv, was negativ beeindruckt?
- Haben sich diese Eindrücke im weiteren Verlauf Ihres Kontaktes (oder Ihrer Tätigkeit) in dieser Einrichtung verändert? Was trug gegebenenfalls zu dieser Veränderung bei?
- Welche Motive haben Sie dazu geführt, den Beruf des Heilerziehungspflegers zu wählen?
- Mit wem haben Sie über Ihre Berufsmotivation gesprochen? Welche Reaktionen haben Sie dabei bekommen?
- Was erwarten Sie von der Ausbildung zur Heilerziehungspflegerin? Mit welchen Themen wollen Sie nicht konfrontiert werden? Begründen Sie Ihre Antwort möglichst ausführlich.

Literatur

Cloerkes, G.; Soziologie der Behinderten. Eine Einführung; Heidelberg, 1997

Gröschke, D.; Psychologische Grundlagen der Heilpädagogik; Bad Heilbrunn, 1999, 2. Aufl.

Gröschke, D.; Praxiskonzepte der Heilpädagogik; München/Basel, 1997, 2. Aufl.

Kobi, E.E.; Grundfragen der Heilpädagogik; Bern/Stuttgart/Wien, 1993, 5. Aufl.

2

Der Behinderungsbegriff

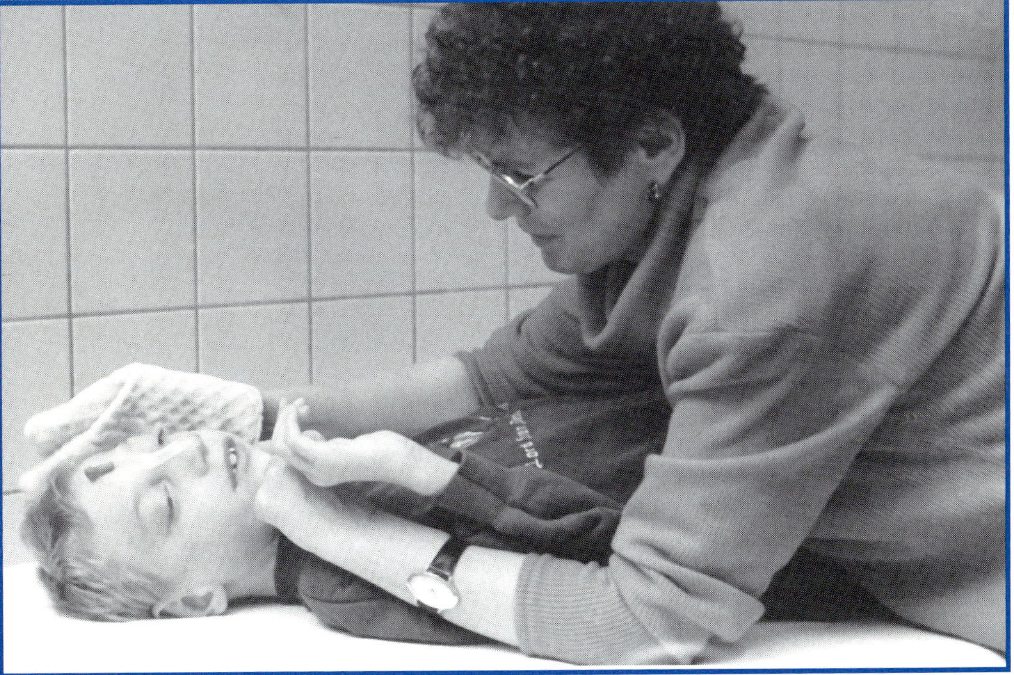

- Wie sehen und erleben Menschen mit Behinderungen sich selber? Wie nehmen ihre Angehörigen Behinderungen wahr?
- Welche Aussagen treffen die Pädagogik und die Heilpädagogik zum Phänomen der Behinderung?
- Wie erklärt sich die Psychologie Behinderungen und wie lässt sich die heilpädagogische Psychologie definieren?
- Welche soziologischen Fragen und Erkenntnisse können dabei behilflich sein, die Beziehungen zwischen einem Menschen mit Behinderungen und dem gesellschaftlichen Umfeld zu klären?

2.1 Sichtweisen Betroffener

Frau E.: „Uns hat niemand gesagt, dass unser Kind behindert ist. Sie hat mal eine Lungenentzündung gehabt, da hab' ich dann den Arzt vom Krankenhaus gerufen, weil unsere Ärztin nicht da war. Und der muss es gemerkt haben, ist erschrocken, und hat dann wohl auch nicht daran gedacht, dass ich als Mutter daneben stehe. So ein Chefarzt ist es gewohnt, dass Oberarzt und Ärzte um ihn rumstehen. Der hat es da etwas ungeschickt gesagt: ‚Das ganze Kind ist nichts nichts.' Er hat wohl, sie hatte Fieber und Lungenentzündung, einfach gemerkt, das wird ein behindertes Kind sein, und ist wohl sehr erschrocken, nehme ich an. Aber das war schon sehr schockierend, wie er so sagt, das ganze Kind ist nichts."

(Klauß, Th., 1999, S. 163)

Frau P.: „Wenn er irgendwas haben wollte, und er konnte sich ja nicht ausdrücken, dann hat er mit dem Kopf auf den Boden geschlagen."
Herr P.: „Er hat so einen Schrei, der gellt uns in den Ohren."
Frau P.: „Ein schriller Schrei!"
Herr P.: „Ganz hoch und durchdringend. Und das war ein Zeichen: Ich will was oder so."
Frau P.: „Und das war für mich Anlass, dass ich sagte: Wie würde ich reagieren, wenn ich nicht sprechen kann und jetzt Brot möchte oder was? Wie würde ich reagieren, wahrscheinlich auch aggressiv, nicht?"

(Klauß, Th., 1999, S. 25)

Frau B.: „Mein großes Problem im Moment ist das, und es fällt mir auch schwer, da 'drüber zu reden. Am letzten Faschingssamstag, da hab' ich begriffen, dass ich die Pe. 'mal in ein Heim geben muss. Das macht mir sehr zu schaffen. Wann ich das schaff', das weiß ich auch noch nicht, aber ich weiß, dass das bald sein muss. Da saß sie in ihrem Zimmer im Schlafanzug, auf den Knien einen Katalog und eine Kassette lief. Wir wollten alle weg. Die anderen drei Kinder hatten einen Plan ausgearbeitet, wer wann nach Pe. guckt, und mein Mann und ich, wir hatten was vor an dem Abend ... wir hatten uns alle gleichzeitig gerichtet, die Tür war offen, ich renn' an dieser Tür vorbei und sehe von der Pe. einen so verzweifelten Blick ... Tottraurig, ihre Augen wie Kohle, ganz stumpf, wirklich! Ich hab' gestoppt und bin zu ihr rein, wir haben uns angeschaut und ich hab' sie gefragt: gell, du willst auch fort? Sie hat genickt. Da hab' ich gedacht, wenn die jetzt in L. wär, dann wär da heut' abend 'was los, dann wär' morgen abend 'was los, da wär' am Nachmittag was los ... Ich hab' so oft keine Zeit für Pe., sie nimmt das hin, sie freut sich über ein paar Worte, aber im Grund genommen ist das alles. Dass die mal so richtig wohin geht, wo richtig Halligalli ist, dem sie folgen kann, das hat sie im Grunde nicht."

(Klauß, Th., 1999, S. 231)

Mutter eines therapieresistenten Epileptikers:

„Mit der Verarmung seiner Sprache ging – fast ebenso schleichend – ein Verlust seiner Vitalität einher. Bildlich gesprochen, hatte der Vulkan zu spucken aufgehört. Manchmal kam es mir vor, als hätten die vergangenen Jahre, besonders die Jahre mit dem Luminal, alle seine Kräfte aufgezehrt. Er legte sich jetzt öfter von allein auf sein Bett und hielt Ruhe. Beim Spaziergang steuerte er immer die nächste Bank an und war nur mit allerlei Tricks zum Weitergehen zu bewegen. Sein Interesse konzentrierte sich fast ausschließlich aufs Essen, und nur beim Gespräch übers Essen war ein längerer Wortkontakt mit ihm herzustellen. Um das, was an Begriffen noch vorhanden war, nicht weiter in Vergessenheit geraten zu lassen, ermunterte ich ihn unentwegt zum Sprechen. Wenn ich ihm die erste Silbe eines Wortes vorsagte, so fiel es ihm meist selbst wieder ein. Ma-Marienkäfer. Lö-Löwenzahn. Son-Sonnenbrille. Manchmal vollendete er das Wort in einer Weise, die darauf schließen ließ, dass er nicht viel nachdachte, sondern einfach den ihm geläufigsten Begriff gebrauchte. So stand ich einmal mit ihm vor einer Marienstatue und sagte Mutter-, und er vollendete Bär."

(Suhrweier, H., 1997, S. 72f.)

Aufgaben

1. *Wie erklären sich die Betroffenen das Phänomen der Behinderung?*
2. *Welches Bild von „Behinderung" geben sie in den Texten wieder?*
3. *Vergleichen Sie die Texte miteinander und arbeiten Sie Unterschiede und Gemeinsamkeiten heraus.*
4. *Spielen Sie die dargestellten Situationen im Rollenspiel nach und führen Sie diese weiter.*
5. *Tauschen Sie sich über Ihre Erfahrungen mit Behinderungen aus: Wann haben Sie solche bei wem wie wahrgenommen? (Wie) haben diese Erfahrungen Ihren Berufswunsch beeinflusst?*

2.2 Pädagogische Sichtweisen

„Als behindert im erziehungswissenschaftlichen Sinne gelten alle Kinder, Jugendlichen und Erwachsenen, die in ihrem Lernen, im sozialen Verhalten, in der sprachlichen Kommunikation oder in den psychomotorischen Fähigkeiten so weit beeinträchtigt sind, dass ihre Teilhabe am Leben der Gesellschaft wesentlich erschwert ist. Deshalb bedürfen sie besonderer pädagogischer Förderung. Behinderungen können ihren Ausgang nehmen von Beeinträchtigungen des Sehens, des Hörens, der Sprache, der Stütz- und Bewegungsfunktionen, der Intelligenz, der Emotionalität, des äußeren Erscheinungsbilds sowie von bestimmten chronischen Krankheiten. Häufig treten auch Mehrfachbehinderungen auf."

(Deutscher Bildungsrat, 1973, S. 32)

Aufgaben

1. *Geben Sie diese Definition des Deutschen Bildungsrates mit eigenen Worten wieder.*
2. *Deckt sich diese Definition mit Ihren Vorstellungen zum Begriff der „Behinderung"?*
3. *Was fehlt Ihnen gegebenenfalls an dieser Definition?*
4. *Welches Bild vom Menschen mit Behinderung könnte diese Definition geprägt haben? Tauschen Sie sich im Klassenverband über Ihre Meinungen aus.*

2.2.1 Theoretische Zusammenhänge

Die Begriffe im Umfeld des Ausdruckes Behinderung sind relativ jung. Dieses gilt sowohl für das Substantiv Behinderung, als auch für das Verb behindern:

Von zwei niederdeutschen Autoren des 18. Jahrhunderts verwendet, wurde der Ausdruck ‚behindert' in einer Tübinger Ausgabe des gleichen Werkes noch durch ‚gehindert' ersetzt. Dann fand er zunächst als juristischer Begriff Eingang in die Prozessordnung und spielt noch heute in § 1 der Straßenverkehrsordnung eine wichtige Rolle. Das Wort, von dem er abgeleitet ist (‚hindern') hatte dabei ursprünglich die räumliche Bedeutung von ‚eine Sache nach hinten stellen' ... Erst zu Beginn des 20. Jahrhunderts wurde der Terminus schließlich auf seinen jetzigen Gegenstandsbereich und die Sonderpädagogik angewandt.

(Hensle/Vernooij, 2000, S. 8)

Vor allem nach dem Ersten Weltkrieg kam es zu einer begrifflichen Neubestimmung, da die Kriegsversehrten die Bezeichnung „Krüppel" für sich ablehnten. Nach diesem Zeitpunkt bürgerte sich der Begriff der *Behinderung* sowohl juristisch, als auch umgangssprachlich mehr und mehr ein:

- 1938 im Reichsschulpflichtgesetz § 6: „Schulpflicht geistig und körperlich behinderter Kinder."
- 1957 Körperbehindertengesetz: Konsequente Ersetzung des Wortes „Krüppel" durch „Körperbehinderte."
- 1973: Definition des Deutschen Bildungsrates (siehe oben).

Aufgaben

1. *Stellen Sie in einem Wortfeld die Verwendung des Begriffes Behinderung in seinen unterschiedlichsten Varianten dar. Suchen Sie hierbei nach den Bezeichnungen in aktuellen Zeitungen, Zeitschriften etc.*
2. *Welche unterschiedlichen Bedeutungen und Zuschreibungen hat die Bezeichnung Behinderung hierbei?*
3. *Stellen Sie Unterschiede in der Nutzung der Worte Behinderung und behindern fest? Stellen Sie Hypothesen zu den Begründungen dieser möglichen Unterschiede auf.*

Fasst man die Entwicklung des Behinderungsbegriffes zusammen, so lassen sich drei deutliche Phasen, bzw. Erweiterungen dieses Begriffes feststellen (vgl.: Lindmeier, 1993, S. 23ff.):

- Die Ausweitung vom physikalisch-dinglichen auf den menschlichen Bereich. Zuerst wurden mit diesem Begriff Situationen beschrieben, in denen es zu Hindernissen in Prozessen oder Bewegungen kam. Diese konnten nicht mehr in der üblichen Art und Weise absolviert werden (wie z. B. der Stau bei der Bewältigung einer Straßenwegstrecke). Erst danach wurden hiermit auch Menschen bzw. menschliche Defizite bezeichnet.
- Die Ausweitung von einem beschreibenden Begriff zu einem Substantiv.
  Der Begriff der *Behinderung* diente zuerst dazu, einen mehr oder weniger deutlichen Sachverhalt zu beschreiben („Etwas hindert mich oder andere daran, etwas zu tun, zu erleben etc."). Erst danach, und hierbei vor allem über den Weg der Gesetzgebung, wurde er zu einem festschreibenden Begriff, zu einem Substantiv: Der Begriff der Behinderung wurde somit zu einem Systembegriff, der ganze Gruppen von Behinderungsphänomenen umfasste.
- Die Ausweitung von einem sichtbar und sinnlichen zu einem unsichtbar, nicht sinnenfälligen auf den Menschen bezogenen Begriff.
  Zuerst wurden die Sachverhalte und Hindernisse gekennzeichnet, die recht deutlich zu erkennen waren (körperliche Behinderungen), danach wurde der Begriff auf weniger deutliche Gegebenheiten ausgedehnt (wie Sinnesbehinderungen). Schließlich umfasste er auch die Bereiche, welche nicht mehr (sinnenfällig) sichtbar waren (wie das Lernen, i. S. einer „Lernbehinderung" oder kognitiv-mentale Prozesse i. S. einer sog. „geistigen Behinderung")

Grafisch lassen sich diese Zusammenhänge wie folgt darstellen:

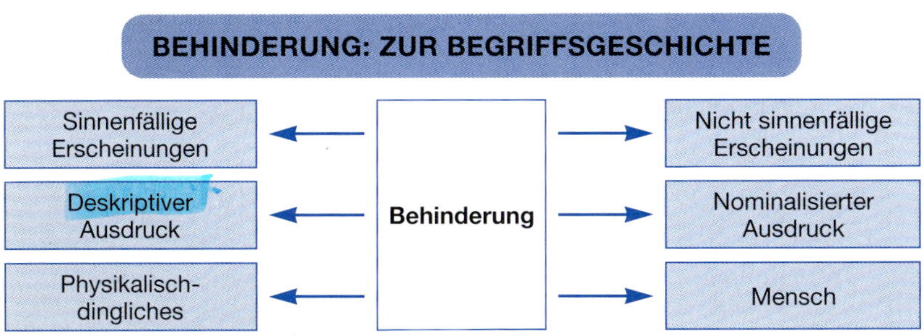

Aufgaben

1. *Stellen Sie die drei Bereiche zur Ausweitung des Behinderungsbegriffes an Beispielen dar.*
2. *In welchen Situationen gebrauchen Sie (umgangssprachlich) die Begriffe der Behinderung und des behinderns? Welche dieser Verwendungen waren Ihnen bewusst?*
3. *Versuchen Sie durch Interviews (in der Fußgängerzone Ihrer Stadt u. ä.) die Benutzung(en) und die Wirkung(en) dieser Begriffe zu erfragen.*
4. *Welche Wirkungen haben diese Begriffe auf Menschen mit Behinderungen? Stellen Sie Hypothesen hierzu auf und überprüfen Sie diese ebenfalls in Interviews.*

Eine der weittragendsten Differenzierung des Behinderungsbegriffes ist diejenige der Weltgesundheitsorganisation (WHO) (von 1980; vgl.: Hensle/Vernoij, 2000, S. 12ff).

- **Schädigung (Impairment)** – dieses meint eine Funktionsstörung, bzw. Schädigung auf der organischen Ebene.
- **Behinderung (Disability)** – dieses meint eine Störung auf der individualen und personalen Ebene.
- **Benachteiligung/Beeinträchtigung (Handicap)** – dieses bezieht sich auf die Störungen, bzw. die Konsequenzen auf der gesellschaftlich-sozialen Ebene.

Hiernach könnte *Impairment* als medizinisches Problem definiert werden, *Disability* wäre eher ein psychologisches Problem und *Handicap* eher ein soziologisches, bzw. sozialpolitisches Problem.

Aufgaben

1. *Stellen Sie die Unterschiede dieser Differenzierung des Behinderungsbegriffes zu derjenigen des Deutschen Bildungsrates (siehe oben) dar.*
2. *Worin bestehen die Vorteile, worin die Nachteile der Definition der Weltgesundheitsorganisation?*
3. *Was fehlt Ihnen gegebenenfalls dennoch an der Definition der WHO?*

Zu Beginn der 90er Jahre des letzten Jahrhunderts begann die WHO ihre eigenen Analysen und Bestimmungen des Behinderungsbegriffes zu überarbeiten. Der eher individuumszentrierten, eher defizitorientierten Sichtweise von 1980 versucht sie, eine neue, systemorientierte Betrachtung entgegenzusetzen, *„die Behinderung immer auch im sozialen Kontext sieht, unter Herausstellung der positiven Möglichkeiten innerhalb des jeweiligen engeren und weiteren Lebensraumes des behinderten Menschen."* *(Hensle/Vernooij, 2000, S. 13)*

In dieser neuen international gültigen Klassifikation von Behinderung („WHO-International Classification of Impairments, Disabilities und Handicaps – ICIDH-2", 2001) „ICF" können folgende Ebenen benannt werden, welche die Ausprägung von Behinderung bedingen:

- Aktivitäten der Person,
- Partizipation/Teilhabe an Lebensbereichen,
- Funktionen und Strukturen.

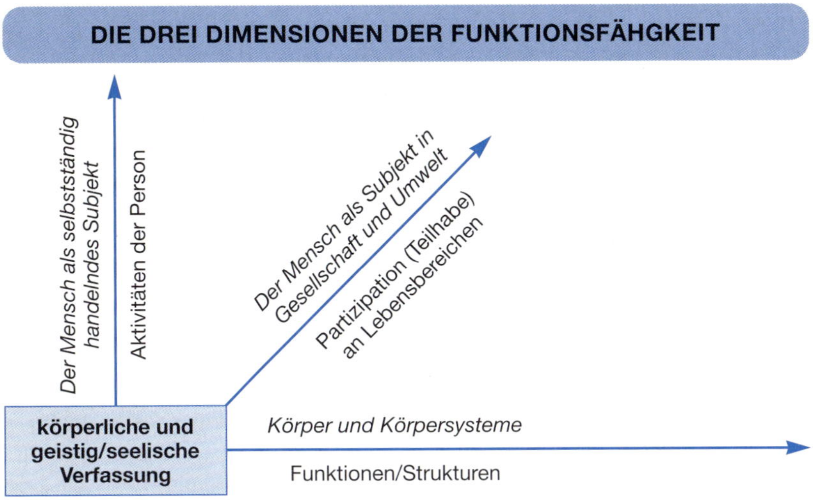

In einem letzten Schritt lässt sich der Behinderungsbegriff auch noch in Bezug auf seine paradigmatische Begründung erörtern.

„Ein Paradigma (griech.) stellt ein Muster, ein Beispiel innerhalb eines größeren Zusammenhanges dar. Im wissenschaftlichen Bereich stellt das Paradigma einen theoretischen Ansatz, ein Erklärungsmodell dar ... Mit Hilfe des Paradigmas werden die anerkannten Fragestellungen, Ziele und Methoden eines Wissenschaftsgebietes bestimmt."

(Hensle/Vernooij, 2000, S. 18)

In Bezug auf das Arbeitsfeld der Heil- und Sonderpädagogik, sowie hinsichtlich der Bestimmung des Behinderungsbegriffs können vier, bzw. fünf verschiedene Paradigmata beschrieben werden (nach Bleidick, in: Hensle/Vernooij, 2000, S. 18 sowie S. 25):

Behinderung ist ...	Behinderung als ...	Bezeichnung
1. ein medizinisch fassbarer Sachverhalt	Medizinische Kategorie	personenorientiertes Paradigma
2. eine Zuschreibung von sozialen Erwartungshaltungen	Etikett	interaktionistisches Paradigma
3. ein Systemerzeugnis schulischer Leistungsdifferenzierung	Systemfolge	systemtheoretisches Paradigma
4. durch die Gesellschaft „gemacht"	Gesellschaftsprodukt	politökonomisches Paradigma
5. besonderer pädagogischer Förderbedarf	Erziehungs- und Bildungskategorie	(gleichberechtigt-)begabungsorientiertes Paradigma

Aufgaben

1. *Stellen Sie jedes Paradigma anhand von Beispielen (zum Begriff der „Behinderung") dar.*
2. *Können Sie Überschneidungen zwischen den einzelnen Paradigmen feststellen?*
3. *An welchen sozialen Realitäten lassen sich die Wirkweisen dieser Paradigmen noch deutlich machen?*
4. *Wie und wodurch wirken sie sich auf heilerziehungspflegerische Tätigkeiten aus?*

Abschließend lässt sich zur pädagogischen Kategorisierung von Behinderung bilanzieren, dass *eine Schädigung wie eine Behinderung oder eine Störung ... zum Normbereich des Menschsein(s) gehört: Jeden Menschen kann dieses Schicksal ereilen. Demzufolge stellt kein ... ‚Krüppel' oder ‚Höchstbegabter' eine andere ‚Art' Mensch dar. Und aus diesem Grund verbietet sich auch jede Sichtweise, die Behinderung als eine ‚spezielle Form von Leben' betrachtet. Die Schritte vom ‚nicht Normalen' zum ‚Nichtnormalen' und zum ‚Unmenschen' sind klein ...* (Dohrenbusch/Blickenstorfer, 1999b, S. 289) Eine Behinderung ist somit eine „allgemeinmenschliche Erscheinung" – und diese Sichtweise zieht vielfältige theoretische und praktische Konsequenzen nach sich:

Aufgaben

1. *Was spricht für, was gegen die Sichtweise, dass Behinderung als allgemeinmenschliche Erscheinung (Dohrenbuch/Blickenstorfer, 2000, S. 289) bezeichnet wird?*
2. *Welche sozialpolitischen Konsequenzen hat eine solche Betrachtungsweise?*
3. *Welche philosophisch-ethischen Themen werden hiervon berührt?*
4. *Diskutieren Sie auf diesem Hintergrund die Normalisierungs- und Integrationsbestrebungen.*

2.2.2 Praktische Umsetzung

Im Folgenden werden zwei Möglichkeiten vorgestellt, wie ein ganzheitlicher Behinderungsbegriff – wie ihn die WHO mit der ICIDH-2 ICF fordert – in heilerziehungspflegerisches Denken hineinwirkt und wie er für heilerziehungspflegerisches Arbeiten genutzt werden kann. Es handelt sich hierbei um das

- Modell des *Behinderungszustandes* nach Emil E. Kobi (1993)

  und um das

- Modell der *sozialen Ganzheitlichkeit* nach Theo Klauß (1999)

Das Modell des *Behinderungszustandes* nach Emil E. Kobi:

Die Tätigkeit des Heilerziehungspflegers, sein Aufgaben- und Bewährungsfeld, „sind Behinderungszustände, verstanden als psychosoziale Systeme eingeschränkter und verzerrter zwischenmenschlicher Kommunikation in und gegenüber den unter bestimmten gesellschaftlich-historischen Verhältnissen als bedeutsam geltenden Gegenstands- und Personwelten. Heilerziehung hat die Aufgabe der Beziehungsstiftung in Verhältnissen, in denen eine Person

- durch objektiv feststellbare Behinderungen auf der Objektebene
- aufgrund normativer Ausgrenzungen auf der Normebene
- und durch subjektiv erlebte Isolation auf der Subjektebene

in ihren intrapersonalen in interpersonellen Aneignungs-, Austausch- und Integrationsprozessen so beeinträchtigt ... ist, dass sie in personal und sozial als wesentlich geltenden Bereichen und Zeitabschnitten aus dem gemeinsamen Daseinszusammenhang herauszufallen droht“ (Kobi, 1993, S. 113)

Aufgaben

1. *Belegen Sie diese Beschreibung von Kobi mit Beispielen aus dem heilerziehungspflegerischen Alltag.*
2. *Welche Rolle kommt den heilerziehungspflegerisch Tätigen hierbei zu?*

Kobi kennzeichnet das Feld der gemeinsamen, aber auch entfremdeten psychosozialen Erfahrung, als *Behinderungszustand.* Dieses baut sich auf zwischen

- dem Fremdbild, in welchem bestimmte Merkmale als behinderungsspezifisch definiert werden,
- dem Selbstbild und der Eigenbefindlichkeit der als behindert definierten Person,
- den Normen und Anforderungsprofilen in einer bestimmten gesellschaftshistorischen Situation,
- sowie den Erleichterungsbemühungen und Hilfen, die dem Behinderten als adäquat erscheinend angeboten werden.

Dieser Behinderungszustand ist nicht nur durch objektiv feststellbare Materialien (Fakten, Daten, Symptome, Merkmale) bedingt, sondern durch deren Verbindung ... (Er) wird nicht nur kausal-linear (...) verursacht, sondern in kreisförmigen Gestaltungsmustern erzeugt (...) bis in einen Bereich hinein, wo ‚Ursache‘ und ‚Wirkung‘ ineinander übergehen und eins werden. (Vgl.: Kobi, 1993, S. 115–117)

Grafisch lässt sich dieser Behinderungszustand wie folgt darstellen:

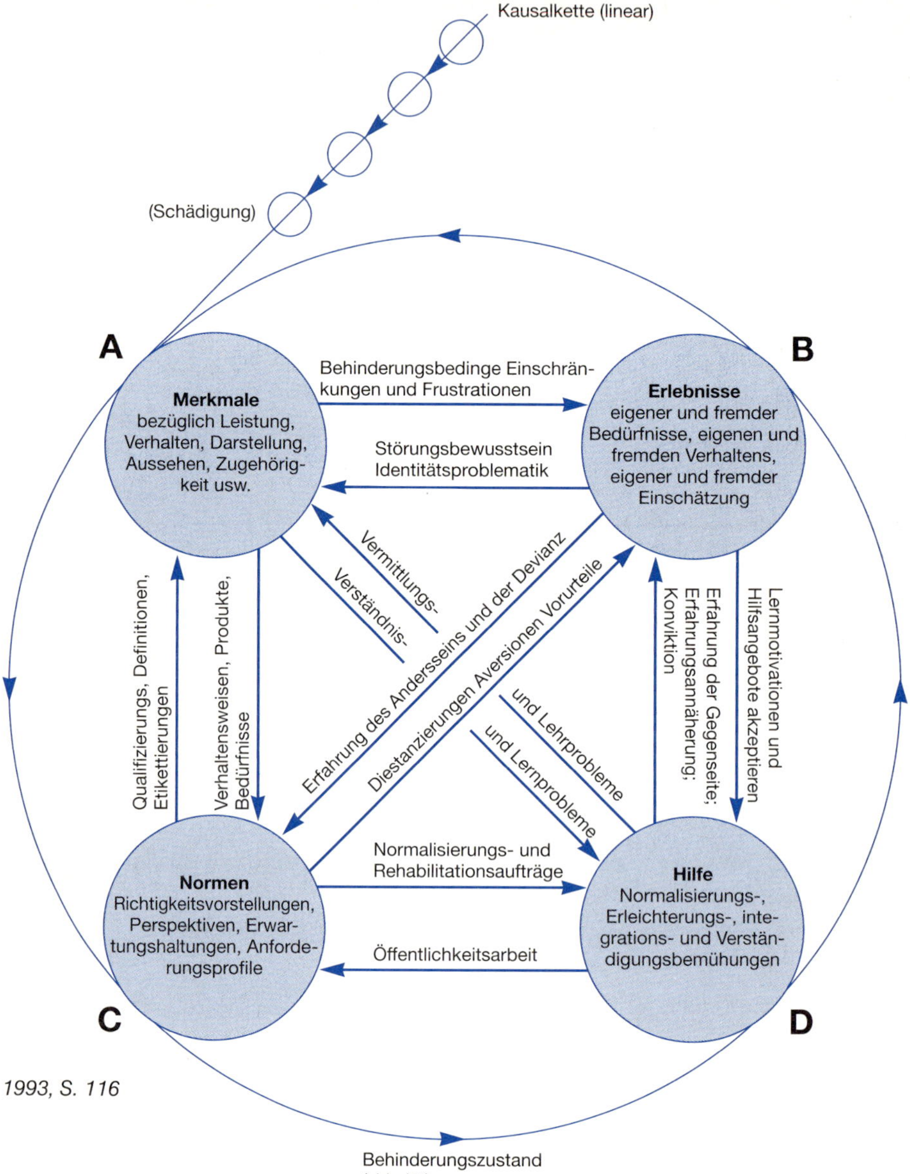

Kobi, 1993, S. 116

Aufgaben

1. *Stellen Sie das Modell des Behinderungszustandes an einem Beispiel aus dem Themen- und Tätigkeitsfeld der Heilerziehungspflege dar.*
2. *Welche Vor- und Nachteile hat dieses Modell?*
3. *Welche Relevanz hat dieses Modell für die Berufsrolle der heilerziehungspflegerisch Tätigen?*
4. *Diskutieren Sie Ihre Ergebnisse zur Frage 2 im Klassenverband.*

- **Das Modell der sozialen Ganzheitlichkeit nach Theo Klauß:**

Der Mensch mit Behinderung lebt als Individuum, in dem Emotionen, Kognitionen und Handlungen miteinander verknüpft sind, in einer

„Vielfalt von Lebensformen ..., die miteinander zusammenhängen und gleichermaßen für ihn wichtig sind ... Was jemand tut, hängt also nicht nur von den eigenen Fähigkeiten und Interessen ab, sondern auch von seinen Beziehungen und von der Bedeutung, die dies für verschiedene Mitglieder der sozialen Systeme (hat), zu denen der betreffende Mensch gehört.“ (Klauß, 1999, S. 103)

Theo Klauß konstatiert ein „dreipoliges Beziehungsgeflecht“ (Klauß, 1999, S. 103) zwischen dem Menschen mit Behinderung, seinen Angehörigen und den professionellen Helfern. Dieses Beziehungsgeflecht bleibt nicht ständig (zeitlich, räumlich, personell etc.) gleich, vielmehr verändert es sich permanent. Im Mittelpunkt des theoretischen wie praktischen Interesses steht hierbei die „Ganzheit des einzelnen Individuums, das – entsprechend der Wortbedeutung – eine unteilbare Ganzheit darstellt, und doch gerade darin sehr vielfältig und differenziert ist.“

(Klauß, 1999, S. 103)

Die Einheit in der Vielfalt menschlicher Lebensformen gibt folgendes Schaubild wider:

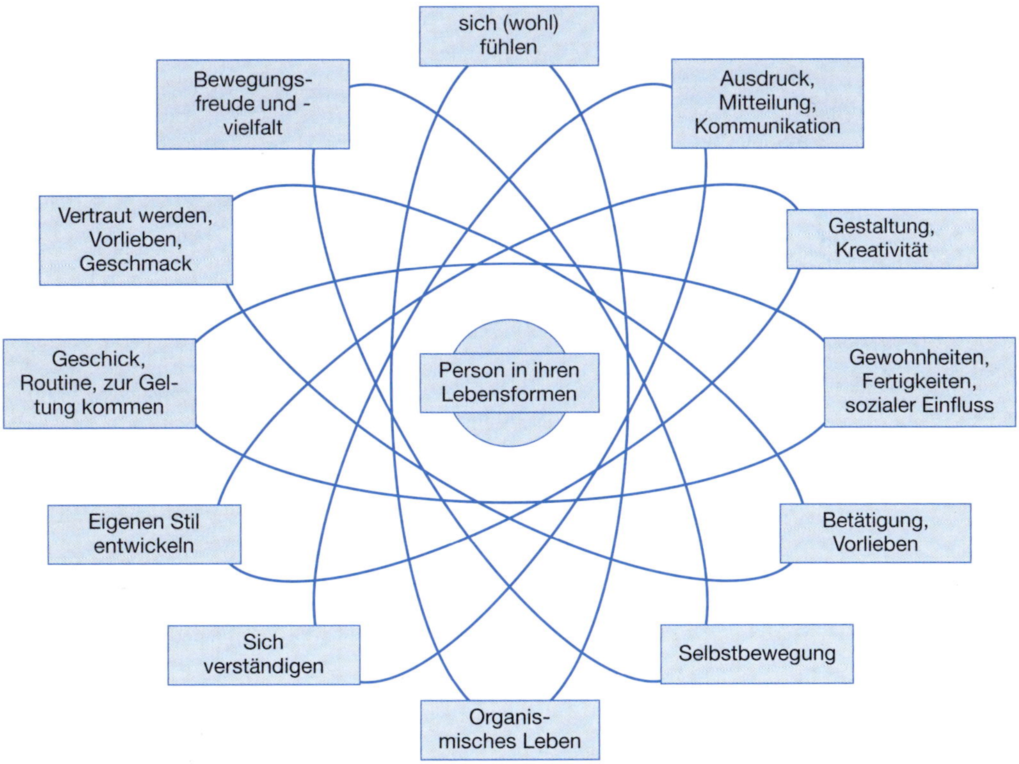

Nach Haisch 1988

Aufgaben

1. *Entwickeln Sie jeweils für einen Menschen mit Behinderung (es spielt hierbei keine Rolle, welche Behinderung Sie wählen) für einen Angehörigen und einen professionellen Helfer (Heilerziehungspflegerin/Heilerziehungspfleger) ein Beispiel für dieses Modell.*
2. *An welchen Stellen erkennen Sie Unterschiede, an welchen Gemeinsamkeiten der drei Personen? Worauf führen Sie das jeweils zurück?*
3. *Welche praktischen Konsequenzen ergeben sich aus Ihrem Beispiel für die Berufsrolle des heilerziehungspflegerisch Tätigen?*
4. *Stellen Sie an konkreten Beispielen aus dem Alltag (Nahrungsaufnahme, Tagesablauf, Arbeiten etc.) dar, wie diese Abläufe und Tätigkeiten sehr wohl – von unterschiedlichen Menschen mit und ohne Behinderung – sehr unterschiedlich wahrgenommen und durchgeführt werden können. Zeigen Sie hierbei auf, dass es weder wichtige noch unwichtige Lebensformen und auch keine mehr oder weniger wertvollen Menschen gibt (vgl.: Klauß, 1999, S. 107/108).*

2.2.3 Materialien und Anregungen

Materialien

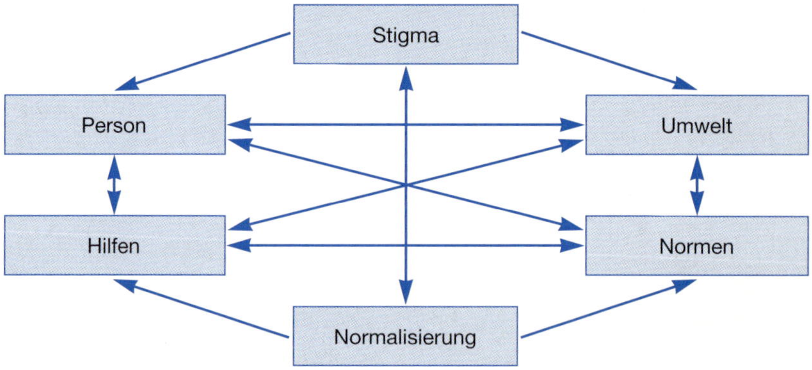

Behinderung als multifaktorielles Beziehungsfeld

Die komplexen Wechselwirkungszusammenhänge aller Faktoren und Elemente, die zu dem führen, was man in formelhafter Verkürzung Behinderung oder Verhaltensstörung nennt, verdeutlicht abschließend noch einmal die Abbildung.
Sie erfasst deskriptive und normative Aspekte.
Nur wenn eine Person *stigmatisiert* ist, d. h. als Träger einer negativ bewerteten Eigenschaft (Merkmal) wahrgenommen wird, werden *Interaktionsprozesse* in Gang gesetzt, die schließlich in der diagnostischen Zuschreibung (Feststellung) einer *Störung* oder *Behinderung* resultieren. Ein Stigma kann eine objektiv gegebene psychophysische Schädigung sein und/oder ein abweichendes Verhalten. Die Stigmatisierung der Person wird sich selten nur auf ein singulär wahrnehmbares Merkmal beschränken, sondern es kommt leicht zu komplexen *Stereotypisierungen*, durch welche die Integrität und Identität der Person verletzt, zumindest bedroht werden. Dies löst Bewältigungs- und Kompensationsprozesse der stigmatisierten Person (und ihrer mitstigmatisierten Bezugspersonen) aus, die meist zu Ge-

fühlen der Selbstwerteinbuße („Minderwertigkeitsgefühle", Schuldgefühle) führen und nicht selten zusätzlich mit von außen kommenden handlungseinschränkenden *Diskriminierungen* einhergehen. Immer sind *Normen*, im Sinne von Verhaltenserwartungen, im Spiel, in deren Lichte Abweichung und „Andersartigkeit" festgestellt werden (wissenschaftlich begründete Entwicklungsnormen, Gesundheitsnormen oder auch implizite Alltagsnormen und -regeln im Sinne von Sitten, Gebräuchen, Konventionen, Einstellungen und Vorurteilen). Für den Umgang mit Abweichung (hier: Behinderung oder Verhaltensstörung) stehen in jeder Gesellschaft *Praktiken* bereit (Alltagspraktiken und professionalisierte Behandlungsformen), die als *Hilfen* intendiert sind, u. U. jedoch auch repressive, kontrollierende und entmündigende Nebenwirkungen haben. Als Orte für den professionellen Umgang mit Abweichung gibt es bestimmte Einrichtungen (Institutionen), etwa der Kinder- und Jugendhilfe, der Erziehungs- und Behindertenhilfe, der Rehabilitation und Resozialisierung.

Abbildung und Text: Gröschke, D., 1997, S. 72f.

Aufgaben

1. *Stellen Sie das Schema von Gröschke an einem Beispiel aus der heilerziehungspflegerischen Praxis dar.*
2. *Fassen Sie den Text mit eigenen Worten zusammen.*
3. *Diskutieren Sie auf der Grundlage der Antwort zu Frage 2 folgende These: „Heilerziehungspflege trägt mit dazu bei, dass Menschen mit Behinderungen aus gesellschaftlichen Bezügen ausgeschlossen werden!"*
4. *Stellen Sie die Ergebnisse Ihrer Diskussion in einem Rollenspiel dar.*

In der Fachliteratur existieren sehr viele unterschiedliche Beschreibungen und Definitionen dessen, was unter schwer- bzw. schwerstbehindert verstanden wird – mit der wesentlichen Aussage, dass das Phänomen der Schwerstbehinderung grundsätzlich so komplex ist, dass es sich einer umfassenden, allgemeinverbindlichen Definition entzieht.

Menschen werden als schwerst behindert bezeichnet, wenn sie in ihren motorischen, kognitiven, perzeptiven, emotionalen und sozialen Fähigkeiten als so stark beeinträchtigt gelten, dass sie in ihren alltäglichen Lebensbezügen umfänglicher Hilfen bedürfen. In Anlehnung an Andreas Fröhlich sind diese Menschen in aller Regel keinem Leitsymptom im Sinne einer klassischen Behinderung wie etwa der „geistigen Behinderung" oder der „Körperbehinderung" zuzuordnen. Eine derartige Zuordnung wird einerseits der Komplexität der Behinderung nicht gerecht und entspricht andererseits der Ganzheitlichkeit und dem Personsein des Menschen nicht. Entsprechend sind schwerstbehinderte Menschen nicht in ihrem Personsein, sondern in ihren kog-nitiven und körperlichen Fähigkeiten im Vergleich zu als „normal" geltenden Menschen erheblich eingeschränkt bzw. verändert.

Der Begriff „schwerste Behinderung" hat als sozialrechtlicher Begriff nur dann eine Berechtigung, wenn er in seiner Handlungsrelevanz schwerstbehinderten Menschen die umfänglichen Hilfen zukommen lässt, die sie benötigen, um zu größtmöglicher Autonomie und gesellschaftlicher Teilhabe zu gelangen. Diese Hilfen sind entsprechend Ausprägung und

Erscheinungsweise der schwersten Behinderungen zu individualisieren. Im Sinne der Komplexität des Behinderungsbegriffs müssen sich hierbei medizinische, pflegerische, pädagogische, psychologische und soziale Hilfen ergänzen.

Hellmann, M. in: Greving, H./Niehoff, D. 1999, S. 22f.

Aufgaben

1. *Wie stellt sich für Sie auf dem Hintergrund des Textes von M. Hellmann eine schwerste Behinderung dar?*
2. *Welche Konsequenzen leiten Sie aus dem Text für heilerziehungspflegerisches Handeln ab? Bedenken Sie hierbei besonders die Interdisziplinarität heilerziehungspflegerischer Praxis.*

„Behinderung“ ist zunächst weder ein pädagogischer Begriff noch ein erzieherischer Sachverhalt. Worte wie „Hindernis“, „Behinderung“ bezeichnen Situationen in der (physischen) Gegenstandswelt, in denen bestimmte Bewegungen oder Prozesse aufgehalten und in ihrem üblichen oder vorgesehenen Verlauf gehemmt werden. Wenn daher in unserer durch exzessive Mobilität gekennzeichneten Welt von „Behinderungen“ die Rede ist, so in aller Regel im Zusammenhang mit Verkehrsbehinderungen. – „Behinderung“ ist zunächst aber auch kein medizinischer Begriff und Sachverhalt. Das medizinische Interesse gilt primär der Krankheit (d. h. einem dynamischen Geschehen) und nur bedingt und indirekt einer Behinderung (d. h. einem statischen Zustand).
Der ursprünglich physikalische Behinderungsbegriff wird erst via gesellschaftspolitische Entwicklungen zu einer heilpädagogischen Kategorie. Dabei ist stets eine Doppeldeutigkeit im Auge zu behalten: Behindert ist, wer an für ihn/sie wesentlichen gesellschaftlichen Aktivitäten nicht oder nur mangelhaft partizipieren kann, und behindert ist, wer sich gegenüber gesellschaftlich als wesentlich geltenden Bestrebungen als hinderlich erweist. „Behinderung“ bezeichnet in dem Moment nicht mehr bloss eine Funktionsbeeinträchtigung, sondern einen Status („Behindertsein“).
Behinderung (desgleichen: Schädigung, Störung, Krankheit, Gebrechen u. ä.) ist demzufolge per se ein Wert(-ungs-)Begriff. Bestimmte Erscheinungsformen, Funktions- und Verhaltensweisen einer Person werden von dieser selbst und/oder von bedeutsamen Repräsentanten aus ihrer näheren Umgebung als mangelhaft und nicht der Erwartungsnorm entsprechend eingestuft. Im weitern werden sodann besondere, d. h. unkonventionelle/nicht allgemein übliche Maßnahmen und Vorkehrungen (sogenannte „Hilfen“) als notwendig erachtet, um die Behinderung zu beheben, zu überbrücken oder sie in Grenzen zu halten. Eine Behinderung wird entscheidend durch Art und Umfang der anberaumten Maßnahmen qualifiziert.

Kobi, 1993, S.98f.

Aufgaben

1. *Formulieren Sie Beispiele zu diesem Text.*
2. *Erarbeiten Sie Beziehungen und Verknüpfungen zwischen den Aussagen von Kobi und den in Kapitel 3.2.1 und 3.2.2 dargestellten Inhalten.*
3. *Welche weiteren heilerziehungspflegerischen Aufgaben ergeben sich bei einer konsequenten Umsetzung der von Kobi dargelegten Gedanken?*

2.3 Psychologische Sichtweisen

„Ich kannte in einer Großanstalt für geistig Behinderte vom Sehen einen etwa sechzehnjährigen Jungen, der nur ein einziges Wort sprechen konnte. Er wiederholte es den ganzen Tag über unzählige Male, nie jedoch war es möglich, in seinen Worten einen auf die gegenwärtige Situation bezogenen Sinn zu erkennen. Dieses Wort war ‚Papi'. Er sagte es in immer gleichbleibendem fragenden Tonfall und Rhythmus, meistens zwei- oder dreimal hintereinander. ‚Papi, Papi ... Papi?' Nichts ist mir von ihm in Erinnerung geblieben als das. Manchmal geht es mir im Kopf herum wie eine oft gehörte Melodie, deren Bedeutung mir aus eigener, sorgsam vergessener Vergangenheit bekannt und doch verborgen ist. Wenn ich daran denke, so ist mir, als klinge dieses ‚Papi, Papi?' wie eine vor langer Zeit gestellte Frage, die damals ihre Antwort nicht gefunden hatte. Als hätte der Junge einmal vor einer Tür gestanden, die, das fühlte er deutlich, die Tür zu seinem Leben war; als hätte er angeklopft und die Losung gesagt, und die Tür war verschlossen geblieben. Seitdem, so scheint mir, hat dieser Junge nichts anderes mehr sagen können als die Losung, von der er doch fühlte, dass es die richtige war, der Schlüssel zu seinem Leben, das ihm verschlossen blieb, weil keiner da war, der sich von ihm als ‚Papi' ansprechen ließ."

(Niedecken, 1989, S. 8)

Aufgaben

1. *Wodurch könnte das Verhalten des Jungen entstanden sein? Entwerfen Sie eine mögliche Skizze seiner Lebensgeschichte.*
2. *Welches Wissen benötigen Sie, um sich diese (Lebens-)Geschichte zu erklären?*
3. *Welche psychologischen Erkenntnissen könnten Ihnen hierbei behilflich sein?*
4. *Gehen Sie folgenden Ansätzen nach: Was und wie hat der Junge gelernt? Wie könnte die Umwelt sein Verhalten beeinflusst haben? Welche Gefühle sind hierbei „im Spiel"? Was will der Junge mit seinem Verhalten vielleicht erreichen? Wie lässt sich seine Entwicklung zusammenfassend darstellen?*

2.3.1 Theoretische Zusammenhänge

Die psychologische Sicht von Behinderung und Behinderungen ist eng verknüpft mit der Entwicklung der Heilpädagogik und Heilerziehungspflege als solcher. Ist diese, die Heilpädagogik, seit ca. 200 Jahren als Theorie und Praxis der Arbeit mit Menschen mit Behinderungen bekannt und etabliert, so ist das bei der psychologischen Auseinandersetzung mit heilpädagogischen Themen weit weniger der Fall: *Der Begriff ‚Heilpädagogische Psychologie' ... erscheint auch vierzig Jahre nach der Etablierung der ersten so bezeichneten Lehrstühle an deutschen Hochschulen und Universitäten noch ungeläufig. Das Fach ist noch auf der Suche nach seinem Gegenstand, das Wort noch wenig gebräuchlich.* (Fengler, 1999, S. 17) – Dennoch ist es genau die Bezeichnung, die die Arbeit mit Menschen mit Behinderung auf ihre psychologischen Relevanzen und Konsequenzen hin überprüft, bzw. diese begründet.

Die Wissenschaft der *Psychologie* wird, wie alle Wissenschaften, durch ihren Gegenstand (hier also die Arbeit mit Menschen mit Behinderungen) sowie durch Forschungsmethoden und Theorien definiert. Die heilpädagogische Psychologie beschäftigt sich nun somit mit den Fragen des Erlebens, des Verhaltens und der Kognition von Menschen mit Behinderungen und Verhaltensbesonderheiten. Sie erarbeitet sich ihre Erkenntnisse hierbei „aus

- Beschreibung und Klassifikation,
- Erhebung und Experiment,
- Verhaltensbeobachtung und Exploration,
- Einschätzung und Test,
- Beurteilung und Evaluation,
- Diagnose und Prognose,
- Verstehen und Interpretation,
- Hypothesenformulierung und Theorienbildung.“ (Fengler, 1999, S. 17)

Alle Bereiche sind hierbei als miteinander verknüpft darstellbar:

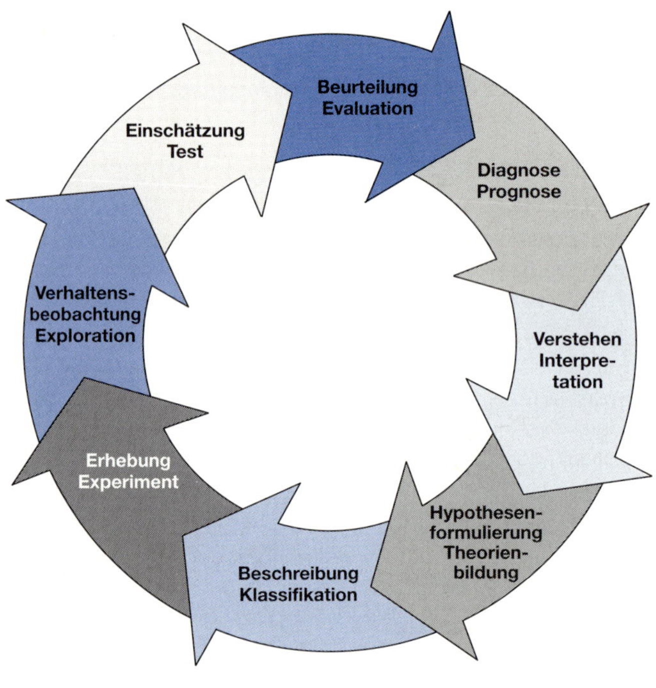

Aufgaben

1. *Suchen Sie nach den Übersetzungen der o.g. Begriffe und machen Sie sich diese verständlich.*
2. *Erarbeiten Sie Beispiele zu den einzelnen Punkten aus der heilerziehungspflegerischen Praxis.*
3. *Welche Relevanz könnte bei den einzelnen Punkten die Behinderung eines Menschen haben? – Diskutieren Sie Ihre Ergebnisse.*

Die Psychologie versucht – ganz allgemein – grundlegende Erkenntnisse zum seelischen und sozialen Geschehen, bzw. zur Entwicklung des Menschen zu formulieren. Dieses gilt auch für die Auseinandersetzung mit den Fragen des „Behindert-Seins". Zu den psychologischen Fächern, die sie hieran beteiligen, gehören u. a.

- die *allgemeine Psychologie* (die sich mit Fragen und Erkenntnissen zur Wahrnehmung, zum Lernen, zum Denken, zur Motivation und zur Forschung auseinandersetzt.)
- die *Entwicklungspsychologie* (welche sich mit der Entwicklung des Menschen in seinem Lebenslauf beschäftigt.)
- die *differentielle Psychologie* (welche sich mit den Unterschieden von Menschen, bzw. Menschengruppen beschäftigt.)
- die *Sozialpsychologie* (die erforscht und begründet, wie das Erleben und das Verhalten von Menschen und Mitmenschen wechselseitig beeinflusst wird, bzw. wie sich der einzelne Mensch in bestimmten sozialen Situationen verhält.)
- die *pädagogische Psychologie* (die sich mit der Erforschung des Erlebens und Verhaltens in den Bereichen der Erziehung und Bildung beschäftigt.) (vgl.: Fengler, 1999, 17; Hobmair, 1994, S. 35)

Die *heilpädagogische Psychologie* knüpft an die zuletzt genannte pädagogische Psychologie an. „Sie ist die Wissenschaft vom Lehren und Lernen unter Behinderungsbedingungen unter psychologischem Aspekt. Dabei ist der Begriff der Behinderung eher weit als eng zu fassen ... Die Begriffswahl ‚Heilpädagogische Psychologie' geht u. a. darauf zurück, dass zwischen 1960 und 1980 an Heilpädagogischen Akademien und Fakultäten Lehrstühle für Psychologie eingerichtet wurden und in der Lehrstuhlbezeichnung eine Unterscheidung gegenüber psychologischen Lehrstühlen an anderen Fakultäten erforderlich war ... (Mittlerweile) hat sich ... eine vielschichtige Beziehung zwischen Heilpädagogischer Psychologie und Heilpädagogik ergeben:

- *Heilpädagogische Psychologie* ist heute ein eigenständiges Fach der **Angewandten Psychologie**
- *Heilpädagogische Psychologie* ist eine Grundlagenwissenschaft, die der Heilpädagogik ihren aktuellen Forschungsstand auf ausgewählten, für die Heilpädagogik relevanten Gebieten, zur Verfügung stellt (z. B. Entwicklung, Diagnostik ...).

- *Heilpädagogische Psychologie* ist eine Folge-Wissenschaft der Heilpädagogik, in dem sie Fragestellungen, die dort entstehen, unter psychologischem Aspekt aufgreift, untersucht und zu beantworten versucht.
- *Heilpädagogische Psychologie* ist eine Kollegial-Wissenschaft, die mit der Heilpädagogik im Dialog steht und bei Problemlösungen mit ihr zusammenarbeitet." (Fengler, 1999, S. 18–20)

Aufgaben

1. *Sammeln Sie Einsatzmöglichkeiten für die einzelnen Fächer der Psychologie in und für die Heilerziehungspflege.*
2. *Wozu kann Ihnen, im heilerziehungspflegerischen Alltag, eine heilpädagogische Psychologie dienen? Welche Fragen hätten Sie an eine solche?*
3. *Grenzen Sie, anhand von Beispielen aus der Heilerziehungspflege, psychologische und pädagogische Aufgaben und Fragestellungen voneinander ab.*

Die *heilpädagogische Psychologie* differenzierte sich im Verlauf ihrer Entstehungs- und Entwicklungsgeschichte (beginnend bei der *„Heilpädagogischen Psychologie"* von Paul Moor, 1951 (Band I) und 1958 (Band II) bis hin zu *„Einführung in die Rehabilitationspsychologie"* von Witte (1988) und der *„Heilpädagogischen Psychologie"* von Fengler/Jansen (1999)) mehr und mehr im Sinne einer *„Psychologie der Behinderten"* aus.

Diese „behinderungsspezifische Ausdifferenzierung der psychologischen Perspektiven im Bereich der Heil- und Sonderpädagogik lässt sich gut an der neueren Fachliteratur ablesen. In dem inzwischen komplett verliegenden zwölfbändigen ‚Handbuch der Sonderpädagogik' gibt es in jedem, einer bestimmten Behinderungsform gewidmeten Teilband einen Abschnitt, in dem Beiträge zu den psychologischen Grundlagen der je speziellen Sonderpädagogik versammelt sind:

- Psychologie der Blinden und Sehbehinderten
- Psychologische Aspekte der Gehörlosigkeit
- Psychologische Aspekte der Lernbehinderung
- Psychologische Grundlagen der Pädagogik bei Verhaltenstörungen
- Psychologie der Sprachbehinderten
- Psychologie der Körperbehinderten (...)
- Psychologie der schweren Behinderungen." (Gröschke, 1999, S. 46/47)

Aufgaben

1. *Stellen Sie beispielhaft mögliche Erkenntnisse der einzelnen, speziellen psychologischen Orientierungen dar.*
2. *Welche Anfragen (aus Themen- oder Problemstellungen der heilerziehungspflegerischen Praxis) hätten Sie jeweils an diese einzelnen Disziplinen?*

Welche Aussagen tätigt nun eine heilpädagogisch und heilerziehungspflegerisch orientierte Psychologie zum Begriff der *Behinderung*? Jede der oben genannten psychologischen Orientierungen nimmt relativ eigenständige und differenzierte Definitionen zum Behinderungsbegriff vor. Dennoch gibt es einen übergreifenden Versuch *Behinderung* aus psychologischer Sicht zu beschreiben. Dieser Vorschlag geht auf Witte (1988, in: Gröschke, 1999, S. 48ff.) zurück, welcher darlegt,

„die auf Piaget zurückgehenden Begriffe der Adaption, Assimilation und Akkomodation für eine Analyse des Phänomens ‚Behinderung' nutzbar zu machen ... Zwischen Organismus und Umwelt besteht (hierbei) also ein unauflösbarer Zusammenhang ..., der durch beidseitige Transaktionen als Fließgleichgewicht aufrecht erhalten wird. Er funktioniert so lange, wie das Individuum in Verhalten und Wahrnehmen den Gegebenheiten der Umwelt entsprechen kann und so lange, wie die Umweltbedingungen auf die Bedürfnisse und Möglichkeiten des Individuums zugeschnitten sind. Störungen ... dieses Funktionskreises können primär vom Individuum ausgehen (durch Schädigungen oder Funktionseinbußen) oder von der Umwelt (Deprivationen); meist zeigen sie bereits eine in sich verflochtene Kombination individueller und umweltabhängiger Faktoren."

(Gröschke, 1999, S. 49/50)

Aufgaben

1. *Wie lässt sich mit diesen Erläuterungen der Begriff der Behinderung definieren?*
2. *Wodurch unterscheidet er sich von anderen, Ihnen bekannten, Erklärungsmodellen zur Behinderung?*
3. *Verknüpfen Sie dieses Modell mit den Aussagen von E.E. Kobi zum Behinderungszustand (vgl. Kapitel 3.1.2). Wo gibt es Überschneidungen, wo Unterschiede?*
4. *Welche praktischen Konsequenzen hat dieses Erklärungsmodell von Witte für heilerziehungspflegerisches Handeln?*

2.3.2 Praktische Umsetzung

In diesem Kapitel werden die Relevanzen einiger psychologischer Grundbegriffe für die heilerziehungspflegerische Arbeit dargestellt. Weiterhin wird ein beziehungsorientiertes Modell psychologisch-heilpädagogischen Denkens skizziert.

Bei den psychologischen Grundbegriffen, welchen eine praktische Bedeutung für heilerziehungspflegerisches Handel im Kontext der *Behinderung* zukommt, handelt es sich um (vgl.: Gröschke, 1999, S. 175–259):

- die Entwicklung
- die Wahrnehmung
- das Lernen
- die Motivation
- die Emotion
- die Kognition
- die Sozialisation
- das Handeln
- die Persönlichkeit

Da in den Kapiteln 4 bis 10 noch ausführliche Beschreibungen einzelner Grundbegriffe folgen, sollen an dieser Stelle nur die Entwicklung, die Wahrnehmung, die Emotion und das Handeln skizziert werden.

Im Einzelnen:
Die Entwicklung: Der Begriff der *Entwicklung* beschreibt *längerfristige Veränderungsprozesse menschlichen Erlebens und Verhaltens* (Gröschke, 1999, S. 176), sowie die ihnen zugrundeliegenden psychischen Strukturen. Der psychologische Entwicklungsbegriff lässt sich hierbei durch sechs Merkmale benennen:

- „Entwicklung impliziert Dynamik und Veränderung mit Zukunftsbezug
- Entwicklung impliziert Gerichtetheit auf positive Ziele, ist also immer auch ein wertender Begriff ...
- Entwicklung impliziert normative Verhaltenserwartungen an die sich entwickelnde Person, die auf ihr Lebensalter bezogen sind (‚Entwicklungsaufgaben')
- Entwicklung umschließt Ausgangsbedingungen und Folgen, wobei die Folgen nicht kurzfristiger ... Art sind, sondern sie sind überdauernd und relativ stabil.
- Entwicklung bezieht sich auf subjektiv erlebnisbedeutsame Veränderungen; nicht jede objektiv feststellbare Veränderung ist in diesem Sinne Entwicklung.
- Entwicklung impliziert Einheit der Person in ihrer Lebensgeschichte (Identität über die Zeit, ‚Kontinuität im Wandel')." (Gröschke, 1999, S. 176/177)

Aufgaben

1. *Zeigen Sie die Relevanzen dieser Merkmale für die Arbeit mit Menschen mit Behinderungen auf. Nehmen Sie hierbei Unterscheidungen zwischen Kindern, Jugendlichen, Erwachsenen und alten Menschen vor.*
2. *Welche praktischen Konsequenzen ergeben sich aus Ihren Aussagen für die Tätigkeiten in heilerziehungspflegerischen Einrichtungen?*

Die Wahrnehmung: Die Wahrnehmungssysteme des Menschen haben die Funktion, „alle Informationen über die Umwelt und die Person selbst verfügbar zu machen, welche für ihr Handeln und Verhalten notwendig sind (...). Unsere Wahrnehmungssysteme und ihre Leistungen haben dabei folgenden Hauptaufgaben zu erfüllen (...):

- Aufbau eines basalen Koordinatensystems zur Einordnung der einzelnen aktuellen Wahrnehmungen ...
- Entwicklung einer inneren Landkarte unseres Lebensraumes mit seinen räumlich-geographischen, zeitlichen und symbolischen Strukturen und Dimensionen (Orientierung, Verständnis, Sinn und Bedeutung),

- Wissen und Erkennen von (kulturellen) Objekten, Orten, Ereignissen ...; d. h. Aufbau von Wissens- und Gedächtnisstrukturen und -schemata, um uns im Fluss der Informationen schnell und sicher bewegen zu können.
- Aufbau sozialer und kommunikativer Kompetenz durch differenzierte Personenwahrnehmung ...
- Schulung spezifischer Wahrnehmungsfähigkeiten und -fertigkeiten beim Aufbau besonderer Kompetenzen im Rahmen des sozialen Lebens, der Arbeitswelt, von Sport, Spiel, Kultur und Freizeit." (Gröschke, 1999, S. 194/195)

Aufgaben

1. *Beschreiben Sie konkret an Beispielen die Relevanzen dieser Hauptaufgaben der Wahrnehmung für Menschen mit*
   - *geistiger Behinderung*
   - *Sinnesbehinderungen*
   - *Wahrnehmungsstörungen*
   - *Körperbehinderungen.*
2. *Welche methodischen Ansätze, aus der Didaktik und Methodik der Heilerziehungspflege kennen Sie, die wahrnehmungsspezifische und/oder -fördernde Inhalte haben?*

Die Emotion: Die sich seit den 1980er Jahren herausbildende Emotionspsychologie beschäftigt sich mit den Bedeutungen der Gefühle und Affekte für das Leben der Menschen. Grundlegend lässt sich festhalten, dass Emotionen besonders häufig dann entstehen, bzw. zu beobachten sind, „wenn Bedürfnisse der Person blockiert werden oder zielgerichtete Handlungen auf Hindernisse stoßen (z. B. Ärger, Enttäuschung, Traurigkeit), aber auch dann, wenn die Person sich einem angestrebten Ziel nähert oder es erreicht hat (Hoffnung, Freude, Stolz usw.)." Je intensiver die Emotion, um so wichtiger ist das Bedürfnis oder Ziel für die Person ... An Emotionen kann man mindestens vier Komponenten unterscheiden ...:

- Die subjektive Komponente; die Erlebensseite der Emotion, wie sie die Person bei sich selber wahrnimmt, ... und (in der Regel) auch sprachlich mitteilen kann ...
- Die kognitive Komponente bezieht sich auf die Deutungs- und Interpretationsvorgänge, die auflaufen, wenn eine Person sich emotional erregt fühlt: z. B. Suche nach ... Anlässen für einen bestimmten Gefühlszustand ...
- Die ... psychophysiologische Komponente umfasst alle körperlichen Veränderungen, die mit Gefühlsreaktionen einhergehen (z. B. Erröten, Zittern, Schwitzen) einschließlich ihrer neuronalen Grundlagen ...
- Die ... Ausdruckserscheinungen gestisch-mimischer, sowie motorischer und vegetativer Art, die vom Beobachter als Indikatoren für das Vorliegen bestimmter Gefühlszustände verstanden werden können ..." (Gröschke, 1999, S. 224)

Aufgaben

1. *Stellen Sie an Beispielen diese vier Komponenten dar.*
2. *Realisieren Sie Ihre Beispiele in Rollenspielen. Formulieren Sie hierbei Beobachtungsaufgaben für das Plenum, die sich auf die Wahrnehmung und Interpretation der Emotionen beziehen.*
3. *Diskutieren Sie die Ergebnisse im Klassenverband.*
4. *Wo haben Sie diese Komponenten im Erleben von und mit Menschen mit Behinderungen erfahren? Wie war Ihr Empfinden hierbei?*

Das Handeln: Handeln, so wie es hier verstanden werden soll, ist intentionales, also zielgerichtetes, absichtliches Handeln. Bevor eine Person einen Handlungsablauf beginnt, bzw. sich in einen solchen begibt, *„muss sie sich der Ausgangsbedingungen, der Ziele und der Wege und Mittel der Zielerreichung bewusst sein ... Man nennt dies den Handlungsentwurf, das innere Abbild der auszuführenden Tätigkeit, das dann als Handlungsanleitung (Handlungsprogramm) fungiert."* (Gröscke, 1999, S. 244.) Für die Heilerziehungspflege ergibt sich die Relevanz, dass es sich hierbei um absichtliche, bewusst hierbei geführte Prozesse erzieherischen Tuns handelt. Zudem ist in ihr die Entwicklung der Handlungsfähigkeit der Menschen mit Behinderungen eine zentrale und handlungsleitende Idee. Der Aufbau, die Erhaltung und/oder Widergewinnung von Handlungsfähigkeit eines behinderten Menschen ist das allgemeine Ziel heilpädagogischen und heilerziehungspflegerischen Handelns im Prozess der Entwicklungsförderung (vgl.: Gröschke, 1999, S. 248)

Des Weiteren gehören zu einer Handlung bei allen beteiligten Handlungspartnern **die Absicht** und **das Ergebnis**. Zudem ist eine Handlung immer auch konkret wahrnehmbar und spürbar, da sie die Handlungspartner an eigene und fremde Grenzen führt. *„Handlungen sind deshalb untrennbar verknüpft mit ‚Widerfahrnissen': Handeln und (Er-)Leiden gehören zusammen ..."* (Gröschke, 1999, S. 250)

Aufgaben

1. *Welche praktischen Konsequenzen ziehen Sie aus der Tatsache, dass der Handlungsbegriff sowohl für den heilerziehungspflegerisch Tätigen, als auch für den Menschen mit Behinderung gültig ist?*
2. *Diskutieren Sie die These von Gröschke, dass bei einer Handlung Absicht und Ergebnis zusammengehören. Beachten Sie hierbei besonders die Planbarkeit oder Nicht-Planbarkeit heilerziehungspflegerischer Beziehungen und Begegnungen.*
3. *Stellen Sie die Aussage, dass Handeln und Erleiden zusammengehören, an Beispielen dar.*

- **Ein beziehungsorientiertes Modell heilpädagogisch-psychologischen Denkens** (nach Steppacher, in: Dohrenbusch/Blickenstorfer, 1999a, Bd. I, S. 100ff.)

In diesem mehrdimensionalen Modell stellt sich die Ursache für Behinderung und/oder abweichendes Verhalten nicht als in der Person verortet, sondern als Wechselspiel unterschiedlicher Faktoren dar. Das Umfeld, die äußeren Bedingungen spielen hierbei eine entscheidende Rolle. Die heilerziehungspflegerischen Konsequenzen dieser Sichtweise ergeben sich auch daraus, dass nicht die Person, sondern die Umwelt verändert werden muss. Steppacher (1999, S. 100) schlägt hierbei folgende Modifikationsansätze vor:

- Abbau von soziökonomischen Barrieren und
- Aufbau von kompensatorischen Möglichkeiten

- Abbau von einschränkendem Erziehungsverhalten und
- Aufbau eines fördernden Erziehungsstils

- Stigmamanagement und
- Prävention von Zuschreibungsprozessen

- Aufbau einer pädagogischen Haltung, die den Prozess der Selbstverwirklichung des Menschen mit Behinderung unterstützt.

Grafisch lässt sich dieses Modell wie folgt darstellen:

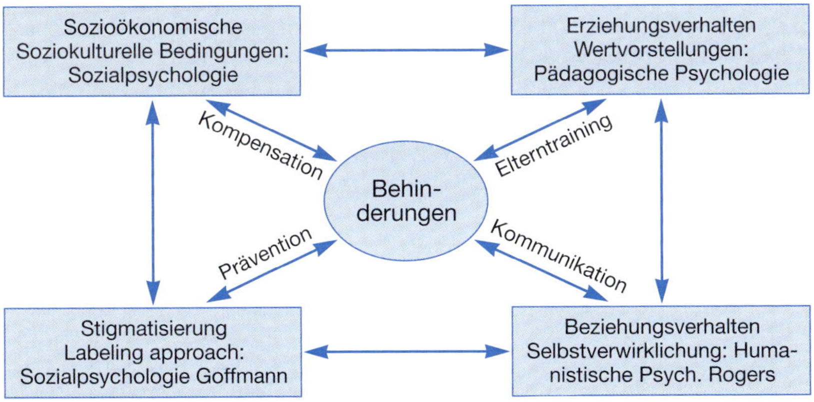

Beziehungsorientiertes heilpädagogisch-psychologisches Denken (Steppacher, 1999, S. 100)

Aufgaben

1. *Stellen Sie dieses Modell an einem Beispiel aus der heilerziehungspflegerischen Praxis dar.*
2. *Stellen Sie Verbindungen zu anderen Fächern Ihrer Ausbildung her und leiten Sie für diese Fächer Aufgaben für die heilerziehungspflegerische Ausbildung ab.*
3. *Welche Kritikpunkte können zu diesem Modell formuliert werden? Diskutieren Sie diese Punkte in einem Rollenspiel.*

2.2.3 Materialien und Anregungen

Materialien

Psychologie wird weithin als jene Wissenschaft verstanden, deren Aufgabe es ist, menschliches Verhalten und Erleben zu beschreiben, zu erklären, vorherzusagen und zu verändern. Um diese Aufgaben erfüllen zu können, dürfen die in Frage stehenden Konzepte und Begriffe keinesfalls mehrdeutig und vage sein. Häufig fehlen jedoch gerade in empirischen Arbeiten klärende Vorüberlegungen. Begriffliche Genauigkeit tut Not. Dies gilt auch für Arbeiten zur „geistigen Behinderung". In der Entwicklung der Psychologie als Wissenschaft wird „geistige Behinderung" zum einen als primär individuelles kognitives Problem, zum anderen als meßtechnische Herausforderung verstanden. Es wird als selbstverständlich angenommen, dass bei vorliegender geistiger Behinderung kognitive Inkompetenz Probleme der Persönlichkeit und des Sozialverhaltens bedingen. Daher richten sich Fragen der psychologischen Diagnostik primär auf die Erfassung der individuellen intellektuellen Leistungsfähigkeit, oder genauer der Leistungsdefizite. Diese dienen als Hinweis für eine „angemessene" Plazierung in besonderen Maßnahmen oder Institutionen.

Steinebach, Ch. in: Greving, H./Gröschke, D., 2000, S. 40

Aufgaben

1. *Geben Sie diesen Text von Steinebach mit eigenen Worten wieder.*
2. *Welche Konsequenzen ergeben sich aus den Schlussfolgerungen dieses Textes für heilerziehungspflegerisches Handeln?*
3. *Welche Relevanzen haben diese Konsequenzen gegebenenfalls für heilerziehungspflegerische Einrichtungen?*

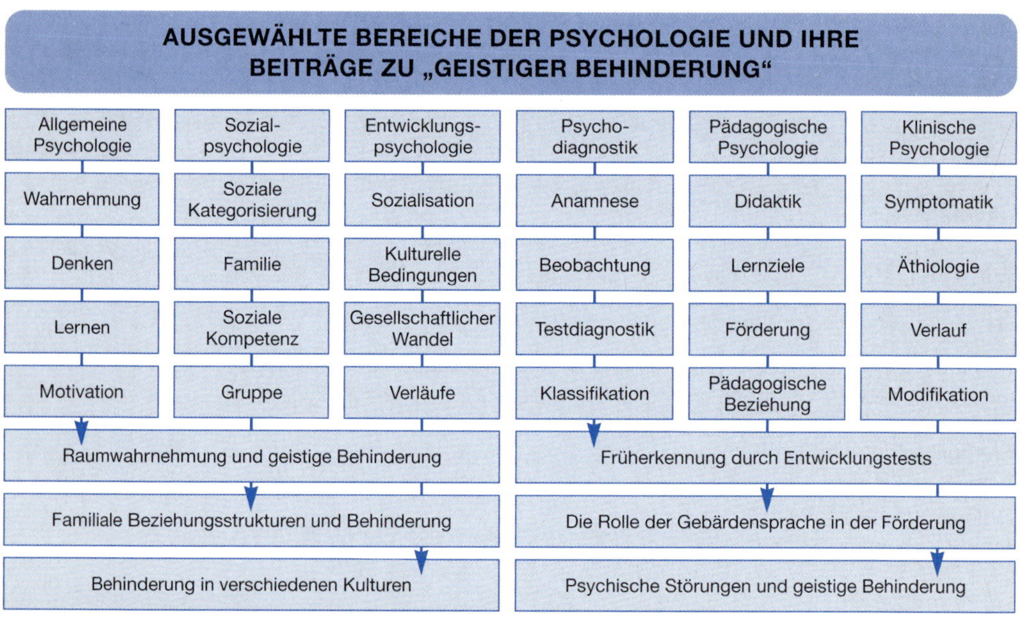

Abbildung: in: Steinebach „Psychologie und Geistige Behinderung" in: Greving, H./Gröschke, D., 2000, S. 43

Aufgaben

1. *Beschreiben Sie diese Abbildung in einem kurzen Text.*
2. *Stellen Sie die Ebenen der Abbildung an Beispielen dar.*
3. *Erarbeiten Sie analog dieser Abbildung eine eigene Version, in welcher Sie die Beiträge der Psychologie zu*

   - *Sinnesbehinderungen*
   - *Körperbehinderungen*
   - *Verhaltensauffälligkeiten*

   darstellen und erläutern.

Eine sehr gelungene Einführung in die psychologischen Grundlagen heilpädagogischer Theoriebildung und heilerziehungspflegerischer Praxis stellt folgendes Buch dar:

Literatur

Gröschke, D.; Psychologische Grundlagen der Heilpädagogik; Bad Heilbrunn, 1999, 2. Aufl.

Der Autor beschreibt und klärt hierin das Verhältnis der Heilpädagogik zur Psychologie. Er gibt zudem einen umfangreichen Überblick über die Hauptrichtungen der Psychologie, ihre theorie- und handlungsleitenden Menschenbilder, sowie über ihre zentralen Aussagen über menschliches Verhalten und Erleben. Äußerst praxisrelevant sind die Darstellungen der psychologischen Befunde zu den Themenfeldern der Entwicklung, der Wahrnehmung, zum Lernen, zu Motivation, Emotion, Kognition, Sozialisation, Handeln und Persönlichkeit. Die Publikation schließt mit fundierten Beschreibungen psychologischer Diagnostik und Therapie, sowie deren möglicher Relevanzen für die Heilpädagogik.

Weitere interessante Überlegungen zu psychologischen Fragestellungen im Kontext von Behinderungen finden Sie in:

Literatur

Suhrweier, H.; Behindertenpsychologie. Aus der Sicht Betroffener; Neuwied/Kriftel/Berlin, 1997.

Der Autor stellt in diesem praxisnahen Buch Behinderungen aus physiopsychischer, psychophysischer, verhaltenspsychologischer, sozialpsychologischer und persönlichkeitspsychologischer Sicht dar. Neben theoretischen Begründungen finden sich hierbei eine Vielzahl von praktischen Beispielen und Selbstdarstellungen, die deutlich werden lassen, wie unterschiedliche psychologische Erkenntnisse das Erleben und Wahrnehmen von Menschen mit Behinderungen bedingen. Der Leser bekommt einen guten Einblick in mögliche Lebens- und Erfahrensbereiche von Menschen mit Behinderungen.

2.4 Soziologische Sichtweisen

Die Kunst, Wünsche von den Lippen zu lesen

Roberto Wirth ist Generalmanager eines Luxushotels. Und taubstumm

Grund für die ungewöhnliche Kommunikation ist der Chef des Hauses, Roberto Wirth, der Eigentümer und Generalmanager des Hotels ist. Seit seiner Geburt ist er taubstumm. Der heute 50-jährige Schweizer, der in der fünften Generation einer Hoteliersfamilie das Hassler leitet, hat es gelernt, vier Sprachen von den Lippen ablesen zu können. Englisch, Französisch, Deutsch und Italienisch. Vor allem mithilfe seines PR-Assistenten Nicola Rex ist er heute imstande, sich sprachlich verständlich zu machen, und er tut dies gegenüber seinen Besuchern mit so viel Unbekümmertheit, dass die anfängliche Befangenheit seines Gegenübers rasch verschwindet. Schon nach wenigen Minuten konzentrierten Zuhörens gelingt eine Konversation, „die so noch vor wenigen Jahren unmöglich war", wie Rex voll Anerkennung feststellt. Mit ungeheurer Willenskraft hat der Hotelier an seinem Handikap gearbeitet, seit seinem zwölften Lebensjahr, als er sich in den Kopf gesetzt hatte, in die Fußstapfen seines Vaters zu treten und die Familientradition fortzusetzen. Er wollte eines Tages das Hotel übernehmen.

Nach dem Schulabschluss auf einer Mailänder Spezialschule für Taubstumme stand für den Jungen der Entschluss fest. „Wir trauten ihm den Erfolg zu, weil uns seine enorme Willenskraft beeindruckte", erinnert sich seine Mutter Carmen, deren Vater Europas erste Hotelkette, die Schweizer Bürgenstock-Häuser, gegründet hatte. Den Mut des jungen Roberto, eine Hotelkarriere trotz seiner schweren Behinderung zu starten, honorierten die Eltern mit allen nur denkbaren optimalen Ausbildungsmöglichkeiten, wie man sie für einen Taubstummen weltweit finden konnte. Zuerst die renommierte italienische Hotelfachschule in Stresa. Danach die Taubstummenschule in New Haven und die Universität von Washington. Im Anschluss daran die Hotelfachschule der Cornell University in Ithaca, N.Y., und schließlich erste Praxiserfahrungen in großen US-Hotels: im Hyatt Regency auf Hawaii, im Copley Plaza von Boston und dem Marc Hopkins Intercontinental in San Francisco.

Das Handikap mit der Sprach- und Gehörlosigkeit hatte den Aspiranten schon mal in Teufels Küche gebracht. Über Verständigungsschwierigkeiten war er mit einem Hotelkoch aneinander geraten, der nach der Butter verlangte, was Wirth nicht verstand und deshalb den Maître bat, er möge seinen Wunsch auf einen Notizblock schreiben. Eine schwierige Situation in einer Hotelküche. Die Auseinandersetzung eskalierte, schließlich zog der Koch das Messer. Einer herbeigeeilten Küchenhilfe gelang es, die beiden zu trennen. Stumm signalisierte Wirth Frieden. „Es war oft nicht leicht. Die Kollegen waren es nicht gewohnt, mit jemandem zusammenzuarbeiten, der weder hört noch spricht."

Als international perfekt geschulter Hotelfachmann kehrt er 1982 in das Familienhotel nach Rom zurück, um bald nach dem Tode seines Vaters das Hassler als Generalmanager zu übernehmen. Behutsam unterzieht er das Traditionshotel einer Totalrenovierung, entstaubt den Luxustempel, fügt eher noch mehr Marmor und Gold hinzu und stattet alle Zimmer mit Internet-Anschluss aus. Die Stammkundschaft, die Royals aus aller Welt, Europas Familienadel, Künstler und Hollywoodstars, sie alle haben den tapfer sein Schicksal bezwingenden Hotelier in ihr

Herz geschlossen. Mit vielen Gästen joggt Wirth, der alljährlich am Marathonlauf in New York teilnimmt, in den Parks der Villa Borghese über Wege, die ihm seit seiner Kindheit vertraut sind.
Der fast familiäre Umgang mit seiner Klientel entspringt der Tatsache, dass sich „meine Gäste hier wie zu Hause fühlen". Das Haus hat zu 80 Prozent Privatkunden, zu deren Schutz die Beherbergung von Geschäftsleuten abgelehnt wird. Eine Managerabsteige ist das Hassler nicht, und auch bei Hollywoodstars wird fein unterschieden: Wer mit lautem PR-Rummel anreist, mit Fan-Aufmärschen vor dem Hoteleingang und Polizeiabsperrungen auf der Straße, der ist eher unerwünscht. Bei einem Stammgast wie Madonna ist das natürlich eine heikle-Sache. Da schwankt die Direktion zwischen ästhetischem Anspruch und Kommerz. Aber mit 36 Leuten im Gefolge kann Madonna bei ihrem nächsten Besuch in Rom kaum mit ihrer Wiederaufnahme rechnen. Für Bill Gates hingegen ist stets die „Villa Medici Suite" reserviert, mit der weitläufigsten Sonnenterrasse, die im Zentrum Roms zu finden ist.
Meist höchstpersönlich und bis in die frühen Morgenstunden wacht Roberto Wirth dann über die Betreuung der Gäste. Dabei sei Kommunikation sein schwierigster Part, sagt er. „Ich kann Geduld nicht erwarten. Ich bin täglich gezwungen zu sprechen, die Fragen der Gäste zu beantworten. Dabei lebe ich von meinen Augen." Sie richten sich wachsamer und stechender als gewöhnliche Blicke auf den Gesprächspartner, lesen in höchster Konzentration von den Lippen ab, was für den Manager unhörbar bleibt. Mit 170 Angestellten seines Hotels lässt sich auf diese Weise kommunizieren. Und auch mit allen Gästen, die mit den Schwierigkeiten des Hausherrn vertraut sind. Der hat aus seinen Erfahrungen den „Roberto Wirth Scholarship Fund" gegründet, eine Stiftung, die Lehrern eine Spezialausbildung zur Betreuung taubstummer Vorschulkinder ermöglicht. Darüber hinaus finanziert der Hilfsfonds jährlich die Ausbildung zweier italienischer Kinder ohne Sprache und Gehör in den USA. „Wenn sie einen starken Willen haben, können sie es später zum Chef eines Luxushotels bringen", lacht der Stifter.

Text: David, W.; „Die Kunst, Wünsche von den Lippen zu lesen"; in: Die Zeit, Nr.10., 01.03.2001, 80

Aufgaben

1. *Was sagt diese Darstellung eines gehörlosen Menschen über die Entstehung von Behinderung aus?*
2. *Wie und an welchen Punkten ist die Gesellschaft hier an der Ausprägung von Behinderung beteiligt?*
3. *Wenden Sie die Begriffe der Schädigung (Impairment), Behinderung (Disability) und Benachteiligung (Handicap) auf dieses Beispiel an. An welchen Stellen sind sie jeweils für die Erklärung der Situation relevant?*
4. *Gewichten Sie Ihre Erkenntnisse zu den drei Bereichen (zu Frage 3). Zu welchen Schlussfolgerungen gelangen Sie? Diskutieren Sie Ihre Ergebnisse.*

2.4.1 Theoretische Zusammenhänge

Was ist und will *Soziologie*? Was ist und will eine *Soziologie der Behinderten*? – Soziologie ist eine *empirische* Wissenschaft, d. h. sie befasst sich mit den sinnlich wahrnehmbaren und auf Erfahrung beruhenden Prozessen und Erkenntnissen.

Cloerkes (1997, S. 2) beschreibt dieses wie folgt:
„Soziologie erfasst die soziale Wirklichkeit und analysiert sie nach rational-logischen Regeln, d. h. Verstand und logische Argumentation entscheiden darüber, was ‚wahr' oder ‚falsch' ist, nicht etwa dogmatisch vorgegebene Weltanschauungen und auch nicht die rein formale Logik, wie z. B. in der Mathematik.

Soziologie ist die Wissenschaft vom Zusammenleben der Menschen. Forschungsgegenstand der Soziologie ist das Zusammenleben und Zusammenhandeln der Menschen sowie die hieraus resultierende soziale Wirklichkeit."

Hierbei geht die Soziologie grundlegend von drei Annahmen über diese soziale Wirklichkeit aus (vgl.: Cloerkes, 1997, S. 2):

- Menschen sind Personen und zugleich soziale Wesen. Alle Menschen sind auf das Zusammenleben mit anderen angewiesen. Jeder Mensch wird somit grundsätzlich vom anderen und von anderen beeinflusst.
- Die für die Menschen relevante gesellschaftliche Umwelt besteht einerseits aus der mit allen Sinnen wahrnehmbaren und erkennbaren materiellen Welt. Andererseits ergibt sie sich aber auch aus der kulturellen Umwelt, die sich als soziales und geistiges Ergebnis des menschlichen Zusammenlebens darstellen lässt.
- Die gesellschaftliche Wirklichkeit ist nicht statisch, sondern verändert sich fortwährend. Diese Veränderungen betreffen sowohl den einzelnen Menschen, als auch die gesamtgesellschaftliche Umwelt.

Aufgaben

1. *Wodurch kann Ihnen die Definition von Soziologie helfen, um die Geschichte, das Leben oder die Wirklichkeit von Menschen mit Behinderungen zu verstehen?*
2. *Stellen Sie die Relevanz der drei Annahmen über die soziale Wirklichkeit für heilerziehungspflegerisches Handeln dar.*
3. *Was könnte eine konsequente Umsetzung der dritten Annahme für berufspolitisches Handeln in und mit der Heilerziehungspflege bedeuten? Diskutieren Sie Ihre Ergebnisse.*

Aus den allgemeinsoziologischen Fragestellungen, bzw. in Abgrenzung von ihnen, entwickelte sich in den 70er Jahren eine *Soziologie der Behinderten*. Dieser Begriff sowie das hiermit zusammenhängende soziologische Erkenntnissinteresse geht auf Walter Thimm (1972) zurück und lässt sich ebenfalls als Wissenschaft vom Zusammenleben der Menschen definieren. *„Ihr spezieller*

Forschungsgegenstand ist die soziale Wirklichkeit von Menschen mit Behinderungen.“ (Cloerkes, 1997, S. 3.) Hierbei bleibt es allerdings nicht bei einer reinen Beschreibung der sozialen Realitäten von Menschen mit Behinderungen, vielmehr versucht eine solche soziologische Vorgehensweise auch eine kritische und reflektierende Bewertung und Analyse eben dieser Wirklichkeit.

Im Unterschied zu den pädagogischen und psychologischen Betrachtungen zur Behinderung interessiert sich die Soziologie somit vielmehr für den Bereich des *Handicap*, also für die möglichen Konsequenzen einer Schädigung und/oder einer Behinderung auf der Ebene der gesellschaftlich-sozialen Wirklichkeit. Hierbei sind es vor allem die Nachteile, welcher ein Mensch mit Behinderungen aus der z. T. eingeschränkten oder verhinderten Übernahme von *sozialen Rollen* erfährt. Folgende Fragestellungen sind hierbei z. B. relevant:

Fragen

1. *Kann der Mensch mit Behinderungen die Rollen übernehmen, die für sein (Lebens-)Alter angemessen sind?*
2. *Kann er diejenigen Rollen übernehmen, die für sein Geschlecht (als Junge oder Mädchen, als Mann oder Frau) als angemessen gelten?*
3. *Kann er soziale und kulturelle Aktivitäten und Handlungen realisieren, bzw. an ihnen partizipieren, die in dieser gesellschaftlichen Wirklichkeit als angemessen gelten?*

Aufgaben

1. *Warum erscheint eine eigene Soziologie der Behinderten notwendig? Reichen die Erkenntnisse der allgemeinen Soziologie nicht aus? – Diskutieren Sie Ihre Ergebnisse.*
2. *Formulieren Sie für die drei o.g. Fragestellungen Beispiele aus der heilerziehungspflegerischen Praxis.*
3. *Welches Bild, bzw. welche Bilder von der (möglichen) Wirklichkeit des sozialen Lebens eines Menschen mit Behinderungen haben Sie? Welche Bilder von Ihrer eigenen Wirklichkeit (als Mann, als Frau, als Schülerin und Schüler, als angehender Heilerziehungspfleger, als angehende Heilerziehungspflegerin etc.) haben Sie? Vergleichen Sie die beiden Aussagenkomplexe (zum Menschen mit Behinderungen und zu Ihnen) miteinander. Wo gibt es Überschneidungen? Wo Unterschiede? Wodurch erklären Sie sich diese jeweils? – Vergleichen Sie Ihre Ergebnisse im Klassenverband.*

Die gesellschaftliche Reaktion auf eine Behinderung, das Leben und Handeln eines Menschen mit Behinderungen in gesellschaftlich-sozialen Bezügen stellt somit den Fokus einer soziologischen Betrachtung und eines soziologischen Interesses dar. Menschen mit und Menschen ohne Behinderung reagieren also im sozialen Kontext aufeinander. Die Soziologie versucht hierbei zu (er-)klären, wie und wodurch bestimmte Aktionen und Reaktionen entstehen, bzw. welche Konsequenzen sie

- für den Einzelnen,
- für ihn im gesellschaftlichen Bezug, bzw.,
- für die Gesellschaft also solche haben.

Nach Cloerkes (1997, S. 6) „handelt es sich um einen Zugang aus interaktionistischer Sichtweise (...). Bereits in der Einschätzung funktionaler Defekte als ‚impairment' oder ‚Schädigung' gibt es erhebliche Bewertungsspielräume.

- Wir gehen deshalb zunächst einmal davon aus, dass bestimmte außergewöhnliche Merkmale von Menschen zwangsläufig Spontanreaktionen auslösen bzw. Aufmerksamkeit hervorrufen werden ...
- Das Merkmal ist eine ‚Andersartigkeit' und konstituiert eine ‚Abweichung' von sozialen Erwartungen. Die Bewertung von Andersartigkeit ist damit noch nicht festgelegt. Sie kann negativ, ambivalent oder positiv sein ...
- Von einer Behinderung soll erst dann gesprochen werden, wenn eine Andersartigkeit in einer bestimmten Kultur entschieden **negativ bewertet** wird. Ausschlaggebend ist die unerwünschte Abweichung von den jeweiligen Normen und Erwartungen."

Eine soziologische Definition von Behinderung lässt sich dann wie folgt formulieren:

„Eine Behinderung ist eine dauerhafte und sichtbare Abweichung im körperlichen, geistigen oder seelischen Bereich, der allgemein ein entschieden negativer Wert zugeschrieben wird.

‚Dauerhaftigkeit' unterschiedet Behinderung von Krankheit.
‚Sichtbarkeit' ist im weitesten Sinne das ‚Wissen' anderer Menschen um die Abweichung.

Ein Mensch ist ‚behindert', wenn erstens eine unerwünschte Abweichung von wie auch immer definierten Erwartungen vorliegt und wenn zweitens deshalb die soziale Reaktion auf ihn negativ ist.

Die Bewertung von Behinderung und die Reaktion auf Behinderte sind also zweierlei und strikt voneinander zu trennen."

(Cloerkes, 1997, S. 6/7)

Aufgaben

1. *Erinnern Sie sich an Ihre erste Begegnung mit einem Menschen mit Behinderung: Wie haben Sie ihn wahrgenommen? Was haben Sie hierbei empfunden? Wie und wodurch haben sich die Wahrnehmungen und Empfindungen im Verlauf des Lebens und Handelns mit ihm evtl. verändert?*
2. *Stellen Sie Ihre Ergebnisse zur ersten Frage in einem Rollenspiel dar. Beobachten Sie hierbei besonders die Verhaltensweisen des Mitspielers, der einen Menschen mit Behinderung darstellt. Tauschen Sie sich im Anschluss an das Rollenspiel über Ihre (evtl. veränderten) Wahrnehmungen und Gefühle aus.*
3. *Welche theoretischen und praktischen Konsequenzen ergeben sich daraus, das die Bewertung von Behinderung und die Reaktion auf Behinderte strikt zu trennen sind (nach Cloerkes)?*

Da Behinderungen somit immer, soziologisch betrachtet, in einem gesellschaftlichen Kontext stehen und in höchst unterschiedlichen Ausprägungen wirksam werden, kann der Behinderungsbegriff als *relativ* dargestellt werden. Diese *Relativität von Behinderung* kann u. a. in folgenden Zusammenhängen erörtert werden (vgl.: Cloerkes, 1997, S. 8f.):

- *Die zeitliche Dimension:* eine Person kann evtl. zeitlich begrenzt als behindert gelten (wie dieses z. B. bei Menschen mit Lernbehinderungen der Fall ist, welche nur für die Dauer der Schulpflicht behindert sind, danach gegebenenfalls nicht mehr; dennoch sind hiervon die Zuschreibungsprozesse zu unterscheiden, die aufgrund der einmal getätigten Zuordnung zu einer Behinderungskategorie sehr wohl, vielleicht dann sogar lebenslang, andauern können).
- *Die individuell-subjektive Auseinandersetzung* mit einer Behinderung; hierbei ist nicht die medizinisch-objektiv-feststellbare Schwere von zentraler Bedeutung. Auch scheinbar leichte Behinderungen können intensive Folgen haben (z. B. der Verlust der Mittelfingers bei einem Trompeter), umgekehrt werden schwere Schädigungen manchmal recht gut verarbeitet (so z. B. der schwer körperbehinderte Romanautor, der sein Leben zum Fokus seiner literarischen Beschreibungen macht).
- *Die unterschiedlichen Lebensbereiche und -situationen;* Behinderungen werden in unterschiedlichen sozialen Feldern (Familie, Schule, Beruf, Freizeit) unterschiedlich wahrgenommen und relevant.
- *Die kulturspezifischen und -relevanten Reaktionen* auf eine Behinderung; eine Behinderung im westeuropäischen Raum mag sich im Afrikanischen gar nicht bemerkbar machen, wie wohl eine dortige Behinderung und Stigmatisierung in Europa nicht auffallen kann (eine europäische Modelpersönlichkeit gilt in Teilen Afrikas z. B. als magersüchtig und krank, sie kommt als heiratsfähige Frau nicht in Betracht; ein zeugungsunfähiger Mann wird in Teilen Afrikas von seinem Stamm verstoßen).

Grafisch kann dieses wie folgt dargestellt werden:

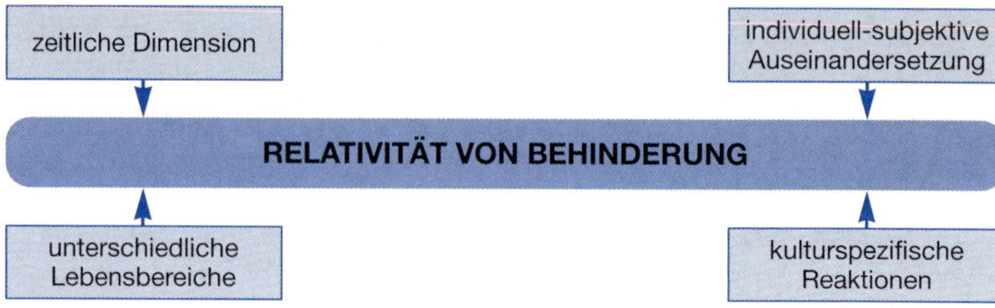

Aufgaben

1. *Stellen Sie diese vier Bereiche zur Relativität von Behinderung an (weiteren) Beispielen dar.*
2. *Welche Konsequenzen ergeben sich aus diesen theoretischen Aussagen für heilerziehungspflegerisches Handeln?*
3. *Formulieren Sie soziologische Fragestellungen zu den vier Bereichen.*
4. *Verknüpfen Sie Ihre Ergebnisse zu den Aufgaben 1–3 mit Aussagen zu pädagogischen und psychologischen Sichtweisen von Behinderung. Fassen Sie Ihre Ergebnisse in einem kurzen Text zusammen.*

2.4.2 Praktische Umsetzung

In diesem Kapitel wird ein möglicher soziologischer Handlungsansatz skizziert, der eine Relevanz für die heilerziehungspflegerische Praxis hat: Das Spannungsfeld von *Lebenswelten und Funktionssystemen.*

Worum handelt es sich hierbei konkret?

Heilerziehungspflege und Behindertenhilfe im Spannungsfeld von Lebenswelten und Funktionssystemen (vgl.: Bächtold, 1999, S. 140–150):

Heilerziehungspflegerisches Handeln realisiert sich immer im Kontext, bzw. im Spannungsfeld zwischen der Lebenswelt eines Menschen mit Behinderung und dem Funktionssystem, bzw. den Funktionssystemen, in denen sich professionelles Handeln ereignet.

Die *Lebenswelt* kann hierbei als Situation oder als Situationskonglomerat verstanden werden, in welcher Menschen miteinander in Beziehung treten und sich intersubjektiv verständigen. *Dieser Verständigungsprozess über etwas in einer gemeinsamen Welt setzt einen Vorrat an Deutungs-, Wert- und Ausdrucksmustern voraus ... Indem Menschen sich vor einem gemeinsamen kulturellen Hintergrund verständigen, bestätigen sie zugleich ihre Zugehörigkeit zu einer sozialen Gruppe, oder, anders formuliert, indem sich Menschen in kommunikativen Situationen verständigen, setzen sie Prozesse der sozialen Integration in Gang.* (Bächtold, 1999, S. 140)

Die *Funktionssysteme* können, im Gegensatz zu den eher informell dialogisch ausgehandelten Lebenswelten, als formal organisierte Systeme definiert werden, in denen in standardisierten Situationen und Handlungsmustern agiert und interagiert wird. *In diesen Situationen werden die sozialen Beziehungen nicht mehr durch Verständigung geregelt.* (Bächtold, 1999, S. 142) – Vielmehr orientieren sich die Prozesse an Geld- und Machtfaktoren. Rentabilität, Effektivität und Effizienz sind die maßgebenden Parameter hierbei. Die Übernahme des Qualitätsbegriffes in heilerziehungspflegerische Arbeitsfelder, die Kontrolle und Evaluation (heil-)pädagogischer Prozesse deuten in diese funktionale Ausrichtung.

Die heilerziehungspflegerisch Tätige befindet sich also in der fast paradoxen Situation, dass sie den Forderungen einer Lebens- und Daseinsgestaltung nachkommen muss, die an der Lebenswelt des Partners, aber auch an eigene dialogische Fähigkeiten und Notwendigkeiten anknüpfen. Auf der anderen Seite finden diese Prozesse in Systemen und Organisationen statt, die häufig durch die Kriterien der Funktionalität gekennzeichnet und bestimmt sind. Diese Systeme sind nun des Weiteren eingebunden in gesamtgesellschaftliche Prozesse der Zuschreibung und Stigmatisierung, der Bildung von Randgruppen, der Bewertung und Entwertung von sozialen und pädagogischen Tätigkeiten.

Aufgaben

1. *Stellen Sie dieses Spannungsfeld in einem Rollenspiel dar.*
2. *Suchen Sie nach konstruktiven Möglichkeiten, dieses Spannungsfeld aufzulösen.*
3. *Diskutieren Sie folgende These: „Die Heilerziehungspflege wird sich immer in einem solchen Spannungsfeld befinden. Letztlich ist sie immer ein ausführendes Organ der Gesellschaft und gesellschaftlicher Ausschlussprozesse!“ – Was spricht dafür, was gegen diese Aussage?*
4. *Welche konzeptionellen Konsequenzen können aus Ihren Ergebnissen zu den Aufgaben 1-3 abgeleitet werden? Begründen Sie diese möglichst ausführlich und verteidigen Sie sie in einem Rollenspiel.*

2.4.3 Materialien und Anregungen

Materialien

Fallbeschreibung 1

Pak Yatno ist ein gehörloser Mann von ungefähr fünfzig Jahren. Wie es in ländlichen Gegenden Javas häufig der Fall ist, kennt niemand sein genaues Alter. Ebenso unklar bleibt, ob seine Behinderung angeboren oder erst später erworben ist. Die Informationen, die ich erhalten habe, deuten darauf hin, dass er schon seit früher Kindheit gehörlos ist. Keiner unter den Befragten konnte mir berichten, ob Pak Yatno je einen Heiler oder Arzt konsultiert hat. Auch sein Bruder leidet an einem Gehörschaden. Die Dorfbewohner vermuten daher eine vererbte Gehörlosigkeit. Einige Informanten verbinden die Gehörlosigkeit Pak Yatnos mit einer kosmischen Störung während der Schwangerschaft. Es gehört zu den pränatalen Vorschriften, dass der Ehemann bei der Jagd ein Mantra aufsagt, bevor er das Tier erlegt. Dieses Mantra, das das Maul des Tieres bannen sollte, habe jedoch bei dem ungeborenen Yatno Gehörlosigkeit erzeugt.

Der unverheiratete Pak Yatno lebt mit seinem Vater und einem Bruder zusammen. Er geht keinem Beruf nach. Seine Familie gilt als recht wohlhabend, denn „sein Haus hat Fliesen." Außerdem besitzt die Familie Pak Yatnos eine Hühnerzucht und Reisfelder.

Trotz des relativen Wohlstandes seiner Familie ist Pak Yatno in der Dorfgemeinschaft dafür bekannt, dass er jedes traditionell, heilige Essensritual *(selamatan)* im Umkreis ausfindig macht, dort ungeladen auftaucht und das Fest nicht verlässt, bevor er nicht genügend zu essen bekommen hat. Indem er die Teller abwäscht, macht er sich jedoch auch bei der Festgesellschaft nützlich. Findet kein *selamatan* statt, was äußerst selten ist, dann wandert Pak Yatno im Dorf herum und kehrt bei Verwandten, Nachbarn und Freunden ein und bettelt um Essen. Allerdings versucht er nach Möglichkeit bei verschiedenen Arbeiten behilflich zu sein.

Spricht man im Dorf über Pak Yatno, wird sein „schamloses" Benehmen hervorgehoben. Gelegentlich wird er auch als einer, der kein Schamgefühl besitzt oder wie einer, der kein Hirn besitzt charakterisiert. Andere bezeichnen ihn als *kurang waras* (indon./jav.: wenig gesund; nicht ganz gesund). Typisch für die javanische Kommunikationsweise ist das Vermeiden von extremen Ausdrucksformen und die Neigung zu Verharmlosung. *Kurang waras* bedeutet in diesem Kontext eher, dass sie Pak Yatno für sehr krank und geistig behindert halten. Nach Beurteilung verschiedener Angestellten aus dem Volksgesundheitszentrum im Dorf, fällt er nicht unbedingt in die Kategorie des geistig Behinderten. Die Meinungen sind hier aber nicht eindeutig. Pak Yatno wird von den Dorfbewohnern immerhin als eine Person geschätzt, die sich stets nützlich zu machen weiß und deshalb wird seine Bettelei entschuldigt. Häufig wird von den Informanten betont, dass er *„wenigstens sein Leben verdienen kann."*

Fallbeschreibung 2

Mbah Yu ist eine sehr alte, blinde Frau, deren Augäpfel nicht zu sehen sind. Niemand kennt ihr genaues Alter, aber man schätzt sie auf ungefähr achtzig Jahre. Ihr Mann ist schon seit vielen Jahren tot, und sie lebt bei einem ihrer fünf Kinder zusammen mit ihrem Enkel, dessen Frau und dessen Töchterchen. Der Enkel verdient seinen Lebensunterhalt und damit einen Großteil des Einkommens der gesamten Familie als Gelegenheitsfahrer von Lastwagen oder öffentlichen Minibussen.

Über die Vergangenheit von Mbah Yu gehen im Dorf verschiedene Gerüchte um, die alle in Zusammenhang mit ihrer Blindheit stehen. Das bekannteste ist die Geschichte, dass sie einen Kindergeist *(tuyul)* gehabt habe, der – wie es sich für einen *tuyul* gehört – für sie gestohlen haben soll. Nach einer anderen Version soll sie früher selbst ein Geist *(roh halus)* gewesen sein und sich bisweilen in ein Huhn verwandelt haben, in dessen Gestalt sie bei Nachbarn etwas zu stehlen versucht habe. In beiden Versionen jedoch wurde der Dieb bei der Tat ertappt und mit heißem Wasser übergossen. Dies sei dann die Ursache für die Blindheit von Mbah Yu gewesen, *„denn wenn einem tuyul etwas passiert, z. B. wenn es gequält und geschlagen wird, dann stößt dies auch dem Besitzer des tuyul zu"* (u. a. Informant Rus; vgl. auch Daszenies 1987: 49). Mbah Yu selbst führt ihre Sehbehinderung dagegen auf eine Augenkrankheit, zurück. *„Die Ärzte waren nicht in der Lage, mir ein wirkendes Medikament zu geben, und ich habe mir selbst geholfen."*

Mbah Yu erzählt, sie habe während der Selbstheilungsversuche sehr viel meditiert und gefastet. Dadurch habe sie auch die Fähigkeit erhalten, einen Hilfsgeist *(préwangan)* rufen zu können. Die Askese hatte zwar nicht die gewünschte Heilung zur Folge, bestärkte aber bei den Dorfbewohnern den Glauben an ihre übernatürlichen Kräfte, an die Fähigkeit also, mit einem *préwangan* Kontakt aufzunehmen. Seither wird sie auch von den Dorfbewohnern als *dukun préwangan* (Heilerin, die einen *préwangan* rufen kann; Schamanin) bezeichnet.

Die Heilerin Mbah Yu ist Spezialistin für verschiedene „Störungskrankheiten" *(macam macam penyakit gangguan)*, die sie nicht selten auf schwarze Magie zurückführt. Im biomedizinischen Sinne handelt es sich hier hauptsächlich um psychische Störungen und/oder Krankheiten. Mbah Yus Patienten kommen aus allen sozialen Schichten des Dorfes. Von den wohlhabenden Leuten erhält Mbah Yu Geld für ihre Dienste. Die armen Leute entrichten Naturalien in Form von Reis, Kuchen, Zucker usw..

Zwei Fallbeschreibungen aus: Dreezens-Fuhrke, in: Eberwein/Sasse, 1998, S. 36ff.

Aufgaben

1. *Vergleichen Sie die beiden Fallbeschreibungen miteinander. Stellen Sie Hypothesen auf, wie die unterschiedlichen Reaktionen auf die Behinderungen entstanden sein könnten.*
2. *Wie würde vielleicht im europäischen Kontext auf diese Behinderungen reagiert werden und warum?*
3. *Stellen Sie theoretische Beziehungen und Verknüpfungen zwischen den Beispielen und den Aussagen der Kapitel 2.3.1 und 2.3.2 her.*

Literatur

Weitere soziologische Aussagen finden Sie in: Cloerkes, G.; *Soziologie der Behinderten. Eine Einführung,* Heidelberg, 1997.

Diese Publikation führt grundlegend in die zentralen Bereiche und Fragestellungen der Behindertensoziologie ein. Besonders gelungen sind die Erläuterungen zu Einstellungen und Verhaltensweisen gegenüber Menschen mit Behinderungen. Zudem wird recht ausführlich auf den interaktionistischen Ansatz eingegangen.

Literatur

Bächtold. A.; Heilpädagogisch-soziologisches Denken; in: Dohrenbusch, H./Blickenstorfer, J. (Hrsg.), Allgemeine Heilpädagogik. Eine interdisziplinäre Einführung, Band I(a), Luzern, 1999, S. 139–150

Cloerkes, G.; Soziologie der Behinderten. Eine Einführung; Heidelberg, 1997

Deutscher Bildungsrat (Hrsg.); Empfehlungen der Bildungskommission. Zur pädagogischen Förderung behinderter und von Behinderung bedrohter Kinder und Jugendlicher. Verabschiedet auf der 34. Sitzung der Bildungskommission am 12./13. Oktober 1973, Stuttgart

Dohrenbusch, H./Blickenstorfer, J. (Hrsg.); Allgemeine Heilpädagogik. Eine interdisziplinäre Einführung, Band I(a) und Band II(b), Luzern, 1999

Dreezens-Fuhrke, J; Das Phänomen Behinderung aus ethnologischer Sicht: Die „Schamlosen" und die „Weisen". Zur gesellschaftlichen Stellung von Behinderten auf Java; in: Eberwein, H./Sasse, A. (Hrsg.); Behindert sein oder behindert werden? Interdisziplinäre Analysen zum Behinderungsbegriff; Neuwied/Kriftel/Berlin, 1998, S. 27–50

E.E. Kobi; Grundfragen der Heilpädagogik; Bern/Stuttgart/Wien, 1993, 5. Aufl.

Fengler, J./Jansen, G.; Handbuch der Heilpädagogischen Psychologie; Stuttgart/Berlin/Köln, 1999, 3. Aufl.

Greving, H./Gröschke, D. (Hrsg.); Geistige Behinderung – Reflexionen zu einem Phantom. Ein interdisziplinärer Diskurs um einen Problembegriff; Bad Heilbrunn, 2000

Greving, H:/Niehoff, D. (Hrsg.); Heilerziehungspflege und Professionalisierung. Begründungen – Aufgaben – Ausblicke; Freiburg, 1999

Gröschke, D.; Psychologische Grundlagen der Heilpädagogik; Bad Heilbrunn, 1999, 2. Aufl.

Hensle, U./Vernooij, M.A.; Einführung in die Arbeit mit behinderten Menschen I; Wiebelsheim, 2000, 6. völlig neu bearb. und erw. Aufl.

Hobmair, H. (Hrsg.); Psychologie für Fachoberschulen; Köln, 1994

Klauß, Th.; Ein besonderes Leben. Was Eltern und Pädagogen von Menschen mit geistiger Behinderung wissen sollten; Heidelberg, 1999

Lindmeier, Chr.; Behinderung – Phänomen oder Faktum? Bad Heilbrunn, 1993

Niedecken, D.; Namenlos; München, 1989

Steppacher, J.; Heilpädagogisch-psychologisches Denken; in: Dohrenbusch, H./Blickenstorfer, J. (Hrsg.), Allgemeine Heilpädagogik. Eine interdisziplinäre Einführung, Band I(a), Luzern, 1999, S. 93–105

Suhrweier, H.; Behindertenpsychologie. Aus der Sicht Betroffener; Neuwied/Kriftel/Berlin, 1997

3 Pädagogische Begründungen heilerziehungspflegerischen Handelns

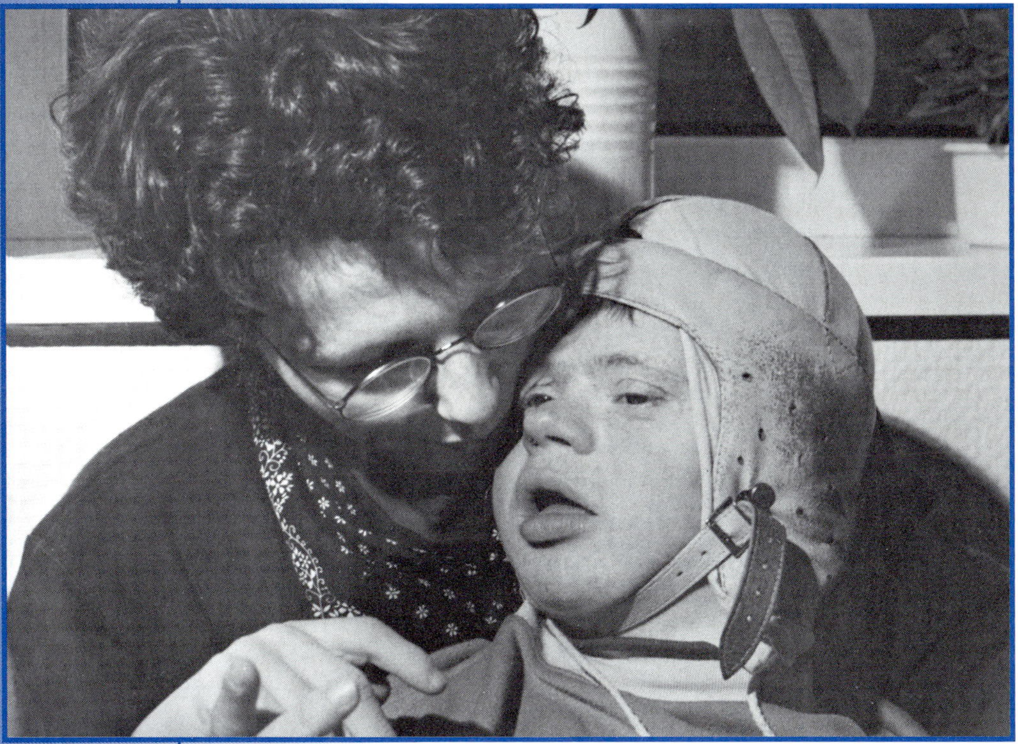

- *Welche pädagogischen Theorien und Handlungsmodelle können für die Heilerziehungspflege bedeutsam sein?*
- *Welche Bedeutung haben Regeln und Rituale in der Heilerziehungspflege?*
- *Was sagt die Pädagogik zur „Strafe“ und zur „Moral“ – und warum ist das für die Heilerziehungspflege wichtig?*

3.1 Das pädagogische Verhältnis

3.1.1 Theoretische Zusammenhänge

Was macht die Betreuungsarbeit in der Behindertenhilfe für den Helfer zufriedenstellend und befriedigend? Fragt man z. B. Betreuer von erwachsenen Menschen mit geistiger Behinderung, dann scheinen alle Vorgänge, die auf einer positiven Beziehung beruhen, die pädagogische Arbeit befriedigend zu gestalten. *Was sich da ereignet hat, das ist keine plötzliche Sache, sondern ich hab 'ne Bezugsbetreuung, der schläft hier nebenan, und ich denke mit ihm, er hat sich vorher immer sehr stark zurückgezogen, und ich denke, mit ihm haben wir in dem Jahr schon was erreicht, also er kommt auf die Leute zu, er spricht, und ich denke, da können wir mit zufrieden sein. (Wendeler, 2000, S. 253)*

Die Beziehung zwischen einem Kind und einem Erwachsenen, zwischen dem Erzieher und dem Zu-Erziehenden ist existenziell. Der Mensch (mit und auch ohne Behinderung) ist als Leib-Seele-Geist-Wesen im besonderen Maß von seinem sozialen Umfeld geprägt und abhängig. Die Qualität heilerziehungspflegerischer Arbeit ist wesentlich dadurch bestimmt, inwieweit die Beziehungsgestaltung zwischen dem Menschen mit Behinderung und dem Mitarbeiter gelingt. Was macht aber nun dieses Verhältnis zwischen Betreuer und Zu-Betreuenden, zwischen dem Heilerziehungspfleger und dem Menschen mit Behinderung aus? Wie kann man dieses Verhältnis beschreiben und wie soll es im Sinne wertorientierter Heilerziehungspflege sein?

Bezugsperson

Aufgabe *Beschreiben Sie das Verhältnis zwischen Mutter und Kind auf diesem Bild.*

Hermann Nohl (1879–1960) hat als Vertreter der geisteswissenschaftlichen (Reform-)Pädagogik mit dem Begriff des *pädagogischen Bezugs* den Blick auf das *pädagogische Verhältnis* von Erzieher und Kind gelenkt. Grundlage der Erziehung ist für ihn ein *leidenschaftliches Verhältnis eines reifen Menschen zu einem werdenden Menschen* (Nohl, 1933, S. 22). Diese besondere zwischenmenschliche Beziehung wird von Nohl in einer erzieherischen Absicht (bezogen auf Familie und familienähnliche Institutionen) und mit einer schulischen Intention betrachtet. Es werden sechs Merkmale des pädagogischen Bezugs genannt:

1. Erziehung geschieht um des Zu-Erziehenden willen
Ausgangspunkt der Pädagogik ist stets der „Zögling“, d. h. der Pädagoge ist gegenüber dem Kind nicht Vollzugsbeamter von Interessen anderer, wie Staat oder Wirtschaft, und jede erzieherische Maßnahme hat sich daran zu orientieren, ob sie dem jungen Menschen dient.

2. Erziehung unterliegt historischem Wandel
Was konkret um des Zu-Erziehenden willen bedeutet, unterliegt einem steten Normen- und Wertewandel. Es gibt keine allzeit gültigen Erziehungsziele und ein steter Diskurs darüber ist notwendig.

3. Das pädagogische Verhältnis ist ein Verhältnis der Wechselwirkung
Die Beziehung zum jungen Menschen ist kein einseitiges Beeinflussungsverhältnis, in welchem der Erwachsene handelt und der junge Mensch nur reagiert. Der junge Mensch braucht die Zuwendung, das Angenommen- und Anerkanntsein des Erwachsenen, um aufwachsen und Vertrauen entwickeln zu können.

4. Das pädagogische Verhältnis kann vom Erzieher nicht erzwungen werden.
Die Beziehung zum jungen Menschen kann nicht auf Täuschungen, Zwang und Manipulationen aufgebaut werden. Die pädagogische Beziehung kann auch unter umständen mißlingen.

5. Das pädagogische Verhältnis muß vom Erzieher von Anfang an als vorläufig betrachtet werden
Die pädagogische Beziehung muß derart gestaltet werden, daß der junge Mensch lernt, sich aus dieser Bindung schrittweise zu lösen, um selbständig und mündig zu werden.

6. Im pädagogischen Verhältnis akzeptiert der Erzieher den jungen Menschen in seinem gegenwärtigen So-Sein und fördert ihn nach seinen Möglichkeiten
Das Verhältnis des Erziehers zum Kind ist immer doppelt bestimmt: von der Liebe zu ihm in seiner Wirklichkeit und von der Liebe zu seinem Ziel, dem Ideal des Kindes ...

(H. Nohl, in: Klafki, 1970, S. 65)

Aufgaben

Versuchen Sie die genannten Merkmale auf das pädagogische Verhältnis von Heilerziehungspfleger und behinderten Menschen zu übertragen. Diskutieren Sie die genannten Merkmale und finden Sie praktische Beispiele aus der heilerzieherischen Arbeit. Fehlen Ihnen wichtige Merkmale?

3.1.2 Praktische Umsetzung

Das Modell von Nohl war in seiner Zeit eine sehr reformerische und idealistische Anschauung und ist aufgrund des familiären Leitbildes nur mit Einschränkungen auf professionelles pädagogisches Handeln in heutigen Institutionen übertragbar. Professionelles Handeln ist bezahlte Tätigkeit und in Verantwortung und Zeit begrenzt (vgl.: Giesecke, 1997). Einige Aspekte (siehe auch Schwarte u. a., LEWO II, 2001) erweisen sich als grundlegend für eine gelungene Beziehungsgestaltung in der Arbeit mit behinderten Menschen. Sie werden im Folgenden einzeln behandelt.

- **Respekt und Partnerschaftlichkeit**

Die uneingeschränkte Beachtung und Respektierung des betreuten Menschen als *Person* und nicht nur als Bewohner einer Behinderteneinrichtung oder Klienten zeigt sich z. B. in angemessenen Umfangsformen. Die respektvolle Anrede, die Beachtung sprachlicher Äußerungen, der Verzicht auf *Dienstkleidung* und unzugängliche *Diensträume* haben hier Signalcharakter und heben eine unangemessene soziale Distanz auf.

- **Offenheit und Eindeutigkeit**

Eine Beziehung kann jedoch nur dann eine für den behinderten Menschen fördernde und *heilende* Beziehung werden, wenn es zu einer *echten* Beziehung kommt.
Von einer *echten* bzw. authentischen Beziehung sprechen wir, wenn der Erzieher sich als ganze Person und dem Gegenüber eindeutig einbringt, sich also nicht hinter irgendwelcher gespielter Fröhlichkeit oder hektischer Betriebsamkeit versteckt oder aber z. B. seine Stunden im Wohnheim *abreißt*, um dann sein *eigentliches Leben* zu beginnen.
Das Angebot einer offenen Beziehung geht einher mit der steten Überprüfung und dem Gewahrwerden eigener Gefühle und Stimmungen im pädagogischen Alltag. Prinzipielle Offenheit auf Seiten des Pädagogen heißt jedoch nicht, dass in manchen Situationen nicht auch professionelle Zurückhaltung geradezu gefordert ist. Die pädagogischen Absichten des Betreuers sollten für jedermann erkennbar sein und dem behinderten Menschen somit die Möglichkeit eröffnen, zu erkennen, was er erwarten kann und was nicht.

- **Transparenz**

Alle pädagogischen Vorgänge und organisatorischen Regelungen, von denen der behinderte Mensch z. B. in Wohneinrichtungen betroffen ist, sollten von ihm nachvollzogen werden können. Der Alltag sollte für den behinderten Menschen vorhersehbar sein, denn so bietet sich für ihn auch die Möglichkeit, Leben mitzugestalten. Entsprechend wichtig sind visualisierte, anschaulich gestaltete Informationen und Erklärungen z. B. bezüglich Dienstplan- oder Ferien- und Freizeitgestaltung.

Gleichwertigkeit

Eine *echte* Beziehung heißt auch, dass ich in dem Menschen mit Behinderung nicht nur das schutz- und pflegebedürftige Wesen sehe, sondern prinzipiell anerkenne, dass es hier um einen gleichwertigen oder *gleichwürdigen* Partner geht.
Im Zusammenleben und im Alltag sollte der Heilerziehungspfleger sich der Vorbildfunktion bewusst sein und Anforderungen, die er als Betreuer selbst nicht erfüllen kann, sollte er auch nicht von den Bewohnern verlangen. Jede Verhaltenslage und jede Gefühlslage der pädagogischen Mitarbeiter spiegelt sich über kurze oder längere Sicht auch im Verhalten und Erleben der Bewohner wider.
Als pädagogischer Mitarbeiter sollte man so behutsam wie möglich mit seiner *Macht* umgehen. Der Macht- und Statusgegensatz zwischen pädagogischem Personal und behinderten Menschen sollte stets wahrgenommen werden. Es ist fortlaufend zu überprüfen, ob der Wohngruppenalltag bereits so genannte *Merkmale struktureller Gewalt* (E. Klee) aufweist. Die zeigen sich z. B. in stark *von oben* bestimmten Tagesabläufen, in steten Unterordnungen und bürokratischen Regelungen sowie im Ausschluss von Entscheidungen oder in subtilen Bestrafungsaktionen durch die Mitarbeiter.
Das pädagogische Verhältnis ist ein Verhältnis der Wechselbeziehungen und des *Dialogs*. In der Beziehungsgestaltung verändert sich der behinderte Mensch sowie auch der Heilerziehungspfleger. Die überschäumende Fröhlichkeit eines Menschen mit geistiger Behinderung, das Schicksal eines mehrfachbehinderten Menschen oder die „Raffiniertheit“ eines Menschen mit autistischer Störung kann sicher nicht unberührt lassen und wird den Heilerziehungspfleger auch über seinen ganz persönlichen Lebensentwurf nachdenken lassen.

Bescheidenheit

Heilerziehungspfleger sollten sich der Möglichkeiten, aber auch der Grenzen ihres Handelns bewusst sein. Ich kann den betreuten Menschen im eigentlichen Sinne nicht *verändern*, genauso wenig wie ich das pädagogische Verhältnis erzwingen kann. Sehr wohl kann ich aber Bedingungen schaffen, die es dem behinderten Menschen ermöglichen, sich selbst auf den Weg zu machen, selbst Veränderungen anzustreben und Problemlösungen zu suchen. Ich kann also den *Kontext* ändern und Rahmenbedingungen schaffen, die Entwicklungen zulassen. Aufgabe des Pädagogen als *Wegbegleiter* ist es, individuelle Hilfen und Anregungen zur Weiterentwicklung anzubieten.
Sich über *Weniges* freuen können, ist bei der Arbeit mit geistigbehinderten Menschen eine Grundvoraussetzung dafür, Fortschritte überhaupt erst sehen zu können. Erfolgs- und Leistungserwartungen sind in der Arbeit z. B. mit schwerstmehrfachbehinderten Menschen stets zu überprüfen. Hier gilt es als Heilerziehungspfleger den Blick auf kleinste Sequenzen von Begegnung und Veränderung zu lenken. So kann es als das „Tollste“ gelten, wenn ein schwerstbehinderter Mann, der bettlägrig ist, künstlich ernährt wird und nur wenige Reaktionen zeigt, zum ersten Mal mitlacht, wenn der Betreuer lacht.

Um sich vor einer möglichen professionellen Überforderung (*Burnout*) zu schützen ist aus psychologischer Sicht eine Haltung empfehlenswert, die man als die *Bejahung des UND* (J. Fengler) bezeichnen könnte:

- Ich verfolge einen pädagogischen Ansatz *und* übe mich in Bescheidenheit.
- Ich zeige erzieherische Tüchtigkeit *und* erkenne meine Begrenztheit.
- Ich habe einen Wirksamkeitsanspruch *und* erlebe doch auch Ohnmacht.
- Ich habe Hoffnung *und* erlebe Enttäuschung.

● Vertrauen

Vordergründige Aufgabe des Heilerziehungspflegers ist es, Vertrauen oder eine vertrauensvolle Beziehung aufzubauen. Hier gilt es auch Vertrauen in die Selbstentwicklung und die innewohnenden Ressourcen des betreuten Menschen zu entwickeln. Wer z. B. den schwerstmehrfachbehinderten Menschen von vornherein als bildungsunfähig, leere Hülle, *massa carnis* oder „unverbesserlichen Idioten" betrachtet, verhindert bereits dadurch jeden möglichen Persönlichkeitsschritt.

Als Heilerziehungspfleger ist die Haltung eines Assistenten gegenüber dem behinderten Menschen bedeutsam. Die zeigt sich z. B. auch darin, dem behinderten Menschen nicht alles abzunehmen, sondern ihm zu assistieren und mehr *mit* ihm zu handeln. Der Heilerziehungspfleger sollte sich bei allen Handlungen mit dem behinderten Menschen flexibel zeigen und bei allen Handlungsimpulsen sich *vor-* bzw. *hinter* den betreuten Menschen stellen. Konkret heißt das, den behinderten Menschen z. B. den Umgang mit Küchengeräten ausprobieren zu lassen, ein Risiko zuzulassen und nicht zu schnell einzugreifen, dann aber auch wieder im rechten Moment etwas vorzumachen, zu erklären und zu assistieren. Das Erleben von Selbstwirksamkeit, Autonomie und Handlungskompetenz stärkt den Menschen mit Behinderung und schützt ihn vor negativen Entwicklungsverläufen.

● Akzeptanz und Annahme

Der Heilerziehungspfleger sollte bemüht sein, den Menschen mit Behinderung mit all seinen Schwächen, seinen Unzulänglichkeiten und auch seiner Unansehnlichkeit anzunehmen. Die Kenntnis der individuellen Lebensgeschichte und aktuellen Lebenswelt des behinderten Menschen ist Voraussetzung dafür, dass der Heilerziehungspfleger die Verhaltensweisen und Stimmungen des behinderten Menschen zu verstehen lernt und einzuordnen weiß.
Die wechselseitige Beziehung ist geprägt durch *pädagogische Liebe*, das heißt der Heilerziehungspfleger wendet sich dem behinderten Menschen zu, unterstützt den Zu-Betreuenden und bemüht sich um Akzeptanz auf Seiten des behinderten Menschen in der Hoffnung und Erwartung, dass dieser ihm folgen, Zuneigung zeigen und aus *Liebe* den erzieherischen Wünschen folgen kann. Wenn der behinderte Mensch mit der Zeit Vertrauen in die Zuverlässigkeit, Echtheit und Verständnisbereitschaft des Heilerziehungspflegers legen kann, dann wird er in einer so entstandenen Bindung den erzieherischen Absichten aus eigener Entscheidung folgen können.

Aber trotz aller Bemühungen gelingt nicht jede Annäherung und mitunter bleibt man in *Barriere*-Erfahrungen stecken.

Die Annahme und Akzeptanz ist in der heilerziehungspflegerischen Arbeit z. B. mit schwerstmehrfachbehinderten Menschen, aufgrund der „Unansehnlichkeit" des Antlitzes und der körperlichen Missbildungen, nicht immer leicht. Man kann erschrecken, unangenehm berührt sein, Ekel empfinden und doch haben wir es hier mit einem Menschen zu tun, der wie jeder andere auch spüren will, dass er angenommen und geachtet wird, so wie er nun einmal ist.

Gefühle, Stimmungen und Fragen des behinderten Menschen sollten vom Heilerziehungspfleger angemessen wahr- und ernstgenommen werden. Dies gilt auch dann, wenn sie sich stets wiederholen und störend wirken. Akzeptanz und Annahme kann man nicht nur verbal, sondern auch durch körperliche Zuwendung zeigen, wie z. B. in den Arm nehmen, streicheln oder massieren. Das Erleben, von anderen wahrgenommen zu werden und mit ihnen verbunden zu sein, schützt vor negativer Entwicklung.
Pädagogische Liebe auf Seiten des Betreuers heißt, dass auch ganz bewusst Distanzierung möglich sein sollte und Gelegenheit zur Ablehnung gegeben wird. Autonomie-, Entscheidungs- und Ablöseprozesse (z. B. in der Pubertät) gelingen meist erst dann zufriedenstellend, wenn der Gegenüber auch Gelegenheit dazu gibt, sich abzugrenzen. Die Wahrnehmung von der augenscheinlichen Angewiesenheit des behinderten Menschen auf Hilfe, ruft beim professionellen Pädagogen oftmals einen starken Helferimpuls hervor, der an den eigentlichen Bedürfnissen des betreuten Menschen vorbeigeht. Zu große Nähe und Abhängigkeit ist für die angestrebte Autonomieentwicklung hinderlich. Nicht selten wird mit der großzügigen Hilfe auch der Wunsch nach Dankbarkeit und Wohlverhalten des behinderten Menschen verbunden, den dieser nicht erfüllen kann. Aufgrund des Kompetenzunterschiedes und der Nähe zu dem behinderten Menschen kann es jedoch auch zu einer *autoritär verfügenden Kontaktlosigkeit* (Speck, 1993, S. 273) kommen, indem der behinderte Mensch in einem Hörigkeitsverhältnis zum dominierenden und distanzierten Erzieher steht. Diese Art der Manipulation und Zurichtung ist jedoch eine krasse Missachtung des Selbstbestimmungsrechtes und des Eigenwertes behinderter Menschen.

● Individualisierung

In der Arbeit mit behinderten Menschen sollte eine unpersönliche Behandlung als *Massenwesen* vermieden werden. Der behinderte Mensch hat ein Recht darauf, als Einzelwesen und Subjekt anerkannt zu werden. Auf individuelle Wünsche und Bedürfnisse des Menschen mit Behinderung ist daher angemessen einzugehen. Es empfiehlt sich im Rahmen von Alltagshandlungen, wie z. B. beim gemeinsamen Kochen und Spazierengehen, stets das Gespräch oder auch den körperlichen Kontakt zu suchen, um persönliche Themen, sowie Wünsche und Bedürfnisse aufzuspüren, zu erkennen und sensibel anzusprechen. Individualisierte Beziehungsgestaltung zeigt sich ferner in der persönlichen Ansprache, im gegenseitigen Interesse, in persönlichen Verabschiedungen und kleinen Alltagsritualen.

Entwicklungsorientiert denken und handeln

In der heilpädagogischen Beziehungsgestaltung akzeptiert der Heilerziehungspfleger den behinderten Menschen mit all den Schwächen und Defiziten und gleichzeitig versucht er diesen Menschen optimal zu fördern. Der pädagogische Bezug richtet sich nicht nur auf die Gegenwart des betreuten Menschen, sondern auch auf seine Zukunft. In der menschlichen Begegnung ist es wichtig, den Blick sowohl auf die Gegenwart als auch darauf zu richten, was aus diesem Menschen, der mir begegnet, werden kann.
Der Pädagoge wird sein Wissen und seine Kenntnisse über seine Erwartungen sowie erlebte Fähigkeiten des Menschen mit Behinderung in sein erzieherisches Konzept immer wieder neu einordnen. Er sollte stets bereit sein, sich überraschen zu lassen, und nicht im Vorhinein glauben, alles über den behinderten Menschen zu wissen. Der Heilerziehungspfleger tut gut daran, sich in der Beziehungsgestaltung Zeit zu lassen, Entwicklungen nicht voranzutreiben und Zeiten der Entwicklung und die Zone der nächsten Entwicklung beim Gegenüber aufzuspüren. Unter der *Zone der nächsten Entwicklung* (nach Wygotzki) ist das Entwicklungsniveau oberhalb des aktuellen Entwicklungsstandes, in dem der behinderte Mensch Aufgaben lösen kann, zu verstehen (Oerter, in: Opp u. a., 1996). Diesen kleinen überwindbaren Schritt vom *Noch-Können* zum *Noch-Nicht-Können* sollte der Heilerziehungspfleger sensibel begleiten und Unter- bzw. Überforderungen vermeiden.

Eine gelöste und angstfreie Atmosphäre

Eine angstfreie, sichere und strukturierte Umgebung ist Grundvoraussetzung für jegliche gesunde Entwicklung eines Menschen. Eine dauerhaft hektische Betriebsamkeit, ein ständiger Wechsel von Bezugspersonen, Unsicherheiten in den Versorgungsleistungen oder eine angstbesetzte Atmosphäre führen nicht nur beim behinderten Menschen, sondern letztlich auch beim Heilerziehungspfleger zu Verhaltensauffälligkeiten wie Rückzug, Aggression und unsoziales Miteinander.

Aufgaben

1. *Formulieren Sie die genannten Aspekte mit eigenen Worten und versuchen Sie, diese mit Erfahrungen in Ihrer Praxis abzugleichen.*
2. *Woran erkennen Sie, dass behinderten Menschen respektvoll begegnet wird?*
3. *Was ist für Sie eine echte Beziehung? Woran erkennen Sie, dass eine Beziehung echt und authentisch ist?*
4. *Worin liegt für Sie der qualitative Unterschied in den folgenden Begriffen: Kontakt, Begegnung, Beziehung und Bindung?*
5. *Was fällt Ihnen noch ein, um Organisationsabläufe für behinderte Menschen transparent zu machen?*
6. *Sehen Sie Unterschiede in den Aussagen: behinderte und nichtbehinderte Menschen sind gleich, sind gleichwürdig und gleichwertig?*

7. *Wie verstehen Sie die Aussage?: „Der Kontext ist wichtiger als der Text"? (Bateson)*

8. *Woran erkennen Sie Merkmale struktureller Gewalt in der Praxis?*

9. *Woran würden Sie erkennen, dass der behinderte Mensch Ihnen vertraut?*

10. *Was verstehen Sie unter dem Begriff pädagogische Liebe?*

11. *Der Mensch als Subjekt oder Objekt – worin liegt der Unterschied?*

12. *Was sind für Sie äußere Merkmale für eine gelöste und angstfreie Atmosphäre, beispielweise in einer Wohngruppe?*

3.1.3 Materialien und Anregungen

Materialien

I.

Im Handbuch der Lebenshilfe *LEWO II* (Schwarte u. a. 2001) zur Sicherung der *L*ebensqualität in *Wo*hnstätten werden die oben genannten Aussagen als Grundregeln zur Beziehungsgestaltung zusammengefasst:

1. Jeder Mensch hat ein Recht auf Ehrlichkeit.
2. Jeder Mensch will wissen, was um ihn herum vorgeht und was ihn erwartet.
3. Behandle andere, wie du selbst behandelt werden möchtest.
4. Der Kontext ist wichtiger als der Text.
5. Gehe Risiken ein! Kontrolle ist gelegentlich unerlässlich, Vertrauen ist immer notwendig.
6. Jeder Mensch ist angewiesen auf menschliche Zuwendung und empfänglich für Gefühle und Stimmungen.
7. Jeder Mensch kennt seine Bedürfnisse und Wünsche selbst am besten.
8. Jeder Mensch ist das, was aus ihm werden kann.
9. Jeder Mensch will sich sicher und aufgehoben fühlen.

II.

Sich sensibel in eine Beziehung zum behinderten Menschen einschwingen, einfühlen (*empathisch sein*), eine stimmige Nähe-Distanz-Regulierung zu finden, sich flexibel vor oder auch hinter den Handlungen des Menschen begeben, vormachen oder machen lassen, Interesse zeigen, motivieren, Aus-sich-herausgehen, aber auch Ruhe, Gelassenheit und Zuversicht ausstrahlen können sind Beziehungsqualitäten, die in der Arbeit mit dem behinderten Menschen *heilend* wirken und vom Heilerziehungspfleger in der Ausbildung, wenn nicht vorhanden, so doch spielerisch erlernt werden können.

Rollenspiele:

- *Erste Annäherung:* Gehen Sie als Gruppe gemeinsam kreuz und quer durch den Raum. Schauen Sie aus der Entfernung die anderen an. Experimentieren Sie mit den Abständen beim Begegnen.
- *Berührung an der Grenze:* Gehen Sie weiter durch den Raum und berühren sie jemanden zwischendurch ganz leicht Schulter an Schulter, Rücken an Rücken, Ellenbogen an Ellenbogen, Knie an Knie, Finger an Finger, usw.
- *High Noon:* Zwei Personen stehen sich entfernt gegenüber und gehen langsam aufeinander zu. Spüren Sie den Moment auf, wo Sie beide mit der eingenommenen Nähe-Distanz zufrieden sind. Wann treten Sie sich zu nahe? Machen Sie das Spiel auch mit anderen Partnern (Übung zur Nähe/Distanzregelung).
- *Rücken an Rücken:* Versuchen Sie sich auch mal rückwärts zu nähern. Wann spüren Sie die Nähe und Wärme des anderen? Lassen Sie leichte Rückenberührung zu. Wie fühlt sich das an? Gehen Sie still in den Dialog mit dem Rücken des Anderen, lehnen Sie sich an, lassen Sie sich tragen, massieren, setzen Sie sich gemeinsam usw.
- *Ungewöhnliche Begegnung:* Wieder gehen alle durch den Raum. Jeder lässt sich ein Tier einfallen. Wie schaut das Tier aus? Wie geht das Tier? Hat es Feinde? Was frisst es? Dann verwandelt sich jeder in dieses vorgestellte Tier und übernimmt die Laute und die Bewegungen des Tieres. Zunächst experimentiert jeder für sich mit dieser Tier-Rolle und dann begegnen sich die Tiere, sie bellen, jaulen, fauchen, fangen sich, spielen miteinander usw.
- *Stock und Seil:* Nehmen Sie zu zweit ein Seil in die Hand, lassen Sie nicht los und experimentieren Sie. Was kann man damit machen? Anschließend nehmen Sie einen Stock. Wie verändert sich das Spiel? Zum Schluss nehmen Sie Stock und Seil und experimentieren. Welche Begegnungsformen entdecken Sie?
- *Schneckenhaus:* Ein Partner rollt sich ganz ein. Der andere Partner nimmt vorsichtig Kontakt auf. Wann fühlt sich der Partner ansprechbar? Was ist zu aufdringlich? Wann öffnet sich der andere?
- *Vormachen und machen lassen:* Führen Sie gemeinsam eine Alltagshandlung durch, z. B. Brot schmieren, Videorecorder programmieren, Tür aufmachen. Die eine Person spielt einen Menschen, der leicht in seinen Alltagsvollzügen *behindert* wirkt, die andere Person kann als *Pädagoge* ausprobieren, wie es ist, mal vor und mal hinter den Handlungen zu sein. Spüren Sie die Momente auf, wo Hilfe notwendig erscheint.

III:

Ein Bedürfnis lässt sich als Mangelgefühl beschreiben, verbunden mit dem Wunsch, diesen Mangel zu beseitigen. Ohne die Erfüllung bestimmter Bedürfnisse kann der Mensch nicht existieren. Der Psychologe A. Maslow (1968, 1971) spricht von einer Hierarchie angeborener Bedürfnisse des Menschen. Sind die Bedürfnisse einer Stufe befriedigt, so haben andere Bedürfnisse auf der nächsten Stufe Vorrang. Die hinreichend verlässliche Befriedigung, z. B.

der physiologischen Bedürfnisse, ist notwendig, damit sich höher stehende Motive entwickeln können. Die 6. Stufe der Transzendenz versteht er als ein Bedürfnis nach Sinnerfahrung jenseits des individuellen Menschseins (vgl. Zimbardo, 1983).

Theorie der menschlichen Bedürfnisse nach A. Maslow

Literatur

Altenthan, S. u. a., Pädagogik, Köln 1993
Fengler, J., Helfen macht müde, München 1991
Giesecke, H., Die pädagogische Beziehung, Weinheim 1997
Haeberlin, U., Heilpädagogik als wertgeleitete Wissenschaft, Bern 1996
Klafki, W. u. a., Erziehungswissenschaft 1, Frankfurt 1970
Klee, E., „Behindert", Frankfurt 1980
Nohl, H., Die Theorie der Bildung, in: Nohl/Pallat: Handbuch der Pädagogik, Bd. 1, Langensalza 1933
Opp, G. u. a., Focus Heilpädagogik, München 1996
Richter, K. F., Erzählweisen des Körpers, Seelze-Velber 1997
Rotthaus, W., Was nützt denn überhaupt? Wirkfaktoren in der Arbeit des Pflege- und Erziehungsdienstes ..., in: Zeitschrift Psychiatrie und Pflege, Stuttgart, 2001, S. 74–80
Schwarte, N. u. a., LEWO II, Lebenshilfe Verlag, Marburg 2001
Speck, O., Menschen mit geistiger Behinderung und ihre Erziehung, München 1993
Wendeler, J., Arbeitszufriedenheit von Betreuern in Wohnstätten, in: Zeitschrift Geistige Behinderung 3/2000
Zimbardo, P. G., Psychologie, Berlin 1983

3.2 Erziehungsziele

3.2.1 Theoretische Zusammenhänge

Heilerziehungspflegerisches Handeln ist nicht nur durch eine wertorientierte Haltung bestimmt, sondern auch durch Zielgerichtetheit. Heilerziehung ist soziales Handeln und will ein Ziel erreichen. Erziehungsziele geben für alle Beteiligten eine Orientierung und geben Auskunft darüber, *wohin* und *wozu* etwas getan oder auch nicht getan wird.

Beispiel

Frau S. ist schwer geistigbehindert; in der Frühstückssituation der Wohngruppe ist sie im Verhalten sehr wechselhaft. Mitunter zeigt sie starke fremd- und autoaggressive Verhaltensweisen. Aufgrund dieses Verhaltens wird Frau S. zunehmend ausgegrenzt. Die auslösenden Ursachen scheinen recht vielfältig. Ziel der Wohngruppenmitarbeiter ist es, eine Frühstückssituation herzustellen, die für Frau S. und für alle anderen Beteiligten als angenehm erlebt werden kann.

Bewusste Vorstellungen des Erziehenden über das Ergebnis der Erziehung und darüber, was man erreichen will, nennt man Erziehungsziele: *Erziehungsziele sind Leitnormen für den Erziehungsprozess im Hinblick auf wünschbare Verhaltensweise, Kenntnisse, Wertorientierungen, Ausdrucksformen des Denkens und Fühlens* (Hottelet, 1980, S. 257).
Ausformulierte Ziele beschreiben das gewünschte Endverhalten und geben Auskunft darüber, wie Eltern, Erzieher oder Heilerziehungspfleger handeln sollen, damit ein gewünschtes Verhalten weitgehend erreicht werden kann.

Aufgaben

1. *Überlegen Sie einmal, welche Erziehungsziele Ihre Eltern in Ihrer Erziehung hatten.*
2. *Selten werden Erziehungsziele explizit ausgedrückt, aber vielleicht erinnern Sie sich an typische Aussprüche Ihrer Eltern, wie z. B.: aus Dir soll etwas Rechtes werden, Indianer weinen nicht, oder Ordnung ist das halbe Leben. Welche Erziehungsziele stehen dahinter?*
3. *Welche Erziehungsziele hatten Ihre Großeltern?*
4. *Gibt es allgemeine und zeitlos gültige Erziehungsziele?*

Erziehungsziele in Familien und in der professionellen Erziehung werden durch unterschiedliche Faktoren beeinflusst. Welche Ziele z. B. in der Arbeit mit behinderten Menschen in Wohnheimen konkret verfolgt werden, wird u. a. beeinflusst durch:

- soziokulturelle Faktoren (Wert-, Normvorstellungen, Gesetzesvorgaben, Trends ...),
- ökonomische Faktoren (institutionelle Vorgaben, materielle Ressourcen ...),
- individuelle Faktoren (Behinderungsbild, Gruppengröße ...) und
- Persönlichkeitsmerkmale der dort tätigen Pädagogen (Menschenbild, Ausbildung, Erfahrungen ...).

Intentionen pädagogischen Handelns müssen offen gelegt werden, auch wenn im Alltag der Behindertenhilfe meist spontan und in der Beziehung gehandelt wird. Geschieht dies nicht, dann kann der selbstverständliche und gutgemeinte Umgang mit den Menschen sich rasch zu willkürlichen Machtspielen und einer Auseinandersetzung mit Privatregeln entwickeln.
Indem Erziehungsziele von dem Heilerziehungspfleger explizit festgelegt werden, können:

- Wertvorstellungen heilerzieherischen Handelns auch durchgeführt und verwirklicht werden;
- geeignete Wege und Mittel der Erziehung gefunden und deren Ergebnisse oder Verhaltensänderungen kontrolliert werden;
- gemeinsame Verständigungs- und Veränderungsprozesse im Team angeregt werden;
- professionelle Reflexionen über das *Warum* und *Wozu* von bestimmten Erziehungsmaßnahmen stattfinden;
- Aussagen über die Qualität der heilerzieherischen Arbeit getroffen werden;
- willkürliche Handlungen und *Privatregeln* gegenüber vermeintlich schwächeren Menschen vermieden werden.

Eine Bestimmung dessen, was erreicht werden soll, und welches Verhalten der Zu-Erziehende eigentlich zeigen soll, ist nicht einfach, da es in dem Sinne keine *Instanz* gibt, die dies im Einzelfall vorschreiben kann. Entsprechend unterschiedlich sind die normativen Vorstellungen darüber, wie z. B. ein behinderter Mensch leben oder sich verhalten soll.

Aufgabe

Lesen Sie hierzu den Text von P. Fuchs (siehe Materialien S. 69 ff.)

Pädagogische Absichten in der Arbeit mit behinderten Menschen müssen begründet und legitimiert werden. Ein Heilerziehungspfleger, der verantwortlich handelt, muss seine pädagogischen Ziele in vielerlei Hinsicht begründen können:

- *Ethisch* im Sinne der Achtung der Menschenwürde und der sonstigen verfassten Grundrechte und sittlichen Normen.
- *Pädagogisch-normativ* im Sinne allgemein anerkannter und verfasster Erziehungsziele.
- *Fachlich-differentiell* im Sinne der Beachtung der individuellen (speziellen) Erziehungs- und Förderungsbedürfnisse.
- *Pragmatisch* im Sinne der Praktizierbarkeit unter den gegebenen Entwicklungs- und Lebensbedingungen. (Speck, 1993, S. 168)

Werte und pädagogische Zielvorstellungen in der Arbeit mit behinderten Menschen unterliegen einem steten Wandel. Nur im Dialog und in Korrespondenzprozessen zwischen Erziehungsberechtigten, den einzelnen Menschen mit Behinderung, den Schulen, den professionellen Helfern und den übergeordneten Gruppen, wie Kirche, Parteien und Verbänden, kann ein hinlänglicher Konsens darüber ausgehandelt werden, welche pädagogischen Intentionen leitend sind. Erziehung ist *gemeinsame Daseinsgestaltung* und ein permanentes Aushandeln von Perspektiven und Vorgehensweisen (Kobi, 1993). Erziehungsziele dürfen daher nur unter Berücksichtigung der Bedürfnisse des behinderten Menschen aufgestellt werden.

Als anerkanntes pädagogisches Leitziel gilt die *personale und soziale Integration* (Speck, 1993) oder die Selbstverwirklichung des Menschen in sozialer Gemeinschaft:

- Unter *personaler Integration* versteht man den personalen Impuls zur Integration im Sinne einer Tendenz zur persönlichen Vorwärtsentwicklung, Vervollkommnung und des *Mit-sich-eins*-und Identisch-werdens. Dahinter steht eine anthropologische Theorie des schöpferischen Menschen als vielfältige Persönlichkeit, die ihr Leben und sich selbst gestalten kann. Dem Menschen mit Behinderung ist dies in individueller Weise aufgrund der Schädigungen erschwert. Geistigbehinderte Menschen bedürfen daher z. B. Hilfen zur Unterstützung der physischen Funktionen, zur Ausbildung von Fertigkeiten, zur Bewältigung des Lebensalltages, zur Stärkung der Identität und Bereicherung der Emotionalität.
- Personale Integration kann aber nur im Kontext, im Miteinander im sozialen Netzwerk und in sozialer Gemeinschaft gelingen. Unter *sozialer Integration* versteht man den Aufbau von Zusammenhängen und Netzwerken des Individuums mit der sozialen Lebenswelt. Behinderte Menschen stehen in besonderer Gefahr von der Gesellschaft ausgegrenzt zu werden und am gesellschaftlichen Leben nicht partizipieren zu können. Soziale Integration hieße dann u. a. Kommunikationsfertigkeiten und -möglichkeiten zu eröffnen, sowie Hilfen zur Eingliederung in Gruppenaktivitäten, in Familie, Nachbarschaft und Beruf bereitzustellen, um Teilhabe zu ermöglichen. In der Behindertenhilfe steht der Begriff der sozialen Integration besonders in dem Sinne der Integration behinderter Kinder in Regeleinrichtungen von nicht-behinderten Kindern.

Als weitere Leitziele der Behindertenhilfe mit hohem gesellschaftlichen Konsens sind hier auch Normalisierung sowie Selbstbestimmung und Autonomie für Menschen mit Behinderung zu nennen. Heilpädagogische Zielbestimmungen dieser Art bedürfen jedoch konkreter Beschreibungen von Lernzielen in Erziehungssituationen, damit sie nicht nur als relativ inhaltsleere Formeln aus Institutionsprospekten wahrgenommen werden.

3.2.2 Praktische Umsetzung

Man kann unterschiedliche Dimensionen, Reichweiten oder Abstraktionsebenen bei der Formulierung von Zielen unterscheiden:

- *Leit- oder Richtziele* sind mehr allgemein und abstrakt formulierte Aussagen zu allgemeinen Fähigkeiten oder Fertigkeiten einer Person wie beispielsweise *Selbstverwirklichung in sozialer Integration*, *Normalisierte Lebensbedingungen*, *Mündigkeit*, *Autonomie*, *Verbesserung der Bewegungsfähigkeit*, usw.

- *Grob- oder Fernziele* differenzieren die Fähigkeiten und Fertigkeiten einer Person. Oft werden jedoch mehrere Lernvorhaben notwendig sein, um diese Ziele zu erreichen. Z. B. *F.'s lebenspraktische Fähigkeiten sollen verbessert werden*, *S. soll im häuslichen Bereich selbstständiger werden* usw.
- *Fein- oder Nahziele* sind in der Regel mehrere konkret gefasste Lernziele. Je konkreter sie gefasst sind, umso besser ist das Erreichen dieser Ziele durch Beobachtung überprüfbar (*Operationalisierung*).
- Z. B. *S. soll selbstständig den Mittagstisch decken*, *F. soll sich alleine aus- und anziehen können* usw.

Hilfreich ist es, sich bei der Zieldiskussion eine Pyramide vorzustellen, an deren Spitze einige wenige Leitziele, darunter einige Grob- oder Fernziele und dann eine Vielzahl von Nahzielen stehen:

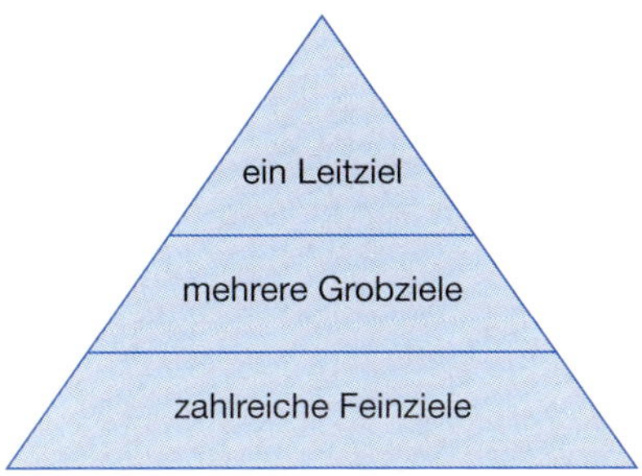

Beispiel: Doris, ein 10-jähriges schwerstmehrfachbehindertes Mädchen

Leitziel: Förderung der kommunikativen Fähigkeiten von D.

Grob-/Fernziele:
1. D. soll Kontakt zur Bezugsperson aufnehmen können.
2. D. soll mehr Ausdrucksmöglichkeiten zur Verfügung haben und sie auch ausprobieren.
3. D. soll ihren Sprachschatz und ihr Sprachverständnis erweitern.

Feinziele: zu 3:
- D. soll auf Laute reagieren können.
- D. soll den Kopf in die Richtung drehen.
- D. soll auf ihren Namen reagieren können.
- D. soll gestische Anweisungen verfolgen.
- ...

Die Formulierung von Erziehungs- und Lernzielen fällt zu Anfang schwer, sollte aber immer wieder geübt werden, damit Zielkategorien und -vorstellungen zunehmend verinnerlicht und in das pädagogische Handeln integriert werden. Bei der Formulierung ist darauf zu achten, dass stets der Lernende, nicht aber der *Lehrende* als aktiv beschrieben wird. So beschreibt die Formulierung *Ich möchte erreichen, dass D. den Kopf in meine Richtung dreht* mehr die Aktivität und das *Lehrziel* des Pädagogen, jedoch weiniger das gewünschte aktive Verhalten von D.

Aufgaben

Lesen Sie bitte folgenden Beobachtungsbericht und stellen Sie danach mögliche Ziele für die heilerziehungspflegerische Arbeit mit Stefan zusammen. Überprüfen Sie dann, welche der von Ihnen formulierten Ziele eher abstrakt und allgemein (Richtziele) oder eindeutig und kleinschrittig (Feinziele) sind. Welche Ziele sind kurzfristig (Nahziele) und welche sind erst langfristig erreichbar (Fernziele)?

Stefan ist 23 Jahre als und geistigbehindert. Er lebt in einer Wohngruppe und arbeitet in einer Werkstatt für Behinderte.

Stefan muss morgens früh aufstehen, da er rechtzeitig mit zwei weiteren Bewohnern zur gegenüberliegenden WfB gebracht werden muss. S. reagiert wie immer kaum auf das morgendliche Wecken und muss energisch aus dem Bett herausgeholt werden.

S. geht dann selbstständig zur Toilette. Er kann sich dann weitgehend selbstständig am Waschbecken waschen. S. kann auch mit dem Rasierapparat umgehen, allerdings bemerkt er nicht, wo er sich noch rasieren müsste. Die bereitgelegte Kleidung zieht S. zwar selbstständig, jedoch sehr nachlässig an. Es bedarf somit der steten Nachkorrektur durch den Erzieher (Knöpfe schließen, Schleife binden, Kragen zurechtlegen ...). S. geht dann an den von den Erziehern gedeckten Frühstückstisch und beginnt zu frühstücken. Der Erzieher ermahnt S., auf ihn und die anderen Bewohner zu warten, damit ein gemeinsames Frühstück möglich ist. Nach dem Anfangsritual beginnt S. recht selbstständig sein Frühstück. Unbeobachtet nimmt S. stets mehr Brötchen als ihm zustehen. Auffällig ist, dass S. die Brötchen stets mit so viel Marmelade bestreicht, so dass einige Kleckse auf seine Hose oder auf die Tischdecke fallen.

S. hat gelernt so lange sitzen zu bleiben, bis der Erzieher ihm sagt, dass er nun aufstehen könne. S. geht dann zur Garderobe und nimmt seine Jacke.

Der Erzieher schaut auf den Plan und weist S. darauf hin, dass er heute Psychomotorikgruppe in der WfB hat, und gibt ihm den Turnbeutel in die Hand. Gemeinsam mit den anderen geht S. den kurzen Weg zur WfB.

Der Erzieher ermahnt S. an seiner Seite zu bleiben und nicht zu trödeln, denn S. schaut gern in die Fenster der anderen Wohngruppen.

S. verbleibt bis zum Mittagessen in der WfB, da seine Arbeitshaltung noch keinen ganzen Tag am Arbeitsplatz zulässt. Er muss dann von einem Erzieher abgeholt werden. S. legt sich nach dem Essen ins Bett und hört seine Lieblings-CD, manchmal bis zum Abendessen.

Wie sich abstrakte Leitziele, wie sich z. B. Normalisierung in konkrete und überprüfbare Lernziele abbilden lassen kann, zeigt untenstehende Grafik. Normalisierung im Bereich *Wohnen* kann auch für den vermeintlich schwächsten Bewohner in konkrete Einzelschritte und Nahziele der unterschiedlichen Teilzielebenen aufgegliedert werden.

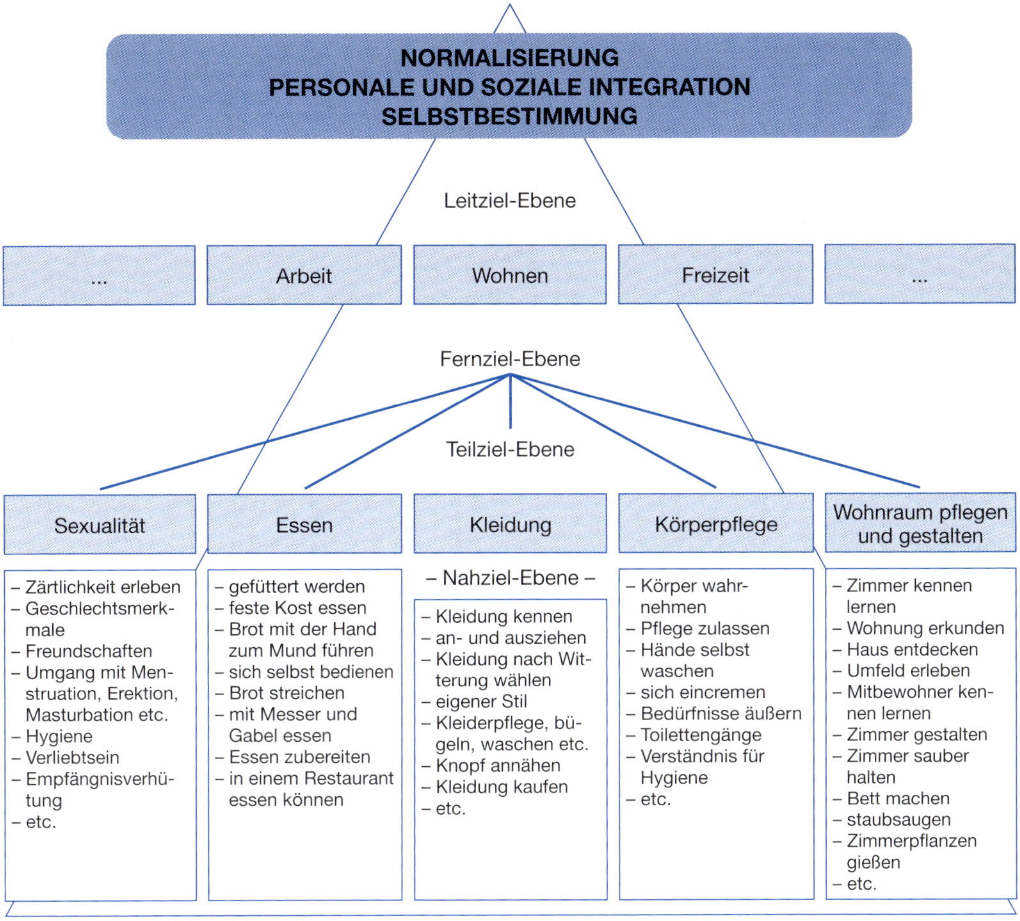

3.2.3 Materialien und Anregungen

Materialien

I.

Eine grobe Orientierung zur Entwicklung von Erziehungs- und Förderzielen kann man durch die so genannten Entwicklungsaufgaben im Rahmen einer Normalbiografie bekommen. In jeder Lebensphase gibt es spezifische Aufgaben oder Problemkonstellationen, deren Bewältigung die normale Entwicklung erfordert. Die erfolgreiche Bewältigung dieser Entwicklungsaufgaben führt zu einer harmonischen Weiterentwicklung des Menschen und ermöglicht dessen personale und soziale Integration. Die Entwicklungsaufgaben strukturieren den Lebenslauf eines jeden Menschen. Sie sind bestimmt durch Hirnentwicklung und -reife, kulturelle Erwartungen sowie durch individuelle Zielsetzungen und Werte (Resch, 1996). Die Bewältigung von Entwicklungsaufgaben ist dabei keineswegs mit der Adoleszenz abgeschlossen, und bestimmte Entwicklungsthemen haben auch im Erwachsenenalter fundamentale Bedeutung. Im Rahmen der Heilpädagogik und Heilerziehungspflege geht es nicht darum, die Erfüllung der Ziele zwingend zu erreichen, vielmehr geht es darum, Bedingungen zu schaffen, damit der behinderte Mensch entsprechend seiner Kompetenzen an eine weitgehende Bewältigung heranreicht. Zu berücksichtigen ist, dass in der pädagogischen Arbeit mit geistigbehinderten Menschen das Entwicklungsalter in der Regel nicht dem Lebensalter entspricht.

Man kann folgende zu erlernende Fertigkeiten und Verhaltensweisen dem Alter entsprechend zuordnen (Resch, 1996, S. 18):

0 – 1 J.	Essen, Schlafen, Verdauung, Bewegung, Sensomotorik, soziales Antwortverhalten, Bindung
1 – 2 J.	Sprache, sprachl. Kommunikation
2 – 3 J.	Sauberkeit, Selbstversorgung im Alltag, Sicherheitsregeln
3 – 4 J.	Selbstkontrolle, Selbststeuerung
4 – 5 J.	Beziehung zu Gleichaltrigen
5 – 6 J.	soziale Kooperation
6 – 11 J.	Schulfertigkeiten, Schulregeln, Regelspiele, Hobbies, Geldgebrauch, einfache Verpflichtungen
12 – 20 J.	Beziehung zum anderen Geschlecht, Verantwortungsübernahme, Ablösung von der Familie

II.

Förder- und Erziehungsziele lassen sich auch von den Fähigkeits- oder Kompetenzbereichen eines Menschen ableiten:

SOZIAL-VERHALTEN	**MOTORIK**	**KOGNITION**	**KOMMUNIKATION/ SPRACHE**	**WAHRNEHMUNG**
Kontaktaufnahme, Einfühlungsvermögen, Kooperations- und Interaktionsfähigkeit, Konfliktverhalten, sich verweigern können, Eigen- u. Fremdwahrnehmung, Selbstbild, Spielfähigkeit, Frustrationstoleranz, Integrationsfähigkeit, Sexualität	Grob- u. Feinmotorik, Körpergeschick, Bewegungsplanung, -steuerung	Kombinationsfähigkeit, Abstraktionsfähigkeit, Problemlösung, Begriffsbildung, Transferfähigkeit, finales Denken/ Planen, Urteilsbildung, Kreativität, Spielfähigkeit, Gedächtnis, Reversibilität, Vorstellungsfähigkeit, Generalisierung, Strukturierung,	Kontaktaufnahme, Mimik/Gestik, Sprachentwicklung, Sprachverständnis, Wortschatz, Ausdrucksfähigkeit, Sprachgebrauch, Schriftsprache, Begriffsbildung, Umgang mit Kommunikationshilfen	(Koordination und Integration), visuell, akustisch, taktil-kinästhetisch, vestibulär, Geruch, Geschmack, Körperschema, Raumlagegefühl

EMOTIONALITÄT	LEBENSPRAKTISCHE FÄHIGKEITEN	MOTIVATION	LERN- UND ARBEITS-VERHALTEN
Antrieb, Lebenszutrauen, Stabilität, Mitschwingen, Selbst- und Fremdwahrnehmung, Urteilsfähigkeit, Affektstabilität, Affektkontrolle, Ausdrucksmöglichkeit	Essverhalten, Körperhygiene, Umgang mit Kleidung, Selbstständigkeit im häuslichen Bereich, Umgang mit Zeit und Zahlungsmitteln, Orientierungssinn	Interesse, Motiv, Neugier, Antrieb, intrinsische/extrinsische Motivation, Ausdauer	Denk- und Arbeitsstil, Aufmerksamkeit, Arbeitstempo, Antrieb, Durchhaltevermögen, Flexibilität, Belastbarkeit, Handlungskompetenz, Selbstständigkeit, Exploration, Kreativität, Initiative, Frustrationstoleranz

III.

Text von Peter Fuchs (2001, S. 13):

Vom selbstverständlichen Umgang mit Menschen. Durchlassen oder nicht? Das Verhängnis der Privatregeln

Das Zusammenleben der Menschen ist geprägt von Regeln. Meistens funktioniert das stillschweigend. Kaum jemand drückt seine Zigarette in der Kaffeetasse seines Nachbarn aus. Es gilt als unzivilisiert, wenn man als Mann die Damentoilette aufsucht, und auch der umgekehrte Fall erregt Erstaunen. Man gähnt niemandem ins Gesicht, bezahlt im Supermarkt große Beträge nicht nur mit Pfennigen, feilscht nicht um den Preis einer Schachtel Zigaretten. Es gibt wichtige Regeln, die man nicht ungestraft verletzt, weniger wichtige, deren Missachtung ihrerseits soziale Missachtung zur Folge hat, und ganz und gar unwichtige, die einem das Leben schwer machen und die man nur einhält, weil man aus unerfindlichen Gründen meint, es zu müssen. Ich nenne sie hier einmal die privaten Regeln. Ihr Problem besteht darin, dass sie einerseits privat sind (jemand meint für sich, etwas müsse so oder so sein), andererseits verallgemeinert werden (was für mich gilt, muss für alle gelten). Die abstrakte Form dieser Regeln lautet: Man macht das so! Und ihr verborgener Sinn ist: Ich mache das so, deshalb müsst ihr das auch so machen! An private Evangelien dieser Art hat man sich sozial gewöhnt. Als voll sozialisiertes, vernünftiges Subjekt weiß man sich dagegen zu wehren, je nach Intelligenz und Alter auf einer Bandbreite zwischen Bockigkeit und Ironie. Man wehrt sich insbesondere dann, wenn einem der Sinn der fremden Privatregeln nicht einleuchtet. Sie wird zur Zumutung.

Allerdings kann sich nicht jeder gegen Zumutungen dieser Form durchsetzen. Wer es ganz sicher nicht (oder es nur mit Formen der Hilflosigkeit) kann, das sind schwer geistig- und mehrfachbehinderte Menschen. Sie müssen das Privatregelwerk der Leute ertragen, von denen sie abhängig sind. In einem Heim zum Beispiel arbeitet eine Gruppe männlicher und weiblicher Betreuer. Sie sind davon überzeugt, dass der Mensch sauber zu sein hat. Er muss sich waschen, er muss täglich duschen, seine Haare sollen locker und aprilfrisch wehen. Wichtig ist, dass die Ohren sauber sind und die Fingernägel keine Trauerränder haben. Die Behinderten, die in dem Heim leben, sind zwischen 12 und 18 Jahre alt. Sie haben sich daran gewöhnt, dass sie oft gewaschen werden oder sich, wenn sie es können, selbst waschen sollen. Die Mitarbeiter/innen, denen es so leidenschaftlich um die Sauberkeit der ihnen anvertrauten Behinderten ging, beschlossen, diese ihnen heilige Angelegenheit nicht unkontrolliert zu lassen. Die Architektur des Hauses kam ihnen entgegen: Im Erdgeschoss befanden sich Werk- und Funktionsräume und die Büros der Hausleitung; im zweiten Stock lagen die „Stationen" mit den Schlafräumen; im dritten Stock waren Freizeiträume, das Fernsehzimmer und ein Spielzimmer, in dem sich übliche und sinnvolle Beschäftigungsmöglichkeiten wie Kickerautomat und Fernsehgerät vorfanden.

Es traf sich, dass im zweiten Stock eine Glaswand mit einer Tür war, die als einzige in den Freizeitbereich führte. Was lag näher, als sich dort zu postieren und die Behinderten abzufangen, die nach oben wollten? Damit eröffnete sich eine Doppelchance: Einmal konnte man jeden kontrollieren, der nach oben wollte (und zum Fernsehen wollten alle), dann konnte man diejenigen, die die Fingernägel oder Ohren nicht reinlich vorwiesen, zurückschicken zum Waschen, eine erste etwas schwächere Sanktion, und wenn sie gar trotzig waren und den Sinn jener Regel nicht einsahen, war es möglich, sie einfach ins Bett zu schicken oder sie durch einen Zivildienstleistenden ins Bett bringen zu lassen. Was ist daran schädlich? Schließlich ist Sauberkeit doch ein Wert ...?

Wir könnten an dieser Stelle natürlich über die Würde des Menschen verhandeln. Aber da diese Würde weniger unantastbar als unfassbar ist, beschränken wir uns auf Einfaches:

1. Durch die Regel und ihre Kontrolle wird eine Konfliktquelle ersten Ranges geschaffen, die täglich aufs Neue sprudelt.
2. Die Regel und ihre Kontrolle ermöglichen ein Spiel der Macht.

Vor allem dieses Spiel der Macht ist bedenkenswert. Zunächst sind Menschen ja nicht im Normalfall objektiv. Was für den einen schon schmutzig ist, ist es für den anderen noch lange nicht. Dann lassen wir uns häufig von Sympathien leiten. Wir mögen manche Menschen, andere mögen wir nicht. Der kräftige Kerl dort mit dem Down-Syndrom ist einfach knuffig. Lassen wir ihn durch! Der junge Mann mit dem blassen, verpickelten Gesicht, der ständig auf seinen Händen kaut und dessen Hemd feucht von Speichel ist und sauer riecht, er soll sich auf alle Fälle noch einmal waschen. Schließlich haben wir noch einen sicheren Instinkt für Gefahren. Einige der von uns Betreuten können ziemlich wütend werden. Da ist es schon besser, etwas zu übersehen. Aber ob wir nun durchlassen oder nicht durchlassen, was sich auf alle Fälle genießen lässt, ist die Dispositionsmöglichkeit selbst: Daumen rauf, Daumen runter, und alles gedeckt durch eine Regel, die sinnvoll erscheint. (Zwischenhinweis zur Machtausübung: Vermeiden Sie jede Chance zur Machtausübung. Schaffen Sie keine Lage, in denen Sie, vorher absehbar, dazu genötigt werden könnten, Macht einzusetzen. Vergessen Sie nie, dass eine Macht, die man beweisen muss, verloren geht. Wenn ein Regime Panzer auffährt, ist es fast am Ende. Denken Sie immer daran, dass Sie anfällig sind für die Verführung durch die Macht. Schließlich macht es Spaß, der Boss zu sein. Im Übrigen gilt es als schändlich, seine Autorität an Hilflosen zu erproben. Souveränität ist gekennzeichnet durch Lockerheit, auch durch die Fähigkeit, Umwege zu gehen und Abweichungen zu ertragen, vor allem aber durch Humor.)

Literatur

Fuchs, P., „Die Ödnis unausgefüllter Zeit", in: „Die Tagszeitung" vom 10.04.2001
Gudjons, H., Pädagogisches Grundwissen, Bad Heilbrunn 1994
Hobmair, H. (Hrsg.), Pädagogik, Köln 1993
Hottelet, H., Erziehungsziele, in: Fachlexikon der sozialen Arbeit, Deutscher Verein für öffentliche und private Fürsorge (Hrsg.), Frankfurt 1980
Kobi, E. E., Grundfragen der Heilpädagogik, Bern 1993
Kron, F. W., Grundwissen Pädagogik, München 1989
Pausewang, F., Ziele Suchen – Wege finden, Berlin 1994
Resch, F., Entwicklungspsychopathologie des Kinder- und Jugendalters, Weinheim 1996
Speck, O., Menschen mit geistiger Behinderung und ihre Erziehung, München 1993

3.3 Mittel der Erziehung

3.3.1 Theoretische Zusammenhänge

In dem Erziehungsprozess geht es um eine gemeinsame wert- und zielorientierte Daseinsgestaltung zwischen dem Menschen mit Behinderung und dem Heilerziehungspfleger. Erziehungsziele müssen auch umgesetzt werden können und daher bedarf es neben den Methoden der Heilerziehungspflege wie z. B. Förderpflege, Spiel, basale Stimulation und Kommunikation, auch Mittel und Maßnahmen der Erziehung. *Unter Erziehungsmitteln verstehen wir Maßnahmen und Situationen, mit deren Hilfe Erziehende auf Heranwachsende einwirken, in der Absicht, deren Verhalten, Einstellungen oder Motive zu bilden, zu festigen oder zu verändern.* (Geißler, 1975, S. 22)

In der Heilerziehungspflege geht es um spezielle Erziehungsbedürfnisse, die sich in Behinderung, Verhaltensstörung, Problemverhalten, Erziehungsschwierigkeiten und abweichendem Verhalten zeigen. Als Heilerziehungspfleger ist man konfrontiert mit Verhalten, das erzieherische Maßnahmen herausfordert. Heilerziehungspflege bedarf daher Erziehungsmaßnahmen, die:

- das Leben lebenswert machen,
- Positiverfahrungen ermöglichen,
- Anregungen bieten,
- Konflikte regeln,
- Hilfestellungen geben,
- überschaubare Strukturen schaffen,
- Schutz geben vor Kontrollverlust,
- Sicherheit spenden vor Außenbedrohung,
- Werte und Normen vermitteln.

Unterschieden wird in *direkte* Erziehungsmittel, in denen der Erzieher direkt auf einen Heranwachsenden einwirkt (z. B. Grenzen setzen, loben, strafen ...) und *indirekte* Erziehungsmittel, in denen der Erzieher Situationen so arrangiert, dass das gewünschte Verhalten gezeigt werden kann (z. B. Strukturieren von Spiel- oder Essenssituationen).

Aufgaben

1. *Schreiben Sie auf einen große Papierbogen, welche Erziehungsmittel und -maßnahmen Sie kennen.*
2. *Welche der niedergeschriebenen Mittel haben Sie bereits eingesetzt?*

Die Wahl der Erziehungsmittel durch den Pädagogen wird durch unterschiedliche Faktoren beeinflusst (vgl. Hobmair, 1993):

- *Das Verhalten des betreuten Menschen:* Der Pädagoge wird darüber urteilen, ob es sich beim gezeigten Verhalten um ein schweres oder eher leichtes Vergehen handelt oder ob der Zu-Betreuende sich wirklich hat anstrengen müssen. Entsprechend wird der Pädagoge sich bemühen angemessen zu strafen, zu begrenzen oder zu loben.
- *Die vorausliegenden Ereignisse:* Ist die Situation bereits häufiger eingetreten, hat der Pädagoge bereits mahnende Appelle und Signale gesendet, dann wird er strengere Maßstäbe ansetzen müssen.
- *Absichten des Betreuten:* Der Heilerziehungspfleger sollte bzgl. der Wahl der Erziehungsmittel unterscheiden, ob ein Versehen, Wut und Ärger, Berechnung oder Ungeschick zugrunde liegen.
- *Das (Entwicklungs-)Alter des Kindes oder das Verständnis des Betreuten:* Bestimmte Formen der Belohnung oder der Bestrafung sind für Kinder in bestimmtem (Entwicklungs-)Alter oder kognitiv eingeschränkte Menschen nicht verständlich.
- *Die Absichten und Ziele des Erziehers:* Bei der Wahl einer angemessenen Maßnahme wird der Pädagoge sich stets an den Erziehungszielen orientieren.
- *Die Wirkung der Erziehungsmaßnahme:* Eine Belohnung oder Strafe, die der betreute Mensch nicht als solche empfindet, wirkt auch nicht.

Erziehungsmittel sind sehr komplex in ihrer Wirkung und sie wirken bei jedem Menschen anders. Die Wirkung von Erziehungsmaßnahmen ist stark abhängig vom Rahmen und dem situativen Kontext, in dem sie angewendet werden. Der drohende und mahnende Zeigefinger des Pädagogen bei z. B. Fehlverhalten eines Kindes kann bei dem Kind einschüchternd, beim anderen Kind jedoch geradezu ermunternd wirken, das Fehlverhalten fortzusetzen. Der Mensch als *offenes System* und Selbstinstanz entscheidet letztlich selbst, ob er eine Maßnahme annimmt, ablehnt, fehldeutet oder ganz anders als erwartet reagiert. *Es gibt keine Rezepte*, die im Falle einer Verhaltensauffälligkeit automatisch und vorhersagbar zum Erfolg führen. Erziehungsmittel sind deshalb nicht prinzipiell als falsch oder schlecht zu bewerten, nur sie wirken bei jedem anders. Die Individualität des Zu-Erziehenden ist bei der Anwendung von Erziehungsmaßnahmen stets zu beachten. Erziehung ist Versuchshandeln mit Angebotscharakter, das heißt, man kann als Pädagoge Angebote machen, Situationen arrangieren und verändern in der Hoffnung, dass der betreute Mensch dem Pädagogen folgen kann. Die Wirkung von Erziehungsmitteln ist also im besonderen Maße von der Gestaltung der Beziehung zwischen dem Pädagogen und dem Zu-Erziehenden abhängig.

Fragen

1. *Wie verstehen Sie die Aussage, Erziehung ist Versuchshandeln mit Angebotscharakter?*
2. *Wie zeigt sich Ihrer Meinung nach diese Aussage in der Praxis der Heilerziehungspflege?*

Grundlegend für jede Tätigkeit in der Heilerziehungspflege ist eine hinlänglich gelungene Beziehungsgestaltung zum betreuten Menschen. Die Fähigkeit und Methodenkompetenz des Heilerziehungspflegers zur hilfreichen und problemangemessenen *Gesprächsführung* wird dabei vorausgesetzt. Auf der Basis einer, in Kapitel 3.1.2 beschriebenen, wertbezogenen Einstellung und Haltung des Heilerziehungspflegers lassen sich verhaltensmodifikatorische Verhaltensweisen (siehe Lerntheorien in diesem Buch), pädagogische Erziehungsmittel und –maßnahmen, sowie mitunter auch notwendige autoritative und konfrontative Maßnahmen in die Beziehung zum betreuten Menschen integrieren. Wenn die Basis einer Beziehung hinlänglich hergestellt wurde, kann der Heilerziehungspfleger im erzieherischen Handeln durchaus auch mal *daneben greifen*, überzogen reagieren und *mal etwas falsch machen*. Die Situation zwischen ihm und den betreuten Menschen ist dann immer noch korrigierbar und die Chancen einer positiven Beziehungsgestaltung sind nicht vertan. Zwangsautoritäre Maßnahmen, wie festhalten und isolieren, werden in der Regel nur selten nötig sein, je mehr eine gute Grundlage einer Beziehungsgestaltung geschaffen wurde. Bei (auto-)aggressiven, hyperaktiven und agierenden Bewohnern, Zu-Erziehenden oder betreuten Menschen werden autoritativ-konfrontative Maßnahmen unvermeidbar sein. Einem behinderten Kind, dass sich losreißt und in Gefahr ist, vor ein Auto zu rennen, muss Einhalt geboten werden und notfalls nach Hause getragen werden, auch wenn es kratzt, schreit und sich fallen lässt.

Das Ineinandergreifen von heilerzieherischen Basisqualitäten und möglichen Erziehungsmitteln wird im folgenden vereinfachten Modell (vgl. Flosdorf, 1996) einer sich aufbauenden Pyramide verdeutlicht:

Autoritativ-konfrontative Variablen	Sinn und Wert erschließen und würdigen strukturieren und ordnen konfrontieren und fordern Ansprüche/Forderungen/Verpflichtungen stellen verdeutlichen und durchsetzen standhalten und halten Grenzen setzen und festhalten an die Hand nehmen und führen
pädagogisch-didaktische Variablen	kritisieren – tadeln bitten – trösten – ermutigen fragen – aufmuntern – anregen unterstützen – assistieren – helfen erklären – belehren
verhaltens-modifikatorische Variablen	Zielverhalten unterstützen verzögern – ignorieren Konsequenzen erfahren lassen bestätigen – anerkennen – loben Verhalten beschreiben und spiegeln
Basisvariablen	Respekt und Partnerschaftlichkeit (Achtung, Nähe herstellen ...) Offenheit und Eindeutigkeit (Echtheit, Wachheit, Achtsamkeit ...) Transparenz (Vorhersehbarkeit, sich mitteilen ...) Gleichwertigkeit (Vorbildsein, Behutsamkeit, Dialogbereitschaft ...) Bescheidenheit (Ruhe, Gelassenheit ...) Vertrauen (Zuversicht, mitmachen ...) Akzeptanz und Annahme (*lieben*, unterstützen, wahrnehmen ...) Individualisierung (Kontakt suchen, mitschwingen ...) Entwicklungsorientiert denken und handeln (Zeit lassen, hinterfragen ...) gelöste und angstfreie Atmosphäre (freundlich sein, Sicherheit geben ...)

Nicht gegen den Fehler, sondern für das Fehlende

Ein positiver Faktor für eine gelungene Beziehungsgestaltung ist die Einsicht des Heilerziehungspflegers, dass der betreute Mensch stets in seinem Verhalten seiner eigenen Logik gehorcht. Jedes Verhalten, auch das störende Verhalten, ist entwicklungslogisch und lebensgeschichtlich geprägt und aus Sicht des betreuten Menschen richtig, angemessen und geradezu notwendig. Der Mensch z. B. mit autistischer Störung hat es aufgrund seiner Wahrnehmungsstörung gelernt, sich zurückzuziehen oder sich z. B. auf den Kopf zu schlagen, wenn es Unruhe gibt. Möglicherweise kann er sich durch derartig ritualisierte Verhaltensweisen bei sozialen Irritationen beruhigen und besinnen. Es ist aus seiner Sicht die *beste* Lösung des Problems und jede andere Lösung steht ihm bis dahin nicht zur Verfügung. Möglicherweise wird er hartnäckig dieses Verhalten zeigen, auch wenn der Erzieher ihn mehrfach am Tage auffordert sich nicht zu schlagen.

En recht häufiger erzieherischer Irrtum ist es, die genannte Achtung, Offenheit, Akzeptanz oder auch Wärme und Freundlichkeit gegenüber den Menschen mit Behinderung oder schwierigen Verhaltensweisen als eine alles gewährende Haltung auszulegen. Es handelt sich dabei vielmehr um Grundhaltungen, die es ermöglichen sollen, klare Verhaltenserwartungen beim behinderten Menschen zu formulieren und einzufordern. Das Schlagen des Kopfes müssen wir als Erzieher unterbinden, gleichwohl erkennen wir an, dass dieser Mensch in diesem Augenblick noch nicht in der Lage ist, sich anders zu verhalten. Aus dieser spannungsreichen Haltung heraus gilt es nun Lösungen zu finden, in denen der behinderte Mensch bereit erscheint auf diese unangemessenen Verhaltensweisen zu verzichten. *Nicht gegen den Fehler, sondern für das Fehlende* (Paul Moor) hieße dann nicht ausschließlich repressiv, also das störende Verhalten unterdrückend, sonder bedürfnisorientiert zu handeln. *Wo immer ein Kind versagt, haben wir nicht nur zu fragen: Was tut man dagegen? – Pädagogisch wichtiger ist die Frage: Was tut man dafür? ... nämlich für das, was werden sollte, soweit es werden kann.* (P. Moor, 1957, in: Bleidick, 1999, S. 261)

Wenn z. B. ein behindertes Kind in bestimmten Situationen sich oder andere Kinder beißt, macht es dies unter Umständen aus einer Überforderung heraus oder weil es seinen Unmut nicht in anderer Weise ausdrücken kann. Eine Bestrafung oder Grenzziehung ist dann nur wenig sinnvoll, besser wäre es dem Kind Möglichkeiten an die Hand zu geben, Unmut und Ärger angemessener auszudrücken oder aber Überforderung wahrzunehmen und sich zurückzuziehen. Unsere Überlegungen kreisen also darüber, welches Verhalten dieses Kind zeigen *soll* und weniger darüber, was es nicht zeigen soll. Sinnvoll könnte es weiterhin sein, das Augenmerk auf die Ausnahmen auszurichten: Wann zeigt es dieses Verhalten nicht? Welche Bedürfnisse des Menschen mit Behinderung sind nicht hinlänglich befriedigt und welche Signale werden diesbezüglich an das Umfeld gesendet?

Aufgabe

Versuchen Sie die beschriebene Haltung („für das Fehlende“) an anderen Beispielen von Verhaltensstörungen in der Praxis zu verdeutlichen.

Erzieherisches Handeln ist oft sehr einseitig und stereotyp. Es ist typisch für uns, dass wir einmal verfolgte Strategien nur ungern verlasen. Wir glauben, mehr desselben bringt mehr:
Tobias klappert am Tisch mit dem Löffel am Teller. Der Erzieher ermahnt ihn, kurzzeitig unterlässt T. das Klappern, um dann nach kurzer Zeit erneut damit anzufangen. Der Erzieher bittet T. wiederum das Klappern zu unterlassen, nachdem das Klappern nicht aufhört, rückt der Erzieher T. vom Tisch, der schreit und wird schließlich gebeten, den Raum zu verlassen. Der Erzieher reagiert so beim Abendessen, beim Frühstück beim Mittagessen, ca. sieben Tage die Woche, einen Monat lang, über Monate hinweg ... Erst spät merken wir, dass wir da ganz schön eingefahren sind.

In der Heilerziehungspflege sind wir oftmals mit Erziehungsschwierigkeiten konfrontiert, die über das durchschnittliche Maß in anderen pädagogischen Zusammenhängen wie z. B. Regelkindergärten u. a. deutlich hinausgehen. In Krisensituationen greifen bisher geeignete Lösungswege oftmals nicht mehr. Es bedarf daher eines Kataloges an Maßnahmen, die kreativ in der jeweiligen Situation und entsprechend der beteiligten Personen eingesetzt werden können.

Aufgaben

1. *Nehmen Sie noch einmal den Papierbogen mit den verschiedenen Erziehungsmitteln zu Hand. Müssen Sie noch einige Maßnahmen und Mittel ergänzen?*
2. *Welche Erziehungsmittel liegen Ihnen nahe, welche Maßnahmen sind eher nicht in Ihrem bisherigen erzieherischen Repertoire?*
3. *Lehnen Sie bestimmte Maßnahmen kategorisch ab?*
4. *Welche Probleme sehen Sie bei einzelnen Maßnahmen?*
5. *Überlegen Sie einmal, bei welchen Situationen Sie immer gleich und eingefahren reagieren ohne die Situation grundsätzlich zu verändern.*

3.3.2 Praktische Umsetzung

Strukturierung

Menschen z. B. mit geistiger Behinderung, aber auch Kinder mit Verhaltensauffälligkeiten erleben Situationen im Wohnheim, in der Werkstatt oder im Kindergarten aus ihrer Sicht als zu offen, zu undurchschaubar und damit letztlich bedrohlich. Sie reagieren daher mit Rückzug, Unruhe oder anderen problematischen Verhaltensweisen. Eine gut ausgeprägte äußere Struktur, ein *therapeutisches Milieu* oder ein pädagogischer *Rahmen* kann diesen Menschen helfen, sich innerlich besser zu strukturieren. Feste Zeiten zum Essen, Aufstehen, Schlafen gehen, festgelegte Besuchsregelungen, eine überschaubare und konstante Umgebung, feste Bezugspersonen, festgelegte Methoden und Aktivitäten sowie klare Grenzen und Konsequenzen können beruhigend und stabilisierend auf den Bewohner oder das Kind wirken. *Ich mache heute dies und morgen das ... ich kann mich darauf verlassen, dass alles so ist, wie es ist. Ich brauche mich nicht aufzuregen, ich habe keine Angst ...* Allerdings sollte der strukturierte Rahmen nicht dem Selbstzweck dienen, nach dem Motto *So wird es gemacht, so haben wir es schon immer gemacht!* Pädagogisches Ziel sollte es sein, dass der behinderte, psychisch auffällige und der verhaltensgestörte Mensch den äußeren Rahmen irgendwann auch zu *seinem* Rahmen macht und eine eigene *innere Ordnung* findet.

Beispiel

Es kann zunächst sehr sinnvoll sein, feste Essenszeiten festzulegen, zu denen jeder in der Wohngruppe kommen muss. Ziel sollte es aber sein, dass der Bewohner selbst zur Einsicht gelangt: Ich komme lieber pünktlich zum Essen, sonst bekomme ich nichts Warmes mehr und außerdem esse ich auch lieber mit den anderen zusammen. Ich kann das!

Diese Form der Eigenaktivität, Autonomie und Selbstregulation wird der behinderte Mensch oder das verhaltensauffällige Kind allerdings gern vermeiden. Denn es ist einfacher und wurde ja auch als sicherer erlebt, dass alles verlässlich geregelt wurde. Auf diese zunächst ja sinnvollen *Versorgungsleistungen* zu verzichten und dann auch noch selbst aktiv werden zu müssen, ist schwer einsehbar. Warum sollte der behinderte Mensch nun plötzlich seine Wäsche selbst sortieren, wo es doch so verlässlich und selbstverständlich von den *Angestellten* erledigt wurde?

Hier könnte die Idee der *entwicklungsförderlicher Laufställe* hilfreich sein, das heißt dem behinderten Menschen werden Aktivitäten angeboten, in denen er Selbstwirksamkeit und Ich-Stärke erleben kann. Kleinschrittig werden Aufgaben und Verantwortung für sich selbst und für andere übernommen, wie z. B. den Tisch zu decken, zur Werkstatt alleine gehen usw. So wie ein Kind, das langsam laufen lernt, kann auch der behinderte Mensch ohne Überforderung, vielleicht jedoch mit *liebevoller Aufdringlichkeit* durch den Pädagogen, eine neue *Rolle*, des nun mehr autonomen und selbstaktiven Menschen ausprobieren. Je stärker der *innere Halt* sich durch diese *Gehhilfe* entwickelt, umso weniger wird ein *äußerer Halt* benötigt.

Aufgaben

1. *Mit welchen Strukturierungsformen arbeiten Sie?*
2. *Überlegen Sie einmal, wo Sie erlebt haben, dass Strukturen um der Strukturen willen erhalten bleiben?*
3. *Überlegen Sie einmal konkret am Beispiel eines Bewohners, wie ein entwicklungsförderlicher Laufstall aussehen könnte.*

Loben und ermutigen

Lob ist ein sehr alltägliches und bekanntes Erziehungsmittel. Der Pädagoge versucht dadurch gewünschtes Verhalten zu verstärken. Im pädagogischen Alltagsstress neigt der Heilerziehungspfleger jedoch dazu, Bewohner eher zurechtzuweisen. Der *funktionierende Bewohner* gerät schnell aus dem Blick. Wie oft wird z. B. ein verhaltensauffälliges Kind erst dann angesprochen, wenn es mal wieder stört, anstatt es zu loben, wenn es gerade mal ruhig dasitzt und seine Aufgabe erfüllt?
Allerdings sollte sich der Pädagoge auch nicht bei jeder Winzigkeit zu Begeisterung und überschwänglichem Lob hinreißen lassen. Lob sollte nur bei tatsächlicher Leistung erfolgen. Lob sollte anspornen und nicht schmeicheln. Bei geistigbehinderten Menschen kann man mitunter auch eine Abhängigkeit von Lob beobachten. Die ständige Frage danach, ob man es auch richtig gemacht hat, verhindert allerdings die Autonomieentwicklung und die innere Gewissheit selbstwirksam sein zu können. Diese Menschen müssen folglich lernen, sich selbst loben zu können und wertzuschätzen. Aus einer extrinsischen Motivation, einer Leistungsmotivation von außen, sollte eine intrinsische Motivation, aus der Sache und dem Tun heraus, entstehen.
Verblüffenderweise gibt es auch Menschen, die Lob nicht vertragen und albern und abwertend reagieren oder gar *ausrasten*. Diese Menschen haben ein extrem negatives Selbstbild von sich, weil sie immer erlebt haben, dass sie in den Augen anderer Menschen nicht taugen, und sie empfinden daher jedes Lob als Hohn oder Lüge. In solchen Fällen sollte man durch *Spiegeln* oder eher beiläufige Bemerkungen, langsam an Lob gewöhnen.
Das negative Selbstbild und das Gefühl von Minderwertigkeit führt oft zu aggressiven Fehlverhalten und seelischen Konflikten. Menschen, die entmutigt und frustriert sind, bedürfen der Ermutigung. Ihnen müssen Aufgaben gestellt werden, die sie bewältigen und wo sie Lob erwarten können.

Spiegeln

Dem betreuten Menschen wird eine systematische, planvolle, beschreibende Rückmeldung über sein Verhalten gegeben. Spiegelsätze enthalten kein Lob, sondern geben Rückmeldung über angemessene Anteile des Verhaltens mit der Grundhaltung *Schau her Du kannst etwas, Du verhältst Dich nach den Regeln, Du bist erfolgreich, Du machst Fortschritte und ich bemerke das!* Spiegeln kann den Kreislauf des steten Negativimages eines Bewohners aufbrechen. Wenn z. B. Peter fünfzig Mal am Tag aggressiv gegenüber anderen ist, wird es ihm und den anderen nicht auffallen, das er auch fünf Mal freundlich zu anderen war.

Wenn Peter lernen soll zu warten, dann wären kurze Rückmeldungen dann, wenn Peter gewartet hat, sinnvoll: *Du hast es ganz eilig zur Werkstatt, hast aber trotzdem fast fünf Minuten gewartet* oder *Du hast an der Tür gewartet und ich brauchte Dich nicht zu erinnern* oder *Alle haben heute am Tisch gewartet und wir haben gemeinsam angefangen zu essen.*

Spiegelsätze sind nur dann erfolgreich, wenn die kognitiven Fähigkeiten des Kindes oder des Erwachsenen mit Behinderung ein verbales Verstehen möglich machen.

Ein Spiegelsatz enthält im Idealfall

- die Beschreibung des Verhaltens,
- die Erinnerung an den Fortschritt oder seine Bestätigung,
- eine Aufrechterhaltung der Anforderung.

Ein Spiegelsatz sollte kein Lob, sowie keine Wörter wie z. B. *Schon* im Sinne eines pädagogischen Zeigefingers enthalten: *Peter sitzt* schon *am Platz.*

Neben diesen verbalen Spiegeln, ist eine Verhaltensrückmeldung durch nonverbales Spiegeln auch möglich. Hierbei werden dem behinderten Menschen Verhaltensweisen und Handlungen zurückgespiegelt und Veränderungsimpulse aufgezeigt.

Aufgaben

Statt Rita, jetzt redest Du gerade wieder dazwischen, könnte man sagen Rita, Du willst ganz viel erzählen, Du kannst Dich aber oft an die Regel halten, wir hören einander zu', das weiß ich.

Üben Sie einmal ein paar Spiegelsätze:

1. *Statt Setz dich und lauf hier nicht wie ein Wilder umher, könnte man sagen ...*
2. *Statt Sven, pass auf, dass Du nicht wieder vorrennst ...*
3. *Statt Paul kommst Du bitte aus dem Bett ...*
4. *Statt Dein Zimmer ist ja schon 1 a aufgeräumt ...*
5. *Wenn Peter schon zur Tür flitzt und vorausgehen will, könnte man sagen ...*

6. *Wenn Paul seine Mitbewohnerin Inge beschimpft, weil sie in seinem Zimmer war. Statt Hier wird nicht rumgepöbelt! Der Ton passt mir nicht!, besser sagen ...*

   Spiegelübung: Stellen Sie sich zu Zweit gegenüber. Ein Partner stellt ohne Sprache eine Alltagshandlung (z. B. Zähne putzen) pantomimisch dar, der andere Mitspieler vollzieht sie spiegelgleich nach. Wechseln Sie die Rollen und versuchen Sie anschließend ohne Vorgabe und ohne Anführer zu spiegeln, d. h. es bewegen sich dann beide Partner gleich, ohne genau zu wissen, wer führt. Wenn Sie also merken, dass Sie führen, geben Sie sofort die Führung ab.

Grenzen setzen

Grenzen setzen ist sicherlich die schwierigste erzieherische Intervention. Pädagogisches Geschick und Durchsetzungskraft sind dabei gefragt. Sehr oft herrscht aber auch Verunsicherung darüber, wo Grenzen gesetzt werden müssen und wo es nur Drill oder Gehorsamkeits-Fetischismus bedeutet. Unzweifelhaft ist es jedoch, dass Grenzen im Sinne einer Orientierungshilfe nicht nur bei Kindern, sondern auch bei Menschen mit geistiger Behinderung notwendig sind. Im Umgang mit verhaltensauffälligen Kindern kommt der Erzieher nicht ohne klare Grenzziehung aus. Manche verlangen mitunter geradezu danach auch *physisch* Grenzen beim Gegenüber zu spüren, z. B. bei Wutausbrüchen und hemmungsloser Destruktivität. Manche entziehen sich jeglicher Grenzziehung, mitunter aus der (traumatischen) Erfahrung heraus, dass Erwachsene ihnen prinzipiell nicht wohlgesonnen sind und ihre Macht ausüben wollen.
Grenzsetzungen balancieren zwischen pädagogischer Aktion oder Reaktion. Manchmal ist es ratsam sofort Grenzen zu ziehen, bevor sich eine Situation hochschaukelt oder es zu unfruchtbaren Diskussionen kommt: *Ich will, dass Du jetzt das tust!*
Wartet der Pädagoge jedoch zu lange, wird eine Grenzziehung mitunter gefährlich, weil sie dann in Drohung ausartet und zur Machtfrage stilisiert. Dann ist jedoch keiner der Beteiligten gern unterlegen. Folgende Aspekte gilt es bei der Grenzziehung zu bedenken:

- Versuchen Sie möglichst distanziert, *antiseptisch*, nicht aus Ärger oder persönlicher Verletztheit heraus zu handeln.
- Es kann zum Schutz des Kindes oder der Beteiligten sinnvoll sein, Konsequenzen aufzuzeigen: *Wenn du Dich so verhältst, dann kannst Du nicht mehr am Essenstisch bleiben. Wenn Du Dich jedoch entscheidest ruhig sitzen zu bleiben, darfst Du zu Ende essen*. Aber die Konsequenz muss dann auch erfolgen!
- *Der Ton macht die Musik*: Grenzziehung bedeutet Konfrontation; ein sachlicher Appell und eine respektvolle Haltung des Erziehers entschärft die Situation.
- Beim physischen Eingreifen, z. B. wenn man einen Menschen festhält oder in ein Zimmer bringt, sollte der Erzieher keine Gegenaggression zeigen, sondern möglichst ruhig und bestimmt auftreten, ohne zu tadeln.

Aufgaben

Versuchen Sie einmal im Rollenspiel eine Situation, die erzieherische Grenzsetzung erfordert, nachzuspielen (z. B. P. stört heftig beim Abendessen, beim gemeinsamen Fliegerbasteln zerreist P. die Sachen der anderen)

- *Setzen Sie sich zu zweit gegenüber. Einer sagt ausschließlich Nein, der andere stets Ja. Lassen Sie einen ruhig heftigen Dialog nur mit diesen beiden Wörtern entstehen. Achten Sie jedoch dabei auf Ihre Stimme! Wechseln Sie die Rollen, was fällt Ihnen leichter zu sagen?*
- *Stellen Sie sich zu zweit gegenüber und drücken Sie die Handflächen aneinander. Schieben Sie sich gegenseitig weg. Dabei sagt der eine Partner: Hau ab! (o. Ä.), der Andere entgegnet mit einem kräftigen Nein! Ich bleib hier! Tauschen Sie die Rollen.*
- *Übung zu Zweit: der eine Partner ist der Erzieher und will den anderen energisch und auch körperlich zum Mitkommen bewegen. Du kommst jetzt mit! Der Andere weigert sich, aber irgendwann lässt er sich erweichen. Auch hier tauschen Sie die Rollen. Wie ergeht es Ihnen bei der Übung? Was ist Ihnen leichter gefallen?*

● Strafen

Die Bestrafung ist wohl eine der problematischsten Erziehungsmaßnahmen und es stellt sich die Frage, ob Strafe ein Erziehungsmittel der Heilerziehungspflege ist.
Strafe ist eine Konsequenz, die mit der Absicht erfolgt, dass eine vorangegangene Verhaltensweise nicht mehr gezeigt wird. Die Strafe soll oftmals Ordnung und Gerechtigkeit wieder herstellen und ein Exempel statuieren.
Folgende Nebenwirkungen müssen vom Heilerziehungspfleger beim Einsatz einer Strafe bedacht werden:

- Strafen führen zur Beeinträchtigung des pädagogischen Bezugs- und Vertrauensverhältnises.
- Strafen führen zur Zunahme an Feindseligkeit, Rachegefühlen und Aggression beim Einzelnen und in der Gruppe.
- Strafen stehen meist im Gegensatz zu erstrebten Erziehungszielen und Wertmaßstäben.
- Bei Menschen mit geistiger Behinderung ist eher mit Verhaltensreaktionen wie Überanpassung, Gehemmtheit, Stigmatisierung und Angst zu rechnen, da sie weniger Widerstand zeigen können.
- Jede physische Aggression vom Heilerziehungspfleger ausgehend, ruft Gegenaggression und Nachahmung hervor. Prügel und Schläge gegen den betreuten Menschen stehen im krassen Gegensatz zu einem wertorientierten Berufsverständnis.
- *Liebesentzug* als Strafe ist abzulehnen, weil das Vertrauen und die Würde des Menschen nachhaltig zerstört wird.

- Strafen verleiten den Heilerziehungspfleger zur Bequemlichkeit und entbinden von der lästigen Pflicht, Zeit und Mühe für unerwünschte Verhaltensweisen zu investieren.
- Häufigeres Strafen steigert das Gefühl von Ohnmacht des Zu-Erziehenden und die Gefahr einer Flucht in Lügen und Vermeidungshandlungen.

Angesichts dieser Nebenwirkungen ist verständlich, dass der Begriff *Strafe* lange Zeit kaum noch benutzt und peinlich vermieden wurde. Statt von Strafe wird oft von negativen Reizen (*aversiven Stimuli*), konfrontativen Ordnungsmaßnahmen, isolieren oder *Time-out* gesprochen oder es werden gleich Medikamente eingesetzt. Strafen scheint jedoch aufgrund der teilweise sehr massiven Verhaltensauffälligkeiten und schweren Grenzüberschreitungen von Kindern und Jugendlichen heute wieder mehr akzeptiert zu sein.

Unter bestimmten Bedingungen kann Strafe ein erfolgreiches Mittel der Erziehung sein:

- Strafe sollte einen inhaltlichen Zusammenhang mit dem vorausgegangenen Fehlverhalten aufweisen.
- Welches Verhalten bestraft wird, muss allen Beteiligten zuvor deutlich sein.
- Bestrafung sollte unmittelbar nach dem Auftreten unerwünschten Verhaltens erfolgen.
- Strafe hat mit Verantwortung zu tun und nur wer Verantwortung besitzt, kann auch zur Verantwortung gezogen und für sein Fehlverhalten bestraft werden.
- Für jeden Mensch ist es bedeutsam, einen Schaden (z. B. eine demolierte Tür) auch wieder gut machen zu können, damit keine dauerhafte Schuld die Beziehung überlagert.
  Es sollte jedem die Chance gegeben werden, Unrecht wieder rückgängig zu machen, nach seinen Möglichkeiten (z. B. bestimmte Aufgaben übernehmen, Tür abschleifen ...).
- Hilfreich ist das Prinzip der *natürlichen oder logischen Folge* eines Verhaltens. Wer zu spät zum Essen kommt, kann eben nur noch das essen, was übrig ist. Zwischen Heilerziehungspfleger und betreuten Menschen können *Vertragsvereinbarungen* getroffen werden, die bei Nichteinhaltung logische Konsequenzen haben.
- Strafen dürfen sich niemals auf Charaktereigenschaften einer Person beziehen.
- Strafen sollten nur nach nüchterner Prüfung des Sachverhaltes eingesetzt werden.
- Strafen dürfen nicht aus sachfremden Motiven, wie Gekränktsein, entspringen. Letztlich soll es nicht dem Heilerziehungspfleger nach der Strafmaßnahme besser gehen, sondern es soll eine Besserung beim Bestraften erfolgen.

- Menschen mit Behinderungen sind oft ihnen unverständlichen Regeln, Anweisungen und Überforderungen ausgeliefert. Das Verständnis für Strafen ist daher nicht ausgeprägt.
- Einmal ausgesprochene Strafen müssen auch vollzogen werden. Inkonsequenz vermittelt ein Gefühl der Beliebigkeit und Willkür.

Bei falscher Anwendung können Strafen verheerende Wirkungen haben. Daran sollten Erzieher immer denken, bevor sie sie einsetzen. Bei vernünftiger Anwendung der Regeln für das Strafen können sie jedoch trotz ihrer Problematik und der mit ihnen verbundenen Gefahren ein erfolgsversprechendes und moralisch akzeptables Erziehungsmittel sein. (Uhl, 1996, S. 233)

Fragen

1. *Welche Erfahrungen haben Sie ganz persönlich mit Strafen gemacht?*
2. *Strafen werden unreflektiert, als Machterhalt und Affektabfuhr genutzt. Wie stehen Sie dazu?*
3. *Wieso können Strafen Verhalten fixieren und zum Fehlverhalten ermuntern?*
4. *Eine Ohrfeige hat noch niemandem geschadet. Was meinen Sie?*
5. *Sind Strafen möglicherweise überflüssig, weil alles, was die Erziehung bewirken will, auch mit anderen Mitteln erreicht werden kann? Was meinen Sie?*

Ignorieren

Eine sehr beliebte Intervention um störendes Verhalten zu unterbinden, ist es zu ignorieren. Oftmals wird jedoch diese Intervention auch in der Not geboren, wegen Überforderung, Personalmangel, Hoffnungslosigkeit und Ohnmacht. Wenn Mario zum hundertsten Mal die Tür zudonnert oder beim Mittagessen rülpst, wird das vielleicht auch schon gar nicht mehr wahrgenommen. *Bewusstes* Ignorieren empfiehlt sich nur dann, wenn man den Eindruck hat, dass sich ein Fehlverhalten auf diese Weise legt. Nicht jede Störung, nicht jede Beschimpfung, oder jede Nachlässigkeit verlangt eine pädagogische Intervention und nicht alles ist zu diesem Zeitpunkt zu bearbeiten. Mitunter kann ein kurzes Aufmerken: *Ich habe gesehen, dass ...* dem Gegenüber schon signalisieren, dass ich die Störung wahrnehme, aber im Augenblick nicht weiter eingreifen möchte, sehr hilfreich sein.

Umlenken und umgestalten

Wenn Sie beobachten, dass ein Bewohner bei der Erfüllung seiner Aufgaben unsicher, überfordert, gelangweilt oder frustriert wirkt, stehen Ihnen diese beiden pädagogischen Möglichkeiten zur Verfügung. Umlenken heißt, jemanden wieder zu der eigentlichen Aufgabe zurückzuführen und die Konzentration dafür zu erhöhen.

Beispiel

Petra soll im Trainingsbereich der Werkstatt Schrauben nach Größe sortieren. Immer wieder wandert ihre Konzentration jedoch ab, sie schaut aus dem Fenster und spielt mit anderen Dingen. Durch ein Lob, eine humorvolle Bemerkung, einen kurzen Signalsatz, ein Nicken, durch kurze Berührung oder kleine Hilfestellung gelingt es dem Heilerziehungspfleger Petra wieder zur Aufgabe zurückzuführen.

Umgestalten bedeutet die Anforderungen für den betreuten Menschen so zu verändern, dass er sie gerade noch erfolgreich bewältigen kann.

Beispiel

Markus soll die Spülmaschine einräumen. Dieser für ihn langweiligen Aufgabe versucht er dadurch zu entgehen, in dem er andere Bewohner lautstark ärgert, Sprüche klopft usw. Der Heilerziehungspfleger beobachtet das Verhalten und versucht eine andere vermeintlich interessantere oder aber wenig aufwändigere Aufgabe für Markus zu finden. Markus, mir scheint diese Aufgabe heute doch etwas zu einfach zu sein, ich habe eine spannendere Aufgabe für Dich. Kannst Du mal den Toaster reinigen? Oder Es reicht, wenn Du heute nur die Becher hineinstellst.
Karin soll ihr Bett selbst beziehen. Sie beobachten, dass Karin immer hektischer am Bettzeug zieht und das Oberbett nicht hineingezogen bekommt. Sie greifen ein und sagen zu Karin: Das ist ja richtig schwierig, lass es uns mal gemeinsam versuchen oder Für heute reicht es ja, wenn du nur das Kissen in die Hülle hineinstopfst oder Ich weiß, Du bekommst es sonst ja immer gut hin. Ich habe mir überlegt, dass Du heute den Teppich ausklopfst.

Aufgaben

Überlegen Sie einmal, wie Sie in folgenden Situationen umlenken und umgestalten können. Was tun oder sagen Sie?

1. *Gemeinsames Fußballspiel: Daniel und Marco wollen beide ins Tor und sind in Gefahr in heftigen Streit auszubrechen.*
2. *Alle anderen sind mit dem Essen fertig. Pia hat aufgrund der Spastik Probleme beim Essen und wird langsam wütend.*
3. *Jasmin hat beim Anmalen einer Bastelarbeit geschmiert und knirscht mit den Zähnen.*
4. *Markus soll eine Melodie auf dem Glockenspiel spielen. Er ist überfordert und hat gleichzeitig einen hohen Anspruch an sich selbst.*

Regeln und Rituale

Regeln sind für das Zusammenleben, z. B. einer Wohngruppe, notwendig, denn sie geben Verhaltenssicherheit, zeigen Grenzen auf und reduzieren Wahlmöglichkeiten. Einmal aufgestellte Regeln vereinfachen das Miteinander, und bestimmte Verhaltensmuster müssen nicht ständig für jeden Einzelfall neu ausdiskutiert werden. Regeln vermitteln ein Gefühl der Zugehörigkeit, denn wenn ich mich so verhalte, dann genüge ich dem Anspruch der Gemeinschaft.

Mitunter ist es notwendig, Verhaltensregeln explizit zu formulieren, z. B. hängen in vielen Schulräumen so genannte Klassenregeln (*Nicht dazwischen reden!, Wir prügeln uns nicht*) oder in anderen Häusern gibt es Hausordnungen (*Keine Fahrräder abstellen*). Leider werden diese Regeln sehr oft negativ formuliert. Es wird das, was nicht stimmt, das Versagen und das Unvermögen in diesen Regeln benannt und meist ruft das bei den Betroffenen Abwehr, Verteidigung oder Angst hervor.

Regeln sollten stets das gewünschte Verhalten benennen, mehr im Sinne eines Gebotes statt eines Verbotes. Wenn Sie die Regel aufstellen *Wir reden nicht alle durcheinander*, dann haben alle Beteiligten bereits die gedankliche oder visualisierte Vorstellung davon, wie es ist, wenn alle durcheinander sprechen. Das Wörtchen *nicht* verschwindet hinter dieser Vorstellung. Besser ist es also, das gewünschte Verhalten zu benennen: *Wir lassen einander ausregen*.

Wenn Sie Regeln aufstellen beachten Sie:

- Regeln enthalten ein Gebot, kein Verbot.
- Regeln sind einfach, konkret, bildhaft und beschreiben das erwartete Verhalten.
- Das erwartete Verhalten soll beobachtbar sein.
- Regeln sind kurz und prägnant in einem Hauptsatz aufzustellen.
- Regeln enthalten kein *versuchen*, *sollen*, *müssen*, *können*.
- Regeln sollten nicht unpersönlich mit *man* ausgedrückt werden, sondern mit *ich* oder *wir*.
- Regeln sollten für alle gelten (also auch für den Pädagogen!).
- Regeln müssen verständlich sein und von allen verstanden werden können.
  Möglicherweise müssen Regeln visualisiert und besonders nahe gebracht werden.
- Regeln sollten offen kommuniziert werden. Alle Beteiligten sollten nach Möglichkeit Regeln mit aufstellen, aushandeln und verändern können.
- Regeln sollten nie spontan, nach einem unangemessenen Verhalten, eingeführt werden, denn dann sind sie ein pures Machtmittel.

Je öfter Sie das Einhalten einer Regel loben, spiegeln oder einüben, desto höher ist die Chance, dass sich dieses Verhalten festigt, denn in der Regel liegt den betreuten Menschen viel an der Akzeptanz der Pädagogen und Pädagoginnen.

Rituale funktionieren ähnlich wie Regeln, haben jedoch mehr emotionale Qualität und vermitteln dem betreuten Menschen Sicherheit und Berechenbarkeit. Rituale geben aufgrund der stets widerkehrenden gleichförmigen Handlungen Orientierung:

- in der Zeit (Tages-, Wochen- und Jahresrhythmus), z. B. Morgenkreis, Pausen- und Wochenendregelungen, Kirchgänge, Adventsfeiern, Christbaum schmücken;
- im Raum, z. B. bestimmte Bereiche für bestimmte Aktivitäten, wie Snoezelen, Vorlesen, Basteln usw.;
- in der Abfolge, z. B. Zähneputzen, Essenssprüche, Gebete, Gute-Nacht-Geschichten, Spaziergänge;
- in Krisen, z. B. Versöhnungsgesten, Wiedergutmachungen, Betthupferl, Kuscheltiere, Wärmflasche;
- bei besonderen Anlässen, z. B. Geburtstage, Namenstage, Feste.

Aufgaben

1. *Versuchen Sie einmal folgende Regeln, Bitten und Anweisungen positiv zu formulieren:*
   - *Wir benutzen keine Schimpfworte!*
   - *Wir schlagen uns nicht!*
   - *Wir klauen nichts aus den Zimmern!*
   - *Wir stehen nicht auf beim Essen!*
   - *Bei uns wird niemand ausgelacht!*
   - *Träum nicht!*
   - *Ich will keine Unruhe am Frühstückstisch!*
   - *Wir können alle zusammen singen, aber nicht reden!*
   - *Verschütte nichts!*
2. *Welche Rituale kennen Sie noch?*
3. *Welche Rituale erinnern Sie aus Ihrer Kindheit und was verbinden Sie damit?*
4. *Kennen Sie auch inhaltsleere Rituale, die nur noch Form, aber wenig Inhalt haben?*

Literatur

Bach, H., Die Strafe in der Erziehung bei geistig behinderten Kindern und Jugendlichen, in: Geistige Behinderung, 3/1984

Bergsson, M., Umgang mit schwierigen Kindern, Berlin 1998

Bleidick, U., Allgemeine Behindertenpädagogik, Neuwied, Berlin 1999

Flosdorf P., Halten und Standhalten, Konzepte heilpädagogischer Beziehungsgestaltung, in: Jugendwohl, Freiburg 5/1996

Geißler, E., Erziehungsmittel, Bad Heilbrunn, 1975

Uhl, S., Die Mittel der Moralerziehung und ihre Wirksamkeit, Bad Heilbrunn: 1996

4 Psychologische Begründungen heilerziehungspflegerischen Handelns

- Welche psychologischen Theorien sind für die Praxis der Heilerziehungspflege relevant?
- Welche Modelle zum „Lernen“ gibt es?
- Wie gestaltet sich menschliche Kommunikation und welche Probleme können hierbei entstehen?

Die verscheuchten Elefanten

Ein Mann klatscht alle zehn Sekunden in die Hände.
Nach dem Grunde für dieses merkwürdige Verhalten befragt, erklärt er:
‚Um die Elefanten zu verscheuchen.'
‚Elefanten? Aber es sind doch hier gar keine Elefanten?'
Darauf er: ‚Na, also! Sehen Sie?'

Aus: Watzlawick, 1983[34], S. 51

Menschen besitzen vielfältige Auffassungen und Erklärungen darüber, wie ihre Umwelt funktioniert. Nahezu über jeden Gegenstand und jedes Ereignis entwickeln wir Vorstellungen und Hypothesen. Von besonderer Bedeutung sind Annahmen und Kenntnisse über das Verhalten und Erleben anderer Menschen. Dieses Wissen, das man auch als Menschenkenntnis bezeichnet, ist subjektiv. Es basiert auf individuellen Erfahrungen und erweist sich nicht selten als richtig. In vielen Situationen erweist es sich jedoch als falsch.

Heilerziehungspfleger müssen in der Lage sein, Persönlichkeitsmerkmale, Verhaltensweisen, Fähigkeiten, Gefühle und Motive der ihnen anvertrauten Menschen mit Behinderungen angemessen einzuschätzen. Hierzu benötigen sie u. a. Kenntnisse über Grundlagen und Bedingungen der Wahrnehmung (vgl. Kapitel 6) sowie zur Analyse und Veränderung von Verhaltensweisen. Im Folgenden werden ausgewählte Theorien und Ansätze der Lernpsychologie und Kommunikationspsychologie dargestellt.

4.1 Lernen

4.1.1 Theoretische Zusammenhänge

Der Mensch ist ein Wesen, das mit nur sehr schwach ausgebildeten Instinkten zur Welt kommt. Instinkte sind ererbte Verhaltensmuster, die bei den Zugehörigen einer Art in gleicher Form auftreten und durch bestimmte Reize ausgelöst werden. Da sie dem Menschen weitgehend fehlen, ist er in seinem Verhalten nicht so sehr festgelegt wie andere Arten oder Gattungen. Die Verhaltensweisen, die der Mensch zum Überleben braucht (z. B. Sprache, soziale Verhaltensweisen, kulturspezifische Fertigkeiten etc.), muss er weitgehend erwerben. Der Mensch ist lebenslang auf Lernen angewiesen.

Während man im alltäglichen Sprachgebrauch mit Lernen meistens schulisches Lernen in Verbindung bringt, ist der psychologische Begriff „Lernen" sehr weit gefasst:

„Unter ihn fallen alle mehr oder weniger überdauernden Verhaltensänderungen aufgrund von Erfahrung, Übung oder Beobachtung, unabhängig davon, ob diese Veränderungen mit einem Leistungszuwachs verbunden sind oder absichtlich herbeigeführt wurden. Lernen kann dabei zur Aneignung neuer Verhaltensmuster führen als auch zur Veränderung von im Verhaltensrepertoire bereits vorhandenen Merkmalen".

(Trautner 1978, S. 75)

Lernen selbst ist ein Prozess, der nicht beobachtbar ist. Was wir beobachten können, ist ein gegebenes Verhalten in einer Situation A, eine Ursache bzw. einen Auslöser für den Lernprozess und das Ergebnis des Lernprozesses; d. h. ein verändertes Verhalten in einer ähnlichen Situation B zu einem späteren Zeitpunkt.

Beispiel

Eine Bewohnerin räumt ihr Zimmer selbstständig auf, seitdem sie hierfür gelobt wird.

Situation A: beobachtbares Verhalten: die Bewohnerin räumt ihr Zimmer nur nach Aufforderung auf	→	**Lernen** nicht beobachtbarer Prozess	→	**Situation B:** beobachtbares Verhalten: die Bewohnerin räumt ihr Zimmer selbstständig auf

Die Theorien, die diesen Zusammenhang erklären, werden als Lerntheorien oder Verhaltenstheorien bezeichnet. Wichtige Theorien, deren Grundaussagen im Folgenden dargestellt werden, sind:

- das klassische Konditionieren
- das operante Konditionieren und
- das Lernen am Modell

Aufgabe

Finden Sie Beispiele für Situationen, in denen Lernen stattfindet. Strukturieren Sie diese Situationen mit Hilfe des oben aufgeführten Schemas.

Klassische Konditionierung

Die Klassische Konditionierung geht auf den russischen Physiologen Iwan P. Pawlow zurück (1849–1936). Pawlow untersuchte bei Hunden die natürliche Speichelsekretion. Bei jeder Fütterung wurde die Menge des Speichels gemessen, die die Hunde absonderten. Nur durch Zufall entdeckte Pawlow, dass die Tiere nicht nur bei der Fütterung Speichel absonderten, sondern bereits dann, wenn sie den Mitarbeiter sahen, der ihnen das Futter gab. Später reagierten die Hunde sogar dann, wenn sie die Schritte des Assistenten auf dem Flur hörten. Pawlow stellte fest, dass Umgebungsreize (z. B. eine Glocke), die die Speichelsekretion nicht von sich aus auslösen konnten, unter bestimmten Umständen dazu in der Lage waren. Die Umgebungsreize mussten dafür zunächst mehrmals mit der Fütterung gekoppelt werden.

● **Neutraler Stimulus** (NS)

Beispiel

Ein Reiz, der keine spezifische Reaktion auslöst, wird als neutraler Reiz bzw. als neutraler Stimulus (NS) bezeichnet.
Eine klingende Glocke löst bei einem Hund zunächst keine bestimmte Reaktion aus. Der Hund wird vielleicht aufspringen, bellen oder hin- und herlaufen.

● **Ungelernter Reiz** (UCS) und **ungelernte Reaktion** (UCR)

Futter löst bei hungrigen Hunden eine unwillkürliche Speichelsekretion aus. Reize (z. B. Futter), die eine angeborene Reaktion automatisch auslösen, werden als ungelernte bzw. unkonditionierte Reize (UCS) bezeichnet. Die angeborene Reaktion (z. B. Speichelsekretion) wird als ungelernte bzw. unkonditionierte Reaktion (UCR) bezeichnet.

● **Gelernter Reiz** (CS) und **gelernte Reaktion** (CR)

Wird ein neutraler Reiz (NS) mit einem unkonditionierten Reiz (UCS) kombiniert, dann löst der neutrale Reiz nach mehrmaligen Koppelungen eine unkonditionierte Reaktion bzw. eine eingeschränkte unkonditionierte Reaktion aus. Der neutrale Reiz (NS) ist zum konditionierten Stimulus (CS) geworden, die unkonditionierte Reaktion (UCR) zur konditionierten (CR).

Beispiel

Futter (UCS) löst bei hungrigen Hunden Speichelsekretion (UCR) aus. Ertönt gleichzeitig eine Glocke (NS), dann wird nach mehrmaligen Koppelungen der Glockenton alleine die Speichelsekretion auslösen. Die Glocke ist zum konditionierten Reiz (CS), die Speichelsekretion zur konditionierten Reaktion geworden (CR).

vor

Glocke (NS) →	keine bestimmte Reaktion

während

Glocke (NS) + Futter (UCS) →	Speichelsekretion (UCR)

nach

Glocke (CS) →	Speichelsekretion (CR)

der Konditionierung

Aufgabe

Finden Sie Beispiele für Reize, auf die Sie klassisch konditioniert sind (z. B. Pausenglocke, Martinshorn etc.).

Reflexe

Für das Verständnis des klassischen Konditionierens sind Reflexe und reflexartige Emotionen von zentraler Bedeutung. Reflexe sind Verhaltensweisen, die angeboren sind und von bestimmten Reizen ausgelöst werden. Sobald ein Reiz auftritt, erfolgt automatisch und unwillkürlich eine Reaktion. Genau genommen sind Reflexe „angeborene Beziehungen zwischen auslösenden Reizen und unwillkürlichen Reaktionen auf diese Reize."

(Herkner, W. 1992, S. 147)

Reiz	Reaktion
Nahrung	Speichelsekretion
Windhauch	Lidschluss
Helligkeitswechsel	Veränderung der Pupille
unerwarteter lauter Knall	Schreckreaktion, Angst
Schmerzreiz	Schmerzen, Angst
Berührung, Streicheln	angenehmes, wohliges Gefühl

Reflexe stehen in enger Beziehung zu Gefühlen. Dies wird u. a. bei der so genannten Orientierungsreaktion deutlich, die auch als Schreckreaktion bezeichnet wird. Tritt ein unerwarteter sehr lauter Knall auf, dann zucken wir unwillkürlich zusammen. Unser Herz beginnt schneller zu schlagen und wir wenden uns automatisch dem Reiz zu. Je nach Stärke und Situation empfinden wir zudem Angst.

Klassische Konditionierung und Gefühle

In einem bekannten, ethisch aber äußerst fragwürdigen Experiment zeigten Watson u. Rayner 1920, dass zuvor neutrale oder positiv bewertete Reize Angst hervorrufen können. Die Versuchsperson, mit der sie das Experiment durchführten, war ein 10 Monate alter Junge („Albert"), der vor einer weißen Ratte keinerlei Furcht zeigte, sondern sich ihr im Gegenteil zuwandte. Watson u. Rayner konditionierten die Ratte mit einem aversiven Reiz. Sie erzeugten hinter dem Rücken des kleinen Jungen immer dann ein lautes Geräusch (Gongschlag), wenn er zur Ratte greifen wollte. Die Schreckreaktion (UCR), die massive Angst auslöste, führte bereits nach wenig Durchgängen dazu, dass der Junge schon beim Anblick der Ratte Angst zeigte. (Vgl. Zimbardo, P. G. 1996)

Ratte (CS_1) → angenehmes Gefühl (CR_1)

Ratte (CS_1) + lautes Geräusch (UCS) → Schreckreaktion, Angst (UCR)

Ratte (CS_2) → Angst (CR_2)

● Reizgeneralisierung

Ein weiterer Effekt bestand darin, dass der Junge sich nach einiger Zeit vor pelzartigen Objekten für fürchten begann. Er zeigte Angst vor Kaninchen, Pelzmänteln und Teddybären.
Diesen Vorgang bezeichnet man als **Reizgeneralisierung**.

Darunter versteht man den Sachverhalt, dass ursprünglich neutrale Reize, die Ähnlichkeit mit dem konditionierten Reiz (CS) besitzen, eine bedingte Reaktion (CR) auslösen können. Je ähnlicher ein Reiz dem konditionierten Reiz ist, desto stärker ist die konditionierte Reaktion, die er auslöst.

● Diskriminationslernen

Der Prozess, der der Reizgeneralisierung entgegengesetzt ist, wird als Diskriminationslernen bezeichnet. Reize (z. B. Kaninchen), die dem konditionierten Reiz (CS, z. B. Ratte) ähnlich sind, werden differenziert wahrgenommen und entsprechend differenziert behandelt (also z. B. nicht pauschal gemieden).

● Löschung

Ein anderer wichtiger Vorgang ist die Löschung (Extinktion). Wird nach einem Konditionierungsvorgang der konditionierte Reiz (CS) nur noch alleine ausgeübt, dann wird die konditionierte Reaktion (CR) immer schwächer, bis sie schließlich nicht mehr auf den konditionierten Reiz hin auftritt. Der konditionierte Reiz (CS) ist wieder zum neutralen Reiz (NS) geworden.

Diese Tatsache macht man sich in der Verhaltenstherapie bei der Behandlung von bestimmten Ängsten zu Nutze. Menschen, die z. B. unter einer Spinnenphobie leiden, werden nach einer Vorbereitungsphase mit den angstauslösenden Reizen (CS) längere Zeit konfrontiert, so dass die konditionierte Angst (CR) nachlässt.

● Gegenkonditionierung

Unter einer Gegenkonditionierung versteht man den Prozess einer erneuten Konditionierung, durch den eine bereits erworbene Reiz-Reaktionsverbindung so verändert wird, dass der ursprüngliche bedingte Reiz (CS) nun eine entgegengesetzte Reaktion auslöst.

Hausaufgaben (CS_1) → unangenehmes Gefühl (CR_1)

Hausaufgaben (CS_1) + Zuwendung (UCS) → angenehmes Gefühl (UCR)

Hausaufgaben (CS_2) → angenehmes Gefühl (CR_2)

Bedeutung der Klassischen Konditionierung

Um uns in unserer Welt zurechtfinden zu können, müssen wir unsere Reaktionen mit den Erfordernissen der Umwelt abstimmen. Das geschieht u. a. dadurch, dass wir durch das klassische Konditionieren Verbindungen (Assoziationen) zwischen (Umwelt-)Reizen und unseren Reaktionen herstellen. Wenn wir z. B. auf einem glatten Steinfußboden (neutraler Reiz) ausrutschen und durch den Sturz (unkonditionierter Reiz) erhebliche Schmerzen erleiden (unkonditionierte Reaktion), dann werden wir zukünftig beim Betreten von Steinfußböden an dieses Ereignis erinnert und uns entsprechend vorsichtig verhalten. Aufgrund der Reizgeneralisierung werden wir in anderen, ähnlichen Situationen (glatte Treppe, glattes Straßenpflaster, glatte Eisfläche etc.) aufmerksamer sein.

Durch das klassische Konditionieren lernen wir aber nicht nur Verbindungen zwischen Umweltreizen und unseren Reaktionen, wir lernen auch gleichzeitig die gefühlsmäßige (konnotative) Bedeutung von Wörtern. Obwohl die Begriffe „glatt“ und „glitschig“ die gleiche sachliche Bedeutung besitzen, besitzen sie unterschiedliche gefühlsmäßige Bedeutungen.

Wenn ein bestimmtes Wort z. B. „gut“ (NS) mehrmals zusammen mit einem bestimmten Reiz wie einer freundlichen Stimme oder einer Umarmung (UCS) gekoppelt wird, dann wird dieses Wort (CS) zukünftig die gleiche Reaktion, z. B. Wohlbefinden (UCR bzw. CR), auslösen wie der unkonditionierte Reiz (vgl. Herkner W., 1992).

„gut“ (NS) → keine spezifische Reaktion

„gut“ (NS) + Umarmung (UCS) → angenehmes Gefühl (UCR)

„gut“ (CS) → angenehmes Gefühl (CR)

„Das Prinzip der klassischen Konditionierung zeigt, wie aus relativ wenigen Reflexen eine Vielfalt von Reaktionen auf die Umwelt entwickelt und ausdifferenziert werden kann. Meist sind auch Kognitionen (Gedanken, Vorstellungen usw.) und Emotionen (Ängste, Wut usw.) in einen klassischen Konditionierungsprozess eingebunden. So kann der menschliche Körper z. B. auf intensive Vorstellungen mit körperlichen Reaktionen antworten. Die Vorstellung einer unangenehmen bzw. angenehmen Situation kann sehr unterschiedliche Empfindungen auslösen“

Fliegel, 1986, S. 29

Bedeutung des Klassischen Konditionierens für die Heilerziehungspflege

Die Tatsache, dass emotionale Reaktionen durch das klassische Konditionieren mit Menschen und Situationen verbunden werden können, ist bedeutsam für die heilerziehungspflegerische Praxis:

1. Mitarbeiter können mit Hilfe des klassischen Konditionierens positive emotionale Reaktionen mit bestimmten Situationen verbinden. Besonders in neuen und unbekannten Situationen entstehen bei Menschen mit geistiger Behinderung häufig Ängste und Unsicherheiten, die Auslöser von Verhaltensauffälligkeiten sein können.

Beispiel

Ein geistig behinderter junger Mann soll in ein Wohnheim aufgenommen werden. Da er besonders ängstlich ist, werden Besuchsnachmittage geplant. Gemeinsam mit anderen Bewohnern nimmt er an geselligen Aktivitäten teil, die ihm Sicherheit geben.
Ein anderer geistig behinderter Mensch hilft nur widerwillig beim Abwasch. Da er gerne Schlager hört, darf er während des Abwaschs seinen Kassettenrecorder einschalten und seine Lieblingslieder hören. Gleichzeitig wird er von den Mitarbeitern besonders beachtet.

2. Mit Hilfe des klassischen Konditionierens können Mitarbeiter vermeiden, selbst zu unangenehmen oder angstbesetzten Reizen zu werden. Durch geeignete erzieherische Verhaltensweisen (Freundlichkeit, Zuwendung, Einsatz von Lob und Verstärkung statt Tadel und Bestrafung etc.) können sie dazu beitragen, dass von ihnen betreute Personen positive Gefühle mit ihnen verbinden:

Beispiel

Mitarbeiter, die wohlgelaunt und freundlich mit den ihnen anvertrauten Menschen umgehen, lösen in ihnen positive Gefühle aus. Mitarbeiter, die unwirsch und unfreundlich reagieren, bewirken hingegen unangenehme oder gar aversive Gefühle. Wenn ein Mitarbeiter über einen bestimmten Zeitraum ein bestimmtes Verhalten an den Tag legt, löst bereits die Mitteilung, dass dieser bestimmte Mitarbeiter zum Dienst kommt, bei den betreuten Personen ein entsprechendes Gefühl aus (z. B. Freude, Gleichgültigkeit, Angst, Ärger etc.).

3. Mit Hilfe des klassischen Konditionierens können als belastend empfundene Emotionen (z. B. Ängste) abgebaut werden. Mit Hilfe der Gegenkonditionierung können angstauslösende Reize (Personen, Objekte oder Situationen) mit angenehmen Reizen gekoppelt werden:

Beispiel

Ein geistig behinderter Mensch hat Angst vor dem Freibad und weigert sich, mit den anderen Schwimmen zu gehen. Durch intensive Zuwendung und spielerische Annäherung an das Wasser (z. B. Ballspiele im knietiefen Wasser) gelingt es, seine Angst schrittweise abzubauen.
Eine junge Frau mit geistiger Behinderung hat Angst vor der neuen Praktikantin. Das Aussehen der Praktikantin erinnert sie an eine frühere Lehrerin, die sehr streng war. Durch angenehme Aktivitäten (z. B. Spaziergänge, Zoobesuch, Eisessen), die die Praktikantin mit der jungen Frau unternimmt, werden angenehme Gefühle mit der Praktikantin verbunden.

Aufgaben

1. *Erklären Sie anhand des Begriffs Klassische Konditionierung, weshalb Schüler häufig Angst vor Klassenarbeiten haben.*
2. *Diskutieren Sie in Kleingruppen Möglichkeiten, schulisches Lernen angenehm zu gestalten.*
3. *Erklären Sie anhand des Begriffs Klassische Konditionierung, wie sich Ängste und Phobien, vor z. B. Zahnärzten, Hunden, Spinnen etc. beim Menschen entwickeln.*
4. *Welche Möglichkeiten sehen Sie, Wohngruppen so zu gestalten, dass sich Bewohner in ihnen wohlfühlen können? Begründen Sie Ihre Meinung mit Hilfe des klassischen Konditionierens.*

Operante Konditionierung

Mit Hilfe des klassischen Konditionierens entwickeln wir im Laufe unseres Lebens eine Vielzahl von Reaktionen, mit denen wir auf (Umwelt-)Reize reagieren. Diese Anpassungsleistung reicht alleine aber nicht aus, dass wir uns in der Welt zurechtfinden. Um zu überleben, müssen wir auch aktiv handeln. Dabei müssen wir in der Lage sein, Wirkungen unseres Verhaltens vorherzusagen, um (lebens-)wichtige Ziele zu erreichen.

Der amerikanische Psychologe Burrhus F. Skinner (1904-1990) untersuchte in den 50iger Jahren des letzten Jahrhunderts systematisch das Lernverhalten von Lebewesen. Dabei untersuchte er in vielen Experimenten, wie Lebewesen aus den Konsequenzen ihres Verhaltens lernen. Er arbeitete vorwiegend mit weißen Ratten und Tauben. Seine Lernexperimente führte er mit Hilfe der nach ihm benannten Skinnerbox durch.

a Licht b Futtermagazin c Hebel d elektr. Rost

Eine Skinnerbox ist ein Käfig, der kaum Gegenstände enthält: einen Futternapf, einen Hebel und eine Lampe für optische Reize. Sperrt man eine hungrige Ratte in eine solche Skinnerbox, dann untersucht sie neugierig den Käfig. Dabei wird sie irgendwann zufällig den Hebel drücken. Fällt als Konsequenz dann ein Futterkorn in den Futternapf, wird die Ratte diesen Zusammenhang recht schnell erkennen. Die Ratte verhält sich nun zielorientiert: sie betätigt den Hebel, wenn Hunger bzw. Appetit verspürt.

Operant

Im Gegensatz zu Reflexen, die angeboren sind und durch bestimmte Reize ausgelöst werden, sind Operante

Verhaltensweisen solche, die frei im Verhaltensrepertoire eines Individuums vorhanden sind und willkürlich eingesetzt werden können. Das operante Konditionieren wird auch als Lernen durch Verstärkung bezeichnet.

● Elemente des Operanten Konditionierens

Jeder Verhaltensweise gehen Reize voraus und andere folgen ihr. Viele Reize sind belanglos, manche sind jedoch von Bedeutung.

Beispiel

Ein Kind möchte Schokolade. Es geht zu seiner Mutter ins Wohnzimmer. Als es das Wohnzimmer betritt, lächelt die Mutter. Das Kind sieht, dass die Mutter gut gelaunt ist. Es bittet um Schokolade und erhält einen Riegel.

Das Verhalten der Mutter geht dem Verhalten des Kindes, nach Schokolade zu fragen, voran. Der Riegel Schokolade ist der relevante Reiz, der dem Verhalten des Kindes folgt.

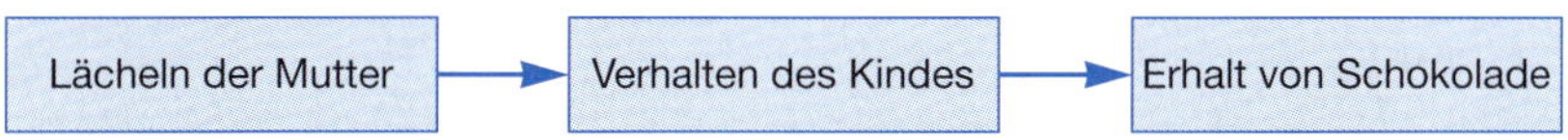

Reize, die einem Verhalten folgen bzw. Folge dieses Verhaltens sind, werden als Konsequenz-Reize bezeichnet. Sie werden mit „C“ gekennzeichnet.

Die Tatsache, dass das Kind tatsächlich Schokolade erhält, nachdem es gefragt hat, führt dazu, dass es zukünftig häufiger nach Schokolade fragen wird. Dieser Sachverhalt wird als Verstärkung bezeichnet. Die Schokolade ist in diesem Beispiel der Verstärker für das Verhalten des Kindes.

Jeder Reiz, der einer Reaktion folgt und die Wahrscheinlichkeit des Auftretens dieser Reaktion erhöht, wird als **Verstärker** bezeichnet (vgl. Zimbardo, 1992). Verstärker werden mit **C+** gekennzeichnet.

In dem Beispiel stellt das freundliche Lächeln der Mutter für das Kind eine Hilfe dar, zu unterscheiden, ob es möglich ist, Schokolade (Verstärker) zu erhalten oder nicht. Ein solcher Reiz wird als diskriminativer Reiz bezeichnet.

Diskriminative Reize sind Reize, die einem Verhalten vorausgehen und anzeigen, ob in einer gegebenen Situation eine Verstärkung möglich ist oder nicht. Diskriminative Reize werden mit $\mathbf{S^D}$ gekennzeichnet.

Nach Schokolade zu fragen, stellt das relevante Verhalten dar. Es wird mit „R“ für Reaktion abgekürzt. Für das oben dargestellte Beispiel ergibt sich folgendes Verhaltensschema:

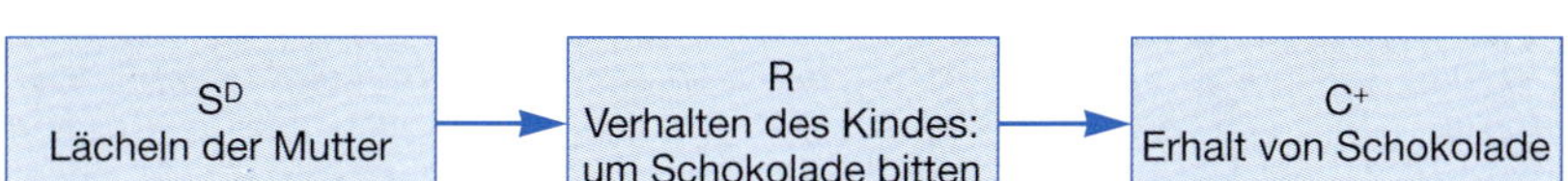

Verstärker (C+)

Der Verstärkerbegriff ist der zentrale Begriff des operanten Konditionierens. Alle Reize, die bewirken, dass ein vorangegangenes Verhalten in Zukunft häufiger auftritt, werden als Verstärker bezeichnet. Angenehme Reize sind nicht per se Verstärker. Verstärker müssen in der Lage sein, die Auftrittswahrscheinlichkeit des vorangegangenen Verhaltens zu erhöhen.

Diese Unterscheidung ist wichtig, da es kaum Reize gibt, die für alle Menschen eine verstärkende Qualität besitzen. Dieses ist für die heilerziehungspflegerische Arbeit von Bedeutung. Im konkreten Fall muss herausgefunden werden, welche Reize Verstärker sind. Nicht jeder Bewohner wird z. B. auf Lob erwartungsgemäß reagieren.

Grundsätzlich wird zwischen primären und sekundären Verstärkern unterschieden:
Als **primäre Verstärker** bezeichnet man jene Reize, die unabhängig von Lernerfahrungen eine verstärkende, angeborene Wirkung haben. Hierzu werden alle Reize gezählt, die primäre Bedürfnisse befriedigen: Nahrung, Wasser, Körperkontakt, Wärme etc.
Als **sekundäre Verstärker** bezeichnet man alle Reize, deren verstärkende Wirkung durch klassische Konditionierung gelernt wurden.

Das Wort „gut" ist nur dann ein Lob, wenn der Adressat mit dem Begriff eine gefühlsmäßige (konnotative) Bedeutung verbindet (siehe Klassische Konditionierung). Grundlegende Konditionierungen dieser Art finden in der Kindheit statt. „In der späteren Kindheit und im Erwachsenenalter treten dann Konditionierungsprozesse „höherer Ordnung auf. Konnotationen werden nicht mehr ausschließlich von Reizen (wie ... Streicheln) auf Wörter konditioniert, sondern auch von Wörtern auf Wörter" (Herkner, 1992, S. 151).

Aufgaben

1. *Erklären Sie, wie ein sinnloses Wort wie „XAP" zu einem Verstärker werden kann.*
2. *Welche Reize stellen für Sie Verstärker dar? Mit welchen Reizen können Sie verstärkt werden?*

Sättigungs- und Deprivationseffekte

Ob ein gegebener Reiz eine Person verstärken kann, ist nicht nur abhängig davon, dass dieser Reiz für diese Person ein Verstärker ist. Verstärker wirken nicht immer. Wenn sie zu oft erlebt werden, sinkt ihre Wirksamkeit.

Beispiel

Ein Kind, das gerne Schokolade isst, kann wahrscheinlich mit einer Tafel Schokolade verstärkt werden. Hat dieses Kind jedoch bereits eine Tafel Schokolade gegessen, dann wird Schokolade kaum noch wirksam sein.

Ein solcher Sättigungseffekt tritt nicht nur bei primären Verstärkern auf, sondern auch bei sekundären. Ein Lob, das allzu häufig geben wird, verliert seine Wirksamkeit.

Der Prozess, der der Sättigung entgegengesetzt ist, wird **Deprivation** genannt. Der Entzug eines Verstärkers bewirkt seine Aufwertung; d. h. der verstärkende Reiz wird attraktiver und seine Wirksamkeit steigt an.

Beispiel

Wenn man gerne Kaffee trinkt und längere Zeit keinen Kaffee mehr getrunken hat, dann schmeckt die erste Tasse Kaffee besonders gut.

- **Strafreize** (C –)

Auf Verhaltensweisen (R) folgen zuweilen auch Reize, die für das Individuum äußerst unangenehm oder gar schmerzhaft sind. In der Regel bewirken sie, dass die Verhaltenshäufigkeit der vorangegangenen Verhaltensweise vorübergehend sinkt. Derartige Reize werden als **Strafreize** bezeichnet und mit **C-** gekennzeichnet. Man unterscheidet zwischen primären und sekundären Strafreizen:
Primäre Strafreize sind alle sehr intensiven Reize, die durch ihre Intensität unangenehm oder schmerzhaft sind: laute Geräusche, helles Licht, große Kälte oder Hitze, Schmerzreize (z. B. Schläge, Stich einer Biene, Zahnextraktion) etc.
Sekundäre Strafreize werden ähnlich wie sekundäre Verstärker durch klassisches Konditionieren gelernt. Hier werden neutrale Reize nicht mit Reizen, die angenehme Reaktionen auslösen, gekoppelt sondern mit primären Strafreizen.

- **Negative Verstärkung** (₵ –)

Eine negative Verstärkung liegt vor, wenn eine Person durch ihr Verhalten eine negative Konsequenz (z. B. aversive Reize) vermeiden kann. Hierdurch steigt die Wahrscheinlichkeit, dass das vorangegangene Verhalten in ähnlichen Situationen häufiger gezeigt wird.

Beispiel

Eine Person hat Angst vor Spinnen. Um ihre Angst zu kontrollieren, meidet sie Orte, an denen sie Spinnen antreffen könnte. Sie betritt keine Garagen, Dachböden oder Kellerräume.

S Keller mit Spinnen	→	R Vermeidung des Kellers	→	(₵ –) Angst fällt weg

Negative Verstärkungen bewirken in der Regel kurzfristig Erleichterung. Die mittel- bis langfristigen Konsequenzen von negativen Verstärkungen sind jedoch häufig problematisch.

Beispiel

Raucher, die einige Zeit nicht geraucht haben, verspüren ein Bedürfnis zu rauchen; sie werden unruhig und nervös. Kurzfristig kann dieser unangenehme Zustand durch Rauchen beseitigt werden. Langfristig drohen schwere Erkrankungen wie Herzinfarkt, Kehlkopf- und Lungenkrebs.

Ein Schüler beteiligt sich nicht am Unterricht. Er hat Angst, für falsche Antworten schlechte Noten zu erhalten. Kurzfristig wird seine Angst gemindert. Langfristig bewirkt der Schüler mit seinem Verhalten genau das Ergebnis, das er vermeiden wollte: Er erhält für seine mangelhafte Beteiligung eine schlechte Note.

● **Bedeutung für die heilerziehungspflegerische Praxis** (Beispiele)**:**

Beispiel

Ein Bewohner reagiert immer aggressiv, wenn er aufgefordert wird, beim Aufräumen des Wohnzimmers zu helfen. Um Auseinandersetzungen zu vermeiden, übernehmen die Mitarbeiter seine Aufgaben.

Eine Praktikantin nimmt an einer Teamsitzung teil. Sie möchte nicht negativ auffallen und äußert sich nicht, obwohl sie sich eine Meinung gebildet hat. Später ärgert sie sich über ihr Verhalten.

Ein Mitarbeiter möchte nicht als egoistisch gelten. Bei der Urlaubsplanung meldet er seine Wünsche nicht deutlich an. Später ärgert er sich darüber, dass er seinen Jahresurlaub im November nehmen muss.

Eine Mitarbeiterin hat Angst vor Streit und Auseinandersetzungen mit Kollegen. Kritiklos übernimmt sie unerledigte Aufgaben anderer Kollegen. Obwohl sich die Mitarbeiterin ständig überlastet fühlt, wagt sie es nicht, dieses offen anzusprechen. Sie beschließt, eine andere Arbeitsstelle zu suchen.

Aufgaben

1. *Finden Sie Beispiele für negative Verstärkungen aus Ihrem Alltag. Welche langfristigen Konsequenzen sind zu erwarten?*
2. *Finden Sie Beispiele für negative Verstärkungen in der heilerziehungspflegerischen Praxis. Erörtern Sie in Kleingruppen Lösungsmöglichkeiten. Berücksichtigen Sie dabei die Schwierigkeiten und Probleme, die mit negativen Verstärkungen verbunden sind.*

● **Bestrafung** (₵ +)

Der **Wegfall einer positiven Konsequenz** (Verstärker) wird als (indirekte) Bestrafung bezeichnet. Hierdurch wird die Verhaltenshäufigkeit der vorangegangenen Verhaltensweise (wie bei Strafreizen) vorübergehend gesenkt. Häufig reicht die Androhung bzw. die Aussicht, dass eine angenehme Konsequenz weggenommen wird oder wegfällt. Eine indirekte Bestrafung wird mit dem Symbol ₵ + gekennzeichnet.

Beispiel

Zwei Geschwisterkinder streiten sich um den besten Platz vor dem Fernseher. Die Eltern ermahnen sie zunächst erfolglos und verbieten ihnen dann, die Sendung zu sehen.

Ein Mann fährt bei Rot über eine Kreuzung. Unmittelbar danach wird er angehalten und muss ein hohes Bußgeld zahlen. An die nächste Kreuzung fährt er vorsichtiger heran.

Klassifikationsschema für Verstärker- und Strafreize

Verhaltenskonsequenzen können folgendermaßen zusammengefasst werden:

	Anwendung	**Beseitigung**
positiver Reiz	positive Verstärkung C+	indirekte Bestrafung Ȼ+
negativer Reiz	direkte Bestrafung C−	negative Verstärkung Ȼ−

Aufgaben

1. *Erinnern Sie sich bitte an Ihr letztes Praktikum: Welche Möglichkeiten wurden genutzt, mit Verhaltensproblemen umzugehen? Welche Verhaltenskonsequenzen wurden bewusst gesetzt?*
2. *Beschreiben Sie ausführlich mehrere Situationen, in denen Bewohner problematische Verhaltensweisen zeigten. Diskutieren Sie anschließend in Kleingruppen Möglichkeiten, wie man diesen Verhaltensweisen als Mitarbeiter begegnen kann.*

Bedeutung für die Praxis

Direkte oder indirekte Bestrafungen können nur kurzfristig eine Verhaltensänderung bewirken. Verhaltensweisen werden durch eine Bestrafung lediglich unterdrückt und nicht verändert. Der Grund dafür ist, dass durch eine Bestrafung keine angemessenen bzw. neuen Verhaltensweisen erworben werden. Bestrafung sollte daher nur angewendet werden, wenn eine bestimmte Verhaltensweise unmittelbar unterdrückt werden muss (z. B. fremdaggressives Verhalten). Dabei sollte beachtet werden, dass

- eine Bestrafung immer starke Emotionen (Angst, Wut, Enttäuschung etc.) auslöst, die sich negativ auf die Beziehung zwischen Strafenden und Bestraften auswirken.
- die Androhung einer Strafe nur so lange wirkt, wie eine Person anwesend ist, die die angedrohte Strafe auch umsetzen kann.
- eine Strafe sich immer negativ auf das Selbstwertgefühl des Bestraften auswirkt.
- nie mit Arbeit (z. B. Hilfe beim Aufräumen, Gartenarbeit) gestraft wird. Arbeit wird möglicherweise auch in anderen Situationen als Strafe empfunden und verweigert.
- Mitarbeiter durch die sofortige Wirkung der Bestrafung selbst negativ verstärkt werden (Ärger, Aufregung und Stress lassen nach). Hierdurch besteht die Gefahr, dass Mitarbeiter immer häufiger strafen.

„Bestrafung sollte, wenn irgendwie möglich, mit dem Aufbau der Verstärkung von Verhaltensweisen einhergehen, die die Bedürfnisse befriedigen, die der Fehlverhaltensweise zugrunde liegen“

(Braun, 1992, S. 27).

Löschung und Differenzielle Verstärkung

Unter **Löschung** versteht man den Prozess, bei dem auf eine operante Reaktion hin kein Verstärker mehr folgt. Die Auftretenswahrscheinlichkeit des Verhaltens sinkt hierdurch, bis es nur noch zufällig auftritt.

Beispiel

Ein Kind versucht, durch quengeliges Verhalten seine Wünsche durchzusetzen. Die Eltern ignorieren das Verhalten. Die Auftrittshäufigkeit des unerwünschten Verhaltens sinkt.

Ein Bewohner hat die Angewohnheit entwickelt, den Mitarbeitern ins Wort zu fallen. Da die Mitarbeiter ihn mehrfach erfolglos darum gebeten haben, dieses zu unterlassen, beschließen sie, das störende Verhalten zu ignorieren.

Probleme, die mit einer Löschung verbunden sind:

- Wenn auf ein bestimmtes Verhalten hin keine Verstärkung mehr erfolgt, dann ist zunächst mit einem Anstieg der Verhaltensweise zu rechnen.
- Je länger eine Verhaltensweise besteht, desto schwerer ist sie zu löschen.
- Verhaltensweisen die unregelmäßig verstärkt wurden, sind sehr löschungsresistent.

Unter einer **differentiellen Verstärkung** versteht man die Löschung bestimmter (unerwünschter) Verhaltensweisen bei gleichzeitiger Verstärkung anderer (erwünschter) Verhaltensweisen.

Beispiel

Ein Schüler, der sich selten am Unterricht beteiligt, stört gelegentlich den Unterricht durch Gespräche mit seinem Tischnachbarn. Statt sein störendes Verhalten zu tadeln, verstärkt der Lehrer alle Verhaltensweisen, die dazu beitragen, dass der Schüler intensiver am Unterricht teilnimmt.

Gruppenmitarbeiter neigen dazu, erwünschte Verhaltensweisen von Bewohnern als selbstverständlich hinzunehmen. Diese Verhaltensweisen werden nur wenig beachtet. Wenn Bewohner jedoch Verhaltensauffälligkeiten zeigen (z. B. Aggressivität), erhalten sie viel Beachtung. Hierdurch bedingt steigt oftmals die Auftretenswahrscheinlichkeit problematischer Verhaltensweisen!

Kontinuierliche und intermittierende Verstärkung

Beim Aufbau von Verhaltensweisen spielen kontinuierliche und intermittierende Verstärkung eine bedeutende Rolle.

Kontinuierliche Verstärkung bezeichnet den Prozess, bei dem ein bestimmtes (erwünschtes) Verhalten immer dann verstärkt wird, wenn es auftritt. Die Auftrittswahrscheinlichkeit des betreffenden Verhaltens steigt sehr schnell an.

Beispiel

Das Verhalten eines Bewohners wird immer sofort gelobt, wenn er seinen Tischnachbarn behilflich ist. Nach kurzer Zeit steigt die Hilfsbereitschaft des Bewohners.

Verhaltensweisen, die kontinuierlich verstärkt werden, sind jedoch nicht sehr stabil. Wenn die Verstärkung ausbleibt, bleibt auch nach kurzer Zeit das (erwünschte) Verhalten aus. Dieses ist aus heilerziehungspflegerischer Sicht häufig nicht wünschenswert. Im oben dargestellten Beispiel sollte der Bewohner auch dann seinen Tischnachbarn helfen, wenn sein Verhalten nicht mehr oder nur selten verstärkt wird.

Intermittierende Verstärkung bezeichnet den Prozess, bei dem ein bestimmtes (erwünschtes) Verhalten unregelmäßig verstärkt wird.

Die Auftrittswahrscheinlichkeit von Verhaltensweisen, die unregelmäßig verstärkt werden, steigt zwar nur langsam an, die Löschungsresistenz dieser Verhaltensweisen ist jedoch größer.

Durch eine Kombination von kontinuierlicher und intermittierender Verstärkung kann der Nachteil der geringen Lerngeschwindigkeit ausgeglichen und der Vorteil der hohen Löschungsresistenz beibehalten werden.

	Lerngeschwindigkeit	**Löschungsresistenz**
kontinuierliche Verstärkung	schnell	gering
intermittierende Verstärkung	langsam	hoch
optimaler Verstärkungsprozess	**schnell**	**hoch**

Lernen am Modell

Der Erwerb vieler Verhaltensweisen kann nicht alleine mit Hilfe des klassischen und operanten Konditionierens erklärt werden. Viele Verhaltensweisen sind dafür viel zu komplex.

Die Theorie des Lernens durch Beobachtung geht auf Bandura zurück, der die Prozesse, die am Beobachtungslernen beteiligt sind, herausgearbeitet und zusammengefasst hat.

„Beobachtungslernen ist der Prozess, bei dem eine Person das Verhalten einer anderen beobachtet und ihr eigens Verhalten allein auf diese Beobachtung hin verändert!“

(Zimbardo, R. P., 1995, S. 422)

Das Beobachtungslernen wird auch häufig als „stellvertretendes Lernen“ bezeichnet. Wir lernen etwas, indem wir beobachten und erleben, welche Erfahrungen eine andere Person mit einer bestimmten Situation, mit bestimmten Objekten oder Lebewesen macht. Auf diese Weise lernen wir den Umgang mit komplexen Verhaltensweisen, Einstellungen, sowie Motiven und Gefühlen. Die Angst vor wilden Tieren wie Löwen oder Schlangen haben die wenigsten Menschen durch eigene Erfahrungen erworben. Auch die Angst vor Spinnen beruht in den seltensten Fällen auf eigenen Erlebnissen.

● Modelle

Personen, deren Verhalten beobachtet und imitiert wird, werden als Modelle bezeichnet. Modell können tatsächlich anwesend sein, sie können aber auch durch Medien wie Bücher, Filme, Zeitschriften etc. vermittelt werden.

Nicht jeder Mensch wird zur Modellperson für andere Menschen. Personen werden zu (Verhaltens-)Modellen, weil sie bestimmte Eigenschaften und Persönlichkeitsmerkmale besitzen:

● Stellvertretende Verstärkung

Eine Person wird zur Modellperson, weil sie für ihr Verhalten verstärkt wird.

Beispiel

Ein Bewohner beobachtet, wie ein anderer Mitbewohner für seine Hilfe beim Aufräumen des Wohnzimmers gelobt wird. Am nächsten Tag möchte der Bewohner mithelfen.

● Soziale Macht

Personen, die über soziale Macht verfügen, werden häufiger imitiert.

Beispiel

Einige Bewohner bewundern den Gruppenleiter ihrer Wohngruppe. Sie sind von seiner Fußballmannschaft begeistert und teilen seine Ansichten über Fußball.

Ähnlichkeit

Eine Person wird zum Modell, weil zwischen ihr und der beobachtenden Person Ähnlichkeit besteht.

Beispiel

Eine Praktikantin, die erst vor kurzem ihr Praktikum begonnen hat, ist noch unsicher im Umgang mit den Bewohnern der Wohngruppe. Um sicherer zu werden beobachtet sie, wie sich eine jüngere Mitarbeiterin gegenüber den Bewohnern verhält.

Beziehung

Eine positive emotionale Beziehung begünstigt die Nachahmungsbereitschaft. Eine Person wird mit größerer Wahrscheinlichkeit zu einem Modell, wenn zwischen ihr und dem Beobachter eine gute Beziehung besteht.

Beispiel

Ein Bewohner möchte so sein wie der freundliche, aufgeschlossene Mitarbeiter seiner Gruppe.

Attraktivität

Eine Person wird zum Modell, wenn sie Eigenschaften besitzt, die von einer anderen Person bewundert werden.

Beispiel

Ein Praktikant bewundert die Umsicht und das Organisationstalent des Gruppenleiters seiner Gruppe.

Erwerb und Ausführung von Verhaltensweisen

Nach Bandura muss zwischen **Erwerb** (Lernen) und **Ausführung** von Verhaltensweisen unterschieden werden. Viele Verhaltensweisen werden zwar durch Beobachtung gelernt, es werden aber nur relativ wenige dann tatsächlich ausgeführt.

Beispiel

Viele Menschen sehen fast tagtäglich im Fernsehen, wie Betrügereien, Erpressungen und Raubüberfälle (erfolgreich) durchgeführt werden, aber nur wenige setzen diese Verhaltensweisen tatsächlich um.

Unter **Lernen** versteht Bandura die Speicherung des beobachteten Verhaltens (z. B. als bildhafte Vorstellung) im Langzeitgedächtnis. Wie gut eine Verhaltensweise gelernt wird, ist abhängig von Faktoren wie Aufmerksamkeit, Häufigkeit der Wiederholungen bzw. Beobachtungen, Verstärkung, Modelleigenschaften etc. (vgl. Herkner, 1992).

„Die Ausführung des imitativen Verhaltens kann natürlich nicht besser als die Qualität der Speicherung sein. Was sehr genau und detailliert gelernt wurde, kann auch genau, richtig und vollständig nachgeahmt werden. Was nur in groben Zügen gelernt wurde, kann auch nur mangelhaft imitiert werden!"

(Herkner, 1992, S. 370).

Der Erwerb (Lernen) einer Verhaltensweise ist zwar Voraussetzung für die Imitation eines Verhaltens, ob ein bestimmtes Verhalten im Anschluss aber tatsächlich nachgeahmt wird, ist abhängig von zwei weiteren Faktoren: den **Konsequenzerwartungen** und den **Effizienzerwartungen** (vgl. Herkner, 1991). **Konsequenzerwartungen** betreffen die positiven und negativen Konsequenzen, die der Beobachter erwartet, wenn er ein bestimmtes Verhalten imitiert.

Beispiel

Ein Bewohner imitiert das Verhalten eines Mitbewohners. Er hofft, dass der Mitarbeiter auch ihn für das imitierte Verhalten loben wird.

Effizienzerwartungen (Wirksamkeitserwartungen) sind die Erwartungen des Beobachters an sein eigenes Verhalten. Der Beobachter muss überzeugt sein, dass er das beobachtete Verhalten auch ausführen kann.

Beispiel

Eine neue Mitarbeiterin bewundert ihre Kollegin, die sich in Gesprächen mit der Heimleitung sehr souverän und selbstsicher verhält. Obwohl die Mitarbeiterin sich auch so verhalten möchte, befürchtet sie, dass sie ihre Anliegen und Argumente nicht klar und deutlich mitteilen kann. In Gesprächen mit der Heimleitung schweigt sie.

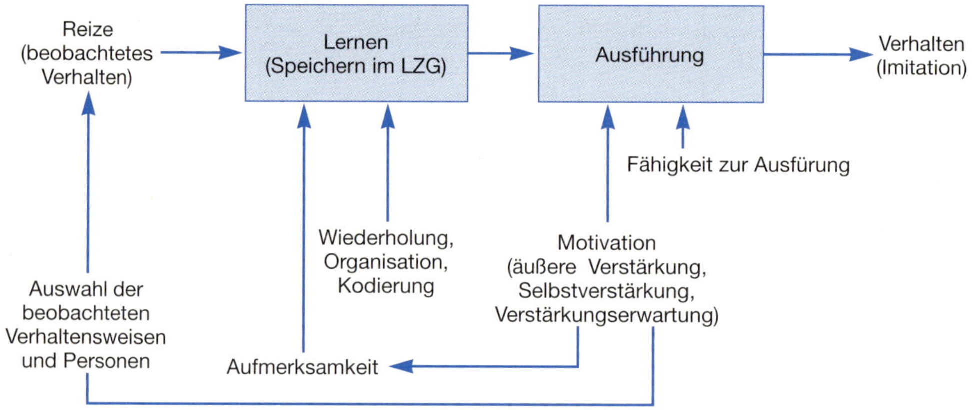

Herkner, 1992, S. 370

4.1.2 Praktische Umsetzung

● Klassisches Konditionieren

Mit dem Begriff Klassisches Konditionieren wurden wichtige Prinzipien herausgearbeitet, mit denen Heilerziehungspfleger die Lebensqualität von Menschen mit Behinderungen verbessern und fördern können.

Aufgaben

1. *Ein junger Mann wird in eine Wohnstätte für geistig behinderte Menschen aufgenommen. Entwickeln Sie in Kleingruppen konkrete Möglichkeiten, wie sich die Mitarbeiter ihm gegenüber verhalten sollen. Beachten Sie dabei die Prinzipien des Klassischen Konditionierens.*

2. *Erläutern Sie die Aussage: „Ich stelle als Mitarbeiter/in für die/den Bewohner/in einen konditionierten Reiz dar, der entweder angenehme oder unangenehme Empfindungen auslöst." (Braun, 1992, DGVT)*

3. *Eine neue Mitarbeiterin geht mit einem Bewohner spazieren. Als sie mit ihm einen bestimmten Weg einschlagen will, weigert sich der Bewohner weiterzugehen. Die Mitarbeiterin entschließt sich, einen Umweg zu machen, um zum Wohnheim zurückzukehren. Im Wohnheim erfährt sie von ihren Kolleginnen, dass der Bewohner einige Tage zuvor auf dem Weg von einem Hund gebissen wurde.*
   Erklären Sie mit Hilfe des Klassischen Konditionierens, warum der Bewohner sich weigert, den Weg zu betreten. Entwickeln Sie in Kleingruppen verschiedene Möglichkeiten, die Angst des Bewohners zu mindern.

● Operante Konditionierung

Selbstverstärkung

Selbstbelohnung funktioniert nach den gleichen Gesetzmäßigkeiten wie die Verstärkung, die von außen kommt. Im Wesentlichen findet sie durch internale Selbstgespräche, Vorstellungen und Bewertungen statt. Wenn wir eine bestimmte Verhaltensweise häufiger zeigen möchten, dann müssen wir Wege finden, uns selbst zu loben.

Aufgaben

1. *Überlegen Sie, wie Sie sich selbst für einige Verhaltensweisen verstärken. Welche Probleme können entstehen, wenn Sie sich vornehmen, sich für gelungene Verhaltensweisen zu loben?*

2. *Beobachten Sie sich in der nächsten Woche selbst. Führen Sie eine Strichliste und registrieren Sie, ob Sie sich selbst mehr verstärken oder mehr bestrafen.*

Entstehung von Verhaltensauffälligkeiten

Eine Vielzahl von Verhaltensauffälligkeiten kann mit Hilfe des operanten Konditionierens erklärt werden. Hierzu zählen z. B. aggressive, abergläubische und abhängige Verhaltensweisen. Für die Entstehung und Aufrechterhaltung dieser Verhaltensweisen sind die Reaktionen der Bezugspersonen oft von besonderer Bedeutung.

Aufgaben

1. *Ein Bewohner eines Wohnheimes wird vom Mitarbeiter aufgefordert, sein Geschirr selbstständig abzuräumen. Trotz freundlicher Ansprache weigert sich der Bewohner zu helfen. Er fühlt sich vom Mitarbeiter bedrängt. Er schimpft laut und geht wütend in sein Zimmer. Der Mitarbeiter räumt daraufhin das Geschirr ab.*
   Wir wird sich der Bewohner zukünftig verhalten? Begründen Sie Ihre Meinung mit Hilfe des Operanten Konditionierens.

2. *Eine junge Frau mit geistiger Behinderung, die in einem Wohnheim lebt, arbeitet morgens in der Werkstatt für Behinderte (WfB). Seitdem sie vor einiger Zeit mit einer schlimmen Erkältung einige Tage im Bett bleiben musste, steht sie morgens nur zögerlich auf. Die Mitarbeiterinnen müssen sich jeden morgen intensiv um die junge Frau kümmern, obwohl sie bislang alleine aufstand. Die Mitarbeiterinnen sind ratlos, da ihre Bemühungen wenig erfolgreich sind.*
   Erklären Sie mit Hilfe des operanten Konditionierens, wie das Verhalten der Betreuten entstanden ist und warum es sich trotz der Bemühungen der Mitarbeiterinnen nicht verändert.

3. *Eine junge Bewohnerin, die große Angst vor Gespenstern hat, bewohnt ein Einzelzimmer. Abends, wenn sie schlafen soll und das Licht in ihrem Zimmer ausgeschaltet wird, steigert sich ihre Angst. Sie möchte dann nicht alleine in ihrem Zimmer bleiben und beginnt zu weinen. Häufig steht sie dann auf und wird von den Heilerziehungspflegerinnen getröstet. Meistens darf sie sich zu ihnen setzen und Fernsehen schauen.*
   Erklären Sie mit Hilfe der Lerntheorien, warum sich das Verhalten der Betreuten nicht verändert.

Inkonsequente Erziehung und intermittierende Verstärkung

Viele Eltern, aber auch professionelle Erzieher reagieren häufig auf unerwünschte Verhaltensweisen (z. B. aggressives Verhalten, Wutanfälle) mit Strafe (z. B. Tadel) oder mit Nichtbeachtung. Vielfach machen sie jedoch den Fehler (z. B. aufgrund von Ermüdung, Überforderung), dass das unerwünschte Verhalten gelegentlich durch „gutes Zureden" oder durch Belohnungen, die in Aussicht gestellt werden, verstärkt wird. Dieser Sachverhalt entspricht lerntheoretisch einer intermittierenden Verstärkung. Sie bewirkt, dass das unerwünschte Verhalten sehr dauerhaft auftritt und sehr stabil wird.

Aufgabe

Erinnern Sie sich bitte an Ihre letztes Praktikum. Wie reagierten die Gruppenmitarbeiter auf unerwünschte Verhaltensweisen? Waren die Mitarbeiter immer in der Lage, konsequent zu handeln? Welche Probleme und Schwierigkeiten im Erziehungsalltag gibt es, konsequent zu sein?

Lernen am Modell

Mitarbeiter in Einrichtungen sind für Menschen mit Behinderung nicht nur wichtige Bezugspersonen, sondern auch wichtige Vorbilder. Durch ihr Verhalten vermitteln Mitarbeiter nicht nur offene, beobachtbare Verhaltensweisen, sondern auch Einstellungen, Meinungen, Gefühle, Wünsche etc.

Aufgaben

1. *Erinnern Sie sich an Ihr letztes Praktikum. Welcher Mitarbeiter war für Sie eine Modellperson? Weshalb? Welche Persönlichkeitsmerkmale und/oder Verhaltensweisen waren für Sie wichtig? Welche Meinungen oder Einstellungen haben Sie von anderen Mitarbeitern während des Praktikums erworben?*

2. *Für wen sind Sie Modellperson? Welche Eigenschaften besitzen Sie, ein (Verhaltens-)Modell für andere Menschen zu werden?*

3. *In den Wohn- und Schlafräumen eines Wohnheims für Menschen mit leichter geistiger Behinderung besteht ein generelles Rauchverbot. Das Rauchen ist lediglich in einem kleinen, ungemütlichen Raucherzimmer erlaubt. Fast alle Bewohner halten sich an die Regelung. Einige kritisieren jedoch das Verhalten einiger Heilerziehungspfleger, die häufig im Dienstzimmer oder gelegentlich bei Teambesprechungen im Wohnzimmer rauchen.*
   Diskutieren Sie in Kleingruppen mit Hilfe der Lerntheorie von Bandura die Auswirkungen, die sich aus dem Verhalten der Mitarbeiter für ihre Beziehungen zu den Bewohnern ergeben.

4.1.3 Materialien und Anregungen

Literatur

Müller, Klauß, Heimberg u. Mittmann: Verhaltensmodifikation in der Praxis, München, ISBN 3-497-00920-2
Die Autoren bieten ein Kursprogramm für pädagogische Fachkräfte an. Mit Hilfe von vielen Beispielen und Übungen vermitteln sie die Grundlagen der Beobachtung und Verhaltenstherapie.

Reinhold: Klassische Verhaltenstherapie bei schwer geistig behinderten Menschen, dgvt-Verlag, 1992
Der Autor wendet sich mit seinem Buch an Fachkräfte, denen die Betreuung von schwer geistig behinderten Menschen anvertraut ist. Die wesentlichen Aussagen der Verhaltenstherapie werden durch anschauliche Beispiele aus der Praxis verdeutlicht.

4.2 Kommunikation und Interaktion

4.2.1 Theoretische Zusammenhänge

Menschliches Leben ist ohne Kommunikation und Interaktion nicht denkbar. Wir sind soziale Wesen, die auf ein Leben in Gemeinschaft ausgerichtet sind. Wir teilen anderen mit, was wir denken, wie wir uns fühlen, welche Ziele, Wünsche und Bedürfnisse wir haben etc. Andererseits ist es uns auch ein Bedürfnis zu erfahren, was in unseren Mitmenschen vor sich geht, wie sie über uns denken, was sie von uns halten oder ob sie uns mögen.
Unter **Kommunikation** versteht man alle Prozesse, mit denen eine Person einer anderen etwas mitteilt (vgl. Watzlawick, 1982[6]). Die Mitteilung kann dabei durch Sprache und/oder durch Gestik und Mimik erfolgen. In der Regel benutzen wir viele Sinneskanäle. Wenn wir einer anderen Person etwas mitteilen wollen, sprechen wir sie an, wenden uns ihr zu, nehmen Blickkontakt auf, gestikulieren mit unseren Händen etc.

„Der Grundvorgang der zwischenmenschlichen Kommunikation ist schnell beschrieben. Da ist ein Sender, der etwas mitteilen möchte. Er verschlüsselt sein Anliegen in erkennbare Zeichen – wir nennen das, was er von sich gibt, seine Nachricht. Dem Empfänger obliegt es, dieses wahrnehmbare Gebilde zu entschlüsseln“

(Schulz v. Thun, 1981, S. 25).

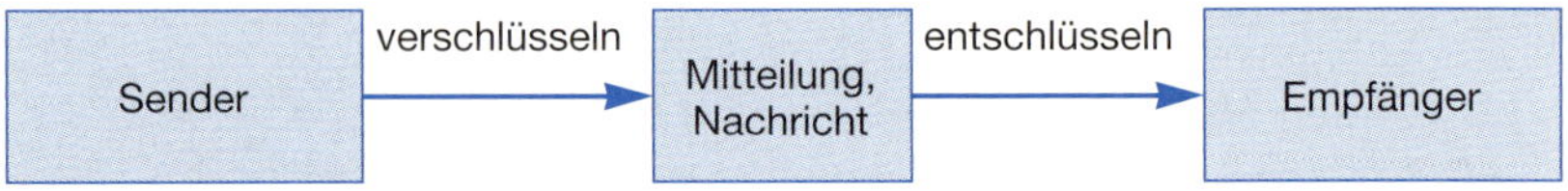

Schulz v. Thun, Bd. 1 1981, S. 25

Wenn Menschen miteinander kommunizieren, dann tauschen sie Meinungen, Einstellungen, Ansichten, Wünsche und Bedürfnisse aus und beeinflussen sich gegenseitig. Dieser Sachverhalt der wechselseitigen Beeinflussung wird als **soziale Interaktion** bezeichnet (vgl. Drever/Fröhlich, 1978[12])

● Axiome der Kommunikation

Grundlegende Erkenntnisse über die menschliche Kommunikation und Interaktion hat Paul Watzlawick in fünf Axiomen der Kommunikation (1969) dargelegt. Als Axiome bezeichnet man Grundannahmen, die so einleuchtend sind, dass sie nicht weiter begründet werden müssen.

1. Axiom:
Man kann nicht nicht kommunizieren.
Das erste Axiom basiert auf der Tatsache, dass Verhalten kein Gegenteil besitzt. Wir zeigen immer ein Verhalten, egal was wir machen. Selbst wenn wir schlafen, verhalten wir uns. Die Aussage des 1. Axioms gilt auch für Situationen, in denen wir mit anderen Menschen zusammen sind, d. h. in sozialen Situationen. Da jedes Verhalten in einer sozialen Situation Mitteilungscharakter besitzt, sind wir nicht in der Lage, nicht nicht zu kommunizieren. Egal, wie wir uns in sozialen Situationen verhalten, wir teilen anderen durch unsere Sprache, Gestik und Mimik immer etwas mit.

2. Axiom:
Jede Kommunikation besitzt einen Inhalts- und einen Beziehungsaspekt, derart, dass der letztere den ersteren bestimmt.
Während der Inhaltsaspekt die sachliche Information vermittelt, bestimmt der Beziehungsaspekt, wie die Informationen aufzufassen sind. Je nachdem, in welcher Beziehung wir zu einem Menschen stehen, werden wir bestimmte Informationen akzeptieren oder ablehnen. Von der Art der Beziehung ist z. B. abhängig, ob wir eine Nachricht als eine wichtige Information auffassen oder als einen Scherz.

3. Axiom
Die Art einer Beziehung wird durch die Interpunktion der Kommunikationsabläufe seitens der Partner bestimmt.

Wenn zwei Menschen miteinander kommunizieren, dann entwickeln sie – jeder für sich – eine Vorstellung davon, wer welche Inhalte vorgibt und wer von beiden wie darauf reagiert. Dabei werden die vorangegangenen Verhaltensweisen des Kommunikationspartners als Ursache für das eigene Verhalten wahrgenommen. Je nach Standpunkt werden die Inhalte der Interaktion gesehen und in eine Struktur gebracht.

Ein typisches Eheproblem, das nach Watzlawick oft beobachtet werden kann, besteht darin, dass der Mann eine passiv-zurückgezogene Haltung an den Tag legt, während seine Frau zu übertriebenem Nörgeln neigt. Der Mann beschreibt seine Passivität als Verteidigung gegen ihr Nörgeln, während die Frau sich zum Nörgeln gezwungen sieht, da er sonst überhaupt nichts mehr von sich gibt.

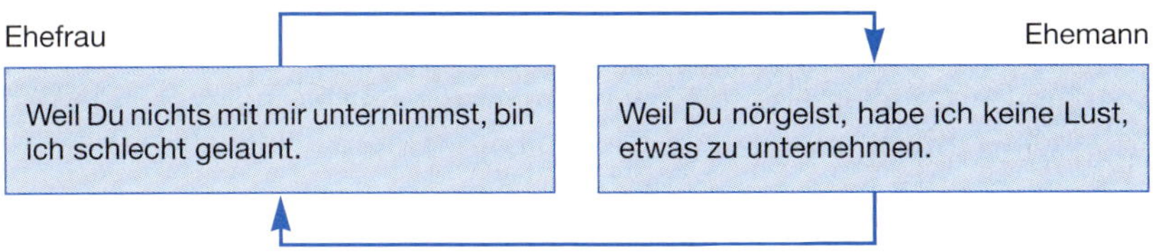

Kommunikation ist aufgrund der gegenseitigen Beeinflussung jedoch **kreisförmig**. Dieses bedeutet, dass es nach einer längeren Phase der Kommunikation unsinnig ist, die Ursache für ein bestimmtes Kommunikationsergebnis bei ausschließlich einem Kommunikationspartner ausmachen zu wollen. Die Interaktionsergebnisse sind miteinander viel zu verwoben.

Da es bei einem Kreis keinen Anfang und kein Ende gibt, können Kommunikationspartner andere Ausgangspunkte bzw. Ursachen als die bisherigen für ihr Verhalten willkürlich festlegen. Hierdurch entsteht eine andere Dynamik:

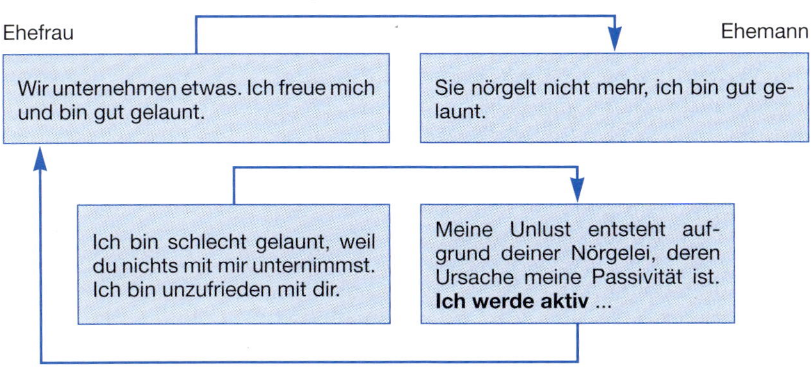

4. Axiom

Menschliche Kommunikation bedient sich digitaler Modalitäten (Schrift, Zeichen, Symbole, Sprache) und analoger Modalitäten (Gestik, Mimik).

Eine Information kann grundsätzlich in zwei verschiedenen Weisen ausgedrückt und mitgeteilt werden: Entweder durch Worte wie: „Rechteck“, die dem Sachverhalt zugeordnet sind oder durch eine Analogie:

 (z. B. Zeichnung).

Analog vermittelten Informationen schenken wir mehr Glauben als digital vermittelten:

„Analoge Kommunikation hat ihre Wurzeln offensichtlich in viel archaischeren Entwicklungsperioden und besitzt daher eine weitaus allgemeinere Gültigkeit als die viel jüngere und abstraktere digitale Kommunikationsweise“

(Watzlawick, P. 1982[12], S. 62)

Sachliche Informationen werden weitgehend durch digitale Kommunikation (Sprache, Symbole etc.) vermittelt, während der Beziehungsaspekt vorwiegen analog (Gestik, Mimik) übermittelt wird.

5. Axiom:
Zwischenmenschliche Kommunikationsabläufe sind entweder symmetrisch oder komplementär, je nachdem ob die Beziehung zwischen den Kommunikationspartnern auf Gleichheit oder Unterschiedlichkeit beruht.

„Symmetrische Beziehungen zeichnen sich ... durch Streben nach Gleichheit und Verminderung von Unterschieden zwischen den Partnern aus, während komplementäre Interaktionen auf sich gegenseitig ergänzenden Unterschiedlichkeiten basieren“

(Watzlawick, P. 1982[12], S. 69).

Kommunikationsprobleme treten auf, wenn die Ungleichheit der Rollenverteilung in Frage gestellt wird, um eine symmetrische Beziehung zu etablieren. Dieses wird besonders deutlich, wenn seitens der Mitarbeiter die Weisungsbefugnis des Vorgesetzten z. B. bei der Dienstplangestaltung kritisiert wird.

● Das Nachrichtenquadrat

Schulz von Thun hat mit dem „Nachrichtenquadrat“ ein kommunikationspsychologisches Modell entwickelt, mit dessen Hilfe die Vielfalt der Botschaften, die in einer Nachricht enthalten sind, geordnet werden kann. Das Nachrichtenquadrat eignet sich auch zur Aufdeckung einer Vielzahl von Kommunikationsstörungen und ermöglicht Aussagen über die Entstehung von Selbstwertgefühlen.

Schulz von Thun unterscheidet in seinem Modell „vier seelisch bedeutsame Seiten“ (Schulz von Thun, 1981, S. 26): **Sachinhalt, Selbstoffenbarung, Beziehung** und **Appell**, die immer gleichzeitig in einer Nachricht enthalten sind.

„Dies ist eine Grundtatsache des Lebens, um die wir als Sender und Empfänger nicht herumkommen. Dass jede Nachricht ein ganzes Paket mit vielen Botschaften ist, macht den Vorgang der Kommunikation so kompliziert und störanfällig, aber auch so aufregend und spannend“

(Schulz von Thun, 1981, S. 26).

Der Sachinhalt meint den sachlichen Inhalt der Nachricht. Hier geht es um die Frage, worüber der Sender informieren möchte.

Die Selbstoffenbarungsseite enthält Informationen über die Person des Senders (ICH-Botschaften). Sie ermöglicht Aufschluss über Persönlichkeitsmerkmale wie Fähigkeiten, Gefühle, Einstellungen, Wünsche, Bedürfnisse etc. Die Selbstoffenbarung umfasst dabei sowohl die gewollte **Selbstdarstellung** als auch die unfreiwillige **Selbstenthüllung**. Unter der gewollten Selbstdarstellung werden alle Verhaltensweisen verstanden, die eine Person einsetzt, um von sich ein bestimmtes Bild bei anderen Menschen zu erzeugen. Mit Selbstenthüllung ist hingegen die unfreiwillige Preisgabe von Informationen über die eigenen Person gemeint. Die Selbstoffenbarungsseite ist eine sehr brisante Seite, die mit vielen Problemen und Ängsten verbunden ist.

Die Beziehungsseite gibt Aufschluss darüber, wie der Sender einer Nachricht seine Beziehung zum Empfänger sieht und was er von ihm hält. Diese Informationen werden in der Regel nicht ausdrücklich mitgeteilt, sondern erfolgen nonverbal durch Gestik und Mimik oder paraverbal durch Tonfall und Modulation der Stimme. Die Art, in der man mit einem Menschen spricht, enthält dabei mehr Informationen über den Gesprächspartner als man mit Worten ausdrücken kann. Der Empfänger einer Nachricht reagiert sehr sensibel auf Beziehungsinformationen. Während er beim Empfang der Selbstoffenbarungsseite selbst nicht betroffen ist, „fühlt er sich [hier] als Person in bestimmter Weise behandelt (oder misshandelt)" (Schulz von Thun, 1981, S. 27). Die Beziehungsseite enthält DU- und WIR-Botschaften.

Die **Appellseite** drückt aus, wozu der Sender den Empfänger veranlassen möchte. Kaum etwas wird einfach nur gesagt. Mit einer Mitteilung ist auch immer die Absicht verbunden, eine bestimmte Reaktion beim Empfänger zu bewirken. Er soll veranlasst werden, bestimmte Dinge zu tun, etwas bestimmtes zu denken, zu fühlen etc. Appelle werden sowohl offen als auch verdeckt, bewusst und unbewusst gesendet.

Schulz v. Thun, Bd. 1 1981, S. 25

Beispiel

1. *Die Mitarbeiter einer Wohngruppe sitzen zum Teamgespräch zusammen. Ein Mitarbeiter fragt seinen Kollegen: „Ist noch Kaffee da?"*

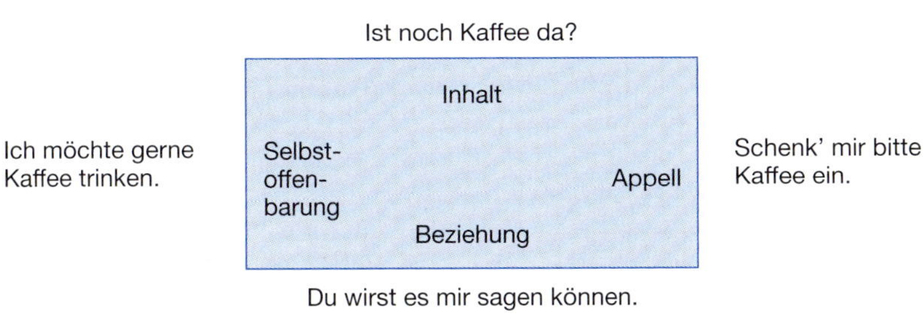

2. *Ein Mitarbeiter äußert sich im Teamgespräch gegenüber seinen Kollegen: „Immer muss ich die ganze Arbeit alleine machen."*

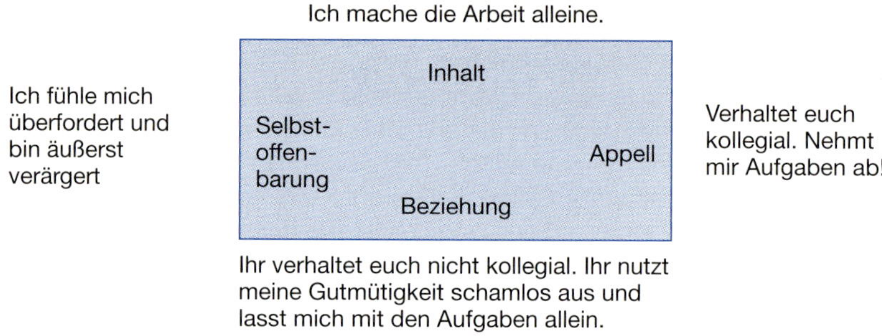

3. *Die Mutter einer Bewohnerin sagt einem Gruppenleiter der Wohngruppe: „Ich bin nicht damit einverstanden, dass meine Tochter mit der Gruppe für drei Wochen in die Ferien fährt. Sie wird mit einer solchen Fahrt überfordert."*

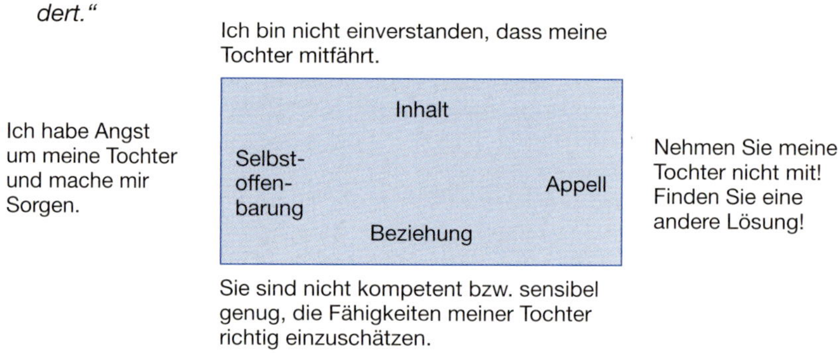

Vierohriges Hören

Den vier Seiten einer Nachricht entsprechen vier verschiedene Möglichkeiten, eine Nachricht aufzunehmen. Schulz von Thun bezeichnet diese prinzipiellen Möglichkeiten als „Ohren". Er bezeichnet sie als **Sachohr, Selbstoffenbarungsohr, Beziehungsohr** und **Appellohr**.

Während der Sender alle vier Seiten beherrschen muss, besitzt der Empfänger die freie Auswahl, auf welche Botschaft er reagieren möchte. Diese Tatsache macht menschliche Kommunikation kompliziert und störanfällig.

„Je nachdem, welches seiner vier Ohren der Empfänger gerade vorrangig auf Empfang geschaltet hat, nimmt das Gespräch einen sehr unterschiedlichen Verlauf. Oft ist dem Empfänger gar nicht bewusst, dass er einige seiner Ohren abgeschaltet hat und dadurch die Weichen für das zwischenmenschliche Geschehen stellt" (Schulz v. Thun, 1981, S. 44). Die meisten Menschen haben einseitige Hörgewohnheiten ausgebildet, d. h. bei ihnen ist „... unabhängig von den Situationserfordernissen ... ein Ohr auf Kosten der anderen besonders gut ausgebildet"

(Schulz v. Thun, 1981, S. 47).

Das Sachohr empfängt hauptsächlich Daten und Fakten. Gefühle und persönliche Betroffenheit des Kommunikationspartners werden nicht registriert. Der Empfänger reagiert auf Mitteilungen mit Richtigstellungen, Sachfragen und Informationen. Das Sachohr ist von Vorteil, wenn es um die Sache geht. Wenn jedoch Beziehungskonflikte gelöst werden, trägt das Sachohr zur Verschärfung des bestehenden Konfliktes bei.

Beispiel

Sender: *„Heute ist es sehr heiß."*
Empfänger: *„Wie viel Grad zeigt das Thermometer an?"*

Das Selbstoffenbarungsohr registriert die Informationen, die der Sender gewollt oder unfreiwillig über sich mitteilt. Dabei können zwei verschiedene Hörgewohnheiten unterschieden werden: Der Empfänger nimmt die Ich-Botschaften des Senders entweder verständnisvoll auf oder nutzt sie, seine Schwächen zu entlarven. Die Sachlichkeit und die Person des Empfängers treten bei einer Überspezialisierung des Selbstoffenbarungsohres in den Hintergrund. Das verständnisvolle Selbstoffenbarungsohr ist hilfreich bei Beratung und Erziehung. In anderen Situationen kann das Selbstoffenbarungsohr problematisch sein, da es die eigene Betroffenheit und Miturheberschaft verschleiert.

Beispiel

Sender: *„Heute ist es sehr heiß."*
Empfänger: *„Fühlst Du Dich unwohl?"* *(verständnisvoll)*
„Du bist empfindlich und wehleidig." *(entlarvend)*

Das **Beziehungsohr** nimmt die Botschaften wahr, mit denen der Sender etwas über den Empfänger oder etwas über seine Beziehung zu ihm aussagt. Der Empfänger hört die Nachricht unter dem Aspekt „Du bist o.k." bzw. „Du bist nicht o.k.".

„Bei manchen Empfängern ist das auf die Beziehungsseite gerichtete Ohr so groß und überempfindlich, dass sie in viele beziehungsneutrale Nachrichten und Handlungen eine Stellungnahme zu ihrer Person hineinlegen oder übergewichten. Sie beziehen alles auf sich, nehmen alles persönlich, fühlen sich leicht angegriffen und beleidigt. Wenn jemand wütend ist, fühlen sie sich beschuldigt, wenn jemand lacht, fühlen sie sich ausgelacht. ... Sie liegen ständig auf der ‚Beziehungslauer'"

(Schulz v. Thun, 1981, S. 51).

Beispiel

Sender: *„Heute ist es sehr heiß."*
Empfänger: *„Ich weiß, dass ich vergessen habe, die Getränke einzukaufen. Du musst es mir nicht auch noch vorhalten."*

Das **Appellohr** registriert hauptsächlich die unausgesprochenen Erwartungen und Wünsche anderer Menschen. Bei einer Überspezialisierung reagieren Empfänger wie Automaten. „Sie hören auf der Appellseite geradezu ‚das Gras wachsen', sind dauernd auf dem Appell-Sprung" (Schulz v. Thun, 1981, S. 58). Dabei verliert der eigene Standpunkt an Bedeutung. Die eigenen Erwartungen, Gefühle, Wünsche und Bedürfnisse treten in den Hintergrund.

Beispiel

Sender: *„Heute ist es sehr heiß."*
Empfänger: *„Soll ich das Fenster öffnen und dir etwas zu trinken bringen?"*

Kommunikationsstörung

Viele Kommunikationsstörungen entstehen aufgrund der Komplexität der menschlichen Kommunikation. Eine wichtige Störungsquelle sind Beziehungsstörungen, denn:

„Obwohl Beziehungsstörungen an der Tagesordnung sind, wo immer Menschen zusammenleben und -arbeiten, ist die Fähigkeit, mit derartigen Störungen umzugehen und miteinander ‚klarzukommen' bei den meisten Menschen nicht sehr weit entwickelt. Unausgesprochener Groll und verborgene Verletztheit, vermiedene Auseinandersetzungen und scheinheilige Diplomatie, feindseliger Zank und kleinliche Nörgelei, beherrschen häufig die Szene, wenn es auf der Beziehungsebene schwierig wird"

(Schulz v. Thun, 1981, S. 198).

Beziehungs- und damit Kommunikationsstörungen entstehen häufig dadurch, dass Menschen den eigenen Anteil, den sie am Empfang einer Mitteilung besitzen, nicht ausreichend wahrnehmen. Die Reaktion eines Empfängers auf eine Mitteilung besteht aus drei verschiedenen Vorgängen:

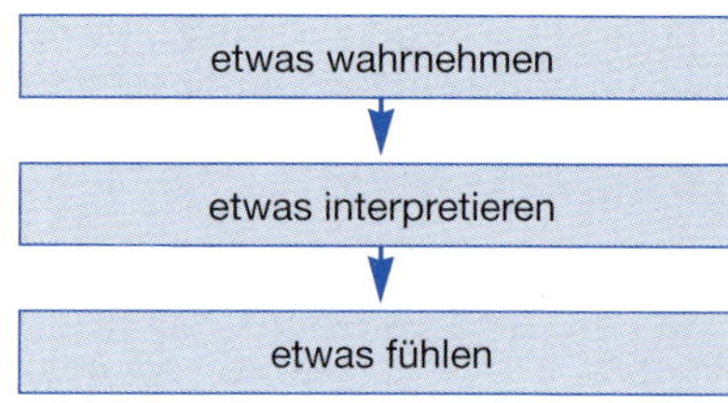

Schulz v. Thun, Bd. 1 1981.

Wahrnehmen bedeutet, etwas zu sehen oder zu hören, z. B. die Aussage: „Heute ist es sehr heiß."

Interpretieren bedeutet, dass aufgrund früherer Erfahrungen dem Wahrgenommenen eine Bedeutung zugeordnet wird. Die Aussage „Heute ist es heiß" wird nicht einfach als Aussage aufgefasst, sondern z. B. als Aufforderung, Getränke einzukaufen. Diese Interpretation kann richtig oder falsch sein.

Fühlen meint die emotionale Reaktion, die durch die Interpretation ausgelöst wird. Es wird z. B. Ärger darüber empfunden, dass man immer derjenige ist, der die Getränke einkaufen soll.

„In der Regel sind wir wenig geübt, diese drei Vorgänge in uns auseinanderzuhalten: Sie verschmelzen zu einem Kuddelmuddel"

(Schulz v. Thun, 1981, S. 73).

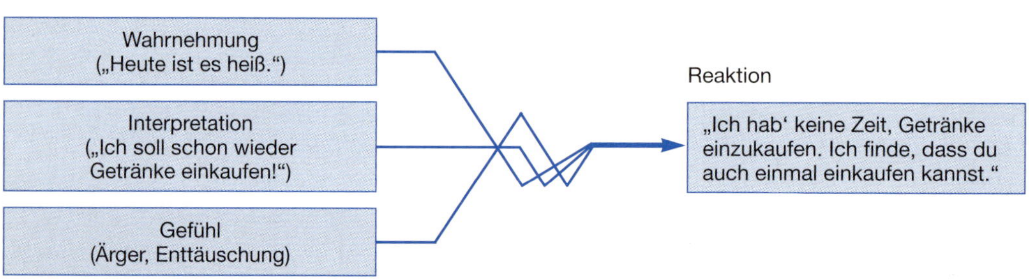

Es ist bedeutsam, diese drei Vorgänge zu kennen, um sie ggf. auseinanderhalten zu können. Allzu häufig machen wir andere Menschen für unsere Gefühle verantwortlich und reagieren mit Ablehnung und Abwehr. Dabei benutzen wir sehr oft Du-Botschaften, mit denen wir unsere Gesprächspartner verletzen.

Beispiel

Ein Heilerziehungspfleger ärgert sich über den neuen Praktikanten, der ohne Absprache mit einem Bewohner spazieren gegangen ist. Als der Praktikant mit dem Bewohner zurückkehrt, wirft ihm der Mitarbeiter vor: „Dauernd machen Sie etwas, von dem ich nichts weiß. Das ist unmöglich! Sie bringen die ganze Gruppe durcheinander."

Die Kränkungen, die durch Du-Botschaften entstehen, werden nur selten angesprochen und geklärt. Sie sind häufig der Ausgangspunkt für lang anhaltende Auseinandersetzungen, die eine harmonische Zusammenarbeit verhindern. Eine Möglichkeit, Probleme anzusprechen und Kritik zu üben, besteht darin, Ich-Botschaften zu senden, da es weitaus weniger wahrscheinlich ist, dass sie den Gesprächspartner verletzen.

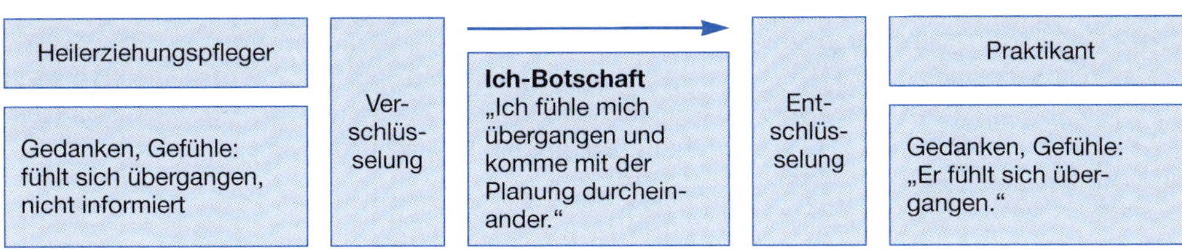

4.2.2 Praktische Umsetzung

● Axiome
„Man kann nicht nicht kommunizieren."

„Verhalten ist insbesondere grundlegender Bestandteil zwischenmenschlicher Kommunikation. Genauso, wie es unmöglich ist, nicht zu kommunizieren, ist es unmöglich, sich nicht zu verhalten. Jedes – auch als auffällig, störend oder bedrohlich wahrgenommenes – Verhalten hat aus subjektiver Perspektive einen Sinn, den es verstehend zu erschließen gilt"

(Bradl, in: Petry/Bradl, S. 39, 1999).

Aufgaben

1. *Diskutieren Sie in Kleingruppen die Bedeutung von Verhaltensstörungen. Welchen Sinn können Verhaltensstörungen besitzen? Berücksichtigen Sie folgende Aspekte: Lebensgeschichte, Entwicklungsstand, aktuelle Situation, bedeutsame Bezugspersonen und individuelle Lebensziele.*

2. *Rollenspiel*

   Bewohner: Teilen Sie Ihrem Mitspieler mit, dass Ihnen Ihr rechter Fuß (rechter Arm, rechtes Ohr etc.) unerträglich juckt. Sie dürfen nur Gestik und Mimik benutzen. Keine Sprache!

   Mitarbeiter: Teilen Sie Ihrem Mitspieler mit, dass er/sie auf gar keinen Fall seine/ihre Schuhe (Handschuhe, Mütze etc.) ausziehen darf. Lassen Sie sich nicht beirren!

   Spielen Sie dieses Rollenspiel in Kleingruppen ca. 10 Minuten. Registrieren Sie Ihre Gefühle, die dabei entstehen. Tauschen Sie Ihre Erfahrungen am Ende in der Kleingruppe aus. Versuchen Sie auch Konsequenzen für Ihre Arbeit mit schwer behinderten Menschen zu formulieren, die sich verbal nicht mitteilen können.

„Menschliche Kommunikation bedient sich digitaler und analoger Modalitäten."

„Meinungen über die Gefühle und Einstellungen eines Gesprächspartners bildet man nicht nur aufgrund der Inhalte seiner Mitteilungen, sondern auch aufgrund von Körperhaltung, Gesten, Gesichtsausdruck, Lautstärke und Tonfall der Stimme usw. Oft misstraut man sogar dem Inhalt und ‚verlässt sich' eher auf andere Aspekte der Interaktion. Diese werden als ‚nichtverbale Kommunikation' bezeichnet"

(Herkner, W. 1991, S. 279).

Aufgaben

1. *Viele Menschen mit schwerer geistiger Behinderung sind häufig nicht in der Lage, sich sprachlich zu äußern (digitale Kommunikation). Um ihre Wünsche und Bedürfnisse mitzuteilen sind sie auf Gestik und Mimik (analoge Kommunikation) angewiesen.*

   Tragen Sie in Kleingruppen Ihre Erfahrungen zusammen, die Sie mit nichtsprachlicher Kommunikation gemacht haben.

2. *Kommunizieren Sie in einem Rollenspiel mit Ihren Rollenspielpartnern nur mit Hilfe von Gestik und Mimik. Teilen Sie ihnen ihre Wünsche, Vorstellungen und Absichten mit.*

3. *Kaufen Sie in einem Bäckerladen Brötchen ein. Teilen Sie der Verkäuferin Ihre Wünsche nur mit Hilfe von Gestik und Mimik mit.*

   Tauschen Sie Erfahrungen in der Klasse aus.

Nachrichtenquadrat
Umformulierung von Du-Botschaften in Ich-Botschaften

Viele Menschen vermeiden es grundsätzlich, über ihre Gefühle und Gedanken zu sprechen. Sie möchten auf gar keinen Fall Schwächen zeigen oder gar Fehler zugeben. Sie fürchten sich vor schonungsloser Kritik, wenn sie sich angreifbar machen. Selbstoffenbarungsbotschaften werden daher häufig in Form von Du-Botschaften gesendet, die eigentlich Beziehungsbotschaften sind, mit denen der Sender zum Ausdruck bringt, was er vom Empfänger hält. Da der Empfänger sich durch eine solche Botschaft in der Regel verletzt fühlt, sind Konflikte und Auseinandersetzungen kaum zu vermeiden. In Mitarbeiterteams besteht die Gefahr, dass derartige Konflikte chronisch die Arbeitsatmosphäre vergiften. Für Mitarbeiter kann es daher sehr hilfreich sein, Selbstoffenbarungsbotschaften zu erkennen und selbst zu senden.

Aufgaben

Übersetzen Sie, wie im ersten Beispiel, die folgenden Du-Botschaften in Ich-Botschaften.

Du-Botschaft: „Macht Ihr keine Pause?"

Ich-Botschaft: „Ich bin müde und möchte mich ausruhen."

Du-Botschaft: „Die Teambesprechungen bringen nichts. Frau M. macht immer alles anders und sie hält sich nicht an Absprachen."

Ich-Botschaft: ....

Du-Botschaft: „Und Sie wollen Gruppenleiter sein? Nichts ist geregelt. Um alles muss man sich selbst kümmern."

Ich-Botschaft: ....

Du-Botschaft: „Das ist ein starkes Stück! Sie behandeln mich wie eine Praktikantin. Ich bin schließlich auch ausgebildete Heilerziehungspflegerin!"

Ich-Botschaft: ....

Du-Botschaft: „Sie arbeiten zwar drei Jahre länger hier, das gibt Ihnen aber kein Recht, immer alles bestimmen zu wollen."

Ich-Botschaft: ....

Du-Botschaft: „Sie überlassen die ganze Arbeit mir. Sie könnten auch mehr Engagement zeigen."

Ich-Botschaft: ....

Du-Botschaft: „Ich arbeite jetzt schon seit 10 Jahren in dieser Einrichtung, aber einen so unverschämten Praktikanten habe ich bislang noch nicht erlebt."

Ich-Botschaft: ....

Einseitige Hörgewohnheiten

Viele Störungen und Auseinandersetzungen in Mitarbeiterteams entstehen dadurch, dass Kritik am Verhalten von Kollegen nicht rechtzeitig und angemessen formuliert wird. Mitarbeiter befürchten häufig, dass eine wohlgemeinte Kritik vom Gegenüber falsch aufgenommen und missverstanden werden könnte. Diese Befürchtung entspricht der Tatsache, dass viele Mitarbeiter gelernt haben, Kritik mit dem Beziehungsohr wahrzunehmen, statt sachlich zu reagieren.

Übung

Finden Sie heraus, mit welchen „Ohren" Sie bevorzugt hören. Führen Sie dazu in Kleingruppen mehrere Gespräche durch. Versuchen Sie, mehrere Minuten lang nur bestimmte Aspekte (Sachinformationen, Beziehungsbotschaften, Appelle, Botschaften der Selbstoffenbarungsseite) der Nachrichten, die Ihnen ihr Gesprächspartner vermittelt, herauszuhören. Geben Sie auf jede empfangene Botschaft eine entsprechende Antwort. (Inhaltsohr: „Wie ist der Sachverhalt zu verstehen?"; Selbstoffenbarungsohr: „Was ist das für einer? Was ist mit ihm?"; Beziehungsohr: „Wie redet der mit mir? Was hält der von mir?"; Appellohr: „Was soll ich tun?".)

Tauschen Sie anschließend Ihre Erfahrungen in der Kleingruppe aus. Welche Hörgewohnheiten fielen Ihnen leicht? Womit hatten Sie Schwierigkeiten? Welches „Ohr" wollen Sie trainieren?

Hilfssatz

Für Auseinandersetzungen und Konflikte, die nicht (mehr) auf der Sachebene geführt werden, sondern auf der Beziehungsebene, gilt grundsätzlich die Devise: „Runter von der Sachebene, konkretes Verhalten des Gegenübers beschreiben, Ich-Botschaften explizit senden und Wünsche, Erwartungen sowie Hoffnungen mitteilen." (vgl. Schulz v. Thun, 1981). Geschieht dieses nicht, besteht kaum eine Chance, den Konflikt beizulegen. Wenn der Gegenstand des Konflikts wesentliche Aspekte der Zusammenarbeit in einem Team berührt (z. B. Dienstplangestaltung), dann wird sich der Konflikt aufgrund gegenseitig zugefügter Kränkungen und Verletzungen im Laufe der Zeit verschärfen. Eine Zusammenarbeit kann ggf. unmöglich werden. Mit Hilfe des „Hilfssatzes" ist es möglich, einen (bereits fortgeschrittenen) Konflikt zu deeskalieren. Dieses setzt voraus, dass man sich nicht beirren lässt und den Hilfssatz unbeirrt anwendet. Richtig angewendet, berücksichtigt der Hilfssatz die Aspekte: Wahrnehmung, Interpretation, eigene Reaktion (Fühlen) und Wünsche bzw. Erwartungen. Der Hilfssatz ist ein Gerüst zur Selbstklärung. Man sollte versuchen, eigene Worte bzw. Formulierungen zu finden:

Wahrnehmung:

1. Ich sehe (höre, nehme wahr etc.), dass Du X tust ... und ...
   (z. B.: Ich habe Deinen Ärger über mein Verhalten wahrgenommen ...)

Interpretation:

2. Ich denke (glaube, stelle mir vor ...), dass Du Y denkst, fühlst ...
   (Ich denke, dass Du deshalb sauer bist, weil Du nicht rechtzeitig Deinen Dienst beenden konntest.)

Eigene Reaktion/Wunsch:

3. Ich fühle mich dabei Z und wünsche mir (im Moment, zukünftig) von Dir
   (z. B. Dies ist mir peinlich und tut mir leid. Ich wünsche, dass Du meine Entschuldigung annimmst und wir weiterhin gut zusammenarbeiten können.)

Aufgaben

1. *Besinnen Sie sich auf einen Konflikt aus Ihrem letzten Praktikum.*
2. *Was hätten Sie gerne unzensiert im Klartext gesagt?*
3. *Benutzen Sie den Hilfssatz, um die Dinge, die Sie sagen wollten, mitzuteilen.*
4. *Erproben Sie ihn im Rollenspiel, ohne vorher viel zu diskutieren.*

4.2.3 Materialien und Anregungen

Literatur

Schulz von Thun, Miteinander reden: Störungen und Klärungen, 1981, Hamburg.

Ein Buch, das die Vielschichtigkeit und Störanfälligkeit der menschlichen Kommunikation in verständlicher und eindrucksvoller Weise darstellt. Der Autor integriert dabei Ergebnisse unterschiedlicher psychologischer Disziplinen zu einer ganzheitlichen Sichtweise.

5 Soziologische Begründungen heilerziehungspflegerischen Handelns

- *Wie häufig kommen Menschen mit Behinderungen in der Gesellschaft vor?*
- *Was hat die soziale Herkunft von Menschen mit der Entstehung von Behinderung zu tun?*
- *Welche heilerziehungspflegerischen Konsequenzen ergeben sich aus den sozialen Reaktionen auf Menschen mit Behinderungen?*
- *Was bedeutet der soziologische Begriff des Stigma für die Tätigkeiten in der Heilerziehungspflege?*

5.1 Behinderung als Anfrage an die Gesellschaft

Im 19. Jahrhundert suchte man das „Bindeglied zwischen Mensch und Affe", das sogenannte „missing link", und glaubte es in den sogenannten „Kleinköpfen oder Mikrozephalen" gefunden zu haben. Der Vergleich behinderter Menschen mit Tieren, oder deren scheinbare Abgrenzung, bekam eine naturwissenschaftliche Aura – die Schausteller auf den Jahrmärkten nahmen die „wissenschaftlichen Entdeckungen" als Medienspektakel auf. Darwin, dessen epochemachendes Werk „Über die Entstehung der Arten" 1859 erschien, hatte direkt die Abstammung des Menschen vom Affen nicht behauptet. Es handelte sich dabei um die Pointen der Karikaturen, die die Evolutions- zur „Affentheorie" verkürzten und Darwin selbst zum Affen stilisierten. In seinem Buch „Abstammung des Menschen" schrieb Darwin 1871 aber, dass „unter den Wilden ... die an Körper und Geist Schwachen bald eliminiert" und nur diejenigen von „kräftigster Gesundheit" überleben würden.

Mürner, Chr., Erscheinungsbild und Dominanz – Historisch-kritische Betrachtungen zum Ansehen geistig behinderter Menschen in: Greving, H./Gröschke, D., 2000, S. 91

Aufgaben

1. *Erklären Sie sich, warum im 19. Jahrhundert Menschen mit Behinderungen mit Tieren verglichen wurden.*
2. *Finden Sie in aktuellen Verlautbarungen vergleichbare Aussagen? Worauf führen Sie diese Ähnlichkeiten zurück?*
3. *Suchen Sie weitere Texte, Bilder oder andere Darstellungen, welche die Stellung des Menschen mit Behinderung in der jeweiligen Zeit wiedergeben.*
4. *Stellen Sie aus diesen Materialien eine Collage her.*

5.1.1 Theoretische Zusammenhänge

Eine Behinderung stellt als wahrgenommene Abweichung oder *Diskrepanz zwischen sozialen Standards oder Wertvorstellungen und der Realität bzw. den tatsächlichen Abläufen* (Cloerkes, 1997, S. 16) eine *Anfrage an die Gesellschaft* bzw. ein *soziales Problem* dar.

Ein soziales Problem lässt sich definieren als (vgl. Cloerkes, 1997, S. 16 ff.)

- ein Problem oder eine Fragestellung, welche sich auf gesellschaftliche Sachverhalte bezieht;
- ein relatives Geschehen: es gibt in unterschiedlichen Kulturen verschiedene Ansätze der Bewertung und Einschätzung einer Problematik (dieses wird z. B. daran deutlich, dass die Anzahl der Kinder in Teilen Afrikas immer noch das Fortkommen einer Familie sichert, in China hingegen Familien mit mehr als einem Kind reglementiert werden);

- ein Phänomen, welches besonders in Perioden des sozialen Wandels und der gesellschaftlichen Differenzierung auftritt;
- ein von der Gesellschaft hervorgebrachtes Phänomen: wahrgenommene Tatbestände oder Eigenschaften als solche sind noch nicht problematisch, sie werden es erst durch die Interpretation der Gesellschaft;
- ein Prozess der Verallgemeinerung: diejenigen Gesellschaftsmitglieder, welche die Realität oder Teile der selben definieren, sind bestrebt, dass *ihre Definitionen zu möglichst allgemein akzeptierten gesellschaftlichen Interpretationen der Realität werden ... Das heißt: Definierer haben ein Interesse an der Existenz sozialer Probleme, bzw. daran, dass bestimmte gesellschaftliche Erscheinungen als soziale Probleme gesehen werden.* (Cloerkes, 1997, S. 16);
- ein gesellschaftliches Feld, auf welchem politische Gruppierungen und Parteien, Wissenschaft und Forschung sowie die Massenmedien (Fernsehen, Printmedien, Internet) soziale Phänomene als Probleme definieren;
- ein Tatbestand, welcher dem sozialen Wandel unterliegt: es existieren z. B. *neue* (Drogen, Überalterung der Gesellschaft) und *alte* (Armut, Obdachlosigkeit) soziale Probleme. Mit Cloerkes lässt sich feststellen, dass Behinderung zu den eher *alten* sozialen Problemen zu zählen ist.

Aufgaben

1. *Stellen Sie anhand der genannten Definitionskriterien Beispiele und Begründungen für folgende Behinderungen dar:*
   - *Spastik*
   - *Trisomie 21*
   - *Blindheit*
   - *Lernbehinderung*
   - *Demenz.*
2. *An welchen Punkten stellen Sie Unterschiede, an welchen Gemeinsamkeiten zwischen den einzelnen Behinderungen und deren Bewertung als soziales Problem fest?*
3. *Begründen Sie Ihre Aussagen möglichst umfassend.*
4. *Kennen Sie weitere Phänomene, welche zwar nicht als Behinderung definiert werden, sich aber gleichwohl (als soziale Probleme) für die Heilerziehungspflege als relevant erweisen?*

● Behinderung als soziales Problem: Aussagen zur Statistik

Die *Statistik* kann als die Wissenschaft bezeichnet werden, welche aus dem massenhaften Auftreten bestimmter sozialer u. a. Erscheinungen und Phänomene auf empirische Gesetze schließt.

Auch soziale Phänomene und Probleme wurden und werden immer wieder statistisch erfasst und ausgewertet. In Bezug auf die Anzahl von Behinderungen in Deutschland kann festgehalten werden, dass sich eine Wiedergabe von Statistiken nur unter dem Vorbehalt als sinnvoll erweist, dass es schwierig ist, einzelne Behinderungen exakt voneinander abzugrenzen. Zudem gehen unterschiedliche Datenquellen in diese Statistiken ein (wie z. B. Mikrozensus-Erhebungen, Bevölkerungs- und Schulstatistiken, Schätzungen von Wissenschaftlern etc.). Diese können nicht so ohne weiteres zusammengefasst und miteinander verglichen werden. So kommt es im Vergleich dieser Statistiken zu unterschiedlichen und z. T. recht widersprüchlichen Aussagen (vgl. Cloerkes, 1997, S. 18 ff.):

- Die Angaben der *Bevölkerungsstatistik* unterliegen Fehlerquellen, welche sich u. a. daraus ergeben, dass die befragten Familienmitglieder eine Behinderung anders bewerten als die Experten. Zudem akzeptieren Eltern und Geschwister häufig ein solches Expertenurteil (wie z. B. die Diagnose einer geistigen Behinderung und die hieraus folgernde Aufnahme in ein spezifisches Lernverhältnis) nicht oder verschweigen sogar die Behinderung von Familienmitgliedern. Hieraus ergibt sich eine hohe Dunkelziffer von nicht erkannten oder benannten Behinderungen in den amtlichen Statistiken.
- Die Angaben in den *Schulstatistiken* erscheinen als die z. Z. zuverlässigsten. Einschränkend muss allerdings hinzugefügt werden, dass hierbei nur die *sonderbeschulten* Kinder, nicht aber die Zahl der *behinderten* Kinder erfasst wird (siehe hierzu auch 5.1.3).
- Die Angaben in den so genannten *Expertenschätzungen* liegen deutlich über den Ergebnissen der amtlichen Statistiken. Hierbei ist festzustellen, dass ihre Angaben der Wirklichkeit noch am ehesten entsprechen – selbst wenn sie sich hierbei als *Definierer von sozialen Problemen* bezeichnen lassen (vgl. 5.1.3).

Zusammenfassend lässt sich zur statistischen Zahl der Menschen mit Behinderungen und Beeinträchtigungen somit festhalten, dass diese nur mit äußerster Vorsicht und Zurückhaltung zu bewerten ist. Mit Cloerkes (1997, S. 28) kann jedoch davon ausgegangen werden, dass die Zahl aller Menschen mit Behinderungen in Deutschland bei ca. acht Millionen liegen dürfte. Dieses entspricht etwa 10 % der Gesamtbevölkerung (die psychisch behinderten Menschen sind hierbei nicht einbezogen, auch ihr Anteil wird auf ca. 10 % geschätzt).

Aufgaben

1. *Diskutieren Sie die Frage, womit sich die unterschiedlichen Sichtweisen und Ergebnisse von Bevölkerungsstatistik, Schulstatistik und Expertenschätzungen begründen lassen.*
2. *Führen Sie im Rollenspiel eine Podiumsdiskussion durch, in welcher Vertreter dieser drei Gruppen ihre Meinung (und statistischen Ergebnisse) als die einzig richtigen definieren.*
3. *Welche Relevanz haben die unterschiedlichen Ergebnisse der drei Gruppen für die Lebenswirklichkeit der Menschen mit Behinderung und für die Tätigkeiten in der Heilerziehungspflege? – Begründen Sie Ihre Aussagen.*

5.1.2 Praktische Umsetzung

Da Menschen mit Behinderungen in der Gesellschaft in einer recht hohen Population von immerhin ca. acht Millionen Personen vorkommen, kann eigentlich nicht von einem kleinen soziologischen Phänomen gesprochen werden. Dennoch scheint es sich bei dieser Fragestellung um den Umgang mit einer Minderheit, soziologisch gesprochen um eine *Minorität,* zu handeln (vgl. Cloerkes, 1997, S. 28 ff.).

Der Begriff der *Minorität* zeichnet sich durch folgende Merkmale aus:

- Er beschreibt Teilgruppen innerhalb einer Gesellschaft, welche sich durch bestimmte Kennzeichen und Merkmale (z. B. sprachliche, konfessionelle, politische, kulturelle) von eben dieser Gesellschaft unterscheiden.
- Diese Unterscheidungsmerkmale werden von der Mehrheit der Gesellschaft als – im Unterschied zu den eigenen Merkmalen – minderwertig angesehen.
- Die Angehörigen einer Minorität werden konsequent anders und ungerechter behandelt als die Mehrzahl der Gesellschaft.
- Die Angehörigen einer Minorität erleben sich selber als Objekt gesellschaftlicher Herabsetzung und Erniedrigung.
- Hierbei muss immer eine dominante Gruppierung vorhanden sein, welche einen höheren sozialen *Status* und ein größeres *Prestige* aufweist als die Minorität.

Diese Zusammenhänge lassen sich folgendermaßen darstellen:

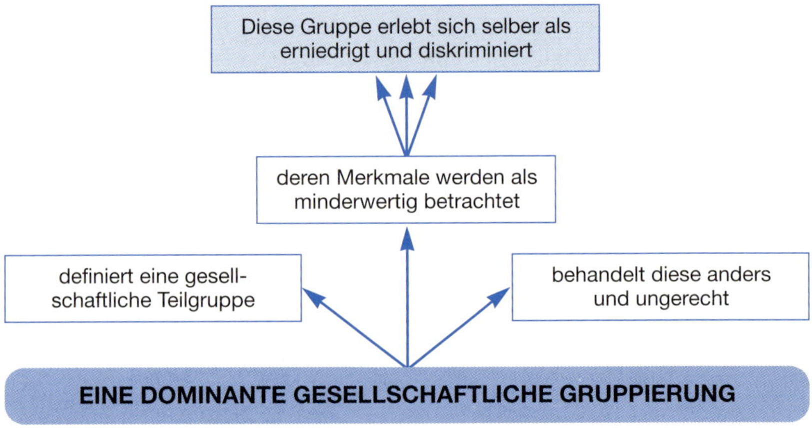

Die Merkmale, nach welchen Minoritäten definiert werden, treffen in hohem Maße auch auf Menschen mit Behinderungen zu (vgl. Cloerkes, 1997, S. 29 f.):

- Sie sind häufig von vielen sozial hoch bewerteten Aktivitäten und gesellschaftlichen Geschehnissen ausgeschlossen, was sich z. B. im beruflichen und im Freizeitbereich feststellen lässt.

- Menschen mit Behinderungen leben in einer problematischen und konfliktbelasteten Randzone, da *der Lebensraum zwischen Behinderten und Nichtbehinderten fast nie einer vollständigen Trennung unterliegt kommt es häufig zu ...* [Überlappungssituationen], *die durch gegensätzliche Rollenerwartungen an den Behinderten gekennzeichnet sind. Auf der einen Seite erwartet man, daß er sich wie ein Behinderter verhält, auf der anderen Seite will er ‚normal' sein und ... – zumindest offiziell wird dies auch von der Majorität unterstützt.* (Cloerkes, 1997, S. 29).
- Aufgrund dieser Nichtzugehörigkeit zu einer bestimmten Gruppe wird der Mensch mit Behinderung oft mit ihm unbekannten Situationen konfrontiert und muss mit diesen fertig werden, was seine Minderwertigkeitsgefühle und Unsicherheiten häufig noch verstärkt.
- Menschen mit Behinderungen finden sich somit in der Gesellschaft häufig an besonderen Orten und Einrichtungen wieder, welche ausschließlich für sie konzipiert worden sind. Dies fördert eine Isolation von der Gesellschaft.
- Längerfristig führt dies zur wechselseitigen Vermeidung von Kontakten zwischen Menschen mit und Menschen ohne Behinderung, wobei die Letzteren die Ersteren mehr und mehr als minderwertig betrachten.
- Diese Entwicklung hat eine Einordnung, Be- und Abwertung der Menschen mit Behinderung aufgrund eines Gruppenkriteriums (wie der *Geistigen Behinderung*, der *Blindheit* etc.) zur Folge – und nicht eine Betrachtung aufgrund persönlicher und subjektiv-individueller Kenzeichen. Aus dem achtjährigen Peter mit Lernproblemen ist so der lernbehinderte Sonderschüler geworden.

Zusammengefasst kann also festgestellt werden, dass es trotz – oder gerade wegen – der recht hohen Anzahl von Menschen mit Behinderungen eine gesellschaftliche Tendenz gibt, diese als Minoritäten zu kennzeichnen: Sie werden isoliert, ihnen wird in vielfältigen Lebenszusammenhängen eine Minderwertigkeit zugeschrieben und ein gruppenspezifisches Merkmal wird dazu benutzt die gesamte Person zu kategorisieren.

Aufgaben

1. *Suchen Sie Beispiele zu diesen Merkmalen.*
2. *Stellt auch die Berufsgruppe der Heilerziehungspfleger eine Minorität dar? – Diskutieren Sie das Für und Wider einer solchen Definition.*
3. *Welche heilerziehungspflegerischen Ansätze kennen Sie, um dem Phänomen der Minorität zu begegnen?*
4. *Sammeln Sie Argumente, warum die Menschen mit Behinderungen nicht zu einer Minorität gehören.*

5.1.3 Materialien und Anregungen

Materialien

	Expertenschätzungen			Ist-Werte (Schüler in Sonderschulen)		
	BR 1973		**KMK 1972**	**BRD 1992**	**BW 1992**	**BW 1994**
Behinderungsart	behindert	von Behinderung bedroht				
Lernbehinderte	2,50 %	3,0–4,0 %	4,00 %	2,395 %	2,324 %	2,58 %
Lernschwierigkeiten		10,0 %				
Geistigbehinderte	0,60 %		0,60 %	0,572 %	0,616 %	0,65 %
Sprachbehinderte	0,70 %	2,5 %	0,50* %	0,339 %	0,474 %	0,48 %
Hörgeschädigte**	0,35 %		0,23 %	0,117 %	0,099 %	0,13 %
Sehgeschädigte**	0,31 %		0,12 %	0,046 %	0,060 %	0,063 %
Verhaltensgestörte	1,00 %		1,00 %	0,228 %	0,401 %	0,42 %
Körperbehinderte	0,30 %		0,20 %	0,224 %	0,345 %	0,38 %
Langfristig Kranke	0,20 %			0,093 %	0,127 %	0,13 %
Sonstige Behinderte				0,170 %		
Insgesamt	**5,96 %**		**6,65 %**	**4,183 %**	**4,474 %**	**4,83 %**

Zahl der behinderten Kinder im schulpflichtigen Alter (6-15 Jahre) nach Behinderungsart (Prozentwerte). Vergleich von Expertenschätzungen und Ist-Werten für Bundesrepublik und Baden-Württemberg.

Cloerkes, 1997, S. 26

Aufgaben

1. *Wodurch erklären Sie sich den Unterschied zwischen den Expertenschätzungen und den Ist-Werten?*
2. *Stellen Sie in einer kleinen eigenen Untersuchung an Ihnen bekannten Einrichtungen (Schulen, Wohneinrichtungen) die Zahl der dort lebenden Menschen mit Behinderung fest und vergleichen Sie diese mit den Werten der Tabelle. Zu welchen Ergebnissen kommen Sie? Wie lassen sich Unterschiede und/oder Gemeinsamkeiten erklären?*

Land	Prozent	Methode/Population/Jahr
Botswana	12 %	Nur körperlich Behinderte. Schätzzahlen. 1977.
Burma	12,9 %	Körperlich und geistig Behinderte. Schätzzahlen. 1978.
DDR	9 %	Schwerbeschädigte. 1980.
Finnland	21 %	Körperlich und geistig Behinderte. Chronisch Kranke. 1978.
Großbritannien	7,8 %	Behinderte über 16 Jahren in privaten Haushalten. 1971.
Österreich	21,4 %	Körper- und Sinnesbehinderungen. Befragung. 1976.
Polen	15 %	Behinderte. Schätzzahlen. 1969/1978.
Schweiz	14,5 %	Schätzung von Pro Infirmis. 1981.
CSSR	7 %	Körperlich und geistig Behinderte. 1978.
USA	10–17 %	„Chronische Beeinträchtigung grundlegender Aktivitäten". 1979.

Zahl der Behinderten in einigen anderen Gesellschaften.

(Cloerkes, 1997, S. 27)

Aufgaben

1. *Stellen Sie Vermutungen darüber an, warum es in den anderen Ländern zu solch unterschiedlichen Zahlen und Bewertungen von Behinderungen kommt.*
2. *Versuchten Sie (eventuell mit Hilfe des Internet und anderen Datenquellen) Statistiken aus weiteren Ländern zu bekommen. Vergleichen Sie diese miteinander.*

5.2 Herkunft und soziale Lage von Menschen mit Behinderungen

Mit meinen nunmehr 38 Jahren bin ich fast so alt wie der Bundesverband [für Körper- und Mehrfachbehinderte e.V.] ... Wie die meisten behinderten Menschen wuchs auch ich in einem behüteten Elternhaus auf und musste den herausfordernden Weg der Selbstständigkeit gehen. Es galt hier vor allem meine sehr ausgeprägte Passivität zu überwinden. Nicht jedem ist ein selbstständiges Leben in nahezu allen Lebensbereichen möglich. Deshalb sehe ich mich hier umso mehr in die Verantwortung genommen, um auch für Menschen Stellung zu beziehen, die sich selbst nicht genügend äußern können.

(Claudia Kromer, Sozialpädagogin, in: Das Band, 4/1999, S. 26)

Fragen

1. *Was meint die Autorin, wenn sie von dem herausfordernden Weg der Selbstständigkeit spricht?*
2. *Warum ist nicht allen Menschen ein selbstständiges Leben möglich? Sammeln Sie Argumente zu dieser These.*
3. *Suchen Sie aus Ihnen bekannten Veröffentlichungen weitere Selbstdarstellungen von Menschen mit Behinderungen. Stellen Sie diese im Plenum vor und vergleichen Sie sie miteinander.*

5.2.1 Theoretische Zusammenhänge

Die Verteilung von Behinderungen in der Gesellschaft weist auf eine deutliche Ungleichheit hin: *Das Risiko, behindert zu werden, steigt mit sinkender Sozialschichtzugehörigkeit oder ‚Armut', und zwar prinzipiell für alle Behinderungsarten.* (Cloerkes, 1997, S. 66)

Was bedeuten aber *soziale Schichtung* und *soziale Herkunft* konkret?
Die Lebensbedingungen in einer Gesellschaft sind für alle in ihr lebenden Menschen ungleich verteilt. Die Verteilungsstrukturen werden durch abgestufte Übergänge (zwischen arm und reich, verachtet und angesehen, ausgeschlossen und einbezogen etc.) deutlich. Dieses *Ungleichheitsgefüge basiert vor allem auf der Berufsstellung mitsamt Bildung, Einkommen und Prestige, also dem ‚Status' eines Menschen. ‚Schichten' sind [somit] mehr oder weniger deutlich voneinander unterschiedene Statusgruppen.* (Cloerkes, 1997, S. 66). Klare Grenzlinien dieser Schichten scheint es nicht mehr zu geben, ja der Begriff der *Schicht* ist in der Soziologie selbst umstritten, ohne dass es bislang zu einer Aufgabe dieser Begrifflichkeit gekommen wäre. Das Leben und Verbleiben in einer unteren sozialen Gruppierung, so kann vorsichtig formuliert werden, führt somit eher zur Ausprägung von Behinderungen als das Dasein in höher bewerteten Lebenskulturen.

Dieses gilt auch und erst recht, wenn man die soziale *Herkunft* der Menschen mit Behinderung betrachtet. Hier liegen vor allem Forschungsergebnisse zur Lernbehinderung vor, auch wenn die Form der Behinderung nicht als feste Größe beschrieben werden kann (vgl. Kapitel 11 sowie Cloerkes, 1997, S. 68):

- Ca. 90 % der Kinder und Jugendlichen in Sonderschulen entstammen unteren sozialen Schichten.
- Die Herkunftsfamilien dieser Kinder und Jugendlichen sind von einer hohen Kinderzahl und schlechten, räumlich beengten Wohnverhältnissen geprägt.
- Diese Wohnungen befinden sich zudem oft in den ärmlichen Bereichen der Städte und Gemeinden.
- Die Erziehung in diesen Familien ist gekennzeichnet durch eine Reglementierung der Verhaltensweisen ohne eine explizite Begründung für die betroffenen Kinder und einer mangelnden Zukunftsorientierung (im Sinne einer sofortigen Bedürfnisbefriedigung).

Aber auch in Bezug auf andere Behinderungen kann eine Verknüpfung zwischen diesen und der sozialen Herkunft angenommen werden. Cloerkes hierzu (1997, S. 68): *In den unteren Sozialschichten gibt es eine höhere Säuglingssterblichkeit und eine größere Anfälligkeit für Erkrankungen aller Art. Früherkennung und Vorsorge während der Schwangerschaft, im Umfeld der Geburt und im Säuglingsalter sind unzureichend, die Risiken aufgrund nicht optimaler ärztlicher Versorgung steigen. Vieles spricht dafür, daß die Qualität des ärztlichen Handelns schichtspezifische Unterschiede aufweist ... Unser liberales System benachteiligt offensichtlich Bevölkerungsteile, die es nicht gelernt haben, sich kompetent durchzusetzen.*

Aufgaben

1. *Diskutieren Sie in Kleingruppen/im Plenum über Ihre soziale Herkunft und Ihr Erleben derselben. Stellen Sie Unterschiede oder Gemeinsamkeiten zu den Aussagen von Cloerkes fest? Wodurch lassen sich diese begründen?*
2. *Führen Sie eine kleine Untersuchung im Umfeld Ihrer Ausbildungseinrichtung/Schule durch und erheben Sie den Anteil von Menschen mit unterschiedlichen Behinderungen. Setzen Sie diesen in Verbindung zur jeweiligen Herkunft dieser Menschen. Stellen Sie Ihre Ergebnisse im Rahmen einer kleinen Ausstellung der Öffentlichkeit vor. Welche Reaktionen bekommen Sie hierauf? Werten Sie auch diese (in Diskussionen, Gruppengesprächen, Interviews o. ä.) aus.*
3. *Erörtern Sie die Probleme, die ein schichtbezogenes Erklärungsmodell hinsichtlich der Entstehung von Behinderungen in sich birgt.*
4. *Welche alternativen Modelle zur Entstehung von Behinderung kennen Sie? Stellen Sie das Für und Wider unterschiedlicher Modelle einander gegenüber.*

5.2.2 Praktische Umsetzung

An dieser Stelle soll auf die Verbindung von Armut und Behinderung hingewiesen werden, denn *behindert wird vor allem der, der arm ist, und wer behindert ist, wird arm. Behinderung und Armut sind eng miteinander verflochten.* (Jantzen, 1974, S. 127). Hieraus ergeben sich einige heilerziehungspflegerische Konsequenzen:
Der heilerziehungspflegerisch Tätige arbeitet mit Menschen, welche (nach Jantzen, 1974, S. 100 ff.) über eine geringere Arbeitskraft und somit über eine geringere Möglichkeit verfügen ihre *Stellung im Sozialen Raum* positiv zu verändern. Diese *Veränderung der individuellen Position innerhalb der Sozialstruktur, die als ... Abwärtsmobilität gekennzeichnet werden kann* (Jantzen, 1974, S. 103) führt dazu, dass auch die heilerziehungspflegerischen Tätigkeiten nicht in dem Maße finanziell unterstützt werden, wie sie es eigentlich – im Sinne aller Betroffenen – sein müssten. Mehr noch: Die Gesellschaft schein, nach Jantzen, kein wirkliches Interesse daran zu haben, diesen Status zu verbessern, da dies aus ökonomischen Gründen nicht sinnvoll sei.

Vor allem bei Kindern ist die drohende oder eingetretene Armut der Eltern ein Problem. Wie Weiß (1996, S. 155 ff.) feststellt, kommt es bei diesen Kindern zu eingeschränkten sozialen Kontakten sowie zu psychischen und psychosomatischen Auffälligkeiten wie motorischer Unruhe, Schlafstörungen und schulischen Lernschwierigkeiten. Der Weg in eine Lernbehinderung scheint vorgezeichnet, mit all den Problemen, die schon aufgezeigt worden sind.

Ein weiterer Aussagekomplex bezieht sich auf die biologischen Risiken, die mit der *Armutsproblematik* einhergehen und diese noch verschärfen:
Biologische Risiken stellen eine vermittelnde Variable zwischen Armut bzw. sozialer Benachteiligung und kindlichen Entwicklungsgefährdungen dar. Einerseits ist die Auftretenshäufigkeit solcher Risiken (z. B. niedriges Geburtsgewicht, prä-, peri- und neonatale Komplikationen, Fehlernährung, belasteter gesundheitlicher Status) bei Kindern, die unter deprivierten sozioökonomischen Bedingungen aufwachsen, erhöht ... Andererseits wirken sich biologische Risikofaktoren, z. B. ein unzureichender vorgeburtlicher Ernährungsstatus ..., besonders auf die kognitive Entwicklung beeinträchtigend aus. Soziale und biologische Risiken, häufig im selben armutsbedingten Kontext angesiedelt, können sich gegenseitig verstärken. (Weiß, 1996, S. 156)

Mögliche Konsequenzen, die sich hierbei für die Heilerziehungspfleger ergeben, sind folgende (vgl. Weiß, 1996, S. 158 ff.):

- die Fortführung einer Frühförderung gerade für die Kinder in Armutssituationen,
- die Bereitstellung von mehr pädagogischen Einrichtungen im Kleinkind- und Kindergartenalter,
- ganztägige Betreuung für Kinder,
- erweiterte und auf das Klientel bezogene Angebote der Jugendberufshilfe,
- Beratung der Eltern, um nicht angebrachte Erziehungspraktiken zu vermeiden,
- hierdurch: Stützung der positiven Kräfte in der Familie.

Grafisch können diese Konsequenzen zusammenhängend wie folgt dargestellt werden:

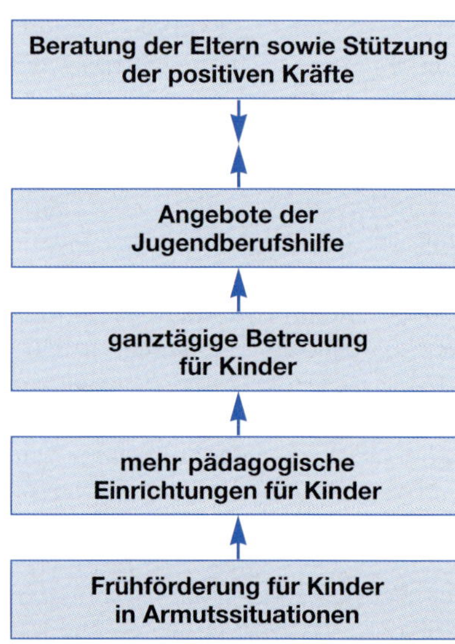

Aufgaben

1. *Leiten Sie aus den Aussagen von W. Jantzen Thesen für die Professionalisierung in der Heilerziehungspflege ab.*
2. *Diskutieren Sie die Annahmen von W. Jantzen. In welchen Punkten können Sie ihnen zustimmen. In welchen sind sie kritisch zu beurteilen?*
3. *Stellen Sie die Vernetzungen von biologischen Risiken und sozialer Benachteiligung an Beispielen dar.*
4. *Überprüfen Sie die Vorschläge von Weiß (siehe auch die Grafik hierzu) anhand der Einrichtungen in Ihrer Gemeinde. Stellen Sie Ihre Ergebnisse im Klassenverband vor.*
5. *Wie müsste ein Beratungsmodell konzipiert sein, welches auf die Situation von Menschen mit Behinderung in sozial benachteiligten Lebensräumen reagiert?*

5.2.3 Materialien und Anregungen

Materialien

Als *soziale Benachteiligung* bezeichnen wir in der Pädagogik Lebensumstände, die den Werdeprozess, die Entwicklung und Bildung junger Menschen im Vergleich zur Mehrzahl der Altersgenossen beeinträchtigen. Unter den *einheimischen Begriffen* der Pädagogik findet sich *soziale Benachteiligung* nicht, obwohl Pädagogen immer wieder versucht haben, Notstände zu beheben, in denen kindliche Entwicklung durch Armut, Vernachlässigung, Deprivation und Isolation beeinträchtigt wurde. In Lexika und Handbüchern der Pädagogik hat der Begriff *soziale Benachteiligung* bis heute kaum Eingang gefunden. Selbst in der *Enzyklopädie Erziehungswissenschaft* ist dem Begriff *schichtspezifische Benachteiligung* nur eine Spalte gewidmet ...

Klein, G., Soziale Benachteiligung: Zur Aktualität eines verdrängten Begriffs, in: Opp, G./Peterander, F., 1996, S. 140

Aufgaben

1. *Erarbeiten Sie mögliche Begründungen, warum die Pädagogik relativ spät auf das Phänomen der sozialen Benachteiligung reagiert hat.*
2. *Diskutieren Sie Handlungsmöglichkeiten, die sich aus einer Umsetzung des Begriffs für den Bereich der Arbeit mit schwerbehinderten Menschen und ihren Familien ergeben.*

Behinderung kann nicht als naturwüchsig entstandenes Phänomen betrachtet werden. Sie wird sichtbar und damit als Behinderung erst existent, wenn Merkmale und Merkmalskomplexe eines Individuums aufgrund sozialer Interaktion und Kommunikation in Bezug gesetzt werden zu jeweiligen gesellschaftlichen Minimalvorstellungen über individuelle und soziale Fähigkeiten. Indem festgestellt wird, dass ein Individuum aufgrund seiner Merkmalsausprägung diesen Vorstellungen nicht entspricht, wird Behinderung offensichtlich, sie existiert als sozialer Gegenstand erst von diesem Augenblick an.

(Jantzen, 1974, S. 21 ff.)

Aufgaben

1. *Diskutieren Sie die Aussage von W. Jantzen, dass Behinderung erst im Moment der Wahrnehmung der Abweichung von der gesellschaftlichen Normalität entsteht.*
2. *Was meint Jantzen, wenn er von Behinderung als sozialem Gegenstand spricht? Suchen Sie Beispiele für diese Aussage.*

5.3 Soziale Reaktionen auf Menschen mit Behinderungen

Frau B.: Die Pe. dauernd verstecken, das hab' ich nämlich auch eine Zeitlang gemacht. Wenn zum Beispiel der Tierarzt kam, dann wollte ich nicht, dass der unbedingt sieht, dass ... ja, es ist halt so, gut. Dann hab' ich gedacht: So, jetzt ist Schluss, jetzt geh' ich mal so richtig los. Ich hab' dann Pe. überallhin mitgenommen: In die Stadt, und ich bin schweißüberströmt, total fertig wiedergekommen mit ihr. Weil sie jemand in die Einkaufstasche gelangt hat oder sie hat jemandem den Rock hochgehoben oder ... ach du liebe Zeit, ach du lieber Gott, mir war das so peinlich, und dem Kind sah man das gar nicht an, dass es behindert ist, und die haben nur gedacht: Das ist ein freches Gör. Ich wusste nicht, wohin ich mich zuerst entschuldigen sollte.

(Klauss, 1999, S. 35)

Aufgaben

1. *Stellen Sie Hypothesen zum Wandel der Handlungen und der hiermit verbundenen Gefühle von Frau B. auf.*
2. *Warum meint sie sich entschuldigen zu müssen? Wofür entschuldigt sie sich vielleicht tatsächlich?*
3. *Spielen Sie in einem Rollenspiel die Situation von Frau B. und ihrer Tochter nach. Was empfinden Sie hierbei? Spielen Sie die Situation häufiger und tauschen sie hierbei die Rollen.*

5.3.1 Theoretische Zusammenhänge

In diesem Kapitel werden folgende soziologische Begriffe erläutert und mit Inhalten der Heilerziehungspflege verknüpft: *soziale Reaktion, Einstellung, Vorurteil.*

Menschen mit Behinderungen weichen aus Sicht der Gesellschaft(en), in der sie leben, häufig von den als normal geltenden Erwartungen ab. Eine Begründung hierfür liegt in der intensiven Orientierung der Gesellschaft am gesunden, schönen und vollhandlungsfähigen Menschen. Die – in unterschiedlichen Gesellschaften unterschiedlichen – Wertvorstellungen bestimmen somit die Einstellungen und Verhaltensweisen der Gesellschaftsmitglieder gegenüber Menschen mit Behinderungen.

Wie vollzieht sich dieser Prozess nun aber genau? Hierzu sollen erst die drei o. g. Begriffe definiert werden (vgl. Cloerkes, 1997, S. 75 ff.):

1. Eine *Soziale Reaktion* lässt sich als die zumeist informelle Reaktion eines Menschen im Rahmen der zwischenmenschlichen Interaktionen beschreiben. Sie umfasst hierbei alle Einstellungen und Verhaltensweisen eines Menschen in eben diesem situativen Kontext. Eine solche Reaktion erfolgt vor allem auf sichtbare und schon bekannte Abweichungen. Der Mensch, der sich in diesem Sinne verhält, weiß um die Abweichung des anderen – oder er glaubt oder vermutet dieses zumindest.

2. Eine *Einstellung* geht zurück auf eine dahinterliegende Bewertung einer Situation oder eines situativen Gesamtzusammenhangs. Sie bezieht sich immer auf konkrete soziale Vollzüge und bildet zu diesen ein stabiles System von positiven und/oder negativen Bewertungen, Gefühlen, Handlungen oder Tendenzen aus.

   Eine Einstellung besitzt drei Komponenten:

   - die *Wissenskomponente*: Sie beruht auf der spezifischen, von Vorstellungen, Überzeugungen und Urteilen geleiteten Wahrnehmung eines sozialen Objektes oder Prozesses.
   - die *Gefühlskomponente*: Diese beschreibt die emotionalen Bewertungen eines Menschen in Bezug auf ein soziales Objekt. Gerade sie erscheint wichtig, wenn Menschen sich gegenüber Menschen mit Behinderungen verhalten.
   - die *Handlungskomponente*: Diese skizziert die Tendenzen in Bezug auf dieses soziale Objekt oder diese Situation in einer ganz bestimmten Weise tätig zu werden.

Alle drei Teilelemente verweisen hierbei aufeinander. Erst durch ihr Zusammenwirken entsteht das, was als *Einstellung* bezeichnet werden kann:

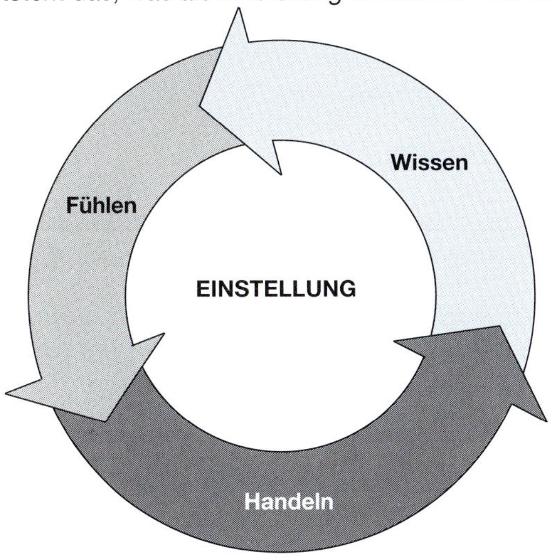

3. Ein *Vorurteil* lässt sich als extrem unbewegliche und äußerst negativ gefärbte Einstellung definieren. Sie scheint sich einer Beeinflussung und Veränderung weitestgehend zu widersetzen (vgl. Cloerkes, 1997, S. 77).

In Bezug auf diese drei Grundformen lässt sich eine Zunahme der Starrheit und Unveränderbarkeit feststellen. Zudem scheint der – z. T. sicherlich unbewusste – Wertkontext im Verlauf der Vorurteilsbildung zuzunehmen:

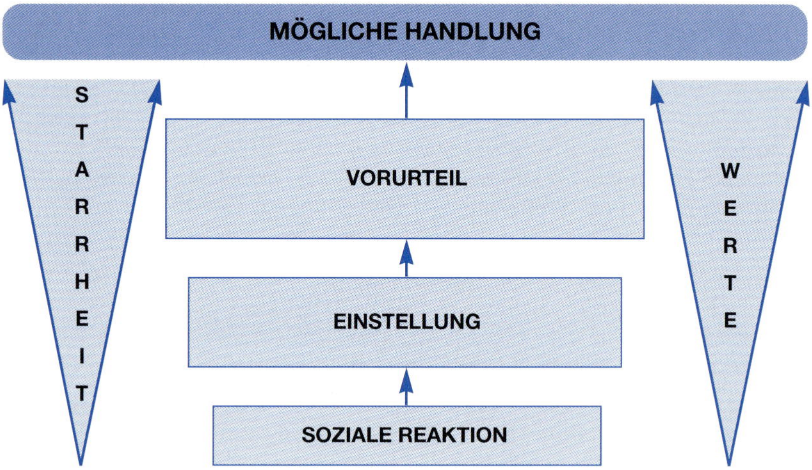

Aufgaben

1. *Suchen Sie Beispiele für die Sozialen Reaktionen, Einstellungen und Vorurteile in Bezug auf Menschen mit Behinderungen.*
2. *Stellen Sie den grafisch dargestellten Ablauf ebenfalls an Beispielen dar. Welche Werte könnten in Bezug auf die Vorurteilsbildung hinsichtlich Menschen mit Behinderung eine besondere Rolle spielen.*
3. *Welche Vorurteile haben Sie selber schon in Ihrer Lebensgeschichte erfahren? Wie haben sie jeweils darauf reagiert? Tauschen Sie sich über Ihre Erfahrungen aus und leiten Sie mögliche Konsequenzen für heilerziehungspflegerisches Tätigsein hiervon ab.*

Welche Einstellungen und Reaktionen können gegenüber Menschen mit Behinderung festgestellt werden?

Grundlegend lässt sich festhalten, dass es *außer der Art der Behinderung* keine eindeutigen Bestimmungsgründe für die Einstellung zu Menschen mit Behinderung gibt (vgl. Cloerkes, 1997, S. 78). Diese jedoch scheint sehr ausschlaggebend hinsichtlich der Vorurteilsbildung zu sein. Sie bezieht sich vor allem auf die Sichtbarkeit einer Behinderung sowie auf gesellschaftlich hoch bewertete Funktionen und Leistungen, wie Intelligenz, Kommunikationsfähigkeit und Mobilität. *Sozio-ökonomische* und *Persönlichkeitsmerkmale* der urteilenden Personen scheinen eine wesentlich geringere Rolle zu spielen. Eine

Ausnahme bilden hierbei nur das Geschlecht (Frauen akzeptieren Menschen mit Behinderungen eher als Männer) und das Alter (ältere Menschen sind z. T. negativer eingestellt als jüngere). Auffällig ist, dass ein hoher Bildungsgrad, verbunden mit einem ausgeprägten sozio-ökonomischen Status und intensivem Wissen über Behinderungen nicht zu einer positiveren Bewertung dieser Menschen führt, auch wenn eine Zunahme dieses Wissens beobachtet werden kann:

Die positive Veränderung des Wissens zeigt, dass Veränderungen des kognitiven Einstellungsaspektes am leichtesten zu erreichen sind, dies muss sich aber nicht in einer entsprechenden Handlungsbereitschaft niederschlagen. (Klauss, 1999, S. 44)

Auch der *Kontakt mit betroffenen Menschen* führt nicht zwangsläufig zu einer Verbesserung der Einstellungen und Handlungen – auch wenn er nicht zu verkennende positive Aspekte und Ansätze in sich birgt.

In Bezug auf die *typischen Reaktionsformen auf Menschen mit Behinderungen* lassen sich folgende skizzieren (vgl. Cloerkes, 1997, S. 76):

- intensives Beobachten und Anstarren,
- Ansprechen,
- Witze, Spott und Hänseleien,
- aggressive Verhaltensweisen, bis hin zu Vernichtungstendenzen,
- scheinbar positive, im Letzten aber abgrenzende Handlungen, wie Mitleidsbekundungen, aufgedrängte und unpersönliche Hilfe und Scheinakzeptanz.

Hierbei ist vor allem die weiter oben schon angedeutete *Art der Behinderung* relevant. Mit ihr sind *verhaltensrelevante Aspekte* vernetzt, die die Einstellungen und Reaktionsformen der nicht behinderten Handlungspartner intensiv bedingen:

- die *Auffälligkeit einer Behinderung*, die sich über die Stufen der direkt sichtbaren Behinderung (z. B. Trisomie 21), über die in der Interaktion eher überraschend auftauchenden (z. B. bei einer Sinnesbehinderung) bis hin zu einer Registrierung der Behinderung im längeren kommunikativen Kontakt (z. B. bei einer psychischen Behinderung) erstrecken kann;
- die *ästhetische Beeinträchtigung*, die beim Interaktionspartner negative Gefühle auszulösen in der Lage ist (z. B. Spastik, Hydrocephalus);
- die *Einschränkung kommunikativer Fähigkeiten* (wie z. B. bei Hör-, Seh- und Sprachbehinderungen);
- die *zugeschriebene Verantwortlichkeit und Schuld* für die Behinderung, die bis hin zu intensiver Ablehnung und eventuell sogar Bestrafung des Menschen mit Behinderung reicht. Dieser Aspekt wird in den nächsten Jahren, aufgrund der Bestrebungen mittels genetisch verankerter Praktiken (wie der Präimplantationsdiagnostik) den optimalen Menschen zu schaffen, sehr wahrscheinlich mehr und mehr an Bedeutung gewinnen.

Aufgaben

1. *Stellen Sie die unterschiedlichen Reaktionsformen in Rollenspielen dar. Tauschen Sie hierbei mehrfach die Rollen und reflektieren Sie Ihre Erfahrungen.*
2. *Die vier verhaltensrelevanten Aspekte kommen auch in der Darstellung der Menschen mit Behinderung in den Medien vor. Suchen Sie hierfür Beispiele und stellen Sie Verbindungen zu den Aussagen der Autoren über Menschen mit Behinderungen her.*
3. *Erinnern Sie sich an Ihre (ersten oder besonders bedeutsamen) Kontakte mit Menschen mit Behinderungen: Was und wie haben Sie hierbei empfunden? Tauschen Sie sich über Ihre Erlebnisse aus.*

Soziologisch lassen sich die Erwartungen an Menschen mit Behinderungen durch folgende Ansätze erklären (vgl. Cloerkes, 1997, S. 81 ff.):

- *die Irrelevanzregel*: Diese sagt aus, dass dem jeweiligen Handlungspartner eine nichtwertende Aufmerksamkeit entgegenzubringen ist, das was er ist oder zu sein scheint, ist irrelevant. Bei Menschen mit (schweren) Behinderungen ist das aber kaum möglich, so dass es zu einer nur scheinbaren Normalität der Kontakte und Beziehungen kommt, was in deren Verlauf zu häufig nicht geringen Interaktionsstörungen führt.
- *der Interrollenkonflikt*: Da Behinderung als eher niedriges Statusmerkmal wahrgenommen wird (s. o.), kann diese Zuordnung anderen Merkmalen eines Menschen widersprechen. Der Handlungspartner befindet sich im Widerspruch und löst diesen auf, indem er sämtliche Interaktionen dem Phänomen der Behinderung unterordnet.
- *widersprüchliche Normen,* die sich aus dem Gegensatz von originären affektiven Reaktionen und gesellschaftlich scheinbar erwünschten positiven Reaktionen ergeben. Diese führen zu der schon erwähnten Scheinakzeptanz und zu überformten Reaktionen gegenüber Menschen mit Behinderung.
- *Angst gegenüber Menschen mit Behinderungen,* da sie die eigene physische Unversehrtheit zu bedrohen scheinen und Krankheits- und Todesfantasien auslösen können; dies führt zu Abwehrmechanismen aber auch zu Schuldgefühlen, da die Gesellschaft offiziell eine Ablehnung behinderter Menschen negativ sanktioniert.

Diese Aussagen werden von Cloerkes (1997, S. 91) grafisch folgendermaßen zusammengefasst:

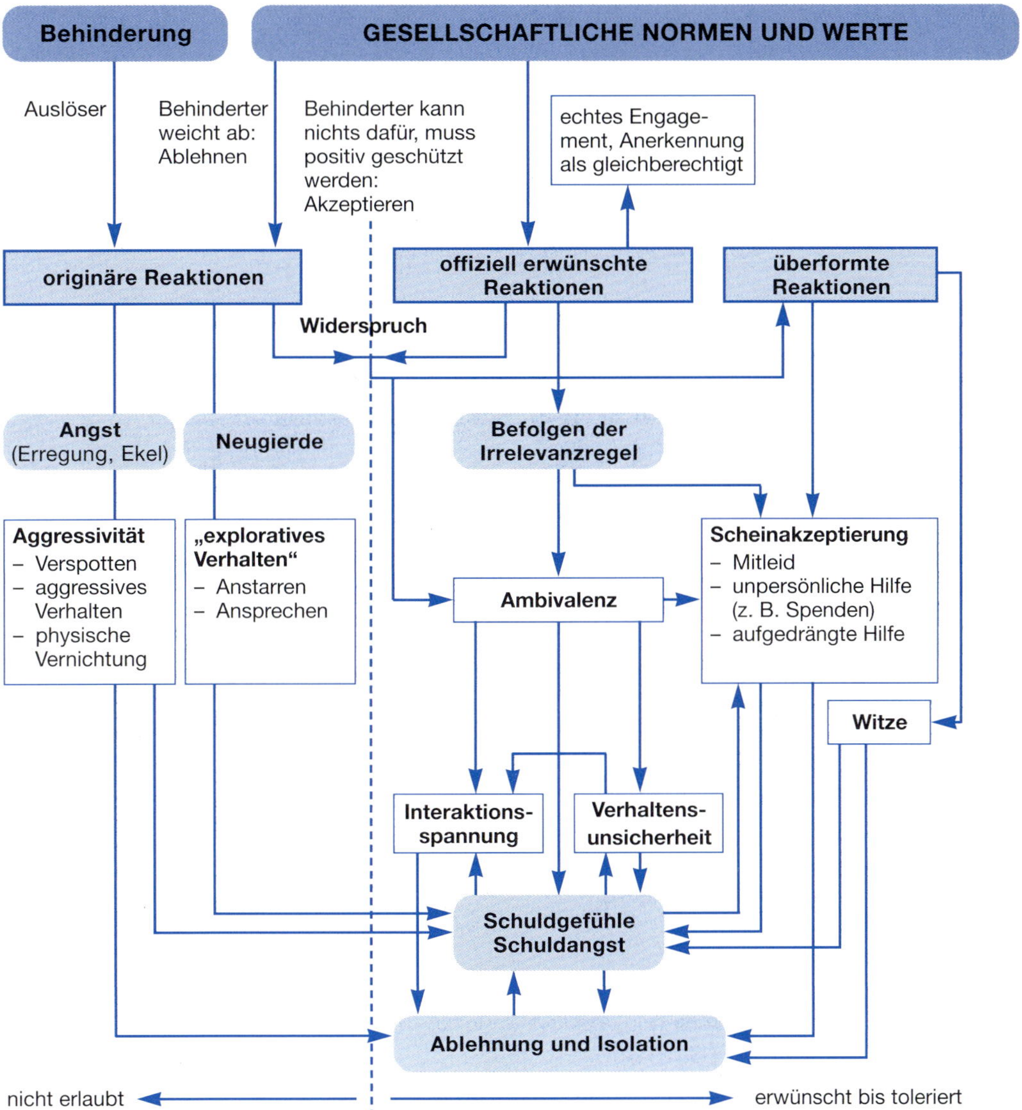

Formen der sozialen Reaktion auf Behinderte, ihre Folgen und Verflechtungen miteinander

Aufgaben

1. *Stellen Sie das Modell der Verflechtungen von Cloerkes an Beispielen dar.*
2. *An welchen Stellen in diesem Modell kann heilerziehungspflegerisches Handeln wie realisiert werden?*
3. *Was sagt dieses Modell unter Umständen über die (berufliche und private) Rolle der heilerziehungspflegerisch Tätigen aus?*

5.3.2 Praktische Umsetzung

In diesem Kapitel werden mögliche Veränderungsansätze zur sozialen Reaktion auf Menschen mit Behinderungen aufgezeigt (vgl. Cloerkes, 1997, S. 110 ff.). Aus ihnen ergeben sich heilerziehungspflegerische Handlungsmöglichkeiten und Aufgaben.

Zuerst werden allerdings noch die soziologischen Voraussetzungen für Veränderungsstrategien geklärt: Auf welchem Hintergrund können sie wirksam werden? Was haben sie hinsichtlich ihrer Umsetzung zu berücksichtigen?

Cloerkes stellt hierzu Folgendes fest (1997, S. 111):

1. *Angesichts einer sehr stabilen und starren Grundhaltung gegenüber behinderten Menschen ist der verfügbare Spielraum für Veränderungen relativ gering.*
2. *Die soziale Reaktion auf Behinderte ist weitgehend irrational und affektiv bestimmt, was eine hohe Änderungsresistenz zur Folge hat. Modifikationen werden daher kaum dadurch zu bewirken sein, daß primär die kognitive Ebene angesprochen wird.*
3. *ein ganz entscheidender Punkt scheint die kulturelle Bedingtheit der sozialen Reaktionen zu sein ...*
4. *Die Widersprüchlichkeit der gesellschaftlichen Normen in bezug auf behinderte führt zu schwerwiegenden Ambivalenzkonflikten, psychischen Abwehrstrategien und bloßer Scheinakzeptanz basierenden Reaktionsformen.*
5. *Die ungünstige soziale Reaktion beruht teilweise auf undifferenzierten Verallgemeinerungen hinsichtlich der ganzen Behindertengruppe ...*
6. *Einstellungen gegenüber behinderten Menschen werden bereits in der frühesten Kindheit gelernt.*

Aufgaben

1. *Welche Rolle nimmt der/die heilerziehungspflegerisch Tätige hinsichtlich dieser Faktoren in der Gesellschaft ein?*
2. *Diskutieren Sie die Chancen zur Veränderung dieser Faktoren.*
3. *Stellen Sie die Realität(en) dieser Faktoren in einem Rollenspiel dar. Zeigen Sie hierbei auch Modifikationspotenziale auf.*

Bei den soziologisch untersuchten und begründeten Veränderungsansätzen handelt es sich um:

- Informationen zu Menschen mit Behinderungen (so genannte mediale Informationsstrategien)
- Kontakt zu Menschen mit Behinderungen
- Simulation des Behindertseins (u. a. durch Rollenspiele)
- Veränderung des normativen Kontextes.

Informationen zu Menschen mit Behinderungen

Eine ausschließliche Veränderung des Bildes von Menschen mit Behinderungen über den Weg der massenmedialen Informationsweitergabe scheint nicht sehr wirkungsvoll zu sein. Das zeigen Untersuchungen, in denen die Wirkung von Vorträgen und Filmen sowie die Besichtigung von Einrichtungen der Behindertenhilfe auf Menschen ohne Behinderung erforscht wurde. Hierbei waren mehr als die Hälfte der Einstellungsänderungsversuche nicht erfolgreich. Zudem sind die Veränderungen gegenüber geistig oder psychisch behinderten Menschen noch schwieriger einzuleiten, als solche gegenüber Menschen mit körperlichen Behinderungen.

Dennoch gibt es auch positive Ansätze: Werden die medialen Informationen durch Kontakte zu Menschen mit Behinderungen unterstützt, kommt es hierbei zudem zu einer Betonung der nicht behinderungsspezifischen Qualitäten der betroffenen Menschen, stellen diese sich selber (und nicht etwa nicht behinderte Helfer) dar, nehmen die Veränderungen hinsichtlich der Einstellungen eher zu. *Informationsvermittlung über Behinderungen und Behinderte dürfte ... bestenfalls als ergänzende Maßnahme ihre Berechtigung haben.* (Cloerkes, 1997, S. 120)

Kontakt zu Menschen mit Behinderungen

Beim Kontakt zwischen Menschen mit und Menschen ohne Behinderung ist nicht die Häufigkeit der Kontakte, sondern deren Intensität wichtig. Zudem stellen sich dann positive Veränderungen in den Einstellungen der nicht behinderten Menschen ein, wenn die Treffen von Freiwilligkeit gekennzeichnet sind und mit positiven Gefühlen einhergehen. Kommt dann noch eine relative Gleichheit in der gesellschaftlichen Stellung der Beteiligten und das Verfolgen gemeinsamer Ziele und Aufgaben hinzu, so erhöht sich die Wahrscheinlichkeit einer gelungenen Einstellungsmodifikation noch mehr.

Zu bedenken ist hierbei, dass eine *ursprüngliche Einstellung* [dazu] *tendiert ..., sich bei Kontakt mit dem Einstellungsobjekt zum Extrem hin zu verstärken. Eine primär negative Einstellung kann durch Kontakt noch unterstrichen werden. Eine primär positive Einstellung wird hingegen durch Kontakterfahrungen weiter bestärkt* (Cloerkes, 1997, S. 122). Das gilt im Übrigen auch für professionelle Mitarbeiter in der Behindertenhilfe: Mehrere soziologische Untersuchungen haben festgestellt, dass der berufliche Kontakt mit Menschen mit Behinderungen keine Garantie für eine Verbesserung der Einstellungen darstellt (vgl. Cloerkes, 1997, S. 123 ff.)

Simulation des Behindertseins

Diese Möglichkeit lässt sich theoretisch mit dem Gedankengang begründen, dass eine positive Modifikation des Einfühlungsvermögens in andere Menschen sowie eine Übernahme der Rollen eines Anderen auch die Haltungen gegenüber diesem Menschen (oder dieser Menschengruppe) positiv verändern können. Hierbei ist aber die realistische Situation ausschlaggebend. Des weiteren sollte die Simulation als solche von außen deutlich erkennbar sein.

Zentral ist bei allen diesen Erfahrungen (Fahren im Rollstuhl, Unfähigkeit Arme oder Beine über einen gewissen Zeitraum zu bewegen, Verbinden der Augen, Verschließen der Ohren etc.), dass es nicht um die primäre Erfahrung einer spezifischen Behinderung geht. Vielmehr scheint das (Nach-)Erleben der unterschiedlichen, und z. T. widersprüchlichen Konsequenzen einer Behinderung in den sozialen Kontakten und Interaktionen zu einer positiven Einstellungsveränderung beizutragen.

● Veränderung des normativen Kontextes

Eine Modifikation der Haltunge(n) gegenüber Menschen mit Behinderungen ist nur möglich, wenn die vorhandenen Werte und Normen einer Gesellschaft hierbei berücksichtigt werden. Auch wenn diese einem permanenten Wandel unterliegen, können dennoch drei Ansätze hierzu genannt werden:

- Gesetzgebungsmaßnahmen: Hierbei ändert sich zwar der juristische Kontext, in dem Haltungen realisiert werden, die gefühlsbedingten Einstellungen selber jedoch scheinen sich durch Gesetzesänderungen allein nicht verbessern zu lassen.
- Sozialisationsinhalte und Sozialisationspraktiken: Da der Kontakt zwischen Menschen mit und Menschen ohne Behinderung häufig von Widersprüchen und Ambivalenzkonflikten gekennzeichnet ist (s. o.), sollte in den unterschiedlichen Sozialisationsinstanzen (Familie, Kindergarten, Schule, Ausbildung etc.) ein höherer Wert auf die Vermittlung von Kompetenzen zur Bewältigung widersprüchlicher Normen und Handlungen gelegt werden.
- Verschiebungen in der gesellschaftlichen Wertestruktur: Hierbei kann es langfristig gegebenenfalls zu einer Verbesserung des Bildes von Menschen mit Behinderungen kommen. Die Abkehr vom Leistungsprinzip in der Gesellschaft (immer schneller, intelligenter, wohlhabender etc.), die ehrliche und nicht diskriminierende Wahrnehmung von Behinderungen sowie die aktive Emanzipation und Integration von Menschen mit Behinderungen spielt hierbei eine entscheidende Rolle.

Ein Zusammenhang zwischen diesen Ansätzen lässt sich wie folgt darstellen:

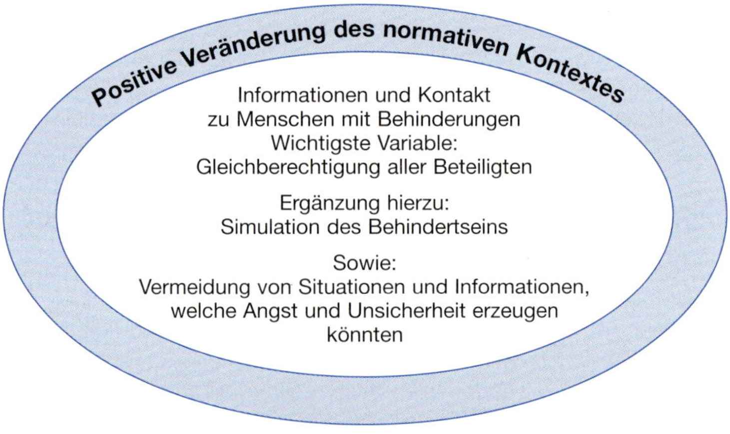

Aufgaben

1. *Suchen Sie zu den einzelnen Ansätzen konkrete Beispiele und stellen Sie diese vor.*
2. *Stellen Sie eine mögliche Kombination der vier Ansätze dar: wie kann diese in der heilerziehungspflegerischen Praxis realisiert werden?*
3. *Welche schon vorhandenen Konzepte sind Ihnen hierzu bekannt? Wie werden diese in den Einrichtungen der Heilerziehungspflege umgesetzt?*
4. *Wie wird in den Medien über Menschen mit unterschiedlichen Behinderungen berichtet? Stellen Sie Unterschiede zwischen den Medien (Fernsehen, Printmedien, Internet) und den unterschiedlichen Behinderungen fest? Wodurch lassen sich diese jeweils erklären?*

5.3.3 Materialien und Anregungen

Materialien

Am meisten scheint Eltern zu interessieren, wie Menschen in ihrer unmittelbaren Umgebung zu ihnen und ihrem Kind stehen.

Frau E.: Die G. gehört einfach dazu, und ich nehme sie auch mit. Wenn jemand sagt – in meiner Verwandtschaft ist das leider so – ah, die G. im Rollstuhl – da geh' ich nicht hin. Wer mit mir verkehren will, muß die G. akzeptieren. Aber bei meinen Bekannten und Freunden wäre das nie eine Frage, ob die G. mitkommt.

Etliche Eltern ziehen sich bei erlebter Ablehnung zurück, manchmal sind sie sich zwar unsicher, ob es sich um tatsächliche oder nur vermutete Vorbehalte handelte, doch auch der bloße Eindruck reicht aus, sie wollen sich dieser Erfahrung nicht weiter aussetzen. Die Zurückweisung ihres Kindes erleben sie offenbar auch als Abwertung ihrer eigenen Person.

Frau D.: Da sind gute Freunde zu Beispiel, die haben immer den S. akzeptiert. Und letztens hat der Mann was zu mir gesagt, was so unangenehm war, ganz negativ, obwohl ich gedacht hatte, der S. ist vollkommen akzeptiert. Die haben auch einen Sohn in dem Alter – und das war so etwas wie: ‚Ihr könnt ja über unsere Probleme gar nicht mitsprechen, Ihr habt ja Euren Dapp.' So irgend etwas. Das hat mir so weh getan. Glauben Sie, daß ich da nicht mehr hingehe?

(Klauss, 1999, S. 38)

Aufgaben

1. *Welche Konsequenzen leiten Sie hierfür für die Arbeit mit Eltern behinderter Kinder ab?*
2. *Unterscheidet sich diese Arbeit je nach der Einrichtung in der Sie tätig sind? Wenn ja: wodurch?*
3. *Führen Sie die Interviews in Rollenspielen weiter. Übernehmen Sie hierbei als weitere Rolle diejenige eine weiteren Elternteiles, eines heilerziehungspflegerisch Tätigen und/oder eines von Behinderung bislang kaum berührten Passanten. Welche Unterschiede stellen Sie in den einzelnen Gesprächsverläufen fest? Worin liegen diese gegebenenfalls begründet?*

Weitere Hinweise und biografische Texte, Interviews etc. finden Sie in dem Buch von Theo Klauss: Ein besonderes Leben; Heidelberg, 1999, in welchem er die grundlegenden Inhalte und Kontexte zum Leben von und mit Menschen mit (geistiger) Behinderung in Interviews und sehr gelungenen und präzisen theoretischen Äußerungen wiedergibt.

5.4 Behinderung als Stigma

Fragen

1. *Kennen Sie ähnliche oder vergleichbare Situationen?*
2. *Wodurch könnte die Situation entstanden sein? Welche gesellschaftlichen Prozesse spielen hierbei eventuell eine Rolle?*

5.4.1 Theoretische Zusammenhänge

In diesem Kapitel werden die Begriffe *Stigma* und *Stigma-Identitäts-These* erläutert und auf die Heilerziehungspflege bezogen.

Der amerikanische Soziologe Erving Goffman hat den Begriff *Stigma* als soziologischen Begriff begründet und wie folgt definiert: *Ein Individuum, das leicht in gewöhnlichen sozialen Verkehr hätte aufgenommen werden können, besitzt ein Merkmal, das sich der Aufmerksamkeit aufdrängen und bewirken kann, dass wir uns bei der Begegnung mit diesem Individuum von ihm abwenden ... Es hat ein Stigma, das heißt, es ist in unerwünschter Weise anders, als wir es antizipiert hatten.* (Goffman, 1967, S. 13)

Ein Stigma bezeichnet somit eine Eigenschaft oder ein Merkmal einer Person, welche oder welches sie diskreditiert. Die Person *entspricht in seiner ‚aktualen sozialen Identität' nicht den normativen Erwartungen seiner Umwelt ... Er weicht in seinem Sosein von sozialen Normen ab.* (Cloerkes, 1997, S. 146)

Goffman skizziert drei Typen von *Stigmata* (vgl. Cloerkes, 1997, S. 147):

- körperliche Deformationen (wie z. B. Körperbehinderungen),
- individuell-subjektive Charakterfehler (wie z. B. Verwirrungszustände, kognitive und/oder seelische Probleme, Sucht),
- phylogenetische Stigmata (wie z. B. Rassen-, Nations- und Religionszugehörigkeit).

Menschen mit Behinderungen sind nach dieser Aufteilung der ersten oder zweiten oder beiden ersten Typen zuzuordnen. Und eben genau um diese *Zuordnung* geht es bei einem Stigma: Es wirkt sich wie eine Haltung oder eine Einstellung aus; es ordnet den Betroffenen einer ganz bestimmten Art oder Gruppe von Menschen zu. Erst danach kommt es zur eigentlichen Handlung auf der Basis dieses Stigmas: Es kommt zur *Stigmatisierung*: *Stigmatisierungen knüpfen bei Merkmalen von Personen an, diese Merkmale können sichtbar oder unsichtbar sein (z. B. körperliche Behinderung, Gruppenzugehörigkeit, Verhalten). Die ... Sichtbarkeit erleichtert das Stigmatisieren. Auf der Grundlage eines Stigma tendieren die ‚Normalen' dazu, weitere Unvollkommenheiten und negative Eigenschaften zu unterstellen. Über derartige Generalisierungen wird das Stigma zum alles beherrschenden ‚master status'. Die Zuschreibung wird durch Verwendung spezifischer Stigmatermini (Krüppel, ... Schwachsinniger etc.) unterstrichen.* (Cloerkes, 1997, S. 148)

Welche Folgen haben diese Stigmatisierungen für die betroffenen Menschen mit Behinderung?

Fest steht, dass die betroffenen Menschen in ihrer Sozialisation zum Stigmatisierten werden (vgl. Cloerkes, 1997, S. 150): in ihrer Kindheitssozialisation, wenn das bestimmende Stigma schon vorhanden ist, wie dieses z. B. bei der Trisomie 21 oder dem Autismus der Fall ist, wie auch in den ständigen Interaktionen des betroffenen Menschen im Lebenslauf, in welchem er immer wieder erfährt, dass er von den gesellschaftlichen Erwartungen abweicht. Schließlich konstruieren und definieren die speziellen (oder Sonder-)Organisationen die Identität der behinderten Menschen, so dass sich diese beinahe ausschließlich über ihr Stigma bedingt erleben.

Diese Prozesse haben aber auch ganz konkrete Folgen für die so genannten Stigmatisierten:

- Auf der *Ebene der Teilhabe an gesellschaftlichen Prozessen und Vollzügen* erleben sie sich als diskriminiert, da sie einen Verlust der (eventuell sogar bislang ausgeübten) Rollen erfahren. Dieses führt dann häufig zu Kontaktverlusten, zur Ausgrenzung und Isolation.
- auf der *Ebene der individuellen Interaktionen* scheint sich alles um das Stigma zu drehen. Sämtliche Erlebens- und Erfahrensweisen der betroffenen Person, selbst die gesamte Biografie derselben wird im Licht des Stigmas (um-)definiert.
- Auf der *Ebene der Identität und der Indentitätsentwicklung* ist dieser Mensch somit nicht geringen Problemen und Gefährdungen ausgesetzt.

Aufgaben

1. *Stellen Sie diese Folgen in einem längeren Rollenspiel dar. Tauschen Sie die Rollen und diskutieren Sie über Ihre Erfahrungen.*
2. *Welche weiteren Menschen werden noch stigmatisiert? – Erklären Sie sich diese Stigmatisierungsprozesse mit Hilfe kultureller, politischer und/oder religiöser Muster und Verläufe.*
3. *Wo finden Sie in Fachbüchern der Psychologie, Soziologie, Pädagogik und Medizin versteckte Stigmatisierungen wieder? Stellen Sie Hypothesen über den möglichen Zweck dieser Stigmatisierungen an.*

Die lange Zeit in der Soziologie vertretene *Stigma-Identitäts-These*, nach der die stigmatisierenden Zuschreibungen *immer und zwangsläufig* zu einer intensiven Gefährdung und Veränderung der Identität des betroffenen Menschen führen, ist nicht haltbar (vgl. Cloerkes, 1997, S. 151 ff.). Die von einer Stigmatisierung bedrohten Menschen können auf diese Bedrohung reagieren und somit zu einer positiveren Gestaltung und Entwicklung ihrer Identität beitragen.

Die Entstehung von Identität lässt sich hierzu in einem Prozess dreier Faktoren beschreiben. Aus und in ihnen entstehen dann mögliche Bewältigungsstrategien der betroffenen Menschen (vgl. Frey, 1983, in: Cloerkes, 1997, S. 160 ff.):

1. *der externe Aspekt*: Er ist das Ergebnis der persönlichen und sozialen Zuschreibungsprozesse. Zudem gehören zu ihm alle Erfahrungen und Informationen eines Menschen über seine Umwelt, hierbei vor allem diejenigen über seine(n) Interaktionspartner. Cloerkes, (1997, S. 161) stellt diese Modell folgendermaßen dar:

Der externe Aspekt (sozialer Status) umfaßt persönliche und soziale Identität

- **Soziale Identität:** Dieser Mensch ist ein Punker
- **Persönliche Identität:** Dieser Mensch ist Max, er ist ein Punker, ist adlig, hat eine Sehbehinderung und spielt gut Geige

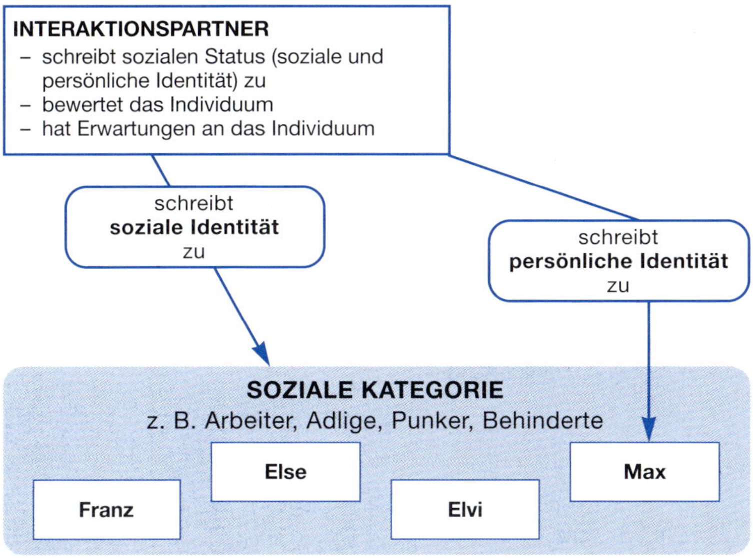

Der Externe Aspekt nach Frey

2. *der interne Aspekt*: Dieser kann als reflexiver Prozess verstanden werden, aus diesem entwickelt sich die *Ich-Identität* einer Person. Sie kann aufgeteilt werden in
   - das *Soziale Selbst* (also die Perspektive, aus welcher die Umwelt die Person wahrnimmt und durch welche sich diese Person durch die Wahrnehmungen der Umwelt selber definiert: Welche Bild haben die anderen Menschen von mir?), und in
   - das *Private Selbst* (also die Selbstinterpretation der Person aus ihrer höchst subjektiven Sichtweise: Welches Bild habe ich von mir selber?)

3. *der Integrations- und Balanceaspekt*: Er umschreibt die Fähigkeit des Menschen auseinander driftende und sich widersprechende externe und/oder interne Zuschreibungsprozesse aufzulösen oder auszubalancieren. Dieses realisiert er über unterschiedliche Formen der Informationsverarbeitung und der Handlungsstrategien. Der Autor des Modells (Frey; vgl. 1983, S. 15 ff.) schlägt vor, ausschließlich für diesen Aspekt die Bezeichnung *Identität* zu verwenden. *Identität* kann somit wie folgt soziologisch definiert werden: *Identität integriert Privates und Soziales Selbst, berücksichtigt auch andere Rahmeninformationen, leitet das Handeln an und bestimmt die Identitätsdarstellung. Auf der Basis der Integrations- und Balanceleistung findet die Präsentation der Identität nach außen hin statt. Diese Selbstdarstellung kann durchaus vom Privaten Selbst abweichen.* (Cloerkes, 1997, S. 162)

Zusammenfassend lassen sich diese Aussagen folgendermaßen abbilden:

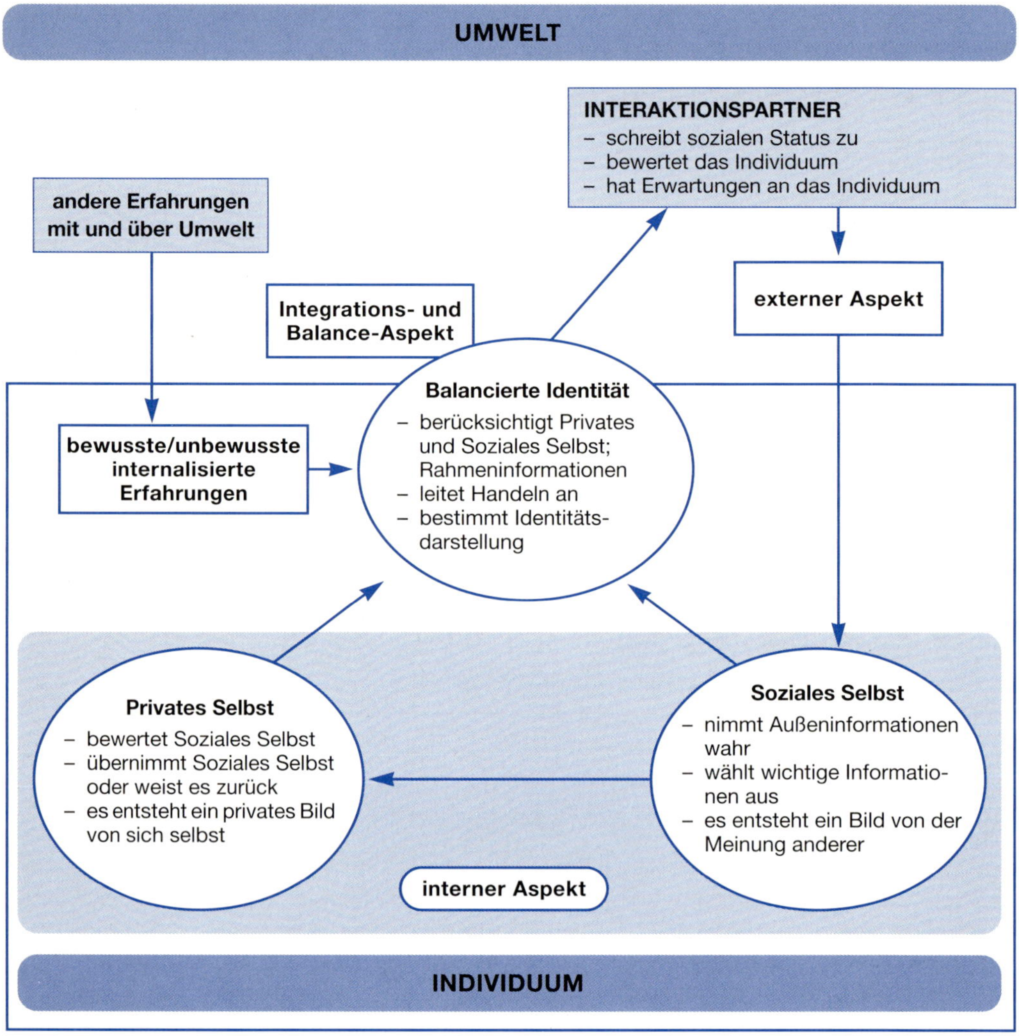

Interaktionsmodell zum Identitätskonzept von Frey

(Cloerkes, 1997, S. 163)

Durch die Fähigkeit unterschiedliche Ansprüche mit dem eigenen Bild, der eigenen Identität abzugleichen und ins Gleichgewicht zu bringen, bewältigt der Mensch mögliche Identitätsprobleme. Cloerkes benennt vier Ansätze mit denen diese Fähigkeit umgesetzt werden kann:

- *Kontinuität:* Die Menschen streben danach, ihr ihnen bekanntes und sicheres Selbst zu erhalten.
- *Konsistenz:* Die Menschen streben nach einem Ausgleich zwischen sich widersprechenden äußeren und inneren Anforderungen.

- *positive Selbsterfahrung:* Die Menschen streben danach, positive Selbsterfahrungen zu vermehren und zu vergrößern und negative Selbsterfahrungen zu verringern.
- *Identitätsstrategien:* Die Menschen streben danach, ihr positives Soziales Selbst zu schützen, indem sie sich schädigenden (stigmatisierenden) Einflüssen entziehen.

Aufgaben

1. *Wie und wodurch nehmen Sie diese Aspekte der Identitätsentwicklung und -darstellung bei sich selbst wahr?*
2. *Wie realisiert sich dieses bei*
   - *Menschen mit einer geistigen Behinderung?*
   - *Menschen mit einer Körperbehinderung?*
   - *blinden Menschen?*
   - *tauben Menschen?*
   - *schwermehrfachbehinderten Menschen?*
3. *Welche heilerziehungspflegerischen Handlungsansätze und Konzepte kennen Sie, die zu einer Intensivierung des Integrations- und Balanceaspekts bei Menschen mit einer Behinderung beitragen? Stellen Sie diese an Beispielen dar. Bedenken Sie hierbei auch die vier dargestellten Fähigkeiten, mit denen die Menschen eine Identitätsbalance versuchen.*

5.4.2 Praktische Umsetzung

Die Heilerziehungspflege kann auf der Grundlage der soziologischen Aussagen zur Entwicklung von Stigma und zu Stigmamanagement Möglichkeiten der Entstigmatisierung von Menschen mit Behinderungen versuchen. Hierbei muss sie vor allem die Ansätze der Identitätsentwicklung (s. o.) mit denjenigen des Kontaktes zwischen Menschen mit und Menschen ohne Behinderung miteinander verknüpfen (vgl. Cloerkes, 1997, S. 174 ff.).

Die *Integration* und der *Dialog* stehen somit im Mittelpunkt einer Konzeption, die entstigmatisierende Prozesse anzustoßen versucht. Folgende Fragen sind hierbei handlungsrelevant: *Welche Erfahrungen sind für das Subjekt überhaupt identitätsrelevant? Wie werden diese Erfahrungen vom Subjekt wahrgenommen, bewertet und beeinflusst? Wie deutet das Subjekt die Summen seiner Erfahrungen auf der innerpsychischen Meta-Ebene?* (Cloerkes, 1997, S. 177)

Im Zentrum stehen drei miteinander wechselseitig verknüpfte Komponenten:

- *die kognitive Komponente* – das Denken
- *die affektive Komponente* – die Gefühle und Empfindungen
- *die konative Komponente* – die möglichen, vorweggenommenen und realisierten Handlungen.

Die Identität entsteht hierbei als kognitive, affektive und konative Verallgemeinerung konkreter Erfahrungen:

IDENTITÄT		
hat drei Komponenten, die miteinander in Beziehung stehen, sich wechselseitig bedingen und von jedem Subjekt trianguliert und ausbalanciert werden müssen:	entsteht aus situativer Erfahrung:	situative Erfahrungen werden transsituativ generalisiert a) über die Zeit (Kontinuität) b) über Lebensbereiche (Konsistenz)
kognitive Komponente (denken)	**Selbstwahrnehmung** →	**Selbstkonzept**
affektive Komponente (wahrnehmen, fühlen, empfinden)	**Selbstbewertung** →	**Selbstwertgefühl**
konative Komponente (handeln, antizipieren, Einfluss nehmen)	**personale Kontrolle** →	**Kontrollüberzeugung**

Identität als kognitive, affektive und konative Generalisierung situativer Erfahrungen (Cloerkes, 1997, S. 178)

In Bezug auf Menschen mit Behinderung werden das Selbstbild, das vermutete Fremdbild sowie das reale Fremdbild miteinander in Beziehung gesetzt und zu einer individuellen Identität zusammengeschmolzen:

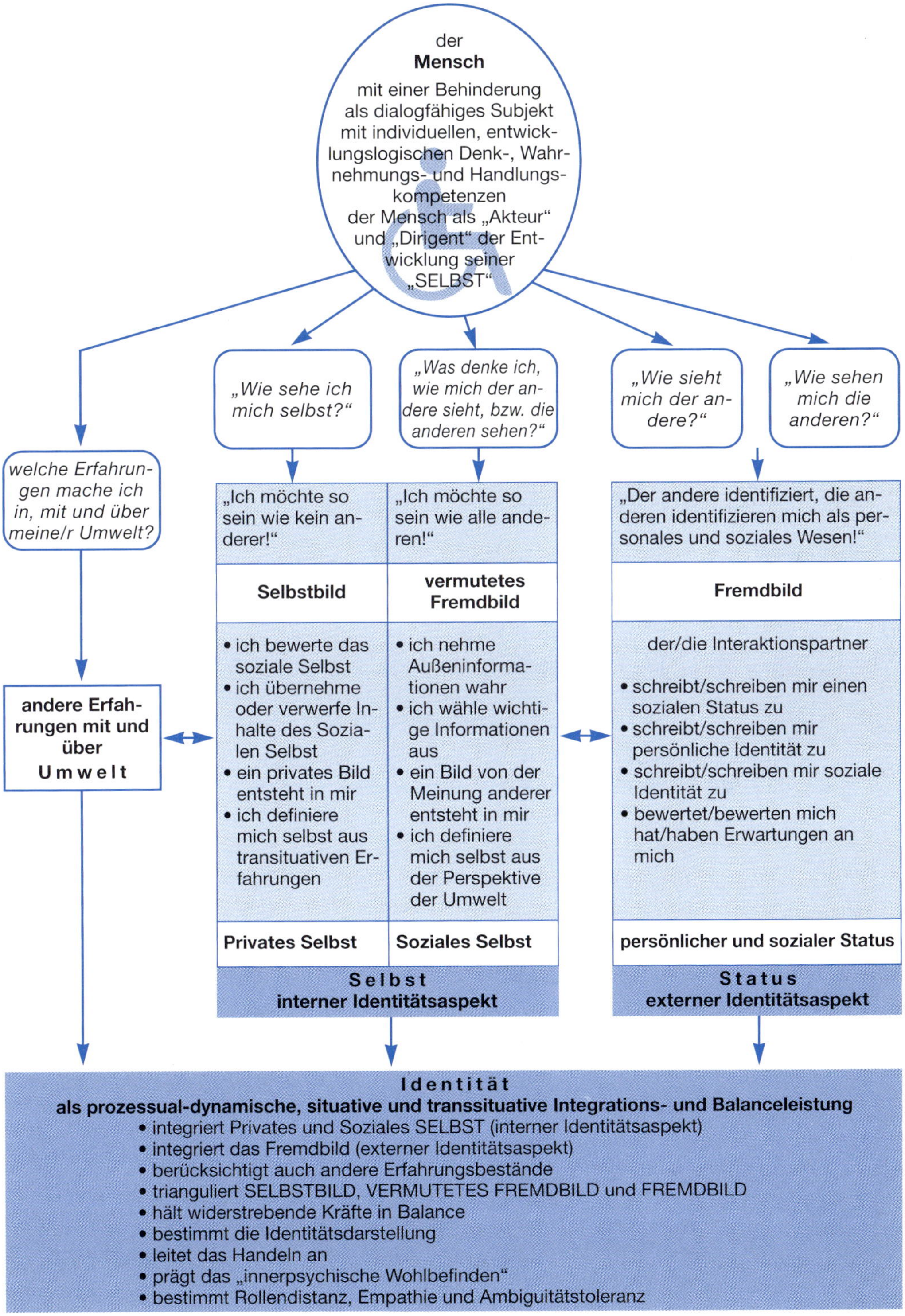
der
Mensch
mit einer Behinderung
als dialogfähiges Subjekt
mit individuellen, entwicklungslogischen Denk-, Wahrnehmungs- und Handlungskompetenzen
der Mensch als „Akteur“ und „Dirigent“ der Entwicklung seiner „SELBST“
welche Erfahrungen mache ich in, mit und über meine/r Umwelt?
„Wie sehe ich mich selbst?“
„Was denke ich, wie mich der andere sieht, bzw. die anderen sehen?“
„Wie sieht mich der andere?“
„Wie sehen mich die anderen?“
„Ich möchte so sein wie kein anderer!“
„Ich möchte so sein wie alle anderen!“
„Der andere identifiziert, die anderen identifizieren mich als personales und soziales Wesen!“
Selbstbild
vermutetes Fremdbild
Fremdbild
andere Erfahrungen mit und über Umwelt
• ich bewerte das soziale Selbst
• ich übernehme oder verwerfe Inhalte des Sozialen Selbst
• ein privates Bild entsteht in mir
• ich definiere mich selbst aus transituativen Erfahrungen
• ich nehme Außeninformationen wahr
• ich wähle wichtige Informationen aus
• ein Bild von der Meinung anderer entsteht in mir
• ich definiere mich selbst aus der Perspektive der Umwelt
der/die Interaktionspartner
• schreibt/schreiben mir einen sozialen Status zu
• schreibt/schreiben mir persönliche Identität zu
• schreibt/schreiben mir soziale Identität zu
• bewertet/bewerten mich hat/haben Erwartungen an mich
Privates Selbst
Soziales Selbst
persönlicher und sozialer Status
Selbst
interner Identitätsaspekt
Status
externer Identitätsaspekt
Identität
als prozessual-dynamische, situative und transsituative Integrations- und Balanceleistung
• integriert Privates und Soziales SELBST (interner Identitätsaspekt)
• integriert das Fremdbild (externer Identitätsaspekt)
• berücksichtigt auch andere Erfahrungsbestände
• trianguliert SELBSTBILD, VERMUTETES FREMDBILD und FREMDBILD
• hält widerstrebende Kräfte in Balance
• bestimmt die Identitätsdarstellung
• leitet das Handeln an
• prägt das „innerpsychische Wohlbefinden“
• bestimmt Rollendistanz, Empathie und Ambiguitätstoleranz

Das hierbei die schon genannten Elemente der *Integration* und des *Dialogs* zentral sind, muss nicht weiter ausgeführt werden. Nur so viel: *Eine gelungene soziale Integration behinderter Menschen trägt ganz entscheidend zur Identitätsentwicklung bei, verhindert ‚beschädigte Identität' und führt zu Entstigmatisierung.* (Cloerkes, 1997, S. 180)

Aufgaben

1. *Was fordert ein solches Modell von den heilerziehungspflegerisch Tätigen?*
2. *Welche Anforderungen stellt dieses Modell an die Organisationen der Behindertenhilfe?*
3. *Welche sozial- und bildungspolitischen Konsequenzen können aus diesen Ansätzen gezogen werden?*
4. *Begründen Sie Ihre Antworten zu allen drei Fragen möglichst ausführlich, indem Sie Ihre praktischen Erfahrungen mit theoretischen Aussagen verknüpfen.*

5.4.3 Materialien und Anregungen

Materialien

1. Sammeln und lesen Sie literarische und/oder künstlerische Selbstdarstellungen von Menschen mit Behinderung (wie Christopher Nolan, *Unter dem Auge der Uhr*; Christi Brown, *Mein linker Fuß* u. a.).
   - Wie sind diese Menschen mit ihrer (beschädigten?!/stigmatisierten?!) Identität umgegangen?
   - Wie haben sie ihre Behinderung in und durch ihr Leben integriert?
   - Wie haben die (anderen) Menschen auf ihre literarischen/künstlerischen Ambitionen und Werke reagiert?
2. Stellen Sie aus diesen Werken oder Werksnotizen Collagen zusammen und präsentieren Sie diese in einer kleinen Ausstellung.
3. Interviewen Sie altgewordene Menschen mit Behinderungen und zeichnen Sie ihren Lebensweg (als Text, als Zeichnung, als Collage, als Videofilm etc.) nach. Zeigen Sie diesen Menschen Ihre Ergebnisse und versuchen Sie Rückmeldungen hierüber zu erhalten: Haben sich die so porträtierten Menschen wiedererkannt?

Literatur

Zum Weiterlesen und Vertiefen in die Thematik der Stigmatisierung empfiehlt sich besonders

Erving Goffman, Stigma. Über Techniken der Bewältigung beschädigter Identität, Frankfurt a. M. 1969

In diesem Klassiker analysiert Goffman äußerst anschaulich und praxisnah die Prozesse der Stigmatisierung.

Zudem empfehlenswert, als vertiefende Einführung in die Thematik und Problematik der Soziologie in der Behindertenhilfe, ist folgendes Buch:

Cloerkes, G., Soziologie der Behinderten. Eine Einführung, Heidelberg 1997

Literatur

Cloerkes, G., Soziologie der Behinderten. Eine Einführung, Heidelberg 1997

Frey, H.-P., Stigma und Identität, Weinheim/Basel 1983

Goffman, E., Stigma. Über Techniken der Bewältigung beschädigter Identität, Frankfurt a. M. 1969

Klauss, Th., Ein besonderes Leben, Heidelberg 1999

Jantzen, W., Sozialisation und Behinderung. Studien zu sozialwissenschaftlichen Grundfragen der Behindertenpädagogik, Gießen 1974

Klein, G., Soziale Benachteiligung: Zur Aktualität eines verdrängten Begriffs, in: Opp, G./Peterander, F. (Hrsg.), Focus Heilpädagogik. Projekt Zukunft, München/Basel 1996, S.140–149

Mürner, Chr., Erscheinungsbild und Dominanz – Historisch-kritische Betrachtungen zum Ansehen geistig behinderter Menschen, in: Greving, H./Gröschke, D. (Hrsg.), Geistige Behinderung. Reflexionen zu einem Phantom, Bad Heilbrunn 2000, S. 79–103

Weiß, H., Armut als gesellschaftliche Normalität, in: Opp, G./Peterander, F. (Hrsg.), Focus Heilpädagogik. Projekt Zukunft, München/Basel 1996, S. 150–162

6 Wahrnehmung in der Heilerziehungspflege

- *Wodurch entstehen die Wahrnehmungen beim Menschen?*
- *Welche Gesetze prägen die Wahrnehmungsprozesse?*
- *Was ist bei der „Personenwahrnehmung“ zu beachten?*
- *Wie entstehen „Zuschreibungen“?*

6.1 Grundlagen der Eigen- und Fremdwahrnehmung

6.1.1 Theoretische Zusammenhänge

Die Wahrnehmung spielt eine zentrale Rolle im Leben. Erst durch sie sind wir in der Lage, uns mit unserer Umwelt auseinander zu setzen und Orientierung zu erhalten. Wahrnehmung liefert dabei aber kein einfaches Abbild der Wirklichkeit. Viele Faktoren beeinflussen unsere Wahrnehmung. Diese Tatsache ist für die heilerziehungspflegerische Praxis von Bedeutung. Begleitung, Unterstützung und Förderung sind ohne eine angemessene Einschätzung von Fähigkeiten, Fertigkeiten, Verhaltensweisen, Emotionen und Befindlichkeiten nicht denkbar. Das gilt besonders dann, wenn behinderte Menschen ihre Bedürfnisse, Gefühle, Wünsche und Vorstellungen kaum mitteilen können. Heilerziehungspfleger müssen versuchen, die Bedingtheit der Wahrnehmung pflegebedürftiger Menschen zu verstehen. Es gehört zu den Aufgaben des Heilerziehungspflegers, die Bedingungen zu erkennen, die die Wahrnehmung pflegebedürftiger Menschen beeinflussen und prägen.

● Reiz, Empfindung, Wahrnehmung

Viele Menschen sind der Meinung, dass sie die Wirklichkeit so wahrnehmen, wie sie faktisch ist. Wahrnehmung vermittelt jedoch keine objektive Wirklichkeit. Wahrnehmung ist ein Prozess, der von vielen Faktoren beeinflusst wird und sehr störanfällig ist. Das, was wir sehen, riechen, hören, schmecken und fühlen ist nicht gleichzusetzen mit den objektiven Reizen in unserer Umwelt.

Unter **Wahrnehmung** wird in der Psychologie der Prozess der Informationsgewinnung aus Umwelt und Körperreizen verstanden. Informationen werden dabei nicht passiv aufgenommen, sondern aktiv verarbeitet. Sie werden organisiert und interpretiert. Wahrnehmung ist kein passiver Vorgang sondern beinhaltet eine aktive Konstruktion der (subjektiven) Realität.

Informationen aus der Umwelt und dem Körperinneren treffen als *Reize* auf unsere Sinnesorgane. Reize sind Energien wie elektromagnetische Schwingungen, Schallwellen, Moleküle etc. Sie lösen Empfindungen aus (Farben, Töne, Düfte etc.), wenn sie auf entsprechende Sinnesorgane treffen. Reize, für die es keine Sinnesorgane gibt, können nicht wahrgenommen werden (z. B. Radioaktivität).

Reize müssen eine *Mindeststärke* besitzen, damit wir sie wahrnehmen können. In diesem Zusammenhang spricht man auch von absoluten Wahrnehmungsschwellen. Hiermit ist der Minimalbetrag physikalischer Energie gemeint, der notwendig ist, damit eine Empfindung überhaupt als solche empfunden werden kann. Ein Reiz, dessen Stärke unterhalb einer solchen *absoluten Schwelle* liegt, kann nicht wahrgenommen werden.

Beispiele für absolute Schwellen aus dem täglichen Leben

Sehen	Kerzenlicht in klarer, dunkler Nacht in ca. 45 km Entfernung
Hören	Ticken einer Armbanduhr in ca. 6 m Entfernung
Schmecken	1 Teelöffel Zucker in ca. 7 Liter Wasser
Riechen	1 Parfümtropfen in einer 6-Zimmer-Wohnung verteilt
Berührung	1 Sandkorn aus 1 cm Höhe auf die Wange fallend

(aus: Herkner, 1992, S. 5)

Empfindungen werden ausgelöst, wenn Reize auf die Rezeptoren unserer Sinnesorgane treffen und sie stimulieren. Hierdurch entstehen neurale Impulse, die über Nervenfasern in das Großhirn geleitet werden. Für die verschiedenen Reizarten und Sinne gibt es spezialisierte Hirnareale. Erst dort entstehen Empfindungen, wie Farben, Töne, Gerüche, etc. (vgl. Herkner, 1992).

Wahrnehmungen entstehen dadurch, dass Empfindungen mit Erfahrungen verbunden werden. Da dieses ständig geschieht, ist es uns nicht möglich, reine Empfindungen wahrzunehmen. Töne werden z. B. als Stimmen oder Musik wahrgenommen. Aktuelle Empfindungen werden dabei mit dem gespeicherten Wissen des Gedächtnisses in Bruchteilen von Sekunden verglichen. Es wird überprüft, ob der aufgenommene Reiz mit schon gespeicherten Informationen übereinstimmt. Ist dieses der Fall, erkennen wir den Reiz und verstehen seine Bedeutung.

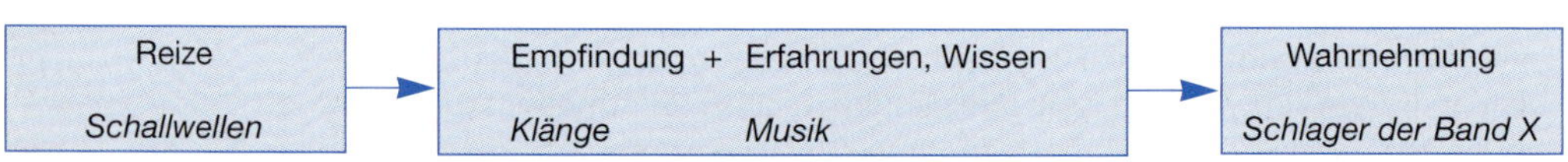

Selektivität der Wahrnehmung

Die Aufgabe der Wahrnehmung besteht einerseits darin, die chaotische Flut der Sinneseindrücke zu einem sinnvollen Ganzen zusammenzufügen.

Andererseits müssen aus dem Strom der Informationen diejenigen Reize ausgewählt werden, die von Bedeutung sind: „Der Organismus wäre überlastet, wenn er auf jeden Reiz reagieren würde, wenn jede Umweltveränderung eine Aktivitätssteigerung auslösen würde“ (Becker-Carus C. 1981, S. 130). Dabei wird nur ein Bruchteil einströmender Reize von uns bewusst wahrgenommen. Das Flaschenhals-Modell der Wahrnehmung verdeutlicht diesen Sachverhalt. Die Sinnesorgane nehmen mehr Informationen auf (10^9 bit/sec.), als wir bewusst verarbeiten können (10^2 bit/sec.).

Übung

Setzen Sie sich bequem auf Ihren Stuhl. Schließen Sie die Augen und richten Sie Ihre Aufmerksamkeit auf Ihre Füße. Es wird wahrscheinlich nicht sehr lange dauern, bis Sie merken, dass Ihre Schuhe ein wenig drücken. Bewegen Sie dann Ihre Zehen. Sie werden vielleicht überrascht sein von der Enge. Richten Sie anschließend Ihre Aufmerksamkeit auf Ihre Sitzhaltung. Möglicherweise werden Sie bemerken, dass die Sitzfläche glatt und uneben ist. Vielleicht fällt es Ihnen schwer, eine bequeme Haltung für eine etwas längere Zeit auf Ihrem Stuhl einzunehmen. Achten Sie auf Ihren Rücken. Ist er vielleicht verspannt? Richten Sie abschließend Ihre Aufmerksamkeit auf Ihre Kleidung. Ist sie bequem? Vermutlich drückt der Gürtel oder der Hosenbund etwas. Vielleicht ist das Hemd, die Bluse oder der Pullover ein wenig verrutscht und zwickt nun an verschiedenen Stellen.

Tauschen Sie Ihre Erfahrungen mit Ihren Klassenkameraden aus. Versuchen Sie eine Erklärung zu geben, warum Sie bestimmte Empfindungen nicht zuvor wahrgenommen haben.

Faktoren, die die Wahrnehmung beeinflussen und verändern

Wahrnehmung ist selektiv. Nur ein Bruchteil der objektiven Reize, die in unserer Umwelt vorhanden sind, werden bewusst wahrgenommen. Welche Reize uns bewusst werden, ist von verschiedenen Faktoren abhängig.

- Begrenztheit der Sinnesorgane
  Wir können nur Reize aufnehmen, für die wir Sinnesorgane bzw. Rezeptoren besitzen. Reize müssen zudem eine bestimmte Stärke besitzen, um wahrnehmbar zu sein. Reize, für die wir keine Sinnesorgane bzw. Rezeptoren besitzen, können von uns nicht wahrgenommen werden (z. B. Ultraschall, Infrarotstrahlung, Radioaktivität, Röntgenstrahlung).
- Organisation der Wahrnehmung
  Unsere Wahrnehmungen sind strukturiert. Hiermit ist gemeint, dass wir nicht eine Menge gleich wichtiger Flächen, Linien und Farben sehen, sondern verschiedene Gegenstände.

„Die Organisation der Wahrnehmung besteht darin, daß ein sehr komplexer Reiz in mehrere Teile aufgegliedert wird, wobei jeder Teil eine Zusammenfassung vieler Einzelreize ist"

(Herkner W., 1992, S. 52)

Betrachtet man z. B. einen Stuhl (komplexer Reiz), so besteht er aus vielen Einzelreizen. Er besteht unter anderem aus senkrechten (Stuhlbeine) und waagerechten Linien (Rückenlehne) und einer quadratischen (Sitz-)Fläche. Die Organisation der Wahrnehmung wird auf unterschiedlichen Ebenen des zentralen Nervensystems und vielfach in Bereichen geleistet, die nicht direkt mit Bewusstseinsvorgängen verbunden sind.

Figur und Grund

Ein grundlegendes Organisationsprinzip, nach dem unsere Wahrnehmung strukturiert wird, ist die Figur-Grund-Gliederung. „Figuren werden als etwas Gegenstandartiges gesehen; Grund nennt man den Hintergrund, von dem die Figuren sich abheben“ (Zimbardo P. G., 1992, S. 168).

Der Holzschnitt von M. C. Escher stellt Engel und Teufel dar. Betrachtet man die schwarzen Flächen als Grund, dann erscheinen die weißen Flächen als Engel. Werden hingegen die weißen Flächen als Hintergrund gesehen, dann erscheinen die schwarzen Flächen als Teufel bzw. Fledermäuse.

Aufgaben

1. *Finden Sie alltägliche Beispiele für die Figur-Grund-Gliederung.*
2. *Welche besondere Bedeutung kann diese Gliederung für die Wahrnehmung von Menschen mit Behinderung haben?*

Gestaltpsychologie

Eine psychologische Schule, die Anfang des 20. Jahrhunderts die Gesetzmäßigkeiten der Wahrnehmungsorganisation untersuchte, ist die Gestaltpsychologie. Sie zeigte auf, dass nicht der Einzelreiz wichtig ist, sondern die Gesamtwahrnehmung. Der gestaltpsychologische Grundgedanke lautet:

Das Ganze ist mehr als die Summe der Einzelteile.

Die Gestaltpsychologie formulierte so genannte Gestaltgesetze, die Gesetzmäßigkeiten wiedergeben, nach denen die Wahrnehmung strukturiert wird. Menschen bringen Reize automatisch und unwillkürlich in einen Gesamtzusammenhang. Dies geschieht auch dann, wenn die gegebenen Reize nur zufällig und beziehungslos nebeneinander existieren.

Unter einer *Gestalt* werden Wahrnehmungsinhalte verstanden, die sich von der Umgebung abheben und deren Einzelheiten als zusammengehörig aufgefasst werden (vgl. Rohracher H., 1960)

Das Wissen um die Gestaltgesetze ist auch für Heilerziehungspfleger von Bedeutung, denn auch soziale Situationen stellen Reize bzw. Reizkonstellationen dar, die den Gesetzmäßigkeiten der Gestaltgesetze unterliegen.

Gesetz der Nähe

Reize, die möglichst dicht beieinander sind oder von anderen Reizen abgesetzt sind, werden als zusammengehörig wahrgenommen. Die Kreise der Reihen A, B, C werden jeweils als zusammengehörig wahrgenommen.

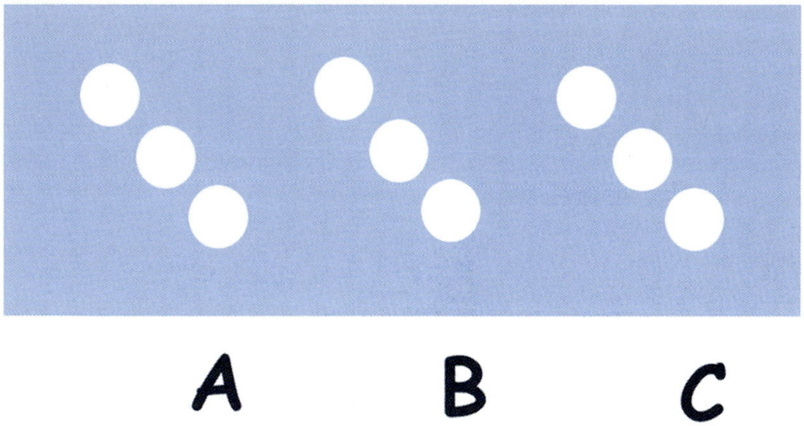

Beispiel

Zwei Mitarbeiter, die (zufällig) an mehreren Tagen hintereinander zur gleichen Zeit Pause machen und am gleichen Tisch sitzen, werden von anderen Mitarbeitern als zusammengehörig wahrgenommen.

Menschen mit Behinderung, die morgens an der Bushaltestelle warten, um zur WfB zu fahren, werden als Gruppe wahrgenommen.

Gesetz der Gleichheit oder Ähnlichkeit

Es gibt Abstufungen von Ähnlichkeit, die die Wahrnehmung von Zugehörigkeit beeinflussen. Die Kreise der Zeilen A, B und C werden als zusammengehörig wahrgenommen, nicht die der Längsspalten.

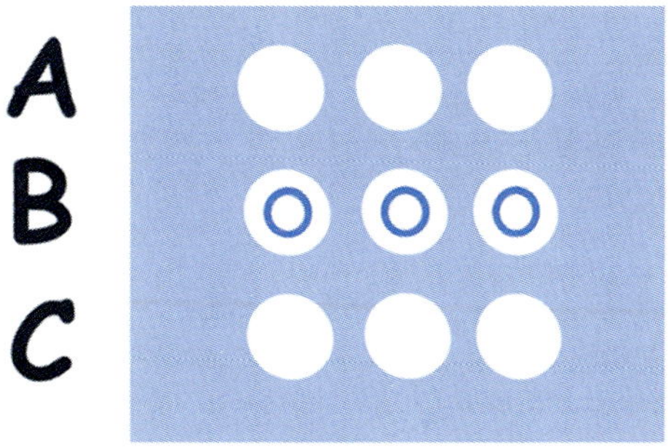

Beispiel

Von Mitarbeitern, die in einer Diskussion die gleiche Meinung vertreten, wird nicht selten angenommen, dass sie auch in anderen Fragen eine ähnliche Meinung vertreten.

Aufgrund äußerer Merkmale schreibt man Menschen mit Down-Syndrom ähnliche Persönlichkeitsmerkmale (z. B. Freundlichkeit) zu.

● Gesetz der Geschlossenheit

Reize, die unvollendet sind, werden als vollendet wahrgenommen. Die fehlenden Informationen werden ergänzt. In diesem Beispiel werden die einzelnen Punkte als Kreise wahrgenommen.

Beispiel

Zwei Bewohner einer Wohngruppe streiten sich sehr heftig. Nachdem der Mitarbeiter sie aufgefordert hat, den Streit zu beenden, verlassen beide den Raum. Kurze Zeit später kommt der schmächtigere mit blutender Nase in den Gruppenraum zurück ... Er war zufällig ausgerutscht.

● Gesetz des gemeinsamen Schicksals

Reize, die sich in dieselbe Richtung bewegen oder ein übereinstimmendes Verhalten zeigen, werden als ein Gebilde wahrgenommen.

Beispiel

Mitarbeiter, die aus unterschiedlichen Gruppen einer Einrichtung stammen und gemeinsam eine Ferienfreizeit organisieren, werden von Außenstehenden als ein Mitarbeiterteam wahrgenommen.

Menschen mit geistiger Behinderung, die in der gleichen Werkstatt für Behinderte arbeiten, werden als Gruppe wahrgenommen.

Gesetz der Prägnanz

Gestalten, die einfach, regelmäßig, eindeutig sind und/oder sich von anderen abheben, werden bevorzugt wahrgenommen.

Beispiel

Die Namen von vier Schülern, die zusammen mit 20 Schülerinnen unterrichtet werden, werden leichter erinnert als die Namen von vier Schülern, die zusammen mit 20 anderen Schülern unterrichtet werden.

Bewohner mit massiven Verhaltensauffälligkeit heben sich von anderen Bewohnern einer sonst ruhigen Gruppe ab. Ihre Verhaltensweisen werden häufiger Gegenstand von Teambesprechungen.

Persönlichkeitsfaktoren

Unsere Wahrnehmung wird auch durch Persönlichkeitsfaktoren beeinflusst. Hierzu zählen Triebe, Bedürfnisse, Emotionen, Erfahrungen, Einstellungen, Wert- und Normvorstellungen.

Triebe und Bedürfnisse

Hunger, Durst, Müdigkeit, Interessen, Wunsch nach Zuwendung, Anerkennung und Selbstwertschätzung bestimmen, was wir wahrnehmen.

Beispiel

Mitarbeiter die durch ihre Arbeit Anerkennung und Wertschätzung erfahren, sehen ihren Beruf mit anderen Augen als Mitarbeiter, die keine Bestätigung erleben.

Emotionen

Auch Gefühle wie Ärger, Wut, Angst, Ekel, Freude, Glück etc. beeinflussen unsere Wahrnehmung. Sie bewirken, dass wir in besonderem Maße stimmungskongruente Reize wahrnehmen.

Beispiel *Ein Mitarbeiter, der sich sehr über einen Kollegen ärgert, registriert bei ihm mehr Fehler als bei anderen Kollegen.*

Norm- und Wertvorstellungen

Weltanschauung, Einstellungen, Überzeugungen etc. wirken wie Wahrnehmungsfilter. Sie lenken die Aufmerksamkeit auf die Aspekte, die mit unseren Überzeugungen übereinstimmen.

Beispiel *Heilerziehungspfleger, die ihren Beruf aus Überzeugung gewählt haben, werden ihre Arbeit mit behinderten Menschen anders wahrnehmen als Heilerziehungspfleger, die eher zufällig diesen Beruf ergriffen haben.*

Erfahrungen

Individuelle Erfahrungen besitzen einen großen Einfluss auf unsere Wahrnehmung. Obwohl uns in vielen Situationen unsere Erfahrungen nicht bewusst sind, reagieren wir trotzdem so, wie in der ursprünglichen Situation.

Beispiel *Ein neuer Mitarbeiter, der in einer Teamsitzung heftig kritisiert wurde und dessen Vorschläge jählings abgelehnt wurden, wird wohlgemeinte Ratschläge seiner Kollegen zukünftig wahrscheinlich als Ablehnung wahrnehmen.*

Soziale Faktoren

Neben individuellen Faktoren beeinflussen auch soziale Faktoren wie Wert- und Normvorstellungen von Gruppen bzw. der Gesellschaft, Einstellungen und Wertvorstellungen anderer Personen (z. B. Bezugspersonen) und Personengruppen sowie Institutionen die Wahrnehmung.

Ein wichtiges Experiment, das den Einfluss von Gruppen auf die Wahrnehmung untersuchte und dessen Ergebnisse für die heilerziehungspflegerische Praxis von Bedeutung sind, stammt von Asch (1952). Asch konnte zeigen, dass die Versuchspersonen durch die Meinungen anderer Personen über ihre eigenen Wahrnehmungen sehr verunsichert wurden. Sie vertrauten scheinbar mehr dem Urteil der anwesenden Personen als ihren eigenen Wahrnehmungsleistungen (vgl. Bornewasser, 1979)

Aufgabe *Entwickeln Sie Möglichkeiten, wie Meinungsbildung und Entscheidungsprozesse in Teamgesprächen so optimiert werden können, dass alle relevanten Informationen einbezogen werden. Diskutieren Sie Ihre Ansichten in Kleingruppen.*

Hypothesentestung

Wahrnehmung ist kein passiver Vorgang, bei dem Informationen aufgenommen und verarbeitet werden. Wahrnehmung ist vielmehr eine aktive Suche der besten Interpretationsmöglichkeit der sensorischen Informationen. Welche Interpretation zur Erklärung herangezogen wird, ist u. a. abhängig von unserem Wissen über die Eigenschaften des Wahrnehmungsobjektes. In diesem Sinne kann Wahrnehmung auch als Hypothesentestung verstanden werden.

Der nebenstehende Würfel von Necker (1832) illustriert diesen Sachverhalt. Hier konkurrieren zwei Hypothesen miteinander:

Die dunkle Fläche kann entweder als Vorderseite betrachtet werden (man sieht von schräg unten den Würfel) oder als Rückseite eines transparenten Würfels (man sieht von schräg oben durch den Würfel hindurch). Es gibt keine eindeutige bzw. richtige Betrachtungsweise. Es kommt daher bei längerer Betrachtung zu einem interessanten Phänomen: Der Würfel scheint vor und zurück zu springen. Die Erklärung hierfür liegt darin begründet, dass unsere Wahrnehmung nach der besten Interpretationsmöglichkeit sucht, sie aber nicht finden kann.

Aufgaben

1. *Erinnern Sie sich bitte an Ihr erstes Praktikum und beantworten Sie zunächst folgende Fragen: Wie haben Sie Ihren Empfang erlebt? Wie sind Sie am ersten Tag begrüßt worden? Wer ist wie auf Sie zugegangen? Welche Mitarbeiter und welche Bewohner waren Ihnen sofort sympathisch, welche nicht?*
2. *Versuchen Sie Ihre Vorstellungen (Hypothesen) von privaten und beruflichen Begrüßungssituationen zu formulieren: Wer begrüßt wen? Wer spricht wen an? Wie? Was ist wichtig? Welche Zusammenhänge können Sie zwischen Ihren Vorstellungen (Hypothesen) und Ihren Erfahrungen im Praktikum erkennen?*

Kontextabhängigkeit der Wahrnehmung

Neben den Eigenschaften des Wahrnehmungsobjektes und unserem Wissen, spielt auch der Kontext, in dem das Objekt wahrgenommen wird, eine Rolle für die Auswahl der Hypothesen. Die nebenstehende Grafik illustriert die Kontextabhängigkeit der Wahrnehmung. Die Gestalt in der Mitte ist mehrdeutig. Je nachdem, ob man von oben nach unten blickt oder von rechts nach links, interpretiert man die Gestalt als Zahl (13) oder als Buchstaben (B).

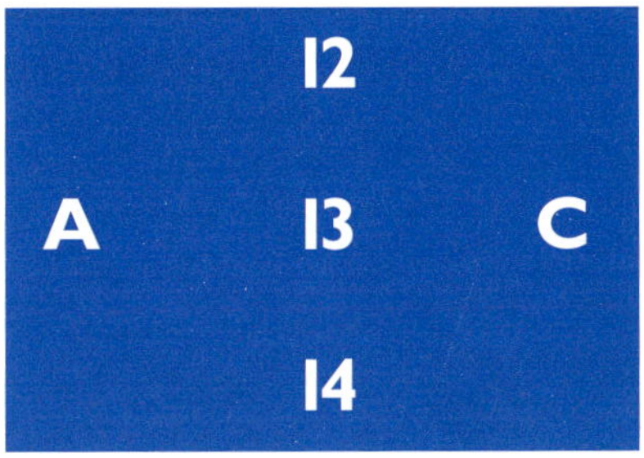

Aus: Hilgard/Atkinson u. a., 1979

Aufgaben

1. *Erläutern Sie, wie sich Ihr Bild von einem Menschen ändert, wenn Sie ihn nacheinander in verschiedenen Kontexten wahrnehmen (z. B. als Kunde in einem Postamt, als Tänzer in einer Disco, als Bewohner eines Wohnheimes).*
2. *Diskutieren Sie in Kleingruppen, wie sich der Kontext „Anstalt" bzw. „Heimgruppe" auf die Wahrnehmung der Fähigkeiten eines Menschen (mit geistiger Behinderung) auswirken kann.*

6.1.2 Praktische Umsetzung

● Selektivität oder „Worauf achten wir?"

In der Kommunikation mit anderen Menschen entwickeln wir in der Regel in sehr kurzer Zeit ein Bild vom Anderen. Zu einem späteren Zeitpunkt sind wir davon überzeugt, dass unser Gesprächspartner genau die Dinge berichtete, an die wir uns noch erinnern können.

Übung

Haben Sie schon einmal überprüft, wie viel Sie tatsächlich von einer anderen Person wahrnehmen, welche Informationen Sie aufnehmen und worauf Sie achten? Die folgende Übung ist geeignet, eine Vorstellung davon zu vermitteln, wie wenig wir häufig von unseren Kommunikationspartnern wahrnehmen. Sie sollten diese Übung mit einer anderen Person durchführen, die Sie nicht sehr gut kennen (z. B. mit einem Klassenkameraden, zu dem Sie wenig Kontakt haben). Lassen Sie sich gegebenenfalls die Anweisungen und Fragen langsam vorlesen.

1. *Setzen Sie sich zu zweit gegenüber.*
2. *Setzen Sie sich so, dass Sie entspannt sitzen können.*
3. *Wenn Sie so weit sind, betrachten Sie sich gegenseitig. Vergessen Sie für diese Übung, dass es unhöflich ist, jemanden anzustarren. Geben Sie sich die Erlaubnis, Ihren Partner genau anzusehen. Tun Sie dies ca. 1 bis 2 Minuten.*
4. *Schließen Sie dann Ihre Augen und betrachten Sie Ihren Partner mit Ihrem inneren Auge.*
5. *Betrachten Sie in Gedanken genau Ihren Partner und beantworten Sie sich folgende Fragen:*
   - *Wie ist die Farbe der Haare, der Augen? Trägt Ihr Partner einen Bart?*
   - *Welche Kleidung trägt Ihr Partner? Trägt er eine Brille oder Ohrringe?*
   - *Welche Farbe, welches Muster hat der Pullover/das Hemd/die Bluse?*
   - *Welche Uhr trägt Ihr Partner? Trägt er Ringe? Wie viele? Welche?*
   - *Welche Beinkleidung trägt Ihr Partner? Trägt er einen Gürtel?*
   - *Welche Schuhe trägt Ihr Partner? Welche Farbe haben seine Schuhe?*
6. *Betrachten Sie vor Ihrem inneren Auge intensiv Ihren Partner und öffnen Sie nach ca. 3 bis 5 Minuten Ihre Augen. Überprüfen Sie Ihr inneres Bild mit dem Aussehen Ihres Partners. Registrieren Sie die Abweichungen. Gibt es Dinge bzw. Einzelheiten, die Sie übersehen oder anders wahrgenommen haben?*

7. *Tauschen Sie anschließend Ihre Erfahrungen aus. Diskutieren Sie dann in einem weiteren Schritt, welche Informationen Sie im Kontakt mit Menschen mit Behinderungen aufnehmen.*

● Weitergabe von Informationen

Die Weitergabe von Informationen ist eine zentrale Tätigkeit in der heilerziehungspflegerischen Praxis. In Dienstübergaben werden wichtige Informationen schriftlich (Stationsbuch, Gruppentagebuch etc.) und mündlich weitergegeben. Gelegentlich treten dabei Probleme auf. Ein neuer Mitarbeiter z. B., der die Gruppensituation noch nicht ganz überblickt, erhält möglicherweise zu viele Einzelinformationen.

● Rollenspiel

Der Inhalt der folgenden Geschichte (die ggf. abgeändert werden kann) soll in mehreren kleinen „Übergabe"-Gesprächen weitergegeben werden. Die Teilnehmer (mind. 5 bis 7) warten zunächst außerhalb des Raumes. Der 1. Teilnehmer liest sich die Geschichte intensiv durch. Wenn er damit fertig ist, legt er die Geschichte beiseite, bittet dann den 2. Teilnehmer in den Raum und trägt ihm die Geschichte vor. Der 2. Teilnehmer hört zu und stellt ggf. Verständnisfragen. Dann bittet er den 3. Teilnehmer herein und trägt ihm die Geschichte vor etc. In dieser Weise sollen 4 bis 7 kleine „Übergabe"-Gespräche geführt werden. Die Teilnehmer, die bereits an der Reihe waren, bleiben im Raum, achten auf Veränderungen und merken sich diese.

Geschichte: „Der Heilerziehungspfleger der Frühschicht berichtete dem Spätdienst im „Übergabe"-Gespräch, dass sich Maria (eine Bewohnerin der Wohngruppe) nach dem Frühstück geweigert habe, zur Werkstatt zu gehen. Obwohl die Nacht sehr ruhig verlaufen sei, sei es heute morgen am Frühstückstisch zwischen Maria und den anderen Bewohnern zu einer erheblichen Auseinandersetzung gekommen. Gerd, der Schwächste der Gruppe, habe bitterlich geweint. Maria habe daraufhin demonstrativ den Frühstückstisch verlassen und sei in ihr Zimmer gegangen. Danach sei es wieder ruhiger geworden und man habe in Harmonie das Frühstück genießen können. Die Ursache für die Auseinandersetzung sei wohl bei Anton zu suchen, der morgens immer muffelig sei und besonders Maria ärgere."

Aufgaben

1. *Tauschen Sie im Anschluss an das Rollenspiel Ihre Erfahrungen aus. Welche Schwierigkeiten sind aufgetreten?*
2. *Welche Erfahrungen haben Sie bei Dienstübergaben gemacht? Wie werden in Mitarbeiterteams Informationen weitergegeben? Wie wird sichergestellt, dass alle Teammitglieder den gleichen Informationsstand besitzen?*

Bedeutung unserer Erfahrungen

Unsere Erfahrungen bestimmen wesentlich, wie wir etwas wahrnehmen. Manche Gegenstände bzw. Informationen sind jedoch nicht eindeutig. Unser Wissen und unsere Erfahrungen helfen, die beste Erklärung für das gegebene Wahrnehmungsobjekt zu finden.

Manchmal sehen wir aber auch Dinge, die gar nicht vorhanden sind. Die Gestalt in dem Bild oben ist hierfür ein Beispiel. Wenn Sie eine alte und eine junge Frau sehen – was sehr wahrscheinlich ist – dann werden Sie wahrscheinlich selbst dann zwei Frauen sehen, wenn Sie erfahren, dass **nur** die „alte Frau" zu sehen ist. Aufgrund Ihrer Erfahrungen mit dem Bild nehmen Sie dann etwas wahr, was gar nicht vorhanden ist.

Mit Hilfe der drei Bilder, die sich nur minimal voneinander unterscheiden, können Sie sich ggf. überzeugen, dass Sie etwas gesehen haben, was nicht vorhanden gewesen ist. Möglicherweise werden Sie argumentieren, dass das Bild „Frau und Schwiegermutter" von Boring sehr bekannt ist und die Unterschiede so minimal sind, dass es zwangsläufig sei, beide Frauen zu sehen.

Aufgaben

1. *Diskutieren Sie, wie Sie in einem Team sicherstellen können, dass (auch minimale) Veränderungen wahrgenommen werden.*
2. *Welche Bedeutung besitzt in diesem Zusammenhang Supervision und Beratung? Welche Erfahrungen konnten Sie mit diesen beiden Formen bereits machen?*

Supervision

„Der Begriff der Supervision stammt aus dem amerikanischen Sprachraum und heißt übersetzt: Kontrolle, Überwachung, Aufsicht bzw. Leistungskontrolle. Er hat in den Vereinigten Staaten die Bedeutung, dass Führungskräfte und dafür ausgewählte Vorgesetzte in einem wirtschaftlichen Unternehmen oder in der Administration beispielsweise ihre Mitarbeiter sowie Funktionsabläufe beaufsichtigen und kontrollieren. Supervisoren (...) sollen dazu beitragen, dass ein Unternehmen, eine Institution (...) reibungsloser arbeitet, Konflikte und Probleme frühzeitig erkannt und beseitigt werden, um eine maximale Effektivität zu ermöglichen. Was sich dort seit 1920 etwa in der Wirtschaft, in öffentlichen und kulturellen Institutionen profitabel bewährt hat, wurde bald darauf auch in psychosozialen und psychiatrischen Einrichtungen der USA übernommen. (...) Allen Verfahren ist gemeinsam, dass die auf die Arbeit gerichtete Selbstreflexion der Helfer im Vordergrund stehen soll, um eine sinnvolle Handlungsstrategie zu ermöglichen. Der Helferin oder dem Helfer soll geholfen werden, sich in seiner eigenen (...) Arbeit zu analysieren und besser zu verstehen, sich von fremdbestimmten und naivpsychologischen Einstellungen zu befreien.

(Scobel in: Wilker [Hrsg.], 1999, S. 12 ff.)

6.2 Personenwahrnehmung

6.2.1 Theoretische Zusammenhänge

Heilerziehungspflege kann sinnvoll nur im Rahmen von stabilen, vertrauensvollen und tragfähigen Beziehungen stattfinden. Eine Voraussetzung, solche Beziehungen aufzubauen, besteht in der Fähigkeit der Mitarbeiter, Persönlichkeitsmerkmale, Gefühle, Bedürfnisse und Fähigkeiten von Menschen mit Behinderungen angemessen einzuschätzen. Fragen und Probleme, die hiermit verbunden sind, betreffen die Personenwahrnehmung.

Im Folgenden werden einige Theorien der Personenwahrnehmung dargestellt, die für die praktische Tätigkeit des Heilerziehungspflegers von Bedeutung sind.

Selektion und Inferenz

Selektion und Inferenz sind grundsätzliche Aspekte der Wahrnehmung. Selektion meint, dass aus einer Vielzahl von Reizen nur ein kleiner Teil beachtet wird, der aussagekräftig und aufschlussreich ist. Um ein Objekt z. B. als Kanarienvogel zu klassifizieren, benötigen wir nur wenige, aber relevante Informationen (Flügel, gelbes Federkleid, singt, Schnabel). Andere Informationen (z. B. Herkunft, bevorzugtes Futter, Fähigkeit Eier zu legen) werden für die erste Klassifizierung nicht oder kaum beachtet.

Inferenz bedeutet, dass der Beobachter über die tatsächlich wahrgenommenen Informationen hinausgeht und (unbewusst) weitere Eigenschaften annimmt, die (noch) nicht erkennbar sind. Wenn ein Vogel als Kanarienvogel klassifiziert wurde, dann nehmen wir automatisch an, dass er nur kurze Strecken fliegen kann und außerhalb seines Käfigs kaum Überlebenschancen besitzt (vgl. Herkner, 1991).

Die Personenwahrnehmung funktioniert nach einem ähnlichen Muster. Aufgrund weniger beobachteter Merkmale (z. B. freundlicher Gesichtsausdruck) wird oft auf noch nicht beobachtete Merkmale und Eigenschaften einer Person geschlossen (z. B. Ehrlichkeit). Dabei werden Personen in der Regel bestimmten Kategorien zugeordnet (z. B. Italiener, Deutsche, Lehrer, Polizeibeamte, Verkäufer, Christen, Juden, Muslime etc.). Die Prozesse Selektion und Inferenz bewirken, dass wir aufgrund weniger Merkmale (z. B. geistige Behinderung) häufig glauben, weit reichende Informationen über die Person zu besitzen (z. B.: Eine Person, die geistig behindert ist, ist abhängig von ihren Eltern und wahrscheinlich nicht verheiratet.). Die Annahme bestimmter Merkmale bei einer Person führt dazu, dass auch die Existenz weiterer, zu dem bereits vorhandenen Eindruck passender Merkmale angenommen wird (z. B.: Wenn eine Person betreut wird, dann ist sie auch nicht geschäftsfähig.)

Aufgabe

Stellen Sie sich vor, Sie sitzen alleine in einem Café und werden von einer gutgekleideten, attraktiven Person angesprochen. Wie wird sich Ihr Denken und Fühlen verändern, wenn Sie erfahren, dass diese Person geistig (psychisch, körperlich) behindert ist? Welche Vorstellungen und Annahmen drängen sich Ihnen auf?

Erster Eindruck, Selbsterfüllende Prophezeiungen und Übertragung

Frage

Wie kommt es dazu, dass wir fremden Menschen ganz bestimmte Eigenschaften zuschreiben, und wie wirken sich diese Zuschreibungen auf unser Verhalten gegenüber der wahrgenommenen Person aus?

Erster Eindruck

Wenn wir einem Menschen zum ersten Mal begegnen, dann können wir nach wenigen Sekunden sagen, ob wir diesen Menschen sympathisch finden oder nicht. Darüber hinaus besitzen wir nach sehr kurzer Zeit ein Bild von den Einstellungen, Fähigkeiten und Verhaltensweisen dieser Person.

Der erste Eindruck basiert in der Regel auf nur wenigen Informationen und ist häufig falsch. Problematisch ist, dass der erste Eindruck sehr stabil ist und unser Verhalten gegenüber der wahrgenommenen Person bestimmt. Dieses gilt besonders für negative Eindrücke. „Menschen, die als gefährlich, inkompetent oder dumm gelten, werden häufig gemieden, so dass sie nur geringe Chancen haben zu beweisen, dass die Etikettierung falsch war“ (Zimbardo P. G. 1992, S. 570).

Selbsterfüllende Prophezeiungen

Ein Mechanismus, der bewirkt, dass der Eindruck, den wir von einem Menschen erwerben, sehr änderungsresistent ist, ist die „sich selbst erfüllende Prophezeiung". Haltungen und Einstellungen, die wir aufgrund unseres (ersten) Eindrucks gegenüber einer Person einnehmen, erzeugen oft erst das Verhalten, das diesen (ersten) Eindruck dann scheinbar bestätigt.

Beispiel

Ein Mitarbeiter hält seinen neuen Kollegen für arrogant und überheblich. Er verhält sich ihm gegenüber abweisend und dominant. Der neue Kollege, der sich diese Ablehnung nicht erklären kann, verhält sich entsprechend. Er weist die Bevormundung zurück, legt eine Abwehrhaltung an den Tag und kann nun als arrogant bzw. überheblich eingestuft werden.

Wie bedeutsam selbsterfüllende Prophezeiungen sind, konnte in psychologischen Experimenten gezeigt werden. Man hat nachgewiesen, dass selbst Personen, denen man lediglich mitgeteilt hatte, dass sie von einer anderen Person positiv (bzw. negativ) bewertet wurden, ihr Verhalten gegenüber dieser Person so veränderten, dass sie zu einem späteren Zeitpunkt von dieser Person tatsächlich positiv (bzw. negativ) bewertet wurden (vgl. Herkner, 1991).

Übertragung

Wahrnehmung ist nicht nur selektiv, sondern auch ergänzend. Die Informationen, mit denen wir unser Bild von einem anderen Menschen ergänzen, stammen aus unseren vorausgegangenen Erfahrungen mit anderen Menschen. Wenn wir z. B. jemanden zum ersten Mal sehen und ihn sofort unsympathisch finden, dann erinnert diese Person uns (z. B. aufgrund von Äußerlichkeiten wie Frisur, Körpergröße, Tonfall etc.) unbewusst an einen anderen Menschen (z. B. Vater, Lehrer, Vorgesetzter). Die negativen Gefühle, die wir mit diesem anderen Menschen verbinden, übertragen wir unbewusst auf unseren gegenwärtigen Kommunikationspartner und reagieren gefühlsmäßig so auf ihn, als ob er dieser andere wäre.

Das Wissen um Übertragungen ist für Heilerziehungspfleger auch aus einer anderen Perspektive von Bedeutung:

„Auch als Empfänger ist die Kenntnis des Übertragungsmechanismus von entscheidender Bedeutung. Ich muss wissen, dass ich ‚Übertragungen' abkriege, d. h.: dass nicht jedes Gefühl, das mir entgegengebracht wird, wirklich mir gilt, sondern vielleicht einem ganz anderen. Entweder war es ein persönliches Merkmal von mir, das beim anderen „alte Geschichten" unbewusst aufgerührt hat, oder es war auch nur meine Rolle, die dies vollbracht hat. So sind vor allem Lehrer, Vorgesetzte und alle Amtsautoritäten in Gefahr, bei ihrem Gegenüber alte Autoritätsproblematiken aufzurühren ..."

(Schulz v. Thun 1994, S. 176)

Aufgabe

Besprechen Sie in Kleingruppen, wie Sie auf Menschen reagieren, die Sie an Menschen aus Ihrer Vergangenheit erinnern (z. B. Lehrer, Vorgesetzte im Praktikum, Kollegen, Mitschüler etc.).

6.2.2 Praktische Umsetzung

Wahrnehmung liefert kein einfaches Abbild der Realität. Viele Faktoren beeinflussen unsere Wahrnehmung, verändern und verzerren sie. Dieses ist wichtig zu erkennen, um Menschen mit Behinderungen gerecht werden zu können.

● Selektion und Inferenz

Aufgaben

1. *Wenn Ihnen ein Mensch mit geistiger Behinderung vorgestellt wird, welche grundsätzliche Haltung nehmen Sie ein? Welche Vorstellungen über Fähigkeiten und Fertigkeiten werden in Ihnen ausgelöst?*
2. *Diskutieren Sie in Kleingruppen die Frage, ob Menschen mit einer leichten geistigen Behinderung den Führerschein erwerben sollten.*

● Gedankenexperiment zum ersten Eindruck

Stellen Sie sich einen Menschen aus Ihrem Verwandten- oder Bekanntenkreis vor, den Sie nicht mögen und mit dem Sie so wenig wie möglich zu tun haben möchten. Finden Sie zunächst drei negative Eigenschaften, die dieser Mensch besitzt. Wenn Sie hiermit fertig sind, dann schreiben Sie bitte mindestens drei positive Eigenschaften auf, die diesen Menschen charakterisieren. Versuchen Sie es!

Aufgaben

1. *Erörtern Sie in Kleingruppen, wie sich der negative Eindruck, den ein Mitarbeiter von einem Bewohner gewonnen hat, auf die Beziehung zwischen beiden auswirken kann.*
2. *Wie groß ist Ihre Bereitschaft, Ihr Bild, das Sie von einem Bewohner gewonnen haben, zu verändern?*

● Übertragung

Erinnern Sie sich bitte an Ihr letztes Praktikum. Welcher Mitarbeiter und/oder welcher Bewohner waren Ihnen unsympathisch? Stellen Sie sich diese Person einen Moment lang vor. Welche Dinge sind Ihnen besonders aufgefallen (z. B. Kleidung, Verhaltensweise, Aussagen, Mimik etc.), welche haben Sie nicht gemocht? Schauen Sie nun in Ihren Verwandten-, Bekannten- und Freundeskreis. Lassen Sie sich Zeit. An wen werden Sie erinnert? Welche Erfahrungen haben Sie mit dieser Person aus Ihrer Vergangenheit gemacht?

Selbsterfüllende Prophezeiungen

Die Geschichte mit dem Hammer

„Ein Mann will ein Bild aufhängen. Den Nagel hat er, aber nicht den Hammer. Der Nachbar hat einen. Also beschließt unser Mann, hinüberzugehen und ihn auszuborgen. Doch da kommt ihm ein Zweifel: Was, wenn der Nachbar mir den Hammer nicht leihen will? Gestern schon grüßte er mich nur so flüchtig. Vielleicht war er in Eile. Aber vielleicht war die Eile nur vorgeschützt, und er hat etwas gegen mich. Und was? Ich habe ihm nichts angetan; der bildet sich da etwas ein. Wenn jemand von mir ein Werkzeug borgen wollte, ich gäbe es ihm sofort. Und warum er nicht? Wie kann man einem Mitmenschen einen so einfachen Gefallen abschlagen? Leute wie dieser Kerl vergiften einem das Leben. Und dann bildet er's sich noch ein, ich sei auf ihn angewiesen. Bloß weil er einen Hammer hat. Jetzt reicht's mir wirklich. – Und so stürmt er hinüber, läutet, der Nachbar öffnet, doch bevor er ‚Guten Tag' sagen kann, schreit ihn unser Mann an: ‚Behalten Sie sich Ihren Hammer, Sie Rüpel!'"

(aus: Watzlawick, Anleitung zum Unglücklichsein, 1983, S. 37)

Aufgaben

1. *Erläutern Sie den Mechanismus der sich selbsterfüllenden Prophezeiungen anhand des Beispiels. Zeigen Sie auf, wie sich das Verhalten des Nachbarn in Zukunft verändern wird.*
2. *Entwickeln Sie in Kleingruppen Vorstellungen darüber, wie Einstellungen von Mitarbeitern gegenüber Bewohnern problematische Verhaltensweisen bei Bewohnern erzeugen bzw. hervorrufen können.*

Kausalattribuierungen

Das Wissen um Kausalattribuierungen ist für Heilerziehungspfleger von besonderer Bedeutung, da sie ständig entscheiden (müssen), ob Ursachen des Verhaltens eines Menschen mit Behinderung eher seinen Fähigkeiten, seiner Motivation, der Aufgabenschwierigkeit oder dem Zufall zuzuordnen sind. Je nachdem, wie diese Einschätzung ausfällt, werden z. B. bestimmte Fördermaßnahmen weitergeführt, modifiziert (z. B. Aufgabenschwierigkeit: Veränderung der Schwierigkeitsstufen) oder vielleicht sogar beendet (z. B. Fähigkeit: Es ist absehbar, dass das Ziel nicht erreicht wird.). Da Ursachenzuschreibungen subjektiv sind, bestehen in einem Team häufig unterschiedliche Einschätzungen.

Aufgaben

1. *Welche Erklärungen (Kausalattribuierungen) würden Sie bevorzugen, wenn Sie trotz intensiver Bemühungen kaum Kontakt zu den Mitarbeitern Ihres Teams erhielten (Fähigkeit, Anstrengung, Zufall, Schwierigkeit)?*
2. *Finden Sie in Kleingruppen Beispiele für Misserfolge, die in der heilerziehungspflegerischen Praxis denkbar sind. Entwickeln Sie mit Hilfe Heiders Theorie der Kausalattribuierungen alternative Erklärungen für diese Misserfolge.*

6.3 Beobachtung

6.3.1 Theoretische Zusammenhänge

Beobachtungen bilden die Grundlage für Pflege-, Förder- und Erziehungsmaßnahmen. Mit ihrer Hilfe versucht man, unangemessenen Einschätzungen und Beurteilungen entgegenzuwirken. Das Ziel besteht darin, differenzierte Informationen zu erhalten, die es ermöglichen, ein umfassendes und ganzheitliches Bild von den zu betreuenden Personen zu entwickeln.

Beurteilungsfehler

Unsere Wahrnehmung ist von vielen Faktoren und Einflüssen abhängig und daher auch niemals völlig objektiv.

„Systematische Fehler bei der Persönlichkeitsbeurteilung entstehen (...) dadurch, dass unser kognitiver Apparat, unser Denken, Wahrnehmen, Vergleichen, Speichern und Wiedergeben nicht gestattet, die Welt um uns herum zu erfassen, sondern dass dabei systembedingte Veränderungen, vor allem Vereinfachungen, unvermeidlich sind."

(Sader, 1980, S. 102).

Folgende Beurteilungsfehler werden in der Literatur häufig genannt:

– Halo-Effekt
Die Beurteilung eines bestimmten Persönlichkeitsmerkmales (z. B. Intelligenz) wird durch ein anderes Merkmal (z. B. Schönheit) beeinflusst.

Beispiel

Menschen, die einem Schönheitsideal entsprechen, werden eher für intelligent gehalten als Menschen, die körperliche Deformationen aufweisen.

– Rosenthal-Effekt:
Die Erwartungen des Beobachters verfälschen (aufgrund von Wissen und Erfahrungen) das Beobachtungsergebnis.

Beispiel

Ein Mitarbeiter nimmt die Verhaltensweisen eines Bewohners unter dem Aspekt seiner Erwartungen wahr (z. B. Unfreundlichkeit). Verhaltensweisen, die diesen Erwartung entsprechen, werden registriert, andere nicht (z. B. Höflichkeit).

– Kontrastfehler:
Verhaltensweisen, auf die man sehr viel Wert legt (z. B. Sauberkeit), betrachtet man bei anderen besonders kritisch.

Beispiel

Wenn ein Mitarbeiter Pünktlichkeit als eine wichtige Eigenschaft betrachtet, dann fällt ihm die Unpünktlichkeit seines Kollegen besonders auf.

– Tendenz zur Mitte:
Diese Tendenz besteht darin, dass bei Urteilsunsicherheit keine extremen Urteile abgegeben werden. Alle Beurteilung liegen in einem mittleren Bereich.

Beispiel

Wenn ein Mitarbeiter unsicher ist, die Fähigkeiten eines Bewohners richtig einzuschätzen, dann wird er dazu tendieren, dem Bewohner weder besonders viele Freiheiten einzuräumen, noch wird er ihn übermäßig streng behandeln.

Beurteilungsfehler im Alltag einer Wohngruppe entstehen nach Klauß (1987), häufig durch

– Interpretationen und Verallgemeinerungen
Mitarbeiter benutzen häufig Interpretationen, wenn sie das Verhalten von Bewohnern wiedergeben. Es wird z. B. nicht das tatsächlich beobachtete Verhalten eines Bewohners wiedergegeben, der sich mit seinem Zimmernachbarn gestritten hat, sondern lediglich mitgeteilt, dass der Bewohner aggressiv gewesen sei.

– Einstellungen und Erwartungen der Mitarbeiter
Einstellungen, die Mitarbeiter gegenüber bestimmten Bewohnern entwickeln, beeinflussen ihre Wahrnehmung. Es werden bevorzugt die Verhaltensweisen wahrgenommen, die die Mitarbeiter von den Bewohnern erwarten. Verhaltensweisen, dich nicht ins Bild passen, werden ignoriert oder verzerrt wahrgenommen. Sie werden als zufällig und nicht charakteristisch betrachtet.

– Negative Verhaltensweisen von Bewohnern
Auffällige, störende und aggressive Verhaltensweisen werden grundsätzlich stärker beachtet. Sie sind augenfälliger als angepasste Verhaltensweisen. Außerdem versetzen sie Mitarbeiter häufig in einen Handlungszwang.

– Situative Faktoren
Konflikte und Auseinandersetzungen sowie Unruhe bewirken Wahrnehmungsverzerrungen. Bewohner, die in einer unruhigen Gruppe wohnen, werden von Mitarbeitern z. B. anders wahrgenommen als Bewohner, die in einer ruhigen Gruppe wohnen.

● Beobachtung

Beobachtung ist die aufmerksame, planmäßige Wahrnehmung oder Anschauung mit dem Ziele exakter Feststellung eines Sachverhaltes oder einer Tatsachenfolge, gegebenenfalls mit geeigneten Hilfsmitteln.

(Hehlmann zit. n. Popp, 1975, S. 27)

● Merkmale der Beobachtung

Eine systematische Beobachtung lässt sich durch folgende Merkmale charakterisieren:

– eine Beobachtung ist eine gezielte Wahrnehmung.
Mit Hilfe der Beobachtung sollen bestimmte Fragestellungen oder Sachverhalte geklärt werden. Es soll z. B. eine bestimmte Fragestellung erhellt werden, für die es nur unklare Hinweise gibt (Wann treten die Ängste des Bewohners auf?/Ist der Bewohner überfordert?). Alltagsbeobachtungen sind häufig der Ausgangspunkt für eine gezielte Wahrnehmung.

– Eine Beobachtung ist eine geplante Wahrnehmung.
Im Vorfeld einer Beobachtung werden viele Aspekte bedacht und festgelegt. Hierzu zählen neben dem Ziel der Beobachtung vor allem die Verhaltensweisen, die beobachtet werden sollen, sowie Situationen und Zeiträume, in denen die Beobachtung stattfinden soll. Die eigentliche Beobachtung erfolgt häufig mit Hilfe von Beobachtungsbögen.

– Eine Beobachtung soll intersubjektiv sein.
Objektivität bedeutet, dass zwei Beobachter (z. B. zwei Mitarbeiter) unabhängig voneinander zu gleichen oder ähnlichen Ergebnissen kommen. Unabhängigkeit bedeutet, dass die Beobachter sich nicht gegenseitig beeinflussen und erst nach Abschluss der Beobachtungen Resultate austauschen.

– Die Beobachtungsergebnisse werden registriert.
Im Gegensatz zur Alltagsbeobachtung werden die Ergebnisse der systematischen Beobachtung protokolliert. Hierbei soll eine möglichst wertfreie, beschreibende Sprache benutzt werden. Der Einfluss von Interpretationen soll minimiert werden. Die Registrierung des Beobachteten erfolgt daher auch gemäß zuvor festgelegter Kriterien (z. B. mit Hilfe von Verhaltenskategorien). Je nach Fragestellung und Bedingung kommen auch technische Hilfsmittel zum Einsatz, wie Tonband- und Videoaufnahmen.

– Der Beobachtungsgegenstand wird so wenig wie möglich beeinflusst.
Bei einer Beobachtung wird der Beobachtungsgegenstand, z. B. ein bestimmtes Verhalten, lediglich registriert. Es erfolgen keine Manipulationen, um herauszufinden, unter welchen Bedingungen das Verhalten auftritt. Auch der Einfluss, der vom Beobachter z. B. in einer teilnehmenden Situation ausgeht, wird möglichst gering gehalten.

Beobachtungsformen

Klauß (1987, S. 53) unterscheidet drei Formen der Beobachtung:

– Die unsystematische Beobachtung
Sie entspricht unserer Alltagsbeobachtung. Wir nehmen etwas zufällig wahr, was uns interessiert und richten unsere Aufmerksamkeit darauf. Die Beobachtungen, die wir machen, sind zufällig und unsystematisch.

– Die gezielte Beobachtung
Sie unterscheidet sich von der Alltagsbeobachtung dadurch, dass man sich z. B. aufgrund einer unsystematischen und zufälligen Beobachtung im Vorfeld das Ziel setzt, auf ein bestimmtes Verhalten oder auf bestimmte Aspekte bewusst zu achten.

– Die systematische Beobachtung
Sie ist die gezielte und geplante Wahrnehmung von Beobachtungsgegenständen, z. B. Verhaltensweisen, die in methodisch festgelegter Weise registriert werden.
In der Fachliteratur (vgl. Mees u. Selg, 1977, S. 27) werden Beobachtungsformen häufig auch unterschieden in:

– Selbst- und Fremdbeobachtung
Während der Beobachter bei einer Fremdbeobachtung das Verhalten einer anderen Person erfasst, registriert der Beobachter bei einer Selbstbeobachtung bestimmte Aspekte ihres eigenen Verhaltens.

– Teilnehmende und nichtteilnehmende Beobachtung
Unter einer teilnehmenden Beobachtung versteht man eine Form der Beobachtung, bei der sich der Beobachter in der gleichen Situation, z. B. im gleichen Raum mit der zu beobachtenden Person(en) befindet. Bei der nichtteil-

nehmenden Beobachtung hingegen befindet sich der Beobachter in einem Nebenraum. Die Beobachtung erfolgt dann z. B. durch eine so genannte Einwegscheibe oder sie erfolgt mit Hilfe von technischen Hilfsmitteln (Video- und Tonbandaufnahmen).

Man unterscheidet zwischen aktiver und passiver teilnehmender Beobachtung. Bei der aktiv-teilnehmenden Form tritt der Beobachter mit den zu beobachtenden Personen in Interaktion. Bei der passiv-teilnehmenden Beobachtung lautet die Maxime: So wenig Interaktion wie möglich, ohne ablehnend-unfreundlich zu wirken.

– Offene und verdeckte Beobachtung

Diese Unterscheidung betrifft den Sachverhalt, ob die beobachtete(n) Person(en) über die Beobachtung informiert ist (sind). Ist dies nicht der Fall, handelt es sich um eine verdeckte Beobachtung.

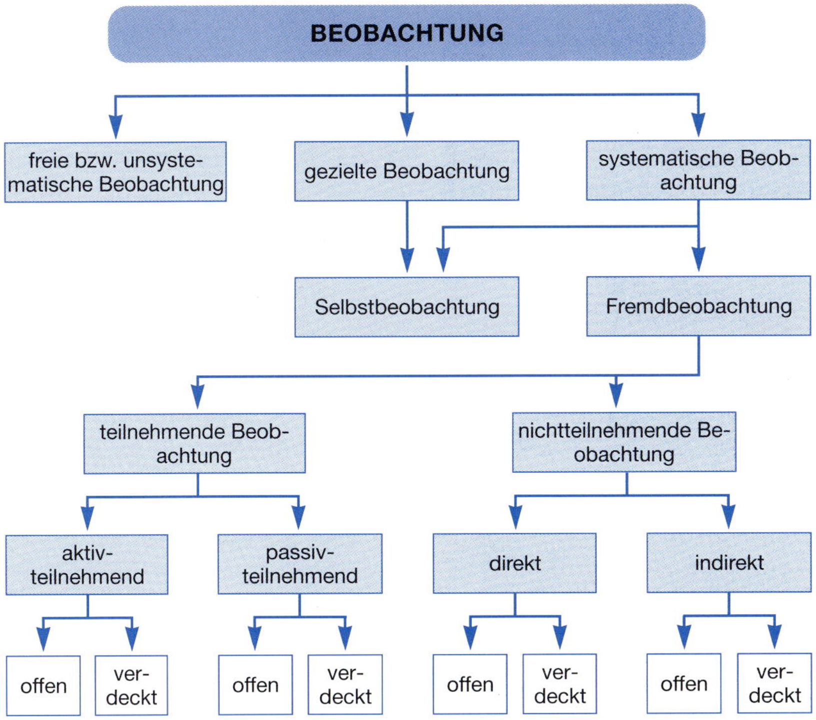

● Systematische Beobachtung

Eine systematische Bobachtung wird notwendig, wenn das freie bzw. gezielte Beobachten zu ungenau ist und nicht die Informationen erbringt, die z. B. für die Planung einer Förderung notwendig sind.

Eine systematische Beobachtung setzt einen Beobachtungsrahmen voraus, in dem die einzelnen Beobachtungsvorgänge und die Fixierung des Beobachteten nach vorgeschriebenen Regeln ablaufen und daher kontrollierbar werden. Der Beobachtungsrahmen beinhaltet im Einzelnen

– die Festlegung von Verhaltensweisen, die beobachtet werden sollen.
Es werden nicht alle Verhaltensweisen registriert, sondern nur diejenigen, über die man mehr Informationen wünscht. Es interessieren z. B. alle aggressiven Verhaltensweisen.

– Regeln, nach denen beobachtet werden soll.
Es muss z. B. festgelegt werden, ob ein bestimmtes Verhalten immer dann erfasst wird, wenn es in einem bestimmten Zeitraum auftritt (Ereignisstichprobe), oder ob in einem festgelegten Zeitraum sämtliches Verhalten, das auftritt, festgehalten werden soll.

– die Festlegung des Ortes, an dem beobachtet werden soll.
Es kann sehr aufschlussreich sein, ein bestimmtes Verhalten eines Menschen an verschiedenen Orten zu beobachten. Ein Bewohner zeigt unter Umständen im Wohnbereich ein angepasstes Verhalten, während er in der Werkstatt ein aufsässiges und rebellisches Verhalten an den Tag legt.

– die Festlegung der Beobachtungszeiten.
Um herauszufinden, weshalb ein bestimmtes Verhalten auftritt, ist es manchmal notwendig, zu verschiedenen Zeiten zu beobachten (z. B. morgens und abends). Dabei ist es wichtig, dass systematische Verzerrungen ausgeschlossen werden. Es muss z. B. berücksichtigt werden, dass bestimmte situative Bedingungen, die ein problematisches Verhalten auslösen können, zu unterschiedlichen Zeitpunkten auftreten können (z. B. herrscht beim Frühstück und beim Abendessen eine große Lautstärke).

● Kategoriensystem

Da es unmöglich ist, das gesamte fragliche Verhalten eines Menschen zu registrieren, bietet sich ein Kategoriensystem zur Beobachtung an. Kategorien stellen Klassen von Verhaltensweisen dar, die es erlauben, unterschiedliche Verhaltensweisen (z. B. lächeln, nicken, winken etc.) auf einer mittleren Abstraktionsebene zusammenzufassen (z. B. nonverbale Kontaktaufnahme). Obwohl für viele Fragestellungen bereits fertige Beobachtungssysteme existieren, ist die Konstruktion eines für eine bestimmte Fragestellung spezifischen Systems häufig notwendig. Dabei müssen folgende Aspekte beachtet werden (vgl. Mees. u. Selg, 1977):

– Unabhängigkeit der Kategorien
Kategorien müssen voneinander unabhängig sein; d. h. jedes Verhalten (z. B. Schlagen) darf nur einer einzigen Verhaltenskategorie (z. B. nonverbale Aggressivität) zugeordnet werden können.

– Vollständigkeit der Kategorien
Ein Kategoriensystem muss alle auftretenden Verhaltensweisen erfassen; jedes Verhalten muss kodierbar sein. Häufig bereitet die Formulierung der Kategorien so viele Probleme, dass eine so genannte „Restkategorie“ eingeführt wird, die so weit definiert ist, dass sie sehr viele Verhaltensweisen umfasst.

– Konkretheit der Kategorien
Kategorien müssen auf der einen Seite verhaltensnah definiert sein (z. B. „beschädigt Gegenstände“ statt „körperliche Aggressivität“). Andererseits müssen sie einen gewissen Abstraktionsgrad besitzen, da sonst die Anzahl der

Kategorien zu groß und damit unübersichtlich wird. Die Anzahl der Kategorien sollte aufgrund unserer begrenzten Verarbeitungskapazität möglichst gering sein (max. 10 – 15).

Beobachtungsbogen

Nachdem Kategorien formuliert worden sind, werden sie in einen Beobachtungsbogen übertragen. Dieser Bogen wird in der konkreten Beobachtungssituation eingesetzt. Mit seiner Hilfe wird das fragliche Verhalten erfasst.

Beispiel

Es soll überprüft werden, ob der Eindruck stimmt, dass ein bestimmter Bewohner während der Mahlzeiten Auseinandersetzungen provoziert.

Bewohner
Name: Vorname: Datum: Nr.

	Frühstück	Mittagessen	Kaffee	Abendessen
provoziert aktiv Mitbewohner (z. B. spricht Mitbewohner an und beleidigt sie; setzt sie herab; benutzt Schimpfwörter und obszöne Gesten etc.)				
lehnt Mitbewohner ab (z. B. widerspricht Mitbewohnern ohne sie zu beleidigen etc.; gibt keine Hilfe bzw. reicht nichts an; lehnt Vorschläge ab; wendet sich demonstrativ bei Ansprache ab etc.)				
isoliert sich (z. B. nimmt keinen Kontakt zu anderen auf; ist nur mit seinem Frühstück beschäftigt; bittet nicht um Hilfe sondern steht auf oder greift über den Tisch, um Gegenstände zu erreichen etc.)				
unterstützt Mitbewohner (z. B. stimmt Mitbewohnern zu; gibt Hilfe bzw. reicht an; bestärkt den anderen; hört anderen Bewohnern bei Ansprache zu etc.)				
hat Kontakt zu Mitbewohnern (z. B. spricht freundlich mit Mitbewohnern, scherzt mit ihnen, lacht, stimmt überein, zeigt Verständnis, gibt nach etc.)				
hat Kontakt zu Mitarbeitern (z. B. spricht Mitarbeiter an, erzählt vom Wochenende, WfB etc, bittet um Hilfe, bietet seine Hilfe an, scherzt, stimmt überein etc.)				
Restkategorie (alle anderen Verhaltensweisen, die nicht zugeordnet werden können)				

Auswertung der Ergebnisse

Mit Hilfe eines Beobachtungsbogens kann das Verhalten des Bewohners registriert werden. Die Registrierung erfolgt dadurch, dass in den Kästchen hinter den Kategorien für bestimmte Zeiteinheiten (z. B. Frühstück) eingetragen wird, wie oft das entsprechende Verhalten aufgetreten ist (Ereignisstichprobe). Um Überforderungen zu vermeiden, begrenzt man einen Beobachtungszeitraum in der Regel auf wenige Minuten (z. B. die ersten oder letzten fünf Minuten des Frühstücks). Die Auswertung der Beobachtung gestaltet sich relativ einfach. Hierzu werden einfach die Protokollierungen ausgezählt und die Häufigkeiten miteinander verglichen. Die Interpretation der Ergebnisse gestaltet sich hingegen manchmal schwierig. Sie ist jedoch um so leichter, je eindeutiger die Fragestellung eingangs gestellt wurde.

Beziehung zwischen Beobachter und Beobachtetem

Eine Beobachtung hat Auswirkungen und verändert die Situation. Bewohner verändern ggf. ihr Verhalten, wenn sie bemerken, dass sie beobachtet werden. Sie fühlen sich verunsichert und werden nervös, lassen sich ablenken oder interessieren sich mehr für den Beobachter als für die Situation. Das Verhalten kann sich sogar soweit ändern, dass die eingangs aufgeworfene Fragestellung mit Hilfe der Beobachtung nicht mehr sinnvoll beantwortet werden kann.

Die Beobachtung hat aber auch Auswirkungen auf den Mitarbeiter. Mit Hilfe des Beobachtungsbogens richtet er seine Wahrnehmung auf Aspekte des Verhaltens des Bewohners, die er zuvor nicht wahrgenommen hat. Sein Bild vom Bewohner wird differenzierter und vollständiger. Hierdurch bedingt und während der Beobachtung verhält sich der Mitarbeiter anders. Er verstärkt bestimmte Verhaltensweisen und ignoriert andere.

Aufgabe

Setzen Sie diesen Beobachtungsbogen in Ihrer Praxis um. Vergleichen Sie die Ergebnisse miteinander.

6.3.2 Praktische Umsetzung

Persönlichkeitsbeurteilung und Sprache

„Wenn wir sagen: ‚Fritz stellt sich dumm an, wenn er seine Hausaufgaben selbstständig machen soll', so wird hier ‚dumm' adverbial verwendet. Dasselbe gilt für die Aussagen: ‚Karl läuft schnell; Fritz läuft langsam.' Die Kennzeichnungen ‚schnell' und ‚langsam' sind hier adverbiale Bestimmungen des Laufens. Es ist jederzeit möglich, die Adverbien in Adjektive zu überführen: ‚Fritz ist dumm', ‚der schnelle Karl' u. dgl. Bei der *adverbialen Beschreibung* wird das Verhalten von Individuen bestimmt; das Laufen (= Verhalten) von Karl wird näher gekennzeichnet. Bei der *adjektivischen Beschreibung* werden die Individuen selbst, ohne Bezugnahme auf konkretes Verhalten, gekennzeichnet. Ihnen wir eine Eigenschaft zuerkannt: ‚Fritz ist dumm', ‚der schnelle Karl'"

(Hermann, 1976, S. 84)

Aufgaben

1. *Erinnern Sie sich bitte an Ihr letztes Praktikum. In welcher Form wurden Aussagen über Bewohner getroffen? Wie erfolgten Eigenschaftsbeschreibungen und Beurteilung?*
2. *Formulieren Sie einen Entwicklungsbericht für einen Bewohner. Versuchen Sie soweit wie möglich, ein adjektivisches Beschreibungsniveau zu vermeiden.*

Eigenschaftsbeschreibungen spielerisch darstellen

Stellen Sie folgende oder ähnliche Begriffe dar, die häufig bei Personenbeschreibungen verwendet werden: Distanzlosigkeit, Aggressivität, Traurigkeit, Hilflosigkeit, Konzentration, Gemeinschaftsfähigkeit, Ängstlichkeit, Schüchternheit ...

Bilden Sie zunächst ca. 4 bis 6 Kleingruppen von 3 bis 4 Schülern. Jede Gruppe erhält die Aufgabe, einen der Begriffe – der den anderen Schülern nicht bekannt ist – vor der Klasse in einem Rollenspiel kurz darzustellen. Die anderen Schüler sollen sich unterdessen notieren, was sie sehen, ohne sich mit ihren Klassenkameraden auszutauschen. Nachdem alle Gruppen ihren Begriff gespielt haben, wird jedes Spiel getrennt ausgewertet, indem die „Nichtspieler" mitteilen, was sie gesehen haben. Anschließend teilen die „Spieler" mit, welchen Begriff sie gespielt haben.

Auswertungsgesichtspunkte bzw. -fragen:

- Weshalb kommt es zu unterschiedlichen Beobachtungsergebnissen?
- Können unterschiedliche Beurteilungen vermieden werden, und wenn ja, wie?

Selbstbeobachtung

Führen Sie über mehrere Tage eine Selbstbeobachtung durch. Beobachten Sie Ihr Studierverhalten am Schreibtisch. Entwickeln Sie einen Beobachtungsbogen. Protokollieren Sie sowohl Beginn und Ende sowie die Dauer, die Sie am Schreibtisch verbracht haben. Notieren Sie, wann Sie Ihre Tätigkeit unterbrochen haben und die Dauer der Unterbrechungen.

Tauschen Sie nach einer Woche die Ergebnisse Ihrer Selbstbeobachtung in der Klasse aus.

Fremdbeobachtung (Erster Eindruck)

Aufgaben

1. *Formulieren Sie am Ende der ersten Praktikumswoche Ihren (ersten) Eindruck von einem Bewohner, der Ihnen in besonderer Weise aufgefallen ist. Beschreiben Sie, welche Eigenschaften (Vorlieben, Interessen, Einstellungen) und Verhaltensweisen Ihnen besonders aufgefallen sind.*

2. *Überlegen Sie, welche Informationen Sie durch die Beobachtung zusätzlich erhalten wollen.*
3. *Formulieren Sie eine Fragestellung.*
4. *Wählen Sie konkrete Verhaltensweisen aus, die Sie beobachten wollen und erstellen Sie ein Kategoriensystem, um Ihre Fragestellung zu überprüfen (max. 7 bis 9 Kategorien)*
5. *Klären Sie die Rahmenbedingungen für Ihre Beobachtung (Ort, Zeit, Dauer, etc.).*
6. *Entwickeln Sie einen Beobachtungsplan, mit dem Sie die Beobachtung durchführen wollen.*
7. *Führen Sie die Beobachtung durch und werten Sie die Ergebnisse im Hinblick Ihrer Fragestellung aus.*

6.3.3 Materialien und Anregungen

Literatur

Müller/Klauß/Heimberg/Mittmann: Verhaltensmodifikationen in der Praxis. Ein Kursprogramm zur Aus- und Weiterbildung für pädagogische Fachkräfte. Basel. 1980.
Die vorliegende Publikation führt schrittweise mit vielen praktischen Übungen in die Themenbereiche „Beobachtung" und „Verhaltensmodifikation" ein.

Strasser, U., Wahrnehmen, Verstehen, Handeln; Förderdiagnostik für Menschen mit einer geistigen Behinderung, Luzern 1992.
Der Autor setzt sich intensiv mit den Grundlagen und Mitteln der Personwahrnehmung und heilpädagogischen Förderdiagnostik auseinander.

7 Körperbehinderung

- *Wodurch entstehen Körperbehinderungen?*
- *Welche Folgen können Körperbehinderungen für die betroffenen Menschen haben?*
- *Was sollten die heilerziehungspflegerisch Tätigen über die motorische Entwicklung wissen?*
- *Was ist die „konduktive Förderung“ nach Petö?*

7.1 Personenkreis

Es ist schwer, nicht sprechen zu können. Oft bin ich deswegen traurig. Aber es gibt einen Satz, den ich mir ausgedacht habe und den meine Mutter mir ganz groß aufgeschrieben hat: ‚Nicht lachen können, ist schlimmer, als nicht reden können'. Und lachen kann ich sehr gut ...
Ich habe Spaß daran, anderen beim Spiel zuzuschauen, ich höre zu oder lasse mir vieles zeigen. Ich spiele auch gern mit Lego-Steinen und helfe beim Zusammenbauen, indem ich mit Blicken zeige, wo die Steine aufgebaut werden sollen. Doch kein Kind aus meiner Nachbarschaft hat bisher so mit mir gespielt. Deshalb fühle ich mich einsam. Das ist überhaupt das Schlimmste: nicht, dass ich nicht laufen kann; nicht, dass ich nicht sprechen kann; sondern dass ich keine richtige Freundin habe.

(K. Lemmler/St. Gemmel, Katrin spricht mit den Augen, 1997, S. 6 und 21)

Fragen

1. *Welche Gefühle, Hoffnungen, Ängste werden in dem Zitat bei den Kindern deutlich?*
2. *Welche Auswirkungen der körperlichen Beeinträchtigung werden jeweils angedeutet?*
3. *Welche pädagogischen Fragestellungen, Aufgaben können Sie daraus ableiten?*
4. *Tragen Sie im Unterricht vorhandene Meinungen, Erfahrungen über die Contergan-Affäre zusammen. Einige Schülerinnen und Schüler könnten Informationen und Daten der Klassen vorstellen.*

7.1.1 Theoretische Zusammenhänge

Körperbehinderung ist ein Sammelbegriff für die vielfältigen Erscheinungsformen und Schweregrade körperlicher Beeinträchtigungen, die sich aus Schädigungen des Stütz- und Bewegungsapparates und aus anderen inneren oder äußeren Schädigungen des Körpers und seiner Funktionen ergeben. (Stadler, 1998, S. 11).

Ursachen und Erscheinungsformen

Die häufigsten Erscheinungsformen der Körperbehinderungen sollen kurz dargestellt werden.

Schädigungen des Zentralnervensystems (ZNS: Gehirn und Rückenmark): Diese *zerebralen Bewegungsstörungen* können frühkindlich (vor, während oder kurz nach der Geburt) entstehen (infantile Cerebralparese) oder zu einem späteren Zeitpunkt erworben werden, z. B. durch Unfälle oder durch Tumorbildungen. Je nach Lokalisation der Hirnschädigung kommt es zu verschiedenen Behinderungsarten. Zu den Schädigungen des ZNS gehören weiterhin angeborene Fehlbildungen des Rückenmarks und der Wirbelsäule (spina bifida und Hydrozephalus), weiterhin erworbene Schädigungen der Nerven des Rückenmarks durch Unfälle (Querschnittslähmung) oder durch eine Virusinfektion (Poliomyelitis/spinale Kinderlähmung).

Schädigungen der Muskulatur und des Skelettsystems
Die progressive Muskeldystrophie wird zu den progredienten Erkrankungen gerechnet, die durch zunehmende Verschlimmerung des Krankheitsbehinderungsbildes gekennzeichnet ist. Hier ist das Muskelgewebe betroffen; der zunehmende Abbau des Muskelgewebes führt zu zunehmenden Bewegungsbeeinträchtigungen bis zur Rollstuhlabhängigkeit.
Progredient Erkrankte erleben die Wirkungslosigkeit und Schmerzhaftigkeit der medizinischen Therapie, wollen am Leben bleiben und fürchten den Tod als endgültigen Abschluss ihres jungen Lebens. Sie beklagen den Verlust ihrer Selbstständigkeit und ihres menschlichen Umfeldes, ihre Isolierung, die Einschränkung ihrer Bewegungsfreiheit. Ihre Gefühle schwanken zwischen Hoffnung, Erwartung eines Wunders und Wut, Trauer, Neid und Verzweiflung. Ihre verbliebene Lebensspanne erstreckt sich auf Wochen, Monate oder Jahre, auch den zunehmenden Persönlichkeitszerfall (Suhrweier, 1997)
Zu den Schädigungen der Muskulatur und des Skeletts gehören ebenso Wachstumsstörungen wie Kleinwüchsigkeit, Fehlbildungen oder Fehlen von Gliedmaßen (Dysmelie) und die Glasknochenkrankheit. Auch können Fehlstellungen der Wirbelsäule hinzugerechnet werden: Skoliose (seitliche Verbiegung), Kyphose (Verkrümmung nach hinten), Lordose (Verkrümmung nach vorn).

Chronische Krankheiten und Fehlfunktionen von Organen:
Hierzu zählen vor allem rheumatische Erkrankungen. Es werden aber auch Erkrankungen des Herzens, der Atmungsorgane oder die Epilepsie einbezogen, die indirekt zu einer Beeinträchtigung der statomotorischen Funktionalität führen können.

Alle genannten Erscheinungsformen einer Körperbehinderung können hier nicht genauer dargestellt werden. Wir beschränken uns auf detailliertere Angaben zu den *zerebralen Bewegungsstörungen*, die den größten Anteil unter den genannten Schädigungen im Kindesalter ausmachen.

Von ca. 1000 Neugeborenen kommen vermutlich zwei bis drei Kinder mit einer solchen Behinderung zur Welt. Das bedeutet: In der Bundesrepublik gibt es etwa 50.000 Kinder und Jugendliche mit cerebralen Bewegungsstörungen. Unter uns leben mehr als 250.000 Menschen mit dieser Behinderung. (Bundesverband für Körper- und Mehrfachbehinderte e. V., 1999, S. 5)

Zerebrale Bewegungsstörungen, die durch eine abnorme Muskelspannung und eine gestörte Koordination von Bewegungsabläufen gekennzeichnet sind, lassen sich in drei Ausprägungsformen einteilen (vgl. Hedderich, 1999, S. 22):

- Bei der *Spastik* ist die Muskelspannung in den betroffenen Körperpartien infolge der zentralnervösen Fehlsteuerung erhöht (Hypertonus). Das Wechselspiel der Muskeln zwischen Anspannung und Entspannung ist gestört, in schweren Fällen ist die zu starke Muskelspannung dauernd vorhanden;

in allen Fällen ist sie abhängig von körperlicher, seelischer, geistiger Anspannung positiver oder negativer Art. Durch Gelenkblockaden entstehen eine starre Körperhaltung, es zeigen sich Gleichgewichtsstörungen und eine eingeschränkte motorische Bewegungsfähigkeit. Es gelingen daher bestimmte Bewegungsabläufe gar nicht oder nur mühsam und in „falscher Ausführung".

- Bei *Athetosen* (griech.: ohne feste Stellung) liegt eine wechselnde Muskelspannung vor. Diese Bewegungsstörung zeichnet sich durch unwillkürlich unregelmäßige, wurmförmig verkrampfte Bewegungen aus, bei denen die Muskelspannung erhöht ist. Im Ruhezustand ist der Muskeltonus niedrig; plötzlich einschießende Impulse führen zu ausfahrenden Bewegungen der Extremitäten. Die Kopfkontrolle ist sehr erschwert und die Gleichgewichtsfähigkeit dadurch stark beeinträchtigt.
- Die *Ataxie* (griech.: ohne Ordnung) äußert sich in einer verminderten (hypotonen) Grundspannung der Muskulatur, in einer schlechten Bewegungskoordination und einem schlechten Gleichgewicht. Dadurch sind zielsichere Bewegungen erschwert, das Gangbild ist unsicher, bei feinmotorischen Bewegungsausführungen tritt heftiges Zittern auf.

Bei der Spastik liegt eine Schädigung der Großhirnareale vor, deshalb finden wir je nach Lokalisation der Schädigung verschiedene Bilder:

- die *Hemiparese* (hemi = halb, Parese = Teillähmung) ist eine halbseitige Bewegungsbeeinträchtigung, eine Störung einer Körperseite;
- bei der *Diparese* (di = zwei) handelt es sich um eine Störung hauptsächlich der unteren Körperhälfte und der Beinmotorik bei weitgehend symmetrischer Verteilung, die Arme sind weniger betroffen;
- die *Tetraparese* (tetra = vier) meint eine Störung aller vier Extremitäten; sie zeigt außerdem die Beeinträchtigung der Rumpfmotorik bei oft ungleicher Verteilung auf die Körperhälften;
- mit der *Monoparese* (mono = eins) wird die Störung eines Armes oder eines Beines bezeichnet; sie ist sehr selten anzutreffen. (Zinke-Wolter, 1994, S. 104).

Die Einteilung ist sicher hilfreich, wird aber in der konkreten Betreuungsarbeit den vielen unterschiedlichen Symptomatiken nur begrenzt gerecht. *Zerebrale Bewegungsstörungen* treten häufig als Mischformen und als Mehrfachbehinderung auf. Zum Beispiel sind die Folgen einer Tetraplegie aufgrund des sehr unterschiedlichen Ausmaßes der Störung sehr verschieden. Sie reichen von Kindern, die gehen, relativ deutlich sprechen und relativ selbstständig werden können, bis zu schwerstbehinderten Kindern auch mit einer geistigen Behinderung.

Warum gibt es so unterschiedliche Ausprägungsarten?
Trotz zahlreicher Versuche unterschiedlicher Arbeitsgruppen ist es bisher nicht gelungen, eine allgemeingültige Definition des Krankheitsbildes der zerebralen Bewegungsstörung zu erarbeiten. Im Gegensatz zu den neurologischen Erkrankungen des Erwachsenenalters, denen pathologisch-anatomisch fest um-

rissenen Krankheitsbilder mit entsprechend definierbaren Ausfallerscheinungen zugrunde liegen, trifft die Noxe des frühkindlichen Hirnschadens, z. B. der Sauerstoffmangel, das noch völlig unausgereifte Gehirn diffus in unberechenbarer und unterschiedlicher Intensität. Da Kompensationsvorgänge des in diesem Alter noch „plastischen" Gehirns einen Teil des Ausfalls ausgleichen können, wobei auch dieser Anteil unberechenbar ist, kommt es zu einer Vielzahl der unterschiedlichsten pathologischen Erscheinungsbilder. (Flehmig, 1990, S. 89)

Aufgaben

1. *Woran denken Sie, wenn Sie den Begriff Spastiker hören? Schreiben Sie Ihre spontanen Gedanken, Gefühle auf. Vergleichen Sie diese mit denen der Mitschülerinnen und Mitschüler.*
2. *Haben sie mal erlebt, wie das Wort Spasti als Schimpfwort missbraucht wurde? Was war der Anlass? Wie die Reaktionen der Beteiligten?*
3. *Diskutieren und beurteilen Sie die genannten Gefühle und Einstellungen von Menschen mit progredienten Erkrankungen.*

Auswirkungen und Begleitsymptome

Wesentliches Merkmal der Körperbehinderung ist die Beeinträchtigung der Bewegung bzw. der Fortbewegung. Diese kann in ihrem Ausprägungsgrad sehr unterschiedlich sein. Die Einschränkung der Leistungsfähigkeit der Körpermotorik betrifft den Menschen aber stets in seiner Gesamtpersönlichkeit und hat so auch Auswirkungen auf die Wahrnehmung, auf kognitive Prozesse, auf die Gefühlswelt und auf die Interaktion und Kommunikation.

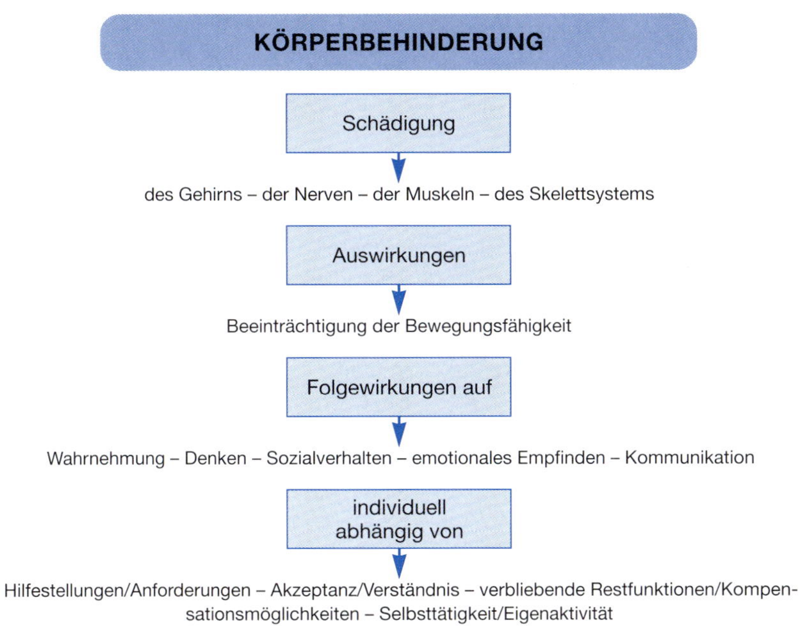

Folgewirkungen der Körperbehinderung

Die Erziehungswissenschaft fragt besonders nach dem Einfluss der Körperbehinderung auf die bereits erwähnten kognitiven, emotionalen und sozialen Verhaltensaspekte des Menschen.

Insoweit ist Körperbehinderung ein relativer Begriff. Was aus einem Menschen mit einer körperlichen Behinderung wird, ist abhängig von den vielfältigen zur Verfügung stehenden Maßnahmen der schulischen, beruflichen und sozialen Rehabilitation und vom Ausmaß der gesellschaftlichen Integration.

Auswirkung auf die Wahrnehmung: Das betrifft beispielsweise die Körperwahrnehmung. So kann die taktile Wahrnehmung, die Wahrnehmung des eigenen Körpers in verschiedenen Bewegungspositionen und -abläufen eingeschränkt sein; auch die Raumwahrnehmung ist anders als bei nichtbehinderten Kindern. Dadurch kann auch der Aufbau von Handlungsplänen erschwert sein. Wenn ein Kind mit cerebralen Bewegungsstörungen beispielsweise Schwierigkeiten hat, den Kopf selbstständig aus der Bauchlage heraus zu heben, so bleibt es auf die liegende Haltung angewiesen. *Damit ist es daran gehindert, seine Umgebung aktiv erkundend zu betrachten. Es hat Schwierigkeiten, Kopf und Augen, aber auch die Ohren in die Richtung zu drehen, aus der ein interessantes Geräusch kommt. Es hat Schwierigkeiten, den Bezugspersonen um sich herum mit Augen und Ohren zu folgen, wenn diese sich im Raum bewegen. D. h. seine Möglichkeiten, Informationen aufzunehmen, sind räumlich eingeschränkt. Dies bedeutet einen frühen Erfahrungsmangel. Es lernt Menschen und Dinge nicht so ausführlich kennen, wie dies für ein nichtbehindertes Kind möglich ist.* (Fröhlich, 1999, S. 19)

Auswirkung auf kognitive Prozesse: Aufgrund der unzureichenden (Fort-)Bewegungsmöglichkeiten können wesentliche Umwelt- und Lernerfahrungen nicht oder nicht in ausreichendem Maße erworben werden: die Raumauffassung, Größen- und Mengenbegriffe, Abschätzen und Erfahren von Raum und Zeit. Durch diese unzureichenden Gegenstandserfahrungen kann auch die Abstraktionsfähigkeit begrenzt bleiben.

Die Annahme aber, eine Hirnschädigung führe generell zu Beeinträchtigungen der geistigen Entwicklung, ist falsch. Ein solches Vorurteil kann sich für betroffene Kinder und Jugendliche recht nachteilig auswirken. Durch eine adäquate Förderung und entsprechende Therapiemaßnahmen ist für jeden Einzelnen ein optimales Niveau der kognitiven Leistung zu erreichen. Bei schweren Schädigungen und mangelnder Förderung kann es aber auch zu massiven geistigen Retardierungen kommen.

Auswirkungen auf das psychosoziale Verhalten und die Kommunikation: Das Kind mit einer Körperschädigung wird vermutlich häufig negative Reaktionen von (Bezugs-)Personen erfahren; es besteht die Gefahr, dass es dadurch sozial auffällig wird. Durch überwiegend negative Bewertung stellen sich häufig Minderwertigkeitsgefühle ein. Oder Bezugspersonen sind überfürsorglich und zeigen Mitleid, was das Gefühl des Unvermögens verstärken kann. Oder man trifft auf das Vorurteil, dass mit einer Körperbehinderung automatisch eine geistige Retardierung oder eine Verhaltensstörung gekoppelt ist.

An weiteren Begleitsymptomen sind zu nennen (vgl. Stadler, 1998, S. 17): Mimik, Gestik und das Sprechen setzen eine fein koordinierte Sprechmotorik voraus, die als Folge der Hirnschädigung gestört sein kann. Es kann weiterhin zu Hörstörungen (besonders bei Athetose), zu Sehstörungen (z. B. Schielen, Augenflackern) kommen und es können Anfallsleiden (Epilepsien) auftreten.

Aufgaben

1. *Diskutieren Sie weitere Beispiele, an denen die Einschränkung der Wahrnehmungsfähigkeit durch eine Körperbehinderung deutlich wird. Welche Auswirkungen hat es beispielsweise, wenn Kinder die Hände nicht zusammenführen können, wenn das Kind nicht oder nur unter erschwerten Bedingungen sitzen kann?*

2. *Die Entwicklung eines Selbstkonzepts bei körperbehinderten Menschen ist erheblich von äußeren Einflüssen bestimmt. Überlegen Sie positive oder negative Verhaltensweisen, Erwartungen von Eltern und Fachleuten, die die Entwicklung des Selbstkonzepts und damit die Identitätsfindung fördern oder behindern können.*

7.1.2 Praktische Umsetzung

Festzuhalten bleibt, dass die medizinischen Klassifizierungen zunächst nichts über Auswirkungen auf die intellektuelle Leistungsfähigkeit, die Persönlichkeitsentwicklung, die subjektiven Lebenserschwerungen und über Chancen und Risiken der schulischen, beruflichen und sozialen Rehabilitation aussagen. Die individuelle Persönlichkeit entwickelt sich als Ergebnis von Anlage- und Umweltfaktoren; der medizinischen Behandlung nachgehende und begleitende Therapie (Krankengymnastik, Ergotherapie, Logopädie) und Pädagogik (Erziehung, Schulunterricht, Berufsausbildung, Hochschulstudium) bestimmen letztlich das erreichbare Entwicklungsniveau. (Stadler, 1998, S. 13).

● Früherkennung/Beobachtung

Einigkeit besteht darin, dass den ersten Lebensjahren wesentliche Bedeutung für die Persönlichkeitsentwicklung zukommt.
Im Wesentlichen wird es die Aufgabe des Kinderarztes sein, die Früherkennung im Rahmen der Vorsorgeuntersuchungen durchzuführen. Aber auch (heil-)erzieherische Fachkräfte haben die Aufgabe, immer wieder gezielt die zu betreuenden Personen zu beobachten und die Eindrücke zu bewerten, festzuhalten und mitzuteilen.

Abweichungen der körperlichen, motorischen Entwicklung im Säuglingsalter sind z. B. an folgenden Kriterien zu erkennen (vgl. Flehmig, 1990, S. 44 ff.):

- *Haltungs- bzw. Muskeltonusveränderung:* Das Kind befindet sich z. B. in Rückenlage in einer verstärkten Beugung oder es überwiegt die Streckung.

- *Mangelhafte bzw. fehlende Gleichgewichtsreaktionen:* Bei passiver und aktiver Lageveränderung (Bauch- oder Rückenlage, Sitzen, Vierfüßlerstand, Stehen) sind die zum Gleichgewichthalten ablaufenden muskulären Gegenbewegungen nicht altersgemäß.
- *Asymmetrien der Haltung*, wenn sie überdeutlich und nach jeder Lageveränderung des Kindes konstant wieder eingenommen werden.
- *Entwicklungsverzögerungen in allen Fähigkeiten oder in Teilleistungen:* Ein Kind, das keine Laute von sich gibt, das keine Reaktionen auf vorgehaltene Gegenstände zeigt und nicht lächelt, wenn es dazu angeregt wird, kann als entwicklungsverzögert gelten.
- *Verdacht auf Störungen der Wahrnehmung oder der Wahrnehmungsverarbeitung (sensorische Integration):* keine sichere Reaktion auf Geräusche, da keine Lokalisation möglich ist; oder überstarke Reaktion auf Geräusche; überempfindliche Reaktionen auf Berührung oder Verlagerung im Raum.

Beobachtungsschwerpunkte und -kriterien in den weiteren Lebensjahren eines Kindes können beispielsweise sein (vgl. Tietze-Fritz, 1997, S. 280 ff.):

- *vestibuläres und kinästhetisches Empfinden, Gleichgewichts- und Lagereaktionen:* Lässt sich das Kind gern schaukeln, wiegen drehen? Kann es beim Spielen sein Gleichgewicht ausbalancieren im Sitzen, beim Krabbeln? Klettert es gern auf eine Mauer, auf einen Stuhl?
- *Tast- und Berührungsempfinden:* Lässt sich das Kind gerne streicheln? Befühlt es Gegenstände? Reagiert es auf Berührungen?
- *Muskulatur, Bänder, Muskeltonus:* Hat es genügend Kraft, wenn es schwere Gegenstände vom Boden aufheben und tragen will? Führt es verschiedene Bewegungsabläufe nacheinander und im Wechsel aus – liegen, sitzen, stehen? Imitiert es Bewegungen anderer?
- *Stell-, Bewegungs- und Stützreaktionen:* Stützt es sich beim Spielen im Sitzen mit den Händen am Boden ab, vor dem Körper, seitlich vom Körper? Fängt es sich spontan mit den Händen am Boden ab, wenn es einmal stolpert?
- *Körperbewusstsein:* Kennt es allmählich Teile seines Körpers? Stößt es beim Krabbeln und Laufen nicht mehr überall (an Ecken und Kanten) an? Lernt es allmählich, Begriffe wie vorne, hinten, oben, unten zu unterscheiden? Kann es sich im Raum gut orientieren und mit den dort vorhandenen Möbeln sinnvoll umgehen?

7.1.3 Materialien und Anregungen

● Motorische Entwicklung

Materialien

Erst die Kenntnis über die Funktion und Entwicklung normaler Bewegungsabläufe ermöglicht das Feststellen von Entwicklungsstörungen und das Erkennen pathologischer Bewegungsabläufe behinderter Kinder.

Die motorische Entwicklung vom Neugeborenen an ist abhängig von der Reifung des Zentralen Nervensystems. Der Ablauf dieser Entwicklung wird einerseits beeinflusst durch genetisch festgelegte Entwicklungsmuster und andererseits mit Hilfe von Stimulationen durch Umweltreize. Hier findet eine ständige Wechselwirkung und Beeinflussung statt.
Wichtige Schritte dieser Entwicklung vom Säuglings- bis zum Vorschulalter und einige mögliche Abweichungen sollen hier ausschnittweise dargestellt werden.

Die ersten Lebensjahre eines Kindes bis zum Schuleintritt lassen sich grob in *vier Phasen* aufteilen:
Das Neugeborenenalter (ca. 1. bis 3. Monat) ist durch ungerichtete, mehr vom ganzen Körper ausgeführte Massenbewegungen gekennzeichnet, d. h. es fehlen noch die willkürlichen Einzelbewegungen. Die Reflexe sind noch gut ausgebildet, z. B. Greifreflex, Schreitreaktion, Halsstellreaktion u. a.

Die Motorik im Säuglingsalter (ca. 4. bis 12. Monat) ist auch noch von Reflexen und Reaktionen abhängig, diese verschwinden aber allmählich und mit der fortschreitenden Entwicklung der Hirnfunktionen entwickelt der junge Säugling ein zunehmend differenziertes Zusammenspiel einzelner Bewegungen. Es entwickelt sich das Greifen, die Aufrichtung und die erste selbstständige Fortbewegung.

Das Kleinkindalter (ca. 2. bis 3. Lebensjahr) kann als Phase der Aneignung vielfältiger Bewegungsformen angesehen werden. Das Kind lernt und entwickelt elementare Bewegungsfertigkeiten, wie Krabbeln und Kriechen, Stehen und Gehen, Laufen und Hopsen, Klettern und Springen, Werfen und Fangen, Heben und Tragen, einfaches Balancieren.

Im Vorschulalter (ca. 4 – 6 Jahre) werden diese Bewegungsfertigkeiten in vielfältiger Weise geübt, verfeinert und das Kind kann sich erste Bewegungskombinationen aneignen, z. B. laufen und springen, fangen und werfen.

Aufgaben

1. *Jede Phase der motorischen Entwicklung hat dabei Übungscharakter für die nächstfolgenden, was z. B. Kraft, Körperkoordination oder Gleichgewichtsfähigkeit angeht. Versuchen Sie, diese Zusammenhänge an Beispielen zu verdeutlichen.*
2. *Der Zusammenhang von motorischen und anderen Persönlichkeitsfaktoren ist bereits betont worden. So bietet etwa das Sitzen die erste aufrechte Position, bietet damit ein ganz anderes Blickfeld, wodurch das Gehirn ganz neue Reize vermittelt bekommt; die Hände sind frei und erhalten neue Möglichkeiten des Greifens. Welche neuen Erfahrungsmöglichkeiten können mit dem Krabbeln, dem Stehen oder Gehen verbunden sein?*

Die Entwicklung des Bewegungsverhaltens erfolgt weiterhin nach bestimmten Gesetzmäßigkeiten bzw. Entwicklungsprinzipien. *In den ersten Lebensmonaten vollzieht sich die motorisch Entwicklung mit großer Schnelligkeit: Die Bewegungen werden differenzierter, aus den unkoordinierten Massenbewegungen des Säuglings werden immer gezieltere Einzelbewegungen. Während ein Kleinkind z. B. noch beide Hände und die Kraft seines ganzen Körpers einsetzt, um einen Ball zu werfen, grenzt es im Laufe der Zeit das Werfen immer mehr ein auf beidarmiges Werfen und später auf das gezielte Werfen mit einem Arm/einer Hand.*

Die Differenzierung kennzeichnet also eine fortschreitende Verfeinerung, Erweiterung und Strukturierung von Funktionen und Verhaltensweisen.

Mit diesem Prozess einher geht eine scheinbar entgegengesetzte Tendenz, die der Zentralisation bzw. der Integration, d. h. dass gleichzeitig mit der Zunahme von Einzelleistungen eine Koordinierung und übergeordnete Steuerung dieser Funktionen im zentralen Nervensystem einsetzt. Das Gehirn bildet hier eine Art Schaltstelle, in der die Einzelleistungen miteinander verbunden und aufeinander abgestimmt werden. (Zimmer, 1993, S. 69)

Weitere Entwicklungsprinzipien sind (vgl. Stemme/Eickstedt, 1998, S. 56):

- die Aufrichtungsphase beginnt zunächst im Nacken, setzt sich dann im Schulter-Arm-Bereich und dann im Bereich des Rumpfes und der Beine durch. Die ersten kontrollierten Bewegungen lassen sich also zunächst am Kopf, dann an den Armen und zuletzt an den Beinen beobachten (cephalo-caudale Entwicklungsrichtung).
- In engem Zusammenhang damit steht die proximo-distale Entwicklungsrichtung. Die Kontrolle der Muskeln, die näher an der Hauptachse des Körpers liegen, gelingt eher als die Kontrolle der entfernteren Muskeln. Die Entwicklung verläuft von den zentralen zu den peripheren Körperteilen, grobmotorische Ganzkörperbewegungen gehen den feinmotorischen Bewegungen der Extremitäten voraus.
- Die Aufrichtung gegen die Schwerkraft nimmt vom Liegen bis zum Stehen zu.
- Symmetrische und asymmetrische Haltungs- und Bewegungsphasen wechseln einander ab.
- Verschiedene Entwicklungsstufen bestehen gleichzeitig nebeneinander.
- Die höchstentwickelten Fähigkeiten benötigen die längste Zeit.

Im Verlauf der selbstständigen Bewegungsentwicklung gibt es *wichtige Entwicklungsschritte*, die vom Kind bewältigt werden müssen und die bedeutsame *Meilensteine* in der Motorik des Kleinkindes darstellen (vgl. Pikler, 1988). E. Pikler (1988, S. 35) lenkt dabei das Augenmerk auch auf die Übergangspositionen wie beispielsweise den seitlichen Ellbogenstütz oder den abgestützten Seitsitz.

Von der Rückenlage bis zum Sich-auf-den-Bauch-Drehen. Sich-Wälzen und Rollen

Entwicklungsverlauf des Kriechens auf dem Bauch bis zum Krabbeln auf Knien und Händen

Entwicklungsverlauf des Sich-Aufsetzens

Entwicklungsverlauf des Aufstehens

Vom freien Aufstehen bis zum freien Gehen

Wichtig ist, dass die Kinder die Gelegenheit haben, sich die einzelnen Schritte möglichst eigenständig zu erarbeiten und sie zu üben.

Verlauf der selbstständigen Bewegungsentwicklung

Sich die Aufrichtung gegen die Schwerkraft selbst zu erarbeiten bedeutet, sie sich zu eigen zu machen. Wir können uns vorstellen, wie viele Erfahrungschancen man einem Kind nimmt, wenn man ihm, seiner Entwicklung vorausgreifend, höhere Positionen praktisch als „Fertigprodukte" anbietet. Kinder, die z. B. vorzeitig hingesetzt oder hingestellt werden, müssen den Mangel an eigenen Voraussetzungen durch unzweckmäßige (Ver-)Spannungen kompensieren und werden auf diese Weise im harmonischen Gleichgewicht ihrer feinen Koordination gestört.
Dem Kind zu helfen soll nicht heißen, ihm die „Arbeit" oder sein Vorhaben abzunehmen! Oft geschieht das aus Unwissen und in der wohlmeinenden Absicht, ihm einen Gefallen zu tun. Doch damit hemmt man die Entwicklung eher, als sie anzuregen. Was das Kind braucht, ist Hilfe, „es selbst zu tun". Das beinhaltet die angemessene Gestaltung des Umfeldes und die Art, die täglichen Verrichtungen dem Kind so anzubieten, dass es aktiv daran teilnehmen kann. Das erfordert viel Aufmerksamkeit und Flexibilität, denn diese Hilfe muss sich ständig den zunehmenden Fähigkeiten des Kindes entsprechend anpassen.
(Stemme/Eickstedt, 1998, S. 50)

Aufgabe

Einzelne Schülerinnen oder Schüler können die Aufgabe übernehmen, Kinder in den oben genannten Entwicklungsphasen zu beobachten (in der Familie, auf dem Spielplatz, im Kindergarten). Versuchen Sie, das motorische Verhalten möglichst exakt festzuhalten. Stellen Sie Ihre Ergebnisse vor.

Welche motorischen Fähigkeiten und Fertigkeiten sind jeweils Voraussetzung für entsprechende Bewegungsabläufe? Beispielhaft sollen Voraussetzungen und Entwicklungschancen an zwei wichtigen *Meilensteinen* der Motorik des Kleinkindes an dieser Stelle verdeutlicht werden: *dem Krabbeln und dem Stehen.*

Aufgabe

Lassen Sie zur Verdeutlichung Schüler über den Boden krabbeln, die Mitschüler sollen genau den Bewegungsablauf beobachten und beschreiben.

Für koordiniertes Krabbeln sind verschiedene motorische Funktionen Voraussetzung: Freie Kopfbewegung in alle Richtungen, gute Stützfunktion der Arme und Beine, Rumpfbewegungen in alle Richtungen (Kombinationen von Streckung, Beugung, seitliche Beugung, Drehung), Gleichgewichtsreaktionen im Vierfüßlerstand.
Bei Entwicklungsverzögerungen oder Bewegungsstörungen ist das Krabbeln erschwert oder auch gar nicht möglich. Besteht in diesem Alter in Bauchlage eine mäßige bis schlechte Kopfkontrolle und entweder mangelhafte oder zu starke Streckung, ist das Krabbeln eindeutig erschwert (vgl. Flehmig, 1990, S. 210).

E. Pikler (1997, S. 210 f.) nennt *verschiedene Möglichkeiten des Krabbelns auf Knien und Händen: Das Kind kann auf ebenem oder unebenem Boden krabbeln, in einen hohlen Gegenstand hinein- oder herauskrabbeln, unter Gegenstände krabbeln, auf einen Gegenstand, eine Schräge oder Treppe hinaus- bzw. herunterkrabbeln. Das Kind kann mit Kopf oder Füßen voraus zur nächst unteren Stufe krabbeln. ... Beim Spielen krabbeln selbst jene Kinder noch, die schon gut gehen können.*

Im Laufe des 3. Lebenshalbjahres lernen Kinder in der Regel, sich frei fortzubewegen. Sie werden zunehmend sicherer, sie können von sich aus zu gewünschten Objekten oder Personen hingehen, sie können weggehen. Eine zerebrale Bewegungsstörung beeinträchtigt diesen wichtigen Bereich häufig sehr stark. Manche Kinder lernen das freie Gehen sehr verzögert, und damit machen sie aber auch insbesondere die Erfahrung, dass ihr Gehen sehr unsicher ist, dass sie häufig hinfallen. Dadurch können diese Kinder inaktiv, zögerlich, ängstlich werden.

Für ein sicheres Stehen muss das Kind sein Gewicht gut verlagern und sich der Veränderung im Raum gut anpassen können. Dazu sind verschiedenartige Kopf-, Rumpf- und Extremitätenbewegungen ja nach Richtung der Gewichtsverlagerung notwendig. Besonders auch die Fußbewegungen sind wichtig. Hierzu gehört entweder eine Beweglichkeit in alle Richtungen, oder es müssen isometrische Muskelanspannungen entstehen.

So wird durch Gewichtsverlagerung des Körpers nach hinten eine Tonuserhöhung der gesamten Muskulatur der Körpervorderseite hervorgerufen. Das Kind muss, wenn es das Gleichgewicht nicht verlieren will, das nach hinten gebrachte Körpergewicht durch die Beugung des Kopfes und Rumpfes und durch die Streckung der Arme nach vorne ausgleichen. Zehen und Vorfüße werden von der Unterlage abgehoben, während die Fersen auf der Unterlage bleiben.
Die Gewichtsverlagerung nach vorne bewirkt eine Tonuserhöhung der gesamten Muskulatur der hinteren Körperseite.
In der abweichenden Entwicklung zeigt das Kind wenig oder keine Mithilfe beim Hochziehen und kein Belasten mit Gewichtsübernahme beim Hinstellen. Spitzfußstellung oder zu schlaffe Sprunggelenke verhindert dies. Auch können noch sehr starkes Zehenkrallen, ein noch starker Fußgreifreflex festgestellt werden.
Die Stell- und Gleichgewichtsreaktionen sind schlecht entwickelt. Der Kopf wird nicht stabil im Raum gehalten und fällt nach vorn, zurück oder zur Seite. Es ist kein gutes Gleichgewicht im Sitzen vorhanden, es findet keine gute Steuerung und Gegensteuerung bei Verlust des Gleichgewichts statt. (vgl. Flehmig, 1990, S. 212 f.)

Aufgaben

1. *Wir können die beschriebenen Gleichgewichtsreaktionen bei uns selbst gezielt sichtbar bzw. spürbar werden lassen. Wir stellen uns auf den Boden und bewegen uns langsam ein wenig nach vorne oder hinten. Wir berichten von unseren Empfindungen.*

2. *Sie diskutieren die in den vergangenen Jahren durchgeführte Aktion Grundgesetz von Organisationen und Verbänden der Behindertenhilfe (veröffentlicht in: Die Gesellschaft der Behinderer, Reinbek bei Hamburg 1997). Einzelne Schüler können die Aktion vorstellen.*

3. *Schlagen Sie in ausgewählten Entwicklungsskalen nach und verdeutlichen Sie ausgewählte Schwerpunkte motorischer Entwicklungsprozesse der ersten Lebensjahre mit entsprechenden Zeitangaben. Hierzu einige Literaturhinweise:*

Literatur

Flehmig, I., Normale Entwicklung des Säuglings und ihre Abweichungen, Früherkennung und Frühbehandlung, 4. Auflage, Thieme-Verlag, Stuttgart 1990

Kiphard, E. J., Wie weit ist ein Kind entwickelt, Eine Anleitung zur Entwicklungsüberprüfung, verlag modernes lernen, 6. Verb. Auflage, Dortmund 1987

Pikler, E., Lasst mir Zeit – Die selbstständige Bewegungsentwicklung des Kindes bis zum freien Gehen, Pflaum-Verlag, München 1988

Stemme, G., Eickstedt, D. v., Die frühkindliche Bewegungsentwicklung. Vielfalt und Besonderheiten, Verlag selbstbestimmtes leben, Düsseldorf 1998

4. *Schülerinnen könnten Bücher von/über einzelne Menschen mit Körperbehinderungen der Klasse vorstellen: Beispiele:*

Literatur

Heller, F. S., *Der Kampf mit dem Honigbrot – Lebenserinnerungen einer Contergangeschädigten, 1977*

Kurz, S., *„Ich bin ich, Lars, vierzehn." Über das Leben mit Spina bifida, Tübingen 1998*

Laird, E., *Ben lacht, Hamburg 1991*

Lemmler, K./Gemmel, St., *Kathrin spricht mit den Augen: wie ein behindertes Kind lebt, Kevelaer 1997*

Richter, A., Huainigg, F. H., *Meine Füße sind der Rollstuhl, München 1992*

5. *Sinnvolle Broschüren über zerebrale Bewegungsstörungen sind erhältlich beim Bundesverband für Körper- und Mehrfachbehinderte e. V., Brehmstr. 5–7, 40239 Düsseldorf.*

Literatur

Eine Einführung, 4. Auflage, Düsseldorf 1999

Förderung und Therapie, 4. Auflage, Düsseldorf 1999

Diagnostik: Entwicklung sehen – Förderung erleichtern / Ursula Haupt, Düsseldorf 1997

Unterstütze Kommunikation, Ursula Braun (Hrsg.), 3. Auflage, Düsseldorf 1999

Literatur

Cloerkes, G., Soziologie der Behinderten. Eine Einführung, Heidelberg 1997

Flehmig, I., Normale Entwicklung des Säuglings und ihre Abweichungen, Früherkennung und Frühbehandlung, 4. Auflage, Stuttgart 1990

Fröhlich, A., Basale Stimulation, 7. Auflage, Düsseldorf 1995

Fröhlich, A., Zum Konzept der basalen Stimulation, in: Bundesverband für Körper- und Mehrfachbehinderte e. V. (Hrsg.): Kinder mit cerebralen Bewegungsstörungen, H. 2, Förderung und Therapie, Düsseldorf, 4. Aufl. 1999, S. 22–27

Hedderich, I., Einführung in die Körperbehindertenpädagogik, München 1999

Hulsegge, Jan/Verheul, A., Snoezelen – Eine andere Welt, Marburg 1991

Kiphard, E. J., Psychomotorik in Praxis und Theorie – Ausgewählte Themen der Motopädagogik und Mototherapie, 2. Auflage, Gütersloh 1994

Pikler, E., Lasst mir Zeit – Die selbstständige Bewegungsentwicklung des Kindes bis zum freien Gehen, München 1988

Stadler, H., Rehabilitation bei Körperbehinderung, Eine Einführung in schul-, sozial- und berufspädagogische Aufgaben, Stuttgart 1998

Stadler, H., (Red.), Handbuch der Behindertenpädagogik, Bd. 2, München 1979

Stemme, G./Eickstedt, D. v., Die frühkindliche Bewegungsentwicklung. Vielfalt und Besonderheiten, Düsseldorf 1998

Suhrweier, Behindertenpsychologie, 1997

Thesing, T., Heilerziehungspflege. Ein Lehrbuch zur Berufskunde, Freiburg i. Br. 1992

Thesing, T./Vogt, M.: Pädagogik und Heilerziehungspflege, 2. Aufl., Freiburg i. Br. 1992

Tietze-Fritz, P., Integrative Förderung in der Früherziehung – Entwicklungsgefährdete Kinder und ihre psychomotorischen Fähigkeiten, Dortmund 1997

Zimmer, R., Handbuch der Bewegungserziehung, Freiburg i. Br. 1993

Zinke-Wolter, P., Spüren – Bewegen – Lernen, Dortmund 1994

7.2 Therapien und Förderkonzepte

7.2.1 Theoretische Zusammenhänge

Für die Behandlung von Kindern mit einer Körperbehinderung stehen physiotherapeutische Methoden im Vordergrund. In entsprechenden Einrichtungen sind deshalb zur Behandlung der Bewegungsbeeinträchtigung Krankengymnasten beschäftigt bzw. diese kommen aus freier Praxis für bestimmte Therapie-Einheiten in die Einrichtung. Besondere Ansätze sollen kurz erläutert werden; sie können zwar von Heilerziehungspflegern nicht praktisch umgesetzt werden, die Kenntnis der Verfahrensweisen ist jedoch recht hilfreich.

● Das Bobath-Konzept

Das Bobath-Konzept wurde um 1950 von Berta Bobath (Krankengymnastin) und ihrem Mann Dr. Karel Bobath (Neurologe und Psychiater) entwickelt. Das Ziel des Bobath-Konzeptes ist es, dass das Kind mit einer Bewegungsstörung mit therapeutischer und elterlicher Hilfe die größtmögliche Selbstständigkeit im Alltag erreicht.
Für solche (Bewegungs-)Handlungen ist die Haltungskontrolle von entscheidender Bedeutung, sie bedeutet die Basis für spontane Bewegungen, etwa bei der Aufrichtung gegen die Schwerkraft, bei den Stützfunktionen und bei der Erhaltung des Gleichgewichts.
Eine der Situation angepasste Muskeltonusregulierung (Muskelspannungsregulierung) macht die Haltungskontrolle möglich. Kinder mit Bewegungsstörungen haben es häufig schwer, die Haltungskontrolle zu bewahren, weil die Muskelaktivität zu hoch, zu niedrig oder wechselnd ist. Die Tonusregulierung bildet deshalb einen wesentlichen Schwerpunkt dieser Therapiemaßnahme. Dabei soll das Kind durch eindeutige Berührungs- und Bewegungsreize seinen eigenen Körper und die Stellung des Körpers auf der Unterlage und im Raum erfahren.
Durch behutsames Dehnen der spastischen Muskulatur einerseits (Hemmung der pathologischen Reaktionen) bei gleichzeitiger deutlicher Bewegungsführung mit Gewichtsverlagerung und Rotation andererseits (Aktivieren, Bahnen) soll die Muskelaktivität zur Haltungskontrolle frei werden.
Durch häufige Wiederholung soll die Bewegungserfahrung vertieft werden und das Kind zu neuen *motorischen Schritten* veranlasst werden.
Die Regulierung erfolgt von so genannten Schlüsselpunkten aus. Dies sind Körperteile und Gelenke (Kopf, Wirbelsäule, Schulter, Becken, Knie, Fußgelenke usw.), die in der jeweiligen Situation, in der sich das Kind gerade befindet, vom Therapeuten ausgewählt werden.

● Die neurophysiologische Behandlung nach Vojta

Die von Dr. Vaclav Vojta entwickelte Therapie besteht in einer Stimulation von angeborenen Mustern, die einen Fortbewegungscharakter haben, ausgelöst durch Reizungen definierter Körperstellen des Rumpfes und der Extremitäten. Bei spastisch gestörten Kindern sind häufig in hohem Maße Primitivreflexe der ersten Lebensmonate nachweisbar, die zu einem Steckenbleiben in der Auf-

richtung aus Bauch- und Rückenlage führen. Da die Aufrichtung primär gestört ist, ist somit auch die Fortbewegung gestört. Die Aufrichtung ist der Schlüssel für jegliche Fortbewegung, und sei es in noch so einfachen Mustern wie das des Robbens.
Der Sinn der Behandlung nach Vojta liegt darin, dass versucht wird, dem gestörten zentralen Nervensystem die normalen Muster des Neugeborenenalters und des jungen Säuglings „einzuprogrammieren", soweit dies möglich werden kann.
Die Bewegungskomplexe des Reflexkriechens und des Reflexumdrehens sind ein wesentlicher Bestandteil dieser Therapie. Dazu gibt es verschiedene Reizpunkte, um das zentrale Nervensystem zu diesen Bewegungsabläufen zu aktivieren. Die Muster werden so nach und nach jeden Tag wiederholt und damit zum Speichern angeboten. Ob eine Veränderung in der Spontanmotorik damit stattfindet, ist eine Frage der Hirnschädigung oder der so genannten Plastizität des Nervensystems.

Aufgaben

Sie nehmen Kontakt zu Krankengymnasten auf (in einer freien Praxis oder in einer Einrichtung), die nach dem Bobath- oder Vojta-Konzept arbeiten und beobachten eine Behandlungs-/Übungsstunde. Sie stellen in der Klasse die Beobachtungen und einige konkrete Übungsbeispiele und deren Zielsetzungen vor.

Literatur

Eine zusammenfassende Darstellung dieser Ansätze bietet auch die oben genannte Broschüre des Bundesverbandes für Körper- und Mehrfachbehinderte, Heft 2, Förderung und Therapie.

Konduktive Förderung nach A. Petö

Diese Form der Entwicklungsförderung hat in den letzten Jahren in Deutschland zunehmend Beachtung gefunden. Sie wurde von dem ungarischen Arzt und Pädagogen Professor Andras Petö entwickelt.
Der lateinische Begriff *conducere* steht für *zusammenführend*. Damit ist ein wesentliches Merkmal angedeutet. Die Konduktoren sind Bezugsperson für das Kind und sollen dabei die Aufgaben von Physiotherapeuten, Logopäden, Erziehern, Pflegern und Lehrern in einer Person vereinen. Der Vorteil einer Bezugsperson wird gerade bei Säuglingen und Kleinkindern als entscheidender Faktor gesehen. Denn vielen Kindern fällt es schwer, sich immer wieder an unterschiedliche Kontaktpersonen zu gewöhnen.
Der Leitgedanke von Andras Petö ist, dass es sich bei Zerebralschädigungen nicht um eine Krankheit, sondern um eine Lernstörung handelt, die neben der Motorik die gesamte Persönlichkeitsentwicklung beeinträchtigt.
So spielt die Verbindung von Sprache, Rhythmus und Bewegung, verstärkt durch gemeinschaftliches Imitationslernen, eine wesentliche Rolle. Nicht die Fehler sollen korrigiert, sondern das Fehlende erlernt werden. Größtmögliche Unabhängigkeit von Hilfsmitteln und Personen ist ein wichtiges Prinzip. Deshalb müssen sich die Kinder beispielsweise mit den typischen Dreipunktstöcken oft

mühsam fortbewegen. Unter der behutsamen Anleitung des Konduktors werden die Kinder über das An- und Ausziehen, Händewaschen, Essen, Aufräumen und vieler anderer kleiner, aber wichtiger Handgriffe des täglichen Lebens dem Ziel der Selbstständigkeit Stück für Stück näher gebracht. Dazu wird konsequentes Üben für erforderlich gehalten. Charakteristisches Merkmal von Petö-Einrichtungen ist weiterhin die Möblierung, die durch ihre Beschaffenheit und Anordnung im Raum hohen Aufforderungscharakter besitzt, z. B. sind Pritschen Sprossenstühle, Fußschemel, Gehbarren und Sprossenwände vorhanden.

Aufgaben

1. *Der Verein Fortschritt hat es sich zur Aufgabe gemacht, die Petö-Methode in Deutschland zu verbreiten. Besorgen Sie Informationsmaterial über den Verein und stellen Sie Übungsangebote oder vorhandene Einrichtungen vor. (Kontaktadresse: Fortschritt – Verein zur Verbreitung der konduktiven Förderung e. V., Ferdinand-von-Miller-Str. 14, 82343 Niederpöcking, Tel: 08151/2041, Fax.: 08151/72986. Dazu ein Filmtipp: Über den Verein kann auch ein VHS-Video bestellt werden).*
2. *Einige Schüler können wesentliche Prinzipien der Petö-Methode vorstellen. Versuchen Sie auch, Kritikpunkte an dem Konzept und mögliche Probleme der Übertragung dieses ungarischen Modells auf deutsche Verhältnisse aus den Erläuterungen und Unterlagen herauszuarbeiten.*

Literatur

Fink, A., *Praxis der konduktiven Förderung nach A. Petö, München 1998*

7.2.2 Praktische Umsetzung

Im Gegensatz zu den vorherigen Therapieformen sind die folgenden Ansätze auch für Heilerziehungspfleger in der Praxis relevant, da zahlreiche Elemente in der alltäglichen Arbeit einbezogen werden können.

● Basale Stimulation

Die *Basale Stimulation* (Fröhlich, Andreas, 1995) wendet sich an Menschen mit schwersten Behinderungen. Das Verdienst von A. Fröhlich ist es, dass diese Personengruppe verstärkt in das Blickfeld sonderpädagogischer Bemühungen aufgenommen wurde.

Für diese Arbeit hat Fröhlich die Möglichkeiten und Formen der *Basalen Stimulation* entwickelt. *Unter basaler Stimulation sollen Methoden einer intensiven und ganzheitlichen Förderung schwer- und schwerstbehinderter Menschen verstanden werden (...) Durch einfachste, gewissermaßen, voraussetzungslose, sensorische Angebote versucht man dem betreffenden Menschen zu helfen, sich selbst und den eigenen Körper zu entdecken. Durch den eigenen Körper werden erste Beziehungen zur sozialen und materialen Umwelt aufgenommen ... Durch basale Stimulation wird versucht, die gesamte Wahrnehmung des betreffenden Menschen anzuregen und zu orientieren.* (Fröhlich, 1995, S. 135)

Es kommt dabei zu intensiven Wechselbeziehungen zwischen dem Betreuer und dem schwerbehinderten Menschen. Dazu ist eine ausgeprägte Sensibilität erforderlich, um die feinen Aktionen und Reaktionen des behinderten Partners zu erspüren und darauf einzugehen. Kleinste Signale können und müssen aufgenommen werden, die dann die Situation unmittelbar beeinflussen. Es muss genau beobachtet werden, um Antworten und neue Wahrnehmungsaktivitäten überhaupt zu entdecken. So genannte Orientierungsreaktionen sind ein ganz wichtiger Indikator in der Interpretation des Verhaltens schwerstbehinderter Menschen, z. B. können Herzschlag, Atmung und Hautreaktionen die Aufnahme neuer Reize und Impulse anzeigen oder auch die kurze Unterbrechung einer Stereotypie, seien es große Körperbewegungen, Bewegungen der Hand, Blinzeln mit den Augen oder Zähneknirschen (vgl. Fröhlich, 1995, S. 42).

Aufgabe

Übung zur Selbsterfahrung, um die Bedeutung kleinster Impulse bei sich und anderen selbst zu spüren:

Zu zweit halten wir einen kleinen Stab (Länge ca. 30 cm) jeweils mit dem Zeigefinger fest; er wird dabei nicht umfasst, sondern nur mit der Fingerkuppe waagerecht gehalten. Ein Mitspieler schließt dann die Augen und wird von seinem Partner ohne verbale Verständigung durch den Raum geführt. Wir versuchen das Fallen des Stabes zu vermeiden. Dabei müssen feinste Impulse des Anderen gespürt werden.

Die folgenden drei Bereiche sind die Grundlage der Förderung schwerstbehinderter Menschen, wobei Fröhlich davon ausgeht, dass hier elementarste und früheste Erfahrungen vorhanden sind, an die man als relativ sichere Primärerfahrung anknüpfen kann.

Die drei Bereiche sollen durch Praxisbeispiele konkretisiert werden.

Zur vestibulären Anregung: Raumlageveränderungen, rhythmisches Schwingen, Auf- und Abdrehungen gehören in diesen Bereich. Wichtig ist hierbei, eine Überstimulierung zu vermeiden.
Sanfte Schaukelbewegungen um die Körperlängsachse scheinen am gewohntesten und einfachsten für die Kinder zu sein. Eine Tonne ist z. B. für diese Art von Bewegung günstig, da seitlicher Halt und ein tiefer Schwerpunkt das notwendige Gefühl von Sicherheit und Stabilität geben.
Diese Bewegungsrichtung kann intensiviert werden, indem man eine Stoffhängematte an den langen Seiten in den Ringen (möglichst weit auseinander liegend) der Turnhalle befestigt.
In diese Hängematte kann man nun ein Kind legen und kommt so zu ruhigen, weiten Schwingbewegungen, die eine beruhigende, anregende Wirkung zu haben scheinen. Es ist empfehlenswert, zunächst mit dem Kind in die Hängematte zu gehen, um ihm Haltungshilfen, zusätzliche Sicherheit und Nähe anbieten zu können. Es zeigt sich andererseits, dass Kinder, die sonst wenig Körperkontakt akzeptieren, dies unter den Bedingungen des Schaukelns

durchaus tun. Auch diese Schwingungen sollten langsam und nicht zu heftig sein, so dass eine Überstimulation vermieden wird. (Fröhlich, 1995, S. 135)
Kurze Auf- und Abbewegungen lassen sich auf einem Trampolin erzeugen. Es sollte sich dabei aber für unseren Personenkreis nur um sehr kleine Bewegungsausschläge handeln. Ein Loslösen von der Unterlage ist hierbei nicht beabsichtigt, da es ansonsten zu nicht unerheblichen Muskeltonussteigerungen kommen kann. Im Laufe der Zeit kann je nach Entwicklungsverlauf des Kindes von der liegenden in eine mehr sitzende Position übergegangen werden. Dies bietet sich sowohl bei den Angeboten in der Hängematte an, wie auch in der Schaukelwanne und auf dem Trampolin. Betreuer können die Funktion als „Rückenlehne“ einnehmen, die dem Kind Stabilität und Sicherheit gibt.

Ein Teil der Angebote kann durchaus auch auf den klassischen Hilfsmitteln wie Rolle und Ball gemacht werden. So ermöglicht z. B. das gemeinsame Sitzen auf der Rolle leichte seitliche Schaukelbewegungen mit außerordentlich guter Körperkontrolle. Angebote dieser einfachen Art sollen helfen, sich in einer verändernden Situation zu Schwerkraft hin zu erfahren.

Zur somatischen Anregung: Wesentlicher Aspekt ist hier die Ausdifferenzierung des Körperschemas und der Körperwahrnehmung. Hierbei spielt die Hautwahrnehmung eine große Rolle, etwa durch eine Massage.
Der Händedruck ist dabei sicher und fest, jedoch nicht pressend, in keinem Fall aber nur leicht streichelnd. *Die Technik und Ausdauer, die hierzu erforderlich sind, sollte jeder Einzelne zunächst mit Kollegen am eigenen Körper erproben. Eine gewisse Sicherheit im Umgang ist erforderlich, um die schwerstbehinderten Kinder nicht unruhig, unsicher und verstört werden zu lassen. Es sei noch einmal darauf hingewiesen, dass wir dabei im doppelten Sinn dem Kind sehr nahe kommen und diese Angebote daher sorgfältig und ernsthaft gemacht werden müssen.* (Fröhlich, 1995, S. 151)
Wir haben dann die Möglichkeit, die somatische Wahrnehmung durch unterschiedliches Material weiter zu differenzieren, z. B. durch eine Auswahl deutlich unterscheidbarer Handschuhe aus Leder, Stoff oder mit kleinen Noppen. Bürsten und Pinsel hält Fröhlich für weniger geeignet, da sie nur Berührungsstreifen auf den Körper zeichnen. Besser ist z. B. mit einem Frotteetuch den ganzen Arm, den ganzen Fuß zu umfassen und dabei auch beide Hände gleichzeitig zum Einsatz zu bringen. Nur der Druck und die Berührung von allen Seiten, zur gleichen Zeit, vermittelt das eigentliche Körpergefühl, das mit dem Ansprechen der Tiefensensibilität verbunden ist.

Vibratorische Anregung: Vibration kann dem Kind helfen, sein Knochensystem zu spüren und damit erst einmal Gefühl für Länge und Ausdehnung des eigenen Körpers zu bekommen. Bewährt hat sich ein Massagekissen an den Füßen, das nicht allzu starke Vibrationen produziert und entlang der langen Knochen Vibration bietet. Wobei sich die Schwingung gut wahrnehmbar von Gelenk zu Gelenk ausbreitet.
Diese Vibrationskissen sind auch wie ein Heizkissen erwärmbar, was die Handhabung noch angenehmer macht.
Weiter ist der Einsatz von *Vibrationswürfeln* geeignet, die die Möglichkeit bieten, Schwingung von Musik unmittelbar auf den Körper zu übertragen.

Eine weiterentwickelte Form mit zusätzlichen Möglichkeiten stellt das schwingende Wasserbett dar, das auf einer weichen, nachgiebigen Unterlage ebenfalls Schwingung von Musik oder Stimme verstärkt übermittelt.
Auch Musikinstrumente bieten Möglichkeiten, Schwingung unmittelbar zu übertragen. Dabei geht es darum, das Objekt möglichst nah an das Kind zu bringen, so dass sich die Schwingung über die Knochenleitung direkt auf das Kind überträgt, z. B. große Tonblöcke, Trommeln.

Aufgaben

1. *Basale Stimulation und die damit verbundene Aktivitätsförderung wurde über Jahre hin bei Kindern entwickelt und erprobt. Auch die Anwendung fand zunächst fast ausschließlich bei Kindern und jungen Menschen statt. Welche Möglichkeiten und Probleme sehen Sie in der Übertragung auf das Erwachsenenalter?*
2. *Die meisten dieser Übungen sind mit intensivem Körperkontakt verbunden. Wie empfinden Sie die Nähe, Zuwendung, den Körperkontakt bei praktischen Übungen, die Sie selbst im Klassenverband ausprobieren?*
3. *Welche Reaktionen und Verhaltensweisen von Menschen mit schwersten Behinderungen haben Sie bei Übungen der basalen Stimulation kennengelernt oder beobachten können?*
4. *Die wohl sinnvollste und am leichtesten zu realisierende Möglichkeit im Erwachsenenbereich ist die einer sehr gezielten, geplanten und ausdifferenzierten Förderpflege ... In diese Pflege hinein können alle körpernahen Anregungen übernommen werden, wie sie in unterschiedlichster Form dargestellt wurden (Fröhlich, 1995, S. 223). Berichten Sie von Ihren Erfahrungen mit der Förderpflege.*

Snoezelen

Snoezelen ist eine Methode, die in der Arbeit mit geistig Behinderten in Holland entstanden ist. Den Begriff *Snoezelen* prägten zwei junge Männer, die in der Abteilung Entspannung der Anstalt Haarendael ihren Zivildienst ableisteten. Er ist eine Kombination der Wörter *snuffelen* (schnüffeln, schnuppern) und *doezelen* (dösen, schlummern) und erinnert außerdem an das englische Wort *to snooze* für *dösen.*

Snoezelen wird in erster Linie als ein Freizeitangebot für Menschen mit schwers ter Behinderung gesehen, bei dem sie ruhig werden und zu sich selbst finden können. Dazu ist eine Umgebung nötig, in der – im Gegensatz zum Alltag – die Sinne nicht komplex angesprochen werden, sondern in der man sich nur auf einzelne Sinneswahrnehmungen konzentrieren kann. Die Sinne sollen also nicht in der Breite, sondern in der Tiefe angesprochen werden. Um dies zu ermöglichen, wird versucht, Reize selektiv anzubieten und gleichzeitig

unnötige Reize zu reduzieren. Als Prinzip gilt dabei, dem schwerstbehinderten Menschen soweit wie möglich Freiraum und Zeit zu lassen. Er soll selbst auswählen bzw. anzeigen, welche Reize er als angenehm empfindet, worauf er sich länger konzentrieren oder womit er sich beschäftigen will. Dabei soll die Motivation der Behinderten nicht von den Mitarbeitern, sondern von den Dingen im Raum selbst ausgehen: Material und Umgebung sollen so einladend und anregend sein, dass schwerstbehinderte Menschen aktiviert werden, z. B. nach etwas zu greifen, sich auf eine weiche Matte zu legen usw. Gleichzeitig soll die Umgebung die nötige Ruhe ausstrahlen, um eine Entspannung zu ermöglichen (vgl. Hulsegge/Verheul, 1991, S. 158 ff.).
Neben oder statt dieses Zieles der Erholung und Entspannung führen andere Einrichtungen auch die Stimulierungen als Entwicklungsförderung an oder haben therapeutische Intentionen, indem sie Snoezelen z. B. bewusst einsetzen, um unruhige Bewohner zu beruhigen.

Praktische Beispiele:

- weiche Untergründe auf dem Boden,
- Tastwände, Tastobjekte, Vorhänge zum Fühlen,
- Fühlbehälter, Tastmaterial in Kästen oder Dosen,
- Elektronika und Tastobjekte, verschiedene Licht- und Toneffekte in einer Tastwand oder im Boden,
- Spiegelglaskugeln mit Lichtpünktchen, die langsam über Decke, Wände und Boden gleiten, ständig die Farbe wechselnd,
- Blubbersäulen,
- Bällchenbad, Wasserbett,
- verschiedene Projektionsarten wie Dia-, Film-, Flüssigkeitsprojektoren,
- Punktstrahler mit einem langsam drehenden Farbrad,
- Leuchtfäden, Fiberglasleuchten,
- Duftschlauchständer.

Im Oktober 1998 wurde die Deutsche Snoezelen-Stiftung gegründet, sie hat sich auf folgende vorläufige Definition des Snoezelens geeinigt:

Unter Snoezelen wird ein Konzept für eine vorwiegend in Innenräumen gestaltete Umgebung verstanden, in der durch steuerbare Reize Wohlbefinden ausgelöst wird. Die speziell dafür eingerichteten Räume bieten eine Vielfalt an sensorischen Anregungen. Der Benutzer kann auf Entdeckungsreise durch die Welt der Sinne gehen, indem er die Einzelwirkung bzw. einzigartige Kombination von Musik, Tönen und Klängen, Lichteffekten, von Taktiler Stimulation und Düften erlebt. Durch die entsprechende Raumgestaltung wird therapeutisch bzw. pädagogisch positiv auf die Befindlichkeit des Menschen eingewirkt. Zusätzlich kann erfolgreich auf den Beziehungsaspekt zwischen Anleiter und Benutzer Einfluss genommen werden. (Mertens/Sernau, 1999, S. 207).

Aufgaben

1. *Sie blättern bekannte Sportartikel-Kataloge durch und beurteilen die darin enthaltenen Snoezelen-Materialien. Sie überlegen, welche ausgewählten Snoezelen-Materialien Sie selbst herstellen können. (Karl H. Schäfer GmbH – Psychomotorische Übungsgeräte/Therapiekollektionen, Großer Kamp 6–8, 32791 Lage-Heiden, Tel.: 05232/65982; Sport-Thieme GmbH, Postfach 453, 38367 Grasleben; „Rompa-Katalog für Therapie, Psychomotorik, Snoezelen und Heilpädagogik, Tel.: 05357/18142.*
2. *Sie besuchen einen Snoezel-Raum in einer nahe gelegenen Einrichtung und lassen die Räumlichkeiten und Materialien auf sich wirken. Sie lassen sich von den Erfahrungen berichten.*
3. *Video-Tipp: Sport-Thieme Snoezelen (Adresse siehe oben).*
4. *Besorgen Sie Informationsmaterial der Deutschen Snoezel-Stiftung und stellen Sie Erfahrungsberichte vor: Deutsche Snoezelen-Stiftung, c/o Psychiatrie Akademie, Vor dem Kaiserdom 10, 38154 Königslutter, Tel: 05353/901688.*
5. *Besucher zeigen im Snoezel-Raum oft ein anderes Verhalten als draußen im Alltag. Bewohner mit einem dort problematischen Verhalten geben sich hier total anders, z. B. weil sie von der ganz anderen Atmosphäre, den Aktivitätsangeboten und Effekten überrascht werden, verfallen sie nicht in ihre täglichen Verhaltensweisen wie Autoaggressionen oder Destruktivität. (Hulsegge/Verheul, 1991, S. 158 f.). Können Sie solches Verhalten aus Erfahrungen (eigene, beobachtete) mit behinderten Menschen oder aus Ergebnissen von Gesprächen bestätigen?*
6. *Diskutieren Sie folgende Aussage: Die Natur ist eigentlich der beste Snoezelen-Raum.*

Literatur

Hulsegge, J., Verheul, A., Snoezelen – Eine andere Welt, Marburg 1991

Mertens, K./Sernau, J, Snoezelen auf dem Weg zu einem multimodalen Förderkonzept, in: Praxis der Psychomotorik, 1999, H. 3

Psychomotorik

Psychomotorik ist eine besondere Form der Bewegungserziehung und -förderung, die im deutschsprachigen Raum von E. J. Kiphard in der Kinder- und Jugendpsychiatrie ab 1955 entwickelt wurde.
Psychomotorik kennzeichnet eine ganzheitlich-humanistische, entwicklungs- und kindgemäße Art der Bewegungserziehung. Mit diesem in der Bundesrepublik Deutschland seit 1955 zunehmend gebrauchten Begriff wollten wir einer damals noch weitgehend funktional-mechanistischen Auffassung von Motorik ein neues bewegungspädagogisches Leitbild entgegensetzen. Es ging uns heute wie damals darum, den Menschen, das Kind wieder in den Mittelpunkt sporterzieherischen Bemühens zu rücken. Statt einer Leistungs- und Produktorientiertheit, die häufig an den Bedürfnissen der Kinder vorbeigeht,

statt einer Defektorientiertheit, die nur Makel, Störungen und Defizite sieht, setzen wir eine Erlebnis- und Persönlichkeitsorientierung, bei der sich die Kinder spielerisch frei und ungezwungen handelnd äußern und entwickeln können. (Kiphard, 1994, S. 12)

Ziel ist die Förderung und Entwicklung einer weitgehend selbstständigen Handlungsfähigkeit, damit die Person sich sinnvoll mit sich selbst (Ich-Kompetenz) und seinen Umweltgegebenheiten (Sachkompetenz) auseinandersetzen und mit anderen entsprechend handeln kann (Sozialkompetenz).
Zur Erlangung der Kompetenzen können für die Praxis drei entsprechende inhaltliche Schwerpunktsetzungen vorgenommen werden:
Körpererfahrungen (ich bewege mich, werde bewegt), *Materialerfahrungen* (ich bewege mich an und mit Geräten, Materialien) und *Sozialerfahrungen* (ich bewege mich und spiele mit anderen).

Durch psychomotorische Fördermaßnahmen werden vielfältige Wahrnehmungs- und Bewegungsmuster angeboten und vermittelt. Es werden nicht die Verbesserung bestimmter motorischer Fertigkeiten in das Zentrum ihrer Bemühungen gestellt, die Intentionen sind nicht einseitig auf Bewegung und Bewegungsfähigkeit gerichtet, sondern Bewegung wird als Möglichkeit einer umfassenden, ganzheitlichen Persönlichkeitsentwicklung betrachtet.

Zur Realisierung der psychomotorischen Grundidee können folgende Schwerpunkte der inhaltlichen Ausrichtung der Fördermaßnahmen genannt werden, die in vielfältiger Weise wechselseitig miteinander in Verbindung stehen.

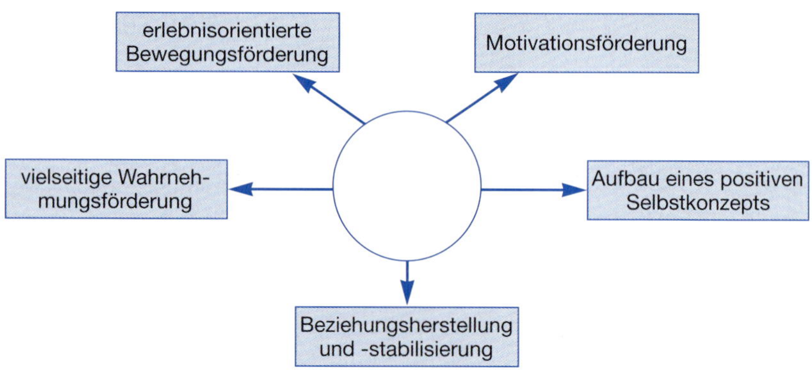

Zielbereiche psychomotorischer Fördermaßnahmen

Aufgabe

Erläutern Sie, was die genannten Kompetenzen der Psychomotorik für die Arbeit mit körperbehinderten Menschen bedeuten.

Im Zuge der Entwicklung des psychomotorischen Konzepts sind zahlreiche psychomotorische Übungsmaterialien entwickelt worden. Übungen mit zwei bekannten Geräten sollen hier vorgestellt werden, die besonders auch in der Arbeit mit körperbehinderten Menschen eingesetzt werden können.

Das Schwungtuch

1. *Wellen*: Alle schwingen das Tuch hoch, tief, langsam, schnell, wir drehen uns dabei im Kreis.
2. *Platzwechsel:* Die Teilnehmer wechseln ihre Plätze unter das schwingende Tuch: jeweils die gegenüberliegenden Seiten; nur einzelne Teilnehmer, Spieler mit vom Spielleiter ausgerufenen Merkmalen, z. B. blauen Hosen; alle wechseln.
3. *Ball rollen lassen:* Ein Schaumstoffball wird auf das Tuch geworfen; den Ball hochschleudern; den Ball herumrollen lassen. Variationen: Wir nehmen mehrer Bälle; ein Ball soll in einen Karton gerollt werden.
4. *Vorsicht Schlangen*: Einige Seilchen werden auf das Tuch gelegt und damit hochgeworfen. Wir müssen aufpassen, dass wir von den *Schlangen* nicht gebissen werden. Variationen: Wir legen, werfen andere vorhandene Materialien auf das Schwungtuch, z. B. Bierdeckel.
5. *Reaktion gefordert:* Wir halten gemeinsam das Tuch straff, lassen es auf Kommando los, klatschen drei mal in die Hände und fangen das fallende Tuch wieder auf. Variation: Wir drehen uns ein Mal um uns selbst und greifen dann das Tuch wieder.
6. *Wellenlaufen*: Einige sitzen am Boden und schwingen das Tuch, andere laufen vorsichtig über das Tuch.
   Variation: Einige schwingen das Tuch in verschiedenen Höhen und die anderen laufen oder krabbeln unter dem Tuch umher.
7. *Krokodil im Sumpf*: Alle setzen sich um das Tuch und strecken ihre Beine unter das Tuch. Ein Spieler beginnt als *Krokodil* und krabbelt unter dem Tuch umher und zieht andere Mitspieler an den Füßen in den *Sumpf* hinein. Diese können dann ebenfalls weitere hineinziehen.
8. *Gespenst*: Alle stehen, knien unter dem Tuch und bewegen sich als Gespenst oder auch z. B. Raupe durch die Halle.
9. *Benutzung innerhalb eines Geräteparcours:* Das Tuch wird in den Aufbau einer Gerätebahn einbezogen, z. B. als Zelt, Dach oder als Höhle.
10. *Körperpositionen ertasten:* Ein Mitspieler setzt sich in einer bestimmten Position unter das Tuch. Ein *Bildhauer* ertastet diese Position und setzt einen weiteren Mitspieler in derselben Stellung neben das Tuch; danach werden die Körperstellungen verglichen.
    Variation: Zwei nehmen unter dem Tuch eine gemeinsame Position ein; bei einer großen Gruppe können sich die Mitspieler in Kleingruppen am Rand des Tuches verteilen.
11. *Entspannung:* Ein Teil der Gruppenmitglieder liegt entspannt unter dem Tuch, die anderen schwingen langsam und behutsam das Tuch, es wird dabei nicht aktiv heruntergezogen, sondern von oben langsam fallengelassen.
12. *Wer ist weg?*: Ein Spieler geht aus dem Raum und muss nachher erraten, wer sich aus der Gruppe unter dem Tuch versteckt hat.

Wir spielen oder üben mit Sandsäckchen

Die Sandsäckchen gibt es in unterschiedlicher Größe und mit unterschiedlichem Gewicht und auch mit verschiedenartigen Füllungen (z. B. Sand, Reis, Mais, Knöpfe u. Ä.). Sie können über Sportartikelkataloge bestellt oder auch selbst hergestellt werden.

Einzelübungen: Wir werfen und fangen das Sandsäckchen in unterschiedlicher Art und Weise: einhändig oder beidhändig; von einer Hand in die andere Hand werfen; auffangen nach einer Drehung des Körpers oder nach Klatschen in die Hände; Sandsäckchen auf den Fuß legen, hochschleudern und auffangen; das Säckchen um den Körper herum reichen und das Säckchen von einer Hand in die andere übergeben, z. B. vor dem Bauch, hinter dem Rücken, zwischen den Beinen; Zielwerfen in eine Kiste, in einen Reifen; Gegenstände von der Bank oder vom Tisch abwerfen; balancieren und tragen, dabei z. B. hinsetzen und wieder aufstehen.

Partnerübungen: Wir werfen uns das (die) Sandsäckchen zu: ein oder zwei Säckchen, hintereinander oder gleichzeitig; Zielwerfen, z. B. einer der Spieler hält ein Hütchen mit der offenen Seite nach oben; das Säckchen aus Tüchern herausschleudern; zu zweit gegenüberstellen und einer der Spieler versucht, mit geschlossenen Augen ein zugeworfenes Sandsäckchen aufzunehmen; das Sandsäckchen zwischen Körperteilen einklemmen (z. B. Stirn, Schulter, Hüfte) und gemeinsam fortbewegen; Sandsäckchen auf den Körper des Partner (mit geschlossenen Augen) ablegen und zeigen oder sagen lassen, wo es liegt, gelegen hat.

Gruppenspiele: Wir bilden zwei Mannschaften, die sich an den gegenüberliegenden Seiten der Halle befinden. Aufgaben können sein: Zielwerfen auf einer Matte in die Mitte; in einen Reifen oder einen Kasten werfen; Kegel oder Bälle von in der Mitte gestellten Bänken abwerfen; einen großen Gymnastikball durch Bewerfen an die gegnerische Wand rollen lassen (dabei auch Einschränkung möglich: jeder hat nur einen Wurf).

Aufgaben

1. *Sie bewerten die dargestellten Übungsbeispiele nach ihren Einsatzmöglichkeiten für Übungsgruppen mit körperbehinderten Kindern oder Erwachsenen sowie älteren Menschen. Welche sind beispielsweise auch im Stuhlkreis oder mit Rollstuhlfahrern möglich?*
2. *In Kleingruppen (7–10 Teilnehmer) wird nach einer vorgegebenen oder von der Gruppe gewählten Musik ein Schwungtuchtanz entwickelt und vor den anderen aufgeführt.*
3. *Auch in der Psychomotorik bilden Wahrnehmungsübungen einen deutlichen Schwerpunkt (siehe auch unter Basale Stimulation). Besondere Relevanz haben dabei die Körpernahsinne (vgl. Hachmeister, 1997). Einzelne Schüler gestalten dazu einen Wahrnehmungsparcours für die taktile Wahrnehmung der Hände oder auch der Füße. Oder Schülerinnen bauen nach den vorhandenen Möglichkeiten der Schule Gerätestationen, Geräteland-*

schaften auf, die besonders der Förderung der vestibulären (Bewegungssituationen mit der Notwendigkeit von Ausgleichsbewegungen) oder der kinästhetischen Wahrnehmung (Bewegungserfahrungen von Druck und Zug auf Muskeln und Gelenke) dienen können.

Literatur

Hachmeister, B., Psychomotorik bei körperbehinderten Kindern, München 1997

Kiphard, E. J., Psychomotorik in Praxis und Theorie – Ausgewählte Themen der Motopädagogik und Mototherapie, 2. Auflage, Gütersloh 1994

Möllers, J., Psychomotorik, Hrsg. v. H. Geving und D. Niehoff, Troisdorf 2002

Schoo, M., Sport- und Bewegungsspiele für körperbehinderte Kinder und Jugendliche, München 1999

Zimmer, R., Handbuch der Psychomotorik, Freiburg i. Br. 1999

7.2.3 Materialien und Anregungen

Materialien

● Stereotypien im Verhalten schwerstbehinderter Menschen

Schwerstbehindert im Sinne Fröhlichs (1995) bedeutet immer eine komplexe Beeinträchtigung des ganzen Menschen in allen seinen Erlebnis- und Ausdrucksmöglichkeiten. Schwerste Behinderung stellt eine Beeinträchtigung für alle beteiligten Interaktionspartner dar, sie erschwert auch die elementare Begegnung zwischen zwei Menschen.

Fröhlich stellt klar, dass jeder Mensch, und sei er in jeglicher Hinsicht extrem in seiner Entwicklung behindert, dennoch eine gewisse Ansprechbarkeit in drei grundlegenden Wahrnehmungsbereichen hat bzw. eine entsprechende Stimulation benötigt:

- *vestibuläre Wahrnehmung*: Bewegung und Lageveränderungen, Erfahrungen mit Schwerkraft und Bewegung im Raum,
- *vibratorische Wahrnehmung*: Schwingungen, Schallwellen,
- *somatische Wahrnehmung*: Wahrnehmungsmöglichkeiten der Haut (taktile Wahrnehmung), der Muskulatur, der Gelenke (Propriozeption, Kinästhetik).

In diesem Zusammenhang sind seiner Auffassung nach auch Stereotypien zu beurteilen. Er versteht *Stereotypien als Notlösung*, mit der der behinderte Mensch sich ein Mindestmaß an sensorischer Anregung in den genannten Bereichen selbst organisiert. Sensorische Deprivation, eine länger andauernde Unterversorgung mit sensorischen Angeboten, werden als bedrohlich und des-orientierend erlebt. Denn sie könnten nicht wie Menschen ohne Behinderung Möglichkeiten finden, sich im Austausch mit der Umwelt immer wieder die Reize sensorischer Art zu besorgen, die aktuell nötig sind.

Das Repertoire schwerstbehinderter Menschen ist so limitiert, das die freie und zielgerichtete sensorische Erfahrung oft nicht möglich ist. Hinzu kommen deprimierende Umweltbedingungen, die ein zusätzliches Erschwernis darstellen. Um nun nicht vollständig sensorisch zu verarmen, organisiert sich das Individuum selbst solche Reizsituationen: Schaukeln mit dem Oberkörper, heftige Bewegungen des Kopfes als vestibuläre Angebote, visuelle Sensationen durch Bohren mit den Fingern in den Augen bzw. durch schnelle Bewegung der gespreizten Hand vor den Augen. Taktile Eindrücke vermittelt das Drehen von Haaren, das Einschmieren der Hände mit Speichel. Hände, die in den Mund gesteckt werden oder am Mund und den Zähnen hin und her gerieben werden, vermitteln eine intensive Mund-Hand-Erfahrung, die offensichtlich psycho-emotional stabilisierend wirkt. Hierbei werden dann häufig Intensitätsgrade benötigt, die sich auf den Betreffenden selbst dann schädigend auswirken (Gehirnerschütterung, Aufbeißen der Hand, Schlagen etc.).

(Fröhlich, 1995, S. 32)

Unter dieser Betrachtungsweise können nach Fröhlich solche Bewegungen nicht länger als unerwünschte Verhaltensweisen beschrieben werden, die es lediglich abzutrainieren gilt. Dennoch stellt er fest, dass solche Verhaltensweisen einer weiteren Entwicklung durchaus im Wege stehen könnten. Sie zeigten wenig Eigendynamik, sie würden die Kompetenz des betreffenden Individuums kaum ausweiten, ihre Wiederholung bringe selten einen Fortschritt in dem Sinne, dass auf einem höheren Niveau sich neue Strukturen entwickelten. Insofern hält Fröhlich Stereotypien bzw. Autostimulation und auch selbstschädigende Verhaltenweisen für Signale des Individuums, das in seiner Umwelt, auch mit seinem eigenen Körper, noch keine angemessen Strategie entwickeln konnte. Deshalb müsse therapeutisch-pädagogisch überlegt werden, welche Angebote an den betreffenden Menschen gemacht werden könnten, um seinen Bedarf an sensorischer Anregung zu stillen (vgl. Fröhlich, 1995, S. 33 f.)

Methodische Arbeitsprinzipien der Psychomotorik

Zur Umsetzung der geschilderten Grundgedanken der Psychomotorik können zahlreiche Prinzipien Berücksichtigung finden. Eine Auswahl wird vorgestellt; individuelle Schwerpunktsetzungen müssen je nach Arbeitsfeld (Zielgruppe, Art der Einrichtung, Konzeption usw.) vorgenommen werden.

- Ich versuche, Groß- und Kleingeräte in variationsreicher Art zu kombinieren zur Schaffung neuer Übungssituationen und zur Veränderung der Bewegungsformen. Dadurch gewährleiste ich vielfältiges Anwenden in unterschiedlichen Situationen, um einseitiges Lernen und Üben zu vermeiden.
- Eine bewusste Körper- und Verhaltenskontrolle wird angestrebt durch motorische Brems- und Steuerungsübungen, durch Behutsamkeitsübungen, durch Übungen zum kontrollierten Umgang mit dem eigenen Körper bzw. mit Materialien.
- Durch meine sympathisierende Teilnahme an den Unternehmungen des Behinderten kann ich motivieren. Immer wieder Verständnis und Ermutigung ausstrahlen, an die positive Entwicklung glauben. Treten Störungen auf, sich nicht persönlich angegriffen fühlen.

- Ich biete Entscheidungsfreiheit bei der Übungswahl durch gestaffeltes Übungsangebot. Ich will die Möglichkeit eröffnen, dass sich jeder Teilnehmer seinen Schwierigkeitsgrad und sein Risiko wählen kann. Handlungsimpulse der Teilnehmer versuche ich aufzugreifen und im Rahmen der Möglichkeiten umzusetzen.
- Gefühle werden häufig durch Bewegung und Haltung ausgedrückt. Deshalb achte ich darauf, wie die Gruppenmitglieder sich verhalten (Körpersprache, Gestik, Mimik) und was sie sagen.
- Kinder sind besonders gut zu motivieren, wenn ich Bewegungen in bildhafte Sprache (Tiere, Urwald, Höhle, Fantasiefiguren) kleiden kann und Bewegungsgeschichten entwickeln (lassen) kann.
- Leistungsbewertungen versuche ich zu vermeiden; auf direkte Leistungsvergleiche verzichte ich.
- Häufig muss ich Gelegenheiten zum Mobilisieren spontaner Bewegungsfreude bieten. Durch das Austobenlassen kann ein Nachholbedarf an einfachen Bewegungsformen (wälzen, rollen, krabbeln, rutschen) gedeckt werden.
- Nicht gleich zeigen, wie man es besser und schneller machen kann. Ich muss auch abwarten können und mich von dem leiten lassen, was das Kind zeigt und nicht umgekehrt dem Kind zeigen, was es alles beherrschen sollte.
- Ich biete Orientierung im Stundenablauf durch wiederkehrende Rituale (Sitzkreis am Anfange und am Ende, feste Ruhe- und Rückzugsgelegenheiten).
- Sinnesübungen sind wichtiger Bestandteil von Übungsstunden (gezieltes Hören, Sehen, Fühlen usw.).
- Verbales Reflektieren von Handlungen und Gefühlen, auswertende Gespräche dienen dem Erfahrungsaustausch – Kinder vollziehen ihre Bewegungen noch einmal bewusster.
- Wechsel von Spannung und Entspannung ist wesentliches Arbeitsprinzip.
- Zunächst auf den individuellen Stärken aufbauen, um Erfolgserlebnisse zu ermöglichen.

Aufgaben

1. *Bewerten Sie die genannten Arbeitsprinzipien für verschiedene Zielgruppen (Kinder, Erwachsene, Ältere) und versuchen Sie diese als notwendig, wichtig, weniger wichtig zu ordnen.*
2. *Welche Prinzipien sind gut realisierbar und umsetzbar, welche bereiten größere Schwierigkeiten in der Arbeit mit körperbehinderten Menschen?*
3. *Ein besonderer Aspekt in der Bewegungserziehung von Kindern mit Körperbehinderungen ist sicherlich die Auseinandersetzung mit dem Rollstuhl. Das Training dieser Fähigkeiten kann innerhalb der Therapie und in den entsprechenden Lebenssituationen geübt werden, es kann und sollte aber auch Bestandteil psychomotorischer Förderung sein. Ein Rollstuhlführerschein,*

bei dem verschiedene Fähigkeiten geübt und individuell die Möglichkeiten des einzelnen Kindes (möglicherweise auch im Vergleich nach bestimmten Zeitabständen) festgehalten werden können, bietet einerseits Anreiz, aber auch Kontrolle und damit die Möglichkeit zur Selbsteinschätzung. (Hachmeister, 1998, S. 100 f.). Entwickeln Sie in Arbeitsgruppen entsprechende Übungsbeispiele.

4. *Mit dem Rollstuhl sind auch viele Ballspiele oder Sportspiele möglich. Für das normale Basketballspiel hängt zwar oft der Korb zu hoch und das gesamte Regelwerk ist zu kompliziert, aber in irgendeiner Form ist es fast allen Kindern möglich, den Ball in einen Behälter zu befördern. Demnach sind geeignete Regelvereinfachungen und Veränderungen vorzunehmen. Das Gleiche gilt für das Fußballspiel. Entwerfen Sie in Arbeitsgruppen solche Regelveränderungen und stellen Sie die Spiele der Gesamtgruppe vor.*

5. *Wir versuchen, für den Unterricht Rollstühle zu organisieren, um eigene Bewegungserfahrungen damit zu ermöglichen. Oder wir fahren in eine nahegelegene Einrichtung, in der solche Möglichkeiten bestehen.*

7.3 Erziehung und Bildung

7.3.1 Theoretische Zusammenhänge

● Frühförderung

Frühförderung wird als Oberbegriff für ein Bündel von Maßnahmen verwendet, das sich auf die ersten Lebensjahre bezieht. Frühförderung ist auf die ganzheitliche Entwicklungsförderung von behinderten und von Behinderung bedrohten Kindern ausgerichtet. Frühförderung beinhaltet die Beratung für Familien, das Erkennen von kindlichen Entwicklungsstörungen oder Entwicklungsverzögerungen und die heilpädagogische Förderung. Diese Aufgaben sollen durch kind- und entwicklungsgemäße Angebote geleistet werden; die möglichen Formen reichen von stundenweiser bis ganztägiger Förderung, als Einzelförderung oder in Gruppen. Zwangsläufig erfordert Frühförderung Zusammenarbeit zwischen unterschiedlichen Fachdisziplinen: Medizin, Pädagogik, Psychologie und Sozialarbeit (vgl.: 9.2).

Eine solche Interdisziplinarität steht in enger Verbindung zum *systemischen Denken*, hier liegen gemeinsame Grundgedanken zugrunde. Der systemorientierte Ansatz hat in den letzten Jahren in der Frühförderung verstärkt Einzug gehalten. Nicht nur das Kind, sondern auch das System Familie wird gesehen und in die Arbeit mit einbezogen.

Die Aufgabe der Frühförderung erfordert somit eine partnerschaftliche Zusammenarbeit zwischen den Eltern und den Mitarbeitern der Zentren und Frühförderstellen.

Frühbehandlung und Frühförderung von Kindern mit Hirnschädigungen basiert im Wesentlichen auf zwei Grundannahmen. In den ersten Lebensjahren wird dem kindlichen Gehirn Plastizität zugeschrieben, d. h. es besitzt eine Kompensationsfähigkeit. Darüber hinaus wissen wir, dass Umweltreize die Entwicklung des Zentralnervensystems in einer frühkindlichen Phase entscheidend beeinflussen können (vgl. Hedderich, 1999, S. 27).

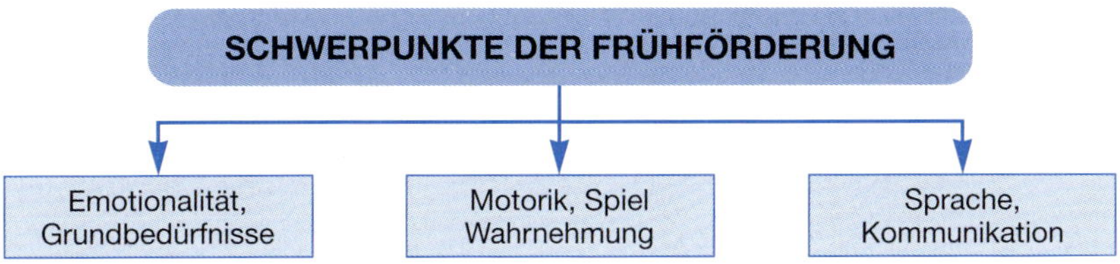

Aufgabenbereiche der Frühförderung

Zu den wesentlichen Aufgaben der Frühförderung bei Kindern mit einer Körperbehinderung gehören die

- Vermittlung emotionaler Sicherheit für das Kind durch zuverlässige Befriedigung seiner physischen und psychischen Grundbedürfnisse;
- Förderung der psychomotorischen Entwicklung durch motorische Anregungen, Wahrnehmungserfahrungen, Ermöglichung weitgehendst aktiver Bewegungen als Basis für eigene Erfahrungen und für spielerische Betätigung.
- Förderung des Sprechens als eine Basis für Kommunikation, Anregung zur Lautbildung, zum Plappern, später auch Anregung zum Sprechen, Angebot zum Sprachkontakt, Ermöglichen von nonverbaler und verbaler Kommunikation mit anderen Menschen (vgl. Stadler, 1979, S. 431).

Die vielfältigen Behinderungsbilder und ihre unterschiedlichen Ausprägungen erfordern ein breites Angebot therapeutischer Methoden. Bei Körperbehinderungen hat sicherlich die krankengymnastische Behandlung eine grundlegende Bedeutung. Mit zunehmenden Alter wird mehr die Entwicklung des kindlichen Spiels und das Selbsthilfetraining zur Alltagsbewältigung im Vordergrund stehen.

Stadler betont u. a. lernpsychologische Aspekte, die im Rahmen der Frühförderung Beachtung finden müssen:
Das Kind mit einer Körperbehinderung lernt durch eine Ganzheitsbehandlung über senso-motorische Erfahrungen aktiv den normalen Bewegungsablauf. Wichtig ist, dass das Kind häufig in die richtige Position gebracht wird, damit die Möglichkeit der Automatisierung eines normalen Bewegungsablaufs besteht, bevor sich pathologische Bewegungsmuster manifestiert haben. Auch in diesem Zusammenhang sind wesentliche lernpsychologische Aspekte wie die Frage nach der Aktivierung des Kindes, der Bedürfnisstruktur, Reizlage und dem Entwicklungsstand zu berücksichtigen. Weiterhin gilt, dass in diesem Übungsprozess die gelernte Bewegung überdauernd sein soll. Um das zu er-

reichen, muss der zu erlernende Bewegungsablauf aktiv vom Kind mitvollzogen, verarbeitet und so zu einer Bewegungserfahrung geworden sein. Diese Bewegungserfahrung muss positiv erlebt werden, durch das Wirksamwerden von positiven primären und sekundären Verstärkern. Lernen von Bewegung muss subjektiv sinnvoll sein und in der psychischen Struktur von Antrieb und Bedürfnis eine geschlossene Einheit darstellen. Das Bedürfnis des Kindes nach Kontaktaufnahme mit der Mutter, sein Interesse an einem Spielzeug sollen ausgenutzt und in ein aktives Bewegungsverhalten eingebaut werden. Auch das Aufrichten zum Stand wird erst dann für das Kind erfolgversprechend, wenn das Ziel mit Erreichen eines Gegenstandes verbunden ist.

(Stadler, 1979, S. 406 f.)

Aufgaben

1. *Stellen Sie die lernpsychologischen Aspekte im obigen Zitat heraus und verdeutlichen Sie diese an weiteren praktischen Beispielen. Was können primäre und sekundäre Verstärker sein?*
2. *Stellen Sie die Arbeit einer Frühförderstelle vor: Träger, Konzeption, dort tätige Berufsgruppen Therapieangebote – besonders für körperbehinderte Kinder, Finanzierung, Formen der Eltern- und Familienarbeit.*

Literatur

Eine geeignete Übersicht aller Frühförderstellen enthält eine **Broschüre des Bundesministeriums für Arbeit und Sozialordnung** (Referat Information, Redaktion und Vertrieb, Postfach 500, 53105 Bonn) mit dem Titel: Frühförderung – Einrichtungen und Stellen der Frühförderung in der Bundesrepublik Deutschland.

Weitere Angaben zur Frühförderung siehe auch unter Behinderung in der Lebensspanne (Kap.: 9).

● Schulische Förderung

Die Schule für Körperbehinderte wird von Kindern oder Jugendlichen besucht, deren Bewegungsfähigkeit durch eine Schädigung des Stütz- und Bewegungsapparates oder durch eine organische Schädigung dauerhaft oder über einen längeren Zeitraum eingeschränkt ist. Für Deutschland gilt, dass etwa 0,5 Prozent aller Kinder aufgrund ihrer Körperbehinderung einer sonderpädagogischen Förderung bedürfen.
Die Inhomogenität bzw. Heterogenität ist in Klassen für Körperbehinderte ein wesentliches Merkmal. Zur Schülerschaft der Schule für Körperbehinderte gehören Kinder und Jugendliche, deren Bewegungsbeeinträchtigung kaum auffallend ist, und Kinder und Jungendliche, deren Bewegungsbeeinträchtigung so massiv auffällt, dass sie zu keiner größeren eigenständigen Bewegung in der Lage sind. Diese können sich oft selbst nicht sprachlich äußern. Dieser Anteil liegt gegenwärtig bei 20 Prozent (vgl. Hedderich, 1999, S. 41).

Die Schule für Körperbehinderte ist eine Ganztagsschule mit einem Einzugsgebiet von etwa 50 Kilometern. Ihr können Internate und Heime angegliedert sein.

Bei den Heim- und Internatsschulen kommen die Schüler aus einem überregionalen Einzugsgebiet und leben in den der Schule angeschlossenen Wohnheimen. Die Mehrzahl bleibt von Montag bis Freitag (5-Tage-Internat) dort und fährt über das Wochenende und in den Schulferien nach Hause. Das Internat hat dann damit familienergänzende Aufgaben. Für einen Teil der Schüler wird die Heimschule weitgehend zum alleinigen Lebensraum, wenn sich die Eltern und Angehörigen nur noch wenig um ihr Kind kümmern. Der Anteil der Kinder und Jugendlichen, deren Eltern nicht oder nicht ausreichend in der Lage sind, sie zu erziehen, zu versorgen und zu pflegen, beträgt an den einzelnen Schulen bis zu 25 Prozent. Für diese jungen Körperbehinderten muss dann eine familienersetzende Funktion übernommen werden (Stadler, 1998, S. 172 f.).

Die Schule für Körperbehinderte hat einen historischen Wandel erlebt. Integration in Regelschulen und Aufnahme von Kindern und Jugendlichen mit schwersten Behinderungen führten in den 80er und 90er Jahren zu einer Veränderung der Schülerschaft mit deutlicher Verschiebung in Richtung motorisch und intellektuell stark beeinträchtigten Schülern. Dadurch läuft die Schule an manchen Orten Gefahr, eine Schule für *Schwerstbehinderte* zu werden (Hedderich, 1999, S. 43).

Die Kultusministerkonferenz (KMK, 1984) hat in einer Empfehlung für den Unterricht in der Schule für Körperbehinderte (Sonderschule) den Schülerkreis, die Ziele und Aufgaben, das Personal und die Organisationsformen bestimmt. Aufgabe der Schule ist es demnach, die Schüler unter Beachtung der Lernvoraussetzungen zu den Abschlüssen der allgemeinen Schulen zu führen, die ihnen aufgrund ihrer Leistungsfähigkeit erreichbar sind. Das Bildungsangebot reicht bis zum Realschulabschluss und zur Allgemeinen Hochschulreife. Bei körperbehinderten Schülern, die zugleich lernbehindert bzw. geistigbehindert sind, werden die Bildungs- und Erziehungsziele der entsprechenden Sonderschultypen zugrunde gelegt. Neben dem Sonderschullehrer sollen auch beispielsweise Erzieher, Krankengymnasten, Beschäftigungstherapeuten die spezifischen pädagogischen und therapeutischen Aufgaben übernehmen. Auch Motopäden, Bewegungserzieher, Sprachtherapeuten sowie Zivildienstleistende und Praktikanten sollen dort tätig sein.

Erziehungs-, Bildungs- und Therapieziele sind unter Beachtung der behinderungsbedingten Einschränkungen in folgenden Bereichen anzustreben: Psychomotorik und Bewegungsförderung, Aufbau eines positiven Selbstwertgefühls und sozialer Beziehungen, Entwicklung sprachlicher und kommunikativer Kompetenzen, Erwerb der Kulturtechniken des Lesens, Schreibens und Rechnens und darauf aufbauender Kenntnisse und Fähigkeiten, Vermittlung von Handlungskompetenz zur Bewältigung von Lebensanforderungen, Entwicklung und Pflege von Neigungen in der Musik, Kunst, Literatur und in fremden Sprachen, Anleitung zur sinnvollen Freizeitgestaltung, Einführung und Übungen in behinderungsadäquaten Sportarten, Vorbereitung auf die Berufs- und Arbeitswelt, Einführung in Grundfragen der Ethik und in Glaubenslehren (vgl. Stadler, 1998, S. 175).

In der Erziehung und Bildung von Kindern mit einer Körperbehinderung ist zu berücksichtigen, dass die Lernvoraussetzungen dieser Kinder höchst unterschiedlich sind. Entwicklungsverläufe sind häufig schwer einschätzbar und vorhersehbar. Aus diesem Grund müssen Organisationsformen flexibel sein. Kindern mit einer Körperbehinderung können Bildungsinhalte nicht in der gleichen Form vermittelt werden, wie dies bei nichtbehinderten Kindern der Fall ist. Auf dieser Grundlage wird eine spezielle Didaktik und Methodik für Körperbehinderte gefordert. Dabei wird auf bestimmte methodische Prinzipien verwiesen: Individualisierung und Differenzierung, Selbsttätigkeit und abnehmende Hilfe, Anschauung, Lebensnähe, kleine Schritte. Weiter sollen die notwendigen Therapien unterrichtsimmanent zum Tragen kommen (vgl. Hedderich, 1999, S. 47).

Aufgaben

1. *Diskutieren Sie die Aussage: Die Schule für Körperbehinderte soll als Ganztagseinrichtung geführt werden. Welche Begründungen lassen sich dafür anführen? Welche Nachteile hat eine solche Schulform?*
2. *Welche der genannten Aufgabenbereiche können vom Heilerziehungspfleger übernommen werden bzw. in welchen Bereichen kann er Hilfestellung geben?*
3. *Grenzen Sie die genannte familienergänzende und familienersetzende Funktion voneinander ab. Welche Aufgaben ergeben sich jeweils für den Heilerziehungspfleger?*
4. *Kindern und Jugendlichen mit einer Körperbehinderung stehen grundsätzlich die gleichen Bildungsgänge offen wie den nichtbehinderten Schülern. Ein nicht unerheblicher Teil von ihnen besucht die allgemeinen Schulen/Regelschulen. Wegen der Art, der Schwere und der Auswirkungen einer Körperbehinderung auf die personale Entwicklung ist aber für viele die Aufnahme in einer Sonderschule angezeigt. (Stadler, 1998, S 171). Diskutieren Sie die Vor- und Nachteile des Besuchs der Regel- bzw. der Sonderschule.*

● Integration

In der (Schul-)Pädagogik wird unter Integration der gemeinsame Unterricht behinderter und nichtbehinderter Kinder verstanden.
Ziel aller integrativen Bemühungen ist die bestmögliche Teilhabe eines Behinderten an allen gesellschaftlichen und sozialen Prozessen der Nichtbehinderten (Familie, Nachbarschaft, Kindergarten, Spielgruppe, Jugendgruppe, Schule, Beruf, Freizeit und Öffentlichkeit), ohne dass sich der Behinderte selbst dabei unwohl fühlt oder unzufrieden wird.

Es wird davon ausgegangen, dass angemessene Formen des Umgangs miteinander entwickelt werden, wenn Kinder von frühester Kindheit an Menschen mit Behinderungen erleben. Dadurch können Zuschreibungsprozesse und Stigmatisierungen zunehmend erschwert werden. *Integration ist ein Weg zur Entstigmatisierung behinderter Menschen.* (Cloerkes, 1997, S. 223)

In den 60er Jahren erfolgt zunächst eine dynamische Entwicklung des Sonderschulwesens. Es entstanden einzelne Schulformen mit spezifischer Ausrichtung auf die jeweilige Behinderungsart, auch spezielle Schulen für Körperbehinderte. Das bildungspolitische Grundanliegen *Integration*, ausgelöst durch das Gutachten der Bildungskommission des Deutschen Bildungsrates vom Oktober 1973, stellte die Sonderpädagogik dann vor eine große Herausforderung. Diesem Programm lag die Annahme zugrunde, dass die Integration in die Schulgesellschaft gleichzeitig eine besser Eingliederung in die Gesellschaft nach sich ziehe. Ausgelöst wurde dadurch eine lebhafte und kontroverse Diskussion um die Möglichkeiten und Grenzen der gemeinsamen Unterrichtung von behinderten und nichtbehinderten Schülern.

Erst Mitte der 90er Jahre zeigt die meisten Bundesländer in ihren Schulgesetzen eine deutliche Tendenz, den gemeinsamen Unterricht zu ermöglichen und zu fördern. Heute nach über zwanzig Jahren haben viele Landesregierungen durch Gesetzesänderungen Integration rechtlich verankert bzw. Änderungsentwürfe sind in Arbeit.

Integration wurde zunächst nur vereinzelt von engagierten und mutigen Eltern initiiert. Heute haben sich die Eltern zu regionalen Elterninitiativen *Gemeinsam leben – Gemeinsam Lernen* zusammengeschlossen, was wiederum auf Länderebene zu einer Landesarbeitsgemeinschaft geführt hat. Im Jahre 1985 wurde die Bundesarbeitsgemeinschaft gegründet. Seitdem versucht eine engagierte Elternschaft unermüdlich, Integration im vorschulischen und schulischen Bereich, aber auch in anderen Gesellschaftsbereichen voranzubringen (Cloerkes, 1998, S. 226).

Welche Rahmenbedingungen erleichtern den gemeinsamen Unterricht (vgl. Hedderich, 1999, S. 62 und Cloerkes, 1997, S. 214)?

- vorbereitende und praxisbegleitende Fort- und Weiterbildung,
- Reduktion der Gruppen und Klassenstärken (z. B. 17 nichtbehinderte Kinder und 3 behinderte Kinder in einer Klasse; 16 nichtbehinderte Kinder und 2 Kinder mit Behinderungen in einer Kindergartengruppe),
- Sonder- und Regelpädagoginnen arbeiten kooperativ zusammen,
- Einsatz von zusätzlichem Personal (z. B. Therapeutinnen, Zivildienstleistende, Erzieherinnen) und kooperative Zusammenarbeit mit Therapeuten, die vom Träger angestellt oder als frei Praktizierende tätig sind,
- intensive und kooperative Elternarbeit (sowohl mit den Eltern der behinderten als auch der nichtbehinderten Kinder),
- Schaffen der notwendigen baulichen und räumlichen Voraussetzungen und Anschaffung von Spiel-, Lern-, Förder- und Therapiematerial,
- Kooperation mit Fachdiensten, Schulämtern, Gesundheitsämtern.

Aufgaben

1. *Diskutieren Sie Möglichkeiten (und Grenzen) der Integration von Kindern mit Körperbehinderungen auf Grundlage folgender Aussagen:*

   Dass schulische Integration möglich ist, ist vielfach belegt. Es kann aber nicht davon ausgegangen werden, dass spezifische Fördereinrichtungen für Erziehung und Unterricht Körperbehinderter generell überflüssig sind. (Hedderich, 1999, S. 78).

   Es ist also stets abzuwägen, inwieweit die Vorteile einer Förderung in Sonderschulen für Körperbehinderte die damit einhergehenden Nachteile der Besonderung überwiegen. Die möglichst weitgehende Integration in heterogene Förder- und Lerngruppen der Regeleinrichtungen sollte dabei Ziel sein. (Stadler, 1998, S. 99)

2. *Wie sehen Sie die Realisierungsmöglichkeiten der genannten Bedingungen der Integration?*
   Können Sie dazu aus Erfahrungen der Praxis berichten?

Weitere Angaben zur (Sonder-)Schule und zur Integration siehe auch die Kapitel „Behinderung in der Lebensspanne“ (Kap. 9) und „Normalisierung und Integration“ (Kap. 10.1)

7.3.2 Praktische Umsetzung

● Pädagogische Aufgaben und Prinzipien

Therapie und heilpädagogische Förderung können nicht das Ziel haben, dass das Kind „völlig“ anders werden soll, als sei die Behinderung eine „schlechte Angewohnheit“, die man schleunigst abzulegen habe. Vielmehr geht es darum, dem Kind zu helfen, auch unter den eingeschränkten Bedingungen ganzheitlich zu leben und zu erleben. (Fröhlich, 1999, S. 20).

Was für Therapie und Förderung gilt, trifft natürlich auch für die pädagogische Arbeit etwa des Heilerziehungspflegers zu.

Zerebrale Bewegungsstörungen sind zwar zunächst hauptsächlich Störungen in der frühkindlichen motorischen Entwicklung, beschränken sich aber nicht nur auf diese, sondern wirken direkt oder indirekt in alle Entwicklungsbereiche hinein.

Aus dieser ganzheitlichen Sicht einer Störung folgt aber auch, positiv gesehen, die Möglichkeit einer ganzheitlichen pädagogisch-psychologischen Einflussnahme.

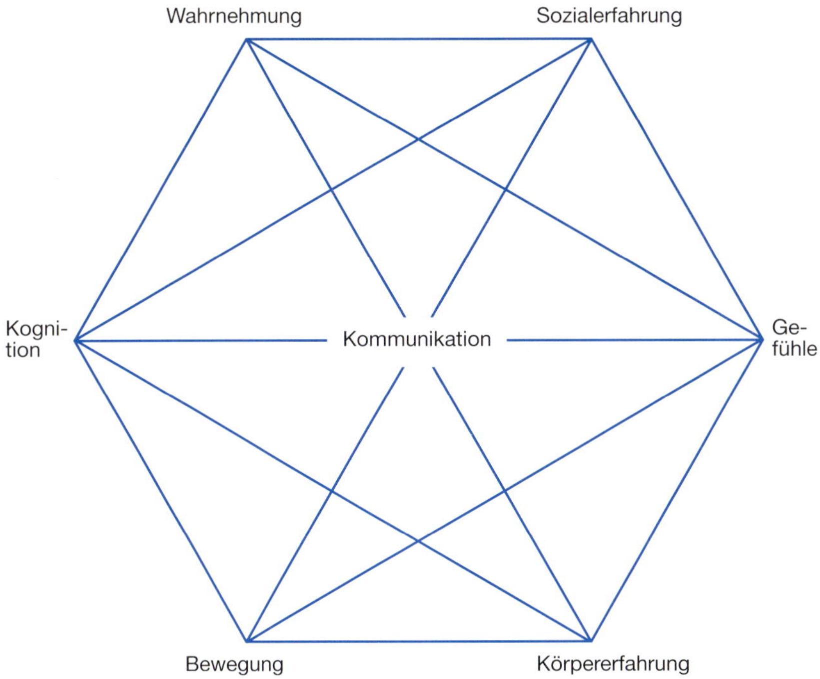

Nach Fröhlich/Bienstein in: Broschüre des Bundesverbandes, H. 1, 1999, S. 18

Aufgabe

Nehmen Sie ein Beispiel aus den alltäglichen Handlungen eines Bewohners (etwa Essenssituation oder eine Freizeitbeschäftigung) und erläutern Sie daran die in der Abbildung genannten Persönlichkeitsbereiche und erörtern Sie die Wirkungszusammenhänge.

Als Pädagoge oder Erzieherin hat man die Aufgabe, ein Kind, das in vielen Bereichen seiner Entwicklung auf fremde Hilfe angewiesen ist, vielfältige Hilfeleistungen anzubieten. Dabei besteht die Gefahr, dass nicht nur dort gezielt geholfen wird, wo Hilfe unabdingbar ist, sondern dass das Kind in jedem Bereich versorgt wird, auch da, wo das Kind durchaus selbstständig sein könnte. Selbstständigkeit ist gerade beim körperbehinderten Kind häufig mit vielen Umständen, mit Schwierigkeiten (z. B. An- und Ausziehen), aber auch mit Unordnung und Schmutz verbunden (selbstständiges Essen). Daher geht es oft schneller und scheint einfacher, einem Kind zu helfen. Damit nehmen wir ihm aber viele Möglichkeiten, sich selbst zu entwickeln und selbstständiger zu werden.

Erwachsene Menschen mit cerebraler Bewegungsstörung berichten immer wieder, wie wichtig es für sie war, wenn Eltern, Betreuer, Pädagogen ihnen auch einiges an Selbstständigkeit „zugemutet" haben. Dies darf nicht mit Kälte und übertriebener Forderung verwechselt werden, ganz im Gegenteil, nur auf der Basis einer guten emotionalen Beziehung kann ich von einem Kind Anstrengung und mehr Durchsetzungsfähigkeit erwarten.

(Fröhlich, 1999, S. 23)

Aus pädagogischer Sicht ist es deshalb wichtig, dass möglichst frühzeitig damit begonnen wird, dem Kind eigenen Entscheidungen zu überlassen, ihm – wo nötig – zu helfen, diese eigenen Entscheidungen umzusetzen, ohne es zu bevormunden, ohne ihm die totale Hilfeleistung förmlich „überzustülpen".

Thesing/Vogt (1997, S. 171 f.) formulieren weitere allgemeine Prinzipien für die pädagogischen Aufgaben:

- *Prinzip der Anschaulichkeit:* Aktivierung aller Sinne, lebens- und wirklichkeitsnahe Anschauungshilfen zum Ausbau der Vorstellungsfähigkeit (Gegenstände betasten lassen, anschauen, riechen).
- *Prinzip der abnehmenden Hilfe:* gemeint sind motorische Hilfen, aber auch emotionale und kognitive Hilfen. Dem Kind soll erfahrbar gemacht werden, dass es Hilfe bekommen kann, es soll diese Hilfeleistungen aber nicht als Beeinträchtigung seines Selbstwertgefühls erleben müssen.
- *Prinzip der Individualisierung:* Anpassung aller pädagogischen Hilfen, so z. B. der Lernangebote, an die individuellen Möglichkeiten und Fähigkeiten des behinderten Menschen.
- *Prinzip der Verstärkung:* Vielfältige Formen der Verstärkung anwenden, um Bereitschaft und Motivation für neue Aktivitäten zu erschließen.
- *Befähigung zur Auseinandersetzung mit der eigenen Behinderung und der damit zusammenhängenden Lebensperspektive:* Besonders eine im späteren Leben erworbene Schädigung stellt sich als eine traumatische Verlusterfahrung dar. Pädagogisch geht es hier um Hilfen zur Entwicklung eines angemessenen Störungs- und Selbstbewusstseins (realistische Selbsteinschätzung der eigenen Möglichkeiten).
- *Erschließen von Kommunikation:* Bei allen schweren Fällen einer Lähmung oder Schädigung ist die Ausdrucksfähigkeit gestört. In extremen Fällen kann sie blockiert sein. Die pädagogische Aufgabe des Lebensbegleiters ist die Pflege und Befriedigung der Kommunikationsbedürfnisse über die verbliebenen körpereigenen motorischen und sensorischen Kommunikationskanäle (vgl. auch das Kapitel *Unterstützte Kommunikation 7.6.3*).

● Freizeit

Freizeit wird als die Summe der freien Zeit verstanden, die neben der Zeit zum Arbeiten, Essen und Schlafen sowie zur Teilnahme an therapeutischen, medizinischen und heilpädagogischen Maßnahmen übrig bleibt.

Freizeit hat für den Körperbehinderten weitaus größere Bedeutung als für den Nichtbehinderten, da er aufgrund seiner Behinderung in seinen Möglichkeiten aktiver Freizeitgestaltung eingeschränkt ist und oft für kleinste Verrichtungen mehr Umstände und Anstrengungen in Kauf nehmen muss.

(Stadler, 1979, S. 449)

Zu den Aufgaben eines Heilerziehungspflegers gehört es, zum Erlernen von Techniken und Fertigkeiten, die für eine befriedigende und schöpferische Freizeitgestaltung anwendbar sind, beizutragen.

Freizeitgestaltung ist meist etwas Gemeinsames. Aber der Einzelne soll neben dieser Erfahrung gemeinschaftlichen Handelns auch zu möglichst großer Individualität und persönlicher Entfaltungsmöglichkeit gelangen können. Für jeden bedeutet Freizeit weiterhin ein Stück Rückzug, Ruhe und Entspannung.

Freizeitarbeit kann etwa folgende Bereiche umfassen (vgl. Stadler, 1979, S. 459):

a) der musisch-kreative Bereich: handwerklich-technische Arbeiten wie Holz-, Papier, Ton- und Metallarbeiten, verschiedene Mal- und Drucktechniken, Weben, Arbeit im Fotolabor, musik- und tanzpädagogische Angebote, Yoga und andere meditative Übungen.

b) Der persönlich soziale Bereich: etwa Angebote von Gesprächsgruppen zur persönlichen Problembearbeitung, Bildung von speziellen Freizeit- und Hobbygemeinschaften, Teilnahme an Mitbestimmungsgremien sowie Planungsgruppen zur Weiterentwicklung von Verbesserung der pädagogischen Arbeit.

c) Der sportlich-kulturelle Bereich: wie Schwimmen, Tischtennis, Fußball oder Volleyball im Sitzen; gymnastische Übungen; Zugang ermöglichen zu allgemeinen Sportvereinen oder Behindertensportvereinen.

Das Wochenendangebot für körperbehinderte Kinder wird erfreulicherweise ständig erweitert, da hier auch kleine Verbände oder einzelne Gruppen mit geringem Aufwand eine solche Aktion durchführen können. Neben der Entlastung der Familie werden dem körperbehinderten Kind hierbei neue Umwelteindrücke vermittelt und wichtige Kontakte mit Nichtbehinderten ermöglicht. Unter Anleitung von Fachleuten können vielfältige Freizeitaktivitäten ausprobiert werden.
Als gezielte gruppenpädagogische Maßnahme kann die Wochenendfreizeit zur Stärkung und Festigung einer Gruppe durch ein besonderes gemeinsames Erlebnis beitragen.
Gleiche Zielsetzungen gelten auch für länger andauernde Freizeitunternehmungen. Durch die neuartige, ungewohnte Umgebung, durch seinen abenteuerlichen Reiz ist gerade das Freizeitlager für körperbehinderte Kinder von Bedeutung, da sie hier, ebenso wie nichtbehinderte Kinder, die Möglichkeit finden, Geschick, Mut und Kraft zu beweisen. So können solche Aktionen dabei helfen, durch die Behinderung auftretende Minderwertigkeitsgefühle leichter zu überwinden (Stadler, 1979, S. 462).

Aufgaben

1. *Entwerfen Sie mögliche Programmangebote für eine Wochenendmaßnahme mit körperbehinderten Erwachsenen. Nehmen Sie Schwerpunktsetzungen vor. Welche besonderen organisatorischen Maßnahmen müssen bei der Planung bedacht werden.*

2. *Wir erkundigen uns vor Ort nach den Freizeitmöglichkeiten für körperbehinderte Kinder, Jugendliche, Erwachsene (Sportvereine, Freizeit-, Reiseangebote) und stellen die Ergebnisse der Klasse vor und bewerten sie.*

7.4.3 Materialien und Anregungen

● Erschwernisse bei der Freizeitgestaltung

Viele Freizeitbeschäftigungen setzen aber ein Mindestmaß an Bewegungsfähigkeiten und Bewegungskompetenzen voraus. Für Behinderte erübrigen sich daher in der vorschnellen Beurteilung Nichtbehinderter schon eine Vielzahl an Freizeitbetätigungsmöglichkeiten.

Ein körperbehinderter Junge mit einer Tetraplegie und ausgeprägter Ataxie wird es schwer haben, seine Eltern und vor allen Dingen einen Freizeitverein davon zu überzeugen, dass das Bogenschießen für ihn die richtige Freizeitbeschäftigung ist. Bei Freizeitaktivitäten, die üblicherweise nur von Nichtbehinderten praktiziert werden, sind enorme Vorarbeiten und Hilfen erforderlich, wenn sie trotzdem umgesetzt werden sollen.

(Cloerkes, 1997, S. 281)

Defizite im Freizeitverhalten ergeben sich einmal durch eine Vielzahl an Erschwernissen, die unmittelbar mit der Behinderung zusammenhängen, und zum anderen aus den sozialen Reaktionen auf die Behinderung. Sie können unterschiedlich ausgeprägt und wirksam sein (vgl. Cloerkes, 1997, S. 276)

- *unmittelbare Folgen der Schädigung:* Die fehlende Mobilität macht oft Begleitpersonen erforderlich. Die Sichtbarkeit der Behinderung erschwert Kontakte.
- *zeitliche Ausdehnung der alltäglichen Versorgungs-, Hygiene- und Gesundheitsmaßnahmen:* Es wird mehr Zeit bzw. Aufwand für Körperpflege, Nahrungszubereitung, Essen, Gehen usw. benötigt.
- *starke familiäre Bindung:* Überbehütung kann geringe Verselbstständigung zur Folge haben.
- *Rehabilitationsübermaß:* Medizinische Beratung und Behandlung stehen in Gefahr, überschätzt zu werden, oder zu umfangreiche Rehabilitationsmaßnahmen werden für den einzelnen vorgesehen. Dadurch kann der offene Freizeitbereich mit Rehabilitationsmaßnahmen völlig ausgefüllt sein.
- *starke Regenerationswünsche:* Diese können sich ergeben infolge Überbeanspruchung durch Arbeit, z. B. als Folge eines schlechten Gesundheitszustandes, eines frühen Altersabbaus, durch bestimmte eintönige Arbeitsaufgaben, zu hoch angesetzte oder zu lang dauernde Konzentrationsanforderungen im Arbeitsprozess.
- *Erreichbarkeitsprobleme:* Öffentliche Verkehrsmittel und Freizeiteinrichtungen sind beispielsweise für Rollstuhlfahrer schwer zugänglich.
- *Selbstisolierungstendenzen:* Behinderte sehen sich z. B. als *Hemmschuh* bei einem Unternehmen und ziehen sich zurück; sie vermeiden unbekannte soziale Strukturen; Nichtbehinderte lassen erkennen, dass der Behinderte in Störfaktor ist.
- *unzureichende Ausbildung von Interessen und Freizeitgewohnheiten.*

Bei der Bewertung gilt es allerdings zur berücksichtigen, dass auch Behinderte viele Aktivitäten aus anderen als behinderungsspezifischen Gründen sowieso nicht machen würden. Auch Nichtbehinderte machen bestimmte Freizeitaktivitäten gern, an anderen Angeboten nehmen sie nicht teil oder lehnen solche Beschäftigungen ab.

Es gibt aber auch Menschen mit schwersten Bewegungs- und Mobilitätseinschränkungen, die sich von ihrem Wunsch nach z. B. Bewegung und Sport nicht abbringen lassen. Menschen, die früher nichtbehindert waren und z. B. durch einen Unfall querschnittsgelähmt wurden, versuchen häufig, trotz der Bewegungs- und Mobilitätseinschränkung ihr Freizeitverhalten auch nach dem Unfall aufrecht zu erhalten und fortzusetzen. Heute gibt es dafür eine Vielzahl an traditionellen aber auch modifizierten Sportarten.
Dank der rasanten Entwicklungen auf dem Markt der technischen und rehabilitativen Hilfsmittel kann für einen Großteil der Behinderten heute der Zugang zu einem bislang nicht behindertengerechten Freizeitmarkt erleichtert werden. Durch sie können auch Behinderte in den Genuss vieler Freizeitbetätigungsmöglichkeiten kommen und Defizite beachtenswert gut kompensieren (vgl. Cloerkes, 1997, S. 284).

Erfahrungen mit schulischer Integration:

Kinder mit Körperbehinderungen besuchen allgemeine Schule (Regelschulen) und Sonderschulen. Die Eltern berichten von positiven Erfahrungen und zwar mit beiden Schulformen. Allerdings wird auch immer wieder auf Defizite hingewiesen:

- Bauliche Veränderungen sind nicht ausreichend vorgenommen, wie Rampen, Aufzüge und Toiletten für Rollstuhlfahrer.
- Ausreichende Hilfen für Körperbehinderte sind an allgemeinen Schulen nicht im notwenigen Umfang vorhanden, so sind die Eltern durch zu leistende Hilfsdienste oft überfordert.
- In den allgemeinen Schulen fehlen die notwendigen Hilfen – bei den täglichen Verrichtungen und bei der Pflege für die Kinder, es fehle aber auch an Begleitung und Gesprächen in Konfliktsituationen, wie sie bei behinderungsbedingten Verschlechterungen eintreten können.

Stadler (1998, S. 78) berichtet auch von der Rücksichtslosigkeit der allgemeinen Schulen gegenüber der in jeder Erziehung notwenigen Pflege. Gerade die Pflege spielt aber bei vielen Formen der Körperbehinderung eine große Rolle. Wird sie verweigert, bedeutet das den Ausschluss aus der allgemeinen Schule.
Trotz der positiven Meinungen von integrationserfahrenen Eltern gibt es bis heute immer wieder Befürchtungen von Eltern nichtbehinderter Kinder, dass die integrative Beschulung zu Lasen ihrer Kinder gehen könnte. Entsprechend niedrig ist allgemein die Bereitschaft von Eltern nichtbehinderter Kinder, sich an Integration zu beteiligen. So ist auch zu erklären, dass die Einrichtung vieler Integrationsgruppen und -klassen u. a. an der fehlenden Zustimmung der Eltern nichtbehinderter Kinder scheiterte.

Andere Eltern, die nicht von vornherein Integration als eine Modeerscheinung zu Lasten sowohl der behinderten als auch nichtbehinderten Kinder ablehnten, sondern der „Integration auf Probe" zustimmten, berichten im nachhinein, dass ihre Befürchtungen nicht eingetreten sind und Integration deutliche Vorteile hat. Solche Eltern haben aus ihrer persönlichen Erfahrung ein positives Bild von Integration erworben und konnten daraufhin ihre Einstellung entsprechend verändern.

(Cloerkes, 1997, S. 227)

Aufgabe

Welche Erfahrung haben Sie mit Integration gemacht? Können Sie die geschilderten Ergebnisse bestätigen? Von welchen Erfahrungen betroffener Eltern haben Sie beispielsweise gehört?

Organisation zur Selbsthilfe

Bundesverband für Körper- und Mehrfachbehinderte e. V.:
Erst in den 50er Jahren weckten in der Bundesrepublik Eltern das Interesse an den Problemen von Menschen mit zerebralen Bewegungsstörungen. Überall gründeten Sie Vereine zur Betreuung und Förderung ihrer körperbehinderten Kinder. Aus den örtlichen Initiativen ging 1959 der Bundesverband für spastisch Gelähmte und andere Körperbehinderte e. V. als übergreifender Fachverband hervor. Die zahlenmäßig am stärksten vertretene Personengruppe besteht auch heute noch aus Menschen mit zerebralen Bewegungsstörungen. Die Aufgaben haben sich aber immer mehr erweitert. Dies kommt in dem neuen Namen zum Ausdruck, den sich der Verband 1992 gegeben hat: Bundesverband für Körper- und Mehrfachbehinderte e. V.

In über 200 Ortsvereinen sind heute 20.000 Mitglieder organisiert. Eltern, ehrenamtliche Helfer und Fachkräfte leisten hier unverzichtbare Arbeit für und mit behinderten Menschen. Die Vereine verfolgen selbstständig ihre Ziele und haben mit den Jahren ein breites Angebot an Einrichtungen und sozialen Diensten geschaffen: Frühförder- und Beratungsstellen, Kindertagesstätten, Sonderschulen/Internate, Werkstätten für Behinderte, Tagesförderstätten, Ambulante Dienste, Kurzzeitpflegeeinrichtungen, Rehabilitationszentren, Wohnanlagen/Wohngemeinschaften, Freizeit-, Bildungs- und Kultureinrichtungen. In 50 Clubs und Gruppen treffen sich behinderte und nichtbehinderte Menschen und organisieren Gesprächskreise, Kurse sowie Freizeit- und Reiseangebote. 13 Landesverbände koordinieren die Arbeit der Ortsvereine.

In der Zeitschrift *Das Band* wird über aktuelle fachliche und politische Fragen informiert. Im *Verlag selbstbestimmtes Leben* werden Informationsschriften und Bücher herausgegeben. *Kontaktadresse für weitere Informationen: Bundesverband für Körper- und Mehrfachbehinderte e. V. Brehmstr. 5–7, 40239 Düsseldorf, Tel: 0211/64004-0, Fax: 0211/64004-20, e-mail: BV-KM@t-online.de, Internet: http://www.bvkm.de.*

Aufgaben

1. *In vielerlei Hinsicht kompensieren die Sonderschulen mit ihren schulischen Freizeitangeboten die Freizeitdefizite und -benachteiligungen, wie sie sich für körperbehinderte Kinder und Jugendliche zu Hause häufig ergeben. Diskutieren Sie dazu folgende Aussage: Die Freizeit, wie sie behinderte Schüler/innen an Sonderschulen erleben, erweist sich einerseits als sehr vorteilhaft und andererseits als Scheinfreizeit. (Cloerkes, 1997, S. 286)*

2. *Wie stehen Sie zu folgender Auffassung: Die vollständige Integration eines behinderten Menschen in alle Bereiche der Gesellschaft ist praktisch unmöglich, sie kann immer nur in Teilbereichen verwirklicht werden. Integration kann also niemals auf unrealistischen Alles-oder-nichts-Forderungen beruhen. (Cloerkes, 1997, S. 195)*

3. *Die Integration einzelner Kinder mit Behinderungen hat schon immer stattgefunden, ohne dass der Integrationsbegriff dafür zur Anwendung kam. Ein Kind mit einer Querschnittslähmung, das auf den Rollstuhl angewiesen war, konnte etwa das wohnortnahe Gymnasium besuchen. Aber: dies waren Kinder, die mit ihrer Behinderung den Leistungsanforderungen, die an gleichaltrige Nichtbehinderte gestellt wurden, ohne zusätzliche sonderpädagogische Maßnahmen entsprechen konnten. In diesem Fall spricht man in der Integrationsdiskussion von zielgleicher Integration.*
   Diskutieren Sie in diesem Zusammenhang das folgende Zitat: Bei zielgleicher Integration hat sich das behinderte Kind insofern dem System Schule und all seinen vielfältigen Anforderungen voll unterzuordnen. Zielgleiche Integration ist zugleich auch selektive Integration. Sie bringt eine neue Gruppe von Behinderten hervor, die nicht integrierbaren Behinderten. (Cloerkes, 1997, S. 196)

7.4 Ausbildung und Arbeit

7.4.1 Theoretische Zusammenhänge

Um Ausbildung und Arbeit für Menschen mit Körperbehinderungen zu ermöglichen, gibt es zum einen die betriebliche Rehabilitation. Hier reichen die Maßnahmen innerhalb von Betrieben und Verwaltungen von einer Arbeitsplatzgestaltung, die der Behinderung angepasst ist, über die Einrichtung von Leicht- und Schonarbeitsplätzen bis zu innerbetrieblichen Qualifizierungsmaßnahmen.

Zum anderen wird die überbetriebliche Rehabilitation angeboten; sie erfolgt in speziellen Einrichtungen der medizinisch-beruflichen Rehabilitation, in Berufsbildungswerken, Berufsförderwerken und Werkstätten für Behinderte.

Die betriebliche Ausbildung spielt für Behinderte zwar keineswegs eine untergeordnete Rolle. *1992 erhielten 21.291 von 45.530 behinderten Jungendlichen eine Erstausbildung in Betrieben. Die Vorteile, sie mit Nichtbehinderten auszubilden, werden darin gesehen, dass sich dadurch für sie bessere Chancen zur dauerhaften beruflichen Eingliederung ergeben.* (Stadler, 1998, S. 179)

Doch für junge Menschen mit schweren Auswirkungen einer Körperbehinderung werden besondere Einrichtungen als notwendig erachtet. Diese Jugendlichen erhalten ihre Ausbildung vorwiegend in Berufsbildungswerken.

Die Berufsbildungswerke haben eine auf einzelne Behinderungsarten und deren Auswirkungen abgestimmte Ausbildungsorganisation und danach ausgerichtete ausbildungsbegleitende Dienste.

Von den gegenwärtig 47 Berufsbildungswerken (BBW) mit etwa 14.000 Ausbildungsplätzen, davon acht in den neuen Bundesländern, gehen 18 auf die spezifischen Bedürfnisse Körperbehinderter in der beruflichen Erstausbildung besonders ein. (Stadler, 1998, S. 182)

Zu den Aufgabenstellungen der Bildungswerke gehört es, ein breites und differenziertes Spektrum von arbeitsmarktpolitisch zweckmäßigen und entwicklungsfähigen Berufen anzubieten. Dieser Anspruch wird realisiert durch Maßnahmen der Berufsfindung (z. B. in Berufsfeldern Büro/Verwaltung, Metall, Elektro, Zeichnen, Farbe, Textil, Hauswirtschaft/Ernährung) und Arbeitserprobung und durch die Durchführung berufsvorbereitender Förderungsmaßnahmen, Förderlehrgänge für diejenigen, bei denen eine Ausbildungs- bzw. Berufsreife noch nicht gegeben ist. Die Ausbildung ist in der Regel mit einer Internatsunterbringung verbunden.

Berufsförderwerke sind überbetriebliche Einrichtungen zur Umschulung für Menschen mit einer erworbenen Körperbehinderung, die ihren Beruf nicht mehr ausüben können.

Die angesprochene veränderte Schülerschaft der Schule für Körperbehinderte führt zwangsläufig auch zu einer veränderten nachschulischen Situation. Stadler (1998, S. 193 ff.) analysiert die Situation der Abgänger der Schulen für Körperbehinderte. Etwa die Hälfte finde einen Arbeitsplatz in der Werkstatt für Behinderte. Etwa ein Drittel würde in Maßnahmen der Berufsfindung und -vorbereitung wechseln. Eine Berufsausbildung könnten unmittelbar nach der Pflichtschulzeit nur noch etwa 5 bis 10 Prozent aufnehmen. Die übrigen Abgänger würden in Tagesfördergruppen aufgenommen, lebten bei den Eltern oder Angehörigen oder müssten in Betreuungs- und Pflegeeinrichtungen (ca. 5 bis 10 Prozent) wohnen.

Aufgaben

1. *Bewerten Sie die Maßnahmen der betrieblichen und außerbetrieblichen Rehabilitation unter Berücksichtigung verschiedener Aspekte: gesellschaftliche Effektivität, Bedeutung für den körperbehinderten Menschen, Integration. Stellen Sie die möglichen Konflikte zwischen ökonomischen und sozialpädagogischen Zielsetzungen heraus.*
2. *Stellen Sie ein Berufsbildungswerk, Berufsförderwerk, Werkstatt, Tagesförderstätte in Ihrer Nähe vor und/oder versuchen Sie Maßnahmen der betrieblichen Rehabilitation in Firmen oder Verwaltungen herauszufinden.*

7.4.2 Praktische Umsetzung

Eine Werkstatt für Behinderte bietet Menschen einen Arbeitsplatz oder Gelegenheit zur Ausübung einer geeigneten Tätigkeit, deren körperliche Schädigung so intensiv ist, dass sie auf dem allgemeinen Arbeitsmarkt nicht, noch nicht oder noch nicht wieder tätig sein können. Zunächst wird in dem so genannten Eingangsverfahren (Dauer in der Regel vier Wochen mit Verlängerung bis drei Monate) herausgestellt, ob die Werkstatt für Behinderte die geeignete Einrichtung ist. In dem sich anschließenden Arbeitstrainingsbereich sollen insbesondere manuelle Fertigkeiten zu Arbeitsabläufen, im Umgang mit verschiedenen Werkstoffen vermittelt werden. Daneben sollen aber auch das Sozial- und Arbeitsverhalten gefördert und lebenspraktische Fertigkeiten trainiert werden (Körper- und Gesundheitspflege, Verkehrserziehung, Umgang mit Geld).
Anschließend erfolgt die Eingliederung in den Produktions- und Arbeitsbereich auf Arbeitsplätzen, die den Leistungsmöglichkeiten des Behinderten entsprechen. Es stehen verschiedene auf manuelle Tätigkeit ausgerichtet Arbeitsbereiche zur Verfügung: beispielsweise Holz, Papier, Metall, Dienstleistungen, Landwirtschaft.

Die Werkstättenverordnung nennt für die Aufnahme in die Werkstatt für Behinderte (WfB) drei Kriterien: *keine außerordentliche Pflegebedürftigkeit, die Gemeinschaftsfähigkeit darf nicht fehlen, ein Mindestmaß an wirtschaftlich verwertbarer Arbeit* soll erbracht werden. Diese Kriterien konnten in der Vergangenheit zum Ausschluss mehrfach- und schwerstbehinderter Menschen aus der WfB führen. Da die WfB für alle Behinderten, die behinderungsbedingt nicht auf dem allgemeinen Arbeitsmarkt tätig sein können, offen und nicht nach Behinderungsarten differenziert sein soll (Grundsatz der einheitlichen Werkstatt), wurden ihr Tagesförderstätten angegliedert. Durch sie sollte vermieden werden, dass sich *unterhalb* der WfB Einrichtungen für Schwerstbehinderte etablierten. Die Aufnahme in die WfB kann heute also sowohl die Tätigkeit im Arbeits- und Produktionsbereich als auch die Förderung und Betreuung in Abteilungen für Schwerst- und Mehrfachbehinderte bedeuten (Stadler, 1998, S. 138).

Nach ihrer Aufgabenstellung dienen die Förderstätten vor allem der sozialen Eingliederung. Fachkräfte sichern ihre Förderung im therapeutisch-pflegerischen, sozialen und pädagogischen Bereich (Förderpflege, Leben außerhalb der Familie, Fortführung des schulischen Lernens). Die Lebenspraktische Förderung dient der Entwicklung größtmöglicher Selbstständigkeit bei den Alltagsverrichtungen. Beschäftigungs- und Arbeitstherapeuten trainieren mit ihnen einfach Arbeitsabläufe. Sozialpädagogen und Erzieher arbeiten mit Einzelnen und Kleingruppen, um durch praktische Alltagsgestaltung einen Lebensinhalt zu vermitteln und eine soziale Teilhabe zu ermöglichen. Ziel kann aber auch die Vorbereitung auf einen Wechsel in den Arbeitstrainings- und schließlich in den Arbeitsbereich der Werkstatt sein (Stadler, 1998, S. 187).

Aufgabe

Wo sehen Sie in den genannten Einrichtungen Aufgabenfelder der Heilerziehungspflege. Welche Tätigkeiten und Aufgaben könnten vom Heilerziehungspfleger übernommen/mit unterstützt werden?

7.4.3 Materialien und Anregungen

Die Berufs- und Lebensperspektiven der Mehrzahl der Schulabgänger der Sonderschulen für Körperbehinderte ist unübersichtlich; der allgemeine Arbeitsmarkt, die Werkstatt oder die Tagesförderstätte können der weitere Lebensort sein. Der Weg hängt von den Auswirkungen der Behinderung und von den strukturellen Bedingungen der Berufs- und Arbeitswelt ab.

Eine idealtypische Darstellung der Lebenssituation und Lebenswege junger Körperbehinderter stellt folgende Abbildung dar (vgl. Stadler, 1998, S. 195):

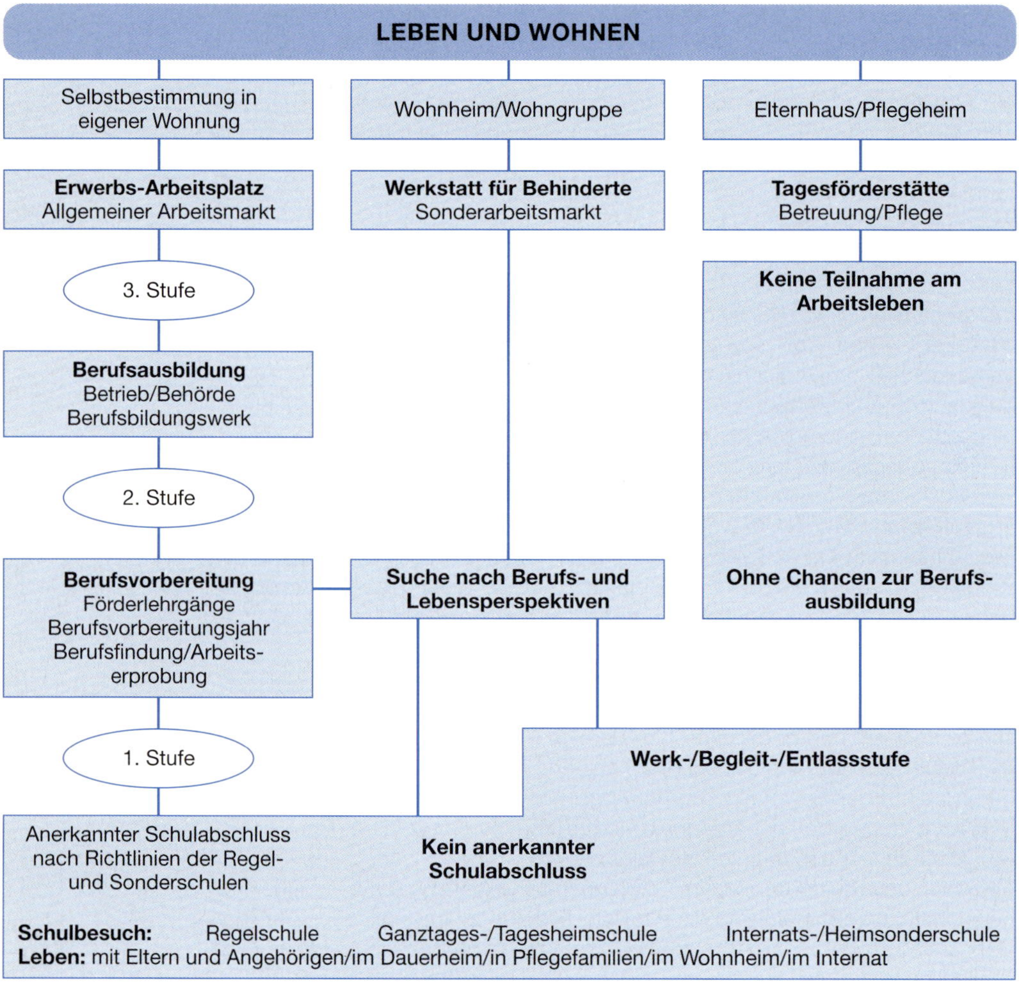

Idealtypische Darstellung von Lebenswegen junger Körperbehinderter

Für diejenigen, die Chancen auf eine Berufsausbildung und Erwerbsarbeit haben, gibt Stadler drei Schwellen an: Von der allgemeinbildenden Schule in Einrichtungen der Berufsvorbereitung, von dort in eine Berufsausbildung und dann eine weitere Schwelle bei der Erlangung eines Erwerbsarbeitsplatzes. Für die anderen Menschen mit Körperbehinderung ist der Lebensweg oft durch enttäuschende Erwartungen gekennzeichnet, da die Beschäftigung in der Werkstatt für Behinderte oder die Betreuung in der Tagesförderstätte nicht als erstrebenswert gelten.

Aufgaben

1. *Wie können Heilerziehungspfleger an den genannten Schwellen die Entwicklung der jungen Menschen positiv beeinflussen, begleiten?*
2. *Wie würden Sie die heutigen Bedingungen der Berufs- und Arbeitswelt für Menschen mit Körperbehinderungen beschreiben. Stellen Sie positive und negative Faktoren gegenüber.*

7.5 Wohnen

7.5.1 Theoretische Zusammenhänge

Wie zufrieden ein Mensch mit seinem Leben ist, hängt wesentlich von den Bedingungen seines Wohnens ab. Die Wohnqualität wird zum Prüfstein für die Lebenszufriedenheit. Unter pädagogischem Aspekt ist Wohnen etwas spezifisch menschliches, das gelernt werden muss. Deshalb ist es Ziel der Sozialisation im Kindes- und Jugendalter, durch Verfügen über eigenen Wohnraum unabhängig zu werden.

(Stadler, 1998, S. 212)

Wird ein Erwachsener durch Unfall oder Krankheit körperbehindert, so hat er schon eigenständige Wohnerfahrungen. Er will dann auch als Körperbehinderter möglichst so leben und wohnen, wie er es vorher kennen gelernt und praktiziert hatte. Er muss sicherlich viel Neues lernen, um seine veränderten Wohnbedürfnisse zu befriedigen, aber es gelingt ihm meist leichter, die Wohnumwelt behindertengerecht zu gestalten. Bei körperbehinderten Kindern und Jugendlichen ist die Ausgangssituation anders, sie haben in der Familie gewohnt und noch keine eigenständigen Erfahrungen des Wohnens machen können. Für sie besteht die Gefahr, dass ihre Bedürfnisse (nach größtmöglicher Eigenständigkeit und Unabhängigkeit) nicht ausreichend erkannt und ihre Wohnerwartungen den Bedingungen angepasst werden, die in ihrer Familie vorherrschten.

Die Bundesrepublik Deutschland verfügt über ein differenziertes System von Wohnstätten mit unterschiedlichen Aufgabenstellungen, Schwerpunkten und Bezeichnungen. Nicht übersehen werden darf allerdings, dass ein Teil der behinderten Menschen auch im Erwachsenenalter in der eigenen Familie lebt oder von Familienangehörigen betreut wird.

Zwischen verschiedenen Wohnmöglichkeiten für Menschen mit Körperbehinderung kann je nach individueller Bedürfnislage entschieden werden:

- *Das Leben in der eigenen Wohnung:* Behindertenfreundliche Wohnungen haben etwa stufenlose Zugänge, Aufzüge, breite Türen und eine funktionsgerechte Ausstattung von Küche und Sanitäranlagen. Behindertengerechte Wohnungen haben weitere spezielle Zusatzeinrichtungen für Küche und Sanitärbereich, ein Mehrbedarf an Wohnfläche ist beispielsweise für Rollstuhlfahrer nötig.
- *Das Leben in der eigenen Wohnung ergänzt durch Assistenz:* Viele körperbehinderte Menschen können allein in ihrer eigenen Wohnung leben, wenn sie für bestimmte Aufgaben des Alltags Hilfe bekommen, z. B. bei der Körperpflege, bei Haushaltstätigkeiten oder beim Einkaufen. Diese Aufgabe übernehmen z. B. Pflegedienste oder Betreuer von Sozialstationen.
- *Servicehäuser beinhalten Verbundsysteme* von mehreren behindertengerechten Wohnungen mit entsprechenden Gemeinschafts- und Behandlungsräumen, etwa bei der persönlichen Pflege und Versorgung, beim Wäsche- und Reinigungsdienst.
- *Behindertenzentren, Körperbehindertensiedlungen:* Sie bieten für eine größere Gruppe von behinderten Menschen Arbeit, Wohnen, Freizeit, Therapie auf einem mehr oder weniger angeschlossenen Gelände. Kritisiert wird, dass soziale Kontakte zu Menschen ohne Behinderung erschwert sind und Großeinrichtungen zu Bürokratisierung neigen und sich hierarchisch strukturieren. Dezentralisierungs- und Umstrukturierungsprozesse sind deshalb in vielen Einrichtungen erkennbar.
- *Wohnheime für Körperbehinderte:* Sie bieten in kleineren Einheiten behindertengerechtes Wohnen und entsprechende Betreuung/Serviceleistungen. Sie sind oft an Werkstätten für Behinderte angegliedert bzw. mit ihnen organisatorisch verbunden. Auch bei dieser Wohnform wird kritisch eine eingeschränkte Autonomie angeführt und festgestellt, dass soziale Integrationsmöglichkeiten erschwert sind.
- *Betreute Wohngruppen:* Unter dieser Bezeichnung lassen sich Wohngemeinschaften, Außenwohngruppen oder Trainingswohngruppen zusammenfassen. Dabei leben die behinderten Menschen in kleinen Gruppen in einem normalen Wohnhaus (Ein- oder Mehrfamilienhaus), das nicht auf dem Gelände der Institution liegt. Die Behinderten wohnen ohne die Betreuer/Helfer zusammen und werden zu festgelegten Zeiten betreut. Alle anfallenden Arbeiten und Besorgungen werden gemeinsam besprochen und weitestgehend eigenständig erledigt. Auch die Regeln des Zusammenlebens werden in der Gruppe gemeinsam aufgestellt (vgl. Hedderich, 1999, S. 92 f. und Thesing, 1992, S. 106 ff.).

Aufgaben

1. *Diskutieren Sie die Vor- und Nachteile der dargestellten Wohnmöglichkeiten? Bringen Sie Ihre Erfahrungen ein. Welche Wohnformen haben Sie beispielsweise im Praktikum kennengelernt?*
2. *Ob die Familie für erwachsene Behinderte der richtige Ort ist, wird unterschiedlich betrachtet. Stellen Sie Vor- und Nachteile einer Betreuung in der Familie gegenüber. Wie ist Ihre eigene Auffassung dazu.*

7.5.2 Praktische Umsetzung

Die Wohn- und Lebensformen in den Heimen und Internaten der Rehabilitationseinrichtungen für Körperbehinderte wurden seit den 80er Jahren zunehmend kritisiert. Beklagt wurden Unselbstständigkeit, Abhängigkeit, Bequemlichkeit. Es zeigt sich Desinteresse an Gruppenaktivitäten und an Stelle eigenverantwortlichen Handelns bei vielen Jugendlichen eine ausgeprägte Anspruchshaltung.
In den letzten Jahren wurden aus den Erfahrungen der sozialpädagogischen Fachkräfte sowie aus der Kritik von behinderten Menschen und deren Eltern Konsequenzen gezogen. Entwickelt wurde ein differenziertes System der Verselbstständigung in den Gruppen der Heime und Internate. Durch Gruppen mit Vollversorgung, Teil-Selbstversorgung und Teil-Selbstverwaltung wird heute zunehmend auf ein möglichst hohes Maß an Unabhängigkeit hingearbeitet. Dabei muss aber auch beachtet werden, dass selbstbestimmtes Leben und Wohnen nicht heißt, alles selbst zu tun und selbst zu können, sondern vielmehr beinhaltet, individuell geeignete Handlungspläne zu entwerfen, auch Hilfen anderer in Anspruch zu nehmen, aber auch Verantwortung zu tragen.

Wenn vorhanden, wechseln die Jugendlichen dann auch in Außenwohngruppen, die sich selbst versorgen und ihre Angelegenheiten selbst regeln. Die Erzieherinnen/Pädagogen beschränken sich auf beratende und begleitende Funktion.
Wohntrainingsgruppen bieten eine gezielte Einübung selbstständigen Wohnens an; zu den Inhalten gehören vor allem die private Haushaltsführung und hauswirtschaftliche Arbeiten. Durch Probewohnen soll das Notwendige handelnd gelernt und in Trainingswohnungen die Versorgung möglichst selbstständig organisiert und praktiziert werden.

7.5.3 Materialien und Anregungen

Materialien

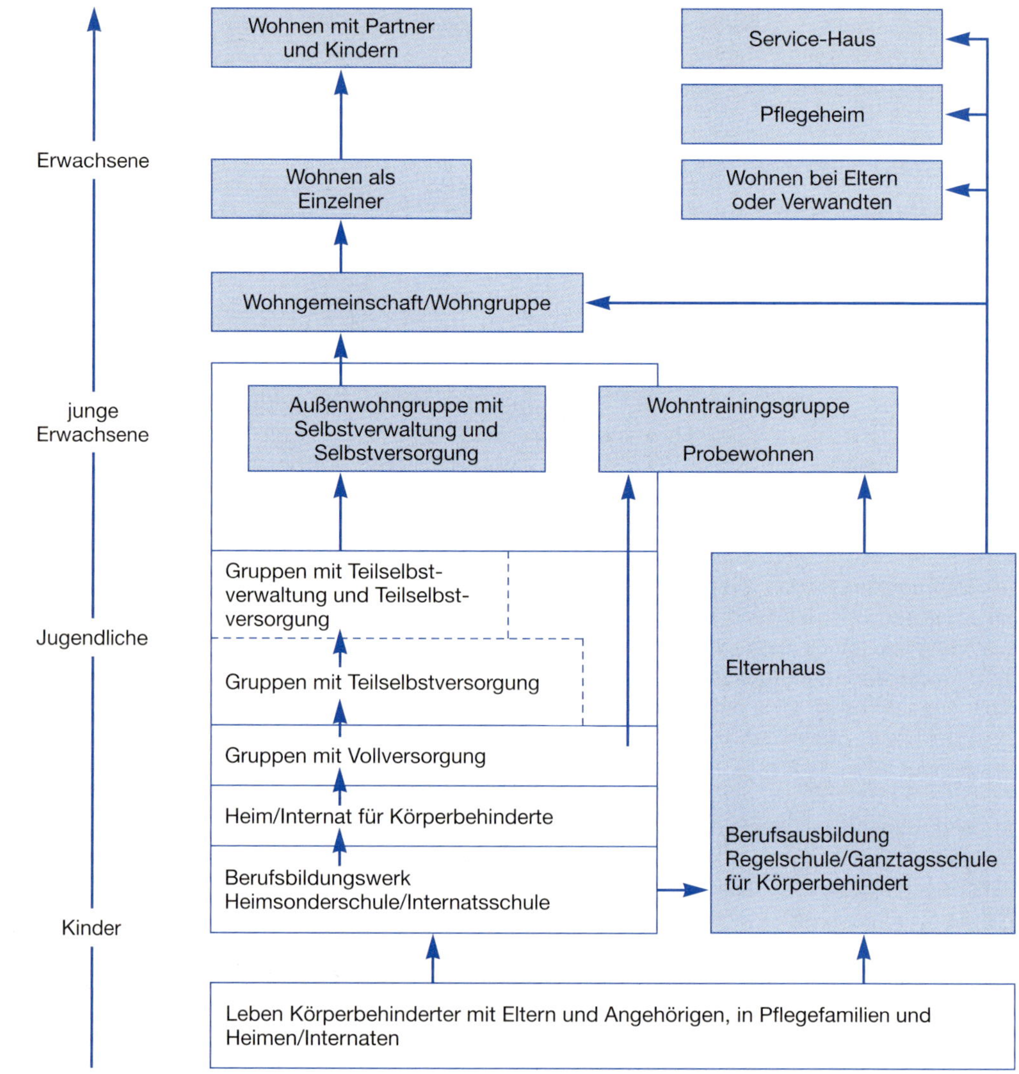

Verständigung und Wohnmöglichkeiten für Körperbehinderte (Stadler, 1998, S. 211)

Grob lässt sich zwischen eher fremdbestimmten und weitgehend selbstbestimmten Formen des Wohnens und Lebens unterschieden. Neben der individuellen Situation aufgrund der Körperbehinderung dürften auch hier das entwickelte Anspruchsniveau und persönliche Neigungen entscheidend sein. Ziel aller Maßnahmen ist eine Normalisierung im Sinne eines Lebens Körperbehinderter, das sich von Formen des Lebens und Wohnens, die in der Gesellschaft vorherrschen, nur insoweit abhebt, als es durch die Behinderung bedingt ist.

(Stadler, 1998, S. 213)

Aufgaben

1. *Diskutieren Sie die Bedeutung der genannten Voraussetzungen für das Wohnen von Menschen mit Körperbehinderungen: die individuelle Situation, das entwickelte Anspruchsniveau und die persönlichen Neigungen.*
2. *Skizzieren Sie Wohnmöglichkeiten, die für Rollstuhlfahrer zu einer weitgehend selbstständigen Lebensführung geeignet sind.*
3. *Beschreiben Sie in Arbeitsgruppen ganz konkrete Tätigkeiten eines Heilerziehungspflegers in einer Wohnstätte für Behinderte. Finden Sie Oberbegriffe dazu. Stellen Sie die Ergebnisse vor.*
4. *Wie würden Sie Ihre Rolle als Heilerziehungspfleger in der Wohnstätte am ehesten umschreiben wollen: als Freund, als Berater, als Erzieher, als Partner, als Helfer. Können Sie eine Wertung in einer Reihenfolge vornehmen. Wir vergleichen unsere Ergebnisse.*

7.6 Hilfsmittel

7.6.1 Theoretische Zusammenhänge

Bei der Rehabilitation von Menschen mit Körperbehinderung haben Hilfsmittel für die (Fort-)Bewegung enorme Bedeutung. So kann die betreffende Person in die Lage versetzt werden, Bewegungen möglichst eigenständig auszuführen. Sie ist nicht ständig auf die Hilfe anderer Personen angewiesen, kann sich schneller, über weitere Strecken und längere Zeit fortbewegen oder geschickter arbeiten als es ohne Hilfsmittel möglich wäre.

Die Auswahl des Hilfsmittels obliegt keinesfalls allein dem Arzt, sondern ist Bestandteil eines Förderkonzepts, in das auch therapeutische und pädagogische Gesichtpunkte einfließen. Auch die Nutzer sollten in Entscheidungen einbezogen werden, da eine Akzeptanz des Hilfsmittels für dessen Effektivität von großer Bedeutung ist.
Auch aus therapeutischen und pädagogischen Überlegungen kann eine „Komplettausstattung“ nachteilig sein und zu einem Verlust vorhandener Restfunktionen führen.

(Stadler, 1998, S. 142)

Hilfsmittel zur Haltungskontrolle und als Stabilisierung der Körperhaltung werden bei körperbehinderten Kindern eingesetzt, um in Ergänzung zur physiotherapeutischen Behandlung abnorme Haltungsmuster zu vermeiden. Diese würden ansonsten dauerhaft zu Kontrakturen und Deformitäten führen und als Sekundärschäden die Lebensqualität der Kinder langfristig verschlechtern. Dazu müssen dem körperbehinderten Kind möglichst häufig physiologische Stellungen angeboten werden, da über die vermittelten taktilen und kinästhetischen Erfahrungen normale Haltungs- und Bewegungsmuster angebahnt werden können.

Beispielsweise ermöglichen Sandsäcke und Schaumstoffkeile eine Stabilisierung des Kindes in einer Seiten- oder kontrollierten Rückenlage, in denen sich abnorme Tonusschwankungen regulieren lassen. Hängematte, Knautschsack oder auch ein luftgefüllter Reifen können ebenfalls zu einer Reduzierung der abnormen Tonusverteilung in Rückenlage beitragen, da Kopf und Rumpf der Kinder in leichte Beugung gebracht werden. Dadurch kann der Streckneigung in Rückenlage entgegengewirkt werden (vgl. Stadler, 1998, S. 148).

Die Einbeziehung von Stehhilfen in den Alltag von Menschen, die nicht aus eigener Kraft stehen können und viel Zeit im Rollstuhl verbringen, kann einerseits aus medizinisch-physiotherapeutischer Sicht begründet werden. Eine Aufrichtung beugt Folgebeeinträchtigungen längeren Sitzens vor. Zugleich wird der Aufbau von mehr Körperkontrolle im Becken-, Rumpf- und Kopfbereich gefördert. Durch die passive Dehnung von Muskeln und Gelenken wird auch Beugekontrakturen vorgebeugt, Kreislauf und Durchblutung angeregt.
Aus pädagogisch-psychologischer Sicht lassen sich die Benutzung von Stehhilfen andererseits vor allem auch mit der Veränderung der Sichthöhe und somit des Blickfeldes begründen. Es wird davon ausgegangen, dass durch die neue Perspektive eine andere Wahrnehmung möglich, eine andere Sicht des Umfeldes erfahren wird. Ferner finden sich Hinweise auf das positive Erleben von *Groß-Sein* und das Gefühl *auch stehen zu können* (vgl. Hedderich, 1999,, S. 98 ff.).

Aufgaben

1. *Welche Hilfsmittel haben Sie im Rahmen von Tätigkeiten in Einrichtungen der Behindertenhilfe bereits kennen gelernt? Welche Vorteile oder auch Nachteile für die Benutzer/für die Betreuer haben Sie festgestellt?*
2. *War Ihrer Auffassung nach der Umfang der Ausstattung mit den Hilfsmitteln gerechtfertigt, übertrieben oder nicht ausreichend?*

7.6.2 Praktische Umsetzung

● Geh- und Stehhilfen

Je nach Anforderungen und Bedürfnissen kann aus einer breiten Palette der zweiteiligen Gehhilfen, also der Stöcke und Stützen, oder der einteiligen, also der Gehgestelle und Gehwagen, ausgewählt werden Die Entscheidung richtet sich natürlich nach den individuellen Lebensumständen.
Zu den Stützen und Stöcken zählen etwa die Gehstöcke, die Unterarmstützen, die Achselstützen und die Vierfuß-Gehhilfen. Bei der Auswahl ist zu berücksichtigen, welche Körperteile besonders entlastet werden wollen und welche eingesetzt werden können. Solche Gehhilfen kommen eher für Menschen in Betracht, deren Stützbedarf insgesamt geringer ist.

Bei den Gehgestellen und Gehwagen unterscheidet man die starren, die in sich beweglichen und die fahrbaren Varianten. Starre Gehgestelle ermöglichen eher sicheres Stehen und nur kurze Fortbewegung, da ihr Weiterbewegen umständlich und schwer ist. Die in sich beweglichen Gehgestelle bieten eine besser Anpassung an Bewegungsabläufe, eignen sich aber auch eher für ebene Flächen. Rollatoren, also fahrbare Gehgestelle, sind die sichersten Gehhilfen. Sie bieten eine große Unterstützungsfläche und ermöglichen die gleichmäßige Gewichtsverteilung auf beide Arme. Sie sind gut geeignet für Menschen mit unsicherer Balance, bei denen zeitweiliges Abstützen notwendig, das Gehen aber sonst möglich ist. Man unterscheidet Rollatoren mit vier Rädern, von denen die vorderen beweglich sind, und solche mit zwei Rädern vorn und zwei Stoppern hinten.

Fahrräder und Dreiräder

Das Fahrrad als Transportmittel für etwas längere Strecken ist für viele Menschen Teil ihres Alltags, ist somit auch Teil gesellschaftlicher Normalität. Es ist daher ein wichtiger integrativer Schritt, Räder auch Personen zugänglich zu machen, die im Bereich der Motorik auf Hilfsmittel angewiesen sind. Darüber hinaus fordert und fördert das Radfahren die körperliche Betätigung und ist eine sinnvolle Möglichkeit, den eigenen Aktionsradius zu vergrößern.

Der Markt bietet eine Fülle von Rädern, die den unterschiedlichen Wünschen und Anforderungen gerecht werden kann. Es gibt Angebote für Selbstfahrer oder für Mitfahrer, die sich in gewissem Rahmen aktiv beteiligen können oder motorisch passiv bleiben.

Beispiele:
Die Rollstuhl-/Fahrrad-Kombination für gemeinsame Touren; das Therapie-Tandem, auf dem der Behinderte/Teilaktive vorne sitzt; das Therapie-Dreirad.

Aufgaben

Schlagen Sie in Hilfsmittelkatalogen nach und erstellen Sie auf Plakaten eine Übersicht der Steh- und Gehhilfen, der Fahrräder. Diskutieren Sie die jeweiligen Einsatzmöglichkeiten.

Weitere Informationen über Fahrräder z. B. über: Rollfiets Club e. V., Robert-Stolz-Weg 3, 70195 Stuttgart, Tel: 07152/97949-80; www.rollfiets-club.de.

Rollstühle

„Ich bin seit 1988 als Querschnittsgelähmter auf den Rollstuhl angewiesen. Nach einigen Jahren des Experimentierens komme ich heute relativ gut mit den mechanischen Äußerlichkeiten meines neuen Lebens, was Rollstuhl und Fahrtechniken, Kleidung und Klima sowie die Haushaltsführung betrifft, zurecht. Meine durchschnittlich dreitausend handgerollten Kilometer pro Jahr resultieren beinahe ausschließlich aus Pflichtanforderungen des Alltags.

Allen Unkenrufen zum Trotz endet das Leben keineswegs im Rollstuhl, solange Sie sich diese Kutsche nicht selbst zur ultimativen Endstation machen. Das Leben geht – oder besser, um Sie gleich mit dem „korrekten" Sprachgebrauch in Rollikreisen vertraut zu machen: rollt – weiter."
(Epp, 1998, S. 10 f.).

Rollstühle können die gravierend veränderten Lebensumstände überwinden helfen; sie können dazu beitragen, das aktive Leben in Schule, Beruf oder Freizeit sowie in zahlreichen sportlichen Betätigungen zurückzugeben bzw. zu erhalten.

Nach der Art des Antriebes können unterschieden werden: Rollstühle mit Greifreifen-, Hebel- oder Elektroantrieb. Die häufigste dieser drei Arten ist der Rollstuhl mit den neben den Rädern angebrachten Greifreifen. Hier kann und soll über das Drehen des Reifens der Rollstuhl aus eigener Kraft in Bewegung gebracht oder gehalten werden. Bei nur einseitig eingeschränkter Körperfunktion wird über einen doppelten Greifreifen ein Einarmantrieb möglich. Auch der Hebelantrieb setzt eigenen Kraftaufbringung voraus, ermöglicht aber bei gleichem Kraftaufwand das Zurücklegen größerer Strecken. Auch hier kann ein Einhandantrieb erfolgen.
Für diejenigen, die die genannten Funktionen aufgrund der körperlichen Einschränkungen nicht (mehr) nutzen können, gibt es Rollstühle mit Elektroantrieb. Hier wird über ein Akku-System die elektrische Steuerung von Fahrtrichtung und Geschwindigkeit geregelt.
Eine weitere Unterscheidung der Rollstühle erfolgt darin, ob es sich um starre oder faltbare Modelle handelt.

Aufgaben

1. *Welche Arten von Rollstühlen sind Ihnen aus bisherigen beruflichen Erfahrungen, aus dem privaten Umfeld bekannt?*
2. *Welche Empfindungen haben Sie bei sich selbst festgestellt, wenn Sie Menschen im Rollstuhl begegnet sind? Welche Reaktionen haben Sie von anderen Personen beobachtet?*

Alltagshilfen zum Essen und Trinken

Das Anstreben einer möglichst großen Selbstständigkeit ist auch in Bezug auf die Nahrungsaufnahme von Bedeutung. Hierbei ist zu beachten, dass neben der Idee der Selbstbemächtigung und des Erfahrens eigener Kompetenz auch die erreichte Entlastung der Betreuerin eine Rolle spielt. Für viele Menschen ist trotz motorischer Einschränkungen eine selbstständige Nahrungsaufnahme möglich, wenn spezielle Hilfsmittel genutzt werden.

Zur Hilfe bei Alltagshandlungen wie das Essen und Trinken kann neben den genannten speziellen Anfertigungen genauso gut aber auch *normales Essensbesteck* mit Kreativität an die jeweiligen Umstände und Möglichkeiten angepasst werden. Beispiele:

- Mit Holz, Modellier- oder Schaummasse verdickte Besteckgriffe zum besseren Festhalten,
- verbogene Besteckgriffe,
- Becher mit variierten Griffen oder mit ausgewuchtetem Rand,
- Teller mit erhöhten Seitenrändern (vgl. Hedderich, 1999, S. 107).

7.6.3 Materialien und Anregungen

Unterstützte Kommunikation

Materialien

Nicht nur zur Fortbewegung, auch zur Ermöglichung und Förderung der Kommunikation gibt es geeignete Hilfsmittel.
Die Unterstützte Kommunikation ist eine aus Amerika stammende sonderpädagogische Konzeption, die sich bei uns seit Anfange der 90er Jahre etabliert hat. Es wird versucht, mit Hilfe körpereigener und hilfsmittelgestützter Kommunikationsformen eine Verständigung zur Umwelt aufzubauen.

Unter körpereigenen Kommunikationsformen werden alle Verständigungsmöglichkeiten verstanden, die mit Hilfe des eigenen Körpers nachvollzogen werden können. Solche Möglichkeiten sind vorhandene Lautsprachreste, aber auch die Verwendung von gestischen und mimischen Mitteilungen. Wenn sich aber diese Kommunikationsformen nicht (mehr) zur eindeutigen Informationsvermittlung einsetzen lassen, kann auf kompensierende körpereigene Verständigungsformen zurückgegriffen werden. Diese erfordern dann allerdings eine Absprache zwischen den Partnern. So können etwa Restbewegungen wie Blicken und Zeigen eingesetzt werden, um Ja-Nein-Antworten zu vermitteln. Auch Gebärden können verwendet werden.

Der Vorteil körpereigener Kommunikationshilfen besteht vor allem darin, dass sie sich schnell, spontan und ortsunabhängig einsetzen lassen, ohne dabei auf Hilfsmittel angewiesen zu sein. Im Umgang mit vertrauten Personen ist es zudem häufig die effektivste Verständigungsform (vgl. Stadler, 1998, S. 144).

Mit Hilfe von Kommunikationstafeln können Wünsche und Gedanken mittels Symbolen, Zeichnungen, Fotografien, Buchstaben, Wörtern ausgedrückt werden. Eine Kommunikationstafel mit Buchstaben ermöglicht dem Anwender eine differenzierte Kommunikation über die Schriftsprache, sie erfordert allerdings viel Zeit und eine hohe Konzentration.
Die so genannten *Bliss-Tafeln* enthalten eine individuelle Zusammenstellung der *Bliss-Symbole*, wodurch ein persönliches Vokabular zusammengestellt werden kann. Das mittlerweile weltweit bekannte *Bliss-System* (1965 von

Charles K. Bliss ursprünglich für nichtbehinderte Erwachsene konzipiert) besteht aus wenigen und einfachen und klaren Grundformen, die zu unterschiedlichen Symbolen kombiniert werden können.

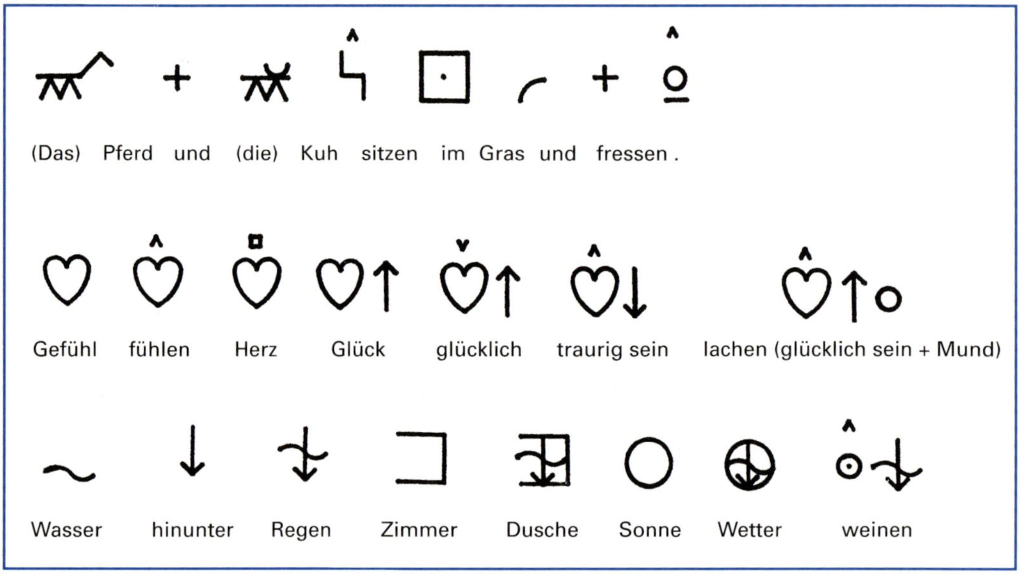

Elektronische Hilfsmittel sind besonders für Personen von Bedeutung, die entsprechend ihrem Entwicklungsstand zwar Sprachverständnis besitzen, die sich jedoch mit den ihnen zur Verfügung stehenden Kommunikationsmitteln nicht zufriedenstellend ausdrücken können. Die Unterscheidung innerhalb der heute großen Gruppe elektronischer Kommunikationshilfen lassen sich beispielsweise nach folgenden Gesichtspunkten vornehmen (vgl. Hedderich, 1997, S. 103 f.):

a) *Transportfähigkeit:* stationäre Rechner und transportable Systeme (Laptops, Talker),

b) *Art und Weise der Mitteilung:* Systeme mit Sprachausgabe (Kommunikator mit Papierstreifenausdruck, Talker) und ohne Sprachausgaben (Rechner, Schreibmaschine)

c) *Zugang zur Hilfe für den Benutzer: direkter* Zugang als Bedienen der Tastatur und *indirekter* Zugang, bei dem ein über die Felder wandernder Lichtpunkt bei dem gewünschten Feld angehalten wird. Beide Arten richten sich nach den motorischen Möglichkeiten des Benutzers, welche Körperteile am besten kontrolliert eingesetzt werden können, wie viel Kraft zur Verfügung steht und wie belastbar die Person ist. Der direkte Zugang ist etwa möglich über Hand oder Fuß, über einen am Kopf befestigten Zeigestab. Die Impulsgebung zum Stoppen des Lichtpunktes bei indirekten Zugang erfolgt über Tasten, Schalter und Sensoren (Drucktasten, Saug-Blas-Schalter, Licht- oder Näherungssensoren, Joystick oder Maus).

Aufgaben

1. *Gerade bei den technischen Hilfsmitteln ist in den letzten Jahren ein rasanter Fortschritt zu beobachten. Einen aktuellen Überblick kann man sich auf der REHA-Care verschaffen, einer jährlich stattfindenden Internationalen Fachmesse für Menschen mit Behinderung und Pflegebedarf (Informationen über: Messe Düsseldorf GmbH, Postfach 101006, 40001 Düsseldorf).*

   Sprechen Sie in Ihrer Klasse darüber, ob ein Besuch dieser Messe während der Ausbildung zu organisieren ist.

2. *Stellen Sie einige ausgewählte Systeme (z. B. Bliss-Symbole, Tafeln, Sprachcomputer) im Plenum vor.*

Literatur

1. Literaturhinweis zum Thema Rollstuhl: Epp, A. G., rund um den Rollstuhl, Stuttgart, 1998 (Alles über Typen, Bekleidung und Zubehör; Insider-Tipps von einem Rollstuhlfahrer; Autor mit 25 000 km Rollstuhl-Erfahrung; er sitzt seit 10 Jahren im Rollstuhl. Er bezeichnet sich selbst als Aktiven Rollstuhlfahrer. Bei Wind und Wetter ist er unterwegs. Auch auf seinen Camping-Urlaub verzichtet er nicht. Seine Erfahrungen gibt er hier weiter).

2. Die Gesellschaft für Unterstützte Kommunikation hat es sich zur Aufgabe gemacht, Kommunikationsmöglichkeiten für Menschen zu fördern, die sich über Lautsprache nicht oder nicht ausreichend mitteilen können. Kontaktadresse: ISAAC (International Society for Augmentative and Alternative Communication), Geschäftsstelle, Pfarrer-Dr.-Hoffmann-Str. 5a, 53343 Wachtberg, Tel: 02225/9099317.

Leute sollen nicht denken, ich wäre blöd

Manchmal sprechen Menschen mit mir, als ob ich noch ein kleines Kind bin. Vielleicht denken sie, weil ich nicht sprechen kann, dass ich sie auch nicht verstehen kann. Aber das ist nicht so. Ich kann alles verstehen. Schließlich bin ich erwachsen und habe 13 Jahre die Schule besucht. Wenn ich merke, dass die Leute mich für blöd halten, bin ich richtig sauer. Am liebsten möchte ich mit meinem Elektro-Rollstuhl über ihre Füße fahren. Aber das mache ich nicht. Ich weiß ja, was sich gehört. Ich denke dann „selbst blöd" und drehe mich um.

Wie in Regensburg, da war ich zum Haare schneiden. Mein Vater hat gesagt: „Können Sie dem jungen Mann die Haare schneiden?" Das hat sie auch gemacht. Aber sie hat dabei mit mir gesprochen wie mit einem kleinen Kind. Sie hat immer wieder gesagt: „Wir sind gleich fertig!" – „Wir sind gleich fertig!" – „Wir sind gleich fertig!" – „Wir sind gleich fertig!" Martin Almon

Dröge, B., u. a. (Hrsg.),, Ich fühle mich wie dieser Fluss – Portraits „nichtsprechender" Menschen, Oberhausen 2000, S. 54

Martin Almon hat diesen Text mit dem TouchTalker, bedient mit einem Stirnstab, formuliert. Die Impulse des Talkers wurden in einen normalen Computer übertragen und dann ausgedruckt.

8 Geistige Behinderung

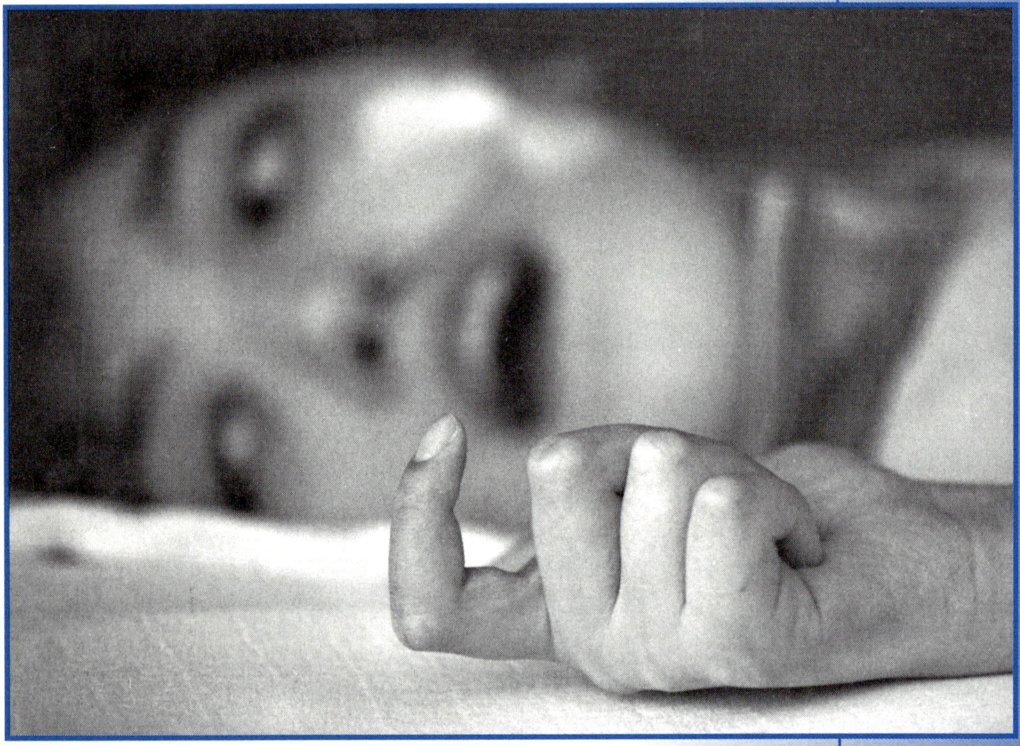

- Was bedeutet „Geistige Behinderung“?
- Warum steht der Begriff der „Geistigen Behinderung“ in der Kritik?
- Was ist das „Down-Syndrom“, bzw. die „Trisomie 21“?
- Welche Bedeutung hat die „Bundesvereinigung Lebenshilfe“?

Georg Paulmichl, geb. 1960, kam mit dem Down-Syndrom auf die Welt. Er lebt in Prad/Südtirol und arbeitet dort in einer Werkstatt für Behinderte. In seiner Freizeit schreibt er gerne Texte und malt Bilder. Seine Werke sind in verschiedenen Publikationen erschienen. Georg Paulmichl schreibt in einem seiner veröffentlichten Gedichte über sich selbst:

> *Georgs Schullebenslauf*
> *Zuerst bin ich in Kindergarten gegangen.*
> *Im Kindergarten hat es mir gefallen.*
> *Ich habe manchmal auch für das Leben gekämpft.*
> *Nachher bin ich in Mals beim runden Turm in die Schule gegangen.*
> *Die Schule ist für mich ein Beruf.*
> *Schulegehen schadet nicht, es schadet auch den Erwachsenen nicht.*
> *(...)*
> *Nachher bin ich in die Werkstatt gekommen.*
> *In der Werkstatt gefällt es mir sehr gut.*
> *In der Werkstatt bin ich ein Dichter.*
> *Dichter sein ist ein feiner Beruf.*
> *In der Werkstatt sind alles Behinderte.*
> *Ich bin nicht behindert, ich kann reden.*
> *(Georg Paulmichl, 1999, S. 8)*

Zu Paulmichls Gedicht „Georgs Schullebenslauf" schrieb der Pädagoge Georg Feuser (2000): „Zum einen bestätigt Paulmichl, dass er sich selbst nicht als geistig behindert wahrnimmt, was ich in Bezug auf alle Menschen, die wir für geistig behindert halten, im Gesamt meiner Berufspraxis bestätigt fand (...). Zum anderen macht er diese Identitätsfindung an einem ‚Merkmal' fest, nämlich dass er reden könne, was er sich selbst als ‚Eigenschaft' zuschreibt, während er diese seinen Kolleginnen und Kollegen abspricht, so, wie wir uns ‚Normalität' als eine uns innewohnende ‚Eigenschaft' selbst zuerkennen und sie jenen, die in unserer Wahrnehmung ‚psychopathologische' Merkmale zeigen, als ‚Eigenschaft' absprechen."

Fragen

1. *Inwiefern teilen Sie Feusers Standpunkt? Inwiefern würden Sie ihm widersprechen?*
2. *An welchen wesentlichen Merkmalen machen Sie Ihre eigene Identität fest? Welche persönlichen Merkmale sind Ihnen wichtiger als andere? Welche scheinen anderen an Ihnen wichtig zu sein?*

Aufgaben

1. *Ein kleines Rollenspiel:*
   Stellen Sie sich vor, Sie arbeiten als Heilerziehungspflegerin in einem Wohnheim für geistig behinderte Erwachsene. Eine Bewohnerin sagt Ihnen, dass die anderen im Wohnheim geistig behindert seien, sie selber sei es aber nicht. Wie würden Sie reagieren? Was würden Sie versuchen in einem Gespräch herauszufinden? Bevor Sie dazu ein Rollenspiel in der Klasse führen, beraten Sie sich einige Zeit mit zwei Mitschülern. Wie soll das Gespräch laufen? Welche Argumente, welche Standpunkte werden Sie vertreten?

Besetzen Sie in der Klasse auch die Rolle der geistig Behinderten. Auch sie soll sich einige Zeit beraten lassen, bevor das Rollenspiel beginnen wird. Während sich die beiden Schauspielerinnen nebenan vorbereiten, sollen die Mitschüler Beobachtungsaufgaben finden: Worauf soll geachtet werden? Worüber soll anschließend diskutiert werden?

2. *Eine ähnliche Situation:*
   Ein junger Bewohner im Wohnheim für geistig Behinderte fragt Sie als Praktikanten mit ernstem Gesichtausdruck: „Sag mal, bin ich eigentlich geistig behindert?"
   - *Was antworten Sie? Überlegen Sie – zusammen mit einem Partner – wie man in einer solchen Situation reagieren sollte.*
   - *Was könnte den jungen Bewohner zu der Frage veranlasst haben?*
   - *Warum könnte der junge Bewohner die Antwort gerne von Ihnen – einem Praktikanten – haben wollen?*

8.1 Wer ist denn geistig behindert?

8.1.1 Theoretische Zusammenhänge

„So geläufig nun auch die Bezeichnung geistige Behinderung inzwischen geworden ist, von einem bündig klaren Begriff, dessen Inhalt sich überprüfen lässt, kann keine Rede sein. Diese Unklarheit bezieht sich sowohl auf die Komplexität dessen, was alles an einem Menschen als geistig behindert zu gelten hat, als auch auf die stimmige Abgrenzung eines solchen Befundes von einer anderen Behinderung oder einer Nichtbehinderung. (...) Es kann kein Zweifel bestehen, dass Eltern ihr eigenes geistig behindertes Kind anders sehen, als Fachleute, dass die Einschätzungen einer geistigen Behinderung von den Einstellungen der einschätzenden Person abhängig ist, und dass diese wiederum mit gängigen Einstellungen in der Gesellschaft korrespondieren."
(Speck 1993, S. 39)

Aufgabe

Welche Vorstellungen haben Sie selbst von „geistiger Behinderung"? Vom Leben und Erleben geistig behinderter Menschen? Was scheint anders, was gleich zu sein? Sammeln Sie in einer kleinen Gruppe ihre Eindrücke.

● Geistige Behinderung – eine Definition vom Emil E. Kobi

„Geistige Behinderung ist eine vage und fragwürdige Sammelbezeichnung für eine Vielzahl erscheinungsbildlich, ursächlich und graduell unterschiedlicher Formen einer chronischen und zentralen Persönlichkeitsstörung, deren Leitsymptome in einer umfassenden und massiven Beeinträchtigung der Aneignungs-, Adaptations- und Selbstdarstellungsmöglichkeiten besteht. (...) Mängel im Bereich der integrativen Informationsverarbeitung und -verwertung sowie in der Informationskundgabe stehen im Zentrum der Geistigbehindertenpädagogik."
(Kobi 1999, S. 41)

Aufgaben

1. *Nehmen Sie sich diese Definition von Kobi Wort für Wort vor. Schlagen Sie Ihnen unbekannten Begriffe im Lexikon nach.*
2. *Was meint Kobi, wenn er schreibt „geistige Behinderung ist eine vage und fragwürdige Sammelbezeichnung“?*
3. *Warum nennt Kobi die Persönlichkeitsstörung wohl „chronisch und zentral“?*
4. *Was versteht man unter „Mängel im Bereich der integrativen Informationsverarbeitung und -verwertung sowie in der Informationskundgabe“?*

Geistige Behinderung ist keine Krankheit

„Geistige Behinderung ist – entgegen landläufiger Vorstellungen – keine Krankheit. Es handelt sich vielmehr um die Folgen eines schädigenden Ereignisses, um hinterlassene Spuren also.“

(Bundesvereinigung Lebenshilfe, 1991, S. 10)

Das Begriffspaar „Gesundheit/Krankheit“ steht in keinem direkten Zusammenhang mit dem Fachbegriff Geistige Behinderung. Gesundheit ist lt. Weltgesundheitsorganisation (WHO) ein zwar anzustrebendes, aber dennoch utopisches Ziel. Sie ist der Begriff für völliges körperliches, psychisches und soziales Wohlbefinden (vgl. Krebs/Neuhäuser 1999, 57). Krankheit bedarf einer Heilbehandlung, damit eine Besserung oder zumindest keine Verschlimmerung des Allgemeinzustandes eintritt. Demnach ist deutlich, dass Menschen mit einer geistigen Behinderung sich ebenso krank oder gesund fühlen können, wie alle anderen auch. Was jedoch bedacht werden muss ist, dass geistig behinderte Menschen für manche Erkrankungen besonders anfällig sind (siehe Kap. 8.2).

Aufgaben

1. *Stellen Sie Vermutungen darüber an, warum für viele Menschen ein ‚geistig Behinderter‘ stets ein ‚kranker‘ Mensch ist?*
2. *Warum ist Gesundheit wohl ein utopisches Ziel?*
3. *Von Prof. Dr. Krebs, Mitglied im Beirat der Bundesvereinigung Lebenshilfe für Menschen mit geistiger Behinderung e. V., stammt folgende These:*

   „Krankheit ist das Gegenteil von Gesundheit – Geistige Behinderung ist eine Sonderform der Gesundheit.“ Was möchte der Autor damit betonen? Welche Meinung haben Sie dazu?

Häufigkeit

Geistige Behinderung ist nicht sehr häufig anzutreffen. In Deutschland leben lt. *Arbeitsgemeinschaft der Deutschen Hauptfürsorgestellen* geschätzte 420.0000 Menschen mit geistiger Behinderung (1998, S. 43). Mit jedem Geburtsjahrgang kommen 0,5 % bis 0,6 % Menschen hinzu. Das bedeutet beispielsweise, dass ein Kinderarzt unter ca. 200 Kindern eines mit geistiger Behinderung betreut. Daher ist es nicht verwunderlich, dass vielen Kinderärzten zu verlässlichen Diagnosen oder Ratschlägen Erfahrungen fehlen (vgl. Klauß, 1999, S. 11).

● Ursachen geistiger Behinderung

Die Frage nach der Ursache einer geistigen Behinderung ist nur dann relativ einfach, wenn bestimmte Symptome augenscheinlich erkennbar sind, z. B. beim bekannten Down-Syndrom (Trisomie des Chromosoms Nr. 21). Übrigens haben lediglich 5 % aller geistig behinderten Menschen das Down-Syndrom.

Wie bereits erwähnt, besagt der Begriff der geistigen Behinderung, dass betroffene Menschen zuvor ein schädigendes Ereignis erlitten haben, welches sich auf die Funktionsfähigkeit und die Entwicklungsfähigkeit des Gehirns auswirkte. Besonders risikoreich ist dabei die Zeit vor, während oder kurz nach der Geburt.

vor der Geburt	=	pränatal
während der Geburt	=	perinatal
(einige Zeit) nach der Geburt	=	postnatal

Man geht davon aus, dass bei etwa 40 % aller Menschen mit geistiger Behinderung die Behinderung auf die Geburt zurückzuführen ist. (vgl. Arbeitsgemeinschaft der Deutsche Hauptfürsorgestellen, 1998, S. 35; Klauß, 1999, S. 17).

Als auslösendes Ereignis können viele Gefahren in Frage kommen:

Auslöser

Sauerstoffmangel,
Virusinfektionen (z. B. Röteln, Masern, Mumps),
Entzündungen des Gehirns oder der Hirnrinde,
Vergiftungen (z. B. durch Alkohol- oder Tablettenmissbrauch),
andere Krankheiten,
Unfälle (Traumata),
Erbschäden.

> „Mit zunehmend verfeinerten Untersuchungsmethoden finden Störungen im Erbgut, also in den Genen bei den sie tragenden Chromosomen, mehr Beachtung, die aber nicht mit einer Vererbung gleichzusetzen sind. Bei der Trisomie 21 (Down-Syndrom) ist beispielsweise weitgehend unbekannt, woher die Schädigung des 21. Chromosoms kommt.“
>
> *(Klauß 1999, S. 17 f.).*

Hirnschädigungen kann jeder Mensch zu jeder Zeit erleiden, etwa infolge einer Hirnverletzung nach einem Verkehrsunfall, eines Sturzes im Haushalt, eines Ertrinkungsunfalls. Auch entzündliche Prozesse im Gehirn können noch im Erwachsenenalter eine geistige Behinderung zur Folge haben.

„Am häufigsten berichten Eltern vom Zeitraum der Geburt als Zeitpunkt der Schädigung ihres Kindes oder – ebenso häufig – sind sie sich darüber völlig unklar. Doch auch bei vermeintlicher Eindeutigkeit über den Zeitpunkt der Schädigung kann diese Sicherheit trügen. In vielen Fällen kommt es wohl gerade deshalb zu einer verzögerten Austreibungsphase bei der Geburt, weil das Kind schon vorher beeinträchtigt war und den Geburtsvorgang zu wenig unterstützen konnte." (Klauß 1999, S. 18). Trotz aller diagnostischen Fortschritte kann ungefähr bei jedem dritten Menschen mit geistiger Behinderung die Ursache nicht eindeutig benannt werden (vgl. Neuhäuser, 2000, S. 35).

Geistige Behinderung ist kein statisches, unveränderliches Phänomen. Sie ist beeinflussbar. Menschen mit einer geistigen Behinderung gehören nicht zu einer homogenen Gruppe mit fest umschriebenen menschlichen Eigenschaften. Das Leistungsvermögen, die motorische Befindlichkeit, die emotionale Befindlichkeit oder auch die sozialen Möglichkeiten sind äußerst vielfältig. Vorhersagen über weitere Entwicklungsmöglichkeiten, über Fähigkeiten und Grenzen des Menschen werden stets mit Vorsicht ausgesprochen oder aufgenommen.

„Manche können die alltäglichen Abläufe weitgehend selbstständig bewältigen und sich an Schriftzeichen und Symbolen orientieren, andere wiederum haben Schwierigkeiten, sich in einem Gebäude zurechtzufinden und benötigen bei nahezu allen Verrichtungen die Hilfe anderer. (...) Geistig Behinderte wachsen unter besonderen Lebensumständen auf. Ihr Kontakt- und Sozialverhalten ist häufig anders als bei anderen Menschen."

(Arbeitsgem. der Deutschen Hauptfürsorgestellen, 1998, S. 37)

Aufgaben

1. *Warum könnte es Ihrer Meinung nach wichtig sein, als Heilerziehungspflegerin*
   - *in einem Kindergarten,*
   - *in einem Wohnheim für Erwachsene mit geistiger Behinderung*

   über die Behinderungsursachen der zu betreuenden Bescheid zu wissen? Warum oder wann könnte es eher unerheblich sein?

2. *Wenn Krankheit das Gegenteil von Gesundheit ist, was könnte dann wohl das Gegenteil von Behinderung sein? Welchen Begriff, welche Begriffe gibt es in anderen Ländern für (geistige) Behinderung? Kommentieren und bewerten Sie Ihre gefundenen Begriffe.*

Ein uns behindernder Geist?

Wer ist denn da behindert?

Heiliger Geist. Geistlicher. Zeitgeist. Geisterbahn. Weingeist. Geistig behindert. Es ist so eine Sache mit dem Geist, der da behindert sein soll. Geist: Etwas mit unsern Sinnen nicht Wahrnehmbares, das dennoch wirksam ist, uns miteinander und desgleichen mit unserer Vergangenheit und Zukunft, mit Diesseits und Jenseits

verbindet, unserm Leben eine Perspektive und einen Sinn gibt ... uns von außerhalb dessen, was mit den Händen zu greifen ist, bewegt, manchmal auch irritiert und ängstigt.
Geist ist somit nicht gleichzusetzen mit Intelligenz und Bildung; diese sind, neben Gemüt, Intuition und anderem, wichtige Zugangswege dazu. Wenn humanistische Bildung den Gymnasiasten vom geistig Behinderten trennt, können beide in humaner Gebildetheit doch Verwandtschaften finden. Geist wird ja oft erst spürbar, wenn wir an die Grenzen unseres Vermögens stoßen.
Geistig Behinderte sind Menschen wie du und ich, die sich in Variationen unterscheiden wie all jene, die ihnen ihre Diagnose verpassen: Ärzte, Lehrer und anderweitig Geistreiche.
Was sie von dem Hintergrund unserer komplizierten und vieldeutigen Lebensverhältnisse abhebt, zur Figur werden lässt, sind ihre zum Teil extremen Schwierigkeiten mit der Daseinsgestaltung und in der Aneignung jener Lebenstechniken, die in unserer Gesellschaft von zentraler Wichtigkeit sind, wenn man irgendwo hinkommen will, Geistig behindert erscheint ein Mensch, der unser Bedürfnis, uns über ihn, uns und die umgebende Welt zu verständigen und im Einvernehmen zu setzen, nur mangelhaft zu befriedigen vermag.
Geistig behindert: Ein Mensch, der Schwierigkeiten hat oder wenig Anstalten macht, in jene Realität, die wir als die richtige und wichtige erfahren, einzutreten und deren Sinn und Bedeutung zu erfassen. Der mit unsern gut und schlau gemeinten „Infos“ wenig anfangen kann, sie uns, grotesk, verstümmeld reflektiert. Und dem es vor allem an der Fähigkeit mangelt, unsere Wirklichkeit abzubilden, zu symbolisieren: in Sprache und Schrift, Bild und Zahl. Die Fähigkeit also, die Unmittelbarkeit des Erlebens zu übersteigen, sich die Welt vorstellungsmäßig zu verkopfen, sich in diesen Vorstellungen zu bewegen, vorwärts und rückwärts in Gedanken zu handeln. Einer, der nicht mit (uns) kommt vom Konkreten zum Abstrakten, der da bleibt, wenn wir ihn dort haben möchten.
Wer ist geistig behindert? Wer durch eine Instanz als geistig behindert bezeichnet wird und sich auf Grund seiner geistigen Behinderung gegen diese Beurteilung nicht zur Wehr setzen kann.

(Kobi 1999)

Aufgaben

1. *Warum ist „Geist“ nicht gleichzusetzen mit Intelligenz oder Bildung?*
2. *Geistig Behinderte sind Menschen wie du und ich. Was will Kobi damit zum Ausdruck bringen?*
3. *Wer bestimmt, was „normal“, was „abnorm“, was „behindert“ ist?*
4. *Geistig behindert ist nach Kobi u. a. jemand, „der nicht mit uns kommt vom Konkreten zum Abstrakten, der da bleibt, wenn wir ihn dort haben möchten.“ Was will der Autor damit zum Ausdruck bringen?*

● Zur Vor- und Nachgeschichte eines Fachbegriffs

Gemäß unseres gegenwärtigen Sprachgebrauchs bezeichnen wir mit dem Fachbegriff ‚Geistig Behinderte‘ eine zwar nicht homogene, aber dennoch bestimmbare Gruppe von Menschen. Geistig Behinderte gab es zu allen Zeiten. In früheren Zeiten wurden andere Begrifflichkeiten benutzt. *Dr. Emil E. Kobi,*

Autor bedeutender heilpädagogischer Fachbücher im deutschsprachigen Raum, hat in einem Aufsatz (in Greving/Gröschke, 2000, S. 67-78) beschrieben, wie die Menschen, die heutzutage zu den geistig Behinderten gezählt werden, früher genannt wurden. Darüber hinaus wirft er einen skeptischen Blick auf neue „Umbenennungsversuche" in Form von „Wortentzug, Tabuisierung und Entgrenzung" mit der Tendenz, geistig Behinderte wieder anders, oder gar nicht mehr zu benennen.

Morionen (Dummheit, Baby, Kleinkind)
Sie wurden als Sklaven auf dem Forum Morionum im Alten Rom als Narren oder Possenreißer zum Kauf angeboten. Noch bis ins 20. Jh. hinein wurden auch hierzulande geistig Behinderte auf Rummelplätzen zur Schau gestellt.

Monstren (Ungeheuer, eigentl. Mahnzeichen der Götter, Warnung)
Mittelalterlicher Ausdruck für missgebildete Kinder mit Mehrfachbehinderung. Die Darstellung von missgebildeten Mehrfachbehinderten ist im heutigen medialen Zeitalter immer noch geläufig, um auf Degenerationen, Strahlenschäden u. a. m. hinzuweisen (vgl. Christoph 1990).

Wechselbälge (balc = aufgeblasener Sack)
„Damit verband sich die Legende, wonach der Teufel in einem Moment mütterlicher Unaufmerksamkeit ein ursprünglich gesundes Kind gegen einen (geistig behinderten) Balg auswechselte" (Kobi, 2000, S. 65).

Idioten (ungelehrte, ungebildete Menschen, Laien)
War noch im 19. Jh. ein geläufiger Begriff für geistig Behinderte. Kennzeichen waren z. B. die zahlreichen Idiotenanstalten. Zum Schimpfwort wurde es erst im 20. Jh. mit Einengung des Begriffs durch die medizinische Psychiatrie (siehe: Oligophrenie).

Kretinen (crestien = Leidender, Kranker)
In der Alpenregion geläufige Bezeichnung für ein bestimmtes Krankheitsbild: Minderwuchs, Kropfbildung, pergamentartige Haut und geistige Behinderung. Zahlreiche dortige Anstaltsgründungen im 18. und 19. Jh. gingen auf die Kretinen zurück. Als später die Ursache (Schilddrüsenerkrankung) und auch deren Verhütung (Jodbeigaben) bekannt wurden, verlor der Begriff Kretin seine ursprüngliche Bedeutung und wurde zum Schimpfwort.

Blödsinnige
Diese Bezeichnung für geistig behinderte Kinder geht auf den bekannten Pädagogen J. H. Pestalozzi (1746–1827), z. B. in seinen „Neuhofberichten" (1775/78) zurück.

Schwachsinnige
Damit ist nicht etwa die mangelhaft entwickelte Funktion eines Sinnes gemeint. Vielmehr geht diese Bezeichnung auf die Wortbedeutung von ‚(sich be-)sinnen' bzw. ‚nachsinnen' zurück und meint die fehlenden Fähigkeiten geistig Behinderter bei bestimmten Denkfunktionen.

Oligophrene (wenig Verstand)
Ist in der Medizin immer noch ein gebräuchlicher Begriff für geistige Behinderung und Lernbehinderung. In der Psychiatrie wird z. B. immer noch eine Dreiteilung der Oligophrenie benutzt: Debilität bezeichnet in etwa die Lernbehinderung, Imbezilität die „normale“ und Idiotie die schwerste Form geistiger Behinderung.

Bildungsfähige/Praktisch Bildbare
Dieser Begriff ist der gegenwärtige Versuch, geistige Behinderung durch einen (positiven) Bildungsauftrag zu ersetzen. Betont werden die pädagogischen Bemühungen durch praktisch-anschauliche und alltagsrelevante Gestaltungsformen, schulische Bildung zu vermitteln.

Intelligenzdefekte
Im 20. Jh. ist der Begriff ‚Intelligenz‘ (‚Klugheit‘, ‚gute Auffassungsgabe‘) wesentlich von der experimentellen Psychologie geprägt worden. Es wurden zahlreiche Testverfahren entwickelt, deren Ergebnisse stets in Form von ‚Intelligenzquotienten‘ (IQ) ausgedrückt wurden. Eine solche Testsituation ist ausnahmslos abstrakt konstruiert und zumeist ohne direkten Realitätsbezug. Motivation, Interesse, Kulturtechniken und Kombinationsgabe werden dabei unter Zeitdruck abgefragt. Bereiche wie Sozialkompetenz, Identität, Gewissensbildung, Lebensgeschichte oder Sinnhorizont wurden/werden für diese Art der Bestimmung der Intelligenz nicht benötigt. Der IQ „haftet wie ein Kainsmal auf der Stirn geistig behinderter Menschen“ (Kobi). Er fand in der Schweiz sogar Eingang in staatliche Gesetze. In der DDR war der Begriff „Intelligenzgeschädigte“ geläufig. Der zurzeit häufiger anzutreffende Begriff der „Intelligenzminderung“ ist ebenfalls ein Versuch, dem mittlerweile überholten Intelligenz-Modell noch behinderungsrelevante Aussagekraft zuzusprechen.

Geistig Retadierte (retarded = zurückgeblieben)
Dem Begriff liegt die Irreführung zugrunde, dass geistig Behinderte auf einer entwicklungspsychologischen Zeitachse zurückliegen würden. Ebenso irreführend sind Vergleiche geistig Behinderter mit jüngeren Nichtbehinderten. Manchmal finden sich in medizinisch-psychiatrischen und pädagogischen Gutachten irreführende Formulierungen wie „ist auf dem Stand eines Vierjährigen“ o. Ä. Ältere geistig Behinderte sind keine „großen Kinder“. Sie werden durch derartige Zuschreibungen völlig unangemessen infantilisiert.

Kulturhindernde Ballastexistenzen
Diesen Begriff prägte der deutsche Nationalsozialismus. Er bedeutete für Tausende von geistig behinderten Menschen den Tod. Auch heute noch gibt es Anhänger faschistischer und sozialdarwinistischer Thesen dieser Art.

Geistig Behinderte
Das Wort wurde hierzulande 1958 durch Elterninitiative in Umlauf gesetzt und löste alsbald die als verletzend empfundene Bezeichnung „Schwachsinnige“ ab. Der neue Begriff hat auf vielen Ebenen Einzug gehalten: Gesetzgebung, Vorschulsysteme, Schulsysteme, Arbeitssysteme u. a. m.

Mandatäre Titel
Solche Titel verlegen den Akzent von der behinderten Peron auf die mitmenschliche Aufgabe, die am geistig Behinderten zu erfüllen ist. Demgemäß ist die Rede von ‚Menschen mit besonderen Bedürfnissen' oder ‚mit speziellem Förderbedarf'. Auch-Menschen, Menschen-wie-du-und-ich, u. Ä. sind die Ausdrucksweisen dieser „Egalisierungsbestrebungen sowie Apologien und pflichtethischen Appelle (Kobi, S. 73)". Diese Bezeichnungen sind der eher hilflose Versuch eine um Positiv bemühten Stimmungswelle im Mainstream gutmenschelnder Political und Pedagogical Correctness (...) und eines damit verbundenen Hangs zu Wort- und Zeichenmagie." (ebenda)

Menschen mit ...
Das Satzelement „Menschen mit (geistiger Behinderung)", ist in etwa seit Mitte der 90er Jahre hierzulande im formelhaften Gebrauch. Kurioserweise aber nur in einer Sparte der Behinderung. Die Bundesvereinigung Lebenshilfe für Geistig Behinderte e. V. hat sich z. B. umbenannt in „Bundesvereinigung Lebenshilfe für Menschen mit geistiger Behinderung e. V.". Menschen mit Blindheit oder Gehörlosigkeit nennen sich auch weiterhin selbst Blinde und Gehörlose. Die mit „Menschen mit ... gemeinte Person soll durch die Mitgift der Behinderung keine Kontamination erfahren, damit nicht infiziert und identifiziert werden. (...) wir tun, als ob nichts wäre!" erklärt uns Kobi spöttisch. Der selbst behinderte Autor Lothar Sandfort bringt es ähnlich auf den Punkt (1993, S. 75 f.): „Der stets angeführte Zusatz, wir seien doch zuerst Menschen und dann Behinderte, verschleiert aber die Tatsache, dass wir in allen wesentlichen Lebensbereichen durch unsere Behinderung festgelegt und definiert werden. Was wir auch tun und wohin wir auch ausweichen, unsere Behinderung ist immer schon da."

Auflösung
„Geistig Behinderte gibt es nicht"! Ist eine neue Losung, mit der man die Lösung aller Begriffsproblematiken gefunden haben will. Bemerkenswert ist, dass derartige Versuche praktisch ausnahmslos von Pädagogen, kaum von Betroffenen, deren Eltern und auch nicht von anderen gesellschaftlichen Gruppen ausgehen. Behinderung wird dabei einfach zum begrifflichen Verschwinden gebracht. Aber mit dem Verschwinden eines Wortes ist überhaupt nichts an Zuständen verbessert. Demnach gehöre lt. Kobi eine reichliche Portion Unverfrorenheit dazu, wenn ein Anhänger der „Auflösungs-These" z. B. den Eltern eines schwerst geistig behinderten Kindes die Behinderung begrifflich leugnen wolle. Würden sich diese Eltern etwa um ein Phantom sorgen machen? Fachlich versierte Ratgebung und Hilfe funktioniert so in keinster Weise, kommentiert Kobi bissig (S. 77).

Aufgaben

1. *Was empfinden Sie jetzt, nach Lektüre dieses Aufsatzes? Schreiben Sie einige Worte auf einen Zettel. Tauschen Sie sich anschließend in einer kleinen Gruppe aus? Was hat viele, was hat Einzelne beeindruckt? Welche Ihrer persönlichen Ansichten zum Thema finden Sie in diesem Bericht bestätigt? Welche Thesen Kobis finden Sie überraschend? Was können Sie nicht nachvollziehen? Was bringt Sie zum Überdenken Ihrer bisherigen Meinung zum Thema?*

2. Lesen Sie noch einmal den Beitrag „Geistig Behinderte“ und alle folgenden Beiträge. Welche dieser Begriffe/Zuschreibungen sind ihnen wo und unter welchen Umständen schon begegnet? Beschreiben Sie „Mandatäre Titel“ und „Auflösung“ mit eigenen Worten. Wie erscheinen Ihnen diese Begriffsformen? Eher positiv oder negativ? Oder vielleicht eher neutral oder unbedeutend? Sprechen Sie in einer kleine Gruppe über die verschiedenen Ansichten.

3. Wie kommt es, dass viele frühere Zuschreibungen für Geistig Behinderte heute als Beleidigungen geläufig sind? Stellen Sie in einer kleinen Gruppe Vermutungen darüber an.

4. Rollenspiele
Bilden Sie in der Klasse 6 Gruppen mit je 3–4 Mitschülerinnen. Jede Gruppe erhält eine der Aufgaben (von 3.1 bis 3.6). Jede Gruppe zieht sich zur Vorbereitung zurück. Der Rest der Klasse überlegt sich Beobachtungsaufgaben für die Rollenspielsequenzen: Worauf soll geachtet werden? Worüber soll anschließend diskutiert werden?

Ihre fünfjährige Nichte wird im Kindergarten gehänselt und fragt Sie um Hilfe. Sie werde dauernd als „blöde Behinderte“ beschimpft. Wie reagieren Sie, wenn

3.1 ... ihre Nichte nicht behindert ist?

3.2 ... ihre Nichte geistig behindert ist?

Ihre Nichte, mittlerweile 9 Jahre alt und auf einer Grundschule, erlebt die Situation wieder. Die beiden Aufgaben bleiben gleich (3.3 und 3.4).

Ihre Nichte, mittlerweile 16 Jahre alt, geht mit Ihnen spazieren. In der Stadt wird sie von einer Gruppe Gleichaltriger auf dieselbe Art und Weise beschimpft. Wie können Sie reagieren (3.5 und 3.6)?

8.1.2 Praktische Umsetzung

Geistige Behinderung – Ein nebulöser und praxisnaher Begriff

Kritiker meinen, dass der Fachbegriff ‚Geistige Behinderung‘ nebulös sei, denn es sei überhaupt nicht klar, womit ‚das Geistige‘ dieser Menschengruppe sich denn vom Geistigen anderer Gruppen unterscheide. Das eigentlich Wesentliche eines Menschen sei mit dem Wort ‚Geist‘ nicht treffend ausgedrückt. Ob der Kern eines Menschen überhaupt mit einem Begriff beschrieben werden kann, das ist sogar in den Geisteswissenschaften umstritten. Selbst die Bundesvereinigung Lebenshilfe, die hierzulande den Begriff der geistigen Behinderung eingeführt hat, bemerkt in ihrem Grundsatzprogramm:

„Jeder Mensch ist einzigartig und unverwechselbar. Daher ist es normal, verschieden zu sein: Jeder hat seine eigenen Vorlieben und Abneigungen, Stärken und Schwächen. (...) So gesehen kann die Beschreibung ‚geistig behindert‘ nie dem eigentlichen Wesen eines Menschen gerecht werden. Sie bezieht sich eher auf intellektuelle Bereiche, nicht aber auf sonstige Wesenszüge.“ (1991, S. 10)

Andererseits wird der Begriff ‚geistige Behinderung' im heilerziehungspflegerischen Geschehen stets und durchaus praxisnah verwendet. Dabei werden Menschen keineswegs diskriminierend, vorurteilsvoll oder menschenverachtend betrachtet. Fachleute, die diesen Begriff benutzen, wissen sehr wohl, was gemeint ist, und damit ist die Zuschreibung ‚geistige Behinderung' eine praktische Hilfe bei der alltäglichen Arbeit.

„Es besteht kein Zweifel darüber, dass der Begriff ‚geistige Behinderung' ein nützlicher *und* sinnvoller *Begriff ist. Dass er sinnvoll ist, belegt ein Blick auf die pädagogische Praxis. Niemand wird ernstlich bestreiten, dass Sonderpädagogen diesen Begriff* sinnvoll *verwenden. (...) Was zukünftige Generationen vielleicht sagen werden, ist: Der Begriff traf nicht das, was er zu treffen vorgab, sondern etwas anderes: Aber – einmal Wohlwollen unterstellt – er traf immerhin einen bestimmten Teil desjenigen Potenzials oder derjenigen Fähigkeiten, die man als geistige Fähigkeiten im weitesten Sinne bezeichnet.*
Dass der Begriff nützlich ist, lässt sich beispielsweise daran belegen, dass er, sofern er eine medizinische Indikation darstellt, auch verwendet wird, um staatliche Zuwendungen an Betroffene zu rechtfertigen (...) Das heißt aber nicht, dass er in Gänze ein angemessener Begriff ist. (...) Für den Begriff ‚geistig behindert' eine besondere Erschwernis: Wissen wir denn eigentlich, was der Geist ist?"
(Buschlinger, 2000, S. 19–20)

Fragen und Aufgaben

1. *Was halten Sie von dem Slogan „Es ist normal, verschieden zu sein"?*
2. *Und wie finden Sie die Behauptung, niemand sei „nur krank oder völlig gesund"?*
3. *Versuchen Sie – in einer kleinen Gruppe – das „eigentliche Wesen des Menschen" zu umschreiben oder zu beschreiben. Welche Ihrer Aussagen „passen" zu allen Menschen jeden Alters? Treffen sie auch auf den ungeborenen Menschen im Mutterleib zu? Auf den Menschen im Koma? Auf den sterbenden Menschen?*
4. *Wann sind Begriffe oder Zuschreibungen ‚nützlich' und ‚sinnvoll'? Finden Sie in einer kleinen Gruppe spezielle Beispiele und kommen sie mit deren Hilfe zu allgemeingültigen Aussagen. Bieten Sie diese Aussagen der Klasse zur Diskussion an.*
5. *Wann, unter welchen Umständen oder warum werden Menschen bestimmten Gruppen zugeordnet? Sind diese Zuordnungen nicht mehr sinnvoll, wenn die Begriffsbezeichnung dieser Gruppe unmodern erscheint oder aus irgendwelchen anderen Gründen abgelehnt wird? So wird z. B. schon seit langer Zeit versucht, die Bezeichnung „Zigeuner" auch umgangssprachlich durch „Sinti und Roma" zu ersetzen – zumeist vergeblich. Warum ist das so? Finden Sie weitere Beispiele und vertreten Sie einen eigenen Standpunkt dazu in einer kleinen Gruppe. Hören Sie sich die Meinungen anderer an und formulieren Sie abschließend Übereinstimmendes.*

„Liebe Mutter, lieber Vater ..."

Mit diesen Worte beginnt eine Broschüre von Eltern von Kindern mit geistiger Behinderung für Eltern von Kindern mit geistiger Behinderung. Dieser Ratgeber soll helfen, mit der ärztlichen Diagnose „geistige Behinderung" zu leben. Die Autorinnen des Heftes schreiben zu Anfang:

„Wir erinnern uns noch genau an den Augenblick, als man uns darüber informierte, dass unser Kind behindert ist. Für uns war diese Mitteilung ein großer Schock, der uns zunächst verzweifelt und mutlos gemacht hat. (...) Am schwersten wog für uns der Umstand, dass man uns allein ließ mit der Behinderung unseres Kindes, und uns niemand sagte, wie das Leben von nun an weitergehen sollte. Die Zukunftspläne, die manche von uns schon für ihr Kind geschmiedet hatten, brachen zusammen wie ein Kartenhaus. (...) Viele von uns erlebten eine Zeit, in der sie sich gegen die Diagnose, das schreckliche ‚geistig behindert' auflehnten, den Arzt verwünschten, Wege zur ‚Heilung' suchten, Medikamente zur Behandlung ihres Kindes finden wollten. (...) Wir können den Schmerz, die Verzweiflung, die wir durchlebten, nicht vollständig vermitteln. Manchmal waren wir nervös und zornig und verloren anderen gegenüber die Nerven. (...) Wir hörten nicht auf, uns mit der Frage zu quälen: ‚Warum ausgerechnet unser Kind?' Es dauerte lange, ehe ich zum ersten Mal zu denken wagte: ‚Warum nicht unser Kind?' Ganz langsam begannen sich die Dinge für uns zu ändern."

(Bundesvereinigung Lebenshilfe, 1992)

Aufgaben

1. *Versuchen Sie, sich die ersten Wochen im Leben der Eltern mit ihrem geistig behinderten Kind vorzustellen. Welche neuartigen Probleme und Schwierigkeiten entstehen im Leben der Eltern aufgrund der geistigen Behinderung ihres Babies? Welche Probleme und Schwierigkeiten ergeben sich, ohne dass dabei die geistige Behinderung eine Rolle spielt? Tragen Sie Ihre Überlegungen als Thesen zusammen.*
2. *Jedes Kind, das in eine Familie geboren wird, bedeutet für die anderen Familienmitglieder eine Umstellung. Fragen Sie doch einmal Ihre eigenen Eltern: Wie war das damals, als Sie selbst auf die Welt kamen.*
3. *Im Falle einer Tochter oder eines Sohnes mit geistiger Behinderung ist diese Umstellung wahrscheinlich größer. Welche Gewohnheiten müssen aufgegeben werden und welchen Forderungen muss man sich neu stellen? Wie könnte es gelingen, diese Neuheiten auch als Chance zu begreifen? Sprechen Sie in einer kleine Gruppe darüber.*
4. *Was können Heilerziehungspfleger in der Betreuung geistig behinderter Menschen von deren Eltern lernen? Ist es schwierig, die Leistung von Eltern geistig behinderter Kinder zu respektieren, und wenn ja, warum?*

Eine Landkarte des Geistes

Wenn mit Behinderung ein gewisses Manko oder eine Unzulänglichkeit ausgedrückt werden soll, dann bedeutet geistige Behinderung demnach „Mangel an Geist“. Wie aber können wir das ‚Phänomen des menschlichen Geistes‘ erkennend beschreiben und wie können wir mit Bestimmtheit sagen, wie sich Schwächen und Defizite äußern?

Eigentlich ist das gar nicht so schwierig, denn eine Aufzählung von Fähigkeiten, die dem geistigen zugesprochen werden können, ist einfach. Dazu gehören sicherlich (in nicht kompletter Aufzählung):

- die Fähigkeit zu lernen;
- das Erinnern;
- das Wünschen;
- die Fähigkeit, Dinge zu repräsentieren;
- unsere Träume;
- das Glück, das wir erfahren; die Fähigkeit zu lieben;
- unsere Verärgerung;
- die Emotionen und Gefühle; unsere Melancholie;
- das Wahrnehmen;
- Wohlbehagen zu spüren;
- das zielgerichtete Handeln;
- Ironie oder die Pointe eines Witzes zu verstehen;
- Theoretisieren; Schlussfolgern;
- das Sprechen, das Verständnis einer Sprache, das Verständnis von Symbolen;
- Willenskraft;
- das Nachdenken über ein Problem;
- das Malen eines Bildes;
- vorhersehen können; die Erwartung von Schmerzen;
- Selbstbewusstsein.

(vgl. Buschlinger 2000, S. 26)

Aufgabe

Wann und wie haben Sie selbst verschiedene Fähigkeiten, wie von Buschlinger aufgezählt, erhalten? Benötigten Sie dazu bestimmte persönliche Voraussetzungen? Falls ja, welche? Falls nicht, versuchen Sie diese Voraussetzungslosigkeit zu erklären? Welche Ihrer geistigen Fähigkeiten sind zu welchen Zeitpunkten oder in welchen Situationen ‚nützlich‘?

Nach Guttenplan (1994) lassen sich geistige Phänomene nach ihrer Nähe zu bestimmten Schwerpunkten ordnen. Diese zentralen Schwerpunkte sind:

DER BEREICH DER

Erfahrung	Haltung und Bewertung	Handeln

Emotionen (Gefühle, Ärgernisse, Hoffen, Wohlbehagen)

werden von Guttenplan zwar ebenfalls als geistige Phänomene erkannt, jedoch bewusst allen Bereichen gleichermaßen zugeordnet.

Aufgaben

1. *Versuchen Sie, die einzelnen zuvor aufgezählten Phänomene den drei Begriffen zuzuordnen. Was „passt" eindeutig zu einem der Begriffe, wo fällt die Zuordnung schwer?*
2. *Zeichnen Sie auf einem größeren Blatt Papier (DIN A4) die Umrisse eines fiktiven Landes als Landkarte. Orten Sie dort an drei verschiedenen, auseinander liegenden Punkten die Begriffe „Erfahrung", „Haltung/Bewertung" und „Handeln" wie drei große Städte.*
   - *Zeichnen Sie nun zusammen mit Ihrer Nachbarin alle zuvor aufgezählten geistigen Phänomene in Ihre Landkarte ein. Sie können dabei die Phänomene als weitere Groß- oder Kleinstädte, als Landschaften, Flüsse oder sonstige Verkehrswege eintragen. Lassen Sie sich ausreichend Zeit für diese Aufgabe.*
   - *Stellen Sie Ihre Landkarte an der Tafel oder auf dem Tageslichtprojektor vor.*
   - *Vergleichen Sie ihre Landkarte mit den Landkarten anderer. Wo zeigen sich Ähnlichkeiten? Diskutieren Sie Unterschiede.*

Sie haben nun alle aufgezählten geistigen Phänomene auf eine ‚Landkarte' als Orte, Flüsse, Landschaften oder vielleicht Verkehrswege eingetragen. Vergleichen Sie ihre Zeichnung mit einigen Zuordnungen von Guttenplan (1994):

Geistige Phänomene, die in der Nähe von *Erfahrungen* positioniert werden, sind vor allem
- Wachheit, Bewusstsein, Kenntnisse

Eher dem Bereich der *Haltung* oder *Bewertung* werden zugeordnet
- Wünsche, Überzeugungen, Vorstellungen

Geistige Erscheinungen, die sich auf *Handlungen* richten sind
- Wählen, Wollen, Entscheiden

Die ‚Landkarte des Geistes' lässt sich gut verwenden, um einen geistig behinderten Menschen und seine einmaligen Eigenheiten zu veranschaulichen. So könnte man behaupten, dass eine geistige Behinderung vorliegt, wenn besondere Unzulänglichkeiten, Schwächen oder Ausfälle, die z. B. im Bereich der Handlungen liegen, erkennbar sind. Im ungünstigsten Fall sind die entsprechenden Fähigkeiten kaum erkennbar. Man könnte auch sagen: Teile der Landkarte sind noch nicht bekannt, noch „unerforscht" oder sie scheinen einfach zu fehlen. Es wäre sogar denkbar, dass einige Teile der Landkarte bei einem lt. Medizinischer Diagnose einwandfrei geistig behinderten Menschen überdurchschnittlich ausgeprägt sind – andere Teile jedoch große Lücken aufweisen (z. B. bei einem Autisten, mit gleichzeitiger Diagnose „geistige Behinderung").

Aufgaben

1. *Zeichnen Sie die Landkarte Ihrer eigenen geistigen Fähigkeiten. Malen Sie Ihre eher stark ausgeprägten Fähigkeiten/Phänomene mit kräftigen Farben, die Bereiche, die Ihnen ein wenig unzulänglich oder unterdurchschnittlich erscheinen, eher mit blassen Farben.*
2. *Wo unterscheidet sich „Ihre" Landkarte von der Ihrer Nachbarin? Was unterscheidet ihre Karte von der eines (Ihnen bekannten?) Menschen mit geistiger Behinderung?*

8.1.3 Materialien und Anregungen

Materialien

- **„Warum fällt es euch so schwer, mich als gleichen Menschen zu achten?"**

Klaus v. Lüpke versucht sich mit den folgenden Gedanken (1993), in die Lebenssituation eines Menschen mit geistiger Behinderung zu versetzen. Einige seiner Ideen:

Warum seht ihr mich als Sondermenschen?
Warum seht ihr mich als geistig Behinderten,
warum denkt ihr mich als geistig Behinderten,
warum macht ihr mich zum geistig Behinderten?
(...)

Wenn mir – zum Beispiel – etwas besonders gut schmeckt und ich meiner Freude über dieses gute Essen deutlich Ausdruck gebe, dann sagt ihr (...): Wie sehr ein geistig Behinderter sich doch übers Essen freuen kann! (...) Wenn ich – zum Beispiel – ein Kunstwerk schaffe, mit leuchtend frohen Farben meine Träume vom Leben zum Ausdruck bringe, dann ist das für euch nicht Ausdruck eines Menschen (...), sondern es ist für euch ein interessantes Beispiel der kreativen Fähigkeiten von geistig Behinderten. (...) Wenn ich – zum Beispiel – endlich eine Freundin gefunden habe, dann zeigt ihr euch gerührt von meiner würdevollen Zärtlichkeit und verwehrt mir als geistig Behinderten zugleich alles Weitere, weil ihr euch einbildet, über mich bestimmen zu müssen.

Aufgaben

1. *Schreiben Sie diese Aufzählung mit weiteren Szenen aus dem Alltag eines geistig behinderten Menschen fort. Erstellen Sie aus den gesammelten Aufsätzen eine Wandzeitung.*
2. *Wie kann sich die Einstellung ändern, damit sie einem geistig behinderten Menschen „gerecht“ oder „korrekt“ erscheinen mag? Stellen Sie in einer Kleingruppe Thesen zusammen.*
3. *Was könnte dagegen sprechen, es einem geistig Behinderten stets „recht“ zu machen?*

Das sich selbst denkende Denken – Anmerkungen zur Wissenschaft des Geistes

Es ist nicht einfach, den Sinn und Zweck des geläufigen Begriffs der geistigen Behinderung zu finden. Schon die Bedeutung von ‚Geist‘ ist unklar. Zwar widmen sich dem ‚Geist‘ eine Vielzahl von Wissenschaften, dennoch scheint eine Definition schwierig. Aristoteles (384–322 v. Chr.) nannte den Geist „das sich selbst denkende Denken“. Der deutsche Philosoph Hegel (1770–1831) unterschied den absoluten, den objektiven und den subjektiven Geist. Geistiges Vermögen waren für ihn „Anschauung (Erfassung eines Gegenstands in seiner Totalität), Vorstellung, Denken und Wollen“. Deutlich werde dies zum Beispiel in der Fähigkeit zur „Idealität, d. h. die Fähigkeit zur Aufhebung der Realität in die Innerlichkeit (Abstraktion)“. Der Philosoph und Soziologe Scheler (1874–1928) beschreibt das Geistige als das Wesen des Menschen, gekennzeichnet durch „seine existenzielle Entbundenheit vom Organischen, d. h. der Mensch ist nicht mehr trieb- und umweltgebunden, sondern weltoffen“ (vgl. Red. Für Philosophie des Bibliographischen Instituts, 1987, S. 156).

Aufgaben

1. *Geist – was ist das für Sie?*
2. *Was könnte mit „das sich selbst denkende Denken“ gemeint sein?*
3. *Beschreiben Sie den Begriff „Abstraktion“ mit Ihren eigenen Worten.*
   - *Wie können wir heute Schelers Bezeichnung „weltoffen“ verstehen?*
   - *Der Mensch sei nicht nur „trieb- und umweltgebunden“. Was könnte das bedeuten? Gilt diese Meinung Ihres Erachtens auch für geistig behinderte Menschen? Auch für schwerst- und mehrfachbehinderte Menschen? Begründen Sie Ihre Meinung in einer kleinen Gruppe.*
   - *Können Menschen dies alles („Denken denken“, abstrahieren, weltoffen sein) von Geburt an, muss es gelernt werden oder kann man sich verweigern oder daran gehindert werden? Sprechen Sie in einer kleinen Gruppe darüber.*

Geistige Behinderung in Selbsterfahrung?

Wer z. B. aufgrund eines komplizierten Beinbruchs einige Wochen auf einen Rollstuhl angewiesen ist oder wer für einige Tage auf seine starke Brille verzichten muss, der weiß, was es bedeutet kurzzeitig körper- oder sehbehindert zu sein. Wie aber kann man in die Rolle eines geistig Behinderten schlüpfen und eine Ahnung von deren Erleben bekommen? Vielleicht gelingen Annäherungen durch Hineinversetzen in die folgenden Situationen:

Da sitze ich hier im falschen Vortrag. Und ich verstehe überhaupt nichts. Kein einziges Wort von diesem „Fachchinesisch“ sagt mir was. Irgendwie habe ich mir das alles ganz anders vorgestellt. Wo bin ich hier eigentlich gelandet? Einfach aufstehen und gehen? Nein, das wäre peinlich. Also Zuhören vortäuschen, nichts verstehen und warten, bis alles vorbei ist.

Den neuen Videorecorder muss ich noch programmieren. Wo ist denn nur diese Bedienungsanleitung? Egal. Geht bestimmt auch ohne ...

Aufgaben

1. *Wie könnte man sich in einer der geschilderten Situationen fühlen? Welche Vergleiche zum situativen Erleben geistig behinderter Menschen lassen sich anstellen? Wo endet die Vergleichbarkeit? Warum ist man auch in einer der genannten Situationen kein geistig behinderter Mensch?*
2. *Welche Situationen fallen Ihnen noch ein, in denen man sich „ein klein wenig geistig behindert“ fühlen könnte?*

Literatur

Fachliteratur

Greving, H./Gröschke, D. (Hrsg.): *Geistige Behinderung – Reflexionen zu einem Phantom.* Bad Heilbrunn, 2000, 226 Seiten
Lesern empfohlen, die vor Mühevollem nicht zurückschrecken! In diesem Reader sind ca. ein Dutzend Beiträge von zeitgenössischen pädagogischen Fachleuten zum Thema versammelt. Aus verschiedenen Blickwinkeln und mit wissenschaftlichem Anspruch wird der Begriff der Geistigen Behinderung problematisiert. Hervorzuheben sind die kritischen Beiträge von Emil E. Kobi, Georg Feuser und Peter Rödler, auch der philosophische Exkurs von Wolfgang Buschlinger beeindruckt. Dass manche Autoren konträrer Meinung sind, macht dieses Buch nicht widersprüchlich, sondern regt zur eigenen Meinungsbildung an.

Speck, O.: Menschen mit geistiger Behinderung und ihre Erziehung: Ein heilpädagogisches Lehrbuch. München/Basel, 1993, 372 Seiten
Ein Standardwerk. Seit ca. 20 Jahren wird dieses Thema vom sehr renommierten Autor immer wieder aktualisiert. Zwar wird es vom Verlag als praktisch dienende Hilfe für alle Berufsgruppen, die im Bereich der pädagogischen Förderung von Menschen mit einer geistigen Behinderung stehen, beworben, dennoch ist es in erster Linie ein Kompendium mit wissenschaftstheoretischem Anspruch.

8.2 Das Down-Syndrom

8.2.1 Theoretische Zusammenhänge

● Ursachen und Häufigkeit

Viele genetische Besonderheiten, darunter sicherlich auch das Down-Syndrom, gibt es schon seit es Menschen gibt. Die genaue Beschreibung, und damit auch die Benennung als Syndrom, geht auf eine 1866 veröffentlichte Arbeit der Mediziners und Anstaltsleiters John Langdon Down (1828-1896) zurück.

„Seine besondere Leistung war es, die körperlichen Besonderheiten klar erkannt und sie als abgrenzbare Einheit (Syndrom) beschrieben zu haben. (...) Wegen des leicht asiatischen Aussehens prägte er den Begriff ‚Mongolismus' und nannte den Zustand unzutreffenderweise ‚mongolische Idiotie'. Heute wissen wir, dass diese rassische Folgerung falsch war."

(Pueschel, S. 36 f.)

1959 entdeckten französische Forscher bei Kindern mit Down-Syndrom ein zusätzliches kleines Chromosom. Statt der üblichen 46, wurden in jeder Zelle 47 Chromosomen gezählt. Jenes mit der Nr. 21 war dreimal, statt, wie üblich, zweimal vorhanden. Daher die Bezeichnung „Trisomie 21". Dieses zusätzliche Chromosom ist gewöhnlich schon vor der Befruchtung entweder in der Ei- oder Samenzelle vorhanden.

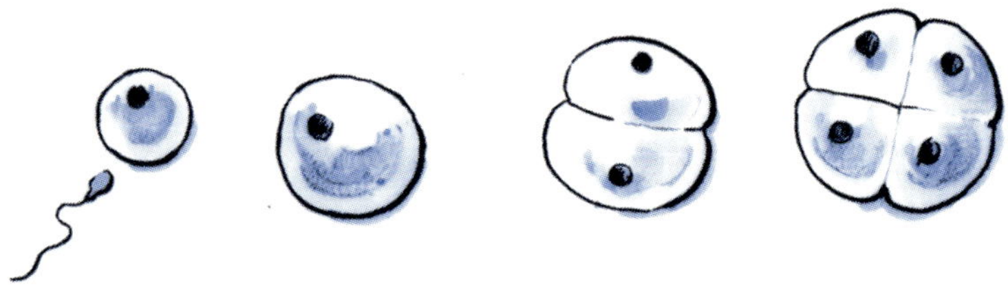

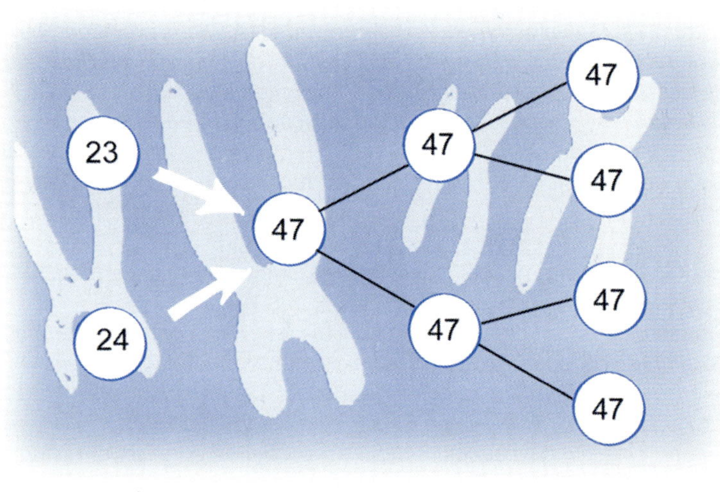

Es wurde nachgewiesen, dass bei 3 bis 4 % aller Menschen mit Down-Syndrom auch andere chromosomale Störungen als Ursache in Frage kommen (vgl. Pueschel, 1995, S. 42 ff.). Bekannt ist ferner, dass mit zunehmendem Alter der Mutter das Risiko wächst, ein Kind mit Down-Syndrom zur Welt zu bringen. So ist z. B. bei einer 35-jährigen Mutter die Wahrscheinlichkeit 1 : 200 bis 300, ein Kind mit Down-Syndrom zu bekommen. Das Risiko verdoppelt sich alle 30 Monate nach dem 35. Geburtstag der Mutter. Auch ein geringer Einfluss des Alters beim Vater ist nachgewiesen, wenn der Vater 45 Jahre oder älter ist. Das sog. Wiederholungsrisiko noch ein Geschwisterkind mit Down-Syndrom zu bekommen, wird mit etwa 1 % angegeben (vgl. Pueschel, 1995, S. 48 ff.).

„Ist ein Mensch mit Down-Syndrom fortpflanzungsfähig, gibt es bei jeder Schwangerschaft eine Chance von 50 Prozent, dass beim Kind ein Down-Syndrom entsteht."

(Pueschel, 1995, S. 50)

Fragen

1. *Im Rahmen der genetischen Beratung und der Pränatalen Diagnostik gibt es mittlerweile viele Untersuchungsmöglichkeiten. Informieren Sie sich über die geläufigsten. Was wird gemacht? Welche Ergebnisse können den Nachfragenden gegeben werden? Bestehen bei den Untersuchungsmethoden Risiken?*
2. *Warum lehnen viele Paare eine genetische Beratung kategorisch ab? Stellen Sie Vermutungen dazu auf?*
3. *Welche Meinung haben Sie zum Themenkomplex „genetische Beratung"?*

8.2.2 Praktische Umsetzung

Körperliche Veränderungen

„Das Aussehen und die Lebensfunktionen eines Menschen werden in erster Linie durch seine Gene bestimmt; dementsprechend sind auch die körperlichen Merkmale eines Kindes mit Down-Syndrom durch seine Gene geformt. (...) Weil alle Kinder mit Down-Syndrom dieses zusätzliche Chromosom Nr. 21 in ihren Zellen haben, beeinflusst es bei allen den Körperbau in gleicher Art und Weise. Deshalb sehen sich Kinder mit Down-Syndrom mehr oder weniger ähnlich"

(Pueschel 1995, S. 59).

Angeborene Anomalien

- 40 % kommen mit einem Herzfehler zur Welt
- Etwa 3 % haben einen angeborenen grauen Star
- Bei 2 % gibt es Veränderungen der Verdauungsorgane (Speiseröhre, Magen, Magenausgang, Zwölffingerdarm, Darmwände, After u. a.)

Spätere körperliche Veränderungen aufgrund des Down-Syndroms

- Ohreninfektionen sind ein häufiges Problem
- Zahnfleischkrankheiten (z. B. Parodontose) treten gehäuft auf
- Sehbehinderung
  - 50 % der Kinder mit Down-Syndrom sind kurzsichtig
  - weitere 20 % weitsichtig
  - viele schielen
- Hörbehinderung
  - 60 bis 80 % sind leicht bis mittelgradig schwerhörig
- Schilddrüsenunterfunktion bei 20 % (eher in höherem Alter)
- Häufig Probleme mit Knochen, Gelenken und Bändern
- Alzheimer-Krankheit (Schätzungen zufolge ist bei 15 bis 25 % damit zu rechnen)

(nach Pueschel 1995, S. 59–73)

Aufgabe

Welche Schlüsse ziehen Sie aus diesen Informationen, wenn Ihre spätere Heilerziehungspflegerische Begleitung von Menschen mit Down-Syndrom verantwortlich und gut sein soll? Welche Arbeitsaufträge lassen sich daraus ableiten?

● Gesundheitliche Vorsorge – eine erzieherische Aufgabe

Menschen mit geistiger Behinderung stehen uneingeschränkt alle Möglichkeiten der gesetzlich geregelten Gesundheitsvorsorge zur Verfügung. Es zählt zu den Aufgaben betreuender Heilerziehungspfleger, diese Möglichkeiten umzusetzen. Fachärztliche Routineuntersuchungen sollten demnach auch für Erwachsene mit Down-Syndrom Normalität sein (vgl. Storm 1995, 1997, und Krebs/Neuhäuser 1999):

- Allgemeinärztliche Untersuchung
- Neurologische Untersuchung
- Kardiologische (das Herz betreffende) Untersuchung
- Hals-Nasen-Ohren-Untersuchung
- Augenärztliche Untersuchung
- Zahnärztliche Untersuchung (zweimal jährlich)
- Orthopädische Untersuchung

Zur Vorsorge gehören auch:

- Krebsvorsorgeuntersuchung
- Impfungen (nach ärztlicher Genehmigung, da evtl. mit Risiken verbunden)
- Stoffwechselprobleme (z. B. Diabetes) nicht verkennen
- Anfallsleiden nicht übersehen

Aufgabe

Stellen Sie sich vor, Sie sind Mitarbeiter in einer Wohngruppe für geistig behinderte Erwachsene. Sie sollen ein neues Formblatt „Gesundheitliche Vorsorge" für das Dokumentationssystem erstellen. In Zukunft sollen Mitarbeiter diesem Blatt alle relevanten Daten, Maßnahmen usw. entnehmen können. Wie sieht das Formblatt aus? Was muss wann und wo und von wem eingetragen werden? Vergleichen Sie Ihre Formblätter im Klassenverband.

Meilensteine der Entwicklung

Bewegungsentwicklung

Meilensteine der Entwicklung

	Kinder mit Down-Syndrom		„Normale Kinder"	
	Durchschnitt (Monate)	Zeitspanne (Monate)	Durchschnitt (Monate)	Zeitspanne (Monate)
Lächeln	2	$1\frac{1}{2}$ – 3	1	$\frac{1}{2}$ – 3
Umdrehen	6	2 – 12	5	2 – 10
Sitzen	9	6 – 18	7	5 – 9
Robben	11	7 – 21	8	6 – 11
Krabbeln	13	8 – 25	10	7 – 13
Stehen	10	10 – 32	11	8 – 16
Gehen	20	12 – 45	13	8 – 18
Worte sprechen	14	9 – 30	10	6 – 14
Sätze sprechen	24	18 – 46	21	14 – 32

(nach Pueschel, 1995, S. 78 ff.)

Fertigkeiten zur Selbstversorgung

Fertigkeiten zur Selbstversorgung

	Kinder mit Down-Syndrom		„Normale Kinder"	
	Durchschnitt (Monate)	Zeitspanne (Monate)	Durchschnitt (Monate)	Zeitspanne (Monate)
Essen				
mit den Fingern	12	8 – 28	8	6 – 16
mit Löffel/Gabel	20	12 – 40	13	8 – 20
Sauberwerden				
Blasenkontrolle	48	20 – 95	32	18 – 60
Stuhlkontrolle	42	28 – 90	29	16 – 48
Kleidung				
ausziehen	40	29 – 72	32	22 – 42
anziehen	58	38 – 98	47	34 – 58

(Pueschel, 1995, S. 83)

Geistige Fähigkeiten

Die geistigen Fähigkeiten von Menschen mit Down-Syndrom wurden früher immer unterschätzt. Die meisten Menschen mit Down-Syndrom haben eine leichte bis mittelschwere geistige Behinderung.

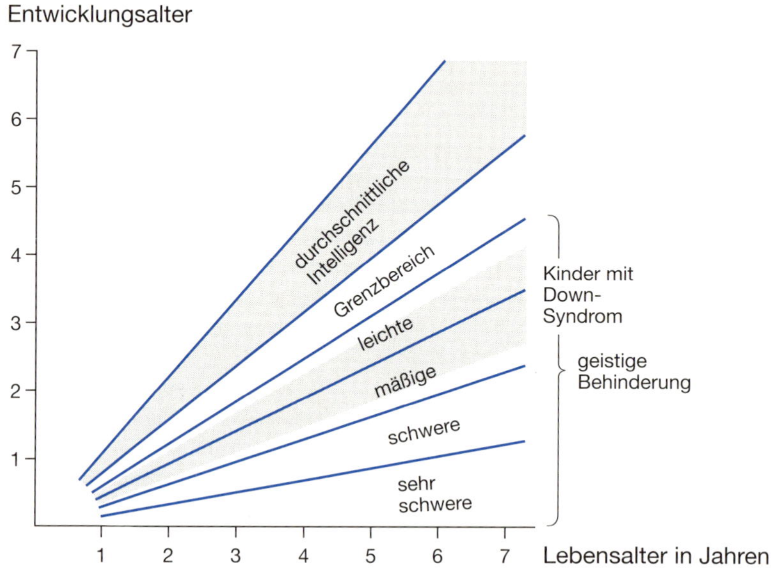

Die graue Fläche entspricht Kindern mit durchschnittlichen geistigen Fähigkeiten. Kinder unterhalb der Grenzlinie bezeichnet man als lernbehindert bzw. geistig behindert. Die Fähigkeiten der meisten Kinder mit Down-Syndrom liegen im Bereich leichter bis mäßiger geistiger Behinderung (schraffiert)

(Pueschel, 1995, S. 84)

Wachstum

Kinder mit Down-Syndrom wachsen langsamer und werden nicht sehr groß. Dennoch darf erwartet werden, dass ein Kind großer Eltern auch größer als andere Kinder mit Down-Syndrom wird. *„Im allgemeinen werden männliche Erwachsene mit Down-Syndrom zwischen 147 und 162 cm, die Größe erwachsener Frauen liegt zwischen 135 und 155 cm“ (Pueschel, 1995, S. 79).*

Aufgabe

Interpretieren Sie die Ergebnisse. Inwiefern beeinflussen die Erkenntnisse die Betreuung eines geistig behinderten Menschen? Stellen Sie Thesen auf. Leiten Sie aus diesen Thesen Arbeitsaufträge für die Betreuung a) in einem Kindergarten oder b) in einem Wohnheim für geistig behinderte Kinder und Jugendliche ab.

8.2.3 Anregungen und Materialien

● **Eine zweibändige Textsammlung:**

Literatur

Möckel, A.-Adam, H.-Adam, G. (Hrsg.): Quellen zur Erziehung von Kindern mit geistiger Behinderung, Band 1 (19. Jahrhundert) und Band 2 (20. Jahrhundert). Würzburg 1997, 354 Seiten und Würzburg 1998, 350 Seiten
Zwei Grundlagenwerke für jede Fachbibliothek. Die drei Autoren bieten eine beeindruckende Sammlung wichtiger Zeitdokumente. Folgende Aufsätze sind hervorzuheben: „Die Familie Kalikak" von 1912, „Die Freigabe der Vernichtung lebensunwerten Lebens" 1920, „Das Gesetz zur Verhütung erbkranken Nachwuchses" 1933, die „Predigten" von Bischof Clemens August Graf von Galen in Münster/Westf., 1941 u. a. m.

● **Zwei praxisnahe Fachbücher:**

Literatur

Pueschel, S. (Hrsg.): *Down-Syndrom – Für eine bessere Zukunft.* Stuttgart 1995. 210 Seiten, s/w illustriert.
Der Herausgeber, Professor für Pädiatrie und selbst Vater eines Jungen mit Down-Syndrom, hat mit diesem Buch ein Grundlagenwerk geschaffen. In verständlicher Form werden wissenschaftliche Erkenntnisse mit Erfahrungen der Autoren (vier von ihnen sind Eltern von Kindern mit Down-Syndrom) zusammengestellt. Das Buch bietet Heilerziehungspflegern, die Kinder, Jugendliche oder Erwachsene mit Down-Syndrom betreuen, wertvolle Tipps und fundierte Anregungen zur Begleitung und Förderung (Bewegung, Sensomotorik, Spiel, Kommunikation u. a.). Medizinische Fragen (Ursachen, besondere körperliche Merkmale, Behandlungsansätze) werden ebenso behandelt wie Aspekte zur Lebensorganisation (Frühförderung, Kindergarten, Schule, Berufsleben, Integration u. a.). Falls das Buch über den Handel nicht mehr zu bekommen ist, könnte eine Anfrage bei der Bundesvereinigung Lebenshilfe nützen (Tel.: 06421/491-0).

Wilken, E. (Hrsg.): *Neue Perspektiven für Menschen mit Down-Syndrom.* Erlangen (Selbstverlag), 1997, 262 Seiten, s/w illustriert
Frau Prof. Dr. Wilken hat bereits 1971 angefangen, sich für die Belange von Menschen mit Down-Syndrom einzusetzen. Zunächst als Schulleiterin einer Sonderschule, später bei der Gründung von Elterninitiativen und Selbsthilfegruppen, und stets begleitend in der wissenschaftlichen Forschung. So werden Gebärdensprache, Lesenlernen zur Sprachanbahnung, Integration im Kindergarten, verschiedene Therapiekonzepte (Homöopathie, Bobath-Konzept, Psychomotorik u. a.), Sexualerziehung, Pflegeversicherung, Familienentlastende Dienste und viele andere Themen behandelt. Die Berichte sind verständlich und angenehm lesbar geschrieben. Nähere Informationen zum Buch bei Selbsthilfegruppe für Menschen mit Down-Syndrom und ihre Freunde e. V. Erlangen, Hirschenau 10, 90607 Rückersdorf.

● **Ein Buch von einem Autor mit Down-Syndrom:**

Literatur

Paulmichl, G.: Vom Augenmaß überwältigt: Briefe, Glossen und Bilder. Innsbruck 2001, 94 Seiten, farbig illustriert, 29,80 DM
Seit 1987 werden von Georg Paulmichl Texte und Bilder in eigenen Bänden veröffentlich. Der 1960 geborene Österreicher lebt in Prad im oberen Virschgau und arbeitet dort seit langem in einer WfB. Das an dieser Stelle empfohlene Buch kann über den Buchhandel oder über den Vertrieb der Bundesvereinigung Lebenshilfe e. V. (06421) 491-0 bestellt werden.

8.3 Die Bundesvereinigung Lebenshilfe für geistig Behinderte

8.3.1 Theoretische Zusammenhänge

[...] Die Bundesvereinigung ist eine Reaktion auf die Verbrechen des Nationalsozialismus an Kranken und Behinderten. Die Bundesrepublik fand dank der Bundesvereinigung Lebenshilfe e. V. Anschluss an den Standard in der Erziehung geistig behinderter Kinder und Jugendlicher im westlichen Ausland und in den nordischen Ländern. Besondere Verdienste erwarb sich die Lebenshilfe um die Verbesserung der Einstellung zu geistig Behinderten in der Bevölkerung. Der Einstellungswandel ist zwar noch nicht befriedigend abgeschlossen, hat sich aber, gemessen an den Verheerungen des NS-Staates im Bewusstsein weiter Bevölkerungsteile, erheblich zum Besseren hin verändert.
[...]

Einladungsschreiben zur ersten Versammlung Marburg/Lahn, 13.11.1958

Betr.: Vorbereitende Besprechung zur Gründung einer deutschen Vereinigung von Eltern und Freunden geistig Behinderter.
Am 23. November, 13.30 Uhr, findet in der Erziehungsberatungsstelle in Marburg/Lahn eine Aussprache über die Möglichkeit der Gründung eines deutschen nationalen Vereins von Eltern und Freunden geistig Behinderter, sowie über Ziel und Zweck eines solchen Vereins statt.
Zu dieser Besprechung sind *Sie herzlichst eingeladen.*
Vereinigungen dieser Art bestehen bereits in vielen Ländern. Die größte und bis jetzt erfolgreichste unter ihnen ist die „National Association for Retarded Children" in den USA, deren Programm aus den folgenden Punkten besteht:

1. Förderung des allgemeinen Wohls geistig Behinderter aller Altersstufen: zu Hause, in der Gemeinschaft, in Anstalten, sowie in öffentlichen und privaten Schulen.
2. Stimulierung und Unterstützung von Studium, Forschung und therapeutischen Maßnahmen, die eine Besserung oder Vorbeugung der Geistesschwäche ins Auge fassen.
3. Verbreitung eines besseren Verständnisses für die Probleme der Geistesschwäche in der Gesellschaft und das Zusammenarbeiten mit allen öffentlichen, privaten und konfessionellen Organisationen, auf internationalem,

Bundes-, Landes- und kommunalem Niveau, sowie mit den Gesundheits- und Erziehungsbehörden.
4. Förderung der Ausbildung von Personal, wirksam auf dem Gebiete der Geistesschwäche.
5. Stimulierung der Bildung von Eltern-Abteilungen, Beratung und Hilfe von Eltern bei der Lösung ihrer Probleme und die Koordinierung der Tätigkeit und Bemühungen dieser Abteilungen.
6. Förderung einer wirksameren Gesetzgebung zu Gunsten der geistig Behinderten.
7. Sammeln und Verbreiten jeglichen Informationsmaterials über geistig Behinderte und das Fördern aller Maßnahmen, die zu ihrer Rehabilitierung beitragen können.
8. Werben und Empfangen von Geldern für die Durchführung der oben erwähnten Ziele.

aus Möckel u.a. (Hg.) 1999

Aufgaben

1. *Wo gibt es in Ihrer Nähe Ortsvereine der Lebenshilfe? Was sind deren Aufgaben?*
2. *Wie viele Ortsvereine mit wie vielen Mitgliedern gibt es bundesweit?*
3. *Welche Bedeutung hat die Lebenshilfe in den Bundesländer der ehemaligen DDR?*
4. *Von wie vielen Einrichtungen der Behindertenhilfe ist die Lebenshilfe Träger? Wie viele Menschen werden dort von wie vielen Menschen betreut?*

8.3.2 Praktische Umsetzung

Hoffnung und Aufbruch

„Hier tut sich eine Tür auf aus sehr dunkler Vergangenheit in eine hellere Zukunft. Ein Weg zeichnet sich ab, den wir Eltern mit unserm Kind gehen müssen, damit sein Leben menschenwürdiger wird."

(Bundesvereinigung Lebenshilfe, 1983, S. 5) Mit diesen Sätzen beschrieb 1958 eine Mutter aus Bremen, was die Gründung der Lebenshilfe für sie und für viele Eltern in der noch jungen Bundesrepublik bedeutet hat. Das Wort „Lebenshilfe" klang damals hoffnungsvoll und sollte Eltern Mut machen. Die Erinnerungen an die systematischen Ermordungen während der Herrschaft des Nationalsozialismus waren noch ganz nah und prägend. Viele der Menschen mit geistiger Behinderung konnten nur dank des Mutes ihrer Familien oder der Mitarbeiter in Anstalten und Heimen die so genannten Euthanasieaktionen überleben. Wer nicht rechtzeitig versteckt werden konnte, musste stets damit rechnen, als „lebensunwerter Schwachsinniger" ins KZ abtransportiert zu werden. Stellvertretend für viele Dokumente der damaligen Zeit hier ein Ausschnitt aus den Aufzeichnungen der verzweifelten Diakonisse Hilma Zerche, die 1944 schrieb: *„Im Juni 1944 durfte ich noch einmal sechs meiner Kinder, die noch lebten, in Großschweidnitz wiedersehen. Ich durfte ihnen vom guten Hirten erzählen, der immer bei ihnen ist. Als ich dann Abschied von ihnen nahm, sagte meine Ursel: ‚Tante Hilma, wir haben nur so große Angst, dass es mit uns auch so gemacht wird, wie mit den anderen Kindern. Sie bekommen erst im-*

mer Pulver in das Essen, wenn sie dann nicht mehr essen, eine Spritze und dann sind sie tot." (Trogisch, 1993, S. 29)

Nach dem Krieg wurden natürlich auch wieder Kinder mit geistigen Schädigungen geboren, doch niemand wusste, wie man den Familien helfen konnte. Manche Ärzte gaben den Rat, das Kind möglichst früh, am besten noch als Säugling, in ein Heim zu geben. *„Wer sein schwachsinniges Kind dennoch zu Hause behielt, lebte in ständigen Ängsten. Vorurteile, abergläubische Furcht, irrationale Abwehr und gedankenlose Überheblichkeit bestimmten das Verhalten der Umwelt, wirkten bis in die betroffenen Familie hinein. Eltern und Geschwister schämten sich, sie fühlten sich schuldig und manche versteckten das Kind im Haus, sprachen nicht über seine Behinderung, wagten sich nur am Abend, wenn es schon dunkel war, mit ihm ins Freie. (...) Das Alleingelassensein war das Schlimmste in jenen Jahren – und das Gefühl, ausgestoßen zu sein aus der Gemeinschaft der ‚normalen' Menschen. (...) Doch mit der Zeit mischten sich in diese Haltung des passiven Hinnehmens Gefühle der Auflehnung."* (Bundesvereinigung Lebenshilfe 1983, S. 7) Eltern stießen hin und wieder auf Schicksalsgefährten. An wenigen Orten richteten Lehrer an den damaligen Hilfsschulen so genannte „Lehrwerkstätten" für diese Kinder ein. Einige Interessierte informierten sich im Ausland. Das, was vor allem in Holland, England und in den Vereinigten Staaten für geistig Behinderte getan wurde, insbesondere auch in Elternvereinigungen, beeindruckte Fachleute und Betroffene gleichermaßen. Tom Mutters, der mit seinem 1958 veröffentlichten Aufsatz „Das geistig behinderte Kind in der heutigen Gesellschaft" (in der Zeitschrift „Unsere Jugend", Mai 1958) einer der Pioniere der Bewegung wurde, setzte häufig einen Satz von Voltaire zu Anfang seiner ersten Reden und Veröffentlichungen:
„Es gibt ein Ding, stärker als alle Armeen der Welt,
und das ist eine Idee, für welche die Zeit gekommen ist."

Am 25. November 1958 kam es zur Gründungsversammlung der „Lebenshilfe für das geistig behinderte Kind", die ab diesem Datum bundesweit agierte. Der Verein stand vor gigantisch anmutenden Zielen und Aufgaben:

- die Reform schulischer Pädagogik für geistig Behinderte
- Schaffung von Beschützenden Werkstätten für Erwachsene
- Schaffung von Heilpädagogischen Kindergeräten
- intensive Öffentlichkeitsarbeit
- Gründung möglichst vieler Orts- oder Kreisvereinigungen
- Sozialpolitischer Einfluss auf allen Ebenen
- Die damals geläufige Bezeichnung „Schwachsinnige" soll überall durch „Geistig Behinderte" ersetzt werden.

Dazu heißt es von einer engagierten Mutter: *„Wer ahnt heute noch, welch ein Mut dazu gehörte, mit einem ersten eigenen Kindergarten für geistig behinderte Kinder zu beginnen? Wie mühsam es war, eine Tagesstätte einzurichten, Mitarbeiter dafür zu finden – und zu bezahlen – und vorher überhaupt die Kin-*

der aufzuspüren, die diese Einrichtung dann besuchen sollten! (...) Die Zeit des Aufbruchs war schwer: Alles war noch offen; so viel war noch zu gestalten, ohne dass man die Grenzen kannte. (...) Wir erlebten, wie unsere Kinder aufblühten, wie sie sich neue Lernfelder eroberten, wie sie Fähigkeiten entwickelten, die ihnen niemand zugetraut hatte. Und wir erzählten überall von diesen Erfahrungen, wir räumten damit Widerstände aus dem Weg und überzeugten viele Zweifler." (in Bundesvereinigung Lebenshilfe, 1983, S. 15 f.)

Die Mitgliederzahl der Lebenshilfe wuchs. Bei der Gründung im Jahre 1958 waren es noch 15 Personen. Bereits einige Jahre später zählte man mehr als 30.000 Mitglieder. Im Jahr 2000 waren mehr als 130.000 Menschen, zumeist Eltern geistig behinderter Kinder, in 532 Ortsvereinen aktiv. 25.000 hauptamtliche und ca. 20.000 ehrenamtliche Mitarbeiter stehen zur Betreuung von ca. 150.000 Menschen mit geistiger Behinderung in der Lebenshilfe zur Verfügung.

1962 gab es bundesweit 50 Schulen und Tageseinrichtungen für geistig Behinderte. Zwanzig Jahre später waren es mit 550 elfmal so viel. Im gleichen Zeitraum wuchs die Zahl der Heilpädagogischen Kindergärten von zehn auf 410, Tendenz steigend. So war in 1996 in bereits 329 Kindergärten oder Kinderkrippen die Lebenshilfe Träger oder Mitträger der Einrichtungen. 1962 gab es zehn Werkstätten für Behinderte, 1982 waren es allein in Trägerschaft der Lebenshilfe 342. Die Zahl ist mittlerweile auf rund 500 gestiegen.

1982 lebten ca. 8.100 Erwachsene mit geistiger Behinderung in 328 Wohnheimen der Lebenshilfe. Das macht einen Durchschnitt von 25 Bewohnern pro Wohnstätte. Damit setzte die Lebenshilfe den vielfach mehrere Hundert Plätze großen Anstalten und Großeinrichtungen in kirchlicher oder staatlicher Trägerschaft kleine überschaubare, familien- und gemeindenahe Wohnkonzepte entgegen.
Zur Zeit (im Jahr 2000) ist die Lebenshilfe Träger von ca. 900 Wohnstätten.

Aufgaben

1. *Stellen Sie sich vor, Sie könnten eine der „Gründungsmütter", bzw. einen „Gründungsvater" der Lebenshilfe interviewen. Welche Fragen würden Sie gerne stellen?*
2. *Und welche Fragen würden Sie gerne eine Mutter oder einen Vater eines geistig behinderten Kindes stellen, die es geschafft haben, ihr Kind vor der Ermordung in der Nazi-Diktatur zu retten?*
3. *Was würden Sie von Eltern geistig behinderter Kinder und von den Gründern der Lebenshilfe gerne beigebracht bekommen?*
4. *Manche Betreuer in Wohneinrichtungen finden den Einfluss von Eltern auf ihre Arbeit alles andere als förderlich. Warum wohl? Wie könnte es trotzdem zu einer erträglichen – vielleicht sogar positiven Zusammenarbeit kommen? Stellen Sie einige Ideen zusammen.*
5. *Spielen Sie eine Szene vor, in der ein Konflikt von Betreuern und Eltern Thema ist. Bauen Sie auch Ideen aus der vorherigen Aufgabe ins Spiel ein.*

8.3.3 Materialien und Anregungen

Materialien

● Die Entwicklung der Lebenshilfe im Bundesland Nordrhein-Westfalen

Exemplarisch wird an dieser Stelle die Entwicklung der Lebenshilfe im bewohnerstärksten Bundesland skizziert:

- Sechs Jahre nach Gründung der Bundesvereinigung wird 1964 in NRW die Landesarbeitsgemeinschaft Lebenshilfe (LAG LH) gegründet.
- Erstellung eines „Handbuches“ als Loseblattsammlung mit Informationen zu den Themen „Wie soll ein Kindergarten, eine Sonderschule, ein Wohnheim, eine Werkstatt für geistig Behinderte aussehen?“. Das Handbuch verkaufte sich bundesweit, denn nirgends gab es in Deutschland derartige Tipps zum Thema. Viele der im Handbuch dargestellten Konzeptionen (Finanz- und Personalbedarf, Raumplanung, bauliche Voraussetzungen u. a. m.) machten sich betreffende Behörden in Form von Richtlinien zu Eigen.
- 1966 Schulpflichtgesetz für alle, auch schwerstgeistig behinderte Kinder und Jugendliche in NRW. Der Landesverband gilt als Wegbereiter dieser Regelung und der Gestaltung von Unterrichtszielen.
- 1968: Modellversuch zur „Frühestförderung von geistig behinderten Kleinkindern“. Dadurch konnte den öffentlichen Kostenträgern die Effektivität und Notwendigkeit einer möglichst bald nach der Geburt einsetzenden Förderung behinderter Kinder nachgewiesen werden.
- 1969 wurde in Köln erstmals eine Werkstatt für Behinderte gegründet, deren Hauptaugenmerk nicht mehr auf der wirtschaftlichen Seite lag, sondern Förderung unter heilpädagogisch-therapeutischen Aspekten in den Vordergrund stellte. Im Gegensatz zu den „Beschützenden Werkstätten“ galt das Interesse vor allem der Aufnahme schwerstgeistig und mehrfach behinderter Menschen.
- Seit 1976 gibt es ein „Heilpädagogisches Eingliederungszentrum“. Hauptaufgabe ist es, erheblich verhaltensgestörten geistig Behinderten eine Wiedereingliederung in ein gewünschtes Wohnumfeld zu ermöglichen.
- Erste „Lebenshilfe-Tage“ 1984 in Köln. Bei diesen seitdem regelmäßig stattfindenden Begegnungstagen treffen sich Politiker, Wissenschaftler, Betreuer, Eltern und vor allem geistig Behinderte aus ganz Deutschland. Sie alle nutzen diese Tage zum Gespräch und zur Erfassung neuer Leitideen für die Behindertenarbeit.
- Seit 1992 bietet der Landesverband in einem Institut Fort-, Aus- und Weiterbildung sowohl für behinderte Menschen und ihre Angehörigen als auch für ehrenamtlich und hauptberuflich Tätige an.
- 1993 wurde die „Lebenshilfe Wohnen GmbH“ gegründet. Die zwei Ziele sind: Schaffung von Kurzzeitwohnmöglichkeiten und die Wohneingliederung von geistig Behinderten, die aus Psychiatrien und Landeskrankenhäusern herauswachsen sollen.

- 1996 wurde die Fachschule für Heilerziehungspflege der Lebenshilfe in Hürth gegründet.
- Stand Oktober 1999: 22.000 Mitglieder in 80 Lebenshilfe Ortsvereinen.

(vgl. Lebenshilfe Nordrhein-Westfalen, 1999)

Aufgaben

1. *Erfragen Sie die Entwicklungen bei einem anderen Träger der Behindertenhilfe in Ihrer Umgebung.*
2. *Erfragen Sie die Entwicklungen in einer komplexen Einrichtung in der Nähe.*
3. *Fragen Sie in einer Wohneinrichtung nach, wie sich der Lebensstandard der Bewohner in den letzten Jahrzehnten entwickelt hat.*
4. *Fragen Sie in einer Werkstatt Ihrer Wahl nach, wie sich die Arbeit der Betreuten und die der Betreuer in den letzten Jahrzehnten verändert hat.*

Broschüren

Literatur

Die Bundesvereinigung Lebenshilfe für Menschen mit geistiger Behinderung e. V. (Raiffeisenstr. 18, 35043 Marburg, Tel.: 06421/491-0) hält verschiedene Broschüren für Eltern und andere Interessierte bereit. Auf Anfrage können auch beruflich Interessierte die jeweils aktuellen, aktualisierten und noch vorhandenen Broschüren erhalten.

„Unser Kind mit Down-Syndrom“
Ein Ratgeber von Eltern für Eltern von Kindern mit geistiger Behinderung. Marburg 1998. 48 Seiten, farbig illustriert.

„Lieber Mutter, lieber Vater ...“
Von dieser auflagenstarken Broschüre sind u. U. noch einzelne Restexemplare erhältlich. Auch hier berichten Eltern über die Erfahrungen im Leben mit ihren geistig behinderten Kindern. Marburg 1992. 48 Seiten, s/w illustriert.

„Finanzielle Hilfen“
Die Broschüre liefert erste Hinweise auf mögliche finanzielle Unterstützungen durch das Sozialamt, bei der Krankenkasse, vom Versorgungsamt und anderen Stellen. Es gibt Tipps zu Mitzuschüssen (Wohngeld) oder zur Finanzierung von Sonderbaumaßnahmen beim Wohnungs(um)bau. Diese Broschüre kann auch Heilerziehungspflegerinnen, die im häufigen Kontakt mit Eltern geistig behinderter Kinder stehen, wertvolle Beratungshilfen geben. Marburg 1998.

Grundsatzprogramm der Lebenshilfe
Die Organisation der Lebenshilfe stellt sich als Elternvereinigung, Fachverband, Einrichtungsträger und Interessenvertretung gegenüber Politik und Gesellschaft vor. Hinzu kommen im Kapitel „Leben so normal wie möglich“ elementare Aussagen zu Frühförderung, Integration, Sonderschulwesen, Wohnen, Arbeitsmöglichkeiten, Altwerden und vielen weiteren Bereichen. Marburg, 1991, 66 Seiten, s/w illustriert.

Verwendete Literatur

Literatur

Arbeitsgemeinschaft der Deutschen Hauptfürsorgestellen Karlsruhe (Hrsg.): ABC der Behindertenhilfe, 1998, (Handbuch, aktuelle Ausgabe über den Herausgeber zu beziehen), Ernst-Frey-Straße 9, 76135 Karlsruhe)

Bundesvereinigung Lebenshilfe für geistig Behinderte e. V. (Hrsg.): 25 Jahre – Rückblick, Ausblick. Markburg, 1983 (Broschüre)

Bundesvereinigung Lebenshilfe für geistig Behinderte e. V. (Hrsg.): Wir haben euch etwas zu sagen – Bildnerisches Gestalten mit geistig Behinderten. München 1987 (Ausstellungskatalog)

Bundesvereinigung Lebenshilfe für geistig Behinderte e. V. (Hrsg.): Grundsatzprogramm der Lebenshilfe. Marburg, 1991

Bundesvereinigung Lebenshilfe für geistig Behinderte e. V. (Hrsg.): Liebe Mutter, lieber Vater ... Ein Ratgeber. Marburg 1992 (Broschüre)

Buschlinger, W.: Geistige Behinderung – Phantom oder Faktum? Ein Stück analytischer Philosophie des Geistes. In: Greving, H. / Gröschke, D. (Hrsg.): Geistige Behinderung – Reflexionen zu einem Phantom. Bad Heilbrunn, 2000, 19–31

Christoph, F./Mürner, Chr.: Der Gesundheits-Fetisch, Heidelberg 1990

Deutscher Caritasverband (Hrsg.): Hilfe für Menschen mit geistiger Behinderung – Begründung und Empfehlung. Beiheft 2, in: Unser Standpunkt Nr. 15. Freiburg 1992 (Broschüre)

Feuser, G.: „Geistige Behinderung" im Widerspruch. In: Greving, H. / Gröschke, D. (Hrsg.): Geistige Behinderung – Reflexionen zu einem Phantom. Bad Heilbrunn, 2000, 141–165

Greving, H./Gröschke, D. (Hrsg.): Geistige Behinderung – Reflexionen zu einem Phantom. Bad Heilbrunn, 2000

Guttenplan, S.: An Essay On Mind. In: ders. (Hrsg.): Companion to the Philosophy of Mind. Oxford/Cambridge 1994, 1–107, in Greving, H. / Gröschke, D., Bad Heilbrunn, 2000

Klauß, T.: Ein besonderes Leben – Was Eltern und Pädagogen von Menschen mit geistiger Behinderung wissen sollten. Heidelberg, 1999

Kobi, E. E.: Heilpädagogik als mit im System. Luzern (CH), 1999

Kobi, E. E.: Zur terminologischen Konstruktion und Destruktion Geistiger Behinderung. In: Greving, H./Gröschke, D. (Hrsg.), 2000, 63–78

Krebs, H./Neuhäuser, G.: Medizin und Lebenshilfe. In: Geistige Behinderung 1/1999, 56–67

Lebenshilfe Nordrhein-Westfalen: 35 Jahre Lebenshilfe Landesverband Nordrhein-Westfalen 1964–1999, Hürth, 1999 (Broschüre)

Lüpke, K. v.: Warum fällt es euch so schwer, mich als gleichen Menschen zu achten? In: Zur Orientierung 2/1993, 36 f.

Möckel, A.-Adam, H.-Adam, G.: (Hrsg.): Quellen zur Erziehung von Kindern mit geistiger Behinderung. Band 2: 20. Jahrhundert. Würzburg 1999.

Neuhäuser, G.: Geistige Behinderung aus medizinischer Sicht. In: Greving, H./Gröschke, D. (Hrsg.), Bad Heilbrunn, 2000, 32–39

Paulmichl, P.: Verkürzte Landschaft – Texte und Bilder. Innsbruck (5. Auflage) 1999

Pestalozzi, J. H.: Sämtliche Werke, Bd. 1, Berlin, 1927

Pueschel, S. (Hrsg.): Down-Syndrom – für eine bessere Zukunft. Stuttgart 1995

Redaktion für Philosophie des Bibliographischen Instituts (Hrsg.): Meyers kleines Lexikon Philosophie. Mannheim, 1987

Sandfort, L.: Esmeralda – ich liebe dich nicht mehr. Behinderte emanzipieren sich. Frankfurt, 1993

Speck, O.: Menschen mit geistiger Behinderung und ihre Erziehung. Ein heilpädagogisches Lehrbuch. München, 1993

Storm, W.: Das Down-Syndrom. Medizinische Betreuung vom Kindes- bis zum Erwachsenen alter. Stuttgart 1995

Storm, W., Medizinische Langzeitbetreuung bei Patienten mit Down-Syndrom. In: Wilken, E. (Hrsg.) Erlangen, 1997, 76–79

Trogisch, J.: Wie kam es zu der Vernichtung der Heimbewohner des Katharinenhofes in den Jahren 1940/41? In: Zur Orientierung 4/1993, 28 f.

Wilken, E.: Syndromspezifische Förderbedürfnisse. In: Wilken, E. (Hrsg.) 1997, 14-28

Wilken, E. (Hrsg.): Neue Perspektiven für Menschen mit Down-Syndrom. Dokumentation der Fachtagung. Erlangen, 1997

8.4 Ziele und Perspektiven der Arbeit mit geistig behinderten Menschen

8.4.1 Theoretische Zusammenhänge

● „Von Wohltätigkeit zu Rechten“

Unter diesem Motto (i. O.: „From Charity to Rights“) fand im Jahre 1968 der Vierte Weltkongress der *International League of Societies for the Mentally Handicapped* in Jerusalem statt. Zu dieser internationalen Vereinigung gehörte auch die deutsche Selbsthilfe- und Elternorganisation Bundesvereinigung Lebenshilfe für geistig Behinderte. Auf diesem Kongress wurden die Rechte für Menschen mit geistiger Behinderung deklariert. Modell waren dabei die allgemeinen Menschenrechte. Die 2500 Kongressteilnehmer aus 34 Ländern nahmen die Resolution einstimmig an. Drei Jahre später hat sich die Vollversammlung der Vereinten Nationen in seiner Plenarsitzung am 20.12.71 in Genf voll und ganz hinter diese Erklärung gestellt (siehe Möckel u. a. 1999, S. 194 ff.)

Die Artikel I bis IV der Deklaration der Rechte der geistig Behinderten:

Deklaration der Rechte der geistig Behinderten (1971)

Resolution, beschlossen von der Vollversammlung der Vereinten Nationen (2027. Plenarsitzung am 20. Dezember 1971)

Im Rahmen des Kongresses wurden die Rechte von Menschen mit geistiger Behinderung analog zu den allgemeinen Menschenrechten formuliert und von den Delegierten aus 34 Ländern in Gegenwart von 2500 Kongressteilnehmerinnen und –teilnehmern einstimmig angenommen.

Artikel I
Der geistig Behinderte hat die gleichen Grundrechte wie jeder andere Bürger seines Landes und seines Alters.

Artikel II
Der geistig Behinderte hat ein Recht auf angemessene ärztliche Hilfe und körperliche Behandlung und auf Erziehung, Schulung, Eingliederung und Anleitung, die es ihm ermöglichen, seine Fähigkeiten und Gaben so weit wie möglich zu entwickeln – ohne Berücksichtigung, wie schwer der Grad seiner Behinderung ist. Kein geistig Behinderter sollte von solchen Möglichkeiten wegen der entstehenden Kosten ausgeschlossen werden.

Artikel III
Der geistig Behinderte hat ein Recht auf wirtschaftliche Sicherheit und auf einen angemessenen Lebensstandard. Er hat ein Recht auf produktive Arbeit oder auf eine andere sinnvolle Beschäftigung.

Artikel IV
Der geistig Behinderte hat ein Recht darauf, in seiner eigenen Familie oder bei Pflegeeltern zu leben und in jeder Hinsicht am Leben der Gemeinschaft teilzunehmen. Für Möglichkeiten geeigneter Freizeitbeschäftigung sollte gesorgt werden. Wenn Pflege in einem Heim notwendig wird, sollte die Unterbringung in der näheren Umgebung erfolgen und unter Umständen geschehen, die dem normalen Leben möglichst nahe kommen.

Möckel (Hrsg.): Quellen zur Erziehung von Kindern mit geistiger Behinderung. Bentheim 1999

Aufgaben

1. *Wie ist Ihre Meinung zu diesen Zielaussagen?*
2. *Die Resolution wurde bereits 1968 deklariert. Welche Relevanz besitzen die Aussagen Ihres Erachtens auch heute noch?*
3. *Welchen Einfluss könnte diese Resolution auf Ihre zukünftige Arbeit haben?*
4. *Welche Rechte sehen Sie hierzulande bereits gut umgesetzt? Wo scheint es Schwierigkeiten zu geben? Welche Rechte scheinen bedroht? Welche Rechte scheinen als Zielperspektiven gänzlich aus den Augen verloren?*

8.4.2 Praktische Umsetzung

● Familiäre Belastungen

Die Familie, in der ein Kind mit geistiger Behinderung aufwächst, erlebt besondere Erschwernisse. Diese Belastungen auszuhalten ist ein vorrangiges Ziel des gemeinsamen Lebens. Wenn Eltern geistig Behinderter gefragt werden, so berichten fast alle von besonderen psychischen (96 %) und körperlichen (90 %) Anstrengungen, die aufgrund der Behinderung entstehen. Auf die Frage

„Was wirkt besonders belastend?“

antworteten bei einer Umfrage Eltern geistig behinderter Kinder wie folgt (Klauß 1999, S. 66):

Die Betreuung von Menschen mit geistiger Behinderung umfasst verschiedene Anforderungen, die sich als besondere Belastungen niederschlagen können.

„Was wirkt besonders belastend?“

(Fragebogenauswertung N = 411)	gesamt	stärker behindert	leichter behindert
Verständigungsprobleme	17,0 %	20,2 %	13,6 %
Nachdenken über Behinderung	17,6 %	20,7 %	14,1 %
Wenig Kontakt zu anderen Menschen	24,8 %	23,5 %	26,3 %
Körperpflege	25,0 %	35,7 %	12,6 %
Notwendige Förderung	27,0 %	26,8 %	27,3 %
Schwieriges Verhalten	38,4 %	32,4 %	44,9 %
Beaufsichtigung	40,1 %	44,6 %	35,4 %
Sorge um Zukunft	72,7 %	72,8 %	72,7 %

Vergleich psychischer und körperlicher Belastung (n = 409)	
Psychische Belastung ist höher	46,2 %
Beide Belastungen sich gleich hoch	40,6 %
Körperliche Belastung ist höher	13,1 %

Aus: T. Klauß: Ein besonderes Leben (Heidelberg 1999)

Aufgaben

1. *Deuten Sie die Ergebnisse der Umfrage.*
2. *Welche institutionalisierten Hilfen können Familien unterstützend in Anspruch nehmen? Welche einzelnen Belastungsaspekte könnten dabei verringert werden?*
3. *Was müssen Familien tun bzw. wohin können sie sich wenden, um diese Hilfen zu bekommen? Wer zahlt diese Hilfen?*
4. *Informieren Sie sich: In welchen der zuvor gefundenen Einrichtungen oder Institutionen arbeiten Heilerziehungspflegerinnen? Was sind dort deren Arbeitsaufträge?*

● Lernen

Eine Eigenheit geistig behinderter Menschen ist deren Lernbeeinträchtigung. Daraus folgt die Notwendigkeit, Lernen zu fördern und durch Strukturierung und Systematisierung vereinfacht zu ermöglichen.

„Ziele und Inhalte einer Förderung schließen alle Fähigkeiten ein, die von der Geburt bis ins Erwachsenenalter im Alltag gefordert werden. Im Vordergrund stehen diejenigen der Verselbständigung im persönlichen Bereich zur Bewältigung von Alltagsforderungen“

(Fachverband für Behindertenpädagogik 1993, S. 48).

Die folgenden Leitbemerkungen sollen beachtet werden, damit durch heilerziehungspflegerische Begleitung Lernerfahrungen beim Menschen mit geistiger Behinderung gefördert werden:

- Neigungen erkennen und nutzen
- Motivation beachten
- Lernerfahrungen in realen Situationen ermöglichen und Normalisierung der Lernumgebung
- Komplexe Aufgaben in Teilaufgaben gliedern und zugleich den Gesamtzusammenhang einer Aufgabe stets transparent beachten
- Klare und enge Zielsetzungen statt unbestimmte Intentionen

- Konkrete Hilfestellungen beachten: Unterstützung, Vorgaben, allmähliches Zurücknehmen, angemessene Verstärker, Übung und Wiederholung
- Die regelhafte Entwicklung der Lernmöglichkeiten beachten:
  1. sensomotorisches Lernen
  2. Lernen durch eigenes Handeln
  3. Vorstellungen
  4. Erkennen von Zeichen und Symbolen

Aufgaben

1. *Was versteht man unter „Verselbstständigung im persönlichen Bereich“? Wie werden in diesem Bereich Lernerfahrungen gemacht? Wie haben Sie selbst hier Lernerfahrungen gemacht? Was war dabei sinnvoll und lehrreich, was war eher unvorteilhaft?*
2. *Welche Hilfen bieten Ihnen die eigenen Erfahrungen im beruflichen Umfang mit geistig behinderten Menschen? Leiten Sie aus Ihren speziellen Erfahrungen allgemein gültige Hinweise ab.*
3. *Schriftliche Hausarbeit*

   Betrachten Sie eine relevante Lernsituation (z. B. in der Familie, in einem Kindergarten, in einem Wohnheim) für einen Menschen mit geistiger Behinderung (z. B. aus dem lebenspraktischen Bereich) und strukturieren Sie diese unter Berücksichtigung dieser Merksätze (Schriftliche Hausarbeit). Beachten Sie dabei auch mögliche Schwierigkeiten.

   Welche Ideen zur Behebung oder Umgehung dieser Schwierigkeiten könnten versucht werden?

Heilerzieherische Begleitung – ein Integrationsprozess

Die erzieherische Begleitung eines geistig behinderten Menschen ist kein bloßer Sozialisationsakt, sondern ein personal-sozialer Integrationsprozess. Dabei wird die Integration als komplexer Zustand sinnvoll geordneter Zusammenhänge verstanden. Als Heilerziehungspfleger muss man dies als wichtigen Zweck seines beruflichen Wirkens verstehen. Nach Otto Speck (1993, ab S. 170) hilft es, diese schwierige Aufgabe in Teilbereiche zu gliedern. Der Alltag eines Menschen mit geistiger Behinderung ist gefüllt mit Aufgabenstellungen, denen der Betreute sich stellen muss. Mal genügen seine Erfahrungen oder Ideen um Alltagsgeschehen zu bewältigen. Häufig aber benötigt er helfende Unterstützung. Um sich dieser Aufgabe bewusst zu werden, bietet Speck eine vierteilige Zuordnungsmöglichkeit pädagogisch relevanter Teilziele an:

Haltung
(Wertorientierung, Wertstabilisierung)

Fertigkeiten
(Motorik, Sensorik, Lebenspraxis)

Orientierung
(Information, Kommunikation)

Zutrauen
(Aktivierung, Motivierung)

1. Erschließen von Lebenszutrauen
   - durch Aktivierung und Motivierung:
     - Sich körperlich wohlfühlen
     - Befriedigung elementarer Bedürfnisse erleben
     - Den Erfolg eigener Aktivitäten erfahren
     - Menschen oder Dinge emotional als wertvoll erfahren
     - Zumutung von Verzicht letztendlich als Bereicherung erleben

Menschliche Entwicklung und Reife sind darauf angewiesen, von anderen Menschen angeregt und in Bewegung gebracht und gehalten zu werden. „Leben will bestätigt sein, um sich entfalten zu können" (Speck 1993, S. 173).

Aufgabe

In welchen realen Situationen könnte ein geistig behinderter Mensch durch Ihre berufliche Betreuung Lebenszutrauen erschließen? Worauf sollte besonders geachtet werden?

2. Ausbilden von Lebensfertigkeiten
   - In den Bereichen der Sensorik, Motorik oder allgemeiner Lebenspraxis, z. B.
     - Sich fortbewegen können
     - Die Fähigkeiten der eigenen Sinne einsetzen
     - Essen und Trinken
     - Mithilfe im Haushalt
     - Außerhäusliche Besorgungen erledigen
     - Pflege des eigenen Körpers
     - Allgemeingültige Umgangsformen beherrschen
     - Spielen
     - Rücksichtnahme und Anerkennung anderer u. v. a.

Gemeint ist die pragmatische Komponente der pädagogischen Aufgabenstellung: Das Erlernen von lebensbedeutsamen Kompetenzen, die für die Alltagsbewältigung und die soziale Integration des Einzelnen von entscheidender Wichtigkeit sind (vgl. Speck 1993, S. 175).

Aufgabe

Führen Sie die Aufzählung um möglichst viele weitere Beispiele und Anregungen weiter. Bringen Sie die Aufzählung in eine Ordnung. Erklären Sie diese Ordnung den anderen. Welche weiteren Ordnungen fallen Ihnen ein?

3. Vermitteln von Lebensorientierung
   - Information und Kommunikation
     Orientierungseinheiten wären z. B.
     - Der eigene Körper
     - Personen der täglichen Umgebung
     - Die Wohnung

- Die Nachbarschaft
- Straße und Verkehr
- Zeitliche Einheiten
- Hobbies, Fähigkeiten und Interessen
- Religiöses Leben
- Mediale Welt

Aufgabe

Welche Beispiele fallen Ihnen zu den einzelnen aufgezählten Begriffen ein? Wo ergeben sich in der heilerzieherischen Begleitung daraus berufliche Aufgaben?

Der geistig behinderte Mensch erkennt und deutet sein eigenes Tun und Lassen. Er tritt in Kommunikation mit anderen, sammelt gute und schlechtere Erfahrungen und versucht, sich in der Welt zurechtzufinden. Ein Ziel heilerzieherischer Begleitung ist es, dem geistig behinderten Menschen zu helfen, seine Grenzen realistisch einzuschätzen, aber zugleich seine vielfältigen Möglichkeiten zu erkennen. „Je deutlicher sich die Umwelt für den geistig behinderten Menschen gliedert, um so erkennbarer wird für ihn sein Verhältnis zur Umwelt und damit auch seine eigene Position" (Speck 1993, S. 179).

4. Bilden von Lebenshaltungen

Lebenshaltungen sind das komplexe Ergebnis aus den vorherigen Anmerkungen. Der Mensch entwickelt seine Gewohnheiten und diese werden zusammen mit seinen Charakterzügen, Eigentümlichkeiten und anderen Persönlichkeitsmerkmalen zum Bestandteil seiner unverwechselbaren Individualität (vgl. Speck 1993, S. 180).

Man kann die Lebenshaltung eines Menschen z. B. erkennen

- in seiner Arbeitshaltung
- in seinen Einstellungen zu anderen
  - Kontaktfreudigkeit, Zurückhaltung
  - Rücksichtnahme, Hilfsbereitschaft
  - Selbstbehauptung
- in seiner Haltung zu Dingen
  - Bereitschaft zu teilen
  - Sorge um das Eigentum
  - Schonung von Gegenständen, sachgerechter Umgang
  - Vorsicht vor Unbekanntem

Aufgabe

Führen Sie diese Aufzählung mit eigenen Ideen weiter fort.

8.4.3 Materialien und Anregungen

Materialien

● **Lärm durch eine Behinderten-Wohngruppe**

Das Oberlandesgericht Köln hat in einem Rechtsstreit eines Nachbarn (Kläger) gegen den Landschaftsverband Rheinland als Träger eines Wohnheims (Beklagte) in Berufungsverhandlung wie folgt entschieden (Aktenzeichen 7 U 83/96):

Urteil des Oberlandesgerichts Köln vom 8. Januar 1998 zum Lärm durch eine Behinderten-Wohngruppe (Auszug) (Aktenzeichen: 7 U 83/96)

[...] **Der Beklagte wird verurteilt, in der Jahreszeit zwischen dem 01. April und dem 31. Oktober durch geeignete Maßnahmen zu verhindern, dass von den auf seinem Grundstück untergebrachten geistig behinderten Personen Lärmeinwirkungen, wie Schreien, Stöhnen, Kreischen und sonstige unartikulierte Laute zu folgenden Tageszeiten auf das Grundstück des Klägers dringen:**
a) An Sonntagen und gesetzlichen Feiertagen ab 12.30 Uhr;
b) mittwochs und samstags ab 15.30 Uhr;
c) an den übrigen Werktagen ab 18.30 Uhr.
Im Übrigen wird die Klage abgewiesen.
Die Kosten des Rechtsstreits beider Instanzen tragen der Kläger zu 2/3, der Beklagte zu 1/3. [...]

Das Urteil hat Anfang 1998 für Aufsehen gesorgt. Dem Zivilsenat des Oberlandesgerichts wurde Behindertenfeindlichkeit vorgeworfen. Doch bei näherer Betrachtung der Entscheidungsgründe scheint dies keineswegs haltbar:

Entscheidungsgründe
Hinsichtlich der Lärmeinwirkungen steht dem Kläger grundsätzlich ein Unterlassungsanspruch gemäß § 1004 I 2 BGB (in Verbindung mit § 906 BGB) zu.
[...]
Grundsätzlich ist damit eine Rechtsentwicklung festzustellen, die es ermöglicht und nahe legt, bei der Beurteilung der Wesentlichkeit im Sinne des § 906 I BGB auch die spezifischen Belange der Behinderten zu berücksichtigen. In diesem Zusammenhang ist der mit Gesetz vom 27. Oktober 1994 in das Grundgesetz eingefügte Artikel 3 III 2 GG („Niemand darf wegen seiner Behinderung benachteiligt werden") zu beachten, der nicht nur dem Staat und seinen Organen ein Diskriminierungsverbot auferlegt, sondern kraft seiner „Ausstrahlungswirkung" auf das Privatrecht auch bei der Auslegung und Anwendung privatrechtlicher Normen nicht unbeachtet bleiben darf (vgl. Jarass/Pieroth, Grundgesetz, Art. 3 Rdn. 83). Im Lichte des Art. 3 III 2 GG („Niemand darf wegen seiner Behinderung benachteiligt werden") muss von dem „verständigen" Durchschnittsmenschen auf dessen Empfinden es maßgebend ankommt, im nachbarschaftlichen Zusammenleben mit behinderten Menschen eine erhöhte Toleranzbereitschaft eingefordert werden. Dies bedeutet aber nicht, dass den Interessen der Behinderten schlechthin der Vorrang vor den berechtigten Belangen ihrer Nachbarn gebührt. Eine schrankenlose Duldungspflicht widerspräche dem nachbarlichen Gebot der Rücksichtnahme und wäre mit der gesetzlichen Regelung des § 906 I BGB nicht in Einklang zu bringen. Das Toleranzgebot muss – spätestens – dort enden, wo die Unzumutbarkeit beginnt. Insoweit gilt auch für den vorliegenden Fall, dass eine umfassende Abwägung zwischen Art und Ausmaß der Beeinträchtigung einerseits und den hinter der Geräuschbelästigung stehenden privaten und öffentlichen Be-

langen andererseits stattzufinden hat, wobei die Grenze der Duldungspflicht überschritten und damit die Wesentlichkeit im Sinne des § 906 I BGB zu bejahen ist, wenn dem Nachbarn die Belästigung „billigerweise nicht mehr zuzumuten ist" (BGHZ 120, 239, 255; vgl. auch BVerwGE 79, 254, 260).

2. Die vom Senat durchgeführte Beweisaufnahme hat ergeben, dass die Geräusche, denen der Kläger vom Grundstück des Beklagten her ausgesetzt ist, die Zumutbarkeitsschwelle überschreiten.
[...]
So empfindet nach Auffassung des Senats nicht nur der „normale" Durchschnittsmensch, der sich leicht von Vorurteilen leiten lässt, sondern auch der „verständige" Bürger (und Nachbar), dessen Haltung gegenüber Behinderten nicht von falschem Wertigkeitsdenken, sondern von Mitmenschlichkeit und Toleranz geprägt ist. Es ist eine Eigenart des menschlichen Gehörs, dass es auf ungewohnte, auffällige Geräusche mit besonderer Aufmerksamkeit und Empfindlichkeit reagiert. Dass die erzwungene Wahrnehmung solcher Geräusche als unangenehm und störend empfunden wird, beruht auf einem weitgehend reflexartigen Verhalten, das auch für einen um Toleranz bemühten „verständigen" Menschen nur begrenzt beherrschbar ist.

3. Der Kläger hat keinen Anspruch darauf, dass die Lärmeinwirkungen in vollem Umfang unterbleiben. Der Beklagte hat sie [...] zeitlich [...] zu beschränken.
[...]
Den Heimbewohnern soll der Aufenthalt im Garten auch in Zukunft grundsätzlich ungehindert möglich sein. Während der angeordneten Ruhezeiten sollen nur die im Urteilstenor näher bezeichneten Störungen unterbleiben. [...] Es genügt, wenn das Personal tätig wird, sobald störende Laute vernehmbar werden. Die Zeitspannen, die das Personal benötigt, um den oder die auffällig gewordenen Heimbewohner zu beruhigen oder ins Haus zu holen, stellen eine nur unwesentliche Beeinträchtigung dar, die der Kläger hinzunehmen hat.
[...]

Aufgaben

1. *Stellen Sie sich vor, sie selbst wären Nachbar eines derartigen Wohnheims. Welche Erfahrungen könnten Sie als Anwohner machen? Was könnten Sie akzeptieren? Wo würde Ihre Toleranz auf eine Probe gestellt? Was würden Sie nicht erleben wollen? Wo erscheint Ihnen der Ärger des Klägers nachvollziehbar?*
2. *Stellen Sie sich vor, sie selbst wären als Mitarbeiter in einer solchen Wohngruppe tätig. Wie könnten Sie sich gegenüber eher toleranten und wie gegenüber untoleranten Nachbarn verhalten?*
3. *Wenn die Freiheit des Einzelnen dort endet, wo die Freiheit des Anderen berührt wird, gilt dies dann sowohl für einsichtsfähige- als auch für nicht-einsichtsfähige Menschen? Welche Meinung haben Sie dazu? Versuchen Sie, Ihre Meinung zu begründen. Welche für Sie beruflich relevanten Ziele ergeben sich aus Ihrer Meinung?*
4. *Toleranz bedeutet Duldsamkeit und Versöhnlichkeit und setzt voraus, dass Menschen einsichtig sind und aufeinander zugehen können. Wie kann dies erreicht werden, wenn ein Mensch sich aufgrund einer starken geistigen Behinderung nicht in die Lage eines Nachbarn hineinversetzen kann? Sammeln Sie dazu perspektivische Ideen und formulieren Sie diese als Zielsetzungen.*
5. *Vergleichen Sie Ihre Antworten zu den vorherigen Fragen mit den Aussagen im Kapitel 8.4.1 („Von Wohltätigkeit zu Rechten"). Was fällt auf?*

Ein Fachbuch

Literatur

Klauß, T., Ein besonderes Leben. Was Eltern und Pädagogen von Menschen mit geistiger Behinderung wissen sollten. Heidelberg 1999. 264 S.

Der sehr erfahrende und renommierte Autor (über 20 Jahre in der Behindertenhilfe tätig; seit 1996 Lehrstuhl für Geistigbehindertenpädagogik an einer Hochschule) bietet eine Fülle von Daten, Fakten, Umfragen, Interviews und daraus resultierenden Folgerungen und Hypothesen. Klauß findet sehr differenzierte Antworten auf die eine grundlegende Frage: Was bedeutet die Erziehung eines Kindes mit geistiger Behinderung für Eltern und Fachleute? Obwohl das Buch wissenschaftlichen Ansprüchen genügt, ist es gut lesbar. Insbesondere die vielen Zitate von Eltern und die veröffentlichten Umfrageergebnisse laden zum Innehalten und Überdenken eigener Positionen ein.

Verwendete Literatur

Fachverband für Behindertenpädagogik (Hrsg.), Geistigbehinderte. In: Zeitschrift für Heilpädagogik, Beiheft 18, 1993, 46–49

Klauß, T., Ein besonderes Leben. Heidelberg 1999

Möckel, A.-Adam, H.-Adam, G., Quellen zur Erziehung von Kindern mit geistiger Behinderung. Band 2: 20. Jahrhundert. Würzburg 1999

Speck, O., Menschen mit geistiger Behinderung und ihre Erziehung. München 1993

9

Behinderung in der Lebensspanne

- Wie verarbeiten Eltern evtl. die Geburt eines Kindes mit Behinderung?
- Ist das Verhältnis zwischen Eltern und heilerziehungspflegerisch Tätigen vielleicht ein Spannungsverhältnis?
- Welche Bedeutung haben Frühfördereinrichtungen und Kindergärten im Lebenslauf eines Menschen mit Behinderung?
- Wie gestaltet sich das Arbeits- und Erwerbsleben von Menschen mit Behinderung?

9.1 Die Familie und ihr behindertes Kind

9.1.1 Theoretische Zusammenhänge

Durchschnittlich gute Eltern gründen ein Heim und halten zusammen; auf diese Weise lassen sie ihren Kindern ein grundlegendes Maß an Fürsorge zuteil werden, und sie stellen einen Rahmen bereit, in dem jedes einzelne Kind nach und nach sowohl sein Selbst wie auch die Welt finden und eine funktionierende Beziehung zwischen beiden herstellen kann. (Winnicott, 1990) Was Winnicott hier in den 60er Jahren noch so ganz selbstverständlich auf die Frage, was Kinder für eine hinlänglich gute Erziehung benötigen, schreiben konnte, scheint heute nicht selbstverständlich. Der Begriff *Familie* ist heute ein Begriff, der ganz unterschiedliche Formen des Zusammenlebens umfassen kann. Die dramatisch fortschreitende Enttraditionalisierung, Modernisierung und Liberalisierung von Lebensformen bewirkt, dass wir heute nicht mehr von einer stabilen, gesellschaftlich notwendigen Institution ausgehen können, in der alle zentralen Bedürfnisse von Kindern immer zufriedenstellend abgedeckt werden können. *Es ist nicht klar, ob man heiratet, wann man heiratet, ob man zusammenlebt, ob man das Kind innerhalb oder außerhalb der Familie empfängt oder aufzieht, mit dem, mit dem man zusammenlebt, oder mit dem, den man liebt, der aber mit einer anderen zusammenlebt, vor oder nach der Karriere oder mittendrin.* (Ulrich Beck, Soziologe, in: Hamburger Abendblatt, 2000).

Aufgaben

1. *Vergleichen Sie einmal das Familienleben der unterschiedlichen Generationen in Ihrem persönlichen Umfeld.*
2. *Wie wächst Ihre Generation z. B. im Vergleich zu ihrer Eltern- oder Großelterngeneration auf?*
3. *Gibt es Unterschiede in Bereich Familie und Erziehung im Vergleich von städtischen oder ländlichen Gegenden?*
4. *Was bedeutet vor diesem Hintergrund die Geburt eines behinderten Kindes?*

Vor dem Hintergrund dieser Beziehungsvielfalt, stetig ansteigender Scheidungsraten, der hohen Zahl von Alleinerziehenden, dem hohen Anspruch an Beziehungs- und Familienglück sowie der Überbewertung von Zweisamkeit *und* zunehmender Individualisierungswünsche hat die Geburt eines Kindes neue Bedeutung erhalten.

Die Geburt eines jeden Kindes stellt für die Eltern stets eine Herausforderung dar, denn mit der Geburt verändern sich die inner- und außerfamiliären Sozialbeziehungen schlagartig und gravierend. In der Regel gibt es stets Anpassungsprobleme, indem sich die Partner neu aufeinander abstimmen müssen. Rollenerwartungen und -verhalten müssen neu definiert werden, ebenso wie die Sozialbeziehung außerhalb der Familie, zu Freunden, Verwandten, Arbeitgebern usw.

Was bedeutet jedoch die Geburt eines behinderten Kindes für die Familie? Wie viel einschneidender muss das die Beziehungen untereinander verändern? Sind die Belastungen aufgrund eines behinderten Kindes gleichbedeutend mit der Rückkehr zu alten, traditionellen Familienstrukturen?

Die Familien mit einem behinderten Kind sind aufgrund der zusätzlichen Herausforderungen und des Hindergrunds der Modernisierung familiärer Strukturen stärker belastet. Die zunehmende Erwerbstätigkeit und Doppelbelastung der Frau, die veränderten Geschlechtsrollen sowie der hohe Leistungs- und Erwartungsdruck der modernen Industriegesellschaft, die extremen Bildungs- und Mobilitätsanforderungen des Arbeitsmarktes treffen viele Familien mit behindertem Kind in besonderem Maße und mit besonderer Härte. In früheren Großfamilien waren oftmals Oma und Opa, Tanten und Onkel sowie andere Verwandte Helfer, auf die zugegriffen werden konnte. Heute ist es meist allein Aufgabe der Eltern, die Versorgung des behinderten Kindes zu gewährleisten. Diese Familien benötigen also besondere rechtlich zugesicherte materielle Hilfen und eine gute Versorgungsstruktur, angefangen mit Beratung, Frühförderung, und (Sonder-)Kindergärten bis hin zu familienentlastenden Diensten.

Aufgaben

1. *Was halten Sie von den Begriffen Sonderfamilie, behinderte Familie und lebenslange Elternschaft?*
2. *Diskutieren Sie, ob diese Etikettierungen für Familien mit einem behinderten Kind zulässige Beschreibungen sind.*

Reaktionen der Eltern auf ein behindertes Kind

Werdende Eltern haben Vorstellungen darüber, wie es mit dem zu erwartenden Kind sein wird, sie entwickeln Hoffnungen und Erwartungen und natürlich wünschen sie sich ein gesundes, gut entwickeltes Kind. Je höher die Erwartungen sind, desto größer ist der Schock, die Kränkung, Enttäuschung und Verzweiflung, wenn das vermeintlich behinderte Kind diesen Erwartungen nicht entsprechen kann.
Der Zeitpunkt der Wahrnehmung einer Behinderung ist sehr unterschiedlich und verändert auch die möglichen Reaktionen darauf. So werden Eltern eines Kindes mit Trisomie 21 aufgrund der äußerlich sichtbaren Anzeichen des Kindes schlagartig mit der Behinderung konfrontiert. Möglicherweise sind sie jedoch, durch die Inanspruchnahme pränataler Diagnostik auf die Behinderung ihres Kindes bereits vorbereitet worden. Manche Eltern nehmen die Behinderung ihres Kindes erst sehr spät wahr, weil die Behinderung erst im Verlauf der weiteren Entwicklung erkennbar wird oder weil sie – und mitunter auch die Kinderärzte – den bestehenden Auffälligkeiten nicht soviel Beachtung schenken. Oftmals sind Eltern zunächst auch ausschließlich mit Fragen der Lebenserhaltung des Kindes beschäftigt, wie z. B. bei der Frühgeburt eines Kindes, oder aber sie müssen leidvolle Operationen und Klinikaufenthalte begleiten. Nicht zuletzt gibt es auch Eltern von Kindern, die eine weitgehende normale Entwicklung genommen haben, dann aber aufgrund von Stoffwechselerkrankun-

gen, schweren Infektionen oder durch Unfälle behindert werden. Schließlich beeinflusst die Art der Schädigung und das zu erwartende Maß an Lebensuntüchtigkeit des Kindes die Reaktion der Eltern und des weiteren Umfeldes.

Die Wahrnehmung einer Behinderung des Kindes löst recht unterschiedliche Reaktionsweisen bei den Eltern aus und jede Verallgemeinerung ist hier unzulässig. Die Reaktionsweise auf die Wahrnehmung einer Behinderung ist u. a. abhängig von:

- Zeitpunkt sowie Art und Weise der Diagnosestellung,
- Persönlichkeitstruktur von Vater und Mutter,
- Familienform (Kernfamilie, Alleinerziehende, Geschwister ...),
- aktuellen Lebensbedingungen und soziale Zugehörigkeit,
- Schädigung des Kindes,
- Verhalten des Umfeldes, Reaktionsweisen auf die Behinderung, Hilfen,
- Prognose zum weiteren Verlauf der Behinderung,
- usw.

Die Reaktionen reichen daher von extremen Schuldvorwürfen, Tötungsabsichten, Märtyrertum, hoffnungsloser Enttäuschung und Schockerleben, Abwehr, Hilfs- und Ratlosigkeit, sozialen Rückzug bis hin zu Eltern, die durchaus fähig sind, die durch die Behinderung des Kindes entstandenen Probleme positiv zu lösen und daran zu wachsen.

Es gibt Unterschiede wie Mütter oder Väter diese Krise und die Kränkung, ein behindertes Kind zu haben, *verarbeiten* (Hinze, 1991). In der Regel führt die Geburt eines behinderten Kindes wieder zu einer traditionellen Rollenaufteilung, in der die Frau für das Gelingen der Erziehung und das Wohlergehen des Kindes weitgehend zuständig ist und der Mann seinem Beruf nachgeht. Das behinderte Kind hat für die Mutter einen *24-Stunden-Job* zur Folge und damit eine stark erhöhte zeitliche, körperliche und psychische Belastung.

Angelika ist seit ihrer Geburt mehrfachbehindert, die Mutter berichtet: „Die ersten 10 Jahre unseres Lebens mit Angelika sind geprägt von Krankheiten und Arztbesuchen der verschiedensten Fachrichtungen. Tag und Nacht im wahrsten Sinne des Wortes Füttern eines Kindes, das nicht essen und schlucken konnte und später nicht mehr wollte, Klinikaufenthalte, Operationen, Spezialistenbesuche – wegen der verschiedenartigen Behinderungen – in ganz Deutschland, weitere Operationsvorschläge, zermürbende Entscheidungsfindung, weil ein Arzt dieses, ein anderer jenes, ein weiterer wieder etwas anderes sagte ... tägliches Durchführen von Therapieplänen der verschiedenen therapeutischen Richtungen, geboren aus Hilflosigkeit von beiden Seiten, aber auch Hoffnungen und kleine Fortschritte, Stoppen der Durchfälle eines Kindes, das jahrelang Durchfälle hatte. Vorwürfe aus Verwandten- und Bekanntenkreisen mit Schuldzuweisungen. Freude und Glück, als Angelika nach $1^{1}/_{2}$ Jahren erstmals ein Butterbrot aß, nachdem ich mich über alle Ratschläge und Anweisungen hinweggesetzt hatte."

(H. Heimlich u. a., 1991, S. 52)

Die Vorstellung, nun *lebenslang* Nur-Mutter eines behinderten Kindes zu sein, überfordert und macht Angst. Anstelle des erwarteten Prestigegewinns einer guten Mutter mit einem gesunden Kind tritt nun die Kränkung, ein geschädigtes Kindes mit möglicherweise lebenslanger Behinderung geboren zu haben. Der Aufbau einer Beziehung zu einem behinderten Kind ist deutlich erschwert, selbst einfachste selbstverständliche mütterliche Pflege- und Fürsorgehandlungen, wie z. B. das Kind zu nähren und zu beruhigen, gelingen nicht zuverlässig. Der gefüllte Tagesplan mit Arztbesuchen, Fahrten zur Krankengymnastik und die *Verschreibung* häuslicher Förderprogramme wird als Fremdbestimmung wahrgenommen und lassen sich die Mütter zusätzlich als hilflos und inkompetent erleben.
Väter behinderter Kinder sind infolge ihrer gelebten geschlechtsspezifischen Rollenklischees in der Familie oft in einer schwierigen Situation: *Meine Frau hat geweint, und ich habe versucht, sie zu trösten. Aber eigentlich fühle ich mich gar nicht mehr wie ein Beschützer. Denn irgendwie kam ich mir, wie ein Versager vor. Als Mann versucht man ja alles Unglück von der Familie fernzuhalten ... Und jetzt war ich zum ersten Mal hilflos. Und deshalb konnte ich die Rolle als Ehemann, die ich mir selbst zugedacht habe, eigentlich nicht mehr einhalten* (Hinze, 1989, S. 90).

Aufgrund der Berufstätigkeit und der Rolle als alleiniger Familienernährer ist Vätern die Beziehungsgestaltung zum behinderten Kind und eine Auseinandersetzung mit der Behinderungsproblematik erschwert. Es entstehen zugleich Gefühle von *Nicht-gebraucht-werden* und Eifersucht bezogen auf die verstärkte Zuwendung der Ehefrau zum Kind. Nicht selten existiert dann das Risiko, das Mütter und Väter sich unterschiedlich weiterentwickeln, sich auseinanderleben und trennen.

Aufgaben

1. *Warum ist der Zeitpunkt und die Art und Weise der Diagnosestellung einer Behinderung gegenüber Eltern bedeutsam?*
2. *Warum kommt es bei Eltern behinderter Kinder möglicherweise zu Schuldgefühlen und -vorwürfen?*
3. *Warum glauben Sie, könnten Eltern behinderter Kinder möglicherweise den Gedanken einer Tötungsabsicht entwickeln?*
4. *Wie sollte aus Ihrer Sicht auf Eltern in dieser Situation eingegangen werden?*
5. *Welche Form des Beistandes und der Hilfe benötigen Eltern aus Ihrer Sicht in dieser Krise?*
6. *Benötigen Väter oder Mütter ein jeweils besonderes Angebot?*

Krisenverarbeitung

In der Verarbeitung einer schweren Krise, wie z. B. die Geburt eines behinderten Kindes, gibt es viele unterschiedliche *Phasen* (S. Kap. 7.14 in Stam 4866), die von den Eltern durchlebt werden. Oftmals werden Phasen auch mehrfach wiederholt, manche Phasen auch übersprungen und manchmal bleibt man in

Krisen stecken. Dieser *Bejahungsprozess*, in dem die Eltern das schicksalshafte Geschehen annehmen, in sich aufnehmen und zu Eigen machen, ist eine lebenslange Aufgabe. Bejahen hieße dann: ich kann dieses behinderte Kind so akzeptieren wie es ist und ich kann bejahen, das dieses Kind mein Kind ist, welches ich gezeugt und zur Welt gebracht habe (Sporken, 1975).
Dazu bedarf es eines kompetenten und einfühlsamen Zuhörers und Mitdenkers, der die *Menschen stärkt und die Sachen klärt* (Hentig, 1996). Jemand, der befähigt ist, sich in die Lage des Betroffenen hineinzuversetzen, der Abstand zur Situation hat, die Problemlage durchschauen und Entscheidungs-, Bewältigungs- und Handlungsmöglichkeiten anbieten kann. Jemand, der den Eltern in ihrer Erziehungsunsicherheit oder Verunsicherung Antworten auf ganz einfache Fragen zur Bewältigung ihres Alltages mit dem behinderten Kind geben kann und zugleich Mut macht, die Dinge anzugehen. So können Eltern eines behinderten Kindes eine realistische und akzeptierende Einstellung zum Kind und zu sich selbst gewinnen. Ein geschulter Berater, Heilpädagoge oder Therapeut ist in einer solchen Situation hilfreich.

Geschwister behinderter Kinder

Die Auswirkungen eines behinderten Kindes auf die Geschwister werden sehr unterschiedlich bewertet (Hensle/Vernooij, 2000). Auch hier ist das Spektrum möglicher Reaktionsweisen keinesfalls zwangsläufig, sehr individuell und abhängig von der Art und Schwere der Behinderung, der Stellung in der Geschwisterreihe und dem Erziehungsverhalten der Eltern.

- Für ihn tun sie alles, für mich nichts.
  Die Dominanz des familiären *Sorgenkindes* kann bei den Geschwistern zu Gefühlen der Vernachlässigung, mangelnder Zuwendung und Eifersucht führen.
- Nicht jetzt! Nicht so laut! Warte!
  Die Geschwister sind aufgrund der Belastung der Eltern einem nervösen, überforderten oder ungeduldigen Erziehungsverhalten ausgesetzt und entwickeln Verhaltensauffälligkeiten.
- Ich will nicht das zweite Sorgenkind meiner Eltern sein.
  Die Geschwister kommen unter Leistungsdruck, weil sie den Eindruck bekommen, die Defizite des behinderten Geschwisterkindes ausgleichen zu müssen.
- An mir hängt doch alles! Muss ich immer für ihn sorgen?
  Besonders ältere Geschwister werden ständig in die Elternpflichten eingebunden und fühlen sich durch einen *Pflichtenberg* belastet. Die Sorge, möglicherweise das ganze Leben lang für den Bruder oder die Schwester sorgen zu müssen, bedrückt und macht Angst.
- Anmeckern darf ich sie nicht!
  Die ständige Rücksichtnahme auf das behinderte Geschwisterkind führt zur Unterdrückung eigener Bedürfnisse. Möglicherweise entwickelt sich dann auch eine feindselige Haltung gegenüber dem Geschwisterkind.
- Wenn ich zaubern könnte, würde ich ihn normal zaubern.
  Die Geschwister werden vom Umfeld gehänselt und abgelehnt wegen ihres behinderten Geschwisterkindes. Freunde wenden sich ab.

- Wenn ich merke, dass jemand in Schwierigkeiten ist, gehe ich sofort hin und helfe.
  Nichtbehinderte Geschwister entwickeln ein starkes prosoziales Verhalten und Verantwortungsbewusstsein. Nicht selten wählen Geschwisterkinder behinderter Kinder später einen sozialen Beruf, wie z. B. den der Heilerziehungspflege.
- Mein Bruder hat dafür gesorgt, dass wir wieder enger zusammenrücken und miteinander reden.
  In einer Familie mit einem behinderten Kind erleben die Geschwister ein intensiveres und emotionaleres Familienklima, in dem sie positive Persönlichkeitsmerkmale wie Selbstkritik, Selbstkontrolle, Konfliktverhalten und Frustrationstoleranz besonders ausgeprägt entwickeln können.

● Wenn es zu Hause nicht mehr geht – Heimunterbringung

Die Probleme und Belastungen, die durch die intensive Pflege und Dauerbetreuung des behinderten Kindes entstehen, macht es unter bestimmten Bedingungen notwendig eine Heimunterbringung in Betracht zu ziehen. Man geht davon aus, dass für etwa 20 bis 25 % der Kinder und Jugendlichen mit einer geistigen Behinderung Heimplätze erforderlich sind (Speck, 1993). Folgende Gründe können hier maßgeblich sein:

- unüberbrückbare, innerfamiliäre Probleme,
- Grenzen der psychischen, physischen und sozialen Belastbarkeit,
- ein fehlendes unterstützendes Hilfsnetzwerk,
- fehlende oder nichterreichbare pädagogische Institutionen zur Entlastung der Familie,
- die besondere Schwere und Intensität der Behinderung,
- ein besonders hoher Pflegebedarf,
- der Gesundheitszustand und das Alter der Eltern.

Zum Wesen eines jeden Kindes gehört es jedoch auch, dass es wächst, sich entwickelt und aus der elterlichen Bindung löst. Insofern ist die Aussage des Deutschen Bildungsrats (1974, S. 105) durchaus kritisch zu betrachten: *Heimunterbringungen sind subsidiäre Maßnahmen. Sie sollten nur dann vorgenommen werden, wenn das Verbleiben in der Familie zum Schaden für den Behinderten bzw. zu einer unerträglichen Belastung für die übrigen Familienmitglieder würde.*

Aufgaben

1. *Nehmen Sie Stellung und diskutieren Sie, wann aus Ihrer ganz subjektiven Sicht eine Heimunterbringung notwendig wäre.*
2. *Sollten erwachsene Menschen mit Behinderung weiterhin in der Familie bleiben?*
3. *Ist Heimunterbringung die schlechtere Alternative für den Menschen mit Behinderung?*

Die Entscheidung einer Heimunterbringung wird von den betroffenen Familien in der Regel sehr verantwortungsvoll im Rahmen ihrer Möglichkeiten getroffen. Meist ist der Entscheidung, das Kind in ein Heim, in eine Pflegefamilie o. Ä. zu geben, ein quälender krisenhafter Prozess vorausgegangen. Wer sich auf ein Kind gefreut hat, die vielen Hürden und Wege bereits gegangen ist und sich mit viel Mühe auf ein Leben mit diesem Kind eingelassen hat, wird nicht mit leichtem Herzen diese Entscheidung treffen.

Am Anfang der Überlegungen sich z. B. von seinem schwerstbehinderten Kind zu lösen, steht meist das Gefühl von Ausgebranntsein und auf dem absoluten Nullpunkt angelangt zu sein. Die ständige Überbelastung und die Fülle der Aufgaben mit einem schwerstbehinderten Kind führen zur Erschöpfung, chronischer Unausgeschlafenheit, zu Wut und Hass auf sich selbst, auf das Kind und zu Groll über den Partner usw. Nicht selten kommt dann von *außen*, sei es durch Kindergarten, Schule und Fachleute oder Freunde zu dem Hinweis, dass es *so* nicht weitergehen kann.
Als erster Schritt aus dem *täglichen Drama* wird eine Kurzzeitunterbringung, ein Ferienaufenthalt oder eine Reha-Maßnahme erwogen. Das Kind wird *auf Probe* weggegeben und es stellt sich ein Trennungsschmerz bei den Eltern ein, der die eigentliche gewünschte Entlastung zunächst überdeckt. Das *Weggeben* wird als Kapitulation erlebt, all die unermüdlichen Anstrengungen und Förderhandlungen haben nicht zu den erwünschten und stets erhofften Entwicklungsschritten des Kindes geführt, die ein selbstständiges Leben oder ein weiteres Leben mit den Eltern möglich machen. Die Eltern müssen mühsam lernen, ohne ihr Kind zu leben, und ihr Leben, aufgrund des entstandenen *Handlungslochs* neu zu gestalten. Die auf eine Kurzzeitunterbringung meist folgende Entscheidung der Eltern, ein neues Zuhause für ihr Kind zu finden, löst Zukunftsängste aus. Viele Eltern verbinden zunächst mit dem Begriff *Heim* Assoziationen wie *Anstalt, Zwänge und Verbote, kalte und unmenschliche Behandlung, Massenabfertigung*, und *Pflegenotstand*.
Irgendwann folgt dann schließlich die Erkenntnis, doch keine *Rabeneltern* zu sein, die Eltern sehen, dass ihr Kind auch ohne sie existieren kann. Das Kind begegnet neuen Menschen, kann neue Beziehungen eingehen, vielleicht lernt es sogar selbst zu essen und allein auf die Toilette zu gehen. Wichtig ist es nun, Häufigkeit, Dauer und Zeitabstände der Besuche der Eltern im Heim für alle Beteiligten zufriedenstellend abzuklären. Wie oft das Kind ins Elternhaus zurückkehren darf, sollte gut geklärt sein, und eine enge Kooperation von Eltern und Pädagogen verhindert, dass das Kind zu Hause wieder in alte Verhaltensweisen zurückfällt oder im Heim bereits erlernte Verhaltensweisen stets auf Neue eingeübt werden müssen.
Selbst nach der Entscheidung, das Kind *in gute Hände* zu geben, wird möglicherweise ein Zweifel im Sinne einer Entscheidungsdissonanz darüber aufbrechen, ob dieser Weg wirklich richtig und notwendig war.

Aufgabe

Nehmen Sie Stellung zu folgender Aussage: Eltern haben ein Recht darauf, ihr Kind zu Hause zu verwöhnen, und die Betreuer des Heimes dürfen nicht erwarten, dass die Eltern mit ihrem Kind zu Hause so umgehen, wie sie selbst mit dem Kind umgehen, Elternliebe muss sich auch im Verwöhnen und Verhätscheln zeigen dürfen (Heimlich u. a., 1991, S. 136).

9.1.2 Praktische Umsetzung

Eltern und Heilerziehungspfleger – ein Spannungsverhältnis

Das Verhältnis zwischen Eltern und pädagogischen Fachleuten ist ein Verhältnis, das in *Spannung hält*. Es ist oftmals ein Konkurrenzverhältnis, in dem unterschiedliche Erwartungen und Sichtweisen aufeinander treffen.

Die Eltern werden häufig plötzlich, unerwartet und ungefragt vor die Aufgabe gestellt, mit einem behinderten Kind zu leben. Der Heilerziehungspfleger hingegen hat sich für die Aufgabe behinderten Mitmenschen zu helfen freiwillig entschieden. Die Eltern erwarten von den Fachleuten Verständnis für ihre Situation. Die professionellen Helfer sind jedoch in ihren Möglichkeiten des Verstehens begrenzt, denn allein der *Unterschied im Betroffensein gleicht einem Abgrund* der nur schwer überbrückbar ist (Speck, 1996). Die Mutter und der Vater eines behinderten Kindes hingegen entwickeln eine besondere Verstehensgrundlage untereinander, die sie allein durch ihr Betroffensein finden. Diese Betroffenheit ist eine große Chance und Hilfe, die Eltern meist auch in so genannten *Selbsthilfegruppen* oder Elternkreisen finden.

Eltern behinderter Kinder stehen von Anfang an unter einem starken Förder- und Therapiedruck. Eltern fragen sich immer wieder: *Tun wir wirklich auch genügend für unser Kind? Gibt es nicht bessere Therapien und Förderansätze? Gehen die Erzieher auch richtig mit meinem Kind um? Haben wir die richtige Einrichtung für unser Kind gefunden?*

Dem Arbeitgeber, der Institution, dem behinderten Menschen, den Eltern sowie seiner eigenen Anspruchshaltung verpflichtet, gerät auch der professionelle Erzieher unter Druck. Ganz abgesehen davon, dass bestimmte Arbeitsbedingungen (Personalmangel, Schichtdienst, Zeitdruck usw.) in den Einrichtungen belastend wirken. Heilerziehungspfleger und Eltern fühlen sich gleichermaßen unter Druck und finden oft schwer eine Möglichkeit darüber zu sprechen.

Wenn ich mein Auto zur Werkstatt bringe, bin ich heilfroh, dass es jemand gibt, der es gut repariert. Gleichzeitig wird aber auch mein Gefühl bestärkt, dass ich in dieser Sache wohl inkompetent bin. Eltern fühlen sich rasch als Versager – und dies um so mehr, wenn ihnen gut geschulte Pädagogen gegenüberstehen. Sie fühlen sich nicht ernst genommen und werden misstrauisch, wenn ihnen Pädagogen entgegentreten

- mit professioneller Ignoranz (*Also damit kann man ja wohl leben!*);
- mit Geheimniskrämerei (*Dazu können wir Ihnen jetzt nichts sagen!*),
- mit tauben Ohren (*Verstehe ich nicht!*),
- mit professioneller Alles-Wisserei (*Das hätte ich Ihnen gleich sagen können!*),
- mit pädagogischer Omnipotenz (*Also bei uns sitzt Martin immer am Tisch und isst den Teller leer!*),
- mit einer Haltung, die Eltern zu Patienten oder *bedauernswerten Geschöpfen* macht. (*Gehen Sie mal zu unseren Psychologen!*).

Die Arbeit im Heim, im Sonderkindergarten oder in der Werkstatt für Behinderte wird von den Eltern meist anerkannt, oft besteht aber auch Skepsis, ob sie es als Eltern nicht besser machen könnten. Gleichzeitig machen sie als Eltern eines behinderten Kindes die Erfahrung, dass die Institution sehr wohl ohne sie auskommen kann, sie aber nicht ohne die Institution. Eltern behinderter Kinder fühlen sich mitunter abhängig von den notwendigen professionellen Hilfeleistungen, die sie überfordern würden, gleichzeitig wissen sie als informierte Eltern aber auch, was sie rechtlich einfordern können und dürfen. Manche Eltern halten sich daher zurück, ziehen sich zurück oder meiden gar den Kontakt zu den Pädagogen. Andere Eltern artikulieren offen ihre Klagen und nehmen in Kauf, als kritische oder nörgelnde Eltern zu gelten. Von den Heilerziehungspflegern und Heilerziehungspflegerinnen werden sie dann oft als *lästig* und störend empfunden. Der professionelle Pädagoge fürchtet mit kritischen Augen begutachtet zu werden, fühlt sich vielleicht durch Anrufe, Besuche und Anspruchshaltungen seitens der Eltern genervt und überfordert.

Aufgaben

1. *In welcher der beschriebenen Haltungen von Pädagogen erkennen Sie sich wieder?*
2. *Welche Äußerung könnte Ihnen auch schnell einmal passieren?*
3. *Wie würden Sie Eltern begegnen, die Sie mit ständigen Anforderungen nerven?*

„Die haben ja die Behinderung ihres Kindes noch nicht verarbeitet“

Von den Eltern wird verlangt, dass sie die Behinderung des Kindes bewältigen oder verarbeiten. Besonders engagierten Eltern, Eltern die ihr Kind jedes Wochenende zu sich nehmen und verwöhnen, die ihrem behinderten Kind kaum Grenzen aufzeigen und keine Distanz wahren können, Eltern die weiterhin um ihr Schicksal und das des Kindes trauern, Eltern die verbittert die Heimbedingungen beklagen, die das Fehlverhalten ihres Kindes ignorieren oder aber unrealistische Erwartungen bzgl. der Weiterentwicklung des Kindes formulieren – diesen Eltern wird oft hinter vorgehaltener Hand nachgesagt, sie hätten die Behinderung ihre Kindes wohl nicht *verarbeitet*.

Gerade von professionellen Helfern wird oft die Haltung vermittelt, dass *Abwehr schlecht und Bewältigung gut* sei.

Aufgaben

Stellen Sie sich einmal vor, Sie sind in Folge eines Unfalles dauerhaft in der Bewegung eingeschränkt.

1. *Wie reagieren Sie?*
2. *Welche Gedanken stellen sich ein?*
3. *Wie würden Sie mit dem Umfeld, mit Kollegen, Freunden umgehen?*
4. *Wie würden Sie reagieren, wenn jemand von Ihnen verlangen würde, nun endlich einmal zu akzeptieren, dass Sie kein Fahrrad oder Auto mehr fahren können?*

5. *Könnte es nicht sein, dass Sie sich doch lebenslang ärgern und grämen, sich vielleicht auch nur einmal ganz kurz am Tag wünschten, der Unfall wäre nie passiert?*
6. *Tauschen Sie sich mit Ihren Mitschülern aus, wie es Ihnen bei diesem Gedankenexperiment ergangen ist.*
7. *Welche Erfahrung haben Sie bereits diesbezüglich machen müssen?*

Der versteckte Vorwurf an die Eltern eines behinderten Kindes (*Die haben wohl die Behinderung ihres Kindes immer noch nicht verarbeitet.*) ist eine ungerechtfertigte Anmaßung des Umfeldes.
Abwehr ist eine legitime und notwendige Reaktionsweise auf Problemsituationen und Schwierigkeiten, welche mit Rückgriff auf eigene Kompetenzen, Fertigkeiten und Mittel nicht mehr oder noch nicht angemessen *bewältigt* werden können. Abwehr schützt vor akuter oder akut erlebter Belastung und vor bedrohlich erlebter Hilflosigkeit. Die Haltung von Eltern, jede Therapie für ihr Kind in Anspruch zu nehmen, von Arzt zu Arzt zu gehen und immer wieder unterschiedliche Alternativen der Unterbringung zu erwägen, ist vor diesem Hintergrund verständlich. Die Abwehrhaltung ist immer eine notwendige Stufe der Auseinandersetzung mit einer subjektiv empfundenen krisenhaften Situation, sollte dann aber auch zunehmend durch reifere Bewältigungsmuster abgelöst werden können. Professionelle Pädagogen sollten mit genügend Feingefühl den Eltern hier Hilfestellung geben.

● Mit Eltern sprechen

Der Kreislauf an Selbst- und Fremdansprüchen, institutionellen Vorgaben und Einschränkungen entwickelt dann eine spannungsreiche Brisanz, wenn darüber geschwiegen wird. Es ist wichtig, dass der Heilerziehungspfleger seine Position im Verhältnis zu den Eltern findet. Eltern sollten ermuntert und unterstützt werden, ihre Verantwortung wahrzunehmen und für sich und ihr Kind zu sprechen.
Ein wichtiges Merkmal für Qualität in der Behindertenhilfe ist ein mehr *partnerschaftliches Zusammenwirken* zwischen Eltern und Fachleuten. *Dies setzt einen respektvollen und offenen Umfang miteinander voraus. Dazu gehören die gegenseitige Wahrnehmung und Akzeptanz der Unterschiede der Lebenswirklichkeit in den Familien auf der einen und der Arbeitswirklichkeit der Fachleute auf der anderen Seite.* (Geistige Behinderung, 3/2001, S. 207). Der Heilerziehungspfleger hat die Aufgabe, den Menschen mit Behinderung im Rahmen der individuellen Hilfeplanung beim Aufbau und bei der Aufrechterhaltung sozialer Netzwerke sowie bei der Pflege bedeutsamer sozialer Beziehung, wie z. B. zu den Eltern, zu unterstützen (Schwarte u. a., LEWO II, 2001).

Elternarbeit ist deshalb ein selbstverständlicher Teil heilerziehungspflegerischer Tätigkeit, der auch eingeübt werden kann. In der Ausbildung zum Heilerziehungspfleger ist es wichtig, Kompetenzen in Gesprächsführung und Beratung einzuüben.

Bei der Vorbereitung von Elterngesprächen empfiehlt sich zunächst im Team, mit Fachkollegen, Supervisoren, Wohnbereichsleiter u. a. das Verhältnis zu den Eltern zu thematisieren. Die Beziehung des behinderten Menschen zu seinen Eltern sollte dabei in den Blick genommen werden. Gemeinsam kann dann überlegt werden, wie an die Eltern herangetreten werden kann. Wenn Sie ein Elterngespräch planen, könnten folgende Überlegungen und Fragestellungen hilfreich sein:

1. *Analyse der Ausgangslage:* Kennen Sie den Gesprächspartner? Was ist Ihre Motivation, dieses Gespräch vorzubereiten? Welche Informationen liegen vor? Was wissen Sie über die Eltern? Was müssen Sie noch wissen z. B. bzgl. ihrer Lebenssituation? Wie kam es zu diesem anberaumten Gespräch? Sind Teamgespräche vorangegangen? Wie beurteilen Sie die Beziehung des behinderten Menschen zu seinen Eltern?

2. *Anlass des Gesprächs:* Was ist Ihr konkretes Anliegen? Was möchten Sie mitteilen? Was möchten Sie erfahren? Welche Zielsetzung haben Sie? Welche Erwartungen hat das Team oder die Eltern?

3. *Persönliche Erwartungen oder Befürchtungen:* Wie geht es mir, wenn ich an dieses Gespräch denke? Welche Erwartungen habe ich an mich persönlich? Was ist mir wichtig bei diesem Gespräch? Was soll mir keinesfalls passieren?

4. *Vorgehensweise:* Sind beide Elternteile eingeladen? Soll ein Einzelgespräch stattfinden? Wird Unterstützung durch Kollegen gewährt? Wird der Betreute mit einbezogen? Welche Gedanken haben Sie sich zum Gesprächsstil, zur Gesprächsführung und zur Atmosphäre gemacht? In welchem Rahmen, in welchem Raum findet das Gespräch statt? Welchen Verlauf erwarten Sie? Wie kann ich die Eltern ermutigen und bestärken Bedürfnisse zu äußern?

9.1.3 Materialien und Anregungen

- **„Mein Bruder ist wie ein Orkan"** von Kolet Janssen (S. 16 ff. und 22 ff.):

„Heute Abend gehe ich mit Rita ins Kino", sagt Mama beim Geschirrspülen
[...]
„Hoffentlich klappt es", seufzt Papa. „Andreas wird nicht besonders erfreut sein."
Ich auch nicht, denke ich. Wenn Papa Pech hat, ist er den ganzen Abend mit Andreas beschäftigt. Mein Bruder ist autistisch, wisst ihr. Bei uns dreht sich alles andauernd um Andreas. Jeder nimmt Rücksicht auf das, was ihm gefällt und was nicht, was er gut verkraftet und was nicht. Aber was mir gefällt oder was ich verkrafte, darum kümmert sicht kein Mensch. Und ich bin sogar noch ein Jahr jünger als er.
[...]
Ich habe mein Comic-Heft zu Ende gelesen und warte, bis Papa mit Andreas fertig ist. Wir haben ihm zuerst gemeinsam den Schlafanzug angezogen. Früher

kreischte er und trat wild um sich, wenn wir ihm die Kleider ausziehen wollten. Jetzt nicht mehr. Er weiß, dass es dazugehört. Aber er hilft uns kein bisschen. Und es ist nicht einfach, jemandem den Pulli auszuziehen, wenn er die Arme nicht hochhebt. Sogar mit den Socken gibt es Probleme. Andreas trägt fast immer einen Trainingsanzug. Nach dem Umziehen wird getobt. Das gefällt Andreas. Und mir auch. Meistens jedenfalls. Während ich Andreas kitzele, toben wir lachend auf dem Boden herum. Bis ich nicht mehr kann. Andreas hält es viel länger aus als ich. Zum Schluss spielen wir ‚Olleke, bolleke'. Andreas stülpt seine linke Faust mit ausgestrecktem Daumen über den Daumen meiner linken Faust. Darüber stülpen wir unsere rechten Fäuste. Während wir ‚Olleke, bolleke, bolleke, solleke, olleke, bolleke, buff!' singen, bauen unsere Hände immer weiter an dem Fäusteturm. Andreas legt den Kopf in den Nacken und verzieht den Mund zu einer Lachgrimasse. Das ist für ihn wie Lachen.

Aufgabe

Der belgische Autor beschreibt eine alltägliche Familienszene im Leben mit einem autistischen Kind aus der Sicht des nichtbehinderten Geschwisterkindes.

Welche Reaktionsweisen erkennen Sie bei den Eltern und bei der nichtbehinderten Schwester?

Literatur

Achilles, I., „... um mich kümmert sich keiner" – Situation der Geschwister behinderter Kinder, München 1997

Beck, U., Risikogesellschaft. Auf dem Weg in eine andere Moderne, Frankfurt, 1986

Deutscher Bildungsrat, Empfehlungen der Bildungskommission. Zur pädagogischen Förderung behinderter und von Behinderung bedrohter Kinder und Jugendlicher, Stuttgart 1974

Heimlich, H., u. a., Wenn's zu Hause nicht mehr geht – Eltern lösen sich von ihrem behinderten Kind, München 1991

Hensle, U./Vernooij, M., Einführung in die Arbeit mit behinderten Menschen, München 2000

Hentig, H. von, Bildung. Ein Essay, München 1996

Hinze, D., Väter und Mütter behinderter Kinder, Berlin 1991

Hinze, D., Auseinandersetzungs- und Verarbeitungsprozesse bei Vätern und Müttern geistig behinderter Kinder, Diss., Bonn 1989

Geistige Behinderung, Marburg 2001, Jahresband

Janssen, K., Mein Bruder ist ein Orkan, Weinheim 1997

Schuchardt, E., Soziale Integration Behinderter, Bd. 1

Speck, O., Menschen mit geistiger Behinderung und ihre Erziehung, München 1993

Sporken, P., Eltern und ihr geistig behindertes Kind. Das Bejahungsproblem, Düsseldorf 1975

Schwarte, N./Oberste-Ufer, R., LEWO II, Marburg 2001

Weiß, H., Eltern stark machen, in: Geistige Behinderung 3/01, S. 210-222

Winnicott, D. H., Der Anfang ist unsere Heimat, Stuttgart 1990

9.2 Frühe Förderung und (Sonder-)Kindergartenalter

9.2.1 Theoretische Zusammenhänge

● Merkmale und Entwicklungen der Frühförderung

Frühförderung als interdisziplinäres System von Hilfen umfasst Diagnostik, Früherkennung und Früherfassung, therapeutische Maßnahmen, pädagogische Förderung, Beratung und Anleitung der Eltern. Frühförderung wendet sich an behinderte und von Behinderung bedrohte Kinder von der Geburt bis zum Übergang in eine andere dem Kind angemessene Form der Förderung. Frühförderung strebt an, Auffälligkeiten oder Beeinträchtigungen möglichst früh zu erkennen, das Auftreten von Behinderung zu verhüten, Behinderung und ihre Folgen zu mildern oder zu beheben (vgl. Bundesministerium für Arbeit und Sozialordnung 1999).

Grundgedanke der Frühförderung ist: Je früher in der kindlichen Entwicklung eine Auffälligkeit oder Beeinträchtigung erkannt wird, desto besser kann vorgebeugt und geholfen werden. Denn gerade die frühkindlichen Entwicklungsprozesse sind durch eine hohe Beeinflussbarkeit gekennzeichnet. Diese besonderen Chancen beruhen auf der besonderen Wirksamkeit früher Anregungen und Erfahrungen. Frühestе Lernprozesse beeinflussen in hohem Maße das sich noch im physischen Aufbau befindliche kindliche Gehirn, die neuronalen Vernetzungen befinden sich in den ersten Lebensjahren in einem enormen Wachstumsprozess. *Die pädoneurologische Forschung hat belegen können, dass das frühkindliche Gehirn in einem größeren Ausmaß als vorher angenommen in der Lage ist, eingetretenen Schädigungen zu kompensieren, und dass seine weitere Entwicklung wiederum wesentlich von sozialen Interaktionen, also Lernprozessen, abhängig ist* (Speck, 1996, S. 465 f.).

Aus entwicklungspsychologischer Sichtweise wird zudem als Begründung für Frühförderung der Stellenwert vielfältiger sensomotorischer Anregungen für die kognitive Entwicklung hervorgehoben und die grundlegende Funktion der sozial-emotionalen Beziehungen des Kindes für die Entwicklung von Vertrauen und Selbstwertgefühl betont. Sind bereits Entwicklungsprobleme eingetreten, so erhält Frühförderung auch die Bedeutung der Erhaltung von Funktionsresten (beispielsweise bezogen auf Hörreste oder Fähigkeiten in der Motorik).

Konzeptionelle Ansätze und Schwerpunktsetzungen der Frühförderung haben sich in den vergangenen Jahren verändert. Zwei Entwicklungsrichtungen sollen hier besonders erwähnt werden.

Entwicklungsrichtungen der Frühförderung

Die Zusammenarbeit mit den Eltern im Rahmen der Frühförderung verdeutlicht einen der Wandlungsprozesse. Anfangs wurden Eltern überwiegend als Laien betrachtet, von denen angenommen wurde, dass sie nicht über ausreichende Kompetenzen zur Entwicklungsanregung verfügen. *Entsprechend dem damaligen Interventionsansatz am Kind stand die Kindförderung im Vordergrund. Der Fachmann oder die Spezialistin waren allein maßgebend. Die Eltern spielten die abhängige Rolle von Beratungsempfängern und Laien, die angeleitet wurden, wie sie mit dem Kind umzugehen hatten (Laien-Modell)* (Speck, 1996, S. 466).

Zum Problem geriet allerdings schnell die mangelnde Wirkung einer punktuellen Fördermaßnahme, wenn diese nicht durch das Elternhaus unterstützt wurde. In der Folge versuchte man die Eltern nun als Ko-Therapeuten in den Therapieprozess einzubeziehen. Sie wurden aufgefordert, die Therapie auch im Alltag ohne Unterstützung durch Frühförderer fortzusetzen. Die Eltern beklagten jedoch bald einen *Rollenkonflikt zwischen der emotional-unterstützenden Elternrolle und der distanziert-fordernden Therapeutenrolle* (Bundschuh, 1991, S. 91) und lehnten die Einbeziehung in therapeutische Maßnahmen häufig ab.

Gegenwärtig setzt sich ein Modell durch, in dem alle Beteiligten nach ihrer spezifischen Kompetenz zu der Förderung des Kindes beitragen sollen. Das jeweilige Maß an Hilfestellung von außen und an Aufgaben, die die Familie selbst leisten kann, ist hier auf das jeweilige Kind bezogen und stets neu festzulegen. Familienorientierung beinhaltet somit die Aufgabe, die psychischen Prozesse zu beachten, die zwischen Eltern und Kind und zwischen Eltern und Fachleuten ablaufen.

Die ursprüngliche Kindbezogenheit erlaubte es, dass jede Fachdisziplin für sich arbeiten konnte. Die Eltern hatten sich an die verschiedenen Spezialisten zu wenden, die mehr oder weniger zufällig präsent waren. Eltern hatten mit ihren Kindern viele und oft sehr weite Wege zurückzulegen. Auch war jedem Beteiligten klar, dass keiner der Einzelfachleute das Ganze der Kind- und Familiensituation erfassen und überschauen konnte. Jeder Spezialist sah im Wesentlichen nur seinen engen Teilaspekt, auf den er sich spezialisiert hatte.
So wurde zunehmend die Notwendigkeit deutlich, die verschiedenen Fachleute an Zentren zusammenzuführen. Es bildeten sich ärztlich geleitete Klinische Zentren (Sozialpädiatrische Zentren) einerseits und interdisziplinär zusammengesetzte regionale Frühförderstellen andererseits (vgl. Speck, 1996, S. 471).

Aufgaben

1. *Diskutieren Sie die Rolle der Eltern als Ko-Therapeuten: Sehen Sie darin eher eine Herausforderung und Chance oder eher eine Überforderung und Gefahr?*

2. *Begründen Sie folgende Aussage: Findet die Frühförderung im häuslichen Umfeld statt, so wird von einem höheren Transfereffekt aus der Fördersituation in die Alltagssituation z. B. beim Eltern-Kind-Spiel ausgegangen.*

Sonderkindergarten – Integration?

Die soziale Eingliederung von Menschen mit Behinderungen in das Leben mit Nichtbehinderten ist ein ureigenes Richtziel der Heilpädagogik. O. Speck (1996, S. 395) gibt als sehr frühes Beispiel das Bemühen Jean Itards um die Sozialisation seines Schülers *Victor* an, der als *Wildkind* 1799 in Aveyron aufgegriffen worden war und schließlich in Pariser Restaurants essen konnte.
Bei seiner historischen Rückblende unterscheidet Speck zwei Wege, die verfolgt worden sind, um die soziale und kulturelle Eingliederung zu erreichen:

- der direkte Weg über gemeinsames Lernen und Leben,
- der indirekte Weg über eine besondere individual-soziale Förderung als Voraussetzung für mehr Gemeinsamkeit im späteren Leben.

Diese unterschiedlichen Positionen stehen sich auch heute noch gegenüber. So heißt es im *Dritten Bericht der Bundesregierung über die Lage der Behinderten und die Entwicklung der Rehabilitation* (1994, S. 80 f.): *Derzeit besteht Einigkeit im Ziel; die Bildungseinrichtungen und die in ihnen realisierten allgemein- oder sonderpädagogischen Fördermaßnahmen müssen darauf abzielen, behinderte Menschen nicht auszugrenzen und zu stigmatisieren, sondern sie in Beruf und Gesellschaft zu integrieren. Allerdings gibt es nach wie vor unterschiedliche Positionen, inwieweit das Ziel der beruflichen und gesellschaftlichen Integration eher über Sondereinrichtungen oder über gemeinsames Leben und Lernen Nichtbehinderter und Behinderter in gemeinsamen Einrichtungen zu erreichen ist.*

Soziale Einstellungen werden schon in der frühen Entwicklung über die Erzieher bzw. durch die primäre soziale Umwelt vermittelt. Ein Miteinander behinderter und nichtbehinderter Kinder erscheint daher in der frühen Entwicklung besonders wichtig. Die Chancen für eine erfolgreiche Integration werden deshalb im Kindergartenalter als besonders groß angesehen, weil hier Vorurteile und Scheu noch wenig entwickelt sind und die Kinder unbefangener aufeinander zugehen.

Im Bereich des Kindergartens bzw. der Elementarerziehung bereitet die Integration nach allgemeiner Erfahrung auch weniger organisatorische Schwierigkeiten. *Dafür sind relativ plausible Gründ maßgebend:*

- *Es gibt keine ‚Kindergartenpflicht' im Gegensatz zur ‚Schulpflicht'.*
- *Es gibt kein curricular gefasstes Leistungssoll – Der Kindergarten ist kein so einheitlich organisiertes System wie die Schule* (Speck, 1996, S. 456).

Speck (1996, S. 457) nennt als einer der frühesten Integrationsversuche den unter Leitung des Psychologen H. Strasser in München ins Leben gerufene gemischte Kindergarten für gliedmaßenfehlgebildete Kinder. Die Erfahrungen in diesem gemischten Contergan-Kindergarten in den Jahren 1963/64 werden im Ganzen als positiv bewertet. Man konnte beobachten, dass gerade die Kleinkinder sich relativ rasch auf eine bestimmte körperliche Abweichung einstellten und sich gegenseitig in ihr spontanes Spiel einbezogen. Auch zu Kompensationsleistungen konnten die behinderten Kinder stärker motiviert werden. *Schwierigkeiten in der sozialen Integration der Kinder wurden dann beobachtet, wenn diese bestimmte Rollenerwartungen aus der Erfahrung der häuslichen Umwelt übernahmen, vor allem Geschontwerden und Schonen. Die Kompensationsfähigkeit, die ein erstaunliches Maß erreichen kann, wenn sie auf natürliche Weise herausgefordert wird, ist durch allzu behütende Erziehungsbedingungen sehr leicht störbar* (Speck, 1996, S. 457).

Bundschuh (1999, S. 99) gibt den Beginn einer gemeinsamen Erziehung behinderter und nichtbehinderter Kinder mit dem Jahr 1972 an, in dem in Berlin das Kinderhaus Freidenau Kinder mit Behinderungen aufnahm, und daraufhin eine bundesweite Entwicklung einsetzte, die rasch alle Bundesländer erfasste. Etwa seit Beginn der 90er Jahre meldeten dann die ersten Bundesländer Ansätze einer flächendeckenden Versorgung mit gemeinsamer Erziehung in Tageseinrichtungen in Richtung auf möglichst wohnortnaher Integration.

Aber nach wie vor besteht keine einheitliche rechtliche Grundlage für gemeinsame Erziehung im Elementarbereich, auch nicht durch das neue Kinder- und Jugendhilfegesetzt (KJHG). Eltern und Erzieher haben noch häufig mit erheblich zusätzlichen Verwaltungsaufwand zu kämpfen und müssen sich mit den Unwägbarkeiten der Mischfinanzierung (Jugendhilfe- und Sozialhilfemitteln) auseinander setzen.

Zusammenfassend kann festgestellt werden, dass sich die Kindergartenpädagogik konzeptionell auf die zusätzlichen Aufgaben einer gemeinsamen Erziehung eingestellt hat; integrative Formen werden weiterhin praktiziert.

Aber aus der gegebenen häuslichen Alltagssituation der Regelkindergärten heraus werden allerdings auch Bedenken geäußert.

- Hingewiesen wird auf eine mögliche Überforderung der *normalen* Kindergärten, besonders wenn keine entsprechende Bereitschaft zur Akzeptanz und keine ausreichenden fachlichen Qualifikationen vorliegen.
- Die Gefahr wird gesehen, dass die besonderen Lernbedürfnisse eines behinderten Kindes nicht genügend wahrgenommen werden und deshalb entsprechende Fördermaßnahmen nicht oder nicht im notwendigen Umfang durchgeführt werden
- Beklagt wird die mangelnde – vor allem finanzielle – Unterstützung neuer Formen der Kindergartenerziehung durch die öffentliche Hand; es werden dann auch Sparsamkeitsgründen Maßnahmen als zu aufwändig abgelehnt.

Bei der Bewertung der gegenwärtig laufenden Versuche muss im Übrigen bedacht werden, dass der Begriff ‚behindert' für sehr unterschiedliche Formen von Entwicklungsbeeinträchtigungen verwendet wird. Sie reichen von – vereinzelten – schwereren Formen bis zum vagen Begriff der ‚Entwicklungsverzögerung'. Die bisherigen Berichte lassen insgesamt erkennen, dass im Wesentlichen eine bedingte und selektive Eingliederung betrieben wird, d. h. es sind bestimmte Bedingungen an einem Kindergarten als Voraussetzung für integrative Maßnahmen erforderlich, es kommen also nur bestimmte Kindergärten dafür in Betracht, und es werden bestimmte behinderte Kinder ausgewählt (Speck, 1996, S. 463).

In diesem Zusammenhang werden Länderregelungen als problematisch angesehen, die für Schwerstbehinderte einen Vorrang der Förderung in Sondereinrichtungen vorsehen. Denn die Grenzen der Integration Behinderter sind nach den in den Modellprojekten gewonnenen Erkenntnissen nicht an Art und Schwere der Behinderung festzumachen, sondern vor allem an den Rahmenbedingungen der integrativen Einrichtungen. Zudem ist bei einer Konzentration der integrativen Bemühungen auf Kinder mit leichteren Behinderungen die Gefahr gegeben, dass Schwerbehinderte ausgegrenzt werden und dass in den für ihre Betreuung verbleibenden Sonderkindergärten die für eine Förderung bedeutsame Anregungsvielfalt fehlt.

Eine deutliche Position dazu bezieht G. Feuser. Sein Grundverständnis von Integration beinhaltet die Forderung nach uneingeschränkter und selbstbestimmter Teilhabe aller an allen Erziehungs- und Unterrichtsangeboten in der Weise, *dass alle alles und jede Person auf ihre Art und Weise lernen dürfen und jede und jeder dazu die Hilfen gewährt bekommen, die im kooperativen Miteinander von behinderten und nichtbehinderten Menschen als dafür erforderlich erkannt werden. Keine Art und kein Schweregrad einer Behinderung kann ein Kriterium sein, einen Menschen davon legitim auszuschließen* (Feuser, 1995, S. 2).

Aufgaben

1. *Stellen Sie die Vor- und Nachteile von Sonderkindergärten und integrativen Einrichtungen gegenüber. Welche Auffassung vertreten Sie selbst?*
2. *Diskutieren Sie folgende Aussage von G. Feuser (1995, S. XII): Integration fängt in den Köpfen an – in unseren.*
3. *Ein Sonderkindergarten möchte nichtbehinderte Kinder aufnehmen, also integrieren. Welche Schwierigkeiten könnten sich einstellen? Welche Vorteile gäbe es für*
   - *die Kinder,*
   - *die Eltern,*
   - *die Mitarbeiter?*

9.2.2 Praktische Umsetzung

Aufgaben und Tätigkeiten der Frühförderung

Zur Verwirklichung der genannten Aufgaben der Frühförderung ist in den letzten 25 Jahren ein differenziertes Versorgungsangebot aufgebaut worden; hier leisten die erforderlichen Hilfen niedergelassene Kinder- und andere Ärzte zusammen mit anderen medizinischen Fachberufen, Psychologen u. a., ambulante Frühförderstellen und überregionale sozialpädiatrische Zentren.

Medizinische Erstberatung und -behandlung obliegen in der Regel einem der rund 4800 niedergelassenen Kinderärzte. Unterstützende Arbeit leisten dabei besonders qualifizierte Fachkräfte der Gesundheitsämter und die Landesärzte für Behinderte. Vielfach erfordern Frühbehandlung und Frühförderung integrative medizinische, psychologische, pädagogische und soziale Dienste, also ein interdisziplinäres Angebot, das wohnort- und familiennah bereitgestellt werden sollte. In diesem Bereich haben sich in den alten Bundesländern sowohl die etwa 757 Frühförderstellen als auch die 69 Sozialpädiatrischen Zentren als unverzichtbare Bestandteile des Versorgungssystems bewährt, ohne in Konkurrenz zueinander zu treten. In den neuen Bundesländern werden ähnliche Strukturen derzeit aufgebaut; regional bestehen aber noch Defizite (Bundesministerium für Arbeit und Sozialordnung, 1994, S. 29 f.).

Während bei den Frühförderstellen mehr die psychologische, pädagogische und soziale Hilfe für Eltern und Kinder im Vordergrund steht, konzentrieren sich die Hilfen sozialpädiatrischer Einrichtungen/Zentren (teilweise auch in Verbindung mit Kliniken) vorzugsweise auf breitgefächerte diagnostische und medizinisch-therapeutische Angebote für Fälle mit besonders schwieriger Problematik. Die Angebote beider Einrichtungsformen sollen sich gegenseitig ergänzen. Die Frühförderung wird zu einem nicht unwesentlichen Teil als ambulantes System organisiert. Dazu zählt in der Hauptsache die Hausfrüherziehung im Elternhaus und in einigen Bundesländern auch die Unterstützung der gemeinsamen Erziehung im Kindergarten.

Der allseitige Ausbau in den vergangenen Jahren führte aber auch zu einer kritischen Rückbesinnung. Der anfänglichen Optimismus, mit Frühförderung Behinderungen *heilen* zu können, konnte nicht aufrecht erhalten werden, und es setzte sich eine realistischere Sicht der erreichbaren therapeutischen Effekte durch.

Mehr und mehr setzte sich die Einsicht durch, dass die kindliche Entwicklung durch Behandlungen nicht unbegrenzt förderbar ist, dass Eltern in der ihnen zugewiesenen Rolle der Cotherapeuten nicht unentwegt belastbar sind und daß solche Grenzen der Förderung auch durch die wichtige Einsicht gesetzt werden, dass sich Kinder letztlich nur durch ihre eigene – und nicht durch aufgezwungene – (Behandlungs-)Aktivität entwickeln. Die alte Maxime, ‚je früher desto besser' und ‚je häufiger desto effektiver' erfuhr eine sinnvolle Korrektur durch die menschliche Erkenntnis, dass frühe Förderung nicht so sehr eine Frage von Behandlungsfrequenz und methodischer Optimierung ist, sondern im Wesentlichen ein Geschehen, dass sich in psychosozialer Interaktion abspielt und somit vor allem von der Art der Vermittlung abhängig ist. Frühförderung ist eben nur unter Berücksichtigung der Eigenaktivitäten des Kindes und in Kooperation mit den Eltern leistbar (Leyendecker/Horstmann, 1997, S. 11 f.).

Als wesentliche Förderziele der Frühförderung für das Kind werden heute formuliert (vgl. Bundesministerium für Arbeit und Sozialordnung, 1999, S. 6):

- Förderung von Wahrnehmung, Bewegung, Interaktion, Kommunikation, Sprache,
- Vermittlung vom Kompensationstechniken,
- Entwicklung lebenspraktischer Fähigkeiten,
- Unterstützung bei der sozialen Entwicklung.

Die Entwicklungsstörung oder Behinderung eines Kindes ist zwar der Anlass zur Einleitung der Frühförderung, sie darf sich aber nicht nur an das Kind richten. Die Einbeziehung der aktuellen Lebenswelt des Kindes, insbesondere die Interaktionen mit den Bezugspersonen sind unentbehrliche Bestandteile der Frühförderung. Die Familie soll durch Frühförderung in einer bejahenden Einstellung zu ihrem Kind bestärkt werden. Sie soll darin unterstützt werden, ihrem Kind trotz vielfältiger besonderer Belastungen Geborgenheit und Sicherheit zu vermitteln. Durch die möglichst frühen Hilfen für die Eltern und die gesamte Familie sollen Fehlverhalten vermieden, die Fähigkeit zur Selbsthilfe gestärkt, Angst abgebaut und Hilflosigkeit überwunden werden. Auch gehört neben psychologischer und pädagogischer Beratung etwa Hilfsmittelberatung, technische Beratungen bei Umbauten im Haus und an Fahrzeugen, häusliche Pflege sowie Unterrichtung über Rechte und Hilfen zum Aufgabenspektrum der Frühförderung.

Formen der Integration in Kindergärten

Da Behinderung recht unterschiedlich auftritt und sich als ein recht unterschiedlich verlaufender Prozess erweist, kann es keine gleiche Konzeption und Organisation für alle Kindergärten geben. So sind die bisher entwickelten Ansätze der Integration recht vielfältig (Speck, 1996, S. 456).

- Einzelne behinderte Kinder in Regelkindergärten,
- Zusammenarbeit zwischen Sonder- und Regelkindergarten,
- Integrative Gruppen in Regel- oder Sonderkindergärten.

In den Regelkindergärten lässt sich ein eindeutiges Schwergewicht bei der Einzelintegration feststellen. In allen Bundesländern besteht diese Möglichkeit. Sie erkennen somit den unbestreitbaren Vorteil der Wohnortnähe an. Wohnortnahe Integration macht umfangreiche ambulante Hilfen notwendig. Vor allem Therapeuten und Frühförderer bieten ihre Unterstützung idealerweise in der Einrichtung und in der Kindergartengruppe an.

Daneben gibt es häufig auch die integrative Kindertagesstätte, die ausschließlich integrativ arbeitet. Sie ist überdurchschnittlich gut ausgestattet und es arbeiten dort auch therapeutische Fachkräfte. In der Regel weisen diese Einrichtungen jedoch einen großen Einzugsbereich auf und haben den Nachteil der langen Anfahrtszeiten für die betreffenden Kinder. *Es lässt sich festhalten, dass bundesweit eine eindeutige Tendenz zur Reduzierung der Gruppengröße besteht, wenn ein Kind mit einer Behinderung aufgenommen wird. Am häufigsten werden das 10+5 Modell und das 12+3 Modell genannt, wobei keine Behinderungsart ausgeschlossen wird. Es gibt auch eine Reihe von Einrichtungen, die mit normalen Gruppenstärken arbeiten – allerdings dann in der Regel mit Dreierbesetzung – also mit zwei Erzieherinnen und einer heilpädagogischen Fachkraft – unter Umständen sogar noch zusätzlich Pflegepersonal* (Bundschuh u. a., 1999, S. 100).

Aber auch im Bereich der Sondereinrichtungen hat sich ein Öffnungsprozess vollzogen, viele Sonderkindergärten beginnen integrative Gruppen einzurichten. Darüber hinaus kommen auch integrative Entwicklungen in der Kinderkrippe und im Kinderhort hinzu.

Aufgaben

1. *Stellen Sie einen Sonderkindergarten und/oder eine integrative Einrichtung im Plenum vor. Was hat Sie angenehm erstaunt?*
2. *Informieren Sie sich beim örtlichen Jugendamt über Art und Umfang der Integration im Elementarbereich. Stellen Sie die Ergebnisse im Plenum vor.*

9.2.3 Materialien und Anregungen

Materialien

- **Ablauf der Frühförderung**

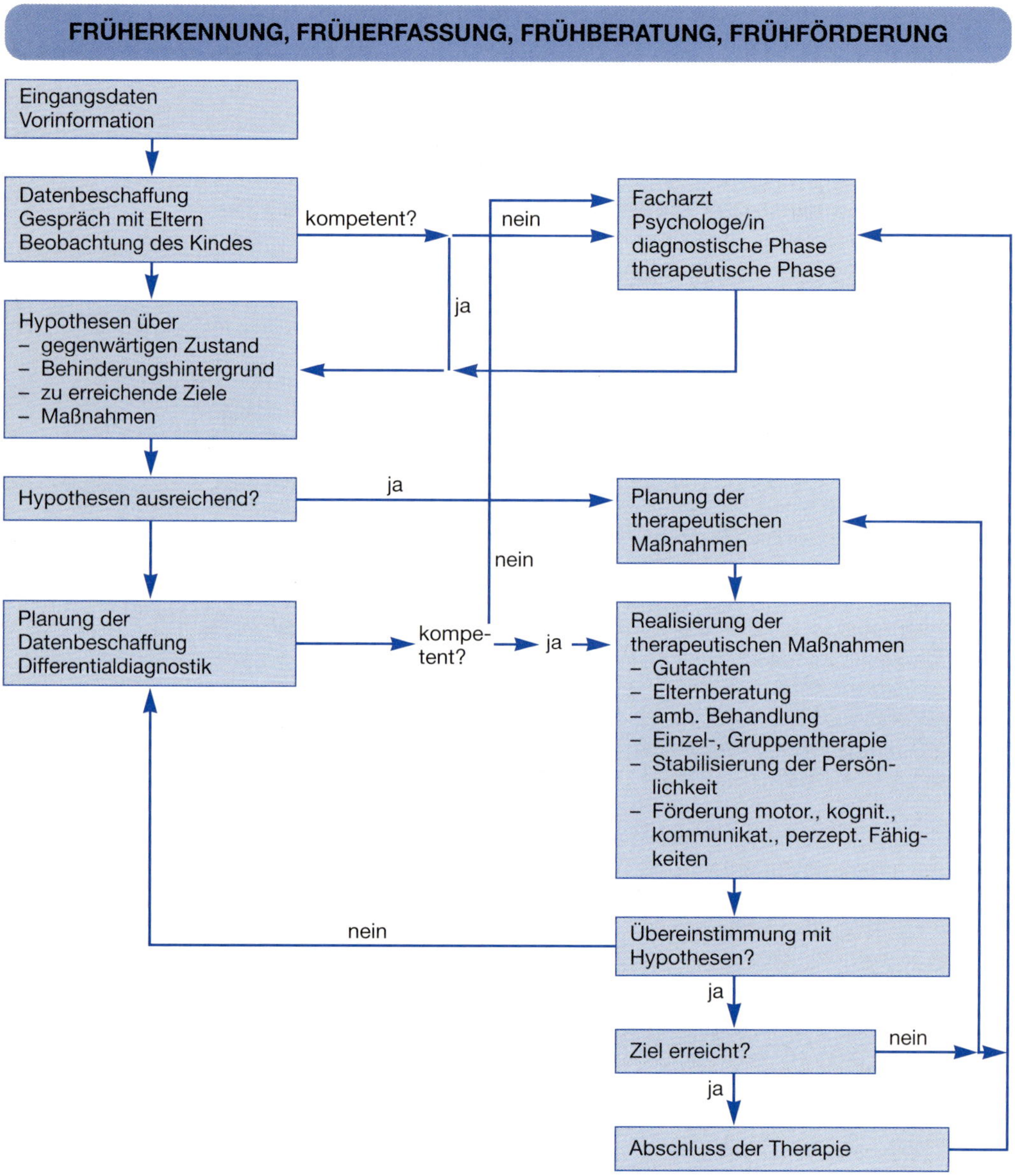

Ablauf von Diagnostik und Therapie (Leyendecker/Horstmann, 1997, S. 308)

Aufgaben

1. *Das Schema gibt den Ablauf der Frühförderung von Diagnostik und Therapie von der Anmeldung bis zum Abschluss der Therapie wieder. Verdeutlichen Sie die Komplexität der Vorgänge in der Phase der Befunderhebung und Diagnostik und die interdisziplinäre Kooperation in der Therapie.*
2. *Entwickeln Sie in Arbeitsgruppen konkrete Übungsbeispiele zu den angegebenen Förderzielen, stellen Sie die Ergebnisse im Plenum vor.*

Grenzen der Integration

Nach Speck (1996, S. 417) müssen für eine Verwirklichung von sozialer Integration behinderter Menschen auch folgende Einsichten berücksichtigt werden:

- Es ist nach wie vor mit negativen Einstellungen zu rechnen. Soziale *Integration* findet an ihnen ihre realen Grenzen.
- Koedukative Überforderungen nichtbehinderter Kinder durch behinderte Kinder können das Gegenteil bewirken.
- Es sind – wo auch immer sinnvoll organisierbar – Kontakte zwischen behinderten und nichtbehinderten Personen anzubahnen und zu pflegen. Der Erfolg gemeinsamer Erfahrungen ist von entsprechenden begünstigenden Bedingungen abhängig.
- Zugleich und im Hinblick auf die Möglichkeit des Scheiterns sozialer Kontakte darf die Förderung der individuellen Handlungskompetenz und der identitätsstützenden Fähigkeiten auf Seiten der behinderten Personen nicht vernachlässigt werden.

Aufgaben

1. *Stellen Sie begünstigende Bedingungen zusammen, die für eine erfolgreiche Integration vorhanden sein müssen.*
2. *Einzelne Schüler können exemplarisch die Arbeit einer Frühförderstelle vorstellen.*
3. *Grundgesetz Artikel 3 Absatz 3, Satz 2: Niemand darf wegen seiner Behinderung benachteiligt werden. Ist die Form der Aussonderung in Sondereinrichtungen mit diesem Grundrecht vereinbar? Begründen Sie Ihre Meinung.*
4. *Da es dabei auf positive gemeinsame Erfahrungen ankommt und zu große gegenseitige Belastungen zu Verfremdungen führen können, ist jeder Versuch gemeinsamer Erziehung und sonstiger gemeinsamer Aktivitäten auf sorgfältige Planung, Begleitung und Reflexion angewiesen. Bloßes Mischen und Geschehenlassen begünstigt die Stärkeren, benachteiligt die Schwächeren. (Speck, 1996, S. 456). Überlegen Sie in Kleingruppen, wie eine solche Planung, Begleitung und Reflexion aussehen könnte.*
5. *Integration durch Segregation ist ein Widerspruch in sich selbst. Integration ist unteilbar (Feuser, 1995, S. 17). Wie stehen Sie zu dieser Aussage?*

6. *Und dies ist ein höchst interessantes Phänomen: Frühbehandlung und Frühförderung wirken meist nicht methoden- oder behandlungsspezifisch, sondern mittelbar; d. h. es ist im wörtlichen Sinne die Art der ,Vermittlung', die Beziehung, die die Wirkung ausmacht ... Jede Fördersituation mit einem Kind ist eine Beziehung, kein Monolog eines Therapeuten zum Kind, sondern eine wechselseitige Beziehung: ein Dialog. Und es muss die Qualität dieses Dialoges sein, die eine gute, kindgemäße und förderliche Therapie ausmacht (Leyendecker/Horstmann, 1997, S. 116 f.).*

   Beschreiben Sie in Kleingruppen genauer, durch welche Merkmale die genannte Beziehung, die Qualität des Dialogs gekennzeichnet sein muss, damit positive Wirkungen erreicht werden. Stellen Sie die Ergebnisse der Klasse vor.

7. *Die im Text genannten Broschüren sind erhältlich beim Bundesministerium für Arbeit und Sozialordnung, Referat Information, Redaktion, Vertrieb, Postfach 500, 53105 Bonn; Tel: 0180/5151510: Frühförderung – Einrichtungen und Stellen der Frühförderung in der Bundesrepublik Deutschland – ein Wegweiser, Bonn, 1999, Bestell-Nr. A 751 und*

   Die Lage der Behinderten und die Entwicklung der Rehabilitation, Bonn 1994, Bestell-Nr. A 125.

   Informieren Sie sich.

Literatur

Bundschuh, K./Heimlich, U./ Krawitz, R., *(Hrsg.): Wörterbuch Heilpädagogik, Klinkhardt, Bad Heilbrunn/Obb, 1999*

Feuser, G., *Behinderte Kinder und Jugendliche – Zwischen Integration und Aussonderung, Wissenschaftliche Buchgesellschaft, Darmstadt, 1995*

Leyendecker, Ch./Horstmann, T., *(Hrsg.): Frühförderung und Frühbehandlung, Wissenschaftliche Grundlagen, praxisorientierte Ansätze und Perspektiven interdisziplinärer Zusammenarbeit, Edition Schindele, Heidelberg, 1997*

Speck, O., *System Heilpädagogik – Eine ökologisch reflexive Grundlegung, Reinhardt, München 1996*

9.3 (Sonder-)Schulalter und Ausbildung

9.3.1 Theoretische Zusammenhänge

● Die Sonderschule

Seit der Empfehlung zur Ordnung des Sonderschulwesens der Kultusministerkonferenz von 1972 gibt es in der Bundesrepublik Deutschland ein differenziertes System von Sonderschulen für verschiedene Behinderungsarten. Sie stellen die äußere Gliederung des Sonderschulsystems dar. Zurzeit gibt es Sonderschulen für Lernbehinderte, Sehgeschädigte (Blinde, Sehbehinderte), Hörgeschädigte (Gehörlose, Schwerhörige), Taubblinde, Geistigbehinderte und Autisten, Verhaltensgestörte (Erziehungsschwierige), Körperbehinderte, Sprachbehindert und Kranke. Teilweise existieren unterschiedliche Bezeichnungen in den Bundesländern.

Der Auf- und Ausbau eines eigenständigen Sonderschulwesens wurde als notwendig angesehen, als es darum ging, behinderten Kindern einen geschützten Raum für die spezielle Verwirklichung ihres Bildungsrechts zu verschaffen. Ihm lag die Vorstellung zu Grunde, dass diese Schüler in der Regelschule durch das dortige Anforderungsniveau wie auch die Form des Unterrichts überfordert würden. Eine weitere Annahme war, dass der Unterricht, würde er auf die behinderten Schüler Rücksicht nehmen, die restlichen Schüler unterfordern würde; diese könnten dann nicht das ihnen mögliche Leistungsniveau erreichen. An der Sonderschule könnte dagegen ein angepasstes schulisches Angebt bereitgestellt werden, das eine optimale Förderung durch behindertenspezifische Methoden und durch die konzentrierte Verfügbarkeit medizinisch-therapeutischer Dienste gewährleistet. Als weitere Gründe für die Besonderheit der Sonderschule wurden genannt: die Reduzierung unmittelbaren sozialen Leidensdruckes; die Gelegenheit, sein Selbstwertgefühl aufzubauen und die Möglichkeit, in einer verständnisvollen Lebensgemeinschaft zu leben (vgl. Speck, 1996, S. 352).

Zunehmend wurde in den vergangenen Jahren Kritik an der Sonderschule geäußert. Wesentliche Aspekte dieser Kritik sind die Stigmatisierungsprozesse, die durch den Besuch der gesellschaftlich schlecht angesehenen Sonderschulen ausgelöst werden (*System-Stigmatisierung – Sonderschulstempel*, Speck 1996, S. 352), Verlust von Freundschaften in der Nachbarschaft bzw. die soziale Isolation gegenüber diesen Kindern. Weiter wurde bemängelt, dass aufgrund der homogen niedrigen Leistungshöhe der Sonderschule Anregungen durch andere Kinder ohne Beeinträchtigungen wegfallen würden, eine Beschränkung der sozialen Erfahrungen auf die Bezugsgruppe ähnlich behinderter Kinder stattfinden würde und die Gefahr einer übermäßige Behütung bestehe (vgl. Bundschuh u. a., 1999, S. 23).

Auf Grundlage dieser in der letzten Zeit immer häufiger vorgetragenen Bedenken und Kritikpunkte verliert das Sonderschulwesen in immer mehr Bundesländern seinen bisherigen Alleinanspruch auf die Unterrichtung behinderter Kinder. So wird auch der herkömmliche Begriff *Sonderschulbedürftigkeit* in der Fachsprache und im Schulrecht zunehmend ersetzt durch das Konzept des *Sonderpädagogischen Förderbedarfs*. Die Kultusministerkonferenz (KMK) stellte in ihren neueren sonderpädagogischen Empfehlungen von 1994 fest: *Die Erfüllung Sonderpädagogischen Förderbedarfs ist nicht an Sonderschulen gebunden; ihm kann auch in allgemeinen Schulen, zu denen auch berufliche Schulen zählen, entsprochen werden* (KMK 1994, Abschnitt I, Abs. 5). So ist die Bildung behinderter junger Menschen als gemeinsame Aufgabe für grundsätzlich alle Schulen anzustreben. Die Sonderschulen verlieren dadurch einen Teil ihrer Bedrohlichkeit als Pflichtinstitution für behinderte Kinder und bewegen sich langsam auf den Status von Angebotsschulen zu (Bundschuh u. a., 1999, S. 265).

Gemeinsamer Unterricht von Behinderten und Nichtbehinderten

Als erste Integrationsbemühungen im schulischen Bereich erregte der Schulversuch zur Integration behinderter und nichtbehinderter Kinder in der Montessori-Schule München Aufmerksamkeit. Einen mehr offiziellen Anstoß zu intensiveren Überlegungen gaben dann die 1973 veröffentlichten *Empfehlungen des Deutsches Bildungsrates zur pädagogischen Förderung behinderter und von Behinderung bedrohter Kinder und Jugendlicher*. Besonders engagierte Eltern behinderter Kinder initiierten zahlreiche Schulversuche im Bundesgebiet (vgl. Speck, 1996, S. 418).
Es ist aber bis heute schwierig sich ein klares und verallgemeinerbares Bild von der Realität dieser schulischen Versuche zu machen. Sie unterscheiden sich allzu sehr in den Bedingungen, Behinderungsarten, Lehrerpersönlichkeiten, Schulausstattungen usw.

Obwohl die Diskussion um die Verwirklichung schulischer Gemeinsamkeit nun schon ein Vierteljahrhundert andauert, ist ihr Ende nicht in Sicht. Speck (1996, S. 418) sieht die Diskussion dadurch gekennzeichnet,

- dass Forderungen nach einer Totallösung, also einer totalen Abschaffung der Sonderschulen weniger zu hören sind;
- dass sich die Einsicht durchgesetzt hat, dass es ohne sonderschulische Einrichtungen nicht geht,
- dass man sich also auf gemischte und plurale Lösungen einzurichten hat.

Maßgebend für diese Situation dürften nicht zuletzt die fehlenden Ressourcen und finanziellen Mittel sein. *Geht man davon aus, dass bei allen Fortschritten einer gemeinsamen Erziehung doch auch spezielle Institutionen erhalten bleiben, so ergibt sich als zwingende Folgerung aus dem Integrationsprinzip ein kooperatives Modell auf der Basis institutioneller Vielfalt. Generell lässt sich sagen, dass nur über eine aktive Öffnung nach außen und über eine organisierte Zusammenarbeit mit Einrichtungen der allgemeinen Erziehung eigene Sonderinstitutionen noch legitimierbar sind* (Speck, 1996, S. 443).

Von Seiten der Bildungspolitik gelten die Sonderpädagogischen Förderzentren als ein wichtiger Schritt zu Weiterentwicklung der integrativen Förderung, für die in einigen Bundesländern zurzeit Konzepte entwickelt und erprobt werden. Es handelt sich um zentrale Einrichtungen, von denen aus Sonderpädagogen verschiedener Fachrichtungen behinderte Kinder an allgemeinen Schulen in einer Region betreuen. Diese Sonderpädagogen unterrichten zusammen mit Lehrern der allgemeinen Schule während mehrerer Wochenstunden und widmen sich dabei den behinderten Schülerinnen und Schülern (vgl. Bundesministerium für Arbeit und Sozialordnung, 1994, S. 89).

Dem Förderzentrum-Konzept der Integrationsbewegung liegt die Auffassung zugrunde, dass behinderte Kinder und Jugendliche in ihren wohnortnahen Regelschulen optimal unterrichtet werden können, wenn sie dort die individuell erforderliche sonderpädagogische Unterstützung (vom Förderzentrum aus) erhalten. *Vereinfacht gesagt: Gemäß Sonderschulkonzept fährt das Kind zum Lehrer, gemäß integrationspädagogischem Förderzentrum-Konzept fährt der Sonderschullehrer zum Kind* (Bundschuh u. a., 1999, S. 86).

Die Integration behinderter Menschen ist heute ein erklärtes Programmziel aller etablierten Instanzen dieser Gesellschaft. Es wird mit einer geradezu selbstverständlichen Gültigkeit vertreten. Obwohl die soziale Wirklichkeit diesem Anspruch nicht gerecht wird. *Nach wie vor bewegt sich die integrative Erziehung und der gemeinsame Unterricht in allen Bundesländern Deutschlands auf der zaghaften Ebene von Modellprojekten oder Schulversuchen, die sehr oft auch nur durch den politischen Druck von engagierten Eltern durchgesetzt werden konnten* (Bundschuh u. a., 1999, S. 145).

Begriffliche Unterscheidungen

Die Unterschiedlichkeit dessen, was in der Diskussion mit dem allzu vagen Begriff der Integration jeweils gemeint ist, ist relativ groß. Sie reicht vom netten Umgang miteinander bis zum bedingungslosen Einbezug aller behinderten Menschen in Regelgruppen.

Eine allgemeine Definition:
Wir können soziale Integration allgemein als eine Prozess- und eine Zielvorstellung beschreiben, die darauf gerichtet ist, dass Menschen in sozialen Gruppen und Institutionen zusammenleben, d. h. sich gegenseitig akzeptieren und einander unterstützen und ergänzen, gleichgültig, ob sie ansonsten eine Behinderung aufweisen oder nicht. Negativ gesprochen geht es um die Vermeidung oder Aufhebung von sozialer Isolation (Speck, 1996, S. 399).

Dieser Prozess ist als wechselseitiger Annäherungsprozess von beiden Seiten her zu sehen, alle Beteiligten verändern sich aufeinander zu. Soziale Integration soll keine Einpassung behinderter Menschen in Lebenszusammenhänge nichtbehinderter Menschen darstellen, *sondern einen Wechselwirkungsprozess, bei dem sich beide Seiten aufeinander zu verändern, so dass gegenseitig adäquate Beziehungen und Verbindlichkeiten, kurzum mehr Gemeinsamkeit und Zugehörigkeit entstehen* (Speck, 1999, S, 394).

Einige begriffliche Unterscheidungen, die in der Diskussion über Integration von Bedeutung sind, sollen hier vorgestellt werden.
Zielgleiche Integration, d. h. die Aufnahme einzelner behinderter Kinder in Grund-, Haupt-, Real-, Gesamtschulen oder Gymnasien, war in Deutschland in Einzelfällen schon immer möglich. Allerdings gab es eine Voraussetzung, nach der diese Kinder den Leistungsanforderungen der jeweiligen Schulart und ihres Lehrplanes gerecht werden konnten und eine weitere sonderpädagogische Förderung oder besondere Pflegemaßnahmen nicht erforderlich waren.
Zieldifferente Integration erfordert demgegenüber ein zieldifferentes Unterrichtskonzept mit einem hohem Maß an innerer Differenzierung der Ziele, Inhalte, Methoden und Medien sowie die Integration sonderpädagogischer Kompetenzen durch Kooperation zwischen den Lehrkräften der jeweiligen Schulart und Sonderpädagogen (vgl. Bundschuh u. a., 1999, S. 145).

Durch *indirekte Integration* wird die Gemeinsamkeit als Ziel betrachtet: Darunter werden Versuche verstanden, die soziale Eingliederung behinderter Menschen dadurch zu erreichen, dass sie durch spezielle und separierte Erziehung eingliederungsfähig gemacht werden. Hier lag die Erfahrung zu Grunde, dass behinderte Menschen deshalb in ihrem Leben isoliert wurden, weil sie keine entsprechenden Fähigkeiten und Sozialisationsmuster erlernt hatten. *Die Erziehung zur Eingliederungsfähigkeit, zur Erwerbsfähigkeit, zur Gesellschaftsfähigkeit ist das Programm der Behindertenerziehung schlechthin gewesen ... Beispielsweise die ganze Blindenpädagogik, die ganze Taubstummenpädagogik, haben von Anfang an dieses Ziel verfolgt* (Speck, 1996, S. 398).

Direkte Integration betrachtet demgegenüber die soziale Eingliederung als Programm und Prozess: Gemeinsamkeit im Lernen, Arbeiten und Wohnen wird nicht nur als Ziel, sondern auch als Weg verstanden. Indirekte Formen werden als Versuch kritisiert, erst durch Ausgliederung eine Eingliederung erreichen zu wollen. Deshalb läuft die aktuelle Diskussion mehr auf direkte Formen der Eingliederung hinaus.

Eine weitere Unterscheidung ergibt sich durch die *Betonung des personalen oder sozialen Aspekts* der Integration. Denn bei der Integration handelt es sich um eine Aufgabe, bei der es einerseits um den einzelnen Menschen und andererseits um eine soziale Gruppe geht. In diesem Sinne können wir begrifflich personale und soziale Integration unterscheiden, *allerdings in einem unaufhebbaren dialektischen Zusammenhang. Menschsein lässt sich für den Einzelnen nur als Mitmenschsein verwirklichen. Daher bedingen sich auch personale und soziale Integration gegenseitig. Sie sind letztlich zwei Seiten ein und derselben Sache* (Speck, 1996, S. 414 f.).

Speck nennt folgende Teilaspekte *personaler Integration* als pädagogische Aufgabenstellungen: relatives gesundheitliches Wohlbefinden, eigene Tüchtigkeit als Lernfähigkeit und praktische Lebensfertigkeiten, Sicherheit im Alltag, Einsicht und Bezug zur Umwelt der Menschen und Dinge, angereicherte und stabilisierende Emotionalität, ein tragfähiges Selbstkonzept, personale Identität, lebensbejahende Motivationen und Einstellungen,
Teilinhalte der *sozialen Integration* könnten folgende sein: mit der gegebenen Umwelt, sei sie behindert oder nicht, kommunizieren und mit ihr handeln, das Ausüben sozialer Rollen, soziale Teilhabe an Gruppen nach eigener Wahl (Spielgruppen, Lerngruppen, Arbeitsgruppen, Freizeitgruppen) wohnhaftes Eingegliedertsein, berufliches Eingegliedertsein, kulturelle Partizipation (vgl. Speck, 1995, S. 414 f.).

Aufgaben

1. *Stellen Sie die Vor- und Nachteile der Sonderschule und der Integration im allgemeinen Schulsystem gegenüber. Welche eigene Auffassung haben Sie zu diesen Positionen?*
2. *Warum gelingt die Integration im Schulsystem längst nicht so gut wie im Elementarbereich?*

3. *Einzelne Schüler können eine Sonderschule bzw. eine integrativ arbeitende Schule vorstellen (Konzept, Schüler, Förderangebote usw.).*

4. *Von welchen Faktoren kann es abhängen, ob ein Kind besser in einer Schule für Behinderte oder in einer allgemeinen Schule gefördert wird?*

● Berufsausbildung

Der Übergang von der Schule in das Arbeitsleben ist für alle Jugendlichen ein entscheidender Schritt. Die Wahl des Berufs- und des Ausbildungswegs erfordert weitreichende Überlegungen und Entscheidungen. Dies gilt um so mehr für die Berufswahl Behinderter; denn diese haben es wegen ihrer Behinderung vielfach schwerer als andere, einen passenden Ausbildungs- oder Arbeitsplatz zu finden (vgl. Kap. 9.4).

Es sind vor allem zwei Prinzipien, an denen sich eine adäquate berufliche Bildung für diesen Personenkreis zu orientieren hat,

- *das Prinzip der sozialen Normalisierung und*
- *das Prinzip der individuellen Kompetenzförderung* (Speck, 1996, S. 510).

Das *Prinzip der sozialen (und beruflichen) Normalisierung* bedeutet, dass die Bedürfnisse und Interessen behinderter und nichtbehinderter Personen grundsätzlich die gleichen sind, und dass alles zu geschehen hat, was behinderten Auszubildenden und Arbeitnehmern eine berufliche Bildung möglichst im Rahmen üblicher Berufsausbildung und ein Arbeitsleben so nahe als möglich an den üblichen beruflichen Lebensbedingungen ermöglicht.
Das *Prinzip der individuellen Förderung* beruflich relevanter Kompetenzen hat Tradition in der Behindertenhilfe. Es stützte und stützt sich nach wie vor auf spezielle Berufsbildungseinrichtungen, in der Regel spezialisiert auf bestimmte Behinderungsarten. Als Lernorte kommen Betrieb, Lehrwerkstatt, Schule und Hochschule in Betracht. Zusätzlich erforderlich erweisen sich berufsvorbereitende Dienste (z. B. zur Berufsfindung und Arbeitserprobung) und beratende Dienste (medizinischer, psychologischer und sozialpädagogischer Art).

Die Institutionen zur beruflichen Rehabilitation, die im Wesentlichen von der Bundesanstalt für Arbeit zentral bestimmt werden, erstrecken sich auf

- berufsorientierende Maßnahmen (Berufswahlvorbereitung),
- Berufsbildung (im dualen System, eventuell Stütz- und Förderkurse),
- Berufsbildungswerke (überbetriebliche Ausbildungsstätten mit angeschlossener Sonderberufsschule) und Berufsförderwerke (Umschulungszentren für Behinderte) und
- ein flächendeckendes Netz von Werkstätten für Behinderte.

Junge Behinderte und ihre Eltern sind deshalb bei ihrer Berufswahl mehr als andere auf sachkundigen Rat und fördernde Hilfe angewiesen. Diese Hilfe zu leisten, ist eine wichtige Aufgabe der Berufsberatung der Bundesanstalt für Arbeit.

So stehen auch Berufsberater für Behinderte zur Beurteilung der beruflichen Eignung von Behinderten zur Verfügung. Sie sind nicht nur für die Berufsorientierung und berufliche Beratung, sondern auch für die Vermittlung von Behinderten in betriebliche oder überbetriebliche Ausbildungsstellen, für den Nachweis schulischer Ausbildungsmöglichkeiten sowie für die Einleitung berufsvorbereitender Maßnahmen zuständig.

Vorrangig soll eine Ausbildung in einem anerkannten Ausbildungsberuf angestrebt werden, die nach Möglichkeit in Betrieben und Verwaltungen erfolgt. Diese setzten allerdings voraus, dass nicht nur Betriebe und Verwaltungen, sondern auch die Berufsschulen bereit und in der Lage sind, während der praktischen und theoretischen Unterweisung auf die spezifischen Bedürfnisse der behinderten Auszubildenden einzugehen.

Eine dauerhafte berufliche Eingliederung ist für Menschen mit Behinderungen von elementarer Bedeutung; sie ist einer der wesentlichen Faktoren und zugleich Voraussetzung für ihre Eingliederung in die Gesellschaft insgesamt. Der technologische Fortschritt und die auf seiner Grundlage entwickelten Hilfsmittel eröffnen insbesondere Körper- und Sinnesbehinderten neue berufliche Chancen, bringen aber zugleich steigende berufliche Anforderungen mit sich, die Lern- und Mehrfachbehinderte in Ausbildung und Beruf nur schwer bewältigen können.
Wo zur Eingliederung ins Arbeitsleben wegen Art und Schwere der Behinderung besondere Hilfen erforderlich sind, stehen diese als Leistungen und Maßnahmen der beruflichen Rehabilitation oder zusätzlich als Leistungen für Schwerbehinderte zur Verfügung; sie sollen nach Art und Umfang den besondern Bedürfnissen des Einzelfalls Rechnung tragen.

Aufgaben

1. *Wie schätzen Sie die aktuellen Möglichkeiten für behinderte junge Menschen auf dem Ausbildungs- und Arbeitsmarkt ein?*
2. *Einzelne Schüler nehmen Kontakt zum Arbeitsamt auf, um dann die Arbeit eines Berufsberaters für Behinderte vorstellen zu können, bzw. ihn in die Schule einzuladen.*
3. *Wie kamen Sie zur eigenen Berufsentscheidung? Was gab schließlich den Ausschlag? Was erscheint Ihnen subjektiv, was objektiv wichtig? Wie könnte i. E. ein solcher Entscheidungsprozess bei einem behinderten Menschen aussehen? Was könnte gleich sein, was wäre in jedem Fall unterschiedlich?*

9.3.2 Praktische Umsetzung

● Schulische Lernorte für Kinder mit Behinderungen

Wenn das Kind in der allgemeinen Schule in seiner persönlichen Entwicklung und seinen Leistungen nicht hinreichend gefördert werden kann, dann wird ein Verfahren zur Feststellung des sonderpädagogischen Förderbedarfs durchgeführt. Handlungsbedarf liegt vor,

- wenn das Kind bereits in einer Frühfördereinrichtung betreut wird,
- wenn die Eltern vor Einschulung des Kindes beobachten, dass es besondere Unterstützung zum Lernen und zu seiner Entwicklung braucht,
- wenn die Schulleitung bei der Einschulung des Kindes Anhaltspunkte dafür hat, dass es sonderpädagogische Förderung benötigt,
- wenn die Lehrerinnen und Lehrer während der Schulzeit des Kindes erkennen, dass es ohne sonderpädagogische Förderung nicht hinreichend gefördert werden kann.

Am Beispiel Nordrhein-Westfalens soll verdeutlicht werden, welche verschiedenen Organisationsformen der sonderpädagogischen Förderung geschaffen worden sind.

SONDERPÄDAGOGISCHE FÖRDERUNG AN UNTERSCHIEDLICHEN FÖRDERORTEN

Allgemeine Schulen

Gemeinsamer Unterricht in der Grundschule 1

Gemeinsamer Unterricht in der Sekundarstufe I und II
– zielgleich –

Sonderpädagogische Fördergruppe 2

Sonderschulen

Zehn Sonderschultypen
Förderschwerpunkt für

Sehgeschädigte
Schule für Blinde
Schule für Sehbehinderte

Hörgeschädigte
Schule für Gehörlose
Schule für Schwerhörige

Lern- und Entwicklungsstörungen
Schule für Erziehungshilfe
Schule für Lernbehinderte
Schule für Sprachbehinderte

geistige Entwicklung
Schule für Geistigbehinderte

körperliche und motorische Entwicklung
Schule für Körperbehinderte

Schule für Kranke
3

Schulen im organisatorischen und personellen Verbund 4

Sonderschulklasse 5

Sonderpädagogische Förderung in **Schulversuchen** 6

Gemeinsamer Unterricht in der Hauptschule und in der Gesamtschule
– zieldifferent –
7

Integrative Grundschulklasse 8

Förderschule 9

Welche Förderarten gibt es? (Ministerium für Schule und Weiterbildung, Wissenschaft und Forschung NW: Alle Kinder wollen lernen – Wissenswertes für Eltern von Kindern mit Behinderungen, Düsseldorf 1998, S. 10)

Grundlage ist das Gesetz zur Weiterentwicklung der sonderpädagogischen Förderung in Schulen (1995). Dieses Gesetz ermöglicht gemeinsamen Unterricht, schränkt aber ein, *wenn die erforderlichen*

- *personellen Voraussetzungen (Lehrerstunden für die sonderpädagogische Förderung und – wenn notwendig – anderes Personal, z. B. medizinisch-therapeutisches Personal, Pflegekräfte) und*
- *die sächlichen Voraussetzungen (z. B. notwendige zusätzliche Räume, sanitäre Einrichtungen, Rampen, Unterrichtsmittel oder besonders ausgestattete Arbeitsplätze) an der allgemeinen Schule vorliegen oder geschaffen werden können.*
  Der Schulträger (als Träger für die Sachkosten und das nicht-lehrende Personal) muss dem gemeinsamen Unterricht zustimmen. (Ministerium für Schule und Weiterbildung, a. a. O., S. 11)

Aufgaben

1. *Einzelne Schüler können die gesetzlichen Bestimmungen für den gemeinsamen Unterricht eines Bundeslandes vorstellen. Welche Ähnlichkeiten, Unterschiede gibt es?*
2. *Einzelne Schüler können beim Schulträger vor Ort Erkundigungen einholen, in welchem Umfang ein solcher gemeinsamer Unterricht ermöglicht wird. Stellen Sie die Ergebnisse im Plenum vor.*

Einige Erläuterungen zum Schema:
Kann ein Kind mit sonderpädagogischem Förderbedarf das Bildungsziel der Grund- oder Hauptschule oder einer anderen Schule im Sekundarbereich I erreichen, so wird die Förderung *zielgleich* genannt. Wird es nach dem Bildungsziel einer Schule für Geistigbehinderte oder einer Schule für Lernbehinderte unterrichtet, so wird die Förderung im gemeinsamen Unterricht *zieldifferent* genannt.
Sonderpädagogische Fördergruppen sind Tel der allgemeinen Schule. In ihnen werden bis zu acht Kinder mit meist unterschiedlichem sonderpädagogischen Förderbedarf von einer Sonderschullehrkraft oder je nach Konzept auch von Lehrkräften der allgemeinen Schule unterrichtet. Sie können jahrgangsübergreifend geführt werden.
In Schulversuchen werden neue pädagogische Konzepte oder Organisationsformen zeitlich begrenzt erprobt. Mit dem Schulversuch *Förderschule* soll festgestellt werden, wie lernbehinderte, erziehungsschwierige und sprachbehinderte Schülerinnen und Schüler in einer Sonderschule gemeinsam gefördert werden können.

Besondere Anforderungen der Integration

Integration als pädagogische Aufgabe innerhalb des Schulsystems versucht das Leben und Lernen in der Gemeinschaft von behinderten und nichtbehinderten Kindern und Jugendlichen zu ermöglichen und durch didaktische und methodische Maßnahmen professionell zu unterstützen. Dabei geht es nicht

nur um soziale Integration im Sinne des Geltenlassens und Bestehens behinderter Mitmenschen und deren Eingliederung in die Welt der Nichtbehinderten.
Integration im umfassenden pädagogischen Verständnis bedeutet vielmehr, dass alle Kinder und Jugendlichen im gemeinsamen Leben und Lernen, nach ihren individuellen Möglichkeiten und Grenzen an gemeinsamen Inhalten beteiligt sind, gemeinsam spielen, lernen und arbeiten. Wichtig ist dabei, den behinderten Kindern und Jugendlichen an den gemeinsamen Lernprozessen eine aktive Teilnahme zu ermöglichen, denn ihre bloß physische Anwesenheit kann auch zur Bestätigung alter oder zu neuen Vorurteilen führen (Bundschuh u. a., 1999, S. 144)

Die Bedingungen für eine im Einzelfall mögliche schulische Eingliederung werden von drei Seiten her gesetzt:

- *zum einen vom System Schule einschließlich der Lehrer*
- *zum anderen von den beteiligten Eltern und*
- *schließlich von der psycho-physischen Befindlichkeit des behinderten Schülers, d. h. von seinen besonderen Förderungserfordernissen* (Speck, 1996, S. 422 f.).

Aufgabe

Versuchen Sie in Arbeitsgruppen, zu diesen drei Bedingungsfeldern konkrete positive und negative Faktoren zusammenzustellen.

Schulische Eingliederung schwerbehinderter Kinder

Von Anfang an bezog sich die Integrationsdiskussion in aller Regel auch auf die schulische Eingliederung von Kindern und Jugendlichen mit schweren körperlichen und geistigen Behinderungen. Aber gerade in dieser Hinsicht klaffen Zielsetzung und Realität besonders weit auseinander. So sind hier etliche Widersprüchlichkeiten zu erkennen.

- Die Forderung der prinzipiellen schulischen Integrierbarkeit aller behinderten Schüler steht im Widerspruch zur gleichzeitigen Postulierung oder Tolerierung weiter bestehen bleibender Schulen für Behinderte.
- Die zu erwartende Verlagerung der weniger stark behinderten Schüler in Integrationsklassen führt zu einer Restschule für vorwiegend schwerstbehinderte Schüler einschließlich solcher mit schweren Verhaltensstörungen.
- Grenzen der schulischen Integration werden auch im Leistungsprinzip in unserer hochentwickelten Gesellschaft gesehen.

Eine Überlegung, wie man aus dem Dilemma herausfinden könnte, muss m. E. zumindest von der Absicherung der bisher geschaffenen Möglichkeiten der pädagogischen Förderung schwer behinderter Kinder und Jugendlicher ausgehen. Niemand könnte die Forderung nach einer Preisgabe dieses Sicherheitsnetzes verantworten, ohne dass bindend bessere Möglichkeiten gesichert sind. Die enorme psychische Beanspruchung, unter der gerade Eltern geistig behinderter Kinder stehen, verbietet es, ihnen von fachlicher oder politischer Seite her Versprechungen zu machen, oder konkrete Erwartungen zu wecken, die völlig utopisch sind. Eltern haben in diesem Punkt eine andere Zeitdimension für Utopien als Pädagogen (Speck, 1996, S. 441 f.).

Aufgabe

Interpretieren Sie Specks Aussagen. Was ist Ihnen nachvollziehbar? Was möchten Sie noch wissen?

● Außerbetriebliche Ausbildung

Auch bei voller Nutzung und Ausschöpfung ambulanter Förder- und Betreuungspotenziale können nicht alle behinderten Jugendlichen betrieblich ausgebildet werden. Deshalb wird die Notwendigkeit fortbestehen, für jugendliche Behinderte, die während ihrer Ausbildung besonderer medizinischer und therapeutischer Hilfen bedürfen, überbetriebliche Bildungskapazitäten mit entsprechenden begleitenden Fachdiensten bereitzustellen. Auf überbetriebliche Bildungsangebote angewiesen sind vor allem Mehrfachbehinderte sowie Jugendliche mit psychischen und deutlichen Lernbehinderungen.

Bei den Personen, die wegen einer Lernbehinderung besondere Hilfen zu ihrer dauerhaften beruflichen Eingliederung benötigen, handelt es sich in der Mehrzahl um Jugendliche zwischen 15 und 18 Jahren, überwiegend Abgänger von Sonderschulen für Lernbehinderte. Die Betroffenen haben oft Schwierigkeiten bei der Aufnahme komplexer Sachverhalte, lernen langsamer und benötigen klare, überschaubare Instruktionen. Kognitiven Schwächen stehen jedoch nicht selten gute praktische Fähigkeiten gegenüber, die die Betroffenen in die Lage versetzen, sich dauerhaft in den allgemeinen Arbeitsmarkt einzugliedern; dies unterscheidet sie von geistig Behinderten, für die in den meisten Fällen die Beschäftigung in einer Werkstatt für Behinderte die übliche Lösung darstellt (Bundesministerium für Arbeit und Sozialordnung, 1994, S. 134 f.).

Psychisch Behinderte besitzen die gleichen Rechtsansprüche auf erforderliche Hilfen und Leistungen. Es liegt deshalb kaum an den rechtlichen Rahmenbedingungen, wenn die berufliche Rehabilitation psychisch Behinderter noch nicht mit gleicher Selbstverständlichkeit wie z. B. bei Körperbehinderten erfolgt.

Vielmehr erschweren die besonderen, individuellen Ausprägungen dieser Behinderungsform eine zielgerichtete Rehabilitation in besonderer Weise. Oft ist hier bei Beginn der beruflichen Rehabilitation keine sichere Erfolgsprognose möglich; dann müssen Rehabilitationsperspektiven erst im Rahmen einer spezifischen Berufsvorbereitung entwickelt werden, die den Weg aus der klinischen Betreuung in die berufliche und soziale Wirklichkeit finden hilft ... Sinnvoll ist auch, engen Kontakt zur Familie oder sonstigen ‚Bezugspersonen‘ der Rehabilitanten zu suchen; oft ist neben unrealistischen Vorstellungen der Behinderten auch Wunschdenken der Eltern Teil der Erkrankungsdynamik und muss im Rahmen der Berufswahlentscheidung mit aufgearbeitet werden (Bundesministerium für Arbeit und Sozialordnung, 1994, S. 137 f.).

Vor allem Berufsbildungswerke oder vergleichbare Rehabilitationseinrichtungen sind in der Lage, diesen besonderen Anforderungen gerecht zu werden; sie sind deshalb auch weiterhin unverzichtbarer Bestandteil der beruflichen Rehabilitation. Gleiches gilt für Berufsförderwerke, die auf dem Sektor der beruflichen Fortbildung und Umschulung erwachsener Behinderte tätig sind und die ebenfalls spezifische Bildungsbegleitende Dienste bereithalten.

Beide Einrichtungsformen erfüllen unter zunehmend schwierigeren Bedingungen die unverzichtbare Aufgabe, denjenigen Behinderten den Weg ins Arbeitsleben zu ermöglichen, die diesen Weg unter den Gegebenheiten unseres Ausbildungssystems sonst nicht gehen könnten, und leisten hierbei erfolgreiche Arbeit. Nach regelmäßigen Erhebungen stehen durchschnittlich über 80 v. H., nach letzten Erhebungen sogar über 85 v. H. der Absolventen binnen Jahresfrist in einem Beschäftigungsverhältnis; ohne die Berufsbildungs- und Berufsförderungswerke hätten diese Behinderten keine qualifizierte berufliche Bildung und damit nur geringe Chancen auf dem Arbeitsmarkt. (Bundesministerium für Arbeit und Sozialordnung, 1994, S. 117 f.)

Aufgabe

Stellen Sie heraus, welche der genannten Aufgabenstellungen zum Tätigkeitsfeld eines Heilerziehungspflegers und einer Heilerziehungspflegerin gehören können.

9.3.3 Materialien und Anregungen

Materialien

- **Schwerbehindertenabgabe**

Zur besseren Eingliederung Schwerbehinderter in das Arbeits- und Berufsleben hat der Gesetzgeber es zur Pflicht der Arbeitgeber gemacht, einen bestimmten Teil der Arbeits- und Ausbildungsplätze und ihrer sonstigen Stellen mit Schwerbehinderten zu besetzen. Danach hat jeder Arbeitgeber, der über mindestens 16 Arbeitsplätze verfügt, auf wenigstens 6 v. H. dieser Plätze Schwerbehinderte zu beschäftigen; diese Verpflichtung gilt gleichermaßen für private wie für öffentliche Arbeitgeber. Kommen Arbeitgeber ihrer Beschäftigungspflicht nicht oder nicht in dem vorgeschriebenen Umfang nach, müssen sie eine Ausgleichsabgabe leisten.

Die Beschäftigungsquote ist von 5,2 v. H. in 1986 auf 4,3 v. H. im Jahre 1992 gesunken; diese Quote bildet sich aus Quoten von 4,4 v. H. für die alten und von 3,5 v. H. für die neuen Bundesländer. Die privaten Arbeitgeber wiesen 1992 bundesdurchschnittlich eine Beschäftigungsquote von 3,9 v. H., die öffentlichen Arbeitgeber eine von 5,2 v. H. auf (Bundesministerium für Arbeit und Sozialordnung, 1994, S. 144 f.).

Aufgaben

1. *Wie beurteilen Sie die gesetzliche Verpflichtung?*
2. *Warum wird sie nicht in vollem Umfang verwirklicht?*

Erfahrungen mit Integration in der Schule

Aus einem historischen Rückblick wird deutlich, dass Integrationspädagogik aus sozialen Bewegungen von Eltern und pädagogisch Tätigen entstanden ist. Die Integrationspraxis ging der Integrationspädagogik also historisch voraus und bot erst die Grundlage für darauf bezogene erziehungswissenschaftliche Forschung (vgl. Bundschuh u. a. 1999, S. 150).

Bei der Bewertung der Erfahrungen in den zahlreichen Schulversuchen ist zu berücksichtigen, dass diese jeweils unter bestimmten Versuchsbedingungen durchgeführt wurden und deshalb nicht ohne weiteres verallgemeinerbar sind. Erfolgreiche Integration in der Schule hängt auch von den entsprechenden Organisations- und Leistungsstrukturen im jeweiligen System ab. Vielfach waren hier Rahmenbedingungen gegeben, mit denen im üblichen Schulsystem nicht zu rechnen ist. Fasst man diese Beobachtungen unter den besonderen, d. h. günstigen und förderlichen Bedingungen zusammen, so lässt sich Folgendes feststellen (vgl. Speck, 1996, S. 427 f.):

- Es ist nachweislich möglich, dass das soziale Lernen und damit die gegenseitige soziale Akzeptanz der Schüler gefördert wird. Es können Freundschaften entstehen, die sonst nicht zustande gekommen wären.
- Die behinderten Schüler können erleben, dass sie zur Gemeinschaft der Kinder an sich gehören, vor allem dann, wenn ihre menschlichen Fähigkeiten und Qualitäten das Zusammensein bestimmen und nicht so sehr die Schulleistungen.
- Die behinderten Schüler haben zudem die Chance, sich unter einem gewissen schützenden Rahmen auf soziale Konflikte und deren Verarbeitung einzustellen.
- Nichtbehinderte Schüler haben die unmittelbare Gelegenheit, soziale Erfahrungen mit behinderten Gleichaltrigen zu machen, und diese können unter pädagogischer Anleitung aufgearbeitet werden.
- Bei den integrationsinteressierten Lehrerinnen und Lehrern der allgemeinen Schule konnte ein besonderes pädagogisches Engagement beobachtet werden, das u. a. zu Veränderungen des eigenen unterrichtlichen Ansatzes führte, z. B. zu mehr sozialpädagogischer Ausrichtung.
- die Eltern der behinderten Schüler begrüßen in besonderem Maße die Zugehörigkeit ihres Kindes zur üblichen schulischen Gemeinschaft, vor allem aber auch ihre eigene Einbezogenheit in die Gruppe der Eltern auch nichtbehinderter Kinder.
- Bei Schulleistungen können bei den beteiligten Schülern keine Beeinträchtigungen beobachtet werden.

Diese Erfahrungen der Integration sind unter besonders günstigen Bedingungen gemacht worden. Liegen diese nicht vor, können auch gewisse Nachteile wirksam werden, vor allem wenn die erforderlichen zusätzlichen Voraussetzungen nicht in hinreichendem Maße gegeben sind.

So werden nicht alle behinderten Kinder in gleicher Weise den gesteigerten persönlichen Anforderungen in gemeinsamen Klassen gewachsen sein. Es kann auch zu Überforderungen kommen. Es können sich auch soziale Ablehnungen ausprägen. Bei behinderten Kindern ist auch das Bedürfnis zu beobachten, sozialen Gruppen mit Kindern gleicher Behinderung anzugehören.
Bei weitem nicht alle Lehrer der allgemeinen Schule sind bereit und im Stande, eine Klasse mit gemeinsamem Unterricht zu übernehmen, die Überforderung zeigt sich in einem relativ häufigen Lehrerwechsel.
Nicht alle Eltern nichtbehinderter Kinder begrüßen den gemeinsamen Unterricht. Gegebenenfalls nehmen sie ihr Kind aus einer solchen Klasse heraus, um zu vermeiden, dass es nicht genügend Lernfortschritte macht.

Es ist schwer, derartige Beobachtungen zu gewichten und in ihrer Bedeutung für das Gesamtgeschehen Integration einzuschätzen. Das aber erscheint uns nicht als die entscheidende Frage. Diese ist vielmehr darin zu sehen, wie man mit den unterschiedlichen Erfahrungen und den beobachteten Widersprüchlichkeiten pädagogisch umzugehen hat. Ihre Bagatellisierung oder gar Ablehnung wären ebenso unverantwortlich wie deren überzogene Verallgemeinerung. Das pädagogisch Beste wird sich am ehesten dann finden lassen, wenn man sich dem Widerstreit stellt und ihn aushält, sich also nichts vormacht, freilich auf der Basis der Überzeugung und Motivation, pädagogisch das zu verwirklichen, was den Kindern wirklich dient und sie voranbringt – über gegebene Hemmnisse und Erschwerungen hinaus (Speck, 1996, S. 429).

Aufgaben

1. *Diskutieren Sie folgende Aussagen:*

   Es ist ein nicht aufzulösender Widerspruch, Integration durch Aussonderung erreichen zu sollen, sodass die schulische Separation behinderter Kinder letztlich pädagogisch nicht begründet zu rechtfertigen ist. (Bundschuh u. a., 1999, S. 144)

   Auch heute kann nicht in jedem Fall die Notwendigkeit abgewiesen werden, dass behinderte Personen zur Ausbildung bestimmter Fertigkeiten dafür besonders ausgestattete Einrichtungen, z. B. der sozialen und beruflichen Rehabilitation, besuchen, weil die allgemeinen zur Verfügung stehenden Einrichtungen derart spezielle Hilfen nicht anbieten können (Speck, 1996, S. 398).

2. *Welche Organisationsformen sonderpädagogischer, integrativer Förderung es an Ihrem Wohnort gibt, können Sie im Schulamt der Stadt oder des Kreises erfahren. Auch die Sonderschulen am Wohnort können Interessierten Auskunft geben. Stellen Sie die Ergebnisse solcher Befragungen im Plenum vor.*

Literatur

Die im Text genannten Broschüren:
Bundesministerium für Arbeit und Sozialordnung, Die Lage der Behinderten und die Entwicklung der Rehabilitation, Bonn 1994, erhältlich über das Referat Öffentlichkeitsarbeit, Postfach 140280, 53107 Bonn; Tel: 0228/527-1111, Bestell-Nr. A 125

Ministerium für Schule und Weiterbildung, Wissenschaft und Forschung des Landes Nordrhein-Westfalen (Hrsg.), Alle Kinder wollen lernen – Wissenswertes für Eltern von Kindern mit Behinderungen, Düsseldorf 1998, erhältlich beim Referat für Öffentlichkeitsarbeit, Völklinger Straße 49, 40221 Düsseldorf, Tel: 0211/89603

Bundschuh, K./Heimlich, U./Krawitz, R. Hrsg., Wörterbuch Heilpädagogik, Bad Heilbrunn/Obb 1999

Feuser, G., Behinderte Kinder und Jugendliche – Zwischen Integration und Aussonderung, Darmstadt 1995

Speck, O., System Heilpädagogik – Eine ökologisch reflexive Grundlegung, München 1996

9.4 Erwerbsleben von Menschen mit Behinderung

9.4.1 Theoretische Zusammenhänge

Arbeit ist das halbe Leben! – Wer kennt nicht diesen Ausspruch und tatsächlich bedeutet die Lebensphase des Erwerbslebens wohl mehr als nur bloßer Broterwerb. *Arbeit* hat in unserem Kulturkreis sowohl eine hohe wirtschaftliche als auch soziale und psychische Bedeutung. Im Bereich der Berufs- und Arbeitswelt sichert sich jeder einzelne Mensch die materielle Grundlage für seine Existenz. Aber darüber hinaus leistet Arbeit einen wesentlichen Beitrag an Sinnerfüllung im Leben. Man kann sogar sagen, dass *Arbeit* einer von mehreren bedeutsamen Bereichen ist, die die Persönlichkeit des Menschen ausmachen. Arbeit ist sozusagen eine *Säule der Identität* (Petzold, 1993) des Menschen. Leistungen, die wir im Arbeitsbereich erbringen, die Arbeitszufriedenheit, die Erfolgserlebnisse und die Freude am Tun und der eigenen Leistungsfähigkeit bestimmen nachhaltig unsere Identität und definieren uns als Mensch, der wir so und nicht anders sind. Aber unsere Persönlichkeit wird ebenso durch Arbeit im Negativen geprägt, sei es durch die Arbeitsbelastung, durch entfremdete, überfordernde oder stupide Arbeiten, durch fortgesetzte Herabsetzung (z. B. *Mobbing*) oder durch mangelnde Würdigung unserer Leistungsfähigkeit durch Vorgesetzte, Arbeitskollegen und die Gesellschaft, ausgedrückt z. B. in schlechter Bezahlung der erbrachten Leistung.

Aufgaben

1. *Überlegen Sie einmal: Welche Bedeutung hat Arbeit für mich ganz persönlich?*
2. *Welche Säulen der Identität gibt es noch?*

Arbeit ist auch für behinderte Menschen eine von mehreren identitätsstiftenden Persönlichkeitsbereichen und bedeutet ein Stück Lebensqualität. Allerdings bleibt einem großen Teil behinderter Menschen das Erwerbsleben versperrt und damit ein bedeutsamer Teil der Entwicklung eines Selbstkonzeptes versagt. Es gibt in Deutschland kein einklagbares Recht auf Arbeit.

Einem Behinderten traut erst mal niemand echte Leistungsfähigkeit zu, und beweist er sie dennoch, gibt es tausend gute Gründe, ihn trotzdem nicht einzustellen – ein Aufzug kann nicht eingebaut werden, das Haus ist zu alt, die Gänge sind für uns Rollstuhlfahrer zu eng, man weiß nicht, ob die Kolleg(inn)en sich auf Dauer mit ihrer Hilfsbereitschaft nicht überfordert fühlen, und selbst wenn, sieht es keiner gern, wenn mein Betreuer dabei ist ... All diese Argumente habe ich oft hören müssen, und sobald mich jemand persönlich sah, bekam ich nicht mal die Chance, mich zu beweisen. (Tillmann Kleinau, Stuttgart, Aktion Grundgesetz, 1997)

Wenn mobilitäts- oder sinnesbehinderte Menschen eine Stelle auf dem allgemeinen Arbeitsmarkt suchen, wird ihnen häufig nur wenig zugetraut. Selbst behinderte Menschen mit guter Qualifikationen und guten Schulabschlüssen finden somit selten einen Arbeitsplatz. In den 90er Jahren stieg die Zahl der von den Versorgungsämtern als *Schwerbehindert* (Grad der Behinderung von wenigstens 50) eingestuften arbeitslosen Menschen in Deutschland dramatisch auf 195 000 im Jahre 1996. Dabei ist die so genannte verdeckte Arbeitslosigkeit noch unberücksichtigt, denn vor allem viele Frauen mit Behinderung würden ebenfalls gern arbeiten gehen, melden sich aber nicht beim Arbeitsamt. In den letzten Jahren wurde diese Problemlage durchaus erkannt und eine neu Arbeitsmarktpolitik, letztlich auch auf Druck der Behindertenverbände und der Arbeitgeberverbände, eingeleitet. Ob jedoch das Aktionsprogramm der Bundesregierung *50 000 Stellen für Schwerbehinderte* sowie die Änderung des Schwerbehindertengesetzes und die geplanten Gesetzesänderung bzgl. der Verbesserung der Mobilität von behinderten Menschen im Jahr 2001 die gewünschten langfristigen Verbesserungen auf dem Arbeitsmarkt bringen, ist fraglich. Im Juli 2001 wurden vom Arbeitsamt 169.716 arbeitslose schwerbehinderte Arbeitnehmer gemeldet.

Aufgabe

Unter den Internetadressen www.arbeitsamt.de und www.jobs-fuer-schwerbehinderte.de können Sie aktuelle Arbeitslosenstatistiken sowie Informationen und Gesetzesgrundlagen für die berufliche Rehabilitation abrufen. Überprüfen Sie, ob es der Bundesregierung gelungen ist die Arbeitslosigkeit zu senken!

Um behinderten Arbeitnehmern die berufliche Eingliederung zu ermöglichen wurde im neuen Schwerbehindertengesetz (SchwbG) festgelegt, dass private und öffentliche Arbeitgeber, die mehr als 20 (vor dem Jahr 2001: 16) Arbeitnehmer beschäftigen, auf wenigsten 5 % (vorher 6 %) der Arbeitsplätze schwerbehinderte Arbeitnehmer zu beschäftigen haben. Über Rechtsverordnung ist es dem Gesetzgeber jederzeit möglich diesen Pflichtsatz wieder auf 6 % zu erhöhen. Pro nicht besetzten Pflichtplatz haben die Arbeitgeber eine monatliche *Ausgleichsabgabe* zu entrichten, die 400,00 EUR beträgt, in der Neufassung des SchwbG jedoch zusätzlich gestaffelt wurde und bei einer Beschäftigungsquote von unter 2 % nun 1 000,00 EUR pro Monat beträgt. Der Gesetzgeber betont jedoch ausdrücklich, dass die Zahlung der Ausgleichsabgabe nicht die Pflicht zur Beschäftigung schwerbehinderter Arbeitgeber aufhebt. Ein Arbeitgeber, der vorsätzlich und fahrlässig diese Pflicht nicht erfüllt, muss wegen dieser Ordnungswidrigkeit mit einer Geldstrafe von 5 000,00 EUR rechnen. Die Ausgleichabgabe wird an die Hauptfürsorgestellen entrichtet und darf nur zum Zwecke der Arbeits- und Berufsförderung und zur begleitenden Hilfe im Arbeits- und Berufsleben schwerbehinderter Arbeitnehmer eingesetzt werden. Wenn Arbeitgeber Aufträge an die Werkstätten für Behinderte (WfB) entrichten, können sie sich bis zu 30 % des Rechnungsbetrages auf die Ausgleichsabgabe anrechnen lassen.

Aufgaben

1. *Nehmen Sie Stellung und diskutieren Sie das gesetzliche Mittel der Ausgleichsabgabe. Halten Sie diese Regelung für gerechtfertigt und geeignet um Behinderte beruflich eingliedern zu können?*
2. *Welche alternativen Regelungen würden Ihnen einfallen?*
3. *Wie beurteilen Sie die Neuerungen im SchwbG?*

9.4.2 Praktische Umsetzung

● Angepasste Arbeit und soziales Miteinander – Werkstätten für Behinderte (WfB)

In Deutschland gibt es ein flächendeckendes Netz von über 1100 Werkstätten für Behinderte (inkl. Zweigstellen) mit ca. 210.000 Beschäftigten. Denjenigen Menschen mit Behinderung, *die wegen der Art oder Schwere der Behinderung nicht oder noch nicht wieder auf dem allgemeinen Arbeitsmarkt tätig sein können,* bieten die Werkstätten für Behinderte einen *Arbeitsplatz oder Gelegenheit zur Ausübung einer geeigneten Tätigkeit* (SchwbG, § 54). Werkstätten für Behinderte stehen allen Menschen unabhängig von Art und Schwere der Behinderung offen. Ein Mindestmaß wirtschaftlich verwertbarer Arbeitsleistung muss erbracht werden, dies sollte jedoch weit und großzügig ausgelegt werden, um auch Schwerstbehinderten Arbeit zu ermöglichen.

75–80 % der Mitarbeiter in Werkstätten für Behinderte gelten als geistigbehindert;

10–15 % als psychisch krank,

ca. 10 % sind vorwiegend körperbehindert und

5 % der Mitarbeiter weisen andere Behinderungen auf (WfB-Handbuch, Bd. 2000).

Unabhängig von Art und Schwere der Behinderung und der jeweiligen Leistungsfähigkeit haben die Werkstätten Voraussetzungen dafür zu schaffen, dass alle behinderten Menschen in ihrem Einzugsbereich aufgenommen werden können. Aufgabe der Werkstätten für Behinderte ist es, ein qualifiziertes Arbeitsangebot zu schaffen, das die Fähigkeiten des einzelnen Mitarbeiters berücksichtigt und sie weiter fördert und fordert.

Werkstätten für Behinderte haben einen *dualen Auftrag*, das heißt die Tätigkeit in einer WfB soll

- darauf ausgerichtet sein, behinderte Menschen in den allgemeinen Arbeitsmarkt wieder einzugliedern und eine optimale Produktivität und Kundenzufriedenheit herzustellen (*Arbeitsmarktorientierte oder produktionsorientierte Zielsetzung*)
- eine optimale Förderung von Fähigkeiten und der Persönlichkeit behinderter Menschen gewährleisten und somit auch Menschen mit Schwerstbehinderung eine geeignete Beschäftigung und Betreuung bieten (*Persönlichkeitsfördernde Zielsetzung*).

Qualifizierte Mitarbeiter aus unterschiedlichen Fachrichtungen, d. h. Pädagogen, Sozialarbeiter, Arbeitspädagogen, Heilerziehungspfleger, Handwerksmeister und Handwerker, in der Regel mit sonderpädagogischer Zusatzqualifikation, haben die Aufgabe dem behinderten Menschen einen sinnvollen und den Fähigkeiten angepassten Arbeitsplatz bereitzustellen.

Waren früher Bürsten- und Besenwaren typische Produkte *Beschützender Werkstätten*, bieten mittlerweile Werkstätten für Behinderte ein sehr differenziertes und kreatives Arbeitsangebot, angefangen von einfachen Montage- und Verpackungsarbeiten sowie Kabelkonfektionierung bis hin zu Buchbindearbeiten, Küchenservice, Holz- und Papierverarbeitung.

Komplexe Fertigungen werden dabei in viele kleine Einzelschritte mit unterschiedlichem Schwierigkeitsgrad aufgegliedert, um vielen Menschen eine Mitarbeit zu ermöglichen. Eine WfB hat mindestens 120 Werkstattplätze und muss vielfältige Tätigkeitsfelder bereitstellen. Die Arbeit wird in Gruppen/Abteilungen verrichtet und das Betreuungsverhältnis beträgt im Produktionsbereich 1 : 12, einen Mitarbeiter auf zwölf behinderte Arbeitnehmer. Den behinderten Arbeitnehmern müssen Mitwirkungs- und Mitbestimmungsrechte in der WfB eingeräumt werden.
Der soziale Dienst der WfB bereitet Aufnahme und Entlassung der behinderten Arbeitnehmer vor, bemüht sich um die Integration in den allgemeinen Arbeitsmarkt und betreut Mitarbeiter in externen Firmen. Darüber hinaus halten die Mitarbeiter des sozialen Dienstes Kontakt zu Kliniken, Kostenträgern und Wohnheimen und koordinieren arbeitsbegleitende Maßnahmen wie Sport, Schwimmen, Gymnastik, Singen, Ferienfreizeiten und Erwachsenenbildungsmaßnahmen wie Lese- und Schreibkurse.
Werkstätten für Behinderte sind sehr oft als eigenständige GmbH und Teilinstitution in Großeinrichtungen und Wohnheimen der Behindertenhilfe integriert, sie stellen dann für so genannte *externe Mitarbeiter* Fahrdienste und Verpflegung bereit.

Die Produktivität von Werkstätten liegt bei ca. 30 % der Produktivität üblicher Unternehmen (Wolfarth, 1995).Werkstätten für Behinderte müssen die an ihre Mitarbeiter gezahlten Entgelte selbst erwirtschaften. Der Verdienst der behinderten Mitarbeiter schwankt je nach Region und allgemeinem Lohnniveau zwischen 50 Euro und Spitzensätzen von 350 Euro. Für die meisten der Beschäftigten bedeutet das, dass sie für acht Stunden Arbeit am Tag oftmals nur ein *Taschengeld* von durchschnittlich 120 Euro monatlich erhalten, dies entspricht ca. 5 % des Verdienstes eines nichtbehinderten Arbeitnehmers. Den behinderten Mitarbeitern wird ein für alle gleicher Grundbetrag und ein Steigerungsbetrag, der sich an den persönlichen Fähigkeiten und Möglichkeiten des Einzelnen orientiert, ausgezahlt. Die Werkstätten bezahlen die Sozialversicherungsbeiträge und behinderte Mitarbeiter erhalten den üblichen Jahresurlaub von ca. 35 Tagen.

Werkstätten für behinderte Menschen sind einem harten Konkurrenzkampf ausgesetzt und in diesem Sinne keine *Inseln der modernen Arbeitswelt*: *Wir haben für einen großen Autohersteller Teile fürs Handschuhfach hergestellt, für 24 Pfennig pro Stück. Dann hat das Gefängnis in Dresden die gleiche Arbeit für 12 Pfennig pro Stück gemacht, da waren wir den Auftrag los* (vom Hofe, 1997, S. 95).

Die traditionellen Tätigkeiten von WfBs, wie Verpackungs- und einfache Montagearbeiten werden von den Firmen zunehmend automatisiert und selbst angefertigt. Hinzu kommen Billigstanbieter aus dem Ausland, die mit Niedrigstlöhnen die ohnehin niedrigen Preise der WfB noch unterbieten können. Auf der einen Seite Schonraum zur Persönlichkeitsentfaltung, auf der anderen Seite Spielball des Marktes: ein schwer aufzulösender Widerspruch.

Aufgaben

1. *Was versteht man unter einem dualen Auftrag der WfB?*
2. *Welcher Konflikt liegt in der unterschiedlichen Zielsetzung?*
3. *Nehmen Sie Stellung zu den beschriebenen Arbeitsbedingungen in der WfB.*
4. *Halten Sie die Bezahlung für angemessen?*
5. *Sollte die Bezahlung von der Ertragslage der WfB abhängig gemacht werden?*

Werkstätten für Behinderte haben in der Regel entsprechend der Werkstattverordnung (WV) einen dreigliedrigen Aufbau:

1. *Aufnahme-/Arbeitstrainingsbereich (AT)*: Nach einem Eingangsverfahren in dem über den Verbleib und einem Werkstattvertrag in einer WfB entschieden wird, erhalten behinderte Erwachsene hier ein individuelles ein- bis zweijähriges Trainingsprogramm. Der Arbeitstrainingsbereich dient zur Einführung in betriebliche Abläufe. In einem Betreuungsverhältnis von 1 : 6 werden in Gruppen Basisqualifikationen und Arbeitstechniken vermittelt, sowie Neigungen und Kompetenzen des behinderten Arbeitnehmers durch integrierte Praktika gesichtet.
2. *Produktionsbereich*: Am Ende der Trainingsphase steht die Entscheidung für einen Arbeitsplatz. Bei Berücksichtigung von Eignung und Neigung des behinderten Menschen werden hier in Gruppen und Abteilungen mit einem Betreuungsverhältnis von 1 : 12, Auftragsfertigungen ausgeführt.
3. *Förderbereich*: Bei einem deutlich höheren Schlüssel (1 : 3) werden hier in Kleingruppen schwerstbehinderte Menschen von Pädagogen betreut. Die Beschäftigung in einer Fördergruppe geht für die behinderten Menschen mit einem Statusverlust einher. Denn sie erhalten in diesen Gruppen weder einen Sozialversicherungsbeitrag noch den WfB-Grundbetrag. Nach einer umfangreichen Förderdiagnostik werden die Fähigkeitsbereiche der behinderten Beschäftigten ganzheitlich gefördert und auch minimale Fähigkeiten zur produktiven Arbeit genutzt.

Alle drei Bereiche sind prinzipiell durchlässig, das heißt ein Mitarbeiter aus dem Trainings- oder Produktionsbereich hat stets die Möglichkeit einen Arbeitsplatz in der freien Wirtschaftsbereich anzunehmen. Ein Mitarbeiter aus der Fördergruppe kann entsprechend seiner Leistungsfähigkeit in den Produktionsbereich wechseln.

● Statt WfB – Alternative Arbeitsmöglichkeiten

Die Arbeitsmarktlage, die Kritik an den Produktionsbedingungen und der Leistungsvergütung der WfBs haben zu weiteren Überlegungen zur Beschäftigung behinderter Menschen geführt. So sieht das SchwbG auch so genannte *Integrationsprojekte* vor. Darunter werden rechtlich und wirtschaftlich selbstständige Integrationsunternehmen und –betriebe zur Beschäftigung schwerbehinderter oder psychisch kranker Arbeitnehmer auf dem allgemeinen Arbeitsmarkt verstanden. In diesen meist kleineren Firmen müssen mindesten 25, maximal 50 von 100 Angestellten schwerbehinderte Mitarbeiter sein. Mittel der Ausgleichsabgabe werden für Aufbau, Erweiterung, Modernisierung und Ausstattung dieser bundesweit entstandenen Firmen eingesetzt. Die Integrationsfirmen bieten eine tarifliche Entlohnung und ermöglichen aufgrund des regulären Arbeitsverhältnisses ein weitgehend selbstbestimmtes Leben in eigener Verantwortung. Allerdings sind auch diese Firmen, da sie nicht immer die übliche Produktionseffektivität erreichen können, unter starkem Wettbewerbsdruck.

Der Schritt aus der *behüteten* Sonderschule für Geistigbehinderte hinaus, in die Arbeitswelt ist nicht immer leicht. Eltern behinderter Kinder erleben, dass ihre nunmehr erwachsenen Kinder nicht mehr das Betreuungsverhältnis und die pädagogischen Rahmenbedingungen erhalten, die sie bis dahin gewohnt waren. Die oftmals raue und monoton wirkende Arbeitswirklichkeit von Werkstätten für behinderte Menschen lassen Eltern und Betreuer über alternative Arbeitsmöglichkeiten nachdenken *statt WfB*. Positive Erfahrungen gibt es z. B. in dörflichen Lebens- und Arbeitsgemeinschaften, in denen behinderte und nichtbehinderte Menschen leben *und* arbeiten können. Die Arbeitsbereiche erstrecken sich dann von der Gartenarbeit, Hauswirtschaft bis hin zu Tierhaltung, Bäckerei, Töpfereien u. a. Darüber hinaus gibt es erfolgreiche Modellprojekte wie Teestuben, Supermärkte, Wäschereien und Hotels, in denen auch schwerer Geistigbehinderte die notwendigen Arbeiten nach eingehender Schulung unter Anleitung durchführen und Tariflöhne erhalten.

Die Neudefinition professioneller Dienste in der Behindertenhilfe, hin zu dialogischer Assistenz und Selbstbestimmung für behinderte Menschen, hat auch zu Überlegungen in der beruflichen Eingliederung geführt. In einer Brandenburger Erklärung von 1999 (WfB Handbuch, Bd. 2000) wird eine flächendeckende Einführung so genannter Integrationsfachdienste eingefordert. Diese ambulanten und regional vernetzten Fachdienste sollen behinderten Arbeitnehmern bei der Arbeitssuche helfen, die Arbeitgeber beraten und so genannte Arbeitsplatzanalysen erstellen, die die verlangten Fähigkeiten und Arbeitsschritte erfassen. Im Sinne eines *Job-Coaching* sollen die behinderten Arbeitnehmer die notwendige ambulante Hilfe und Assistenz erfahren, um den Arbeitsplatz dauerhaft zu erhalten. Dadurch wird es möglich, auch dem schwerstbehinderten Menschen einen Arbeitsplatz seiner Wahl bereitzustellen. Bisher konnten diese Modelle des so genannten Integrationsfachdienstes jedoch nur in Modellprojekten (z. B. *Hamburger Arbeitsassistenz*) erfolgreich durchgeführt werden.

Aufgaben

1. *Nehmen Sie Stellung zu den genannten Alternativen zur WfB?*
2. *Bilden Sie kleine Arbeitsgruppen und überlegen Sie sich alternative Arbeitsprojekte für geistigbehinderte Erwachsene?*
3. *In der WfB gelten die üblichen Jahresgrenzen für Berentungen. Sollten alte Menschen mit Behinderung in der WfB trotz Pensionsalter weiterbeschäftigt werden? Welche Alternativen gibt es?*

9.4.3 Materialien

Literatur

Eine gute und umfangreiche Sammlung von Artikeln zur Arbeitspraxis, zu Grundsätzen und Rechtsgrundlagen von Werkstätten für Behinderte finden sie im *WfB-Handbuch,* Band 1 und 2 des Lebenshilfe Verlags Marburg 2000).

Heiden, H. G., „Jede Absage war ein Schlag ins Gesicht“, in: Aktion Grundgesetz, Die Gesellschaft der Behinderer, Hamburg 1997

Hofe, J. vom/Jankuhn, R., „Ohne Schongang ...“ in: Aktion Grundgesetz, Die Gesellschaft der Behinderer, Hamburg 1997

Kobi, E. E., Grundfragen der Heilpädagogik, Bern 1993

Petzold, H. G., Integrative Therapie, Bd. 2, Paderborn 1993

V.E.E.M.B, Förderung von Menschen mit schwersten Behinderungen in Werkstätten für Behinderte, Stuttgart 1994

WfB Handbuch 1 und 2, Lebenshilfe Verlag Marburg 2000

Wolfarth, U., in: Zeitschrift: „Zusammen“ 1/1995

10 Prinzipien und Konzepte heilerziehungspflegerischen Handelns

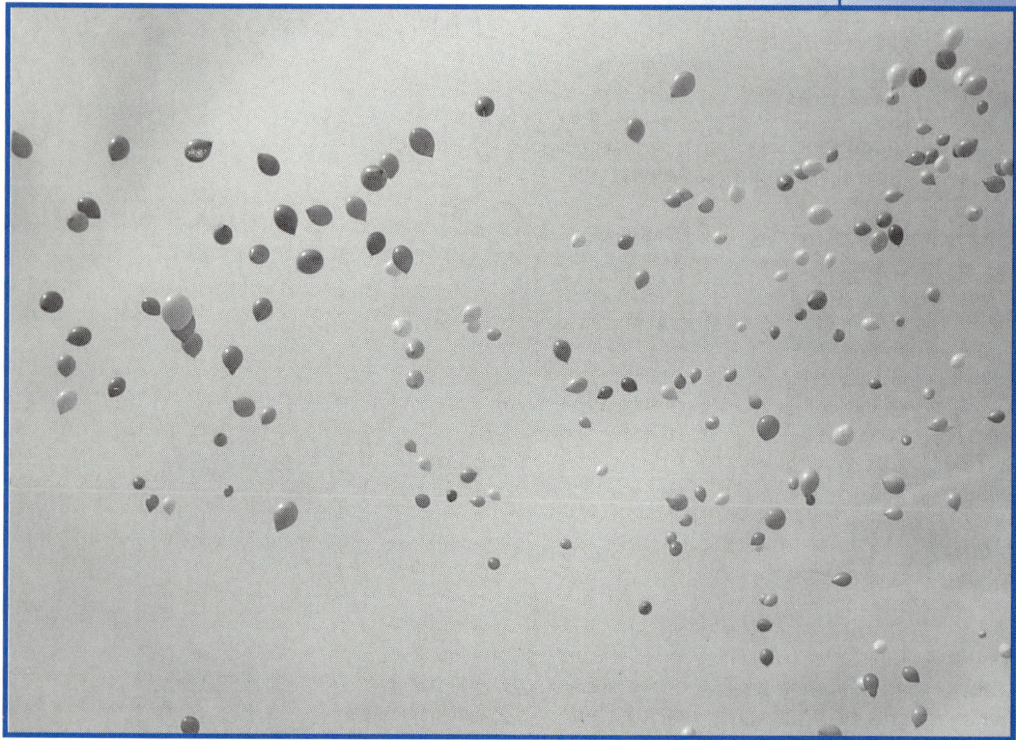

- Welche Konsequenzen lassen sich aus dem Normalisierungsprinzip ableiten?
- Mit welchen theoretischen Ansätzen lässt sich die Integration von Menschen mit Behinderung begründen?
- Wie verlief der Prozess der Enthospitalisierung und was bedeutet er für die Menschen mit Behinderung?
- Warum kann der Gedanke des Empowerment für heilerziehungspflegerisches Tun handlungsleitend sein?

10.1 Normalisierung und Integration

Ursula T. isst allein mit einem Löffel entsprechend vorbereitete Mahlzeiten; eine weitergehende Verselbstständigung durch Verbesserung der manuellen Fertigkeiten ist nicht zu erwarten. Ursula T. muss beim Essen ständig begleitet werden, auch weil sie, je nach Art der Nahrung, Schwierigkeiten hat, den Löffel zu füllen. Ginge es nur um das Sattwerden, dann würde sie gefüttert, aber sie zeigt deutlich, dass sie stolz darauf ist, den Löffel selbst zu führen; sie erlebt ihre Kompetenz. Darüber hinaus wird es ein zusätzliches Ziel sein, Ursula T. eine weitere Differenzierung ihrer Geschmacksfindung zu ermöglichen. Aus diesem Grund geben und benennen die Mitarbeiterinnen beim Essen z. B. Gemüse, Fleisch, Eier etc. immer gesondert, um Ursula T. das sonst nur unmittelbare Geschmackserleben bewusster und damit verfügbarer zu machen; um sie dadurch selbstständiger und unabhängiger, sie im wörtlichen Sinne selbst-bewusster zu machen; um ihr mehr ihre Umwelt zu erschließen, und sie dadurch letztlich mehr zu einem handelnden Subjekt zu machen, als sie weiterhin Objekt unserer Tätigkeiten sein zu lassen. Nur wer differenzieren kann, kann „nein" oder „ja" sagen und damit über sich selbst verfügen.

(Lenfers, R./Pohl, St., „Auf der Suche nach Gemeinde", in: Beck, I./Due, W./Wieland, H. (Hrsg.), 1996, S. 71)

Aufgaben

1. *Wie wirken sich die Handlungen der Pädagoginnen auf Ursula T. aus?*
2. *Diskutieren Sie den letzten Satz (Nur wer differenzieren kann, kann über sich selbst verfügen) und versuchen Sie ihn zu bejahen oder zu widerlegen.*
3. *Stellen Sie die beschriebene Situation in einem Rollenspiel dar. Was empfindet die Protagonistin, welche Ursula T. spielt? Tauschen Sie sich über Ihre Erfahrungen aus.*

10.1.1 Theoretische Zusammenhänge

In diesem Kapitel wird die *Geschichte des Normalisierungsprinzips* dargestellt. Zudem werden *erste Möglichkeiten einer Umsetzung* skizziert. Im Anschluss hieran werden die Grundgedanken zur *Integration von Menschen mit Behinderungen* erläutert.

Grundlegend lässt sich zuerst die Frage nach der *Normalität* stellen:

Was ist Normal?

- Das Alleinsein? Oder: Das Wohnen in einer Familie?
- Die feste Beschäftigung? Oder: Die Arbeitslosigkeit?
- Die Gesundheit? Oder: Eine Erkrankung?
- Die Heterosexualität? Oder: Die Homosexualität?
- Eine Behinderung? Oder: Keine Behinderung?

Normalität ist eine Bezeichnung für diejenigen Verhaltensweisen, die in einer Gesellschaft zu einer bestimmten Zeit als üblich angesehen werden. *Normalität* ist somit kein statischer, sondern vielmehr ein flexibler, zeit- und kulturabhängiger Begriff. Des Weiteren gilt zu bedenken: *Wie normal kann das Leben in Institutionen sein?* – selbst oder gerade, wenn sich diese als Einrichtungen der Behindertenhilfe verstehen?

Wie entwickelte sich das Normalisierungsprinzip? – Folgende Schritte wurden hierzu seit 1959 getan:

- 1959: Die erste schriftliche Formulierung durch Niels Erik Bank-Mikkelsen (Leiter des dänischen Dienstes für Menschen mit geistiger Behinderung) in *Dänisches Fürsorgegesetz von 1959*.
- 1968: Bengt Nirje, der eigentliche Begründer des Normalisierungsprinzips, führt den Begriff in einer Veröffentlichung in die Fachliteratur ein.
- 1969: Das Präsidiale Komitee für geistige Behinderung in Washington (USA) veröffentlicht eine Monographie mit dem Titel *Changing Patterns in Residential Services for the Mentally Retarded*, was frei übersetzt bedeutet *Veränderte/sich verändernde Modelle in den Wohn-/Betreuungsdiensten für geistig Behinderte*.
- 1969: Die Regierung von Schweden erlässt ein neues Gesetz, nach welchem die Gemeinden umfassendere Dienstleistungen für Menschen mit einer geistigen Behinderung anbieten müssen.
- 1972: Wolf Wolfensberger, ein Weggefährte von Bengt Nirje, legt eine systematische Zusammenfassung zum Normalisierungsprinzip unter Berücksichtigung theoretischer Gesichtspunkte vor (siehe auch Kapitel 10.1.2); er verfolgt hierbei zwei Absichten:
  1. Das NP sollte von den skandinavischen Ursprüngen auf nordamerikanische Verhältnisse übertragen werden.
  2. Das NP sollte als ein universelles Prinzip für *human management* überhaupt verstanden werden.

  Durch diese Überlegungen von Wolfensberger erhielt das Normalisierungsprinzip einen ersten *prinzipiellen Charakter* – Nirje hatte es eher als Handlungsmodell verstanden. Zudem wurde es mehr und mehr verallgemeinert, betraf also nicht mehr allein die Arbeit mit Menschen mit einer geistigen Behinderung.

In dieser Zeit kommt es auch zu einer Übertragung in den deutschsprachigen Raum. Dieses geschah vor allem durch die Initiativen der *Bundesvereinigung Lebenshilfe*, sowie durch Forschungen und Publikationen von Walter Thimm (vgl. Beck/Düe/Wieland, 1996).

Die Situation der Menschen mit einer (geistigen) Behinderung stellte sich in den 60er- und 70er-Jahren folgendermaßen dar:

- Der größte Teil der Menschen mit einer geistigen Behinderung lebte in ihren Familien, die Gesellschaft nahm sie kaum wahr; nach dem Tod der Eltern wurden sie, z. T. von Psychiatrien aufgenommen (und dort nicht adäquat betreut).

- Der kleinere Teil dieser Personengruppe lebte in Einrichtungen der Behindertenhilfe; diese reagierten zuerst eher ablehnend auf die Gedanken und Inhalte des Normalisierungsprinzips.
- Als weitere Reaktionen der heilerziehungspflegerischen Einrichtungen in dieser Zeit kann ein Banalisieren der Situation benannt werden, in dem Sinne, dass ein normaler Umgang mit Menschen mit geistiger Behinderung auch normalisierend wirke.
- Nur wenige heil- und behindertenpädagogisch Tätige fragten sich, was für einen Menschen mit geistiger Behinderung *normal* sei; erst in den 1980er Jahren wurden diese Menschen selber gefragt, wie sie leben wollen und was für ihr Leben relevant ist.

Aufgaben

1. *Suchen Sie in den Ihnen bekannten Einrichtungen der Behindertenhilfe nach (historischen) Hinweisen bezüglich der Umsetzung des Normalisierungsprinzips. Vergleichen Sie Ihre Ergebnisse miteinander.*
2. *Stellen Sie Vermutzungen darüber an, warum die Verbreitung und Umsetzung des Normalisierungsprinzips relativ lange gedauert hat.*
3. *Wie stellt sich die Realisierung des Normalisierungsprinzips zurzeit in den Ihnen bekannten heilerziehungspflegerischen Einrichtungen dar?*

Konkret zeichnet sich das **Normalisierungsprinzip** durch folgende **Bereiche und Elemente** aus (vgl. Greving/Niehoff, 2000, S. 120 ff.):

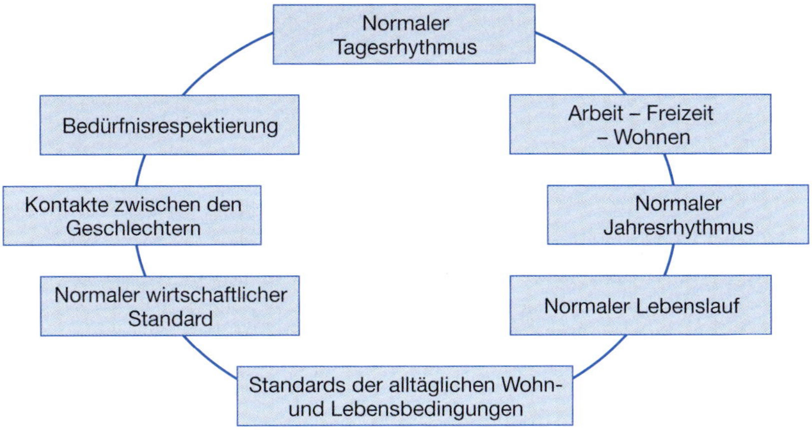

Diese Bereiche lassen sich kurz wie folgt beschreiben:

1. *Normaler Tagesrhythmus*: Dieser soll sich an den Bedürfnissen der Menschen mit Behinderung und nicht an denjenigen ihrer Betreuer oder Einrichtung orientieren.
2. *Trennung von Arbeit – Freizeit – Wohnen*: Durch eine deutliche Trennung dieser Lebensfelder kann der Wohnbereich als Ort der Erholung, der Ruhe und Entspannung dienen. Auch die beiden anderen Bereiche erfahren hierdurch eine Spezifizierung.

3. *Normaler Jahresrhythmus*: Menschen mit Behinderungen müssen die Möglichkeit haben, die normalen Abfolgen der Jahreszeiten und ihrer zugehörigen Feste und Feiern zu erleben.

4. *Normaler Lebenslauf*: Dieser deutet darauf hin, dass Menschen mit einer (geistigen) Behinderung altersentsprechende Erfahrungen machen und hiermit verbundene Normen übernehmen können und sollen. Hierbei sind alle Entwicklungsphasen und Erfahrungsweisen relevant.

5. *Respektierung von Bedürfnissen*: Die Betreuer behinderter Menschen müssen einen Raum schaffen, in welchem das Erfahren und Leben eigener Bedürfnisse möglich ist. Dieses gilt auch – und gerade – für die Bedürfnisse innerhalb der Interaktionen.

6. *Angemessene Kontakte zwischen den Geschlechtern*: Freundschaften und (sexuelle) Kontakte sind zu ermöglichen und (pädagogisch) zu begleiten, damit Erfahrungen mit der eigenen Sexualität und der der anderen gemacht werden können.

7. *Normaler wirtschaftlicher Standard*: Zur Verfügung stehendes Geld soll von den Menschen mit Behinderung selbst verwaltet und ausgegeben werden. Hierbei ist natürlich auch die adäquate und (mit Menschen ohne Behinderung) vergleichbare Geldmenge relevant.

8. *Standards der alltäglichen Wohn- und Lebensbedingungen*: Sie bilden die notwendige Basis für die Integration der Menschen mit Behinderung und orientieren sich an den durchschnittlichen Lebensbedingungen und -möglichkeiten.

Um diese Anforderungen zu realisieren sind folgende Schritte zur Umsetzung notwendig (und z. T. auch schon in heilpädagogischen Organisationen realisiert):

1. ein Abbau der großen stationären Einrichtungen;
2. ein Aufbau halbstationärer und offener Einrichtungen;
3. eine ortsnahe Betreuung der Menschen durch Regionalisierung;
4. eine Modifikation des Bildes vom Menschen (mit Behinderung).

Somit stellt sich Normalisierung als ein Prozess dar, welcher sich z. T. gleichzeitig auf verschiedenen Ebenen vollzieht:

- auf der Ebene der Politik und der politischen Meinung,
- auf der Ebene der Konzeptionen und Konzeptionserstellung der heilpädagogischen und heilerziehungspflegerischen Einrichtungen und
- auf der Ebene der gelebten heilerziehungspflegerischen Praxis.

So gesehen lässt sich das Normalisierungsprinzip als ein Instrument verstehen, welches die Grundlagen für den Prozess der Integration bereitstellt, an dem mindesten vier Gruppen bzw. gesellschaftliche Bereiche beteiligt sind:

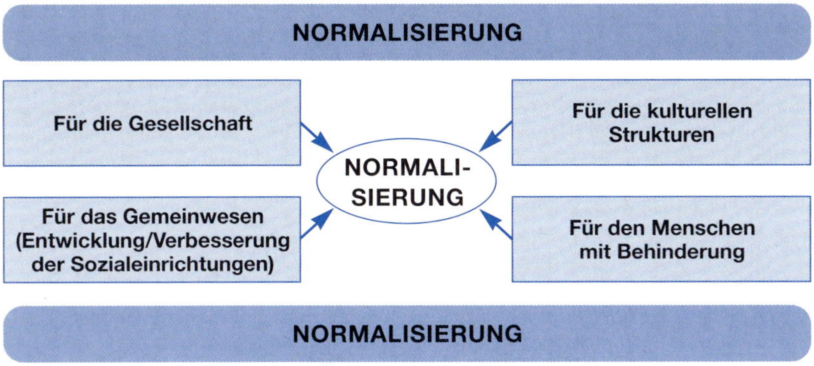

Das Normalisierungsprinzip kann somit sowohl als Instrument des Handelns, als auch als Prinzip dieses Handelns verstanden werden:

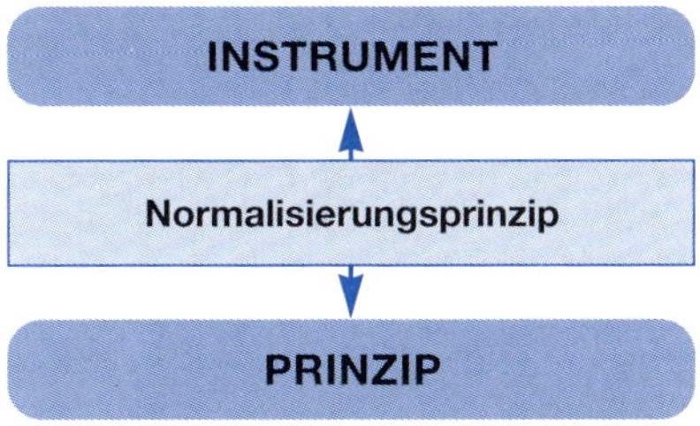

Aufgaben

1. *Bilden Sie Kleingruppen. Realisieren Sie fiktiv die einzelnen Elemente des Normalisierungsprinzips für heilerziehungspflegerische Einrichtung Ihrer Wahl.*
2. *Welche Probleme könnten bei einer Umsetzung entstehen?*
3. *Sammeln Sie Argumente für und gegen das Normalisierungsprinzip. Diskutieren Sie die Argumente in einem Rollenspiel.*
4. *Arbeiten Sie an Beispielen heraus, warum das Normalisierungsprinzip sowohl ein Prinzip, als auch ein Instrument des Handelns ist.*

Normalisierung ist somit ein Weg hin zur *Integration von Menschen mit Behinderung*. Integration wird in der Theorie und in der Praxis (heil-)pädagogischen Denkens allerdings höchst unterschiedlich definiert. Markowetz stellt in einer Zusammenfassung die wichtigsten Integrationsbegriffe vor:

Integration als	
Erziehungsziel (finaler Akzent)	**Erziehungsmittel (bzw. Methode)** (instrumentaler Akzent)
Integration *als* Einbezug und Eingliederung Behinderter in die Spielgruppe, Volksschule, Berufswelt … in das soziale Gesamt	Integration *durch* Einbezug und durch soziale Beziehungen von Behinderten und Nichtbehinderten in Spielgruppen, Volksschulen, usf.

Vereinheitlichung („Normalisierungs"-Akzent)	**„Teilintegration"** (Relativierungs-Akzent)
Integration im Sinne einer quasi-soziologischen (oder pädagogisch-utopischen) und totalen Vergesellschaftung bzw. Konformität, einer „Normalisierung" als *konfliktfreie Funktionseinheit* Behinderter und Nichtbehinderter	Integration im Sinne einer relativen und optimierten Vergesellschaftung bzw. „Teilintegration" behinderter und Nichtbehinderter unter Berücksichtigung sozialsituativer und individuell-sonderpädagogischer Möglichkeiten und Einschränkungen
Akzeptation (sozialreformerischer Akzent)	**Anpassung** (utilitaristischer Akzent)
Integration als „Entstigmatisierung" (THIMM) Behinderter einerseits und als Aufbau gesellschaftlich verbreiteter Anerkennung und Beziehungsfähigkeit gegenüber Behinderten andererseits	Integration als Ertüchtigung des Behinderten und als dessen Einpassung (bzw. Verzweckung) in die bestehenden Lebensverhältnisse
Solidarität (dialogischer Akzent)	**Emanzipation** (personaler Akzent)
Integration als gegenseitige Teilhabe und Kommunikation mit Selbstzweck und mit eigenem Sinn, als gemeinschaftliches Aufgehobenwerden und Gebundensein in wechselseitig anregenden, vertrauenswürdigen und verpflichtenden Beziehungen Behinderter mit Nichtbehinderten	Integration als Respektierung der individuellen Eigenart Behinderter und als deren Förderung, als Bestärkung der Andersartigkeit bzw. als soziale, beruflich-ökonomische und politische Souveränität

(Markowetz, 1997, S, 193)

In einer erste Definition kann unter Integration somit derjenige Prozess verstanden werden, in und mit welchem *behinderte Menschen unabhängig von Art und Schweregrad ihrer Behinderung in allen Lebensbereichen grundsätzlich die gleichen Zutritts- und Teilhabechancen haben sollen wie nicht behinderte Menschen* (Markowetz, 1997, S. 194).

Dieser Prozess wird von den folgenden 20 Grundsätzen und Prinzipien bestimmt (vgl. Markowetz, 1997, S. 199 ff.). Hierbei ist allerdings zu beachten, dass diese eine *‚persönliche Landkarte' darstellen. Eine streng hierarchische Ordnungsstruktur der Prinzipien gibt es nicht [...] Sie bedingen sich wechselseitig und sind voneinander abhängig. Manche Prinzipien lassen sich nicht einmal scharf voneinander abgrenzen* (Markowetz, 1997, S. 204).

Es handelt sich hierbei um

- das *Prinzip des Rekurs auf den ethischen Imperativ unserer Verfassung:* „Kein Mensch darf wegen seiner Behinderung benachteiligt werden." Artikel 3 Grundgesetz
- das *Prinzip der Wiederherstellung der Einheit des Menschen in der Menschheit:* Es geht somit um die Erziehung und das Leben in *einem* Kindergarten, *einer* Schule, *einem* Arbeitsplatz etc.
- das *Prinzip der Normalisierung*: Diese bedeutet nicht eine Gleichmacherei, sondern eine gleichberechtigte Partizipation aller am (gesellschaftlichen) Leben.
- das *Prinzip der Unteilbarkeit von Integration*: Jeder Mensch, ganz gleich wie schwer seine Behinderung sein oder erscheinen mag, ist zu integrieren.

- das *Prinzip der Ganzheitlichkeit*: Die individuelle Lebenswirklichkeit des Menschen ist in allen pädagogischen Aktionen zu berücksichtigen.
- das *Prinzip der Regionalisierung*: Durch eine im konkreten und unmittelbaren Lebensumfeld der Menschen mit Behinderung ansetzende Erziehung und Bildung wird der Aufbau von kontraproduktiven Integrationszentren vermieden.
- das *Prinzip der Dezentralisierung*: Die (pädagogischen, psychologischen etc.) Experten kommen zum Menschen mit Behinderung, ihre Hilfe setzt somit dort an wo sie benötigt wird und trägt so zur Bewältigung von konkreten Lebensproblemen bei.
- das *Prinzip des Kompetenztransfers*, durch welchen unterschiedliche Professionen zum Gelingen des Integrationsprozesses beitragen.
- das *Prinzip der Teamarbeit*, welches davon ausgeht, dass alle Schritte eines Integrationsprozesses von allen Beteiligten gemeinsam geplant, erarbeitet und reflektiert werden.
- das *Prinzip der integrierten Förderung und Therapie*: Diese soll im Lebensraum der betroffenen Menschen stattfinden, damit sie nicht zu einer (evtl. schleichenden und unbewussten) Ausgrenzung beiträgt.
- das *Prinzip der Kooperation am gemeinsamen Lerngegenstand*: Menschen mit und Menschen ohne Behinderung lernen gemeinsam an und mit gleichen Themen(-strukturen), Gegenständen und Prozessen.
- das *Prinzip der Kollektivierung*, welches auf *die Einbindung und maximale Teilhabe an der Gruppe, einzelnen Teilen der Gesellschaft und der Gesellschaft insgesamt* [abzielt] (Markowetz, 1997, S. 201).
- das *Prinzip der Individualisierung*, in und durch welches alle Bereiche des Handelns auf die Bedürfnisse, Wünsche und individuellen Gegebenheiten des konkreten Subjektes (Menschen) ausgerichtet werden müssen.
- das *Prinzip der inneren Differenzierung*, welches ein individuelles und entwicklungslogisches Lernen des Einzelnen bedeutet. Hierbei werden vor allem die Ziele, Inhalte, Methoden des einzelnen Prozesses aufeinander abgestimmt.
- das *Prinzip des Elternwahlrechts*: Diese können festlegen, ob ihr Kind in einer Regeleinrichtung oder einer Sondereinrichtung erzogen und/oder beschult wird.
- das *Prinzip der Freiwilligkeit*, welches auf das freiwillige Mitarbeiten aller an integrativen Prozessen Beteiligten verweist.
- das *Prinzip der Vielförmigkeit*: dieses deutet auf die unterschiedlichsten Organisationsformen hin, in welchen integrative Maßnahmen stattfinden können (wie z. B. Grundschulen, Integrationsklassen, Schulzentren, Ausbildungen im Verbundsystem, freier und/oder pädagogisch begleiteter Arbeitsmarkt).

- das *Prinzip des Dialogischen*: Integration stellt sich hierbei als *Sonderfall einer Begegnung, der zum Normalfall werden soll* [dar] (Markowetz, 1997, S. 202). Der Fokus liegt hierbei auf der echten zwischenmenschlichen Begegnung.
- das *Prinzip der Nähe und Distanz zu Gleichheit und Verschiedenheit*: Dieses beinhaltet die Forderung, dass es nie zu dauerhaften, symbiotischen Fusionen zwischen Menschen ohne und Menschen mit Behinderungen kommen soll. Vielmehr lebt Integration *von Momenten, in denen man sich gegenseitig annähern und auch wieder entfernen kann, sich also immer wieder findet* (Markowetz, 1997, S. 202).
- *weitere Prinzipien*, welche zukünftiges sozialpolitisches und (heil-)pädagogisches Handeln in Bezug auf integrative Verhaltensweisen bedingen.

Jeder, der Integration von Menschen mit Behinderungen anstrebt, wird sich nun auf unterschiedlichen Feldern, in stets variierender Nähe und Distanz zu diesen Prinzipien befinden. Hierbei werden diejenigen Prinzipien, welche man individuell für wichtig erachtet, intensiver verfolgt als diejenigen, welche eine geringere (persönliche) Wertschätzung erfahren. Markowetz stellt dieses abschließend in folgender Grafik dar:

Prinzipien und Verständnis von Integration

Aufgaben

1. *Welche der Integration dienlichen und ihr widersprechenden Prozesse erleben Sie*
   - *in der Gesellschaft?*
   - *in den Ihnen bekannten heilerziehungspflegerischen Einrichtungen?*
   - *in den Medien?*
   - *in der Fachliteratur?*
2. *Überprüfen Sie die Ihnen bekannten Maßnahmen zur Integration (in Kindergärten, Schulen, Wohneinrichtungen etc.) vor dem Hintergrund der zwanzig Prinzipien: Welche werden realisiert, welche kaum, welche nicht? Suchen Sie Gründe hierfür.*

10.1.2 Praktische Umsetzung

Wolf Wolfensberger hat eine Möglichkeit entwickelt das Normalisierungsprinzip theoretisch zu fundieren und handlungsleitende Konsequenzen zu bestimmen.

Es handelt sich dabei um die *Theorie von der Valorisation sozialer Rollen*. Valorisation bedeutet *Aufwertung*. Wolfensberger geht hierbei von zwei Grundannahmen aus:

1. Wie und warum werden Menschen abgewertet und was geschieht dann mit ihnen?
2. Wie kann die Wahrscheinlichkeit einer positiven Bewertung erhöht werden?

Es ist erst einmal zu klären, welche Gruppen von Menschen in der aktuellen westlichen Gesellschaft abgewertet werden. Nach Wolfensberger handelt es sich um

- Menschen mit Behinderungen
- Menschen mit abweichendem Verhalten
- Menschen mit sozialen Schwierigkeiten
- Menschen in Armut
- Menschen mit wenigen oder unerwünschten Fähigkeiten
- Menschen, welche aus ethnischen, religiösen u. a. Gründen abgewertet werden.

Diese Menschen werden häufig mit stigmatisierenden, negativen Äußerungen und Bezeichnungen belegt: Sie sind die *Sorgenkinder, Sonderschüler, Sozialhilfeempfänger, die ungebildeten Esel* und *Tunichtgute*.

Aufgaben

1. *Formulieren Sie mögliche typische negative Lebenserfahrungen (Wunden) abgewerteter Menschen.*
2. *Diskutieren Sie folgende These: Die Heilerziehungspflege trägt zur Verstärkung negativ bewerteter Rollen bei!*
3. *Stellen Sie Ihre Ergebnisse in einem Rollenspiel im Plenum vor.*

Durch folgende Medien und Wege werden die positiven wie negativen sozialen Rollen vermittelt:

- Räumlicher Standort/Umfeld
- Sozialer Kontext und Sozialbeziehungen
- Verhaltensweisen und Aktivitäten
- Sprache mit und/oder über Menschen
- persönliches Erscheinungsbild
- verschiedene Kommunikatoren sozialer Rollen (z. B. Finanzierung eines sozialen Dienstes)

Hierbei kommt es nach Wolfensberger zu einer Verknüpfung von Status und Kompetenz der betroffenen Personen:

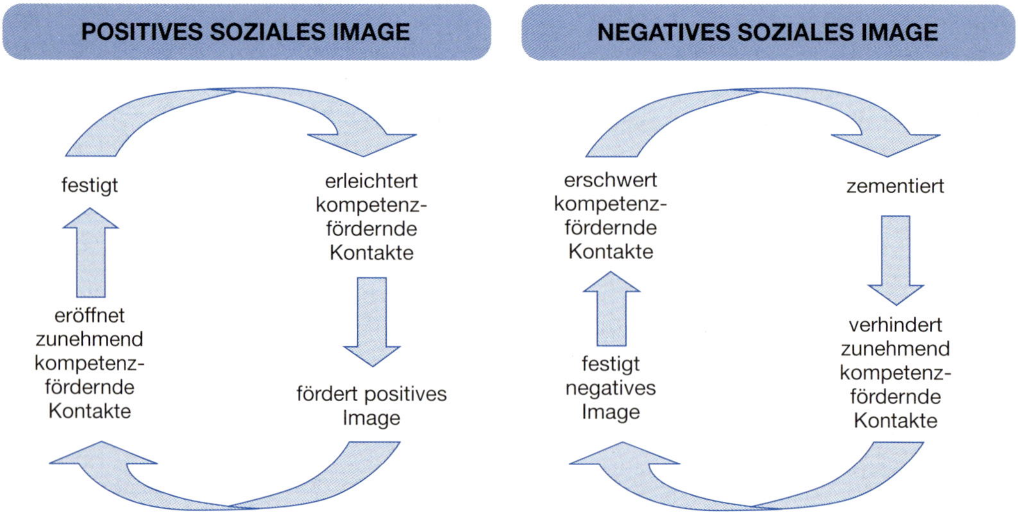

Um diesen theoretischen Ansatz umzusetzen, bedarf es einer *fünfstufigen Struktur:*

1. Erkennen der Wunden
2. Erkennen der Risikofaktoren
3. Bestandsaufnahme des gegenwärtigen sozialen Status
4. Beschreibung des gegenwärtigen sozialen Status
5. Identifikation der gegenwärtig eingenommenen oder gewünschten Rollen, die jemand valorisieren möchte

Diese Struktur kann dann zu einer Mehrung und Verteidigung positiv bewerteter sozialer Rollen beitragen. Dieses lässt sich (nach Wolfensberger; vgl.: Eisenberger u. a., 1999; Hahn, u. a. 1998) folgendermaßen darstellen:

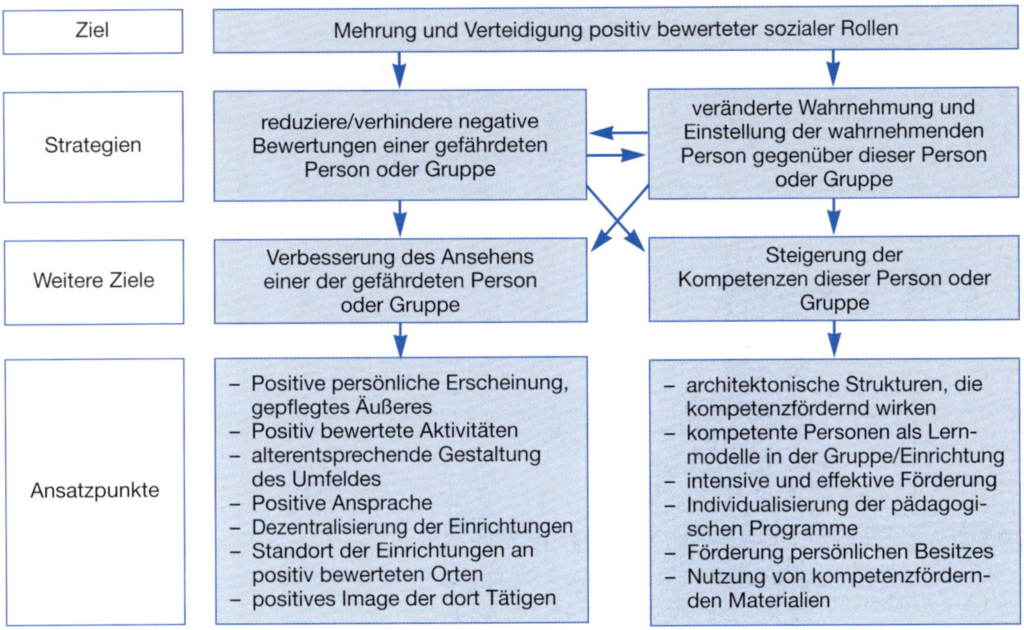

Aufgaben

1. *Realisieren Sie die Ansätze dieser Theorie für Menschen mit einer geistigen Behinderung.*
2. *Mit welchen Problemen hätten Sie zu rechnen?*
3. *Formulieren Sie Fragen zum Normalisierungsprinzip, sowie zur Theorie der Valorisation sozialer Rollen, welche in einen Fragebogen für unterschiedliche heilpädagogische Organisationen eingehen könnten. Untersuchen Sie mit diesem Fragebogen unterschiedliche Einrichtungen. Vergleichen Sie Ihre Ergebnisse miteinander. Wodurch erklären Sie sich die Unterschiede und/oder die Gemeinsamkeiten zwischen den Einrichtungen?*

10.1.3 Materialien und Anregungen

Eine kurze, wissenschaftlich fundierte und praxisnahe Einführung in das Normalisierungsprinzip finden Sie in:

Literatur

Thimm, W., Das Normalisierungsprinzip. Eine Einführung, Marburg 1984 (1. Aufl.), 1995 (6. Aufl.)

Des Weiteren bieten die folgenden Bücher aktuelle praxisrelevante Darstellungen und Diskussionen rund um das Normalisierungsprinzip:

Beck, I./Düe, W./Wieland, H. (Hrsg.), Normalisierung: Behindertenpädagogische und sozialpolitische Perspektiven eines Reformkonzeptes, Heidelberg 1996

Eisenberger, J./Hahn, M./Hall, Th./Koepp, A./Krüger, C. (Hrsg.), Das Normalisierungsprinzip – vier Jahrzehnte danach, Reutlingen 1999

Hahn, M. u. a., Menschen mit geistiger Behinderung auf dem Weg in die Gemeinde. Perspektiven aus Wissenschaft und Praxis, Reutlingen 1998

10.2 Enthospitalisierung und Deinstitutionalisierung

Beim Wohnen hat sich etwas Wichtiges geändert: Wir können selbst mehr über unser Leben bestimmen und haben mehr Freiheiten. Wir können sagen, wie und wo wir wohnen möchten. Zum Beispiel etwas ländlich gelegen, fast im Wald wie in der Villa Luise, oder lieber in der Stadt, in der Nähe von Geschäften und Lokalen. Ich selbst wohne am Stadtrand in der Nähe eines Waldes, aber auch nicht weit entfernt von Geschäften, wo ich selbst einkaufen gehe ... Die meisten wohnen in einem Heim. Da gibt es immer Mitarbeiter, die uns unterstützen. Sie fragen uns, ob wir Probleme haben. Sie fragen, ob wir eine Idee haben, wie wir das Problem lösen können. Und sie fragen, ob sie uns helfen können. Oder wir finden zusammen eine Lösung. Ich find' das gut. Ich meine, jeder Mensch braucht Hilfe bei irgendwas, weil kein Mensch alles kann.

(Westecker, 2001, S. 42)

Aufgaben

1. *Stellen Sie Vermutungen darüber an, wie sich die Wohn- und Lebenssituation des Autors dieses Textes vorher gestaltet haben könnte.*
2. *Wodurch könnte es zu den Veränderungen gekommen sein?*
3. *Wie wirken sich diese eventuell auf die heilerziehungspflegerisch Tätigen aus?*

10.2.1 Theoretische Zusammenhänge

In diesem Kapitel wird die *Geschichte der Enthospitalisierung* skizziert. Wie sich diese konkret darstellt, wird im nachfolgenden Abschnitt, zu den Möglichkeiten der praktischen Umsetzung, erläutert. An dieser Stelle soll *eine kurze Definition zur Bestimmung der Enthospitalisierung* ausreichen (vgl. Bundesvereinigung Lebenshilfe, 1998):

Unter Enthospitalisierung versteht man in der Heilpädagogik und Heilerziehungspflege die Neustrukturierung und Auflösung von Großeinrichtungen mit dem Ziel der dezentralen Betreuung der dort wohnenden Menschen. Im Mittelpunkt einer Konzeption zur Enthospitalisierung stehen die Ansätze der Regionalisierung, der Bezugsbetreuung und der Selbstbestimmung.

Wie verlief hierzulande die Geschichte der Enthospitalisierung? Folgende Jahreszahlen und Zäsuren sind hierbei relevant:

Nach 1945: Es herrschte ein katastrophaler Zustand in den psychiatrischen Krankenhäusern und Behindertenanstalten; dieser war u. a. durch ein Menschenbild begründet, welches streng biologisch-medizinisch ausgerichtet war und dem Menschen mit Behinderungen keine Entwicklungsmöglichkeiten zubilligte.

Ende der 60er Jahre: Personalknappheit in den o. g. Einrichtungen; es kam zu einer intensiven Kritik an diesen Organisationen wegen pädagogischen und institutionellen Unfachlichkeiten (z. B. keine Realisation neuer sozialpsychiatrischer und pädagogischer Konzepte)

Anfang der 70er Jahre: Einsetzen der Enquetekommission zur Lage der Psychiatrie in der Bundesrepublik.

1975 legte diese Kommission ein umfangreiches Gutachten vor; ein Fazit dieses Gutachtens war, dass Menschen mit einer geistigen Behinderung nicht in der Psychiatrie untergebracht werden sollen.

Ende der 70er Jahre kam es dann zu ersten konkreten Enthospitalisierungsprogrammen:

- das Rahmenprogramm der Bundesvereinigung Lebenshilfe (1978) kritisiert Psychiatrien: diese seien keine Orte *der endgültigen Unterbringung schwer geistig Behinderter*;
- die *Deutsche Gesellschaft für soziale Psychiatrie* führt Fachkongresse zur Enthospitalisierung durch;
- es beginnen rege Tätigkeiten der Bundesländer (NRW: Heilpädagogische Heime im Rheinland; Bremen: Auflösung der Psychiatrischen Klinik IV – Kloster Blankenburg; Saarland: Auflösung der einzigen psychiatrischen Klinik in diesem Bundesland).

Ende der 80er Jahre gründen sich in Hessen heilpädagogische Heime, welche sich dezentralisieren müssen.

1990 beschließen in NRW die politischen Gremien die *Leitlinien zur Versorgung geistig behinderter Menschen*; hieraus resultiert das *5-Millionen-Programm* zur Enthospitalisierung.

1991: Gründung der *Deutschen Heilpädagogischen Gesellschaft* (DHG e. V.) als Vertretung für *Menschen, die keiner haben will*; dieser Verein setzt sich auf den Ebenen der Sozialpolitik, der Fort- und Weiterbildung sowie der wissenschaftlichen Begründung und Begleitung für eine stringente Fortsetzung der Enthospitalisierung ein.

Bis Ende der 90er Jahre: Bedrohung der Enthospitalisierung durch

- finanzielle Probleme der öffentlichen Haushalte,
- die Feststellung, dass Pflegeheime und Großeinrichtungen kostengünstiger sind (aus Ent- wird Um-Hospitalisierung),
- die Tatsache, dass die Eingliederungshilfe evtl. nicht mehr ausschließliche Finanzierungsgrundlage ist,
- die Deckelung der Pflegesätze dazu führt, dass freie gemeinnützige Träger kein personalintensives Klientel aufnehmen können.

Die Folge: schwerstbehinderte Menschen wohnen häufig noch immer in Psychiatrien, die Anliegen und die Aufgaben einer Enthospitalisierung sind bislang alles andere als realisiert und eingelöst. Dasselbe gilt auch für die Schweiz und Österreich: auch hier scheint für den Zeitraum von 1991 bis zum Ende der 90er Jahre die Entwicklung zu stagnieren.

Aufgaben

1. *Suchen Sie nach Ursachen für den recht schleppenden Verlauf der Enthospitalisierung in Deutschland.*
2. *Welche Erfahrungen haben heilerziehungspflegerische Einrichtungen mit der Umsetzung der Enthospitalisierung gemacht? Befragen Sie hierzu Trägervertreter, Mitarbeiter und Menschen mit Behinderungen. Vergleichen Sie deren Aussagen miteinander.*

10.2.2 Praktische Umsetzung

Was ist konkret unter *Enthospitalisierung* zu verstehen?

Es können zwei größere Teilbereiche unterschieden werden:

- die formale Enthospitalisierung
- die inhaltliche Enthospitalisierung,

wobei sich beide Bereiche wechselseitig bedingen:

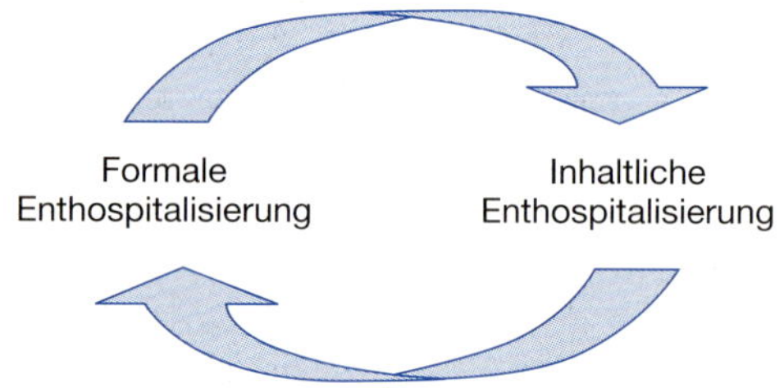

Die formale Enthospitalisierung zeichnet sich durch folgende Ansätze aus:

- Gewährung der räumlichen, funktionalen und gesetzlichen Integration
- Schaffung häuslicher Wohneinheiten (im Rahmen des Normalisierungsprinzips)
- Bereitstellung von Arbeits-, Bildungs- und Freizeitangeboten
- Realisierung des Regionalisierungsprinzips
- Umsetzung der Dezentralisierung
- Anwendung des Selbstversorgungsprinzips
- Bereitstellung von Assistenz
- demokratisch-partnerschaftliche Organisationsstruktur

Die inhaltliche Enthospitalisierung umfasst die Punkte der

- Umsetzung der sozialen, personalen und gesellschaftlichen Integration
- Bedürfnisrespektierung und Wertschätzung der Person
- Mit- und Selbstbestimmung des Anderen
- vollständige Umsetzung des Normalisierungsprinzips
- Realisation des Empowerment-Konzeptes
- Lebensweltorientierung (das soziale Bezugsfeld muss permanent mitreflektiert und berücksichtigt werden)

Um diese eher abstrakt theoretischen Ansprüche und Forderungen umsetzen zu können, hat die Bundesvereinigung Lebenshilfe (vgl. 1998) nachfolgende Empfehlungen formuliert. Diese stellen auch die Leitlinien eines professionellen heilerziehungspflegerischen Handelns dar, das die Ziele der Enthospitalisierung in den Blick nimmt:

- Vorbereitung zur Dezentralisierung
- Realisierung individueller Lebenspläne
- Gruppenbildung nach dem Regionalisierungsprinzip
- Regionalisierung zudem als politisches Prinzip
- Dezentralisierung der Entscheidungskompetenz
- Bezugsbetreuung
- Personalpolitik mit pädagogischer Akzentuierung
- Selbstbestimmung als Leitbild
- Beteiligung bei Entscheidungsfindungen
- Neustrukturierung von Großeinrichtungen

Die Grafik zur formalen und inhaltlichen Enthospitalisierung kann somit folgendermaßen vervollständigt werden:

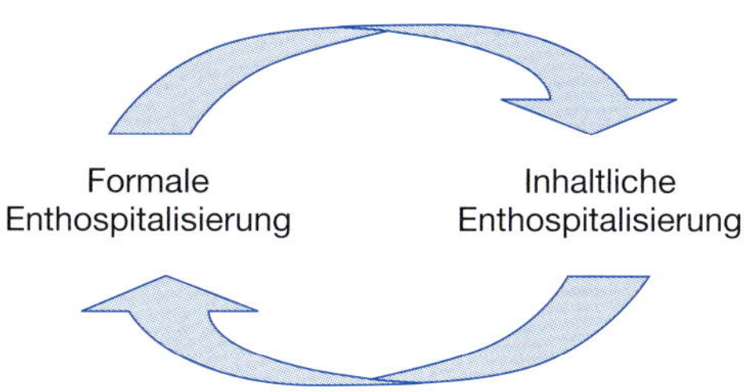

- Vorbereitung zur Dezentralisierung
- Realisierung individueller Lebenspläne
- Gruppenbildung nach dem Regionalisierungsprinzip
- Regionalisierung zudem als politisches Prinzip
- Dezentralisierung der Entscheidungskompetenz
- Bezugsbetreuung
- Personalpolitik mit pädagogischer Akzentuierung
- Selbstbestimmung als Leitbild
- Beteiligung bei Entscheidungsfindungen
- Neustrukturierung von Großeinrichtungen

Aufgaben

1. *Formulieren Sie mögliche konkrete Konsequenzen für Wohneinrichtungen in Bezug auf eine vollständige Umsetzung der formalen und inhaltlichen Enthospitalisierung.*
2. *Überzeugen Sie in einem Rollenspiel den überörtlichen Träger von der Stimmigkeit und Notwendigkeit Ihres erarbeiteten Konzeptes.*
3. *Überprüfen Sie das Ergebnis des Rollenspiels, indem Sie die Inhalte mit realen Mitarbeitern (von Einrichtungen der Behindertenhilfe sowie Trägervertretern) diskutieren.*

10.2.3 Materialien und Anregungen

Materialien

Die Arbeit und die Veröffentlichungen der *Bundesvereinigung Lebenshilfe für Menschen mit geistiger Behinderung e. V.* (mit Sitz in Marburg), sowie diejenige der *Deutschen Heilpädagogischen Gesellschaft – DHG e. V.* (mit Sitz in Düren) stellen die aktuellsten Programme und Verlautbarungen zur Enthospitalisierung dar.

Hier die Adressen:
Bundesvereinigung Lebenshilfe für Menschen mit geistiger Behinderung e. V.; Raiffeisenstr. 18, 35042 Marburg, Tel.: 06421/4910, Fax.: 06421/491167; Internet: http://www.lebenshilfe.de

Deutsche Heilpädagogische Gesellschaft – DHG e V.; Geschäftsstelle: Heilpädagogisches Heim Düren, Meckerstr. 15, 52353 Düren; Internet: http://dhg-kontakt.de

Nehmen Sie Kontakt zu den Mitarbeitern dieser Einrichtungen auf und versuchen Sie ein möglichst umfassendes Bild der aktuellen Enthospitalisierungsdebatte zu bekommen. Berücksichtigen Sie hierbei auch die juristischen und berufsbildrelevanten Aspekte und Fragen.

10.3 Empowerment und Selbstbestimmung

Claus Peters benutzt einen Rollstuhl. Wegen seiner cerebralen Bewegungsstörung braucht er ständige und umfassende Hilfen. Nach langen und nicht immer einfachen Auseinandersetzungen mit seinen Eltern war klar, dass der 25-Jährige von zu Hause auszieht. Zusammen mit den Eltern und mit Freunden hat er sich verschiedene Wohneinrichtungen angesehen. Eine Wohngruppe im Rahmen des betreuten Wohnens gefiel ihm gut. Leider wurde dort in absehbarer Zeit kein Platz frei. Auf irgendeine Lösung wollte sich Claus Peters nicht einlassen. Schließlich muss er wegen seiner Behinderung schon genug Kompromisse eingehen. Blieb also nur die Möglichkeit, bei den Eltern zu bleiben oder sich eine eigene Wohnung zu suchen. Mit seinen Eltern und Freunden wurden erste Vorstellungen über die

Organisation der Hilfen entwickelt. Jetzt konnte Claus Peters einen Antrag bei der zuständigen Behörde stellen, damit er das für seine Hilfe erforderliche Geld bekommt. Eine interdisziplinär besetzte Kommission der Kommunalverwaltung führte zunächst eine Begutachtung durch, um seinen Hilfebedarf zu ermitteln.

Dabei hat der Behindertenverband beratend und vermittelnd mitgewirkt. Da die Entscheidung für die eigene Wohnung bereits getroffen war, blieb jetzt noch die Frage, ob er zur Sicherung seiner Versorgung einen Dienst, z. B. eine Sozialstation, in Anspruch nehmen will, oder ob er sich die Hilfe selbst organisiert. Der Hilfebedarf und der Leistungsumfang werden auf die gleiche Weise ermittelt, egal ob eine stationäre, eine ambulante oder eine selbst organisierte Hilfe in Anspruch genommen wird.

Claus Peters weiß, dass er mit der Hilfe seiner Eltern und Freunde ebenso wie mit der des Selbsthilfevereins rechnen kann. Er entscheidet sich dafür, zukünftig seine Hilfe selbst zu organisieren und seinen Helfern gegenüber als Arbeitgeber aufzutreten. Er beantragt bei der Krankenkasse ein Persönliches Budget.

(Westecker, M., Hilfe nach Maß durch Persönliche Budgets, in: Deutsche Heilpädagogische Gesellschaft, 2001, S. 41)

Aufgaben

1. *Wie wirken sich diese Möglichkeiten der Lebensgestaltung auf den Menschen Claus Peters aus?*
2. *Welche Veränderungen in den Strukturen der Organisation bzw. im Denken und Handeln der dort Tätigen haben diese erst möglich gemacht?*

10.3.1 Theoretische Zusammenhänge

Im Folgenden wird die Geschichte der Entstehung von Empowermentprozessen skizziert. In einer ersten *Definition* lässt sich *Empowerment als Selbstbemächtigung derjenigen Menschen verstehen, welche sich in Abhängigkeitsverhältnissen befunden haben oder befinden.* Der Ansatz des Empowerment entstand hierbei aus den gesellschaftlichen Strömungen der *Postmoderne* und des *Kommunitarismus* (vgl. Stark, 1996).

Um was handelt es sich hierbei konkret?

Die Postmoderne umschreibt eine relative Beliebigkeit von Lebens- und Kulturstilen.

Der Kommunitarismus setzt auf Werte der Gemeinschaft und der sozialen Kohäsion; hierbei entstehen eventuell auch wertkonservative Weltanschauungen.

Die postmodernen Tendenzen lassen sich wie folgt skizzieren:

- Es gibt keine allgemein akzeptierten gesellschaftlichen und sozialen Normen, sondern eine Vielfalt von Lebensstilen.
- Die Vielfalt der Lebensstile entspricht einer Vielfalt der Handlungsansätze und Problemlösungen.
- Eine mögliche politische Konsequenz ist die Dezentralisierung und Regionalisierung: autonome Entscheidungen einer Region fördern die Wiedergewinnung von Identitäten und Selbstbewusstsein.
- Unhinterfragtes Wissen stellt sich als nicht mehr allgemeingültig heraus; dieses führt zur Überprüfung des Wissens und zur Aufwertung von Erfahrungswissen.
- Es kommt zu einer Aufwertung von Minderheiten. Der Status der *Betroffenen:* Experten in eigener Sache.

Die kommunitaristischen Tendenzen lassen sich demgegenüber mit folgenden Aspekten beschreiben:

- Gemeinschaft wird als Chance begriffen.
- Es kommt zu einer Wiederbelebung des Gemeinsinns.
- Hierbei ist die Erfahrung durchgestandener Konflikte und Divergenzen relevant und notwendig.
- Somit ist folgendes Fazit zu ziehen: Widersprüchlichkeiten zwischen den individuellen Interessen und Konflikten und der Notwendigkeit gemeinschaftlicher, identitätsbildender Werte lassen sich nur in konkreten Handlungsoptionen lösen.
- Dieser Prozess ermöglicht dann eine Konfliktfähigkeit von Individuen, Gruppen und Strukturen.

Empowerment beschreibt somit auf der Handlungsebene das Verständnis von individuellen und gemeinschaftlichen Prozessen hin zu einer gesellschaftlichen Konflikt- und Gestaltungsfähigkeit.

Dieses bedeutet konkret die Pflege und den Aufbau struktureller Rahmenbedingungen und die Entwicklung einer professionellen Haltung mit dem Ziel der Erweiterung der Möglichkeiten, das eigene Leben selbst zu bestimmen.

Empowerment lässt sich also abschließend definieren als Selbstorganisation im Alltag im Hinblick auf die Prozesse der Lebensbewältigung und Lebensgestaltung. Empowerment ist zudem eine professionelle Haltung, die die gesellschaftliche Konfliktfähigkeit fordert und fördert. Dies wird durch vier Schritte realisiert:

1. Mobilisierung
2. Engagement und Förderung
3. Integration und Routine
4. Überzeugung und entwickelte Organisations- und Konfliktfähigkeit.

Die Realisierung erfolgt auf drei Ebenen:

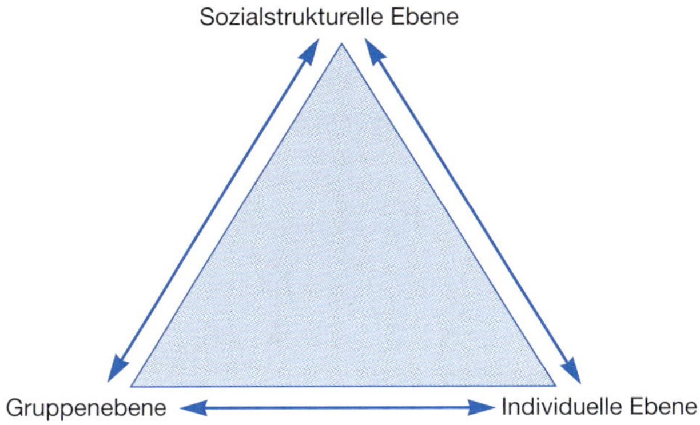

Aufgaben

1. *Stellen Sie die Relevanz von Empowermentprozessen für die heilerziehungspflegerische Theoriebildung und Praxis dar.*
2. *Diskutieren Sie folgende These: Empowerment ist als sozialpolitische Konzeption für ein individualpädagogisches Vorgehen nicht brauchbar. Stellen Sie ihre Diskussion in Form eines Rollenspiels im Plenum dar.*

10.3.2 Praktische Umsetzung

Was bedeutet dieser Ansatz für heilpädagogische und heilerziehungspflegerische Theoriebildung und Praxis?

Die schon erläuterten Grundgedanken führen zuerst einmal zum Postulat, ein möglichst selbstbestimmtes und *normales* Leben zu führen. Menschen mit Behinderungen haben somit die gleichen Rechte (und Pflichten) wie Menschen ohne Behinderung. Sie leben ein Leben, welches sich von den Zwängen einer kontrollierenden und stigmatisierenden Umwelt emanzipiert. Diese Emanzipation vollzieht sich auf den genannten drei Ebenen.

Theunissen benennt *acht Komponenten*, mit welchen die behindertenpädagogisch Tätigen Empowermentprozesse begleiten können (vgl. Theunissen, 2000, S. 185 ff.). Grundsätzlich geht er hierbei davon aus, dass ihre berufliche Rolle als diejenige einer assistierenden Person zu verstehen ist. Die leitende Handlungskompetenz ist somit diejenige der *Assistenz*.

Es handelt sich um folgende Komponenten:

1. *Praktische Assistenz* – spezifische Dienstleistungen, wie Körper- und Krankenpflege.
2. *Dialogische Assistenz* – Grundbedürfnisse sozialer Kommunikation, Zuwendung, Anerkennung, Nähe etc.

3. *Advokatische Assistenz* – stellvertretendes Handeln für den Menschen mit einer Behinderung.
4. *Sozialintegrierende Assistenz* – ermöglicht, dass sich der Mensch mit einer Behinderung als Teil eines größeren Ganzen erlebt.
5. *Konsultative Assistenz* – Beratung in kritischen Lebenssituationen.
6. *Facilitatorische Assistenz* – Arrangement von Lernsituationen.
7. *Lernzielorientierte Assistenz* – als stärker strukturierte Lernhilfe.
8. *Intervenierende Assistenz* – Unterstützung in gefährdenden Situationen.

Mittels dieser Assistenzformen sollen die Bezeichnungen für Menschen mit Behinderungen aufgelöst werden und ihren stigmatisierenden Charakter verlieren. Zudem wirken sie sich positiv auf die Lebensmuster und Lebensstile dieser Menschen aus und tragen schließlich zu einer humaneren Gesellschaft bei.

Aufgaben

1. *Konkretisieren Sie die acht Komponenten des Assistenzmodells anhand eines Beispiels.*
2. *Diskutieren Sie den systematischen Aufbau diese Modells: Was spricht dafür? Was dagegen?*
3. *Formulieren Sie Fragen für die Überprüfung des Empowermentsatzes in heilerziehungspflegerischen Organisationen. Stellen Sie einen Fragebogen zusammen und lassen Sie diesen von Vertretern dieser Einrichtungen ausfüllen. Werten Sie die Ergebnisse aus und stellen Sie diese der Öffentlichkeit zur Verfügung.*
4. *Würden Sie in einer helfenden Organisation, welche sich dem Empowerment verpflichtet fühlt, arbeiten wollen? Begründen Sie Ihre Meinung.*

10.3.3 Materialien und Anregungen

Materialien

Die folgende Grafik (nach Knust-Potter, 1998) stellt die Elemente dieses Kapitels in einen gesellschaftlichen und pädagogischen Bezugsrahmen. Setzen Sie sich vor diesem Hintergrund mit folgenden Aufgaben auseinander:

1. Leiten Sie aus dieser Grafik Konsequenzen für die Theoriebildung und die Praxis der Heilerziehungspflege ab.
2. Beachten Sie hierbei besonders Ihre Rolle (also diejenige des bzw. der Professionellen).

Literatur

Beck, I./Düe, W./Wieland, H. (Hrsg.), Normalisierung: Behindertenpädagogische und sozialpolitische Perspektiven eines Reformkonzeptes, Heidelberg 1996

Bundesvereinigung Lebenshilfe für Menschen mit geistiger Behinderung e. V., Ein Platz in der Gesellschaft. Enthospitalisierung von Menschen mit geistiger Behinderung, Marburg 1998

Deutsche Heilpädagogische Gesellschaft – DHG e. V. (Hrsg.), Hilfe nach Maß?!, Düren 2001

Eisenberger, J./Hahn, M./Hall, Th./Koepp, A./Krüger, C. (Hrsg.), Das Normalisierungsprinzip – vier Jahrzehnte danach, Reutlingen 1999

Greving, H./Niehoff, D., Praxisorientierte Heilerziehungspflege. Bausteine der Didaktik und Methodik, Köln 2000

Hahn, M. u. a., Menschen mit geistiger Behinderung auf dem Weg in die Gemeinde. Perspektiven aus Wissenschaft und Praxis, Reutlingen 1998

Knust-Potter, E., Behinderung: Die Community-Living-Bewegung gegen Ausgrenzung und Fremdbestimmung, Köln 1998

Markowetz, R., Integration von Menschen mit Behinderungen, in: Cloerkes, G., Soziologie der Behinderten. Eine Einführung, 1997, S.187–237

Stark, W., Empowerment. Neue Handlungskompetenzen in der psychosozialen Praxis, Freiburg 1996

Theunissen, G. (Hrsg.), Verhaltensauffälligkeiten – Ausdruck von Selbstbestimmung?, Bad Heilbrunn 2000

11 Ausgewählte Entwürfe professioneller Heilerziehungspflege

- *Welche Bedeutung hat die Teamarbeit in der Heilerziehungspflege?*
- *Was sollten heilerziehungspflegerisch Tätige über den Aufbau von Organisationen wissen?*
- *Welche Ansätze zur Tätigkeit der „Beratung" sind in der Heilerziehungspflege relevant?*
- *Warum ist Öffentlichkeitsarbeit in der Heilerziehungspflege wichtig?*

11.1 Arbeit im Team

11.1.1 Theoretische Zusammenhänge

Bedeutung des Teams

Es ist offensichtlich, dass neben Familie und Freundeskreis auch Gruppen am Arbeitsplatz zahlreiche Funktionen erfüllen, denen eine wichtige Bedeutung für die Persönlichkeitsentwicklung und Sozialisation des Individuums zukommt. Am Arbeitsplatz können eine Reihe wesentlicher, menschlicher Bedürfnisse, Ziele und Erwartungen erfüllt werden, können Talente, Eignungen und Neigungen zur vollen Anwendung kommen ... kann das Streben nach dem, was wir allgemein als Selbstverwirklichung ... bezeichnen, verwirklicht werden.

(Weinert, 1981, S. 19).

Die Zufriedenheit mit der ausgeübten Tätigkeit ist besonders im Sozial- und Gesundheitsbereich von besonderer Bedeutung. Pflege, Erziehung und/oder Lebensbegleitung können nur gelingen, wenn Mitarbeiter motiviert sind, sich den ihnen anvertrauten Menschen zuzuwenden und sich für sie zu engagieren. Umfragen zur Arbeitszufriedenheit in diesem Bereich ergaben jedoch, dass das Miteinander im Team immer wieder als eine besondere Belastung empfunden wurde. *Ausbrennen, mobben, resignieren und demotiviert werden waren Ergebnisse, die das Erleben der Fachkräfte im Miteinander kennzeichneten* (Berger, 1999, S. 44).

Aufgaben

1. *Erörtern Sie in Kleingruppen die Voraussetzungen, wie in einem Team eine hohe Arbeitszufriedenheit zu erreichen ist.*
2. *Was erwarten Sie von Ihren zukünftigen Teamkollegen? Wie müssen sie sich Ihnen gegenüber verhalten, damit Sie sich in Ihrem Team wohlfühlen?*
3. *Mit welchen konkreten Verhaltensweisen bzw. Handlungen wollen bzw. werden Sie zu einem guten Arbeitsklima beitragen?*

Bestimmungsmerkmale eines Teams bzw. einer Arbeitsgruppe

In der Fachliteratur wird je nach Kontext der Begriff *Gruppe* eng oder weit definiert. Eine *enge* Definition stammt von Rostenstiel. Er versteht unter einer Gruppe eine ... *Mehrzahl von Personen, die relativ überdauernd in direkter Interaktion stehen, durch Rollendifferenzierung und gemeinsame Normen gekennzeichnet sind und die ein Wirgefühl verbindet* (Rosenstiel, 1986, S. 41).

Die *Anzahl* der Personen, die zu einer Gruppe gehören, ist nach oben und unten begrenzt. In der Literatur werden zwei oder drei Personen als untere Grenze und je nach Kontext und Art der Gruppe 15 bis 50 Personen als obere Grenze genannt. Die Möglichkeit der Gruppenmitglieder mit Angehörigen der eigenen Gruppe in *direkter Interaktion* und Kommunikation in Kontakt zu treten, legt die Annahme kleiner Gruppengrößen nahe.

Versteht man Gruppe als Anzahl von Menschen, die mehr oder weniger regelmäßig Kontakt miteinander haben, so dürfte dieser regelmäßige Kontakt bei einer Zahl, die größer als 30 ist, kaum noch möglich sein. Dieser Kontakt soll nämlich direkt sein, d. h. von Angesicht zu Angesicht.

(Jilesen, 1995, S. 25)

Ein besonderes Merkmal von Gruppen ist die *Rollendifferenzierung*. Wenn sich Gruppen bilden, kommt es auch ohne äußeren Auftrag zur Ausbildung und Übernahme von unterschiedlichen Rollen. Neben der Führerrolle, die in jeder Gruppe vorhanden ist (vgl. Jilesen, 1995), bilden sich viele andere heraus wie die des Außenseiters, des Sündenbocks, des Mitläufers.

Ein weiteres zentrales Merkmal von Gruppen sind gemeinsame Normen. Sie werden relativ selten ausdrücklich formuliert. Sie bewirken, dass eine Anpassung an zentrale Verhaltens- und Erlebensweisen erfolgt (vgl. Rosenstiel, 1986).

Das *Wir-Gefühl* der Gruppe, das ebenfalls bestimmend ist, entsteht sowohl aufgrund einer relativ langen Phase direkter Kommunikation und Interaktion als auch durch die Abgrenzung zu anderen Personen und Gruppen.

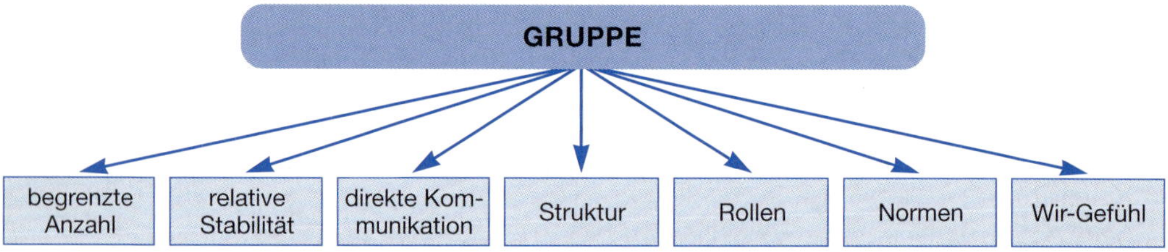

Gruppenstrukturen

Jede Gruppe – auch jedes Mitarbeiterteam – entwickelt im Laufe der Zeit verschiede *Gruppenstrukturen*. Unter einer Gruppenstruktur versteht man die Gesamtheit der Beziehungen der Gruppenmitglieder untereinander. Sie entsteht dadurch, dass die Gruppenmitglieder ihre Beziehungen zueinander definieren. Dieses geschieht mehr oder weniger deutlich.

In jeder Gruppe existieren unterschiedliche Beziehungen und Gruppenstrukturen. Sie bringen zum Ausdruck:

- wer mit wem gerne zusammenarbeitet = Soziometrische Struktur bzw. Sympathiestruktur
- wer mit wem wie oft spricht = Kommunikationsstruktur
- wer wen beeinflusst = Machtstruktur

Soziometrische Struktur, *Kommunikationsstruktur* und *Machtstruktur* einer Gruppe sind zwar oft ähnlich, aber keinesfalls identisch. Die beliebteste Person einer Gruppe muss nicht notwendig auch die einflussreichste sein. Insgesamt gilt jedoch, dass von der Qualität dieser Strukturen wesentlich die Zufriedenheit der Mitglieder, ihre Leistungsfähigkeit und die Lebensdauer der Gruppe abhängt (vgl. Herkner 1992).

Häufig werden Kompetenzen (Entscheidungskompetenzen bei Anschaffungen oder Ausgestaltung der Gruppenräume, Zuständigkeiten bei der Dienstplangestaltung, etc.) nur vage formuliert. Aber selbst dort, wo Stellenbeschreibungen (z. B. für den Gruppenleiter) in detaillierter Form vorliegen, kommt es zu Missverständnissen und Problemen. Stellenbeschreibungen geben zwar vor, wie Mitarbeiter sich zu verhalten haben, doch ... *was der Plan vorschreibt, entspricht häufig nicht der beobachteten Realität* (Rosenstiel, 1976, S. 44). So mag ein Mitarbeiter dem (Organisations-)Plan nach zwar Gruppenleiter sein, aber andere Gruppenmitglieder ignorieren seine Anweisungen oder treffen Entscheidungen, die nicht in ihren Kompetenzbereich fallen. Die häufig feststellbare Diskrepanz zwischen Plan und beobachtbarer Realität hat zur Unterscheidung zwischen *formellen* und *informellen* Gruppen geführt. *Die formelle Gruppe ist nicht die soziale Realität, sondern ein Plan ... Die informelle Gruppe dagegen ist die soziale Realität* (Rosenstiel, 1986, S. 40).

Aufgaben

1. *Erarbeiten Sie in Kleingruppen ein Aufgabenprofil und eine Stellenbeschreibung für einen Heilerziehungspfleger.*
2. *Erinnern Sie sich bitte an Ihr letztes Praktikum. Beschreiben Sie die offizielle Struktur ihrer Gruppe und vergleichen Sie sie mit der von Ihnen wahrgenommenen informellen Struktur.*

Rollen in einem Team

Eine *soziale Rolle* ist „ein Bündel normativer Verhaltenserwartungen, die von einer Bezugsgruppe oder mehreren Bezugsgruppen an Inhaber bestimmter sozialer Positionen herangetragen werden" (Schäfers 1995, S. 262).

Mitarbeiterteams sind organisierte Gruppen, deren Mitgliedschaft nur bedingt freiwillig ist und in denen wichtige Rollen z. B. die des Gruppenleiters, des Mitarbeiters, des Praktikanten etc. vorgegeben sind. Bei diesen Rollen handelt es sich um institutionelle oder *formelle Rollen*; zentrale Erwartungen sind unabhängig vom individuellen Rollenträger. Von einem Gruppenleiter wird beispielsweise erwartet, dass er

- Verantwortung für seine Gruppe übernimmt
- die Versorgung der Betreuten sicherstellt
- die Mitarbeiter seiner Gruppe unterstützt,
- Orientierung und Anregung gibt, etc.

Die Bedeutung von Rollen liegt darin begründet, dass sie ... *für regelmäßiges, vorhersagbares Verhalten als Voraussetzung für kontinuierlich planbare Interaktion* ... sorgen. Sie erfüllen ... *somit eine allgemeine soziale Orientierungsfunktion* (Schäfers, 1995, S. 262). Die Erwartungen, die an die Position eines Gruppenleiters gerichtet werden, können jedoch sehr unterschiedlich sein oder sich sogar widersprechen. Während z. B. Gruppenmitarbeiter vom Gruppenleiter erwarten, dass er sich für ihre Interessen und Wünsche bei der Leitung einsetzt, erwartet die Leitung vom Gruppenleiter, dass er ihre Anliegen gegenüber den Gruppenmitarbeitern vertritt. Solche oder ähnliche widersprüchlichen Erwartungen verschiedener Bezugspersonen, die an dieselbe Person gestellt werden, bezeichnet man als *Intrarollenkonflikte* (vgl. Schäfer 1995). Wenn sie nicht transparent gemacht werden und ungeklärt bleiben, belasten sie die Gruppenatmosphäre. Desorientierung und Verunsicherung können entstehen, die Enttäuschungen hervorrufen, die sich negativ auf die Arbeitsmotivation und Arbeitszufriedenheit auswirken.

Neben formellen Rollen existieren in jeder Gruppe auch *informelle Rollen*. Sie entstehen im Laufe der Zeit durch Interaktion und Kommunikation der Gruppenmitglieder. Zu den informellen Rollen, die in vielen Gruppen existieren, gehören die Rollen des *Außenseiters*, „... desjenigen, der sich nicht am Gruppenleben beteiligt, der sich nicht an die Gruppennormen hält", des *Sündenbocks*, „... desjenigen, der von der Gruppe schnell für Fehler verantwortlich gemacht wird", und des *Gruppenclowns*, „... desjenigen, der die Gruppenmitglieder zu amüsieren versucht und deswegen von der Gruppe nicht ernst genommen wird." (Jilesen, 1995, S. 57). Je nach Gruppe und Aufgabe entwickeln sich auch Spezialistenrollen. Grundsätzlich können drei Kategorien von Rollen, die von Individuen in Gruppen eingenommen werden, benannt werden:

- Gruppenbildende und -erhaltende Rollen,
- Aufgabenbezogene Rollen,
- Individuelle Rollen (vgl. Schädle-Deininger/Villinger, 1997, S. 132).

Gruppenrollen und Funktionen

Gruppenbildende und -erhaltende Rollen	**Funktion in der Gruppe**
Der Mutmacher	übt einen positiven Einfluss auf die Gruppe aus
Der Harmonisierer	erhält oder schafft Frieden
Der Kompromissler	reduziert Konflikte, indem er nach Alternativen sucht
Der Torhüter	bestimmt die Vorgaben, nach denen einzelne Gruppenmitglieder akzeptiert werden
Der Mitläufer	dient als interessierter Zuhörer
Der Normenbestimmer	stellt die Gruppenregeln auf
Der Problemlöser	löst die Probleme, damit die Gruppe an ihrer Aufgabe weiterarbeiten kann
Aufgabenbezogene Rollen	**Funktion in der Gruppe**
Der Leiter	gibt die Richtung vor
Der Fragensteller	klärt die Sachlage und holt Informationen ein
Der Bündler	sorgt dafür, dass die Gruppe bei der Aufgabe bleibt
Der Resümierer	stellt den Stand der Aufgabenlösung fest
Der Auswerter	beurteilt die Leistung der Gruppe
Der Initiator	regt die Gruppendiskussion an

Individuelle Rollen	**Funktion in der Gruppe**
Das Opfer	lenkt die Verantwortlichkeit von sich selber ab
Der Alleinherrscher	versucht, durch ununterbrochenes Reden die Gruppe zu kontrollieren
Der Verführer	hält Distanz und gewinnt dadurch Aufmerksamkeit
Der Schweiger	kontrolliert die Gruppe passiv durch stumm sein
Der Miesmacher	entmutigt positive Arbeit durch sein Jammern und sorgt für Ärger in der Gruppe
Der Unpünktliche/Schwänzer	vermindert die Bedeutung der Gruppe
Der Moralist	richtet über Recht und Unrecht in der Gruppe

(nach: Schädle-Deininger, H. u. Villinger, U., Praktische Psychiatrische Pflege, Bonn 1996, S. 132, Stuart & Sundeen, Principles and Practice of Psychiatric Nursing, St. Louis 1987, S. 819, Übersetzung durch die Autorinnen)

Aufgaben

1. *Beschreiben Sie formelle Rollen Ihrer Schule und Ihrer Klasse.*
2. *Erläutern Sie an einem Beispiel wie informelle Rollen entstehen.*

Team- bzw. Gruppennormen

Normen sind „mehr oder weniger verbindliche, allgemein geltende Vorschriften für menschliches Handeln. Soziale Normen legen fest, was in spezifischen und sich wiederholenden Situationen geboten oder verboten ist ..." (Schäfers, 1995, S. 228).

Gruppennormen sind Erwartungen der Gruppe in Bezug auf angemessene Verhaltensweisen und Einstellungen ihrer Mitglieder. Während Rollen Verhaltenserwartungen sind, die mit bestimmten sozialen Positionen verbunden sind und sich an einzelne Personen richten, richten sich Gruppennormen gleichermaßen an alle Gruppenmitglieder.

Im Hinblick auf den *Geltungsanspruch* von Gruppennormen muss zwischen formellen und informellen Normen unterschieden werden. Dienstanweisungen oder Hausordnungen stellen beispielsweise formelle Normen dar. Sie liegen in der Regel in schriftlicher Form vor. Andere Normen, die das Verhalten der Gruppenmitglieder z. B. bei Teambesprechungen, in Konfliktsituationen, gegenüber Vorgesetzten etc. regulieren, werden nirgendwo ausdrücklich formuliert. Neue Gruppenmitglieder erkennen ihre Existenz häufig nur, indem sie die Gleichförmigkeit im Verhalten der anderen Teammitglieder wahrnehmen und negative Reaktionen auf nicht normgerechtes Verhalten beobachten. Informelle Gruppennormen steuern das Verhalten der Gruppenmitglieder subtil und wenig offensichtlich (vgl. Zimbardo 1995).

Gruppennormen haben für den *Gruppenzusammenhalt* eine große Bedeutung:

- Gruppennormen definieren konformes und abweichendes Verhalten.

Gruppennormen legen fest, welche Verhaltensweisen und Einstellungen in der Gruppe zu gelten haben, welches Maß an Abweichung toleriert wird und welche

Sanktionen erfolgen, wenn dieses Maß überschritten wird. *Dabei bleibt offen und ist von Fall zu Fall wohl auch unterschiedlich, ob diese Sanktionen innerhalb der Gruppe bewusst eingesetzt werden oder nicht* (Rosenstiel, 1986, S. 48).

Beispiel

Während das Verhalten eines Mitarbeiters, der gelegentlich verschläft und zu spät zum Dienst erscheint, möglicherweise nur spöttisch kommentiert wird, kann das Verhalten eines Mitarbeiters, der regelmäßig zu spät zum Dienst erscheint, heftig kritisiert werden.

- Gruppennormen geben Orientierung.

Alle Gruppenmitglieder können vorhersehen, was andere Gruppenmitglieder in einer gegebenen Situation tun werden.

Beispiel

In vielen Mitarbeiterteams besteht die nicht ausdrücklich formulierte Regel, dass bei einer Erkrankung nicht nur die Leitung informiert wird, sondern dass das Team bereits im Vorfeld, d. h. vor dem beabsichtigten Arztbesuch, benachrichtigt wird. Das Team erhält hierdurch die Möglichkeit, flexibel zu reagieren, um eine Überlastung einzelner Kollegen zu vermeiden.

- Gruppennormen dienen der Identifikation mit der Gruppe.

Als Zeichen der Mitgliedschaft einer Gruppe übernehmen Gruppenmitglieder die geltenden Einstellungen und Verhaltensweisen. Je attraktiver die Gruppe für eine Person ist, desto stärker wird sie sich mit den Normen der Gruppe identifizieren und sie auch außerhalb der Gruppe vertreten.

Beispiel

Ein Mitarbeiter, der mit seiner Arbeit sehr zufrieden ist und der von seinen Kollegen geschätzt wird und Anerkennung für seine Arbeit erhält, wird sich wahrscheinlich stärker mit den vorherrschenden Meinungen und Ansichten in seinem Team identifizieren als derjenige, der in seiner Tätigkeit lediglich die Möglichkeit sieht, Geld zu verdienen.

Entstehung von Gruppennormen

Formelle Gruppennormen wie Dienstanweisungen, Hausordnung, etc. existieren in der Regel bereits vor der Gründung eines neuen Teams. Sie werden neuen Mitarbeitern bei ihrem Eintritt in die Einrichtung bekannt gemacht.

Informelle Normen entstehen im Lauf der Zeit. Sie entstehen „... nicht durch Willkür oder Zwang; sie erwachsen meist aus dem Interessenausgleich der Gruppenmitglieder so, dass Normabweichungen einzelner für die Gruppe insgesamt Nachteile bringen ... allerdings werden die Vorteile, die mit der Normeinhaltung verbunden sind, häufig nicht mehr bewusst registriert, da das Zeigen des normierten Verhaltens zur unreflektierten Selbstverständlichkeit, zur Gewohnheit wird" (Rosenstiel, 1986, S. 50).

Soziale Vergleichsprozesse spielen bei der Entstehung von Gruppennormen eine wichtige Rolle. Menschen besitzen ein Bedürfnis, ihre Meinungen und Überzeugungen zu überprüfen. Solange sie nicht sicher sind, dass ihre Annahmen stimmen, besteht Unsicherheit und Unklarheit darüber, wie man sich verhalten soll.

In einem Team, das neu zusammen findet, bestehen (mit Ausnahme formeller Normen) noch keine klaren Ansichten und Meinungen darüber, wie man sich verhalten soll. Die Kommunikationshäufigkeit steigt an und die Gruppenmitglieder tauschen Vorstellungen, Meinungen und Erwartungen aus. Diesen Prozess bezeichnet man als *Diffusion*. In einem zweiten Schritt entwickeln die Gruppenmitglieder durch diesen mehr oder weniger intensiven Austausch gemeinsame Vorstellungen und Erwartungen. Dieser Prozess, durch den die verschiedenen, teilweise sehr unterschiedlichen Meinungen und Auffassungen konvergieren, wird *„Kristallisation"* genannt (vgl. Zimbardo, 1995).

Wie wirksam soziale Vergleichsprozesse Konformität erzeugen, zeigt ein sehr bekanntes Experiment von Sherif 1935.

„Das von Sherif in seinem Experiment verwendete autokinetische Phänomen besteht darin, dass ein in einem völlig dunklen Raum kurzzeitig dargebotener Lichtpunkt sich zu bewegen scheint, obwohl er sich in Wahrheit nicht bewegt. Diese Täuschung kommt dadurch zustande, dass die Augen ständig schnell aufeinanderfolgende ruckartige Bewegungen vollziehen, wodurch der Lichtpunkt wechselnde Netzhautstellen reizt. Die Versuchspersonen sollten schätzen, wie weit sich der Punkt bewegt ... Da die Versuchspersonen im völlig abgedunkelten Versuchsraum keinerlei Bezugspunkte hatten, war es unmöglich, die Richtigkeit der eigenen Schätzung zu überprüfen. Im Einzelversuch gaben die Versuchspersonen sehr divergierende [abweichende] Urteile über das Bewegungsausmaß beim autokinetischen Phänomen ab. Die Schätzungen reichten von wenigen Zentimetern bis zu einem Viertelmeter. Anschließend mussten die Versuchspersonen in Gruppen zu zwei oder drei Personen ihre Urteile laut abgeben. So dass jede Versuchsperson über die Schätzungen der anderen Gruppenmitglieder Bescheid wusste. Die Gruppensitzungen wurden mehrmals wiederholt und dabei zeigte sich eine deutliche Konvergenz [Annäherung] der Urteile. Die Versuchspersonen jeder Gruppe ‚einigten sich' auf eine von allen Mitgliedern akzeptierte Schätzung der Bewegung. Eine konforme Meinung hatte sich gebildet. Wurden die Versuchspersonen nachher wieder im Einzelversuch über das vermeintliche Bewegungsausmaß gefragt, so behielten sie das in der Gruppe gebildete Urteil bei."

(aus: Herkner. Lehrbuch Sozialpsychologie, 1991, S. 454)

Gruppenleitung

Teamarbeit wird manchmal missverstanden als eine Zusammenarbeit, in der es keine Hierarchie geben dürfte. Mitarbeiter sind mitunter der Meinung, dass alle Teammitglieder für alle Aufgaben, Tätigkeiten und Entscheidungen gleichermaßen zuständig sein müssen. Diese Sichtweise verkennt jedoch, dass eine so verstandene Teamarbeit einerseits zu einer Verantwortungsdiffusion führt, da kein Teammitglied sich letztlich für einen Aufgabenbereich verantwortlich fühlt. Andererseits führt eine solche Teamarbeit auch zu einer Überforderung der Teammitarbeiter, da niemand alles gleichermaßen bearbeiten kann (vgl. Dörner/Plog 1996). Ein weiterer Aspekt, der bei einer solchen Sichtweise nicht beachtet wird, ist die Tatsache, dass es in jeder Gruppe Personen gibt, die eine dominante Rolle innehaben. Denn ... *in Gruppen, die Teil einer festen Organisation sind, wird von vornherein festgelegt, wer der Inhaber der Führerposition ist. In informellen Gruppen kristallisieren sich allmählich Führer heraus* (Herkner, 1991, S. 447). Da ein funktionierendes Team immer auch eine Gruppe im sozialpsychologischen Sinne ist, in der sich informelle Beziehungen und Strukturen entwickeln (Beziehungen und Strukturen, die nicht im Organisationsplan der Einrichtung enthalten sind), gibt es auch in den Teams, in denen keine Gruppenleiter benannt wurden, Führungspersonen. Gelegentlich geschieht es sogar, dass sich neben dem offiziellen Gruppenleiter, der von der Leitung benannt wurde, „inoffizielle Führer" herauskristallisieren, die insgeheim einen großen Einfluss auf die Gruppe haben.

„Führer" und folglich auch *Gruppenleiter* sind *Personen, die eine bevorzugte Position innerhalb einer Gruppenstruktur innehaben* (Herkner, 1991, S. 338). Dieses bedeutet, da es in Gruppen immer mehrere Strukturen (Sympathie-, Kommunikations- und Machtstruktur) gibt, dass gleichzeitig mehrere Führungspersonen in einer Gruppe bzw. in einem Team existieren können. Besonders in großen Gruppen entstehen in der Regel zwei Führungsrollen. Es kristallisieren sich häufig ein „aufgabenorientierter Führer" und ein „sozial-emotionaler Führer" heraus (vgl. Herkner, 1991). Während der „aufgabenorientierte Führer" sich für die Erreichung der Gruppenziele einsetzt, indem er Orientierung und Anleitung gibt, kümmert sich der „sozial-emotionale Führer" oder „Beliebtheitsführer" um die persönlichen Probleme und Anliegen der Mitglieder; er zeigt Verständnis, gibt Ratschläge und Hilfe. Die Beziehung zwischen beiden Führern ist nur selten durch Rivalität gekennzeichnet. Zwischen ihnen besteht in vielen Gruppen eine intensive Zusammenarbeit (vgl. Rosenstiel, 1986).

Gruppen- bzw. Teamleiter müssen fähig sein, ... *die Teammitglieder dafür zu gewinnen, ihre persönlichen Fähigkeiten in den Dienst einer gemeinsamen Sache zu stellen* (Hermann/Weber). In diesem Anspruch werden die beiden grundsätzlichen Aufgabenbereiche Mitarbeiter- und Sachorientierung der Gruppenleitung deutlich.

● Aufgaben eines Gruppenleiters

Mitarbeiterorientierte Aufgaben	Sachorientierte Aufgaben
Förderung eines wertschätzenden und fairen Umgangs	Rahmenbedingungen für die Zusammenarbeit schaffen
Ermöglichung und Förderung der Akzeptanz von Meinungen	Ziele vereinbaren, vorgeben und verfolgen
Schaffung eines Klimas gegenseitigen Vertrauens und Respekts	Erfolgskriterien definieren, erarbeiten, überprüfen
Anerkennung und Ermutigung der Gruppenmitglieder, Stärkung des Selbstwertgefühls	Vorschläge von Mitarbeitern aufgreifen, Themen bearbeiten
Verständnis für den Gruppenprozess schaffen und initiieren	Entscheidungs- und Problemlösungsprozesse ermöglichen
Förderung der aktiven Beteiligung aller Gruppenmitglieder	Beratung und Unterstützung organisieren
Kommunikation fördern	Verantwortung delegieren
Hilfe geben, Fehler als Chancen zu begreifen	Informationsaustausch sicher stellen; untereinander, nach außen

Gruppen- bzw. Teamleiter müssen eine Vielzahl von Aufgaben bewältigen. Um dieses zu schaffen, benötigen sie verschiedene Schlüsselqualifikationen. Neben dem Fachwissen sind dies Fähigkeiten zur Rollentransparenz, Kommunikation und Analyse sowie empathische Fähigkeiten, Durchsetzungs- und Überzeugungskraft. (vgl. Hermann/Weber)

Aufgaben

1. *Erarbeiten Sie eine Stellenbeschreibung für einen Gruppenleiter?*
2. *Stellen Sie an Beispielen die Entstehung von Gruppennormen dar.*

● Phasen der Teamentwicklung

Wenn ein Team sich neu bildet, dann durchlaufen die Mitglieder verschiedene Phasen, in denen unterschiedliche Themen wichtig werden und sehr verschiedene Prozesse ablaufen. Häufig werden folgende vier Phasen unterschieden:

- Orientierungsphase,
- Kampfphase um Macht und Kontrolle,
- Kooperationsphase,
- Integrationsphase.

Einige Modelle berücksichtigen auch, dass Gruppen und Teams sich wieder auflösen und ihre Mitglieder auseinander gehen können. Diese Modelle beinhalten daher eine fünfte Phase, die Trennungs- bzw. Ablösephase.

Die Dauer der Phasen variiert. Sie ist abhängig von den Fähigkeiten und den Erfahrungen sowie der Bereitschaft der einzelnen Mitglieder zur Zusammenarbeit. Nicht alle Gruppen durchlaufen alle Phasen. Manche Teams schaffen es nicht, die zweite Phase zu überwinden oder werden immer wieder auf diese Phase zurückgeworfen.

- Die Orientierungsphase

Wenn Mitarbeiter sich zu einem Team zusammenfinden sollen, dann geschieht dieses nur bedingt freiwillig, da sie auf die Teamzusammensetzung wenig Einfluss haben. Die Mitarbeiter kennen sich in der Regel nicht und Beziehungen zwischen ihnen müssen erst noch wachsen. Es existieren daher auch – mit Ausnahme der vorgegebenen Rollen und Anweisungen – noch keine Rollen- oder (Gruppen-)Normen. Dieses hat zur Folge, dass die Mitarbeiter weder in der Lage sind, das Verhalten der anderen Kollegen noch die Wirkung des eigenen Verhaltens auf die Kollegen richtig einzuschätzen. Hieraus resultiert eine starke Verunsicherung, die für alle Beteiligten sehr unangenehm ist. Die Mitarbeiter suchen daher nach Orientierungsmöglichkeiten. Um grundsätzliche Einstellungen, Haltungen und Vorstellungen ihrer Kollegen kennen zu lernen, tauschen sie sich intensiv aus. Sobald erste informelle Rollen entstehen bzw. gegenseitig zugeschrieben werden und Gruppennormen sich herauskristallisieren, geht die Orientierungsphase in die nächste Phase über.

- Die Macht- und Kontrollphase

In der zweiten Phase geht es darum, Rollen zu definieren und Beziehungen, d. h. Gruppenstrukturen zu klären. Die Mitarbeiter ringen sowohl untereinander als auch mit der Gruppenleitung um den eigenen Standpunkt in der Gruppe. Dabei versuchen sie Positionen zu erreichen, die es ihnen ermöglichen, viel Einfluss auf die Gruppe zu nehmen. Für die zweite Phase ist daher das Streben nach Macht und Einfluss bezeichnend. Verbündete suchen, zweckorientierte Allianzen bilden, stillschweigende Verweigerung oder offene Kritik an der Gruppenleitung sind nur einige Verhaltenweisen und Strategien, die von den Mitarbeitern hierzu eingesetzt werden. Die zweite Phase ist für das Fortbestehen der Gruppe sehr kritisch, da Gruppenmitglieder, wenn sie ihre Ziele bedroht sehen, die Gruppe verlassen (kündigen) oder eine subtile Verweigerungshaltung (innere Kündigung) einnehmen können.
In der zweiten Phase muss daher geklärt werden, wie die Gruppenmitglieder auf Dauer zusammen arbeiten wollen (Gruppennormen) und welche Gruppenmitglieder sie akzeptieren, Führungsrollen einzunehmen. Gelingt diese Klärung bzw. Einigung nicht, dann wird die zweite Phase nicht überwunden! Dieses gilt besonders für Mitarbeiterteams, in denen aufgrund einer hohen Mitarbeiterfluktuation Rollen und Beziehungen nie eindeutig geklärt werden können. Der Findungs- und Klärungsprozess wird durch neue Mitarbeiter immer wieder in Gang gesetzt. Dabei sind alle Gruppenmitglieder mehr oder weniger betroffen.

- Die Kooperationsphase bzw. Organisationsphase

An die zweite Phase schließt sich die Organisationsphase an. Zu Beginn dieser Phase hält die Normen- und Mitgliedschaftskrise zwar noch an, Rollen und Gruppennormen sind aber so weit geklärt und akzeptiert, dass eine effektive Zusammenarbeit möglich wird. Die Mitarbeiter besitzen nun so viel Sicherheit und Klarheit im Umgang miteinander, dass sie ihre Aufmerksamkeit auf die Gruppenaufgaben richten können.
Dabei gehen die Mitarbeiter zunehmend offener miteinander um, setzen ihre Fähigkeiten und ihr Wissen ein und zeigen ein Konfliktverhalten, das immer häufiger sachorientiert ist. Die Gruppenleitung wird als Führungsinstanz akzeptiert, ohne dass die Mitarbeiter sich von ihr entmündigt fühlen. Nach und nach identifizieren sich die Gruppenmitglieder durch ihre gemeinsame Tätigkeit mit ihrer Gruppe; ein *Wir-Gefühl* entsteht.

- Die Integrationsphase

Die Integrationsphase ist durch eine offene Kommunikation, durch gegenseitige Unterstützung und durch einen guten Zusammenhalt der Gruppe gekennzeichnet. Aufgaben und Kompetenzen sind klar definiert. Sie werden nicht mehr in Frage gestellt. Rollen- und Statusunterschiede sind deutlich. Die Mitarbeiter sind in der Lage, Aufgaben und Probleme offen, flexibel und ideenreich zu bewältigen. Erfolge werden der Zusammenarbeit der Gruppe zugeschrieben und nicht der Leistung einzelner Mitglieder. Die Gruppe ist stabil geworden.

- Die Phase der Trennung oder Ablösung

Eine Gruppenphase, die im Zusammenhang mit der Teamentwicklung kaum beschrieben wird, ist die Phase der Trennung oder Ablösung. Wichtige Kennzeichen dieser Phase sind Verhaltensweisen wie Leugnung und Resignation.

Sie sind gelegentlich in Mitarbeiterteams zu beobachten, wenn wichtige oder beliebte Teamkollegen ausscheiden und die Arbeit des gesamten Teams nicht wie gewohnt weitergeführt werden kann. Hier ist es wichtig, dass die Mitarbeiter Zeit und Raum erhalten, die Veränderungen zu verarbeiten. Sie müssen erkennen, dass eine bestimmte Phase der Zusammenarbeit abgeschlossen ist. Wenn dieses nicht geschieht, werden möglicherweise Mitarbeiter, die für ausscheidende Kollegen eingestellt werden, überfordert. Möglicherweise wird von ihnen erwartet, die ausscheidenden Kollegen vollständig zu ersetzen. Dabei wird übersehen, dass die neuen Teammitglieder andere Qualitäten und Fähigkeiten in die Teamarbeit einbringen. Ferner besteht die Gefahr, dass nicht erkannt wird, dass die gesamte Gruppe sich neu formieren muss, und dass bisherige Beziehungen und Positionen neu geklärt werden müssen. Ein letzter Aspekt betrifft die Form, wie ein Kollege verabschiedet wird. Sie besitzt reflektiert die Qualität der Zusammenarbeit und besitzt daher Signalcharakter für die übrigen Kollegen.
Mit Hilfe der *Teamentwicklungsuhr* ist es möglich, den aktuellen Stand eines Teams zu ermitteln. Dazu können die subjektiven Einschätzungen der Teammitglieder eingeholt werden, in welcher Entwicklungsphase sie sich wähnen. Existieren unterschiedliche Einschätzungen, dann liegen unausgesprochene Konflikte vor. Sie müssen, da sie Beziehungsprobleme darstellen, thematisiert und geklärt werden. Geschieht dieses nicht, dann ist die Entwicklung der Gruppe gefährdet.

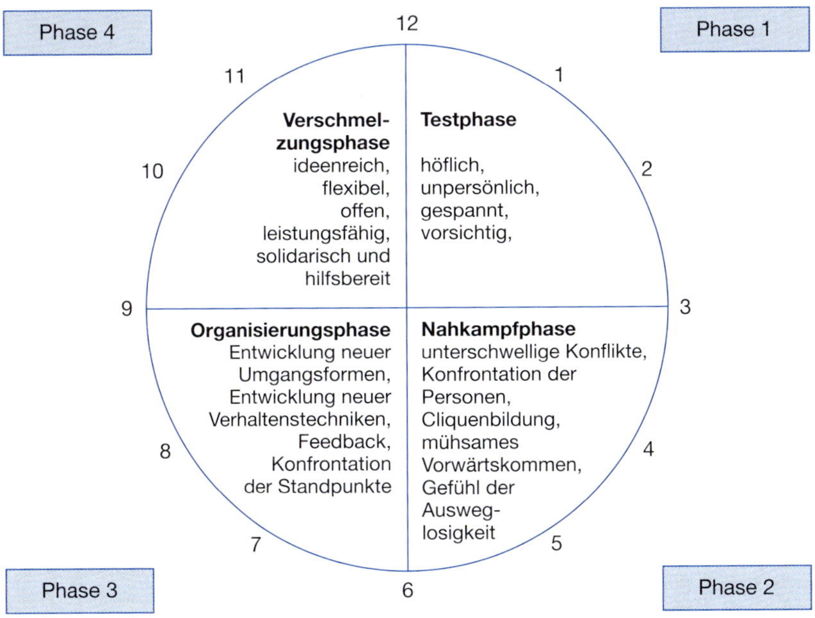

Teamentwicklungsuhr nach Francis u. Young, aus: Berger, 1999, S. 52.

Aufgaben

1. *Wie haben Sie die Übergänge zwischen den Phasen kennen gelernt?*
2. *Stellen Sie die einzelnen Phasen in Rollenspielen dar.*

Gruppenkonflikte

Gruppenkonflikte können als soziale Konflikte aufgefasst werden, ... *in der zwei oder mehr Parteien, die voneinander abhängig sind, mit Nachdruck versuchen, gegensätzliche Handlungspläne zu verwirklichen und sich dabei ihrer Gegnerschaft bewusst sind* (Rosenstiel, 1986, S. 107).

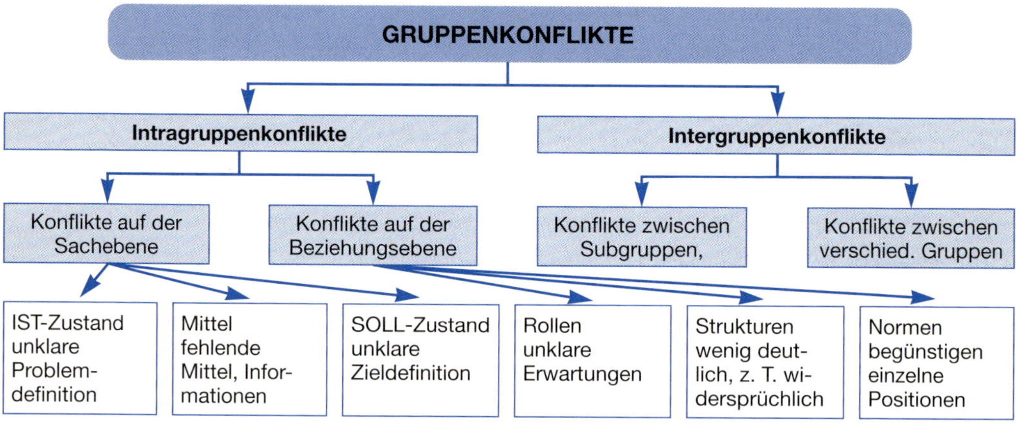

Gruppenkonflikte können grundsätzlich in *Intra- und Intergruppenkonflikte* eingeteilt werden. Intragruppenkonflikte betreffen Konflikte, die innerhalb von Mitarbeitertrams zwischen den einzelnen Mitarbeitern, zwischen Teilgruppen des Teams oder zwischen Mitarbeitern und der Gruppenleitung stattfinden. Intergruppenkonflikte hingegen betreffen Auseinandersetzungen, die zwischen Gruppen stattfinden. Sie sind für Organisationen wie sozialen Institutionen von besonderer Bedeutung (vgl. Rosenstiel, 1986).

Intragruppenkonflikte

Konflikte können in Bewertungs-, Beurteilungs- und Verteilungskonflikte eingeteilt werden (vgl. Rosenstiel, 1986).
Ein *Bewertungskonflikt* liegt vor, wenn zwei Parteien unvereinbare Handlungspläne realisieren wollen, da sie den Konsequenzen einen unterschiedlichen Wert beimessen.

Beispiel

Die Mitarbeiter einer Wohngruppe wollen erreichen, dass sich die Eltern der Bewohner mehr für die Wohngruppe engagieren. Mitarbeiter A glaubt dieses durch einen Tag der offenen Tür zu erreichen. Mitarbeiter B ist dagegen, da er erwartet, dass zuviel Unruhe entstehen wird.

Ein *Beurteilungskonflikt* liegt vor, wenn zwei Parteien die Auftrittwahrscheinlichkeit gleich bewerteter Handlungspläne unterschiedlich beurteilen.

Beispiel

Die Mitarbeiter einer Wohngruppe wollen erreichen, dass sich die Eltern der Bewohner mehr für die Wohngruppe engagieren. Mitarbeiter A schlägt vor, die Eltern zu einem gemeinsamen Wochenende einzuladen, um Beziehungen und Kontakte zu intensivieren. Mitarbeiter B glaubt, dass einige der Eltern mit diesem Vorschlag überfordert sein könnten. Er schlägt vor, die Eltern zu einem gemeinsamen Kaffeetrinken einzuladen.

Ein *Verteilungskonflikt* liegt vor, wenn die Kontrahenten den Nutzen und die Auftretenswahrscheinlichkeit eines Handlungsplanes gleich beurteilen, sie ihn aber aufgrund geringer materieller, zeitlicher und finanzieller Ressourcen nicht realisieren können.

Beispiel

Mitarbeiter A und Mitarbeiter B sind beide verheiratet. Beide Mitarbeiter möchten am Hl. Abend frei haben. Es kann aber nur einer von beiden Urlaub nehmen.

Bewertungs- Beurteilungs- und Verteilungskonflikte können als Sachprobleme aufgefasst werden. Nach einer sorgfältigen Abwägung verschiedener Alternativen ist es prinzipiell möglich, Lösungen zu finden, die von allen akzeptiert werden können.
Ein Sachproblem kann darin bestehen, dass der Ausgangs- bzw. der Ist-Zustand und/oder das Ziel bzw. der Sollzustand unklar ist. Ferner besteht die Möglichkeit, dass zwar beide Zustände umrissen und klar sind, aber Mittel und Wege nicht bekannt oder vorhanden sind.

Team-Konsens herstellen

Zielbildklarheit	
Zweck:	– Wofür sollen wir das tun?
Auftraggeber:	– Für wen sollen wir das tun?
Endergebnis:	– Was sollen wir in der vorgegebenen Zeit erreichen (vorgedachtes Ziel)?
Zielkriterien:	– Woran messen wir das Erreichen des Ziels?

Sind wir uns über das Teamziel einig?

Informationen	
– vorhandene – benötigte	– Wie viel Zeit und welche Ideen, Kenntnisse, Daten, Erfahrungen haben wir bzw. benötigen wir? Wo sehen wir Risiken und wie schätzen wir sie ein?
Was muss getan werden?	– Können wir aufschreiben, was alles zu tun ist?

Sind wir uns einig, was im Team zu tun ist?

Planung	– In welcher Reihenfolge wollen wir vorgehen? – Wer macht was, wie, bis wann, mit wem, womit? – Wo führen wir Kontrollen ein? – Haben wir eine verbindliche Tätigkeitsliste erstellt?

Weiß jeder im Team, was er zu tun hat?

Handlung	– Können wir jetzt beginnen?

Wie bewerten wir unser Ergebnis?

Feedback	– Wie zufrieden bin ich mit dem Ergebnis? – Wie sind wir vorgegangen? – Was hat mir/uns geholfen? – Was hat mich/uns behindert? – Wie fühle ich mich jetzt? – Wie bewerte ich die Stimmung im Team? – Was hat sich bewährt? – Was würden wir beim nächsten Mal anders machen? – Wie setzen wir das beim nächsten Mal um?

Aus eigenem Verhalten für morgen lernen (lernendes Team)

Die Abbildung stellt dar, wie mithilfe eines Zielklärungsprozesses Konsens in einem Team hergestellt werden kann.

Quelle: Berger/Vogelpohl/Peters, Grundlagen der heilerziehungspflegerischen Praxis, Lemgo 1999

nach: R. Bay, 1998, Teams effizient führen, Würzburg 1998

Die Lösung von Sachproblemen setzt die Bereitschaft der Mitarbeiter voraus, sich sachlich mit Problemen und Schwierigkeiten auseinander zu setzen.

„Tatsächlich gehört es hierzulande zu den ungeübtesten Fähigkeiten, eine Sachkontroverse ohne Feindseligkeiten und Herabsetzungen auf der Beziehungsseite zu führen: Der Meinungsgegner wird als Feind und lästiges Übel erlebt und entsprechend behandelt" (Schulz v. Thun, 1981, S. 129).

Je nachdem, ob Mitarbeiter in Konfliktsituationen eine kooperative oder konkurrierende Haltung einnehmen, reagieren sie entweder mit Problemlösungs- oder Kampf-Strategien.

Problemlösungs-Strategie	Kampf-Strategie
– Der Konflikt wird als gemeinsames Problem betrachtet. – Meine Wünsche, Interessen und Ziele lege ich unmissverständlich offen.	– Einer muss sich im Konflikt durchsetzen. Das möchte ich sein. – Meine Wünsche, Interessen und Ziele werde ich nicht offen zeigen: Entweder schweige ich mich aus oder ich stelle sie verzerrt dar.

– Suche nach einer Lösung, die uns beide zufrieden stellt.
– Ich möchte gemeinsame Ziele verfolgen.
– Machtunterschiede auszugleichen versucht man, indem man
  – hervorhebt, wie wichtig es ist, dass wir zu einer gemeinsamen Lösung kommen,
  – betont, dass wir beide aufeinander angewiesen sind.
	– Es wird alles darangesetzt, dem anderen meine Position aufzuzwingen.
	– Ich möchte meine eigenen Ziele verfolgen.
	– Machtunterschiede werden bewusst herausgestellt, indem man
	  – gleich zu Beginn feststellt, dass es gänzlich unerheblich ist, ob wir zu einer gemeinsamen Lösung kommen,
	  – hervorhebt, dass man vom anderen in keiner Weise abhängig ist.

– Zu Beginn werden meine Gefühle, Interessen, Absichten und Positionen offen und unverfälscht dargestellt.	– Zu Beginn bleibt der andere im Unklaren über meine Gefühle, Interessen, Absichten und Positionen; ich halte mich zurück und „lasse ihn kommen".
– Während der andere spricht, versuche ich, mich in ihn hineinzuversetzen. – Weder locke ich mit Versprechungen noch verunsichere ich mit Drohungen.	– Sich in die Lage des anderen zu versetzen, wird vermieden. – Anfangs lasse ich Versprechungen durchblicken; wenn der andere aber nicht nachgeben will, drohe ich ganz offen und deutlich.
– Negative Gefühle sage ich so, dass sie nicht verletzen. – Ich gebe zu verstehen, dass meine Position flexibel ist.	– Negative Gefühle werden scharf zum Ausdruck gebracht, auch wenn sie verletzen. – Es wird unmissverständlich klar gemacht, dass ich von meiner Position nicht abrücken kann und werde.
– Ich zeige mich kooperativ, um eine kooperative Beziehung herzustellen oder zu stabilisieren.	– Ich zeige mich kooperativ, um die Kooperationsbereitschaft des anderen zum Durchsetzen meiner Ziele auszunutzen.

Konfliktstrategien im Team (nach R. Bay, aus: Berger 1999, S. 56)

Quelle: Berger: Grundlagen der heilerziehungspflegerischen Praxis, Lemgo 1999.

Sachlichkeit kann einer Gruppe bzw. einem Team nicht verschrieben oder aufgezwungen werden. Appelle wie *Das gehört nicht hierher* oder *Lassen Sie uns sachlich bleiben,* helfen nicht weiter. Konflikte, die zwischen den Mitarbeitern entstehen und die Zusammenarbeit stören und gefährden können, müssen besprochen und geklärt werden.

Beziehungskonflikte in einem Team sind nur lösbar, wenn die Mitarbeiter bereit sind, sich gegenseitig zu vertrauen, den Konflikt so lösen zu wollen, dass niemand übervorteilt wird.

Intergruppenkonflikte

Soziale Einrichtungen können als Systeme betrachtet werden, die sich aus einer Vielzahl von Gruppen zusammensetzen (vgl. Rosenstiel, 1986). In einer mittelgroßen Einrichtung für geistig behinderte Menschen existieren u. a. Gruppen wie Wohngruppen, Mitarbeiterteams, Leitungsteams,Gruppenergänzende Dienste, etc.

Gruppendynamische Prozesse bewirken zwischen diesen verschiedenen Gruppen vielfältige Konflikte. Diese Konflikte werden als *Intergruppenkonflikte* bezeichnet. Ein Intergruppenkonflikt kann aber auch innerhalb eines Mitarbeiterteams entstehen, wenn sich hier Teilgruppen bilden (z. B. Frühdienst vs. Spätdienst).

Eigen- und Fremdgruppe

Wenn Menschen sich von anderen Menschen in einem oder mehreren Merkmalen unterscheiden (z. B. Schüler einer bestimmten Klasse, Mitglied eines bestimmten Teams, Körpergröße, Kleidung, Sprache, Mundart, etc.), beginnen sie sich als Gruppe wahrzunehmen. Sie entwickeln ein *Wir-Gefühl* für die eigene Gruppe (Eigengruppe, „ingroup"), und ein *Die-Gefühl* für Personen anderer Gruppen (Fremdgruppe, „outgroup") (vgl.: Kap.5).

Die Wahrnehmung eines Unterscheidungsmerkmales bewirkt nicht nur, dass ein Wir-Gefühl entsteht, es werden auch beträchtliche Unterschiede zwischen Eigen- und Fremdgruppe wahrgenommen. Sie gehen alle in die Richtung: *Die Eigengruppe ist besser* (Herkner, 1991, S. 491).

Die Mitglieder der „ingroup" werden als intelligenter, ehrlicher, freundlicher, hilfsbereiter, aufgeschlossener und flexibler betrachtet als die Mitglieder anderer Gruppen, die häufig abgewertet und als minderwertig beurteilt werden.

Nahezu beliebige Reize können zu Unterscheidungsmerkmalen werden. Minimale Unterschiede (z. B. Buttons, Autoaufkleber etc.) können bereits die Begünstigung der Eigengruppe und die Benachteiligung der Fremdgruppe bewirken.

Aufgaben

1. *Tauschen Sie sich mit Ihren Mitschülern über Gruppen in Ihrem Alltag aus und analysieren Sie gemeinsam die Beziehungen zwischen den Gruppen.*
2. *Denken Sie an Ihr letztes Praktikum. Welche Ansichten wurden in Ihrem Team über die Zusammenarbeit mit unterschiedlichen Bereichen (z. B. WfB, Wohngruppen, Gruppenergänzender Dienst, etc.) geäußert? Welche gruppendynamischen Prozesse können Sie im Nachhinein erkennen?*

Konfliktverlauf

Wenn zwei Gruppen (z. B. zwei Mitarbeiterteams, zwei Subgruppen eines Teams) in Konflikt miteinander geraten, weil sie unterschiedliche Handlungspläne verwirklichen wollen (z. B. Mitarbeiterteam A möchte mit dem hauseigenen Kleinbus in die Ferien fahren; Mitarbeiterteam B möchte den Bus für Tagesfahrten nutzen), dann wird die „Wir"-„Die"-Unterscheidung intensiviert. Feindseligkeit und Aggressivität zwischen den Gruppen sind die Folge.

Der Verlauf eines Konfliktes ist wesentlich davon abhängig, wie die Parteien einschätzen, ihre Ziele realisieren zu können. Wenn die Mitarbeiter glauben, ihre Pläne nur zu Lasten des jeweils anderen Teams umsetzen zu können (Null-Summen-Spiele), dann entwickeln sie gewöhnlich ein Verhalten, das durch folgende Merkmale gekennzeichnet ist (vgl. Rosenstiel, 1986):

- Die Einstellung zur anderen Gruppe wird feindselig.
- Der Kontakt zur anderen Gruppe nimmt ab.
- Es werden hauptsächlich negative Handlungen der anderen Gruppe wahrgenommen.
- Die eigenen Leistungsfähigkeit wird überschätzt, die der anderen herabgewürdigt.
- Mitglieder der eigenen Gruppe können nicht mehr ungezwungen Kontakt zu Mitgliedern der anderen Gruppe aufnehmen.

Konflikte, die nicht kooperativ zur Zufriedenheit aller Beteiligter gelöst werden, sondern die Niederlage einer Partei bedeuten, sind eine schwere Hypothek für die künftige Zusammenarbeit. Sie sind Ausgangspunkte für zukünftige Konflikte.

Intergruppenkonflikte, die zwischen Mitarbeiterteams oder in einem Team zwischen Untergruppen bereits zu beachtlichen Auseinandersetzungen geführt haben, sind nur schwer lösbar. Dieses liegt u. a. daran, dass die Mitarbeiter einander misstrauen und die Kommunikation immer schwieriger wird.

Präventive Maßnahmen zur Vermeidung von Intergruppenkonflikte sind u. a. (vgl. Rosenstiel, 1979):

- Rotation der Mitglieder.
  Durch die Rotation der Mitglieder wird vermieden, dass sich eine unüberbrückbare Distanz zwischen ihnen aufbauen kann. Die Zusammenarbeit mit verschiedenen Kollegen in einer Gruppe bzw. in unterschiedlichen Bereichen ermöglicht es, Probleme aus verschiedenen Perspektiven wahrnehmen zu können. Hierdurch wird das Verständnis für andere Mitarbeiter bzw. Mitarbeiterteams gefördert.
- Regelmäßige Kommunikation und Information.
  Ein regelmäßiger Austausch zwischen Mitarbeiterteams verschiedener Arbeitsbereiche (z. B. Wohnbereich und Werkstatt) kann dazu beitragen, dass Wahrnehmungsverzerrungen und Vorurteile verringert werden.

- Beteiligung an Entscheidungen.
  Durch die Beteiligung der Mitarbeiter an (gemeinsamen) Entscheidungen besteht die Chance, dass sie sich mit der Entscheidung identifizieren und sie mittragen. Dies ist besonders dann von Bedeutung, wenn die Handlungspläne verschiedener Gruppen einander ausschließen.

11.1.2 Praktische Umsetzung

Arbeitszufriedenheit

„Jede Gruppe hat zwei grundlegende Funktionen: Zum einen eine gemeinsame Aufgabe zu bewältigen, und zum anderen, die sozialen und emotionalen Bedürfnisse ihrer Mitglieder zu befriedigen. Wird die Gruppe einer der beiden Funktionen nicht mehr gerecht, bricht sie auseinander, wenn die Funktion nicht rechtzeitig wiederhergestellt wird“ (Schädle-Deininger & Villinger, 1997, S. 131).

Wenn in einem Mitarbeiterteam grundlegende zwischenmenschliche Bedürfnisse nach Kommunikation, Anerkennung und Wertschätzung nicht (mehr) erfüllt werden, dann sinkt die Arbeitszufriedenheit der Mitarbeiter.

Trotz eines schlechten Arbeitsklimas wechseln sie nicht den Arbeitsplatz, da sie von ihrer Arbeitsstelle abhängig (geworden) sind: Bewerbungen sind nicht (mehr) erfolgreich, ein Arbeitsplatzwechsel ist mit einem Umzug und/oder mit finanziellen Einbußen verbunden.

Aufgaben

1. *Was erwarten Sie von einem Team? Welche Bedingungen müssen erfüllt sein, damit Sie sich in einem Team wohlfühlen können?*
2. *Wie können Sie zu einer hohen Arbeitszufriedenheit Ihrer zukünftigen Teamkollegen beitragen?*
3. *Erinnern Sie sich bitte an Ihr letztes Praktikum. Erstellen Sie eine Liste mit Verhaltensweisen, mit denen sich die Mitarbeiter gegenseitig unterstützten und motivierten.*
4. *Erläutern Sie, warum die Arbeitszufriedenheit im sozialen Bereich von besonderer Bedeutung ist. Zeigen Sie Wechselwirkungen auf. Wie wirkt sich eine angespannte Atmosphäre in einem Team auf die Betreuten aus? Wie werden sie reagieren? Wie werden sie sich fühlen und sich verhalten? Wie werden die Mitarbeiter die Betreuten wahrnehmen?*

Orientierungsfunktion von Rollen im Team

Soziale Rollen besitzen Orientierungsfunktion. Sie ermöglichen vorhersagbares Verhalten, das eine Voraussetzung für eine kontinuierliche Kommunikation und Interaktion ist. Missverständnisse, Unsicherheiten und Konflikte und Ängste können durch eindeutige Rollenzuschreibungen verringert werden. In

Gruppen bzw. Mitarbeiterteams, in denen wichtige Rollen und Beziehungen noch nicht ausreichend geklärt sind oder geklärt werden können, besteht oftmals eine gereizte Atmosphäre. Es kommt zu Auseinandersetzungen und Konflikten. Die Gruppenmitglieder verwenden sehr viel Zeit und Energie damit, die Gruppenstruktur zu klären (siehe auch „Phasen der Gruppenbildung").

Aufgaben

1. *Welche Erwartungen werden an die Rolle eines Heilerziehungspflegers gerichtet?*
2. *Beschreiben Sie (Rollen-)Erwartungen, die von Kollegen, Betreuten, Eltern, Angehörigen und der Leitung an das Verhalten des Heilerziehungspflegers gerichtet werden.*
3. *Beschreiben Sie offizielle und inoffizielle Rollen, die Sie während Ihres letzten Praktikums im Mitarbeiterteam kennengelernt haben. Welche Rollen waren gut definiert? Welche weniger gut? Woran können gut definierte Rollen erkannt werden?*
4. *Besprechen Sie in Kleingruppen folgende Fragen:*

   Welche Rollen möchten Sie in einem Team einnehmen? Welche Rollen liegen Ihnen?

   Welche Rollen nehmen Sie im Klassenverband ein? Weshalb?

   Diskutieren Sie Möglichkeiten, wie Teammitglieder ihre Rollen und Beziehungen klären können.

Änderungsresistenz von Rollenzuschreibungen

Wenn der Prozess der Rollendifferenzierung in einer Gruppe abgeschlossen ist und sich Gruppenstrukturen gebildet haben, dann ist es für den einzelnen Rolleninhaber nur schwer möglich, seine zugeschriebene Rolle wesentlich zu verändern oder gar zu wechseln. Dieses gilt nicht nur für formelle, sondern in besonderer Weise für informelle Rollen. Wenn z. B. einem Gruppenmitglied aufgrund seines Verhaltens die Rolle des Außenseiters zugeschrieben wurde, dann ist es sehr wahrscheinlich, dass dem Gruppenmitglied diese Rolle auch zukünftig zugeschrieben wird, selbst dann, wenn es sich nun anders verhält.

Mehrere Prozesse sind hierfür verantwortlich. Zum einen ist dieses der Wahrnehmungsprozess: Wahrnehmung ist selektiv. Diese führt dazu, dass die Gruppenmitglieder, die um die Rolle (z. B. des Außenseiters) wissen, bevorzugt Signale und Verhaltensweisen wahrnehmen, die ihrem Wissen um diese Rolle entsprechen. Verhaltensweisen, die nicht zu diesem Wissen bzw. zur Rolle (z. B. des Außenseiters) passen, werden auf situative Faktoren (z. B. Zufall) zurückgeführt. Zum anderen bewirken lernpsychologische Prozesse (wie selektive Verstärkung, Löschung und Bestrafung), dass genau die Verhaltensweisen stabilisiert und weiterhin herausgeformt werden, die konstitutiv für die Rolle sind (vgl. Kap. 4).

Aufgaben

1. *Rollenspiel*
   Stellen Sie eine Teamsituation nach, in der Sie in einem Teamgespräch eine abweichende oder konträre Meinung äußern und auf ihrer Meinung beharren. Achten Sie dabei auf Ihre Gefühle und auf die Reaktionen der anderen Rollenspieler. Unterbrechen Sie nach kurzer Zeit das Rollenspiel und tauschen Sie sich über die entstandenen Gefühle, Gedanken und Vorstellungen aus. Besprechen Sie, was Ihnen schwer fiel und diskutieren Sie Möglichkeiten, die eigene Meinung angemessen in einem Team zu vertreten.

2. *Perspektivenwechsel*
   Innerhalb eines Klassenverbandes entwickeln sich auch informelle Rollen. In vielen Fällen geschieht dieses in Übereinstimmung mit den Vorstellungen des entsprechenden Schülers. In anderen Fällen kann es sein, dass Mitschüler die zugeschriebene Rolle gerne ändern möchten. Um ein Gespür hierfür, d. h. für den anderen zu entwickeln, ist es sinnvoll, fremde Perspektiven einzunehmen. Ein erster Schritt, der im Rahmen einer Klasse unternommen werden kann, die Mitschüler besser zu verstehen, besteht darin, die Sitzplätze regelmäßig und unsystematisch zu wechseln. Führen Sie dieses kleine Experiment ca. 4 Wochen durch und besprechen Sie dann im Klassenverband ihre Erfahrungen.

Mobile

Eine weitere mögliche Erklärung, warum Rollenzuschreibungen stabil sind, kann darin gesehen werden, dass die Beziehungen, die in einem Team entstanden sind, so aufeinander bezogen sind, dass die Veränderung einer Rolle möglicherweise die gesamte Struktur in Frage stellt. Mit anderen Worten: Die Veränderung einer Position hat Auswirkungen auf die Gesamtgruppe bzw. auf das gesamte Team.

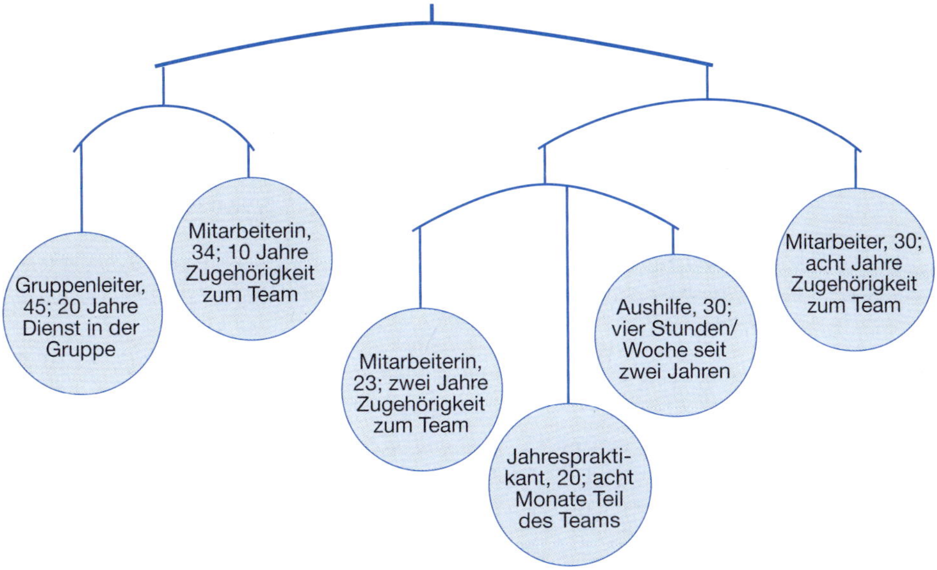

Aufgaben

Diskutieren Sie in Kleingruppen, wie sich Veränderungen in dem oben dargestellten Team auswirken. Berücksichtigen Sie dabei sowohl die Beziehungen (Drähte) der Teammitglieder als auch ihr Alter und ihre Zugehörigkeit zum Team. Was wird z. B. passieren, wenn der Gruppenleiter die Gruppe verlässt, um eine neue Aufgabe in der Einrichtung wahrzunehmen? Wie wird sich dieses auf das Team auswirken? Wer wird wahrscheinlich seine Rolle einnehmen? Welche Prozesse werden in Gang gesetzt? Was muss geschehen, damit wieder ein Gleichgewicht hergestellt werden kann?

● Attribuierungsfehler

Unter einer *Attribuierung* (lat.: attribuere: zuerteilen, beigeben, verleihen) versteht man in der Sozialpsychologie den Prozess, in dessen Verlauf jemand sein eigenes oder das Verhalten seiner Mitmenschen auf innere (z. B. Fähigkeiten, Gefühle, Wille) oder äußere Faktoren (z. B. Zufall, Glück, Verhalten anderer Menschen, Aufgaben) zurückführt. Diese Zuschreibung ist subjektiv, da die Annahme bestimmter Ursachen wesentlich von den individuellen Erfahrungen eines Menschen bestimmt wird. Es kommt daher auch zu unterschiedlichen Auffassungen, warum bestimmte Verhaltensergebnisse auftreten oder nicht. Ein Schüler führt möglicherweise das schlechte Ergebnis der Klassenarbeit auf die Aufgabenstellung zurück (äußerer Faktor), während seine Eltern das schlechte Ergebnis auf die geringe Lernmotivation ihre Sohnes zurückführen (innerer Faktor) (vgl. Kap. 6).

Attribuierungsfehler sind auch für die Teamarbeit von Bedeutung, da viele Missverständnisse und Konflikte hieraus entstehen. Trotz des Wissens, dass Rollen Erwartungen darstellen, die großenteils von der Person unabhängig sind, die diese Rolle innehat, wird ein rollengeleitetes Verhalten (äußerer Faktor) häufig fälschlicherweise als ein Verhalten interpretiert, das von persönlichen Eigenschaften und Vorlieben geprägt ist (innere Faktoren).

Das Verhalten eines Gruppenleiters, der regelmäßig die Arbeit seiner Mitarbeiter kontrolliert und auf nicht erledigte Aufgaben hinweist, wird eher einer persönlichen Motivation (z. B. Macht: innerer Faktor) zugeschrieben als seiner Rolle, die ihn hierzu verpflichtet (z. B. Dienstaufsicht: äußerer Faktor).

Aufgaben

1. *Beschreiben Sie Teamsituationen, in denen Attribuierungsfehler auftreten können.*
2. *Diskutieren Sie Konsequenzen, die sich aus Attribuierungsfehlern für die Teamarbeit ergeben können.*
3. *Rollenspiel:*

   Versuchen Sie in einem Rollenspiel Ihren Gruppenleiter davon zu überzeugen, dass Sie unbedingt den Dienst tauschen müssen, um am kommenden Wochenende frei zu haben.

a) *Spielen Sie einmal die Situation, dass der Gruppenleiter seine Ablehnung intensiv mit Hilfe von Sachargumenten (z. B. Krankheit anderer Kollegen, Urlaub, Einarbeitung einer neuen Kollegin, Überforderung der Praktikantin, lange geplante Unternehmung am Wochenende) begründet.*

b) *Spielen Sie die Situation, dass der Gruppenleiter ihren Wunsch nach einem freien Wochenende lediglich mit dem Hinweis auf die bestehende Dienstanweisung der Heimleitung ablehnt, von der andere Gruppenleiter (unter Inkaufnahme einer Auseinandersetzung mit der Heimleitung) gelegentlich abweichen.*

Tauschen Sie folgende Punkte aus:
- *Welche Gedanken und Gefühle werden ausgelöst, wenn der Gruppenleiter seine Entscheidung nicht näher begründet?*
- *Welche Gedanken und Gefühle entstehen, wenn der Gruppenleiter seine Ablehnung intensiv begründet?*
- *Welche Konsequenzen ergeben sich für die Arbeitsmotivation?*

Nach welchen Regeln wird gespielt?

Sie spielen ein Spiel. Sie spielen damit, kein Spiel zu spielen. Zeige ich ihnen, dass ich sie spielen sehe, dann breche ich die Regeln, und sie werden mich bestrafen. Ich muss ihr Spiel, nicht zu sehen, dass ich das Spiel sehe, spielen.
(D. Laing, Knoten, 1983, S. 7)

Gruppennormen beeinflussen das Verhalten der Gruppenmitglieder oftmals so subtil, dass die Beeinflussung kaum wahrgenommen wird. Wenn sie hinterfragt werden, wird häufig deutlich, dass Gruppennormen auch brisant sein können und man nicht gerne über sie spricht. Dieses liegt u. a. darin begründet, dass Gruppennormen nicht nur das Verhalten der Mitarbeiter regeln, sondern auch dazu beitragen, dass bestehende Gruppenstrukturen (Kommunikations- und Machtstrukturen) nicht in Frage gestellt werden. Bedeutsame Regeln in diesem Kontext betreffen ungeschriebene Regeln der *Freiheit, sich zu äußern* (vgl. V. Satir, 1993[11]). Hierin unterscheiden sich Mitarbeiterteams, ob sich „offene" oder „geschlossene" Systeme darstellen. Offene Systeme sind soziale Gebilde, die auf Veränderungen eingestellt sind und sie zulassen. Geschlossene Systeme hingegen ermöglichen nur wenig oder überhaupt keine Veränderung.

Fragen

Fragen, die auf problematische Normen und Regeln hinweisen:
- *Was können Sie von dem, was Sie hören und sehen im Team (in der Klasse) offen mitteilen?*
- *Was können Sie im Team (in der Klasse) nicht mitteilen?*
- *Zu wem können Sie es sagen? Zu wem nicht?*
- *Wie gehen Sie damit um, wenn Sie anderer Meinung sind als Ihre Teamkollegen (Klassenkameraden)?*
- *Fragen Sie, wenn Sie etwas nicht verstehen?*
  (vgl. Satir, Kommunikation und Selbstwert, 1993, S. 126)

Aufgaben

1. *Entstehung gemeinsamer Normen*
   Tragen Sie im Klassenverband Ihre Erfahrungen zusammen, die Sie während der ersten zwei Wochen gemacht haben. Ermitteln Sie, wer mit wem worüber gesprochen hat. Versuchen Sie auch festzuhalten, wann Sie zum ersten Mal die Existenz von (neuen) Verhaltensnormen registriert haben.

2. *Die Macht der Normen (Experiment zur Selbsterfahrung)*
   Versuchen Sie in einem kleinen Experiment von den informellen Normen Ihrer Schulkameraden abzuweichen. Tragen Sie an mehreren Tagen eine Kleidung, die für die Schüler Ihrer Schule eher ungewöhnlich ist (z. B. Anzug, Kostüm). Registrieren Sie die Reaktionen Ihrer Mitschüler und halten Sie ihre eigenen Gefühle fest. Tauschen Sie ihre Erfahrungen in Ihrer Klasse aus. (Auswertungsgesichtspunkte/-fragen: Wie haben Sie sich gefühlt, als Sie mit einem veränderten Aussehen zur Schule gegangen sind? Welche Vorstellungen, Sorgen, Ängste haben Sie gehabt? Wie haben Ihre Mitschüler auf Ihr verändertes Aussehen reagiert? Welche Gefühle haben diese Reaktionen ausgelöst? Wie sind Sie mit den Reaktionen Ihrer Mitschüler umgegangen?)

3. *Ermitteln Sie die Gruppennormen Ihrer Klasse*
   Ermitteln Sie in Ihrer Klasse anonym die wichtigsten Normen. Jeder Schüler soll die drei wichtigsten Verhaltensnormen, die seiner Meinung nach in der Klasse vorherrschen, anonym auf ein Blatt aufschreiben. Sammeln Sie dann diese Angaben ein und fassen Sie die Normen thematisch zusammen. Zählen Sie dann die gemachten Angaben aus. Diskutieren Sie die Übereinstimmungen und Reaktionen auf Abweichungen. (Hilfreiche Fragen: Was darf ich hier? Welche Verhaltensweisen soll ich zeigen? Was vermeide ich? Was wird hier kritisiert oder gar angeprangert?)

● Welche Unterstützung erhält die Gruppenleitung?

Die moderne Kommunikationspsychologie beschreibt, dass Kommunikation kreisförmig ist. Während Menschen ihr Verhalten häufig als Reaktion auf das Verhalten eines anderen auffassen und sich gezwungen sehen zu handeln, geht die Kommunikationspsychologie davon aus, dass eine wechselseitige Einflussnahme vorliegt. Bezogen auf die Teamarbeit bedeutet dieses, dass nicht nur die Mitarbeiter von der Gruppenleitung abhängig sind, sondern auch die Gruppenleitung von den Mitarbeiter. Eine Gruppenleitung kann z. B. nur dann verantwortungsvoll *leiten*, wenn die Gruppenmitglieder bereit sind, die Gruppenleitung anzuerkennen.

Aufgaben

Diskutieren Sie in Kleingruppen anhand von konkreten Situationen aus Ihrem letzten Praktikum (z. B. Kritik des Gruppenleiters am Dienstplan, Berichtwesen) Konsequenzen, die sich aus der Kreisförmigkeit der Kommunikation für die Zusammenarbeit zwischen Gruppenleitung und Gruppenmitarbeitern ergeben. Welche Möglichkeiten sehen Sie, eine Gruppenleitung effektiv zu unterstützen?

11.1.3 Materialien und Anregungen

Materialien

Die Löffel

Ein Rabbi kommt zu Gott: „Herr, ich möchte die Hölle sehen und auch den Himmel.“ – „Nimm Elia als Führer“, spricht der Schöpfer, „er wird dir beides zeigen.“ Der Prophet nimmt den Rabbi bei der Hand. Er führt ihn in einen großen Raum. Ringsum Menschen mit langen Löffeln. In der Mitte, auf einem Feuer kochend, ein Topf mit einem köstlichen Gericht. Alle schöpfen mit ihren langen Löffeln aus dem Topf. Aber die Menschen sehen mager aus, blass, elend. Kein Wunder: Ihre Löffel sind zu lang. Sie können sie nicht zum Munde führen. Das herrliche Essen ist nicht zu genießen. Die beiden gehen hinaus. „Welch seltsamer Raum war das?“ fragt der Rabbi den Propheten. „Die Hölle“, lautet die Antwort. Sie betreten einen zweiten Raum. Alles genau wie im ersten. Ringsum Menschen mit langen Löffeln. In der Mitte, auf einem Feuer kochend, ein Topf. Aber – ein Unterschied zu dem ersten Raum: diese Menschen sehen gesund aus, gut genährt, glücklich. „Wie kommt das?“ – Der Rabbi schaut genau hin. Da sieht er den Grund: Diese Menschen schieben sich die Löffel gegenseitig in den Mund. Sie geben einander zu essen. Da weiß der Rabbi, wo er ist.“

(Russisches Märchen, zit. n. Schädle-Deininger & Villinger, 1997, S. 171)

„Wie man in den Wald ruft, so schallt es heraus. Das hat man uns schon gesagt, als wir noch Kinder waren. Und in unserm Kopf wissen wir es auch; aber glauben tun es nur einige wenige Glückliche. Glaubten wir es nämlich, dann wüssten wir, dass wir nicht nur Schöpfer unseres eigenen Unglücklichseins sind, sondern genauso gut unsere Glücklichkeit selbst schaffen können.“

(Aus: Watzlawick, Anleitung zum Unglücklichsein, 1988, S. 128)

Aufgaben

1. *Übertragen Sie die Geschichten auf die Situation eines Teams (Ihrer Klasse). Was fällt Ihnen dazu ein?*
2. *Welche Verantwortung tragen Sie für das Team (Ihre Klasse)? Welche Zusammenhänge sehen Sie zwischen Ihrem Verhalten und dem der Teammitglieder (Ihren Mitschülern)?*

11.2 Heilerziehungspflege in Organisationen

Fragen

1. Kennen Sie solche Situationen? Wodurch könnten Sie entstanden sein?
2. Was sagen die dargestellten Verhaltensweisen über diese Organisation als Ganzes aus?

11.2.1 Theoretische Zusammenhänge

Heilerziehungspflege ereignet sich immer in Organisationen:

- in Wohnheimen
- in Wohngemeinschaften
- in Außenwohngruppen
- in ambulanten Diensten
- in Psychiatrien
- in integrativen Einrichtungen
- usw.

Um sich als Heilerziehungspfleger in diesen Einrichtungen zurecht zu finden, ist es notwendig, etwas über grundlegende Strukturen und Elemente von Organisationen zu wissen. Diese werden in diesem Kapitel erläutert. Es handelt sich hierbei um:

- die *Definition von Organisationsbegriffen*
- die *Darstellung der Organisationsmerkmale*

Organisationsbegriffe

Es lassen sich grundlegend *drei Organisationsbegriffe* unterscheiden (vgl. Greving, 2000, 22 ff.):

- *Der instrumentelle Organisationsbegriff*; hierunter ist die Regelung und Gestaltung von Organisationsprozessen zu verstehen. Die Organisation als solche ist somit das Ergebnis dieser Vorgänge, die aus dieser Sichtweise von den leitenden Mitarbeitern einer Organisation initiiert und durchgeführt werden. Die Organisation, bzw. das Organisieren lassen sich als Instrumente, als Verfahren und Abläufe kennzeichnen.
- *Der institutionelle Organisationsbegriff*; dieser kennzeichnet nicht mehr die einzelnen Vorgänge, sondern er versucht die gesamten Prozesse einer Organisation in den Blick zu nehmen. Er richtet sein Augenmerk z. B. auf die spezifischen Zwecke und Ziele, die diese Organisation verfolgt, auf die Arbeitsteilung, sowie auf die Wahrnehmung und den Umgang mit Grenzen (zwischen Hierarchieebenen, Arbeitsabläufen etc.).
- *Der funktionale Organisationsbegriff*; dieser versucht die beiden zuerst genannten zusammenzubringen, indem er auf die Aufgaben einer Organisation Bezug nimmt. Diese werden, aus dieser Sichtweise, immer so strukturiert und realisiert, dass es zu einer Bewältigung der hochkomplexen Faktoren und Abläufe kommt. Die Autonomie einer Organisation, die Kreativitätspotenziale derselben, die Veränderungen und Innovationen werden hierbei u. a. als Ansätze zu einer Gestaltung der Organisation verstanden (vgl. Gomez/Zimmermann, 1999, S. 19).

Auf diesem Hintergrund kann die *Organisation grundlegend definiert* werden: Eine Organisation kann als soziale Konstruktion, die *bestimmte Ziele verfolgt und formale Regelungen aufweist, mit deren Hilfe die ... Aktivitäten der Mitglieder auf diese Ziele ausgerichtet werden sollen* (verstanden werden). (Kieser/Kubicek, 1992, S. 1)

Aufgaben

1. *Stellen Sie an Beispielen aus heilerziehungspflegerischen Einrichtungen den instrumentellen, den institutionellen sowie den funktionalen Organisationsbegriff dar.*
2. *Interviewen Sie Mitarbeiter aus heilerziehungspflegerischen Organisationen und versuchen Sie festzustellen, wie diese die Einrichtung, in der sie tätig sind, in Bezug auf die drei Organisationsbegriffe einschätzen.*

Organisationsmerkmale

Es können grundsätzlich *fünf Merkmale einer Organisation* unterschieden werden (vgl.: Puch, 1994, S. 43 ff.):
- Ziele
- Struktur
- Dynamik
- Umwelt
- Wandel

Im Einzelnen:
Organisationsziele versuchen die Arbeit von Organisationen zu differenzieren. Anhand dieser Differenzierung ist dann auch eine Beurteilung dieser Arbeit möglich. Es lassen sich unterschiedliche Ziele skizzieren, wie ökonomische, ökologische, fachliche und individuelle Ziele. Alle diese Ziele haben für den einzelnen Mitarbeiter, aber auch für Mitarbeitergruppen handlungsleitende Funktionen. Zudem bieten sie ihnen eine Orientierung, welche Perspektiven und Inhalte in der nächsten Zeit angestrengt und umgesetzt werden sollen. Hinsichtlich der *Organisationsstrukturen* lassen sich *zwei Formen* unterscheiden:

- *Die formellen Strukturen*, die konkret beschreiben, was, wie, wo, wann und durch wen realisiert werden soll. Sie kennzeichnet somit die „Soll-Vorgabe“ einer Organisation.
- *Die informellen Strukturen*, die die „wirklichen” Muster einer Organisation abbilden. Hierbei kann es dann zu einem Widerspruch zu den formellen Strukturen kommen, denn nicht immer wird das, was gefordert wird und getan werden soll auch exakt so umgesetzt. Die informelle Struktur kennzeichnet also die nicht- und ungeplanten Abläufe einer Organisation. Sie entsteht spontan und situationsabhängig und ist Ausdruck von Sympathie oder Antipathie zwischen den Organisationsmitglieder (vgl. Puch, 1994, S. 46).

Im Mittelpunkt der *Organisationsdynamik* steht die Unmöglichkeit, alle menschlichen Verhaltensweisen in einer Organisation zu regeln. Indem individuelle Handlungsspielräume ausgelotet werden, kommt es zu Interessenkollisionen, Konflikten und Machtspielen. Die offiziellen Ziele einer Organisation stimmen also nicht immer mit denjenigen ihrer Mitglieder überein. Manchmal widersprechen die individuellen Handlungen geradezu diesen Zielen.

Organisationen befinden sich in permanenter Abhängigkeit und in einem ständigen Transfer mit ihrer *Umwelt*. Diese bildet den (juristischen, finanziellen, kulturellen etc.) Rahmen, in dem die Organisation ihre Aufgaben wahrnimmt. Andererseits verändert die Organisation auch diese Rahmenbedingungen, indem sie Einfluss auf diese nimmt (z. B. durch die Erstellung von Produkten oder Dienstleistungen, durch Öffentlichkeitsarbeit und Konflikte mit dieser Umwelt).

Das letzte Merkmal bezieht sich auf den *Wandel* von Organisationen: Obwohl sie über einen relativ langen Zeitraum bestehen, verändern sie sich permanent, um sich den sich ebenfalls verändernden Bedingungen anzupassen. Veränderungen können hierbei von den Mitarbeitern, der Umwelt, von juristischen und fachlichen Ansprüchen ausgehen.

Alle diese Merkmale stehen in einem wechselseitigem Abhängigkeitsverhältnis zueinander. (nach: Puch, 1994, S. 44):

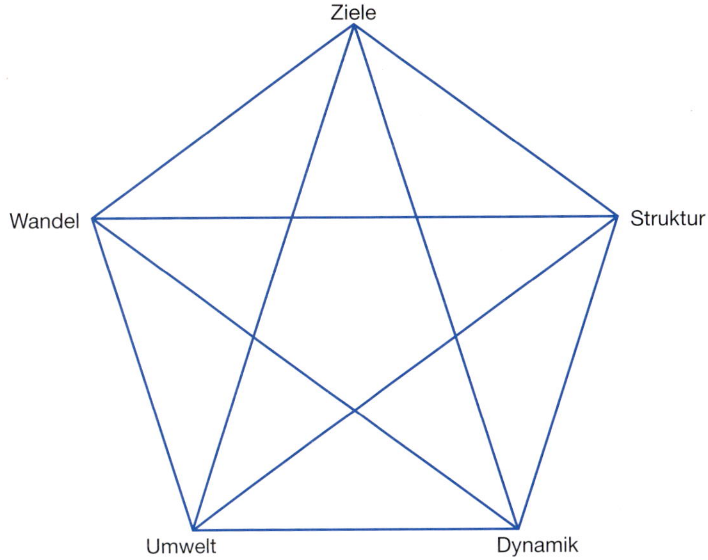

Aufgaben

1. *Stellen Sie diese Merkmale an Ihnen bekannten heilerziehungspflegerischen Organisationen dar.*
2. *Zu welchen Konflikten kann es in der Wahrnehmung und Umsetzung dieser Merkmale kommen?*
3. *Wie wirken sich diese Merkmale gegebenenfalls auf das Leben von Menschen mit Behinderungen in folgenden Organisationen aus:*
   - *Wohnheim*
   - *Außenwohngruppe*
   - *Psychiatrie*
   - *Ambulanter Dienst*

11.2.2 Praktische Umsetzung

Die Tätigkeiten der Heilerziehungspflegerinnen finden in den Organisationen in unterschiedlichster Art und Weise statt. Die Ausprägungen ihres professionellen Handelns können hierbei als *organisationskulturelles System* verstanden werden. Dieses bedeutet, dass das heilerziehungspflegerische Handeln sich in ganz bestimmten Räumen dieser Organisation und zu ganz bestimmten Zeiten ereignet. Hierdurch entstehen Bezüge und Lebenswelten zwischen den Menschen mit Behinderungen und den heilerziehungspflegerisch Tätigen. Diese Lebenswelten lassen eine höchst eigenständige Organisationskultur (eben jenes organisationskulturelle System) entstehen (vgl. Greving/Niehoff, 2000, S. 202 ff.).

In diesem System sind *zwei Orte* zu benennen, an dem sich dieser Prozess primär ereignet (vgl. Klatetzki, 1993):

- *der dezentrale Ort*, an dem die eigentliche heilerziehungspflegerische Arbeit mit dem jeweiligen Klientel stattfindet (also die Wohnräume, Arbeitsplätze, Freizeiteinrichtungen etc.)
- *der zentrale Ort*, an dem diese Arbeiten besprochen, geplant werden (Teamgespräche, Supervision, Beratung etc.)

Beide Orte können als Ebenen der Umsetzung konkreter und weiterführend-reflektierter heilerziehungspflegerischer Tätigkeit verstanden werden: hier findet Planung und Beratung (des Einzelnen, aber auch der Organisation) sowie Qualitätsmanagement und der Umgang mit organisationsanalytischen Prozessen statt.

Alle diese Abläufe ereignen sich in der konkreten Arbeit mit Menschen mit Behinderungen bzw. in den Beziehungen zu ihnen. Diese Arbeit selber ist wiederum von professionellen Ansprüchen nach methodischen, kommunikativen und authentischen Fähigkeiten der heilerziehungspflegerisch Tätigen gekennzeichnet (vgl. Ruyter/Stolk, 1996, S. 15 ff.).

Dieses lässt sich wie folgt zusammenfassen:

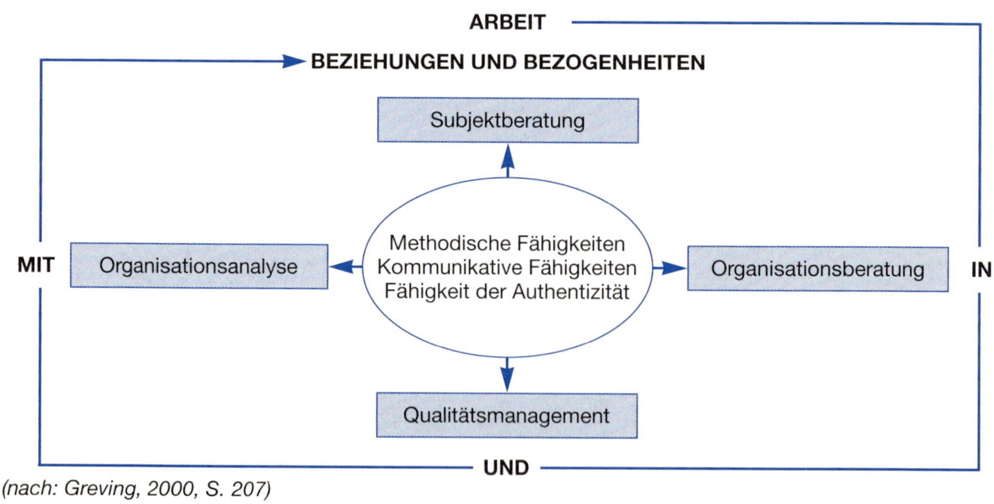

(nach: Greving, 2000, S. 207)

Aufgaben

1. *Stellen Sie Vermutungen darüber an, wie in heilerziehungspflegerischen Organisationen Beratungsprozesse durchgeführt werden und wie sich diese dann auf die Organisation auswirken können.*
2. *Welche Modelle des Qualitätsmanagement kennen Sie? Wie werden diese in heilerziehungspflegerischen Einrichtungen angewandt?*
3. *Stellen Sie Hypothesen darüber auf, welche Aufgaben eine Organisationsanalyse in heilerziehungspflegerischen Einrichtungen haben könnte.*
4. *Leiten Sie aus den drei Fähigkeitsbereichen Konsequenzen für die Berufsrolle der Heilerziehungspflegerin ab.*

11.2.3 Materialien und Anregungen

Aufgaben

1. *Beinahe jede heilerziehungspflegerische Organisation verfügt über eine Darstellung ihres Aufbaus. Fragen Sie in den Ihnen bekannten Einrichtungen an, ob Sie diese sog. „Organigramme“ bekommen können und versuchen Sie aufgrund dieser Darstellungen ein Verständnis für die Strukturen, Aufgaben und Abläufe dieser Einrichtung zu bekommen.*
2. *Entsprechen Ihre Ergebnisse den Erfahrungen der in diesen Organisationen Tätigen?*

Literatur

Weiterführende Hinweise zu Organisationen der Behindertenhilfe finden Sie in folgenden Büchern:

Greving, H., Heilpädagogische Organisationen im Wandel. Organisationsanalyse – Beratung – Qualitätsmanagement; Freiburg, 2000

Greving, H., Heilpädagogische Organisationen. Eine Grundlegung; Freiburg, 2000

Puch, H.-J., Organisation im Sozialbereich. Eine Einführung für soziale Berufe; Freiburg, 1994

11.3 Beratung

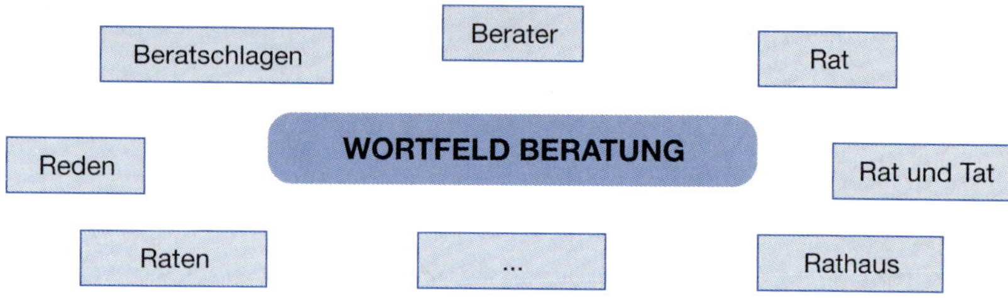

Aufgaben

1. *Welche weiteren Begriffe, Meinungen und (Vor-)Urteile fallen Ihnen zum Stichwort „Beratung" ein? Wie könnten diese entstanden sein? (Nehmen Sie hierbei ein Wörterbuch zu Hilfe)*
2. *Wo sind Ihnen in der Heilerziehungspflege schon Beratungsansätze begegnet?*

11.3.1 Theoretische Zusammenhänge

In der Heilerziehungspflege kommen Sie an den unterschiedlichsten Stellen mit dem Phänomen oder der Methode der *Beratung* in Kontakt – vielfach vielleicht sogar ohne es zu wissen:

- Eltern eines behinderten Mannes fragen Sie um Rat – und Sie beraten diese.
- Sie absolvieren ein Praktikum und wollen Informationen zu Ihrem Arbeitsfeld – und eine Kollegin berät Sie.
- Das Team, in dem Sie tätig sind hat Schwierigkeiten mit einer fremdaggressiven Bewohnerin – und ein Psychologe kommt zur Beratung.

Beratung stellt sich somit in der Heilerziehungspflege in zweierlei Hinsicht dar:

- als Methode oder als Prozess, in dem *Sie* beraten.
- als Methode oder als Prozess, in dem Sie *beraten werden*.

Um was handelt es sich aber bei der Beratung konkret?
Eine allgemeine *Definition zur Beratung* stammt von Straumann (2000, S. 55): *Beratung* ist „eine personenbezogene soziale Dienstleistung ..., in der spezialisiertes, fachliches und faktisches Wissen, Know-how und Informationen vermittelt sowie Handlungsanweisungen gegeben werden."

Hierbei ist immer das konkrete Arbeitsfeld zu berücksichtigen, in dem die *Beratung* stattfindet: in der Heilerziehungspflege wird dieser Prozess von anderen Themen bestimmt, als z. B. in der Erziehungs- oder Partnerschaftsberatung.

Generell umfasst Beratung immer *zwei Schwerpunkte* (vgl. Straumann, 2000, S. 55 ff.):

1. *Informationsvermittlung und Handlungsanweisung*; hiermit erfährt der Ratsuchende auf eine konkrete Frage eine möglichst kompetente Antwort, welche ihm in der Bearbeitung bestimmter Sachlagen oder Themen weiterhilft. Diese „Zweckorientierung" der Beratung realisiert sich in „Aufklärungs-, Unterstützungs-, Vermittlungs-, Anleitungs- oder gegebenenfalls Lernhilfen." (Straumann, 2000, S. 56)
2. *Hilfe zur Selbsthilfe und Gestaltungsmittel*; gerade in pädagogischen, also auch heilerziehungspflegerischen Kontexten ereignet sich Beratung in diesem Sinne als Hilfe zur Gestaltung sozialer Sicherheit in einem sozialen Rechtsstaat. Dieses bedeutet, dass Beratung dazu beträgt, ein menschenwürdiges Leben zu sichern und den konkreten Menschen bei der Bewältigung problematischer Lebenslagen zu unterstützen.

Beide Schwerpunkte realisieren sich auf folgenden Grundlagen (vgl. Greving; 2000, S. 63 ff.; Köhn, 2001, S. 271 ff.):

- Beratung hat immer den gesellschaftlichen und geschichtlichen Rahmen, in dem sie sich ereignet zu bedenken und zu reflektieren
- Beratung kann als anthropologische Notwendigkeit bezeichnet werden: Bevor Beratung stattfindet, muss das zugrundeliegende Menschenbild geklärt sein. Hierbei müssen folgende Themen berücksichtigt werden:
  - die „Entscheidungsfreiheit des Menschen"
  - das „Leben zwischen den Polen der Nähe und Distanz"
  - die „Entwicklungsfähigkeit des Menschen"
  - die Forderung, dass das menschliche Dasein sich in und durch Kommunikation verwirklicht
- Beratung gibt nicht den Weg für einen anderen (welcher Rat sucht) vor, sondern macht Angebote, zwischen denen der Einzelne auswählen kann. Hierbei handeln der Berater und der oder die zu-Beratende immer wieder Neudefinitionen und -konstruktionen über die (gemeinsame) Wirklichkeit aus.

Abschließend können noch einige Gefahren benannt werden, welche hinsichtlich der Konkretisierung eines Beratungsgeschehens bedacht werden sollten (vgl. Köhn, 2001, 275 ff.):

- Beratung kann, wenn ihr Bedarf mehr und mehr zunimmt, bürokratisiert werden: Die Rolle einer Beratungsinstitution oder eines Beraters in einer Einrichtung kann über den Weg der Institutionalisierung der notwendigen Offenheit und Flexibilität von Beratungsprozessen entgegenwirken.
- Beratung kann den anderen manipulieren, dieser wird zum ausführenden Organ eigener, vielleicht unbewusster, Probleme und Handlungsmuster.

Aufgaben

1. *Wie und wodurch realisieren sich in den Praxisfeldern der Heilerziehungspflege die beiden Schwerpunkte von Beratung? Erarbeiten Sie Beispiele hierzu.*
2. *Stellen Sie an Beratungskonzepten (welche Sie in den Einrichtungen kennen gelernt, oder über welche Sie in der Literatur gelesen haben) die drei grundlegenden Aussagen zur Beratung dar.*
3. *Diskutieren Sie (evtl. in einem Rollenspiel) folgende These: „In einem Beratungsprozess verändert sich nicht nur der Rat-Suchende, sondern auch der Berater!"*
4. *Erläutern Sie die möglichen Gefahren von Beratung, indem Sie Beispiele aus der Arbeit mit Menschen mit Behinderungen formulieren.*
5. *Wie und wodurch sind Sie in Ihrem Leben bislang beraten worden? Welche Erfahrungen haben Sie hierbei gemacht?*

11.3.2 Praktische Umsetzung

Aus dem vielfältigen und vielschichtigen Methodenkatalog zu Beratungsprozessen sollen *vier grundlegende Hinweise zur Umsetzung von Beratung* gegeben werden (vgl. Köhn, 2001, S. 278 ff.):

- *Beratung ist ein interpersonales Geschehen*: es ist weder Beichte noch Verhör, weder unpersönliches Gerede noch programmierbares Helferverfahren, in welchem nach bestimmten Problemstichworten und Symptomen der richtige Rat gegeben wird. Beratung bedeutet vielmehr einen *Prozess des Aufeinanderbezogen-Seins* (Köhn, 2001, S. 279) zweier im letzten gleichberechtigter Handlungspartner.
- *Beratung benötigt Einfühlung (Empathie und Identifikation) der Handlungspartner*; dieses bezieht sich vor allem auf denjenigen der Rat gibt: „Der Berater spiegelt dem Ratsuchenden durch seine Reflexion dessen eigene Empfindungen und Gefühle so wider, wie dieser sie selbst nicht (mehr) sehen konnte. Die dabei gewonnenen Einsichten und Erkenntnisse ermöglichen Neuorientierung." (Köhn, 2001, S. 280)
- *Diese Identifikation ist nur begrenzt möglich*; ein völliges und umfassendes Annehmen des anderen (wenn überhaupt möglicht) führt zu einer potenziellen Selbstaufgabe – dieses kann nicht im Sinne einer professionellen Beratung sein. Identifikation ist somit immer Teilidentifikation.
- *Berater und Zu-Beratende(r) sind (Handlungs-)Partner in einem situativen Geschehen*; auch wenn es sich um ein Ungleichgewicht in Bezug auf das Wissen oder um die Lösung eines Konfliktes handelt (der Berater hat hierbei zumeist einen Wissens- oder Erfahrungsvorsprung) können *hierbei drei Schritte* genannt werden:
  - der Ratsuchende kann und darf zu Beginn seine Situation und Anfrage im Sinne einer freien Assoziation darstellen; hierbei gelingt ihm schon eine Darstellung des eigentlichen „Themas" – auch wenn ihm dieses unbewusst ist und diese Darstellung höchst unstrukturiert erscheinen mag.

- Der Berater nimmt zwar seine eigenen Gedanken und Gefühle wahr, er unterscheidet sie aber sehr wohl von denjenigen des Rat-Suchenden. Auf diesem Hintergrund kann er diesem dann dessen Befindlichkeit reflektiert wiederspiegeln. Hierbei wird er auswählen müssen, welche Inhalte und Themen dieser Reflektion der Rat-Suchende annehmen und akzeptieren kann.
- Im weiteren Verlauf der Beratung kann der Berater dem Rat-Suchenden dann auch Zusammenhänge anbieten, welche bislang nicht deutlich oder annehmbar waren, „ihm gleichsam einen Schlüssel zu einer bisher verschlossenen Tür liefern, den der Ratsuchende bisher nicht zu bedienen wusste, weil er ihn nicht als den eigenen Schlüssel erkannte." (Köhn, 2001, S. 283) Dieses „Interpretationsangebot" kann der Rat-Suchende aber auch ablehnen.

Aufgaben

1. *Welche Schwierigkeiten ergeben sich bei der Umsetzung dieser Hinweise, wenn Beratung mit Menschen mit Behinderungen realisiert wird? Unterscheiden Sie hierbei zwischen unterschiedlichen Behinderungsformen (körperliche Behinderung, geistige Behinderung, Sinnesbehinderungen).*
2. *Erarbeiten Sie ein Rollenspiel, in dem Sie die o. g. drei Schritte umsetzen. Wechseln Sie mehrfach die Rollen und tauschen Sie sich über Ihre Empfindungen und Erfahrungen aus.*

11.3.3 Materialien und Anregungen

Materialien

Im Folgenden sind methodische Hinweise wiedergegeben, welche in Beratungsprozessen realisiert werden können (aus: Greving, 2000, S. 117–119):

– Der Berater sollte durch *zirkuläre Fragen* nicht nur versuchen, Informationen zu erheben, sondern auch alternative Verhaltensperspektiven aufzeigen. Hierbei können dann die so definierten Probleme um- und neudefiniert werden; es können Hierarchien und Koalitionen in den Beziehungen aufgedeckt werden; es kann eine Rangfolge von Verhaltensweisen aufgezeigt und durchgespielt werden; es können *Phantasien* über den weiteren Verlauf – mit oder ohne Modifikation der aktuellen Situation – angedacht und ebenfalls durchgespielt werden.

– Es könnte mittels aller Anwesenden – und hierbei kann der Mensch mit Behinderungen sehr wohl dazugehören – *eine Skulptur ihrer Beziehungen* erarbeitet und verändert werden. Hierdurch können dann die Beziehungen und (Unter-) Ordnungen recht ganzheitlich dargestellt und wahrgenommen werden.

– Die *Interaktionen während des Beratungsgeschehens* können gedeutet und zum Thema der Auseinandersetzung gemacht werden. Hierbei können dann verbale und nonverbale Kommunikationsmuster und -stile bewusst gemacht oder evtl. verändert werden. Die sich hier anknüpfenden Schlussfolgerungen könnten dann mit ähnlichen und/oder kontroversen Alltagssituationen verglichen werden.

– Aus diesen Schritten könnte sich eine Theorie über das Vorherrschen bestimmter *Alltagstheorien und Verhaltensmuster* entwickeln, welche nun wieder ihrerseits zu Themen der Beratung werden können. Hierdurch gelänge evtl. eine erneute Hypothesenbildung oder Umdeutung spezifischer Handlungen, Beziehungsmuster oder Lösungsstrategien.

– Alle diese Aktionen geschehen in *Räumen* (Gruppenräume, Arbeitsräume, Beratungsräume u. ä.), welche auf sie einwirken und sie prägen. Eine Beratung hätte hierauf zu reagieren, indem sie das Thema, welches diese Räume grund legen, in den Blick nimmt und es mit den tatsächlich hierin stattfindenden Handlungen vergleicht.

– Ein weiterer Faktor der Räumlichkeit bezieht sich auf die räumliche Ausfüllung der Lebensräume der Interaktionspartner:

- Welche Nähe oder Distanz prägt ihre Beziehungen?
- Wer erlebt sich als „oben“, wer als „unten“, und wer ist es faktisch?
- Wie werden Räume durch die sinnliche Wahrnehmung ausgefüllt und/oder überbrückt?
- Welches Tempo (also welche Bewegung in der Zeit) gestalten und empfinden hierbei die einzelnen Akteure und wie bringen sie dieses – kohärent oder „auseinanderfallend“ – zum Ausdruck?

– Ein nächster Punkt bezieht sich auf den expliziten *Einbezug des menschlichen Körpers und seiner Bewegungen und Ausdrucksformen*. Hierbei kann nun wieder das Augenmerk auf das Auseinanderdriften von eigenen Erfahrnissen des Selbst und fremden (antizipierten) Wahrnehmungen des anderen gelegt werden.:

- Wie erfahre ich mich als Handelnder?
- Welche Funktion führt meine Hand aus und welche nicht?
- In welchem Nahraum kann ich mir etwas begreiflich machen?
- Wobei erlebe ich mich – und den anderen – als jemanden mit zwei linken Händen?
- Wie erfahre ich die Abstimmungsprozesse zwischen den unterschiedlichen Körperteilen bei mir und beim anderen?
- Bin ich in der Lage, sie – evtl. zuerst einmal spielerisch – zu verändern?
- Wie bewege ich mich fort, wie und wann gehe ich und wie begleite ich dieses durch andere körperliche Ausdrucksformen?
- Von wem lasse ich mich in welchen Situationen berühren und von wem nicht (hierbei ist es nun völlig egal, ob es sich um einen Kollegen oder einen Menschen mit Behinderungen handelt)?
- Wen blicke ich wann – und wen nicht oder nur selten – an? Was empfinde ich hierbei?

- Auf was verweise ich durch meine Körpersprache?
- Wie hoch ist mein Bewusstseinsgrad in Bezug auf die Verweise?
- Ist es mir möglich, ihn spielerisch zu verändern?

– Im *Rollenspiel* ... können neben den tatsächlich vorhandenen Menschen auch Rollen durch Puppen übernommen werden. Hierbei können sich dann die Spieler der ausgesuchten Puppe und durch sie in Aktion bringen. Die Fragen nach der Auswahl der einzelnen Puppen, nach Ähnlichkeiten oder Differenzen zwischen ihnen und den Spielern können dann im Beratungsprozess gestellt und ausgearbeitet werden.

– Ein weiterer Punkt bezieht sich auf *die Dichtomien menschlicher Kommunikation*. Sie erscheinen als Eckpole und Extremvarianten sprachlicher und nicht sprachlicher Ausdrucksweisen:

- Wann wird von wem im Alltag/in der Beratung geschwiegen oder gestritten?
- Wer geht wem ständig aus dem Weg oder sucht permanent nach Kontakt?
- Wer lehnt Berührungen ab, wer scheint sich geradezu danach zu sehnen?

- Der vorletzte Punkt bezieht sich auf die *Fähigkeit zur Verwandlung*:
- Ist es dem einzelnen Pädagogen oder Gruppe, dem Team, der Gesamtorganisation möglich, sich zu verwandeln oder einen verwandelten Zustand im Rollenspiel oder der Organisationsanalyse vorwegzunehmen?
- Welche Masken oder Maskierungen tragen zur Stabilisierung oder Destabilisierung bei?
- Wie kann dieses spielerisch – aber auch verbal – dargestellt und evtl. verändert werden?
- Wer scheint hierbei partout nicht aus seiner Rolle herauszukommen?

Aufgaben

1. *Versuchen Sie diese Hinweise in Ihnen bekannten Beratungssituationen wiederzufinden. Wer hat sie hierbei jeweils umgesetzt? Wem war dieses gegebenenfalls bewusst? Wem nicht?*
2. *Erarbeiten Sie erneut ein Rollenspiel (vielleicht analog der Themen, die Sie in Punkt 11.3.2 bearbeitet haben) und versuchen Sie die dargestellten methodischen Hinweise zu berücksichtigen. Welche Unterschiede stellen Sie zwischen den Verläufen und Ergebnissen dieser Rollenspiele fest? Welche Unterschiede ergeben sich evtl. in Ihren Erlebnissen und Erfahrungen?*

Literatur

Weiterführende Hinweise zur Beratung finden Sie in:

Greving, H., Heilpädagogische Organisationen im Wandel. Organisationsanalyse – Beratung –Qualitätsmanagement; Freiburg, 2000: in diesem Buch werden u. a. unterschiedliche Ansätze der Subjektberatung und der Organisationsberatung vorgestellt.

Köhn, W., Heilpädagogische Erziehungshilfe und Entwicklungsförderung (HpE). Ein Handlungskonzept; Heidelberg, 2001, 2. überarb. und ergänzte Aufl.: Der Autor formuliert ein heilpädagogisches Handlungskonzept, in welchem die Beratung einen zentralen Schwerpunkt darstellt.

Straumann, U., Professionelle Beratung. Bausteine zur Qualitätsentwicklung und Qualitätssicherung; Heidelberg/Kröning, 2000: diese Publikation führt unter der Berücksichtigung der Qualitätsentwicklung in die Theorie der Beratung ein.

11.4 Öffentlichkeitsarbeit

Logos unterschiedlicher Verbände, die im heilpädagogischen Spektrum tätig sind:

Der neue Name der Aktion Sorgenkind

(Bundesverband Selbsthilfe Körperbehinderter e. V.)

(Lebenshilfe für Menschen mit geistiger Behinderung e. V.)

(Bundesverband Hilfe für das autistische Kind)

(Bundesverband Kleinwüchsiger Menschen und ihre Familien e. V.)

Aufgaben

1. *Welches Logo sagt Ihnen unmittelbar zu? Welches lehnen Sie ab? – Begründen Sie Ihre Meinung anhand der grafischen Darstellungen?*
2. *Welches Logo kannten Sie schon?*
3. *Entwerfen Sie selber ein Logo für eine Ihnen bekannte Einrichtung der Behindertenhilfe. Welche Handlungsschritte sollten Sie in welcher Reihenfolge durchführen?*

11.4.1 Theoretische Zusammenhänge

Öffentlichkeitsarbeit nimmt in den Feldern der sozialen Tätigkeiten, also auch in der Heilerziehungspflege, mehr und mehr zu – obwohl es sich hierbei vielfach um ein recht unreflektiertes Tun zu handeln scheint (vgl. Schürmann, 2001, S. 8). Um diesem Umstand abzuhelfen, werden in diesem Kapitel die grundlegenden Begriffe und Aufgaben einer Öffentlichkeitsarbeit im sozialen Sektor erläutert.

Es handelt sich hierbei um folgende *Grundbegriffe* (vgl. Schürmann, 2001, S. 8 ff.):

- *Corporate Design*: Dieses kennzeichnet die gesamte Erscheinung aller grafischen Elemente einer Organisation (wie Logo, Layout- und Farbgestaltung). Diese müssen einheitlich gestaltet sein, damit ein optischer Wiedererkennungswert (vom Stempel über den Briefbogen bis zur Homepage) gewährleistet ist.
- *Corporate Identity*: Diese umfasst das Selbstverständnis einer Einrichtung. Es wird z. B. in den Satzungen, Arbeitsplatzbeschreibungen und in den Selbstdarstellungen dieser Organisation verwendet.
- *Information*: Die Weitergabe von Informationen stellt ein zentrales Element in der Öffentlichkeitsarbeit einer sozialen Organisation dar. Hierbei ist vor allem die Publikation der Leistungen dieser Einrichtung relevant.
- *Image*: Dieses kennzeichnet das öffentliche Bild einer Einrichtung. Dieses wird einerseits von der Gesellschaft wahrgenommen, andererseits bestimmt es auch das Selbstbewusstsein der Einrichtungsmitarbeiter.
- *Kommunikation*: Diese ist das zentrale Handlungsfeld der Öffentlichkeitsarbeit. Sie schafft vor allem Strukturen, um Informationsweitergabe und kreative Auseinandersetzung hiermit in die Wege zu leiten.
- *Marketing*: Diese stellt als Sozialmarketing die Gestaltung einer Dienstleistung einer Organisation dar. Diese sollte so gestaltet sein, dass sich die potenziellen Kunden und das gesellschaftliche Umfeld hiermit identifizieren können.
- *Präsentation*: Diese ist die Wiedergabe und Veranschaulichung der Leistungen einer Organisation. Hierbei kommt es vor allem darauf an, die Stärken einer Einrichtung vorzustellen.

Öffentlichkeitsarbeit kann somit wie folgt definiert werden:

„Öffentlichkeit bezeichnet den gesellschaftlichen Prozess der allgemeinen Diskussion und Meinungsbildung, der entweder direkt durch den Kontakt unter Menschen entsteht oder durch die Medien vermittelt wird. Öffentlichkeitsarbeit versucht, gezielt durch Beiträge und Maßnahmen auf die Prozesse der Meinungsbildung durch Information und Statements Einfluss zu nehmen, Aufmerksamkeit zu erzeugen, Akzente zu setzen und Positionen zu beziehen."

(Schürmann, 2001, S. 9)

Aufgaben

1. *Stellen Sie die Realisation dieser Grundelemente zur Öffentlichkeitsarbeit an Ihnen bekannten heilerziehungspflegerischen Organisationen dar.*
2. *Bewerten Sie die Professionalität der einzelnen Darstellungen und begründen Sie Ihre Bewertung hierbei möglichst ausführlich.*

Eine professionell geplante und realisierte *Öffentlichkeitsarbeit* unterstützt die Durchführung des Sozialmanagements einer Einrichtung. *Öffentlichkeitsarbeit* nimmt hierbei u. a. folgende *fünf Funktionen* wahr (vgl. Schürmann, 2001, S. 11 ff.):

1. *Öffentlichkeitsarbeit ist ein Motor und Stabilisator der Organisationsentwicklung*; durch die öffentliche Darstellung einer Einrichtung ergeben sich – durch Rückmeldungen der Gesellschaft auf eben diese Einrichtung – neue Aufgaben und Forderungen, die die inhaltliche und betriebliche Struktur weiterentwickeln können.
2. *Öffentlichkeitsarbeit trägt zur Ausstattung mit Medien und somit zu einer Intensivierung der Informationspolitik einer Organisation bei*; die Mitarbeiter einer Einrichtung werden durch eine konsequent durchgeführte Öffentlichkeitsarbeit mit unterschiedlichsten, aber aufeinander abgestimmten, Medien versorgt (vom Kugelschreiber über die Visitenkarte bis zum Handzettel). Hierdurch können Inhalte und Bilder dieser Organisation weiter transportiert werden.
3. *Öffentlichkeitsarbeit trägt zu einer Intensivierung der Förderer und Finanzmittel einer Organisation bei*; wenn Projekte einer Einrichtung durch nichtöffentliche Geldmittel gesponsert werden sollen, empfiehlt es sich, eine öffentlichkeitswirksame Kampagne durchzuführen. Hierbei ist darauf zu achten, dass auch die privaten Geldgeber am Image des geförderten Projektes teilhaben.
4. *Öffentlichkeitsarbeit trägt zu einem konzeptionellen Aufbau einer Kommunikations- und Präsentationskultur bei;* hierfür und hierbei müssen notwendige personelle, materielle und finanzielle Ressourcen bereitgestellt werden. Eine professionelle Öffentlichkeitsarbeit ist nicht zum Nulltarif zu haben.

5. *Öffentlichkeitsarbeit reflektiert die ethischen Ansprüche und Orientierungen einer Organisation;* diese geraten im Alltag häufig aus dem Blickfeld – gerade aber durch die Auseinandersetzung mit dem Bild der eigenen Tätigkeiten, der eigenen Einrichtung wird das Bewusstsein für die Bedeutung dieser Handlungen wachgehalten. Öffentlichkeitsarbeit wirkt in diesem Sinne als „soziales Gewissen" (Schürmann, 2001, S. 15) einer Organisation.

Aufgaben

1. *Erarbeiten Sie Ansätze, wie diese Aufgaben in unterschiedlichen heilerziehungspflegerischen Einrichtungen realisiert werden können. Versuchen Sie eine Umsetzung vor allem für folgende Organisationen:*
   - *Einrichtung für Menschen mit einer geistigen Behinderung,*
   - *Einrichtung für Menschen mit einer psychischen Erkrankung,*
   - *eine integrative Kindertagesstätte.*
2. *Welche Gefahren verbergen sich hinter diesen Aufgaben? An welchen Punkten geraten sie gegebenenfalls zu heilpädagogischen und heilerziehungspflegerischen Grundgedanken in Widerstreit? – Begründen Sie Ihre Meinung unter Bezugnahme auf heilerziehungspflegerische Prinzipien und Konzepte.*

11.4.2 Praktische Umsetzung

Eine *professionelle Verwirklichung der Öffentlichkeitsarbeit* zeichnet sich somit durch *zwei Seiten* aus (vgl. Schürmann, 2001, S. 16 ff.):

- Durch die Handlungs- und Schauseite im Sine der Kommunikation und Präsentation.
- Durch die interne Seite der *Corporate Identity*, bzw. der Organisationskommunikation.

● Zur Kommunikation und Präsentation:

Heilerziehungspflegerische Organisationen sind gehalten ihre Zielgruppen anzusprechen um diesen die individuellen Leistungen ihrer Einrichtung zu verdeutlichen. Hierbei sollten sie ihre Stärken in den Fokus der Aufmerksamkeit rücken und ein, inhaltliches wie strukturelles, Profil wiedergeben, das bei der Öffentlichkeit Neugier weckt. Diese Einrichtungen *tun Gutes und reden darüber!* (Schürmann, 2001, S. 16).

Die Vernetzungen zwischen der *Kommunikations- und Öffentlichkeitsarbeit* können wie folgt wiedergegeben werden:

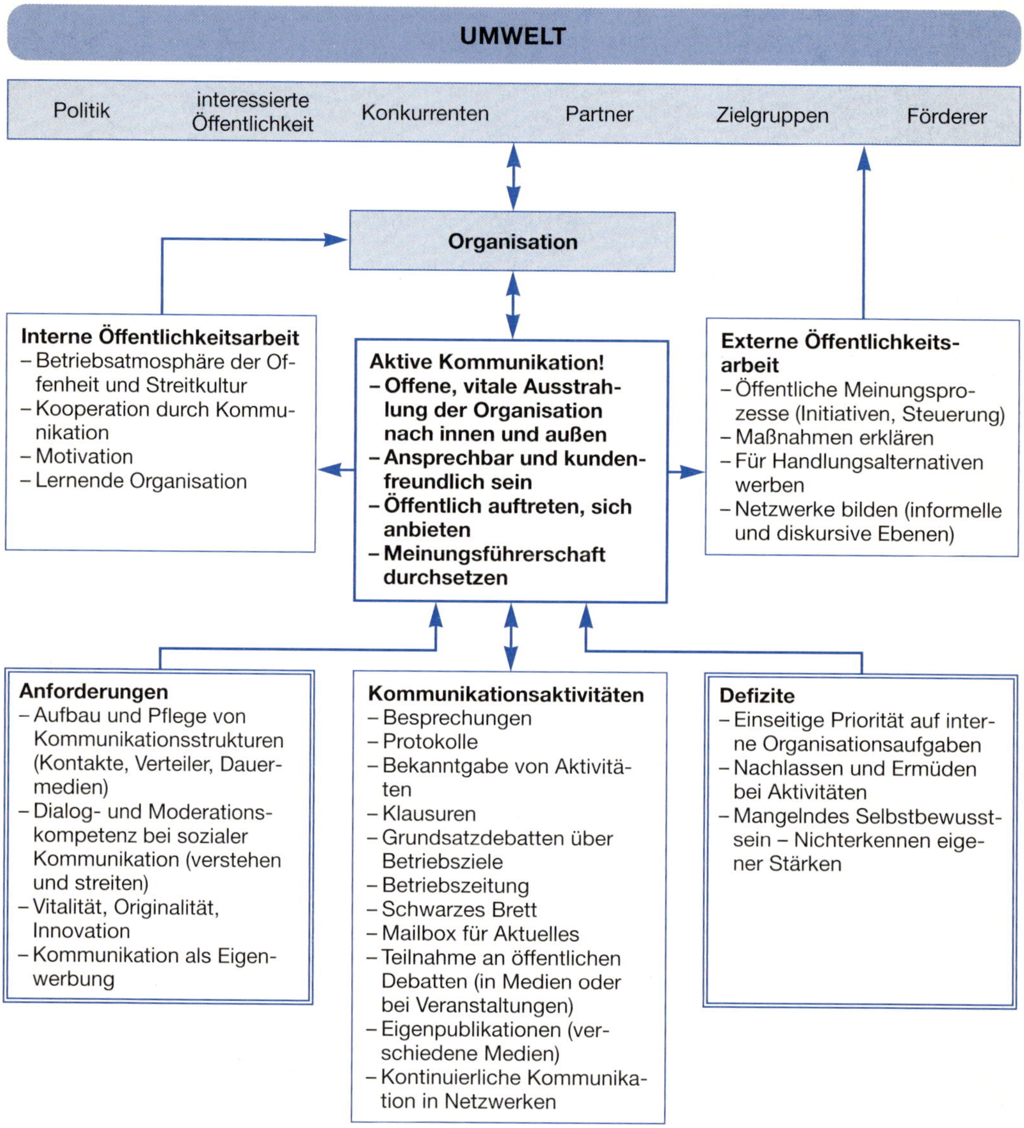

(aus: Schürmann, 2001, S. 17)

Die Verbindungen zwischen *Präsentation und Öffentlichkeitsarbeit* lassen sich folgendermaßen darstellen:

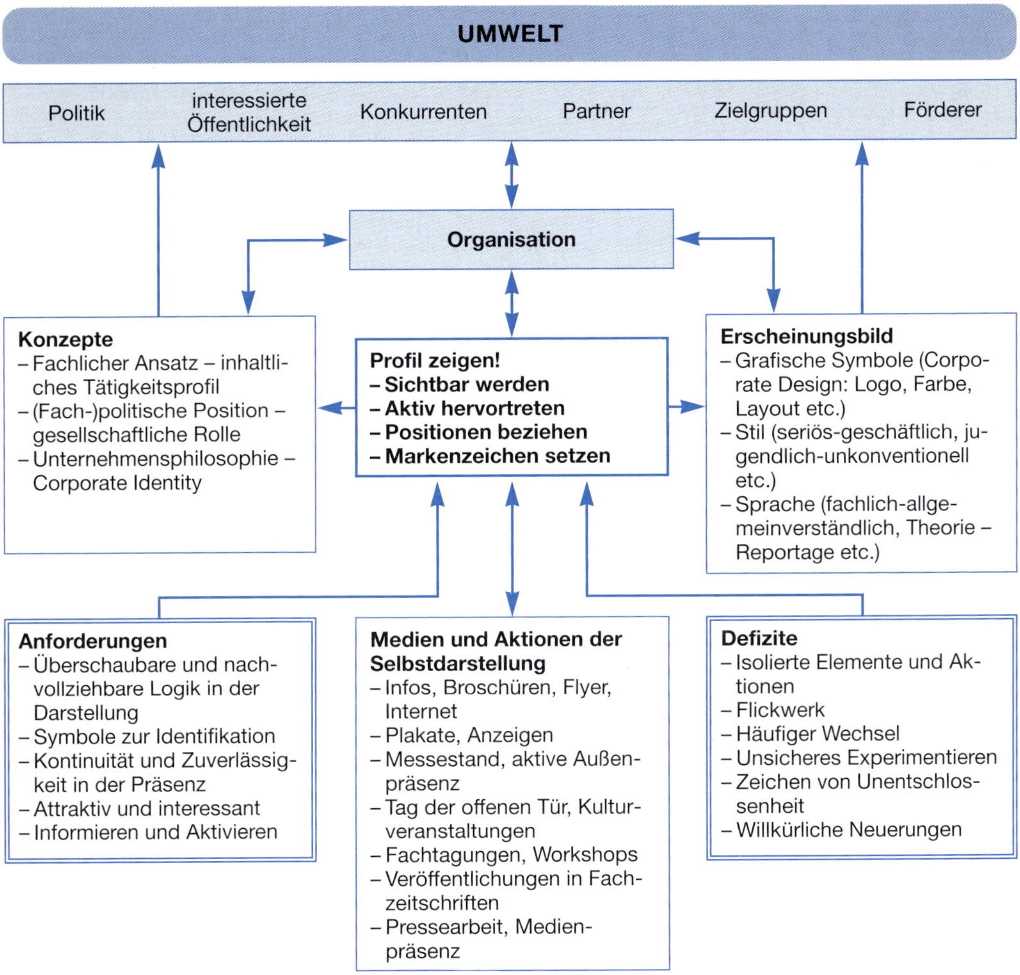

(aus: Schürmann, 2001, S. 18)

Aufgaben

1. *Erarbeiten Sie für beide grafische Modelle Beispiele aus der heilerziehungspflegerischen Praxis.*

2. *Welche Rollen nehmen in der Umsetzung die Mitarbeiter, Menschen mit Behinderungen, die Angehörigen, das Umfeld (Nachbarn etc.) ein? – Begründen Sie Ihre Aussagen.*

3. *Welche Kritik kann an diesen Modellen geäußert werden? Wodurch sind sie gegebenenfalls zu ergänzen?*

Corporate Identity bzw. Organisationskommunikation

Durch die Umsetzung einer professionell strukturierten Öffentlichkeitsarbeit verändert sich das Binnengefüge einer Organisation. Alle Zielfelder einer Einrichtung (persönliche, öffentliche, ethische etc.) sind hiervon betroffen und werden permanent einer Prüfung und Weiterentwicklung unterzogen:

„Die Corporate Identity einer Organisation lebt durch die ständige Auseinandersetzung und Reflexion, um diese ideelle Basis und Tradition bewusst zu machen, zu korrigieren oder auch wieder neu zu fassen. Eine Corporate Identity stellt sich aber nicht von selbst ein, sondern bedarf einer sorgfältigen Entwicklungsarbeit und Pflege. Der intensiven und dynamischen Kommunikation, die durch interne Öffentlichkeitsarbeit ständig angeregt wird."

(Schürmann, 2001, S. 19)

Mögliche Störungen einer internen Öffentlichkeitsarbeit können hierbei durch kreative und positive Gestaltungselemente aufgefangen und korrigiert werden. Schürmann (2001, S. 20) stellt diese Wirkungen und Einflussfaktoren folgendermaßen dar:

Störungen der internen Öffentlichkeitsarbeit

Negative betriebliche Kommunikation	Interne Reaktionen
– Arbeitsplatzunsicherheit, Konkurrenzverhalten, Kampf um materielle Positionen	– Auszehren immaterieller Haltungen, wie Engagement und Innovationen
– Schädigende und verfälschte Informationen, Gerüchteküche, „Mauscheleien", Insiderinformationen	– Krisenstimmung, Misstrauen, Lustlosigkeit, Motivationseinbußen, mangelhafte Effizienz
– Selektive Informationspolitik, Zurückhalten wichtiger Informationen („Innerer Kreis der Informierten")	– Gefühl von Ausgeschlossensein, betonte Ahnungslosigkeit („Keiner weiß nix"), Passivität
– Entscheidungen ohne Informations- u. Diskussionsverlauf, Willkür („Entscheidung von oben")	– Motivations- und Vertrauensverlust, Arbeitsverweigerung bis zur „inneren Kündigung"
– Unklare Ziele und Perspektiven der Organisation, Fehlen einer Leitlinienkompetenz	– Endlose Grundsatzdebatten ohne Zielfestlegung und Ergebnisse („Alle reden, doch keiner entscheidet")
– Ständiges Wiederholen bekannter Aussagen, „Sprücheklopfen" als Ritual festgefahrener Kommunikation	– Verlust der verbindlichen Kommunikation durch Scherze, übertriebenes „Beim-Wort-Nehmen", Täuschungsmanöver („Man muss die Kollegen nur richtig nehmen")
– Unkoordinierte Aussagen oder Anweisungen („Der eine redet so, der andere so")	– Verlust von Verbindlichkeit und Verantwortung

Gestaltung der internen Öffentlichkeit

Interne Aktionen der Öffentlichkeitsarbeit	Profilierung des betrieblichen Bewusstseins
– Interne Medien vom Schwarzen Brett bis zur Mailbox	– Mitteilungen oder Meinungsäußerungen öffentlich artikulieren, Verbindlichkeit der Kommunikation herstellen
– Betriebszeitung, Mitarbeiterzeitung, Hausmitteilungen	– Transparenz relevanter Inhalte der betrieblichen Information (alle haben den gleichen Informationsstand), Artikulation von Problemen und Zielen, seriöse Einstimmung auf das Niveau der internen Kommunikation
– Interne Sitzungen, Gesprächs- und Diskussionsrunden – moderiert und dokumentiert (Protokoll)	– Entwicklung und Pflege einer Gesprächs- und Streitkultur unter Benachteiligung aller Mitarbeiter; Mitbestimmung und Nachvollzug von Entscheidungen
– Interne Fortbildung und Schulung, Qualitätszirkel	– Vermittlung und Kommunikation über Unternehmensphilosophie, Entwicklung eines Qualitätsbewusstseins
– Arbeitsgruppen zu betrieblichen Themen, Supervision	– Betriebliche Veränderungen und Festlegungen von Strukturen und Regeln durchlaufen Kommunikationsprozesse, nehmen Erfahrungen auf und werden verbindlich gemacht

Aufgaben

1. *Wie haben Sie sowohl Störungen als auch positive Gestaltungsmomente interner Öffentlichkeitsarbeit in heilerziehungspflegerischen Einrichtungen erlebt?*
2. *Stellen Sie mögliche positive und negative Erfahrungen in Rollenspielen dar.*
3. *Auch hier: Welche Rollen nehmen in der Umsetzung die Mitarbeiter, Menschen mit Behinderungen, die Angehörigen, das Umfeld (Nachbarn etc.) ein? – Begründen Sie Ihre Aussagen.*

Beide Seiten einer so verstandenen Öffentlichkeitsarbeit gehen in die Selbstdarstellung einer Einrichtung ein, bzw. begründen und begleiten diese. In einem *Mix aus Information und Werbung* (Schürmann, 2001, S. 27) stellen sich soziale Organisationen nach außen dar. Hierbei kommt es vor allem darauf an, dass sie *ein unverwechselbares Profil entwickeln, das sowohl ihre Leistungsfähigkeit vorzeigt als auch durch einprägsame und ansprechende Formen der äußeren Erscheinung die Attraktivität ihrer Angebote unterstreicht.* (Schürmann, 2001, S. 28)

Im Hinblick auf ihre *Selbstdarstellung* sollte eine heilerziehungspflegerische Einrichtung *folgende Elemente* einbringen (vgl. Schürmann, 2001, S. 27):

- *grundsätzliche Aussagen, Standorte und Positionen dieser Einrichtung*; diese lassen sich u. a. wiederfinden in ihren Satzungs- und Vereinszwecken, in ihrer Programmatik, in Konzeptionen, Arbeitsplatzbeschreibungen und Projektdarstellungen.

- *Betriebsdaten, Kapazität und Potenzial einer Einrichtung*; hierbei sind das Alter einer Organisation, ihre Erfahrungen und Projekte, sowie die Kapazitäten und Qualifikationen der Mitarbeiter gemeint.
- *der fachliche Ruf einer Einrichtung (Veröffentlichungen, Qualifizierung etc.)*; wie sich eine Organisation in der Fachöffentlichkeit und/oder der Presse darstellt, ob sie an Forschungsaktivitäten, Modelprojekten oder Fort- und Weiterbildungsprogrammen teilnimmt wird intensive Hinweise auf ihren Standard gewähren.
- *die Referenzen einer Einrichtung*; die Kooperationspartner und Mitglieder (wie Beiräte, Schirmherren etc.) deuten auf die Fachlichkeit und Anerkennung der Arbeit einer Organisation hin.

In Bezug auf ihre *Präsentation* sind *diese Punkte* zu beachten (vgl. Schürmann, 2001, S. 28):

- eine Präsentation sollte die Qualität einer Einrichtung und die dort geleistete Arbeit anschaulich und authentisch wiedergeben.
- es geht somit um präzise Informationen und nicht um beeinflussende Sprüche.
- diese Informationen können sehr gut an Beispielen gelebter Praxis verdeutlicht werden.
- eine präzise Wiedergabe der Arbeits- und Handlungsstruktur erleichtern dem potenziellen Nutzer einer Einrichtung die Einschätzung der Angebote.
- die Sprache der Präsentation ist recht einfach zu gestalten, sie bringt die Inhalte „auf den Punkt“.
- die gesamte Präsentation sollte Sympathien wecken und Möglichkeiten der Identifikation mit der Einrichtung anbieten.

Aufgaben

1. *Beschaffen Sie sich Selbstdarstellungen und Präsentationen unterschiedlicher heilerziehungspflegerischer Einrichtungen. Wie setzen diese die o. g. Anforderungen in ihren Broschüren und Prospekten um? Versuchen Sie eine Bewertung dieser Darstellungen.*
2. *Entwerfen Sie für eine (reale oder erfundene) Einrichtung der Behindertenhilfe eine umfassende Präsentation. Stellen Sie Ihre Ergebnisse in einer Ausstellung der Öffentlichkeit vor.*
3. *Welche Formen und Inhalte der Öffentlichkeitsarbeit müssen Sie bei Ihrer Präsentation bedenken und umsetzen?*

11.4.3 Materialien und Anregungen

Weiterführende Hinweise zur Öffentlichkeitsarbeit finden Sie in folgenden Büchern:

Durth, K. R./Weiler, Th., Praxisbuch Öffentlichkeitsarbeit; Neuhausen-Stuttgart, 1995; diese Publikation stellt eine gelungene Einführung in die Thematik der Öffentlichkeitsarbeit dar.

Schürmann, E., Öffentlichkeitsarbeit im Sozialmanagement; Berlin, 2001; in diesem Studienbrief des Fachhochschul-Fernstudienverbundes der Länder Berlin/Brandenburg/Mecklenburg-Vorpommern/Sachsen/Sachsen-Anhalt/Thüringen finden Sie konkrete Aussagen zur Gestaltung der Öffentlichkeitsarbeit im sozialen Sektor.

Literatur

Gomez, P./Zimmermann, T., Unternehmensorganisation. Profile, Dynamik, Methodik – Das St. Galler-Managementkonzept; Frankfurt a. M./New York, 1999, 4. Aufl.

Greving, H., Heilpädagogische Organisationen im Wandel. Organsiationsanalyse – Beratung – Qualitätsmanagement; Freiburg, 2000

Kieser, A./Kubicek, H., Organisation; Hamburg, 1992

Klatetzki, Th., Wissen was man tut. Professionalität als organisationskulturelles System; Bielefeld, 1993

Köhn, W., Heilpädagogische Erziehungshilfe und Entwicklungsförderung (HpE). Ein Handlungskonzept; Heidelberg, 2001, 2. überarb. und ergänzte Aufl.

Puch, H.-J., Organisation im Sozialbereich. Eine Einführung für soziale Berufe; Freiburg, 1994

Ruyter, P. A./Stolk, J., Wann ist professionelle Hilfe gut genug: Über Qualität in der Behindertenhilfe; in: VHN 65 (1996) 1, 15–31

Schürmann, E., Öffentlichkeitsarbeit im Sozialmanagement; Berlin, 2001

Straumann, U., Professionelle Beratung. Bausteine zur Qualitätsentwicklung und Qualitätssicherung; Heidelberg/Kröning, 2000

Sachwortverzeichnis

Weitere Literaturhinweise

Becker-Carus, C., Grundriß der Physiologischen Psychologie, Stuttgart, 1981

Berger, R.K./Vogelpohl, u./Pee, Grundlagen der heilerziehungspflgerischen Praxis, Lemgo, 1999, 1. Aufl.

Bomewasser, M./Hesse, W./Miel, Einführung in die sozialpsychologie, Heidelberg, 1979, 2. Aufl.

Braun, R., Kl. Verhaltensth. ei schwer gesitig beh. Menschen, Thübingen, 1992

Dömer, KL/Pfoog, U., irren ist menschlich, Lehrbuch der Psychiatrie, Bonn, 1996

Fliegel, St., Formen der Psychologie, Verhaltenstherapie, Hagen, Femuni, 1986

Friedrichs, J., Methoden empirischer Sozalforschung, Hamburg, 1979, 8. Aufl.

Fröhlich, W.D./Drever, J., Wörterbuch zur Psychologie, München, 1978

Herkner, W., Lehrbuch Sozialpsychologie, Göttlingen, 1991, 5. Aufl.

Herkner, W., Psychologie, Wien, 1992, 2. Aufl.

Hermann, M./Weber, K., Basiswesen kita: Teamentwicklung, Sonderheft „Kinder", Freiburg

Hermann, T., Lehrbuch der empirischen Persönlichkeitsforschung, Gättigen, 1976, 3. Aufl.

Hilgard, R.E./Aktinson, R.L/A., Introduktion to Psychology, New York, 1979, 7. Aufl.

Jilesen, M., Soziologie, Köln, 1975, 5. Aufl.

Klauß, Th., Verwahren oder Fördern?, Basel, 1987

Laing, D.R, Knoten, Hamburg, 1972

Mees. U./Seig H. (Hrsg.), Verhaltensbeobachtung und Verhaltensmodifikation, Stuttgart, 1977, 1. Aufl.

Müller, R./Klauß, Th./Heimber, Verhaltensmodifikation in der Praxis, Basel, 1980

Petry, D./Bradl. Ch., Multiprofessionelle Zusammenarbeit in der Geistigbehi, Bonn, 1999

Popp, M., Einführung i. die Grundbegriffe d. allg. Psychologie, Basel, 1975

Rohracher H., Einführung in die Psychologie, München, 1976, 11. Aufl.

Rosenstiel, L./Molt, W./Rütin, Organisationspsychologie, Stuttgart, 1986, 6. Aufl.

Sader, M., Psychologie der Persönlichkeit, München, 1980

Satir, V., Selbstwert und Kommunikation, München, 1993, 11. Aufl.

Schädle-Deininger, H./Villinger, Praktische Psychiatrische Hilfe, Bonn, 1997, 2. Aufl.

Schäfers, B. (Hrsg.), Grundbegriffe der Soziologie, Opladen, 1995, 4. Aufl.

Schulz v. Thun, F., Miteinander, Miteinander Reden Bd. 1 Störungen und Klärungen, Hamburg, 1981

Speck, O., Menschen mit geistiger Behinderung und ihre Erziehung, München, 1999, 9. Aufl.

Thesing, Th/Vogt, M., Pädagogik und Heilerziehungspflege, Freiburg, 1999, 3. Aufl.

Watzlawick, P/Beavin J.H./Ja, Menschliche Kommunikation, Bern, 1982, 6. Aufl.

Watzlawick, P., Anleitung zum Unglücklichsein, München, 1988, 34. Aufl.

Weinert, A.B, Lehrbuch der Organdisationspsychologie, München, 1981

Wilker, F.-W. (Hrsg.), Supervision und Coaching, Bonn, 1999, 6. Aufl.

Zimbardo, P.G., Psychologie, Berlin, 1992, 1995, 5. Aufl., 6. Aufl.

Bildquellenverzeichnis

Archiv für Kunst und Geschichte, Berlin, S. 153

Aktion Mensch, Bonn, S. 191, 380

artwork gewecke, Berlin, S. 9, 15, 51, 120, 152, 236, 277, 344

BilderBox – Fotoagentur, Thening (Österreich), S. 232

Bilderdienst Süddeutscher Verlag, München, S. 317

Bundesverband Hilfe für das autistische Kind, Vereinigung zur Förderung autistischer Menschen e. V., Hamburg, S. 380

Bundesverband Kleinwüchsige Menschen und ihre Familien e. V., Bremen, S. 380

Bundesverband für Körper- und Mehrfachbehinderte e. V., Düsseldorf, S. 179, 234

Bundesverband Selbsthilfe Körperbehinderte e. V., Krautheim, S. 380

Haus Hall/InHand, Velen, S. 86, 322

Lebenshilfe für Menschen mit geistiger Behinderung e. V., Marburg, S. 380

Evelyn Neuss, Hannover, S. 52, 102, 142, 157, 158, 159, 161, 254, 368

Leider konnten nicht zu allen Abbildungen die Inhaber der Rechte ermittelt werden. Sollte jemand davon betroffen sein, bitten wir ihn, sich beim Verlag zu melden.